Edition KWV

Die „Edition KWV" beinhaltet hochwertige Werke aus dem Bereich der Wirtschaftswissenschaften. Alle Werke in der Reihe erschienen ursprünglich im Kölner Wissenschaftsverlag, dessen Programm Springer Gabler 2018 übernommen hat.

Weitere Bände in der Reihe http://www.springer.com/series/16033

Michael Kuhlmann

„Fünf nach sieben – Radiothek"

Der Streit um eine Jugendsendung des Westdeutschen Rundfunks Köln 1974 bis 1980

Michael Kuhlmann
Wiesbaden, Deutschland

Bis 2018 erschien der Titel im Kölner Wissenschaftsverlag, Köln
Dissertation, Westfälische Wilhelms – Universität Münster, 2010

Edition KWV
ISBN 978-3-658-24238-1   ISBN 978-3-658-24239-8   (eBook)
https://doi.org/10.1007/978-3-658-24239-8

Die Deutsche Nationalbibliothek verzeichnet diese Publikation in der Deutschen Nationalbibliografie; detaillierte bibliografische Daten sind im Internet über http://dnb.d-nb.de abrufbar.

Springer Gabler
© Springer Fachmedien Wiesbaden GmbH, ein Teil von Springer Nature 2010, Nachdruck 2019
Ursprünglich erschienen bei Kölner Wissenschaftsverlag, Köln, 2010
Das Werk einschließlich aller seiner Teile ist urheberrechtlich geschützt. Jede Verwertung, die nicht ausdrücklich vom Urheberrechtsgesetz zugelassen ist, bedarf der vorherigen Zustimmung des Verlags. Das gilt insbesondere für Vervielfältigungen, Bearbeitungen, Übersetzungen, Mikroverfilmungen und die Einspeicherung und Verarbeitung in elektronischen Systemen.
Die Wiedergabe von Gebrauchsnamen, Handelsnamen, Warenbezeichnungen usw. in diesem Werk berechtigt auch ohne besondere Kennzeichnung nicht zu der Annahme, dass solche Namen im Sinne der Warenzeichen- und Markenschutz-Gesetzgebung als frei zu betrachten wären und daher von jedermann benutzt werden dürften.
Der Verlag, die Autoren und die Herausgeber gehen davon aus, dass die Angaben und Informationen in diesem Werk zum Zeitpunkt der Veröffentlichung vollständig und korrekt sind. Weder der Verlag, noch die Autoren oder die Herausgeber übernehmen, ausdrücklich oder implizit, Gewähr für den Inhalt des Werkes, etwaige Fehler oder Äußerungen. Der Verlag bleibt im Hinblick auf geografische Zuordnungen und Gebietsbezeichnungen in veröffentlichten Karten und Institutionsadressen neutral.

Springer Gabler ist ein Imprint der eingetragenen Gesellschaft Springer Fachmedien Wiesbaden GmbH und ist ein Teil von Springer Nature
Die Anschrift der Gesellschaft ist: Abraham-Lincoln-Str. 46, 65189 Wiesbaden, Germany

„Im tristen und teils verblühten Blumenmeer bundesdeutscher
Jugendfunkflora leuchtet derzeit nur in Köln ein heller Stern."
Kritik der Zeitschrift „Schallplatte" (1975)

„Ich höre gerade von Ekel geschüttert die Sendung Radiothek, 19.05,
ein Gipfel ordinärster Untergrund-Klassenkampf-Propaganda."
Albert J. aus Neheim-Hüsten an den WDR (1974)

„Verkauft die ‚Radiothek' doch an die DDR, da paßt sie hin!"
*Dem Chefredakteur der Neuen Ruhr-Zeitung,
Jens Feddersen, zugeschriebenes Zitat (1975)*

„Jugendliche bekommen häufig zu hören, sie seien
für alles mögliche noch zu jung. Warum sollen sie nicht
Spaß an Sendungen haben, für die ihre Eltern zu alt sind?"
Rüdiger Becker, Redakteur der SDR-Jugendsendung „point" (1980)

„Die richtige Sendung am falschen Platz."
Manfred Jenke, WDR-Hörfunkdirektor 1974-1993 (2005)

Inhalt

Einleitung 1

Fragestellung und Vorgehensweise (3) – Zum Aufbau der Arbeit (4) – Was nicht zur Sprache kommt (6) – Anmerkung zur Terminologie (7) – Zu Literatur und Quellen (8) – Zur schriftlichen Überlieferung der Sende-Inhalte: Sendeunterlagen und Transkripte (9) – Zur akustischen Überlieferung: Tonträger (10) – Zur Aussagekraft der Quellen (12) – Wertungen und Zeitzeugenaussagen (13)

I. Radio für Jugendliche in den siebziger Jahren – Vorgeschichte und Umfeld 16

1. Zur Situation bundesdeutscher Jugendlicher in der ersten Hälfte der siebziger Jahre — 16

   a) Zum Lebensgefühl der Jugendlichen um 1974 — 16
   b) Das prägende Element im Hintergrund: die Debatte um die Demokratisierung der Gesellschaft — 17
   c) Jugendlicher Medienkonsum um 1974: Presse – Radio – Fernsehen — 18

2. Entdeckung einer Zielgruppe: die neuen Jugendsendungen der ARD-Anstalten um 1970 — 20

3. Das Lebensgefühl von „Achtundsechzig" im Radio: *Panoptikum* – die Vorläufersendung der Radiothek (1968-1973) — 22

II. 1972-1973: Die WDR-Redakteure planen eine „Jugendschiene" 28

1. „...uns für die Rechte junger Leute einsetzen": die Radiothek als Zielgruppensendung — 30
   Die Redaktion umreißt ihr Konzept (31)

2. „Ein irritierendes Moment": Jugendliche und Jungredakteure am Mikrofon – der Einsatz von Originaltönen und die sprachlichen Charakteristika — 35

   a) Originaltöne — 35
   b) Sprachliche Charakteristika — 37

3. Inspiriert von Platten der *Beatles*: Ideen für die zweistündige Wort-Musik-Sendung — 38

   a) Zum Moderationskonzept — 41
   b) „Nicht in komplizierter Form, auch nicht wie Kochrezepte für Eintopfgerichte" – Anforderungen an die Wortbeiträge — 42

4. Von der *Discothek im WDR* bis zum Progressive Pop – Blick auf die Musikstrecken ... 43

   a) Zwischen persönlichen Vorlieben und „Format Play": Zur Musikdramaturgie der Radiothek ... 44
   b) Mal Sondock und die „Discothek im WDR" ... 46
   c) Eine alternative Hitparade: die „Schlagerrallye" ... 49

5. „Wir waren reichsunmittelbar": die Rekrutierung der Redaktion und ihre unmittelbare Zuordnung zur Hörfunkdirektion ... 50

   a) Arbeitsorganisation ... 50
   b) Personalien ... 51
   c) Organisatorische Einbindung ... 53

III. Die Sende-Inhalte 1974-1980 ... 56

1. Startphase der Radiothek ... 56

2. Zu thematischen Akzenten und alternativen Sendekonzepten ... 56

   a) Die Themenschwerpunkte ... 56
   b) Sendekonzepte auf Tuchfühlung mit den Hörern ... 59

      α) Radiothek unterwegs (60) – β) Radiothek am Draht (63) – γ) Hörer machen Programm (64) – δ) Hörer als Hörspielautoren (65)

3. Der Umgang mit Themen der Zeit ... 65

   a) Sendungen des Themenbereichs Politik (1): Parteien und politische Bildung ... 67

      α) Themen der politischen Bildung (67) – β) Politische Parteien und ihre Jugendorganisationen (70) – γ) Zeitgeschichtliche Themen (71) – Zusammenfassung (74)

   b) Sendungen des Themenbereichs Politik (2): Innenpolitik, Kriminalität und Infragestellen der Demokratie ... 75

      α) Innere Sicherheit und Grundrechte (75) – β) Kriminalität (76) – γ) Der reformbedürftige Strafvollzug (78) – δ) Der Radikalenerlaß (79) – ε) Rechtsradikalismus der siebziger Jahre (84) – ζ) Terrorismus von links (86) – Zusammenfassung (88)

   c) Sendungen des Themenbereichs Politik (3): Blick über die Grenzen der Bundesrepublik ... 89

      α) Die DDR und die übrigen Länder des Warschauer Paktes (89) – β) Entwicklungspolitik und Dritte Welt (93) – γ) Autoritäre Regimes und Diktaturen in der Dritten Welt und in westlichen Ländern (94) – Zusammenfassung (97)

d) Sendungen des Themenbereichs Gesellschaft (1): Gesellschaftliche Organisationen und (Rand-)Gruppen ... 98

α) Jugendorganisationen (98) – β) Behinderte (99) – γ) Ethnische (Rand-) Gruppen (100) – δ) Homosexuelle als Randgruppe (104) – ε) Weitere Randgruppen (105) – ζ) Kirchen und Religion (107) – Zusammenfassung (108)

e) Sendungen des Themenbereichs Gesellschaft (2): Lebensstile ... 108

α) Kultur und Jugendkultur (108) – β) Rückschau auf „1968" (110) – γ) Die dominante Kultur am Beispiel des Sports (112) – δ) „Wir werden uns über den Zwang zur Anpassung unterhalten" – „Warenästhetik" und Mode (113) – ε) Die USA und ihre Lebensweise (120) – ζ) Die Alternativkultur (121) – η) Die Bemühungen um selbstverwaltete Jugendzentren (124) – θ) „Am Rande des Abgrunds wird jeder Fortschritt sinnlos" – Umweltschutz, Umweltbewegung (125) – ι) Pazifismus, Kriegsdienstverweigerung und Bundeswehr (127) – Zusammenfassung (128)

f) Themen aus der Arbeitswelt ... 129

α) Allgemeine Themen aus Wirtschaft und Sozialpolitik (129) – β) Gewerkschaften (130) – γ) Jugendliche in der Ausbildung (131) – δ) Arbeitsalltag Jugendlicher und Erwachsener (135) – ε) Blick auf die Arbeitgeberseite (136) – ζ) Arbeitslosigkeit (136) – Zusammenfassung (138)

g) Der Themenbereich Bildung ... 138

α) Allgemeine Themen der Bildung und Erziehung (138) – β) Schule (139) – γ) Hochschule (143) – Zusammenfassung (145)

h) Familie und Individuum als Themen ... 146

α) Zur Situation der Frau (146) – β) Partnerschaft und Sexualität (148) – γ) Der Streit um den § 218 StGB (150) – δ) Das Verhältnis Jugendlicher zu ihren Eltern (151) – Zusammenfassung (152)

i) Ausblenden der Wirklichkeit ... 153

α) Alkohol- und Drogenkonsum (153) – β) Psychologische Probleme – Selbstmord (156) – Zusammenfassung (157)

j) Ein besonderes Thema ... 158

k) Sondersendungen: Selbstkritik – Selbstbeschreibung – Experimente ... 158

α) „Rheinischer Merkur über Radiothek" (158) – β) „Radiothek über Radiothek. Öffentliche Veranstaltung in Bochum-Langendreer" (162) – γ) Einblicke in die Redaktionsarbeit: Über das Entstehen eines Radiothek-Beitrags (162)

Wortbeiträge der Radiothek – Zusammenfassung ... 163

IV. Redaktionsalltag: die Arbeitsabläufe – der tägliche Kontakt mit Hörern ... **168**

1. Arbeitsabläufe zwischen Planungssitzung, Telefonrecherche und Produktionsstudio ... 168

2. Die Radiothek und ihre Hörer – zeitgenössische Erkundungen ... 170

a) Die *Systematische Hörer-Programmbeobachtung* 1975 ... 171

    b) „Bei der Jugend heißt der Renner ‚Radiothek'": Die Untersuchung
       Hörfunk und jüngere Generation 1976 174
    c) Erkundung im Jahre 1979 177

3\. Reaktionen der Hörer 178

    a) Begrenzte Responsivität: Themenvorschläge der Hörer und die Resonanz unter den Redakteuren 179
    b) Hörerreaktionen auf Parteinahme in der Radiothek 186
    c) Hörerpost zur Verständlichkeit der Wortbeiträge 189
    d) Hörerpost zum Konzept der Musikstrecken 190
    e) Einzelne Sendungen in der Kritik 191

V. Die Radiothek in der zeitgenössischen Diskussion   208

1\. Konfliktlinien 208

    a) Zu den Begriffen der „Objektivität" und der „Ausgewogenheit" 210
    b) Zum Kräftespiel der Gremien, Intendanten und Hörfunkdirektoren im WDR 212
    c) Zum Selbstverständnis der Hörfunkmitarbeiter 216
    d) Debatten um den öffentlich-rechtlichen Rundfunk 217

2\. Der Optimismus versiegt: Zum Wandel jugendlichen Lebensgefühls zwischen 1974 und 1980 222

    a) Stimmungswandel 222
    b) Jugendprotest, Resignation und neue soziale Bewegungen 223
    c) Postmaterialismus – Wertewandel 224
    d) Politisches (Des-)Interesse 226
    e) Folgerungen bezüglich der Radiothek-Hörerschaft 226

3\. Die Gegner der Sendung und ihre Argumente 227

    a) Beispiele der Kritik 228
    b) Folgen der musikalischen Klangfarben für die Resonanz der Wortbeiträge 229
    c) Warum so scharfe Kritik? Erklärungsversuche der Zeitzeugen 229

4\. Jens Feddersen und die Radiothek: der erste große Streit 1974/75 234

    a) Eine Kommission tritt zusammen 234
    b) Die Ergebnisse der Beobachtung 237
    c) Reaktionen auf das Votum des Programmbeirates 240
    d) Die Debatte kommt in Gang 243
    e) Das Echo in der Presse 245

5. Die Haltung der Intendanten — 247

    a) Klaus von Bismarck — 248
    b) Friedrich-Wilhelm von Sell — 252

6. Hörfunkdirektor Manfred Jenke und die Radiothek — 258

7. Relative Ruhe vor dem Sturm: die Jahre 1976 bis 1978 — 264

    a) Zweierlei Maß angelegt? Die Kritik an einem Bericht über die Kölner Verkehrsbetriebe — 265
    b) Eine Sendung zum Streit um die Kündigung eines Redakteurs beim *Kölner Stadt-Anzeiger* — 268
    c) Heinrich Windelen protestiert — 269
    d) Streit mit der *Bild*-Zeitung: „Wen erschlägt die Schlagzeile?" — 272

8. Frühjahr 1979: eine erste Grundsatzdiskussion — 274

    a) Vorgeschichte: Zur Verwendung des Begriffs „Berufsverbote" im WDR-Hörfunkprogramm — 274
    b) Landtagsdebatte um die Radiothek — 275
    c) Die Radiothek vom 19. Februar 1979 – eine Sendung mit ungeahnten Folgen — 276

Zusammenfassung – der Streit um die Radiothek zwischen 1974 und 1979 — 280

VI. Dem Ende entgegen: die letzten 13 Monate — 281

1. Nikolaustag 1979: Ein *Amoklauf* und seine Konsequenzen — 281

    a) Zwei umstrittene Sendungen des Herbstes 1979 — 281
    b) Die Sendung *Literatur für gute und miese Zeiten* und ihre Nachwirkungen — 283

2. Jahreswende 1979/80: Die Redaktion tritt zurück — 287

3. Januar 1980 – „Maulkorb vom Funkbaron"? Die Sendung unter schärferer Kontrolle — 289

    a) Das Aus für die spontanen Live-Wortmoderationen — 289
    b) Das Echo unter den Hörern — 297

4. „Die schneiden uns die Zunge raus!" – Anhänger der Sendung machen mobil — 300

5. „Der Biß war raus" – das Jahr 1980: die Abwicklung — 303

a) Radiothek im WDR-Fernsehen	303
b) Manfred Jenke rückt ab	304
c) Zur redaktionsinternen Stimmung 1980	309
d) Das Presseecho	310
e) Pläne für die Zeit „danach"	312
6. *Das war's, Radiothek*: die Abschlußsendung	314
a) Die Sendung des 30. Dezember 1980	316
b) Proteste gegen die Sendung	320
c) Die Presse berichtet intensiv	322
d) Das Nachspiel	323
Zusammenfassung – die turbulente Endphase der Radiothek	333

Schluß   **336**
Die Radiothek im Rückblick (336) – „WDR zwei zu eins: Thema heute" (341) – Der WDR-Hörfunk und die junge Hörergruppe ab 1981 (342) – Resümee der Zeitzeugen (344) – Die naheliegende Frage: Warum änderte man nicht den Kurs? (348)

Anhang	**354**
Nachweis der auf Seite V wiedergegebenen Zitate	354
Bildnachweis	354
Abkürzungen	355
Ungedruckte Quellen	356
Literatur und zeitgenössische Texte	356
Zeitzeugengespräche	365

Einleitung

Die Ergebnisse der Umfrage *Media-Analyse 98/I* machten 1998 selbst Optimisten staunen – und im Sendezentrum im Kölner Mediapark knallten die Sektkorken: Denn dem Jugend-Hörfunkprogramm des Westdeutschen Rundfunks war es gelungen, seine Hörerzahlen binnen drei Jahren beinahe zu vervierfachen.[1] *Eins Live* – der Name der Welle war Ende der neunziger Jahre unter Jugendlichen und jungen Erwachsenen in Nordrhein-Westfalen in aller Munde: fast jeder zweite 14- bis 29jährige schaltete das Programm täglich ein. „Die Radionutzung junger Menschen in NRW ist sprunghaft gestiegen", bilanzierte *Eins-Live*-Wellenchef Gerald Baars – und fügte nicht ohne Stolz hinzu: „Dem WDR hätte die Zielgruppe von Eins Live dies kaum noch zugetraut."[2]

Wenige Jahre zuvor hatte das erste Hörfunkprogramm des Westdeutschen Rundfunks landläufig nicht eben als übersprudelnder Quell radiophoner Innovation gegolten. „Der WDR [...] galt als langweilig"[3], konstatiert Klaus Klenke, der damals gerade Programmchef der privaten Station *Radio NRW* geworden war. Dieses Bild hatte sich besonders unter Jüngeren festgesetzt[4]: „Es gab – ich will nicht sagen, eine Generation, aber ein ganzes Potential an Menschen, die sich in *dem* Radio nicht mehr wiedergefunden haben"[5], bestätigt die langjährige Chefredakteurin des WDR-Hörfunks, Helga Kirchner. Längst war in Vergessenheit geraten, daß aus dem Funkhaus in der Domstadt einmal – als ein Vorläufer von *Eins Live* – eine Sendereihe gekommen war, die selbst neutrale Beobachter eine „Brandfackel unter den Jugendsendungen"[6] genannt hatten – ein Programm, das von 1974 bis 1980 jeden Abend zwischen 19.05 und 21.00 Uhr über den Sender gegangen war: „Fünf nach sieben – Radiothek".

„Die Radiothek" – wie sie kurz genannt wurde – repräsentierte ein Angebot, das sämtliche ARD-Rundfunkanstalten um die Mitte der siebziger Jahre in ihr Hörfunkprogramm aufgenommen hatten: die Zielgruppensendung speziell für Hörer zwischen 14 und 29 Jahren. Denn diese Gruppe zeigte wenig Interesse am Vorabendprogramm des Fernsehens – sie zog sich in ihre eigene Sphäre zurück: ans Radio. Sie wünschte sich eine Sendung, in der Rock- und Popmusik zu hören waren und die – dies war zumindest die Überzeugung vieler Radiojournalisten – Themen behandelte, die Jugendliche angingen: Schulprobleme, Sexualität und Partnerschaft, Jugendkultur und Jugendzentren, Berufsausbildung und Hochschulstudium, womöglich aktuelle politische Ereignisse. Es sollten Sendungen sein, die wenig gemein hatten mit dem seit den fünfziger Jahren etablierten traditionellen Hörfunk der gewichtigen, in gesetztem Ton vorgetragenen Kommentare und Abhandlungen. Die Realisie-

---

[1] Vgl. Gerald Baars, Immer für Überraschungen gut. Radio Eins Live vom WDR, in: *ARD-Jahrbuch* 1998, S. 69-74, hier: S. 74: Die Quote regelmäßiger Hörer stieg gegenüber der des Vorgängerprogramms WDR 1 (1995: 4,8 %) auf 17,8% im Jahre 1998.
[2] Ebda., S. 72, 74
[3] Interview mit Klaus Klenke im Mai 2007.
[4] Vgl. Monika Piel, Radio und Leichte Musik – ein unschlagbares Erfolgsduo, in: Ulf Scharlau/Petra Witting-Nöthen (Hg.), „Wenn die Jazzband spielt..." Von Schlager, Swing und Operette. Zur Geschichte der Leichten Musik im deutschen Rundfunk, Berlin 2006, S. 143-151, hier: S. 143 f. – Bundesweit schalteten 1994 52,5% der 14- bis 19jährigen vornehmlich kommerzielle Radioprogramme ein, nur 39,4% bevorzugten die öffentlich-rechtlichen Sender – darin verhielt sich diese Gruppe der Bevölkerungsmehrheit entgegengesetzt, vgl. Ulrike Six/Gunnar Roters/Roland Gimmler, Hörmedien. Eine Analyse zur Hörkultur Jugendlicher, Landau 1995 (Landauer Universitätsschriften 1), S. 31.
[5] Interview mit Helga Kirchner im August 2004.
[6] Hans Christian Schmidt, Radiothek. Konzeption, Struktur und Zielsetzung einer jugendspezifischen Wort- und Musiksendung des Hörfunks, in: ders. (Hg.), Musik in den Massenmedien Rundfunk und Fernsehen. Perspektiven und Materialien, Mainz 1976, S. 170-208 (künftig: „Radiothek"), hier: S. 171.

rung schuf „das modernste Radio, das es damals in Deutschland gab", so Ulf Posé, von 1974 bis 1980 Musikmoderator der Radiothek, zuvor beim kommerziellen Radio Luxemburg und bei schwimmenden Piratensendern in der Nordsee aktiv. „Es gab keinen Sender, der so modern gearbeitet hat wie der WDR mit der Radiothek; deswegen ist diese Sendung ja auch relativ bekannt und berühmt geworden."[7]

Sie wurde bekannt und berühmt in zweierlei Hinsicht – einerseits als ein abendliches Zugpferd des in absoluten Zahlen meistgehörten Radioprogramms in der Bundesrepublik[8], das rasch Anklang unter Jugendlichen fand. Andererseits provozierten ihre Wortbeiträge mitunter massive Kritik. „Jugendsendungen damals waren Sendungen, die gegen den Stachel gelöckt haben!"[9] erklärt Klaus Klenke, der die Szenerie seit 1971 als Referent in der WDR-Hörfunkdirektion beobachtete. Denn hier ging es nicht nur um brisante Themen, gab es engagierte Moderationen und Kommentare.

> „Radiothek war ein Reflex des öffentlich-rechtlichen Rundfunks auf die 68er-Bewegung, auf die Formel ‚Mehr Demokratie wagen' – also nicht nur immer *über* Menschen zu berichten, sondern auch Menschen die Gelegenheit zu geben, authentisch von ihrem Alltag, von ihren Bedürfnissen zu erzählen, ihre Forderungen zu erheben"[10],

begründet der heutige WDR-Hörfunkdirektor Wolfgang Schmitz, einst Redakteur der Radiothek.

Jugendliche kamen im Originalton zu Wort – „ungeschminkt, frech und in der Wortwahl vielleicht auch nicht immer so gepflegt"[11] (Helga Kirchner, Radiothek-Redakteurin zwischen 1974 und 1980). „Weil Du ja nicht steuern kannst, was die sagen!" begründet der damalige Hauptgeschäftsführer des Deutschen Bundesjugendrings und heutige Intendant der Deutschen Welle, Erik Bettermann, der in den siebziger Jahren besonders das Jugendfernsehen beobachtete: „Der Auslöser der Kritik war doch weniger, daß ein verrückter Redakteur irgendwas äußerte. Sondern es war eine von Jugendlichen artikulierte Meinung, die nicht in die Norm reinpaßte."[12] Tatsächlich provozierten streitbare O-Töne die erbittertsten Attacken auf die Radiothek. Und all dies umrahmte eine Musik, die in den Ohren vieler älterer Hörer – ob zu Recht oder zu Unrecht – „eine Methode [war], dem System eins auszuwischen"[13].

Zahlreichen Kritikern galt die Radiothek bereits nach wenigen Monaten als ein rotes Tuch – als ungehobelt, aggressiv, subversiv, als linksradikal, mitunter sogar verfassungsfeindlich. „Man muß sich ja vorstellen: Mit dieser Sendung war immer nur Druck! War nur Ärger!" erinnert sich Referent Klenke. „Das erste Wort war noch nicht über'n Sender, da fingen die Schwarzen an, Randale zu machen."[14] „Es gab in dieser Sendung ja keine kritische Auseinandersetzung", beobachtete der frühere Bundesminister Heinrich Windelen (CDU),

---

[7] Interview mit Ulf Posé im Juli 2006.
[8] So Susanne Wankell, Der Hörfunk im Wandel. Grundsätze – Formen – Reformen, in: Klaus Katz u.a. (Hg.), Am Puls der Zeit. 50 Jahre WDR, Bd. 2: Der Sender: weltweit nah dran 1956-1985, Köln 2006, S. 56-79, hier: S. 72: sie beziffert die regelmäßige Hörerzahl des zweiten WDR-Programms für 1976 auf 5,1 Millionen.
[9] Interview mit Klaus Klenke im Mai 2007.
[10] Interview mit Wolfgang Schmitz im Juli 2003.
[11] Interview mit Helga Kirchner im August 2004.
[12] Interview mit Erik Bettermann im Juni 2007.
[13] Helmut Salzinger, Rock Power oder: Wie musikalisch ist die Revolution?, Reinbek 1982, S. 126.
[14] Interview mit Klaus Klenke im Mai 2007.

der sich als Mitglied des WDR-Verwaltungsrates häufig mit der Reihe befaßte; und er zitiert einen zeitgenössischen Spitznamen: „Es war *Maothek*!"[15]

„Die meistumstrittene Hörfunksendung in der Bundesrepublik"[16] nannte der *Spiegel* die Radiothek im Herbst 1975. Und auch Christoph Lanz, in den achtziger Jahren Wortredakteur der SWF-Jugendreihe *Pop-Shop*, bezeichnet die Radiothek und ihr West-Berliner Pendant *s-f-beat* als die beiden in ihren Meinungsäußerungen „schärfsten" bundesdeutschen Hörfunksendungen für Jugendliche in der damaligen Zeit.[17] „Gelegenheitshörer hatten [...] schon häufig den Eindruck, die Sendereihe diene vor allem dazu, das jugendliche Publikum mit marxistisch indoktrinierten Informationen und Analysen über das politisch-revolutionäre Geschehen in der Welt zu versorgen"[18], kritisierte die *Frankfurter Allgemeine* die Sendung aus der Domstadt. „Abends um fünf nach sieben, und das tagtäglich, da zeigt man den Hörern im Rheinland, was eine progressive Harke ist", beobachtete die Kölner Tageszeitung *Express*. „Radiothek ist die Sendung der unterschiedlichsten Superlative: Sie spielt den heißesten Rock, hat die meisten jugendlichen Stammhörer, spricht die deutlichste Sprache und steht unter dem schwersten Beschuß."[19] In der deutschen Radiogeschichte sucht man in der Tat vergebens eine Sendereihe, die über sieben Jahre hinweg überregional in derart hitziger Weise diskutiert worden ist. Ulrich Teiner, der die Radiothek-Wortredaktion leitete, erinnert sich an eine turbulente Phase seines Berufslebens: „Das war ein Ritt auf einem heißen Stuhl! Das war schon was Besonderes, na klar."[20]

Fragestellung und Vorgehensweise

In den siebziger Jahren hatten alle ARD-Anstalten eine derartige Zielgruppensendung ins Programm genommen – beim Südwestfunk hieß sie *Pop-Shop*, beim Saarländischen Rundfunk *Drugstore*; aus München kam der *Zündfunk*, aus Stuttgart *Point*. Die Radiothek wird hier als Fallstudie untersucht. Sie kann beispielhaft für diese Jugendsendungen stehen; denn die Kölner Redakteure verfochten das Konzept nach Ansicht der Zeitgenossen konsequenter als ihre Kollegen in den meisten anderen ARD-Funkhäusern[21]. Sie wurde im bevölkerungsreichsten Bundesland ausgestrahlt, verzeichnete also verglichen mit einschlägigen Angeboten anderer ARD-Anstalten die größten Hörerzahlen. Sie wurde zugleich von einem Sender ausgestrahlt, dem in der Bonner Republik der sechziger Jahre eine besondere Rolle zugefallen war, wie der frühere Pressechef des WDR, Michael Schmid-Ospach, erläutert:

> „Früher hatte der WDR ja eine Art geistiger Meinungsführerschaft in der Republik inne! So wie in Hamburg bei *Spiegel* und *Stern* eine gewisse Vordenkerqualität vorhanden war, war das auch beim WDR. Da wurden in Kommentaren und Sendungen Politikströme reflektiert, lange bevor die Politik das entdeckte! [...] Da gab es ja auch Redakteure und Autoren, um die die ganze Republik den WDR beneidet hat – in der Klarheit der Analyse, in der Schärfe des Ur-

---

[15] Interview mit Heinrich Windelen im Mai 2007. – Der Terminus „Maothek" war bereits 1974 geläufig, vgl. N.N., Manche schimpfen „Maothek". WDR-Programm ist jünger geworden, in: *Westdeutsche Allgemeine Zeitung* vom 17.8.1974.
[16] N.N., Trojanischer Teppich, in: *Der Spiegel* 41/1975 (6.10.1975), S. 196-197, hier: S. 196.
[17] Interview mit Christoph Lanz im Juni 2007.
[18] Lothar Bewerunge, Ein Zerrbild aus Köln. Muß die Kritik an der ‚Radiothek' des Westdeutschen Rundfunks im Sand verlaufen?, in: FAZ vom 3.9.1975.
[19] Mario Kaiser, Radiothek – die rote Riege beim WDR? Jugendsendung geriet unter Beschuß, in: *Express* vom 18.10.1975.
[20] Interview mit Ulrich Teiner im Februar 2005.
[21] Vgl. die Gegenüberstellung der Sendungen im Themenheft *Jugendfunk – Pickel im Programmgesicht* der Zeitschrift *Medium* 8 (1978), Heft 10.

teils und so weiter. [...] Diese Meinungsführerschaft, die der WDR – nicht aufgrund von politischen Vorlieben, sondern aufgrund von wirklich starker Qualität – immer gehabt hat, war eine seiner größten Tugenden."[22]

Damit allerdings war der WDR auch Gegenstand besonderer publizistischer und politischer Aufmerksamkeit. Zur bevorzugten Zielscheibe der Kritik in der „Rotfunk-Debatte" um den Sender, die Mitte der siebziger Jahre ihren Höhepunkt erreichte, wurde neben dem Fernsehmagazin *Monitor* und der Hörfunkreihe *Kritisches Tagebuch* auch die Radiothek. Ihre hartnäckige Redaktion hielt konsequent Kurs – bis ins Jahr 1979 hinein mit Rückendeckung eines liberalen Hörfunkdirektors.

Viele Themen, die dabei zur Sprache kamen, sind nach wie vor aktuell. Das gilt nicht nur für die ungelösten Probleme des Lehrstellenmangels, der Jugendarbeitslosigkeit und des weltweiten Nord-Süd-Gegensatzes. Umweltschutz und Energieknappheit, die Frage, wie Staat und Gesellschaft der Bedrohung durch Terroristen begegnen, das Problem des Rechtsradikalismus, das Verhältnis Jugendlicher zu den Kirchen, der Umgang mit Einwanderern und ethnischen Minderheiten, der Zusammenhang zwischen sozialer Herkunft und Bildungschancen und auch die gravierenden Folgen des Geburtenrückgangs[23] – mit diesen Themen hat sich die Kölner Jugendfunkredaktion über sieben Jahre hinweg befaßt. Aus heutiger Sicht ist von Interesse, auf welche Weise sie dies tat und welche Reaktionen sie damit hervorrief.

Die Arbeit skizziert also Erscheinungsbild und Inhalt der Radiothek-Wortbeiträge und zeichnet den Streit um die Sendung nach, der im Frühsommer 1974 heraufzog, 1975 einen ersten Höhepunkt erreichte, dann in den Jahren 1979 und 1980 an Schärfe zunahm und schließlich auf den de facto ersatzlosen Wegfall der Reihe hinauslief. Die Debatte entbrannte im Spannungsfeld zwischen Redaktion, Hörfunkdirektion, Intendanz und Aufsichtsgremien – zeitweise unter dem Einfluß externer politischer Akteure und manchmal auch einer höchst emotionalisierten Öffentlichkeit. Zum Zankapfel gerieten gerade Wortbeiträge der Radiothek, und zwar solche Berichte, Reportagen und Gespräche, die sich mit Themen aus Politik und Gesellschaft befaßten. Sie wurden kopfnickend oder kritisch gehört, mitunter Wort für Wort abgeschrieben, oftmals heiß diskutiert – einmal sogar im nordrhein-westfälischen Landtag – , und nicht selten angefeindet.

Deshalb untersucht diese Studie vornehmlich diese Beiträge; andere Themen – etwa der Kultur und der Unterhaltung – sind nur am Rande berücksichtigt.

Zum Aufbau der Arbeit

Die Untersuchung will abwägen, wer in der Debatte stichhaltigere Argumente ins Feld führen konnte: die Kritiker oder die Befürworter. Deshalb muß nicht nur der Verlauf des Zwistes nachgezeichnet werden, sondern auch der Streitgegenstand selbst muß zur Sprache kommen.[24] Nach einem kursorischen Blick auf die Jugendszene der frühen siebziger Jahre werden Konzeption und Planung der Radiothek erörtert: fast zweijährige Überlegungen und senderinterne Debatten um die Gestalt der Sendung, um die Rekrutierung der Redaktion und ihre besondere Positionierung im Organisationsgefüge des WDR-Hörfunks.

---

[22] Interview mit Michael Schmid-Ospach im April 2007.
[23] Dieses Thema stellt in dieser Aufzählung insofern einen Sonderfall dar, als es – soweit heute erkennbar – lediglich einmal zur Sprache kam: nämlich in dem Beitrag *Sterben die Deutschen aus? Wie bedrohlich ist der Geburtenrückgang?* (31.7.1978), vgl. die Wochenvorschau in WDR Hist. Arch. 10445. Die Sendung als solche ist nicht dokumentiert.
[24] Aus Praktikabilitätsgründen folge ich dabei den Regeln der alten Rechtschreibung.

Anschließend steht der Inhalt der Wortbeiträge im Mittelpunkt: zunächst in einem Blick auf die grundsätzlichen Themenschwerpunkte. Im Abschnitt III. 3 geht es um den Inhalt einzelner Wortbeiträge, unterteilt nach Themenkategorien. Dieser umfangreiche Teil ist so angelegt, daß sich die Essenz eines Abschnitts der jeweiligen Zusammenfassung entnehmen läßt. Der eiligere Leser findet also dort jene Angaben, wie sie zum Verständnis der Debatten um die Radiothek hilfreich sind; die nötigen Details enthalten die Abschnitte selbst. Sie sind bewußt kleinteilig gegliedert, um die Suche nach Sendungen zu bestimmten Themenkategorien zu erleichtern.

Abschnitt IV befaßt sich mit der täglichen Arbeit der Redaktion und daneben mit der Hörerpost, die der Sender zu dieser Jugendreihe erhielt. Es geht dabei auch um das Verhalten der Redaktion gegenüber Themenvorschlägen ihrer Hörer. Zuschriften stammten in den meisten Fällen von Personen oder Gruppen aus der alternativen Szene – die beispielsweise ein selbstverwaltetes Jugendzentrum einrichten, auf Probleme am Arbeitsplatz hinweisen oder gegen eine lokale rechtsradikale Initiative vorgehen wollten. Die Mehrzahl dieser Anliegen wurde von der Redaktion allerdings abschlägig beschieden, obwohl die Redakteure engen Kontakt zum Publikum hielten. Flankiert wurde letzteres durch Untersuchungen des Hörerverhaltens, die der WDR in dieser Frühphase der empirischen Medienforschung initiierte.

Beginnend mit Abschnitt V. 1 kommt dann der Streit um die Sendung zur Sprache. Neben den grundsätzlichen Konfliktlinien der politischen Akteure bezüglich der Programminhalte des WDR fällt ein kurzer Blick auf die Stimmung, die sich beim Zielpublikum der Radiothek zum Ende der siebziger Jahre hin ausbreitete und die ein Subthema der Debatten um die Sendereihe ist. Während sich nämlich politische und mediale Akteure in den Disput begaben, begann sich die Zielgruppe in ihrem Denken und Verhalten mehr und mehr zu verändern: Die noch 1973/74 vergleichsweise optimistische Haltung vieler Jugendlicher wich drückenden Zukunftsängsten und Unsicherheiten, einem Rückzug ins Private. Zwar haben viele, die sich in den Streit um die Radiothek einschalteten, dies offenbar kaum so recht wahrgenommen. Aber die Vermutung liegt nahe, daß eine Sendung, in der stets ein Glaube an die Möglichkeit gesellschaftlicher Reformen zu spüren war, allein aufgrund dieses Mentalitätswandels über kurz oder lang zur Disposition stehen mußte.

Die Debatte um die Sendung erreichte bereits Mitte des Jahrzehnts einen ersten Höhepunkt – davon handelt Abschnitt V. 4. Drei bedeutende Akteure in diesem Streit – die Intendanten Klaus von Bismarck und Friedrich-Wilhelm von Sell sowie Hörfunkdirektor Manfred Jenke – gerieten ins Kreuzfeuer der Kritik. Während Anhänger der Jugendreihe von Sell und Jenke jeden Schritt gegen die Radiothek zur Last legten und beinahe reflexartig von „Zensur" sprachen, warfen Gegner allen dreien vor, daß sie der Redaktion nicht energisch genug entgegenträten. In der Tat äußerten von Bismarck, von Sell und Jenke zumeist differenzierte Kritik zur Radiothek. Differenzierte Stimmen fanden jedoch nie so recht Gehör.

Dennoch verliefen die Jahre 1976-1978 vergleichsweise ruhig, die Konsequenzen einiger konfliktträchtiger Wortbeiträge kommen im Abschnitt V. 7 zur Sprache. Erst 1979 brachten vier heikle Sendungen den Stein endgültig ins Rollen: Der abschließende Teil VI schildert die turbulente Endphase, in welcher der Hörfunkdirektor erstmals entschieden auf Distanz zur Redaktion ging. Obwohl die Anhänger der Radiothek noch Solidaritätsveranstaltungen und Unterschriftensammlungen organisierten, war man sich im WDR selbst längst darüber klar, daß die Reihe im Zuge der für 1981 geplanten Programmreform enden würde. Die an sich als „fröhlicher Ausklang" geplante Abschlußsendung lief dann teilweise aus dem Ruder und zog einen Skandal nach sich, der bundesweit Schlagzeilen machte.

Was nicht zur Sprache kommt

Welche genaue Wirkung[25] die Wortbeiträge bei den Hörern hinterlassen haben könnten, ist hier weniger von Interesse. Alle Aussagen darüber bleiben Spekulation, weil es kein Datenmaterial und keine einschlägigen Erhebungen gibt.[26] Der Abschnitt IV. 3 über die Hörerpost zur Radiothek referiert deshalb Inhalte vor allem zu solchen Sendungen, die besondere Reaktionen auslösten.[27] Die im WDR-Archiv erhaltenen Zuschriften sind unspektakulär. Daß lobende Äußerungen die kritischen an Zahl überwogen, läßt sich wohl darauf zurückführen, daß die meisten Hörer, die mit den Inhalten der Radiothek wenig anfangen konnten, schlicht einen anderen Sender einstellten – statt tatenlos vor dem Radio sitzenzubleiben und sich über ein Programm zu ärgern, das ihnen mißfiel. Die schärfsten – und folgenreichsten – Angriffe gegen die Sendung gingen in der Regel von professionellen Beobachtern aus Politik und Medien aus, kaum von den Hörern selbst.

Nur am Rande kommt eine Konsequenz der Radiothek-Abschlußsendung vom 30. Dezember 1980 zur Sprache: nämlich die juristischen Modalitäten der fristlosen Kündigung des verantwortlichen Redakteurs Ulrich Lux. Daran schloß sich unter anderem ein vielbeachteter arbeitsgerichtlicher Prozeß an, der sich durch zwei Instanzen zog und in dem Lux schließlich obsiegte.[28] Diesen Rechtsstreit und die begleitenden WDR-internen Debatten zu schildern, hätte den Rahmen gesprengt.[29]

Lediglich einzelne Schlaglichter fallen auch auf die täglichen Musikstrecken der Radiothek. Ohne ihre musikalischen Elemente – allen voran die von Mal Sondock moderierte *Discothek im WDR* – hätte die Sendung zwar wohl nicht entfernt eine derart große Hörerschaft erschlossen; und vieles spricht für die Beobachtung Michael Schmid-Ospachs, der rückblickend von einem „sensiblen Feld" spricht, „in dem sich sehr schnell an [...] einer schrillen Musik mehr entzündet, als die Sache selbst hergegeben hat"[30]. Aber in der dokumentierten Debatte um die Radiothek spielte Musik keine Rolle.

Auch jene Musikunterbrechungen, die zur Auflockerung der Wortbeiträge eingestreut wurden, kommen nur am Rande zur Sprache. Welche Musik das im einzelnen war, läßt sich nämlich nur selten rekonstruieren; denn Musiklaufpläne sind in den Sendeakten erheblich seltener als aussagekräftige Wortmanuskripte. Und war ein solcher Laufplan vorhanden, dann gab er nur selten Auskunft darüber, welches der aufgeführten Stücke zwischen welchen Wortblöcken auftauchte. In den erhalten gebliebenen Mitschnitten sind die Musikstrecken nur fragmentarisch dokumentiert. Zum Zusammenspiel von Wort und Musik

---

[25] Wirkung verstanden als „Veränderungen bei Individuen und in der Gesellschaft, die durch Aussagen der Massenkommunikation oder die Existenz von Massenmedien entstehen" im Sinne Gerhard Maletzkes: Medienwirkungsforschung. Grundlagen, Möglichkeiten, Grenzen, Tübingen 1981 (Medien in Forschung und Unterricht Serie B, Bd. 1), S. 5.
[26] Auf die Desiderate in der Wirkungsforschung zu Hörmedien weisen im übrigen noch in den neunziger Jahren Six/Roters/Gimmler a.a.O., S. 53, hin.
[27] Aus Gründen der Praktikabilität und der leichteren Auffindbarkeit ist dieses Echo nicht im Abschnitt III. 3. über die Sendeinhalte beschrieben, sondern in dem kürzeren (IV. 3.) über die Hörerpost. Hinweise in den Anmerkungen verweisen auf die Beschreibung der zugehörigen Sendung unter III. 3.
[28] Vgl. die Urteilsbegründung des Landesarbeitsgerichts Düsseldorf vom 13.7.1981 (in der eine Revision nicht zugelassen wurde), Geschäftszeichen 13/2 Sa 175/81, in Kopie enthalten in den archivalisch noch nicht erfaßten Korrespondenzakten der WDR-Intendanz *Radiothek – Abschluß-Sendung – Kündigung Lux* im Historischen Archiv des WDR.
[29] Vgl. dazu ebda. – Nicht behandelt wird hier im übrigen der im Aktenbestand zur Radiothek dokumentierte Arbeitsgerichtsprozeß um die Klage des u. a. in der Radiothek tätigen freien WDR-Mitarbeiters Christian Berg auf Festanstellung; denn zum einen sah sich der WDR in den siebziger Jahren mit einer Unzahl derartiger Klagen konfrontiert, und zum anderen hat diese Materie mit den Sendeinhalten der Radiothek und dem Streit um die Reihe nichts zu tun.
[30] Interview mit Michael Schmid-Ospach im April 2007.

enthält diese Arbeit daher nur dann detailliertere Anmerkungen, wenn die Quellen verwertbare Anhaltspunkte boten.

Anmerkung zur Terminologie

Sprachlich greift die Studie auf hergebrachte Rundfunk-Fachbegriffe zurück. So ist ein „O-Ton" ein sog. Originalton, der meistens vor Ort mit Mikrofon und Reportagegerät – in den siebziger Jahren waren dies in der Regel tragbare Tonbandgeräte wie das *Uher Report* oder die unverwüstliche *Nagra* – aufgezeichnet wurde. Das „Antexten" eines O-Tons bezeichnet die Formulierung eines Moderations- oder Autorentextes, der zu dem betreffenden O-Ton hinführt; das „Abnehmen" diejenige Formulierung, die unmittelbar an ihn anschließt. „Vorproduktion" bedeutet, daß ein Gespräch oder eine Moderation im Vorfeld aufgezeichnet wird, um dann vom Band gesendet zu werden. Ein „Einspielband" ist das Tonband, welches während einer Sendung startbereit auf einer Maschine im Regieraum lag und dessen Inhalt zwischen den live gesprochenen Moderationen, meist auf ein Zeichen des Moderators, vom Techniker am Mischpult abgespielt wurde. Ein solches Band bestand meist aus durch Gelbbänder getrennten „Takes" – der einzelne Take war dazu gedacht, jeweils separat wiedergegeben zu werden, so daß sich in der Regel die Reihenfolge ergab: Moderation – Take 1 – Moderation, evtl. zusätzlich Musik – Take 2 – Moderation, evtl. zusätzlich Musik – Take 3 usw.

Ein „gebauter Beitrag" bezeichnet einen Bericht, der neben Texten des Autors O-Töne und mitunter auch die radiointern als „Atmo" bezeichneten Geräusch-Einspiele enthält. Ein „Trenner" ist ein kurzes akustisches Einsprengsel, das z. B. an einen Satz anschließt, bevor der nächste Satz folgt. Von einem „akustischen Ausrufezeichen" ist hier die Rede, wenn sich an einen Text oder einen O-Ton eine besonders plakative Musik oder auch ein Klangeffekt anschloß – denn es versteht sich von selbst, daß auf diese Weise Inhalte hervorgehoben werden können. „Hart" oder „weich herangeschnitten" bezeichnet die Art, auf die solch ein akustisches Ausrufezeichen oder ein Musikeinspiel an einen Text anschloß – mit einer kurzen oder einer längeren Pause; dies kann unter Umständen die Wirkung z. B. eines O-Tons mitbestimmen, auch wenn der Unterschied nur Sekundenbruchteile ausmacht.

Die Bezeichnung der Programmmitarbeiter[31] folgt dem von Klaus Klenke beschrittenen Weg: Die Aufgabe der Redakteure besteht demnach vornehmlich darin, „eine der genannten Sendungen inhaltlich vorzubereiten", die der Reporter wiederum darin „aktuelle Berichterstattung zu betreiben und von bestimmten Ereignissen zu berichten". In der Radiothek arbeiteten Redakteure meist Hand in Hand mit den Autoren. Den Moderatoren schließlich fiel es zu, „Sendeinhalte am Mikrofon entweder ohne Manuskript [...] oder mit einem selbstgefertigten Manuskript [...] vorzutragen".[32] In der Radiothek übernahmen häufig die Autoren die Wortmoderation; in vielen anderen Fällen taten dies die Redakteure.

---

[31] Der Begriff „Programmacher" als Bezeichnung derjenigen, die „konkrete Programme planen, durchführen und verantworten", orientiert sich an Günter Kleinen, Massenmusik. Die befragten Macher, Wolfenbüttel/Zürich 1983 (Schriften zur Musikpädagogik 11), S. 48; direkte Zitate dort entnommen. – Sofern in dieser Arbeit von Programm*machern*, Redakteur*en*, Journalist*en* o.ä. die Rede ist, sind damit in der Regel Personen beiderlei Geschlechts gleichermaßen angesprochen.

[32] Vgl. zur Bezeichnung der Mitarbeiter: Klaus Klenke, Das journalistische Selbstverständnis in seinem soziologischen Bedeutungszusammenhang. Dargestellt an einer Abteilung des Westdeutschen Rundfunks Köln, Diss. Bochum 1970, S. 47 f.; direkte Zitate dort entnommen.

Zu Literatur und Quellen

Abgesehen von einem kurzen Abschnitt in der dreibändigen Geschichte des WDR[33] und von zahlreichen Artikeln in der zeitgenössischen Fachpresse – die sich überwiegend mit Einzelaspekten befaßten und meist engagiert Partei für die Sendung ergriffen – sind über die Radiothek bislang lediglich zwei nennenswerte Veröffentlichungen erschienen. Der Siegener Musikwissenschaftler Hans-Christian Schmidt betrachtete 1976 anhand einer beispielhaften Sendung die Konzeption der Reihe, widmete sich jedoch hauptsächlich Fragen des Musikprogramms.[34] Die andere Publikation war ein Themenheft der Zeitschrift *Medium*, das sich 1978 unter dem Titel *Pickel im Programmgesicht* mit typischen Problemen der umstrittenen Hörfunk-Zielgruppensendungen für Jugendliche befaßte; in diesem Rahmen wurden auch die Grundprinzipien der Radiothek erläutert.[35]

Diese Arbeit stützt sich zu einem wesentlichen Teil auf die archivalische Überlieferung des Westdeutschen Rundfunks in Köln, vor allem die Aktenbestände im Historischen Archiv. Neben dem 140 Bände umfassenden „Bestand Radiothek", der vornehmlich auf die Redaktion selbst und auf die Hörfunkdirektion zurückgeht, liegt dort noch eine Anzahl weiterer, teilweise unverzeichneter Akten. Der Bestand umfaßt zum einen Bände mit Korrespondenz, Themenplanungen und vielen internen Details, zum anderen monatlich neu angelegte Akten mit Sendeunterlagen[36].

Die Korrespondenz setzt sich überwiegend aus Schreiben zusammen, die von Redaktionen, Abteilungen, Direktionen und Intendanz des WDR meist senderintern versandt wurden. Die Hörerpost zu den Wortstrecken der Radiothek scheint vollständig erhalten[37]: chronologisch archivierte Originale der Zuschriften mit Antwortschreiben der Redaktion oder anderer Stellen als Durchschlag oder Fotokopie.

In den WDR-Archiven finden sich auch die Sitzungsprotokolle der Aufsichtsgremien aus den Jahren 1974 bis 1980[38] sowie zahlreiche weitere Korrespondenzakten der Hörfunkdirektion und der Intendanz; Details am Rande ließen sich mit einem Blick in die Archive der damals in den Parlamenten – und damit auch in den WDR-Gremien – vertretenen Parteien CDU/CSU, SPD und FDP erhellen. Die dortigen Bestände waren allerdings kaum ergiebig.[39] Die Vermutung liegt nahe, daß die Angriffe gegen die Sendung aus der politischen Sphäre meist auf individuellen Höreindrücken basierten; vereinzelt deutet die Überlieferung auf einen Hinweis politischer Freunde oder aus dem jeweiligen Wahlkreis hin. Auch in den Archivbeständen der Bundesbeauftragten für die Akten des DDR-Staatssicherheitsdienstes gibt es nach Auskunft der Behörde bislang keinen Hinweis auf Handlungen des MfS bezüglich der WDR-Jugendsendung.[40] Das überrascht auch keineswegs, denn das zweite Programm des WDR wurde zur Sendezeit der Radiothek nur im UKW-Frequenzbereich ausgestrahlt, und damit war es jenseits des Eisernen Vorhangs selbst mit empfindlichsten Anlagen nicht mehr zu hören.

---

[33] Vgl. Nicole Vergin, Für jeden etwas: Sendungen für Zielgruppen, in: Klaus Katz u.a. (Hg.), Am Puls der Zeit, a.a.O., S. 114-122 (künftig: „Für jeden etwas"), hier: S. 120.
[34] Schmidt, Radiothek, a.a.O.
[35] *Medium* 8 (1978), Heft 10, a.a.O.
[36] WDR Hist. Arch. 10480-10552; diese Akten umfassen die Jahre 1974 bis 1979.
[37] Die Vermutung stützt sich auf die Dichte des Bestandes. Briefregister fehlen allerdings.
[38] Die dort agierenden Personen sind im folgenden anonymisiert; Friedrich-Wilhelm von Sell und Manfred Jenke haben mir gegenüber mit Zitaten ihrer Äußerungen in den Gremien mit Namensnennung zugestimmt.
[39] Nach Angaben Dr. Christoph Stamms, Archiv der Sozialen Demokratie in der Friedrich-Ebert-Stiftung, Bonn, mit elektronischer Post vom 1.10.2007, sind dort keinerlei Bestände zur Radiothek vorhanden. Auch die Archivare der Konrad-Adenauer- und Friedrich-Naumann-Stiftung erteilten mir bei meinen Besuchen negative Auskunft.
[40] Telefonische Auskunft am 26.10.2007 auf meine schriftliche Anfrage.

Wie in der Zeitgeschichte üblich, ist die Überlieferung redundant. Neben der Korrespondenz enthalten die Akten auch Vermerke, Protokolle und weitere Papiere.[41] Kopien, etwa mit Eingangsstempeln und anderen Vermerken versehen, beeinflussen grundsätzlich nicht den Quellenwert. Anders verhält es sich in einigen Fällen mit handschriftlichen Zusätzen: So kann beispielsweise der Durchschlag eines Schreibens in den Redaktionsakten keinerlei weitere Details verraten, das Original in den Akten der Hörfunkdirektion trägt womöglich Randbemerkungen eines Referenten, während eine Kopie zu Informationszwecken an die Intendanz weitergeleitet worden war – auf der der Intendant Überlegungen festgehalten oder Fragen formuliert hatte. In Zitaten aus dem Material wurden offenkundige Tippfehler stillschweigend korrigiert. Beibehalten habe ich die dortige Schreibweise mit Doppel-s, die vermutlich davon herrührte, daß die verwendete Schreibmaschine über keine „ß"-Taste verfügte. In vielen Fällen sind Schriftstücke mit kursiv gesetzter Bezeichnung zitiert: dabei handelt es sich um die dortigen Originalüberschriften oder -titel.

Zur schriftlichen Überlieferung der Sende-Inhalte: Sendeunterlagen und Transkripte

Wie erwähnt, sind die Wortbeiträge der Radiothek nur teilweise dokumentiert. Bislang nicht auffindbar sind im WDR-Archiv die Sendeunterlagen des Jahres 1980. Zu gut der Hälfte der übrigen Tage ist nichts erhalten, zu vielen weiteren Sendungen existieren nur mehr die Laufpläne. Zu wieder anderen gibt es noch Material, auf das die Moderatoren und Redakteure höchstwahrscheinlich bei ihrer Vorbereitung zurückgegriffen haben. In all diesen Fällen ließ sich eine Sendung aus den Akten nicht mehr zufriedenstellend rekonstruieren.

Schon anders sieht es in Fällen aus, in denen Moderationsmanuskripte vorhanden sind. Die sind manchmal umfassend und wohlgeordnet, häufiger fragmentarisch, mitunter chaotisch – daher in der Mehrzahl unergiebig; zu einem Teil der Sendungen jedoch lassen sich auf dieser Grundlage Feststellungen treffen. Im Einzelfall läßt sich auch aus dem Antexten oder der Abnahme eines an sich nicht dokumentierten Originaltons durchaus ein Stück weit auf dessen inhaltliche Akzente schließen.

Weiterhin sind zu vielen Sendungen neben den Moderationsmanuskripten auch noch Transkripte der Originaltöne hergestellt worden; ein im hektischen Radioalltag mühsames Geschäft, auf das viele Autoren damals begreiflicherweise verzichtet haben. Bei einigen Hundert Gelegenheiten hat man sich allerdings doch die Mühe gemacht.

Als – beinahe – ideal erwiesen sich schließlich jene Fälle, in denen eine Sendung mit ihren Wortstrecken transkribiert worden war; meist auf Druck der WDR-Aufsichtsgremien hin, weil ein Beitrag nämlich Anstoß erregt hatte. Da sich Gegner wie Anhänger der Hörfunksendung Radiothek vielfach doch lieber auf schriftlich Fixiertes als – wie es sinnvoller gewesen wäre – auf Höreindrücke gestützt zu haben scheinen, sind über die Jahre hinweg immer wieder Transkripte verfaßt worden. Insbesondere trifft das auf zwei Monate im Frühjahr 1975 zu, die komplett in dieser Weise dokumentiert sind[42] – was für das WDR-Personal eine erhebliche zeitliche Mehrbelastung darstellte. Aber auch solche Akteure, die sich notorisch an der Höhe der Rundfunkgebühren stießen, stuften die Kosten, die dem WDR als Arbeitgeber daraus entstanden, offenbar als unbeachtlich ein.

---

[41] Zur Quellenkunde von Akten vgl. Gerhard Schmid, Akten, in: Friedrich Beck/Eckart Henning (Hg.), Die archivalischen Quellen. Eine Einführung in ihre Benutzung, Weimar ²1994 (Veröffentlichungen des Brandenburgischen Landeshauptarchivs 29), S. 51-85, hier: S. 62-64, 66, 69-75.
[42] WDR Hist. Arch. 10446 und 10447.

Die schriftlichen Quellen lassen sich leicht der einen oder anderen Kategorie zuordnen – so weisen Transkripte der Radiothek-Sendungen im allgemeinen neben ihrem charakteristischen Inhalt ein typisches, regelmäßiges Maschinen-Schriftbild auf. Manuskripte wiederum zeichnen sich mitunter durch Collagearbeit mit Schere und Klebstoff, durch handschriftliche Korrekturen, in einigen Fällen durch ein konfuses Erscheinungsbild aus – im Einzelfall läßt sich der Sendeinhalt dann aus der Natur einer Notiz oder Streichung oder auch aus unterschiedlichen Maschinen-Schriftbildern rekonstruieren. Einkalkulieren muß man bei Manuskripten freilich Unsicherheiten im Detail; darauf deutet die Sendung vom 16. Juni 1977[43] hin. Denn im Manuskript sind einige Passagen gestrichen, im archivierten Einspielband fehlen jedoch überdies noch weitere Takes, die im Manuskript *nicht* gestrichen wurden. Darüber hinaus sind die O-Töne teilweise nicht wortgetreu transkribiert. Derartige Unterschiede zwischen Manuskript und archiviertem Tonträger sind allerdings keineswegs die Regel.

Obwohl die schriftlichen Quellen die Sendeinhalte also nur begrenzt dokumentieren, stützt sich diese Arbeit zu einem Teil auf sie. In vielen Fällen läßt sich aus den maschinengeschriebenen Manuskripten – zum Teil wiederum mit handschriftlichen Korrekturen und Zusätzen – der Inhalt eines Wortbeitrages recht zuverlässig rekonstruieren. Wohl sagt dies über Sprachduktus und Sprechweise der Moderatoren, Autoren oder Interviewpartner noch nichts aus. Deren Bedeutung kann man sich rasch vor Augen führen, indem man sich einen Moderationssatz wie „Wenn man sich anhört, was in diesen Köpfen vorgeht, dann weiß man gar nicht, wo man zuerst anfangen muß, sich zu wundern"[44] in sachlich-ruhigem, in mitleidigem, gehetztem, anklagendem, zornigem, moralisierendem oder sarkastischem Ton gesprochen vorstellt. Ähnliche Einschränkungen gelten mit Blick auf das sonstige akustische Erscheinungsbild, das mitunter von harten oder weichen Schnitten, von Blenden und ähnlichem geprägt wurde. Doch in Ermangelung einschlägiger Archivbänder mußte ich das in Kauf nehmen.

Zur akustischen Überlieferung: Tonträger

Im WDR-Schallarchiv[45] sind Tonträger aus gut vierhundert Radiothek-Ausgaben erhalten – vom dreiminütigen Kurzbeitrag bis zur vollständigen Sendung. Ursprünglich handelte es sich um reine Bandbestände; seit einigen Jahren werden diese Bänder nach und nach auf CDs umgeschnitten. Im allgemeinen findet sich auf den CDs jeder Wortbeitrag als separater Take. Der Einfachheit halber ist hier im Textfluß dennoch von „Bändern" die Rede, denn im Einzelfall konnte ein Beitrag durchaus bei der ersten Recherche noch auf Band archiviert sein, um zwei Monate später umgeschnitten zu werden. Zitiert sind die Beiträge mit denjenigen Archivnummern, unter denen sie schließlich bei der Ausleihe verfügbar waren – überwiegend handelt es sich bereits um die CD-Nummern.

---

[43] *Die Alptraumfabrik – Jugendliche in psychiatrischen Anstalten*, WDR Hist. Arch. 10522 und Schallarchiv 5073508.
[44] Aus der Moderation Jürgen Keimers in der Radiothek-Sendung *Der deutschen Sache dienen. Rechtsradikale Jugend in der Bundesrepublik* (15.5.1978 – Autoren waren Dirk Gerhard und Rolf Bringmann, Redakteur und Moderator Jürgen Keimer), WDR-Schallarchiv 1002808 (Mitschnitt). Keimer sprach den Satz langsam und in ruhig-zurückhaltendem Ton.
[45] Zu Archivbeständen dieser Art im allgemeinen vgl. Botho Brachmann, Neue Quellengattungen, in: Beck/Henning (Hg.), Die archivalischen Quellen, a.a.O., S. 133-150, hier: S. 142 f., 149 (dort abgehandelt am Beispiel der Archive im SDR Stuttgart). – Neben den Radiothek-Tonträgern sind sämtliche Ausgaben der Vorgängersendung *Panoptikum* erhalten, ferner Beiträge aus der nicht mehr speziell für Jugendliche gedachten Nachfolgereihe *WDR zwei zu eins: Thema heute*.

Ein Teil dieser Archivalien sind Mitschnitte – zumindest während der Wortstrecken lief allabendlich ein Band mit; und in einer Handvoll Fälle sind die Sendungen darüber hinaus sogar komplett erhalten[46]. Die meisten Mitschnitte im Archiv umfassen allerdings nur die Wortbeiträge ohne Zwischenmusiken – pro Sendung in der Regel 25 bis 35 Minuten. Die Redaktion mußte schließlich davon ausgehen, daß die Musikstrecken der Radiothek für eine nochmalige Nutzung im Radio, aber auch für die inhaltliche Debatte und erst recht für die Nachwelt kaum von Interesse sein würden. Noch bis zur Jahrtausendwende war Tonband das wichtigste Speichermedium des ARD-Hörfunks, und alle gut zweieinhalbtausend Radiothek-Sendungen zusammengenommen hätten ein mannshohes Regal von fast 20 Meter Länge gefüllt – mehr als 5.000 Bänder mit einem Gesamtgewicht von etwa 3,7 Tonnen.[47] War jedoch der Mitschnitt einer Wortstrecke verfügbar, dann lieferte er natürlich ein genaueres Bild der jeweiligen Sendung, als es Manuskripte vermochten.[48]

Mitunter ist zusätzlich die Themenvorschau zu Beginn der Sendung erhalten, öfters davor noch die Begrüßung durch die Moderatoren – manchmal auch darüber hinaus mehr oder weniger kurze Passagen aus den Musikblöcken vor und nach dem Wortbeitrag. In einigen Fällen finden sich auf den Tonträgern auch noch die gewohnten kurzen Veranstaltungstips der Moderatoren aus dem weiteren Verlauf der Sendung und die Verabschiedung mit dem Programmhinweis auf den Folgetag – von Redakteur Ulrich Lux in einem Sendelaufplan als „Moderation Tschüsskes und wat isn morgen los"[49] umschrieben.

Die andere große Gruppe der Schallarchivalien sind vorproduzierte Bänder, die von den Moderatoren angekündigt und dann ohne Unterbrechung gesendet wurden – meistens etwa eine halbe Stunde lang. An- und Absagen sind hier zumeist allenfalls in schriftlicher Form erhalten. Ein Sonderfall sind Archivalien, die nur die in die Live-Moderation eingespielten Interviewpassagen und O-Töne enthalten – die Einspielbänder für die Senderegie mit den durch Gelbbänder getrennten Takes.

Als Mitschnitt zu erkennen sind Quellen aus dem Schallarchiv deutlich am unsauberen Beginn – meist wurde die Aufnahmemaschine dann hörbar während des Sendungsvorspanns eingeschaltet; oder das Band enthält auch Fragmente des Musikteils, des Abspanns etc. Weiteres Unterscheidungsmerkmal ist die Bandgeschwindigkeit: in der Regel 38 cm/Sek. für die Einspielbänder, 19 cm/Sek. für den Mitschnitt – eine Ausnahme bildet das Radiothek-Hörspiel *Funkhausreport I* von 1975, das als Vorproduktion mit 19 cm/Sek. lief.[50] Auch Bänder mit monophonen Aufnahmen an sich stereophon produzierter Musik deuten darauf hin, daß es sich um einen Mitschnitt handelt – denn häufig wurden Mono-

---

[46] Routinemäßig wurden die Sendebänder nach drei Monaten gelöscht, vgl. Heidi Schöders Erläuterung im Schreiben an die Hörerin Hanni S. aus Aachen vom 12.8.1976, WDR Hist. Arch. 10473. – Vollständig erhalten sind: die Erstsendung der Reihe *Radiothek unterwegs* vom 11.2.1979 (WDR-Schallarchiv 5090334), eine Sendung mit dem Sänger Alexis Korner vom 26.5.1974 (5090326), der Abschluß der Sendewoche zur Fußball-WM am 28.5.1978 (5090333), eine Wiederholung aus der Reihe *Blues für Anfänger* vom 18.11.1979 (5077897); ferner eine Veranstaltung aus dem WDR-Sendesaal zum „Jahr der Frau" am 23.3.1975 (5090327). Erhalten ist außerdem die viereinhalbstündige Abschlußsendung vom 30.12.1980 (5090342). Und schließlich ohne erkennbaren Anlaß – die Samstagssendung vom 8.3.1975 (5090181, mit einer ganzlich unspektakulären *Schlagerrallye*, einem Hörerrätsel über Bundestagspräsidentin Annemarie Renger und einem vorproduzierten Wortbeitrag der Reihe *Science fiction*).

[47] Überprüft anhand eines entsprechenden Bandes und einer Waage – sofern man von der gegenüber dem Standard bereits halbierten Bandgeschwindigkeit (19 cm/Sek.) ausgeht (wie sie auch beim Mitschneiden der Sendungen normalerweise verwandt wurde) und demnach pro Sendung zweimal 720 Meter Band rechnet, dazu Wickelkerne, Kartons etc. Die Kosten des Materials hätten sich im übrigen im sechsstelligen DM-Bereich bewegt. – Zur Magnetbandtechnik vgl. Sybille Jessen/Hartmut Dernedde, Technik im Hörfunk. Grundlagen – Praxis – Trends, Ulm 1996, Abschnitt 4.4.10, S. 1-3.

[48] Und zwar nach Themengruppen geordnet; das Material selbst füllte etwa 130 CDs mit jeweils 80 Minuten Laufzeit.

[49] Im Sendelaufplan zur Radiothek vom 28.3.1978, WDR Hist. Arch. 10531.

[50] *Funkhausreport I. Teil. Erfahrungen und Erlebnisse, Eindrücke und Einsichten eines freien Mitarbeiters* (11.6.1975 – Autor war Mario Angelo, Redakteurin Helga Kirchner), WDR-Schallarchiv 30128720 (Einspielband).

Maschinen zu diesem Zweck eingesetzt; ähnliches gilt für Bänder mit einem Versprecher oder einem Räuspern des Autors – denn selbst bei größtem Zeitdruck wurde dies aus einem vorproduzierten Band noch herausgeschnitten. Vorproduzierte Bänder wiederum sind leicht zu erkennen am etwas förmlicher wirkenden Sprachduktus der Moderatoren oder Autoren im Studio, mitunter daran, daß die beteiligten Personen mit den im Sendelaufplan angegebenen Wortmoderatoren nicht identisch waren, schließlich am präzisen Einsatz mit dem Beginn eines Beitrages und am ebenso präzisen Bandende. Auch das Auftreten bekannter professioneller Sprecher deutet auf ein vorproduziertes Band hin.

Die Natur der akustischen Archivalien kann Konsequenzen für die Einschätzung einer Sendung haben: Gerade bei Einspielbändern muß man einkalkulieren, daß eine eventuelle Schlußmoderation nicht erhalten ist. Daraus ergibt sich, daß ein Teil der umstrittenen Meinungsäußerungen der Radiothek-Mitarbeiter auch in ansonsten vollständig erhaltenen Sendungen nicht mehr zu rekonstruieren ist.

Für die nähere Identifikation als Mitschnitt oder Einspielband macht die Frage „Band oder CD?" keinen wesentlichen Unterschied – abgesehen von einem Spezialfall: wenn nämlich von einer Sendung einzig das vorproduzierte Einspielband mit mehreren Einzeltakes erhalten ist, die ursprünglich durch Gelbbänder getrennt waren – dort wo die Moderation einsetzte. Nach Umschnitt auf CD sind diese Gelbbänder naturgemäß nicht mehr zu erkennen – es ließ sich jedoch in einigen wenigen Fällen auf ihr Vorhandensein schließen: wenn der CD-Take nämlich mehrere O-Töne enthielt, die inhaltlich nicht ohne weiteres zueinander paßten – das verbindende Element der Moderation fehlte – , zwischen denen außerdem abrupte Pausen von mehreren Sekunden standen, in denen auch kein Bandrauschen zu hören war (Gelbband rauscht nicht). Mit den Moderationen fehlte dann natürlich ein wesentliches Element des Wortbeitrages. Unter den hier behandelten Sendungen traf dies jedoch nur auf eine Handvoll zu.[51]

Zur Aussagekraft der Quellen

Vornehmlich auf schriftliche Quellen stützt sich die Untersuchung des Streits um die Radiothek, obwohl diese Überlieferung die Debatte nicht vollständig erhellen kann. Denn Meinungsbildung in einem Sender spielt sich auch informell ab: in persönlichen, nicht protokollierten Gesprächen in den Büros, am Telefon[52], in der Kantine oder im Falle des WDR in einer der zahlreichen Kneipen und Restaurants im Umkreis des Kölner Funkhauses. Der frühere Radiothek-Redakteur Dietrich Backmann übt grundsätzliche Quellenkritik an schriftlicher Überlieferung:

> „Ich kenne so viele Akten und Redaktionsprotokolle, die sagen so häufig so wenig aus. Das ist auch 'ne geronnene Bürokratie, ist kein Leben. Viele Protokolle werden so gemacht, daß das Wichtigste nicht drinsteht! [...] Könnt' man ja drauf festgenagelt werden!"[53]

Dieser Einwand trifft auf die Radiothek allerdings *so* wohl nicht ganz zu. Vergleicht man die schriftliche Überlieferung mit zeitgenössischen Presseartikeln und den Aussagen der

---

[51] Beispiel ist die Auftaktsendung der „Drogen-Sendewoche": *Wege in die Abhängigkeit* (27.4.1980), WDR-Schallarchiv 5090170. Vgl. dazu unten Abschnitt III. 3. i) α).
[52] Auf eine solche Absprache zwischen Intendanz und Hörfunkdirektion deutet z. B. Intendant Klaus von Bismarcks handschriftlicher Vermerk für Hörfunkdirektor Manfred Jenke auf einem Schreiben des Radiothek-Redakteurs Ulrich Lux vom 21.2.1975 hin, in dem es um das Wortthema des 22.2.1975 ging: „siehe Tel. Gespräch von heute"; WDR Hist. Arch. 13001. Der Inhalt dieses Telefonats wurde an keiner Stelle erkennbar festgehalten.
[53] Interview mit Dietrich Backmann im Juli 2004.

Zeitzeugen, dann ergibt sich ein durchaus schlüssiges Bild. Die Debatte über die Radiothek innerhalb des WDR scheint im Aktenbestand ohne *eklatante* Lücken dokumentiert zu sein. Die vorliegende Untersuchung verfährt qualitativ. Da Bänder, Transkripte und sonstige Sendeunterlagen nur lückenhaft erhalten sind, wäre eine quantitative Methode rasch an ihre Grenzen gestoßen. Und selbst wenn sämtliche Ausgaben der Reihe verfügbar wären, hätte es nur geringen Wert, eine Sendung gegen die andere zu stellen und etwa die Ausgewogenheitsdebatten der siebziger Jahre neu aufzurollen. Die qualitative Methode ihrerseits, um „ein heuristisches Begreifen, Verstehen und Erklären von Zusammenhängen in komplexen Strukturen" bemüht, war hier „zur Erfassung redaktioneller Arbeit in einer Rundfunkanstalt angemessen und wirksam".[54]

Welche Themen die Redaktion beschäftigten, zeigen die Wochenplanungen, die für die Zeit vom 24. Januar 1974 bis 30. Dezember 1979 erhalten sind. Nicht selten wurden allerdings die am Donnerstag der Vorwoche festgehaltenen Überlegungen kurzfristig verworfen und Themen verschoben – sei es, weil ein Beitrag nicht mehr rechtzeitig fertig wurde, sei es, weil aktuelle Ereignisse dazu zwangen. Auf diesen Sachverhalt läßt sich zum einen daraus erschließen, daß viele Themen mehrfach in kurzen Abständen in den Planungen auftauchten, zum anderen aus dem Vergleich der Wochenplanungen mit den Themenangaben in den späteren Sendelaufplänen. Aus diesen Gründen sind die Wochenvorschauen berücksichtigt, allerdings umsichtig: *Womit* sich die Redaktion über die Jahre hinweg beschäftigt hat, läßt sich ablesen, aber nur begrenzt, *wie sehr* sie sich für bestimmte Themenkomplexe engagiert hat.

Wertungen und Zeitzeugenaussagen

Die vorliegende Untersuchung geht von zwei werthaltigen Prämissen aus.[55] Beide stützen sich auf Umberto Ecos Forderung, die Massenmedien sollten „kulturelle Werte vermitteln"[56]. Zum einen liegt die Auffassung zugrunde, daß es grundsätzlich sinnvoll ist, Jugendliche – im übrigen auch Erwachsene – im Radio mit politischen und gesellschaftlichen Problemen, mit der Funktionsweise demokratischer Institutionen, mit kulturellen Strömungen in differenzierter Form vertraut zu machen, ihnen Informationen zur Verfügung zu stellen, auf deren Grundlage sie sich ein fundiertes Urteil bilden können.

Zum anderen muß man, gleichgültig wie man zu den in der Radiothek geäußerten Ansichten steht, einer Jugendsendung mit bis zu vierzigminütigen Wortblöcken und einer – wie sich zeigen wird – manchmal detailverliebten Themenbehandlung einen gewissen inhaltlichen Anspruch zubilligen. Die Reichweite auch der Wortstrecken bei der Hörerschaft war freilich in den ersten Jahren bemerkenswert. Daß ein derartiges Programm zu Beginn des 21. Jahrhunderts nicht entfernt mehr ein ähnlich großes Publikum anziehen könnte wie drei

---

[54] Vgl. Thomas Münch, Popfit – Musikdramaturgie in Servicewellen. Eine Fallstudie, Pfaffenweiler 1991 [abgerufen am 2.6.2007 unter http://www.hfm-wuerzburg.de/~muench/material/popfit.html, zitiert hiernach], S. 8, 10, der diese Methode gleichfalls anwendet; direkte Zitate der S. 8 entnommen. – Gerhard Kleining, Umrisse zu einer Methodologie einer qualitativen Sozialforschung, in: KZfSS 1982, S. 224-253, hier: S. 226, erläutert darüber hinaus, daß „qualitative Analysen" durchaus „ohne Quantifizierung auskommen" können; zur Methode vgl. ebda. S. 231, 233 f., 237, 244. – Auf die Grenzen historischer Medienanalyse im quantitativen Bereich weist auch Andrea Brockmann hin: Erinnerungsarbeit im Fernsehen. Das Beispiel des 17. Juni 1953, Köln u.a. 2006 (Beiträge zur Geschichtskultur 30), S. 9.
[55] Dieser Hinweis auf zugrundeliegende Prämissen folgt in methodischer Hinsicht dem Vorbild bei Heinrich August Winkler, Von der Revolution zur Stabilisierung. Arbeiter und Arbeiterbewegung in der Weimarer Republik 1918-1924, Bonn/Berlin ²1987 (Geschichte der Arbeiter und der Arbeiterbewegung in Deutschland seit dem Ende des 18. Jahrhunderts), S. 11.
[56] Umberto Eco, Apokalyptiker und Integrierte. Zur kritischen Kritik der Massenkultur, Frankfurt (M.) 1984, S. 48.

Jahrzehnte zuvor, zeugt bei den Adressaten keineswegs von Fortschritten hinsichtlich des Hörverhaltens, sondern von einem intellektuellen Rückschritt.

Dieses Buch ist die um Abbildungen ergänzte Fassung einer Arbeit, die im Wintersemester 2009/2010 von der Philosophischen Fakultät der Universität Münster/Westf. als Dissertation angenommen wurde. Bei ihrer Herstellung bin ich von vielen Seiten unterstützt worden. Besonders danke ich meinem Doktorvater Prof. Dr. em. Wolfgang Jacobmeyer vom Institut für Didaktik der Geschichte an der Universität Münster, der mich betreut und mit seinen Einschätzungen und Nachfragen viele wertvolle Impulse gegeben hat; ebenso danke ich meiner Zweitgutachterin Prof. Dr. Irmtraud Götz von Olenhusen vom Historischen Seminar der Universität Düsseldorf. Auch Prof. Dr. em. Sven Papcke vom Institut für Soziologie der Universität Münster schulde ich Dank; denn er regte mich zu dem Projekt an. Die Redakteure Michael Schwalb (WDR) und Dr. Karl-Wilhelm Fricke (Deutschlandfunk) lieferten durch ihre Ratschläge einige wichtige Anstöße. Petra Witting-Nöthen, die Leiterin des Historischen Archivs im WDR, und ihre Mitarbeiterinnen leisteten über die gesamte Bearbeitungszeit hinweg unentbehrliche Unterstützung. Klaudia Wilde vom Schallarchiv des WDR verschaffte mir mit einer umfassenden Zusammenstellung den Überblick über die Tonträgerbestände. Dr. Christoph Stamm vom Archiv der Sozialen Demokratie der Friedrich-Ebert-Stiftung in Bonn erteilte mir Auskunft über die dortige Überlieferung, die sich leider als unergiebig erwies. Raymond Pradier betreute mich im Archiv des Liberalismus der Friedrich-Naumann-Stiftung in Gummersbach; Dietmar Haak tat dies im Archiv für christlich-demokratische Politik der Konrad-Adenauer-Stiftung in St. Augustin. Fritz Pleitgen, WDR-Intendant von 1995 bis 2007, und der langjährige Vorsitzende des Rundfunkrates, Reinhard Grätz, öffneten mir den Zugang zu den noch der Sperrfrist unterliegenden Archivalien im WDR.

Viele Zeitzeugen halfen mir mit ihren Erinnerungen und Einschätzungen weiter, oftmals in Gesprächen, die den Rahmen einer zweistündigen DAT-Kassette sprengten.[57] Aus der einstigen Radiothek-Redaktion waren das deren Leiter Ulrich Teiner (zuletzt Literatur- und Featureredakteur im WDR), die Redakteure Dietrich Backmann (zuletzt Redakteur beim WDR-Fernsehen), Ulrich Lux (zuletzt WDR-Musikredakteur), Wolfgang Schmitz (heute WDR-Hörfunkdirektor), Jürgen Keimer (zuletzt WDR-Kulturredakteur); auch die Chefredakteurin des WDR-Hörfunks Helga Kirchner nahm sich trotz vollen Terminkalenders über drei Stunden Zeit. WDR-Kulturredakteur Lothar Fend, der gleichfalls mehrere Jahre zur Radiothek-Redaktion gehörte, beantwortete mir in seinem Büro immer wieder Detailfragen. Die einstige Redaktionssekretärin Heidi Schöder (heute WDR-Kulturredakteurin) lieferte Einschätzungen aus ihrer Sicht, ebenso mehrere Sendetechnikerinnen aus den Funkhäusern in Köln und Düsseldorf, die in den siebziger Jahren in Köln Radiothek-Sendungen betreuten.

Dr. Josef Eckhardt, der in den siebziger und achtziger Jahren die WDR-Medienforschung aufbaute und an der Auswertung der wichtigsten Untersuchung zur Radiothek federführend beteiligt war, erläuterte mir seine Einschätzungen. Auskunft erteilten mir ferner Friedrich-Wilhelm von Sell, WDR-Intendant von 1976 bis 1985, Manfred Jenke, WDR-

---

[57] Zum Umgang mit derartigen Interviews und zu den Grenzen ihrer Aussagekraft vgl. Dorothee Wierling, Oral History, in: Michael Maurer (Hg.), Aufriß der Historischen Wissenschaften Bd. 7: Neue Themen und Methoden der Geschichtswissenschaft, Leipzig 2003, S. 81-151, hier: S. 105, 109 f., 125 f., 143 f., 147 f. Im dortigen Sinne handelte es sich bei der großen Mehrzahl der Gespräche zur Radiothek im „Experteninterviews"; lediglich die Auskünfte Frank Baiers ähnelten eher einem thematischen Interview.

Hörfunkdirektor der Jahre 1974-1994, und Dr. Klaus Klenke, Referent der Hörfunkdirektion ab 1971, sowie sein Nachfolger Dr. Uwe Rosenbaum – schließlich die freien Mitarbeiter Dr. Herbert Hoven, Walter Muffler, Michael Braun, Gerd Pasch, die Moderatoren Michael Rüsenberg, Roger Handt, Ulf Posé und Mal Sondock sowie Joachim Sonderhoff, der in der Radiothek als Moderator, Autor und Regisseur arbeitete und darüber hinaus 1972/73 federführend an der Konzeption der Reihe mitwirkte.

Marcus Heumann, Feature- und Literaturredakteur im Deutschlandfunk, stellte mir einen Mitschnitt der Sendung zur Verfügung, die er 1988 gemeinsam mit Gretel Rieber über die Jugendreihe *Panoptikum* hergestellt hat[58]. Abgesehen von einschlägigen Archivalien stellt diese Produktion eine der ergiebigsten Informationsquellen über die Vorläuferserie der Radiothek dar. *Panoptikum* gäbe im übrigen gleichfalls ein lohnendes Objekt für medienhistorische Forschung ab. Schließlich half mir der Duisburger Liedermacher Frank Baier weiter, dessen solidarisierendes *Radiothek-Lied* 1980 Anstoß erregte. Bundesminister a. D. Dr. Volker Hauff stand mir als Zeuge der turbulenten Radiothek-Abschlußsendung zur Verfügung. Chris Hüsch-Rasche, Ehefrau des verstorbenen Hanns Dieter Hüsch, erteilte mir die Erlaubnis, den Namen des Kabarettisten im Kontext eines Briefzitates zu nennen; Landesminister a. D. Michael Vesper tat dies bezüglich eines Hörerbriefes, den er dem WDR seinerzeit sandte. Ihre Einschätzungen erläuterten mir Erik Bettermann (heute Intendant der Deutschen Welle), der von 1973-1982 Hauptgeschäftsführer des Deutschen Bundesjugendrings in Bonn war, ferner Horst Dahlhaus, damals Direktor der Bundeszentrale für politische Bildung, und Peter Rinsche – beide letztere Mitglieder des WDR-Programmbeirates und Verfasser eines Gutachtens über die Radiothek –, der Publizist Hans Janke, der die Radiothek in den siebziger Jahren aufmerksam beobachtete, sein Kollege Walter Bajohr, der 1976 einen kritischen Wortbeitrag über die Reihe verfaßte, und der frühere Bundesminister Heinrich Windelen (WDR-Verwaltungsratsmitglied 1971-1985), der zu den schärfsten Kritikern der Serie gehörte.

Ihnen allen danke ich herzlich für ihre Unterstützung, die diese Arbeit erst ermöglicht hat. Ihre Bereitschaft ist um so höher zu schätzen, als die Erinnerung im einen oder anderen Falle nicht einfach gewesen sein mag. So gestatteten mehrere Zeitzeugen die Bandaufnahme lediglich unter der Bedingung, daß sie nur für diese Arbeit verwendet werde, und nicht etwa darüber hinaus für Sendezwecke im Radio. Andere, hier nicht aufgeführte, lehnten ein Interview aus Gründen ab, die man respektieren muß: „Seien Sie mir nicht gram", schrieb beispielsweise der einstige Radiothek-Autor Henryk M. Broder, „das liegt alles schon so lange zurück; ich kann mich nicht erinnern und mag es auch nicht."[59]

Wenn sie sich auch für das Thema als weniger ergiebig erwiesen, das Bild abrunden konnten auch die Hörer-Anekdoten, die mir zugetragen worden sind – nicht zuletzt von Hörfunkkollegen aus dem Internet-Forum *WDRfreie* auf meine Anfrage vom Spätsommer 2004. Viele Teenager in Nordrhein-Westfalen waren es in den siebziger Jahren gewohnt, in ihrem spanholzmöblierten Jugendzimmer abends vor dem Transistorradio zu sitzen – die Hand auf dem Kassettenrekorder oder dem Tonbandgerät, um die Musik mitzuschneiden; und zwischen Aachen und Minden gibt es in den Jahrgängen 1965 und älter wohl nur wenige, die während der Jahre 1974 bis 1980 nicht irgendwann einmal von der Radiothek gehört haben...

---

[58] *Die Kinder von Marx, Marcuse und Coca Cola. Panoptikum '68 – ein Hörfunkexperiment*, ausgestrahlt in der Reihe *Brummkreisel. Gespräche und Musik am Abend* im April 1988 auf WDR 1 (Redakteur war Wolfgang Schmitz).
[59] Elektronische Post Broders vom 28.11.2006.

I. Radio für junge Hörer in den siebziger Jahren – Vorgeschichte und Umfeld

1. Zur Situation bundesdeutscher Jugendlicher in der ersten Hälfte der siebziger Jahre

a) Zum Lebensgefühl der Jugendlichen um 1974

In der unruhigen Jugendszene, an die sich die Redakteure und Mitarbeiter der Radiothek ab 1974 Abend für Abend wandten, waren die Nachwirkungen der Studentenbewegung zu spüren.[60] Noch immer war die Atmosphäre politisch aufgeladen, war die Besorgnis verbreitet, „die Jugend würde die Perpetuierung des Sozialen ‚von Generation zu Generation' unterminieren"[61]. Auch durch die Gesellschaft der Erwachsenen zogen sich Gräben: „Jeder hat ein anderes Interesse an der Jugend, hat eine andere Vorstellung davon, wie sie sein sollte, registriert also anderes als ‚Abweichung' als andere."[62]

Jugendliche und junge Erwachsene unter 20 Jahre machten mit 31,1% immerhin einen beachtlichen Teil der bundesdeutschen Bevölkerung aus.[63] 20% der 17 Mio. Einwohner Nordrhein-Westfalens bildeten im Jahre 1974 die Zielgruppe des Jugendradios, 14 bis 29 Jahre alt[64]. Sie befanden sich in einem Lebensabschnitt, der nach einer Sichtweise, die sich im Zeitalter der europäischen Moderne durchgesetzt hatte, eine neuartige „Bildungs- und Orientierungsphase" darstellte. In ihrem Verlauf wurden Weichen für den weiteren Lebenslauf gestellt; eine stabile Persönlichkeit sollte sich entwickeln können. Dieses Denkmodell setzte die nachwachsende Generation freilich auch einer neuartigen sozialen Kontrolle aus. Ihre Angehörigen mußten sich an Idealen jugendlicher Entwicklung messen lassen.[65]

Verknappte Ressourcen und ökonomische Krisen verdüsterten die Rahmenbedingungen jugendlichen Lebens.[66] Die politischen und gesellschaftlichen Debatten gewannen an Schärfe. Sie drehten sich um vier Kernpunkte: das Verhältnis zwischen Jugend und erwachsener Generation, die Sexualität, Schule und Bildungswesen, schließlich die internationale Politik mit den seit 1945 weltweit aufgeflammten Konflikten, für die der Krieg in Vietnam zum Symbol wurde.[67] Die Bereitschaft Jugendlicher zum politischen Engagement war noch ungebrochen. 1973 ermittelte EMNID, daß 53% der „Oberschüler und Studen-

---

[60] Vgl. Friedrich Heer, Greisenschelte, in: *Frankfurter Hefte* 4/1975, S. 121-127, hier: S. 124.
[61] Uwe Sander, 100 Jahre Jugend in Deutschland, in: APuZ 19-20/2000, abgerufen am 7.6.2004 unter http://www.bpb.de/publikationen/U0O261,0,0,100_Jahre_Jugend_in_Deutschland.html (künftig: „Jugend"), S. 7. Sander erläutert (S. 3 f.) die Dimensionen des Begriffs „Jugend": Sie könne demnach Menschen zwischen 13 und 21 Jahren ansprechen – ein soziales Phänomen meinen – Entwicklungsmöglichkeiten umschreiben, die eine Gesellschaft zuläßt – eine Reifephase beschreiben – aber auch ein gesellschaftliches Problem kennzeichnen – und schließlich sei sie ein juristischer Begriff.
[62] Walter Hornstein, Jugendprobleme, Jugendforschung und politisches Handeln. Zum Stand sozialwissenschaftlicher Jugendforschung und zum Problem der Anwendung sozialwissenschaftlicher Erkenntnisse über Jugend in der politischen Praxis, in: APuZ 3/1982, S. 3-37 (künftig: „Jugendprobleme"), hier: S. 5.
[63] Vgl. Axel Schildt, Die 60er Jahre – eine Dekade im Schatten des Mythos von ‚68', in: Monika Estermann/Edgar Lersch (Hg.), Buch, Buchhandel und Rundfunk. 1968 und die Folgen, Wiesbaden 2003 (Mediengeschichtliche Veröffentlichungen 3), S. 9-29 (künftig: „60er Jahre"), hier: S. 11.
[64] Vgl. Landesamt für Datenverarbeitung und Statistik Nordrhein-Westfalen (Hg.), Statistisches Jahrbuch Nordrhein-Westfalen 16 (1974), S. 44.
[65] Vgl. Richard Münchmeier, „Entstrukturierung" der Jugendphase. Zum Strukturwandel des Aufwachsens und zu den Konsequenzen für Jugendforschung und Jugendtheorie, in: APuZ 31/1998, S. 3-13, hier: S. 4; direktes Zitat dort entnommen. Dazu auch Trutz von Trotha, Zur Entstehung von Jugend, in: KZfSS 34 (1982), S. 254-277, hier: S. 259 f.
[66] Vgl. Münchmeier a.a.O., S. 4.
[67] Vgl. Heer a.a.O., S. 122.

ten" politisch interessiert seien; dies galt auch für immerhin 31% der „berufstätigen Jugend". Eine Umfrage unter 2.000 nordrhein-westfälischen Studenten ergab im selben Jahr, daß drei Viertel politisch interessiert oder sogar aktiv waren. Nach ihren Parteipräferenzen gefragt, hatten sich 1972 an der TU Berlin 23,02% als Anhänger der FDP ausgegeben, 18,06% hatten für die SPD und 9,48% für die CDU gestimmt – wenn auch in einer nichtrepräsentativen Umfrage.[68]

Das Unbehagen vieler Jugendlicher äußerte sich allerdings vergleichsweise diffus: „nicht gesellschaftskritisch-analytisch (wie es dem Bildungsideal aufklärerisch-politischer Erziehung entsprochen hätte), sondern quasi psychosomatisch – als Subkultur bzw. ‚alternative culture'"[69]. Eine Symbolfunktion kam dabei nicht nur Jeans und langen Haaren zu, sondern besonders der Musik.[70]

Dabei begann der hedonistische Akzent der Bewegung den politischen zu überlagern[71]; nur Teile der Protestbewegung proklamierten einen politisch motivierten Konsumverzicht[72]. Immerhin wohnte auch den von den Hedonisten verfochtenen „neue[n] Verhaltensweisen wie etwa Solidarität, Kooperation, Gemeinschaftssinn und neue[n] Lebensformen wie Großfamilie, Kommune, Wohngemeinschaft"[73] in ihrer Konfliktträchtigkeit eine politische Dimension inne.[74]

b) Das prägende Element im Hintergrund: Die Debatte um die Demokratisierung der Gesellschaft

Bei den meisten Reformdiskussionen des Jahrzehnts stand der Begriff der Demokratisierung im Hintergrund.[75] 1961 hatte der Soziologe Ralf Dahrendorf einen wichtigen Anstoß geliefert: mit seinem Ruf nach einem neuen liberalen Prinzip, das alle Bereiche der Gesell-

---

[68] Vgl. Christel Zuschlag, Ein neuer Trend? Die politische Einstellung und das Wahlverhalten von Jugendlichen, in: *Frankfurter Hefte* 4/1975, S. 63-66, hier: S. 64; direkte Zitate dort entnommen. Sowie Arthur Fischer (Bearb.), Jugend 81. Lebensentwürfe – Alltagskulturen – Zukunftsbilder. Studie im Auftrag des Jugendwerks der Deutschen Shell, Bd. 1, Hamburg 1981 (künftig: „Jugend 81"), S. 83.
[69] Hermann Glaser, Kulturgeschichte der Bundesrepublik Deutschland Bd. 3: Zwischen Protest und Anpassung 1968-1989, München/Wien 1989 (künftig: „Kulturgeschichte 3"), S. 21. – Zum Begriff der Subkultur als Absetzbewegung von den „offiziellen und gesamtgesellschaftlich geregelten Verhaltensweisen und Normen (dominante Kultur)", zu dem der Gegenkultur als „Alternative zur Gesellschaft" vgl. Walter Hollstein, Der Hedonismus in den „Subkulturen", in: *Frankfurter Hefte* 4/1975, S. 97-105, hier: S. 97; direkte Zitate dort entnommen.
[70] Vgl. Salzinger a.a.O., S. 117.
[71] Zu beiden Akzenten vgl. Glaser, Kulturgeschichte 3, S. 97; ferner Kaspar Maase, Grenzenloses Vergnügen. Der Aufstieg der Massenkultur 1850-1970, Frankfurt (M.) 1997, S. 236 f., sowie Hollstein a.a.O., S. 98: Die Vertreter einer politischen Protestbewegung wollten demnach die lohnabhängigen Klassen unter Führung einer Partei zum Sozialismus führen. Der hedonistische Flügel „wie Beats, Provos, Hippies" wolle „bei der Auseinandersetzung um eine bessere Welt von morgen den Schwerpunkt auf die sofortige Verwirklichung ihrer Bedürfnisse legen".
[72] Vgl. Karl Werner Brand/Detlef Büsser/Dieter Rucht, Aufbruch in eine andere Gesellschaft. Neue soziale Bewegungen in der Bundesrepublik, Frankfurt (M.) ²1984, S. 59; Rolf Lindner, Jugendkultur – stilisierte Widerstände, in: Deutsches Jugendinstitut (Hg.), Immer diese Jugend!, Ein zeitgeschichtliches Mosaik. 1945 bis heute, München 1985, S. 13-24 (künftig: „Jugendkultur"), hier: S. 22; Diethelm Damm, Freizeit – ein Hauch von Freiheit, im selben Band, S. 25-36, hier: S. 36.
[73] Hollstein a.a.O., S. 105.
[74] Vgl. Uwe Backes/Eckhard Jesse, Politischer Extremismus in der Bundesrepublik Deutschland, Bonn ²1992 (Schriftenreihe der Bundeszentrale für politische Bildung 272), S. 198. Zur Brisanz des Konfliktes: Hartmut von Hentig, Zum Konflikt der Generationen – 1974, in: ders., Die entmutigte Republik. Politische Aufsätze, München 1980, S. 245-284, hier: S. 254, 257; direkte Zitate dort entnommen. Ähnlich: Walther Dirks, Sie haben es ihnen nicht abverlangt. Durch Sensibilität zur Solidarität, in: *Frankfurter Hefte* 4/1975, S. 3-5, hier: S. 3. Von Hentig liefert a.a.O. auf S. 251-254 eine griffige und durchaus nicht unzutreffende „Aufzählung der Phänomene" dieses Generationenkonfliktes.
[75] Moritz Scheibe, Auf der Suche nach der demokratischen Gesellschaft, in: Ulrich Herbert (Hg.) Wandlungsprozesse in Westdeutschland. Belastung, Integration, Liberalisierung. 1945-1980, Göttingen 2002 (Moderne Zeit Bd. 1), S. 245-277, hier: S. 245; direktes Zitat dort entnommen.

schaft durchdringen müsse „und das auf der sozialen Durchsetzung der staatsbürgerlichen Beteiligungsrechte, einer rationalen Regelung gesellschaftlicher Konflikte, dem Pluralismus der Eliten und öffentlichen Tugenden als vorherrschenden Wertorientierungen beruhte". Rational geregelte Konflikte sah Dahrendorf keineswegs als ein Übel an, das man vermeiden müsse – sondern als konstruktiv wirkende Motoren des Wandels, zugleich als eine notwendige Bedingung für das Funktionieren der Demokratie.

Jürgen Habermas hatte auf dem Soziologentag 1959 und anschließend in seiner Habilitationsschrift *Strukturwandel der Öffentlichkeit* die Demokratie als einen historischen Emanzipationsprozeß gekennzeichnet – unabdingbare Voraussetzung ihres Funktionierens sei die Selbstbestimmung des Individuums.[76] Demokratisierung besaß in diesem Sinne zwei Facetten: Formal geregelte Mitbestimmungsrechte waren nur die eine Seite; die andere Facette lief darauf hinaus, daß Entscheidungen auch in der Praxis nicht mehr von oben oktroyiert, sondern im Diskurs gefunden werden sollten. Transparenz war demnach vonnöten. Und es kam auf das mündige Verhalten des einzelnen an.

Kritiker wie der CDU-Generalsekretär Bruno Heck hielten freilich dagegen: Die Demokratie sei eine Organisationsform des Staates, nicht der Gesellschaft. In einer freien Gesellschaft sei die Ungleichheit der Individuen gar nicht zu vermeiden. Wilhelm Hennis verglich die Idee der identitären Demokratie mit dem *terreur* im nachrevolutionären Frankreich. Andere hielten den Ruf nach der Demokratisierung aller Lebensbereiche für eine totalitäre Forderung, die sich zu Unrecht auf die Demokratie berufe.[77]

Die Debatte erfaßte ab 1968 etliche gesellschaftliche Gebiete; besonders entbrannte sie bezüglich des Bildungswesens. Dabei war auch die Frage, wie Jugendliche mit Medien umgingen – ob sie Bücher oder Comics lasen, ob sie im Radio Nachrichten, Schulfunk oder spezielle Jugendprogramme hörten –, Gegenstand erregter Dispute.

c) Jugendlicher Medienkonsum: Presse – Radio – Fernsehen

Medien standen um die Mitte der siebziger Jahre im Mittelpunkt, wenn Jugendliche sich die Zeit vertrieben. Die Shell-Jugendstudie 1977 ermittelte, daß 71% während ihrer Freizeit gerne Musik hörten, 64% fernsahen, immerhin 59% lasen, 47% Sport trieben und 43% gern ausgingen.[78] Das sind grobe Durchschnittswerte: 1973 hatte sich herausgestellt, daß etwa Hauptschüler der 5. bis 7. Klasse am liebsten Sport trieben (45%), 41% von ihnen hörten gerne Musik – insofern verhielten sich Realschüler und Gymnasiasten ähnlich –, 29% sahen fern. Bei Schülern der 8. bis 10. Klasse wiederum hatte sich wesentliches verschoben: 53% hörten gern Musik, nur noch 2% nutzten häufig das Fernsehen. Ein knappes Drittel der Schüler las demnach gerne – häufig genannt wurden Jugendbücher und Tageszeitungen, Hauptschüler bevorzugten Comics.[79]

---

[76] Vgl. zu Dahrendorfs und Habermas' Positionen: Scheibe a.a.O., S. 252-258.
[77] Vgl. Scheibe a.a.O., S. 265-269.
[78] Viggo Graf Blücher/Klaus-Peter Schöppner, Jugend in Europa. Ihre Eingliederung in die Welt der Erwachsenen. Siebente Untersuchung zur Situation der Jugend, anläßlich „75 Jahre Shell in Deutschland", durchgeführt vom EMNID-Institut für Meinungs- und Marktforschung, Bd. III, o. O. 1977, S. 46.
[79] Vgl. Richard Albrecht u.a., Anmerkungen zum Freizeit- und Leseverhalten von Jugendlichen. Ergebnisse der Medienforschung bei Schülern, in: *Media Perspektiven* 2/1977, S. 95-105, hier: S. 97-99. Dazu auch Christoph Sauer, Alltagskommunikation und Medien. Zu einer Studie über jugendliches Informationsverhalten, in: *Media Perspektiven* 12/1978, S. 904-911, hier: S. 907 – der das Informationsverhalten allerdings am Beispiel des medizinischen Themas Kariesvorsorge untersuchte; seine Einzelergebnisse lassen sich auf politisch-gesellschaftliche Themen wohl nur zum Teil übertragen, zumal er selbst konstatiert: „Aufgrund eines gegebenen Problems werden Kommunikationspostulate formuliert" – die sind also auf das spezielle Problem zugeschnitten. Zum Leseverhalten außerdem Jürgen Zinnecker, Lesekultur und Medienkonsum im Jugendalter 1954-1984, in: Arthur Fischer u. a., Jugendliche und Erwachsene 85:

Das Informationsverhalten der 17- bis 18jährigen erkundete die Shell-Studie 1977 genauer.[80] So nutzten

Regionalzeitungen	47%
Fernsehnachrichten	47%
Illustrierte	25%
Radionachrichten	22%
Jugendzeitschriften	14%
Fernseh-Jugendsendungen	11%
Überregionale Tageszeitungen	7%

„Je höher der Informationswert eines Mediums, um so mehr steigt das Interesse mit wachsendem Alter", stellten die Forscher fest, und sie belegten dies mit den Werten für die 22- bis 23jährigen:

Regionalzeitungen	67%
Fernsehnachrichten	51%
Radionachrichten	36%
Illustrierte	30%
Überregionale Tageszeitungen	11%
Jugendzeitschriften	6%
Fernseh-Jugendsendungen	2%

Es springt ins Auge, daß sich nur noch ein verschwindend geringer Teil der Älteren für Jugend-Fernsehsendungen interessierte, während Radionachrichten den relativ stärksten Zuwachs verzeichneten. Man kann davon ausgehen, daß viele Befragte auch im Hörfunk häufig Informationsangebote für Erwachsene nutzten. Radio-Zielgruppensendungen für Jugendliche hatten also bei der Altersgruppe höchstwahrscheinlich kein Informationsmonopol inne; sondern sie ergänzten die Angebote der Nachrichten und Magazine. Dieser Punkt wurde in der Debatte um die Radiothek häufig angerissen.

In ihrem Gesamtverhalten gegenüber elektronischen Medien unterschieden sich Jugendliche und auch junge Erwachsene allerdings in einem wesentlichen Punkt vom Bevölkerungsdurchschnitt: Sie tendierten stärker zum Radio, sahen erheblich weniger fern[81] – und das, obwohl bereits 1978 fast jeder vierte 13- bis 17jährige über ein eigenes Fernsehgerät verfügte.[82] Radio war „das Massenmedium der jungen Generation"[83]:

Generationen im Vergleich, Bd. 2: Freizeit und Jugendkultur, Leverkusen 1985, S. 189-209 (künftig: „Lesekultur"), hier: S. 190, 195, 204 f., 207; ders., Streiflichter der jüngsten Geschichte von Jugendmedien, in: Fischer u. a., Jugendliche und Erwachsene 85, a.a.O., S. 210-223 (künftig: „Streiflichter"), hier: S. 219; Winfried Krüger, Jugendzeitschrift „BRAVO" – Anleitung zur Normalität, in: Deutsches Jugendinstitut (Hg.), Immer diese Jugend!, a.a.O., S. 363-374, hier: S. 364. Ferner Zinnecker, Streiflichter, S. 219f., 222, und Claudia Nothelle, Zwischen Pop und Politik. Zum Weltbild der Jugendzeitschriften „Bravo", „'ran" und „Junge Zeit", Münster/Hamburg 1994 (Medien & Kommunikation 19), S. 129-133, 156 f.; Detlef Siegfried, Draht zum Westen. Populäre Jugendkultur in den Medien 1963 bis 1971, in: Estermann/Lersch (Hg.), Buch, Buchhandel und Rundfunk, a.a.O., S. 83-109 (künftig: „Draht zum Westen"), hier: S. 104, 106.
[80] Alle Zahlenangaben nach Blücher/Schöppner a.a.O., S. 44 f.; direktes Zitat der S. 45 entnommen.
[81] Vgl. Zinnecker, Lesekultur, S. 197, 200. – Dabei gab es sehr wohl spezielle TV-Jugendsendungen – allen voran die ZDF-Reihe *Direkt*, die als einzige ihrer Art von einer eigenen Jugendfunkredaktion produziert wurde und es bewußt vermied, *über* Jugendliche zu reden. Sondern: „Hier berichten Jugendliche selbst über ihre Interessen und Lebensprobleme [...]. Themenkomplexe, die sie betreffen [...], werden von den Jugendlichen unter Mithilfe der Redaktion filmisch aufbereitet." Vgl. dazu Ekkehard Sander, Jugend im Fernsehen – inszenierte Probleme, in: Deutsches Jugendinstitut (Hg.), Immer diese Jugend!, a.a.O., S. 399-408 (künftig: „Jugend im Fernsehen"), S. 400, 407; direktes Zitat der S. 407 entnommen.
[82] Vgl. Zinnecker, Streiflichter, S. 216, mit der einfachen Erklärung: „Die heutige Jugendgeneration ist Nutznießer der Umstellung auf Farbfernsehgeräte. Ihnen wurden die Schwarz-Weiß-Geräte überlassen." – Diethelm Damm, Freizeit –

„Hörfunk 1980 ist fast im kompletten Gegensatz zum Fernsehen das Medium der unter 50jährigen, der formal gut Ausgebildeten, (voll) Berufstätigen, die Zeitung das der über 40jährigen, der nicht Berufstätigen, insbesondere der Hausfrauen, und der gut Verdienenden. [...] Fernsehen 1980 ist das bevorzugte Medium der über 40jährigen, der formal schlechter Ausgebildeten, nicht Berufstätigen mit niedrigem Einkommen."[84]

Spitzengruppe unter den Hörern waren 1980 die gut ausgebildeten 24- bis 27jährigen – mit knapp 90% Reichweite und einer überdurchschnittlichen Hördauer. „Politische Information im Hörfunk erreicht 1980 vor allem die politisch stark interessierten unter 30jährigen deutlich besser als noch 1974. Der Hörfunk ist das einzige Medium, dessen politische Information diese Gruppe mehr und nicht weniger nutzt."[85] Dieser Befund bezog sich allerdings auf sämtliche Informationsangebote des Hörfunks – also nicht nur auf Jugend-Zielgruppensendungen.

In der Debatte darum, wie politische Information in diesen Sendungen zu vermitteln sei, wurde die Unterscheidung jedoch vernachlässigt, Kritiker der unbequemen Programme suchten ihre Argumente mit dem Hinweis zu untermauern, welche Bedeutung das Radio als politische Informationsquelle Jugendlicher erlangt habe: Unter diesen Umständen könne von unbedachten Äußerungen in Jugendsendungen große Gefahr ausgehen.

2. Entdeckung einer Zielgruppe: die neuen Jugendsendungen der ARD-Anstalten um 1970

Im ganzen war der programmliche Rekurs der ARD-Programmplaner auf die „neuen" Jugendhörer der späten sechziger Jahre zersplittert, relativ konzeptarm und tastend.[86] Zunächst engagierten sich besonders die südwestdeutschen Anstalten. Aus Saarbrücken kamen die frühesten Signale: *Hallo Twen – Musik und Information für junge Hörer* hieß ab 1965 die erste Zielgruppensendung für Jugendliche im Saarländischen Rundfunk[87]; der HR

---

ein Hauch von Freiheit, in: Deutsches Jugendinstitut (Hg.), Immer diese Jugend!, a.a.O., S. 25-36, hier: S. 29, veranschlagt bereits für 1975, daß 25% der Jugendlichen zwischen 13 und 17 über ein eigenes Gerät verfügt hätten.
[83] Zinnecker, Lesekultur, S. 200.
[84] Klaus Berg/Marie-Luise Kiefer, Massenkommunikation II. Eine Langzeitstudie zu Mediennutzung und Medienbewertung 1964-1980, Frankfurt (M.) 1982 (Schriftenreihe Media Perspektiven 2), (künftig: „Massenkommunikation II"), S. 22.
[85] Vgl. Berg/Kiefer, Massenkommunikation II, S. 23-25, 67-70; direktes Zitat der S. 70 entnommen.
[86] Zur Entwicklung des Jugendfunks bis in die sechziger Jahre vgl. für die Weimarer Republik Marlies Reinke, Jugend, Sprache und Medien nach 1945 – Beispiele aus Rundfunksendungen, in: Bernd Ulrich Biere/Helmut Henne (Hg.), Sprache in den Medien nach 1945, Tübingen 1993 (Reihe Germanistische Linguistik 135), S. 108-127, hier: S. 112. Für die nationalsozialistische Diktatur Daniela Münkel, Produktionssphäre, in: Inge Marßolek/Adelheid v. Saldern (Hg.), Radio im Nationalsozialismus. Zwischen Lenkung und Ablenkung, Tübingen 1998 (Zuhören und Gehörtwerden 1), S. 45-128, besonders S. 116-125; Heide Riedel, 60 Jahre Radio. Von der Rarität zum Massenmedium, Berlin [W.] ²1987, S. 65; Birgit Bernard, Der „Gleichschaltung". Der „Reichssender Köln", in: Katz u.a. (Hg.), Am Puls der Zeit, a.a.O., S. 86-155, hier: S. 143. Für die Bundesrepublik Nicole Vergin, Für jeden etwas: Sendungen für Zielgruppen, in: Katz u.a. (Hg.), Am Puls der Zeit, a.a.O., S. 114-122, hier: S. 119; Reinke a.a.O., S. 112 f.; Münch a.a.O., S. 3; Siegfried, Draht zum Westen, S. 86-88, 101 f.; Peter Marchal, Peter, Kultur- und Programmgeschichte des öffentlich-rechtlichen Hörfunks in der Bundesrepublik Deutschland. Ein Handbuch. Bd. II: Von den 60er Jahren bis zur Gegenwart, München 2004, S. 428, 443-445, 448 f., 453 f.; Axel Schildt, Hegemon der häuslichen Freizeit. Rundfunk in den fünfziger Jahren, in: ders./ Arnold Sywottek (Hg.), Modernisierung im Wiederaufbau. Die westdeutsche Gesellschaft der 50er Jahre, Bonn 1993, S. 458-476, hier: S. 475; Robert von Zahn, Der „Schallplattenkrieg" (1966/67). Eine Bataille um die Rechte an der Musik, in: Scharlau/Witting-Nöthen (Hg.), „Wenn die Jazzband spielt...", a.a.O., S. 89-99, hier: S. 96; Gerhard Schmidtchen, Die Bedeutung der leichten Musik für das Verhältnis der Hörer im [sic] Radio, in: *Communications* 3/1974, S. 443-468, hier: S. 449.
[87] Vgl. *ARD-Jahrbuch* 3 (1971), S. 137; 5 (1973), S. 221.

folgte dem Beispiel 1966 mit *Teens – Twens – Toptime*, die Sendung wurde 1974 umbenannt in *R-u-m-m-m-s*.[88] 1969 zog der SFB nach: mit seiner Reihe *s-f-beat*.[89] SR, SWF und SDR initiierten gleichzeitig unter dem Titel *Funkjournal für junge Leute* ein gemeinsames wöchentliches Magazin[90]; der RIAS begann mit der täglichen Serie *Treffpunkt für junge Hörer*.[91] 1970 richtete der NDR wochentags den *5-Uhr-Club* ein[92]; 1974 ergänzte *Pop und Politik* das Angebot für die junge Zielgruppe in Norddeutschland.[93] Gleichfalls 1970 lief im SWF eine Sendung an, die großen Zuspruch auch im südlichen Nordrhein-Westfalen finden sollte: der *Pop-Shop*.[94]

Die Sender hatten es mit Jugendfunk-Angeboten jedoch im ganzen nicht allzu eilig. Das mag in mangelnder Wertschätzung der Zielgruppe begründet liegen oder auch in nur geringem Interesse daran, wie in anderen ARD-Funkhäusern Programm gestaltet wurde. Es dauerte bis Oktober 1973, daß der SR sein tägliches Magazin *Drugstore* begann[95]; und im Januar 1974 verstärkten neben dem WDR zwei weitere Sender ihre Aktivitäten: Radio Bremen brachte das Journal *Peng – Meldungen – Meinungen – Musik*[96]; und der Bayerische Rundfunk richtete den *Zündfunk* ein – im übrigen die einzige dieser Sendereihen, die bis ins Jahr 2010 überdauert hat[97].

„Damals wurden einem Zielgruppen[sendungen] empfohlen, als sei es der letzte Schrei", erinnert sich Manfred Jenke, der 1974 die Leitung des WDR-Hörfunks übernahm, „weil nämlich die Forschung schon stark in den Sog der Werbegesellschaften geriet. Die ihrerseits drängten darauf, daß die Programme zielgruppenspezifisch sortiert werden."[98] Bei Jugendprogrammen gaben allerdings besondere Motive den Ausschlag: Der BR-Redakteur Hanns Helmut Böck brachte sie 1975 auf den Punkt. Er sprach Jugendlichen das Recht zu, mit ihren Problemen „genauso ernstgenommen zu werden wie alle anderen gesellschaftlich relevanten Gruppen". Ein Jugendprogramm könne helfen, dem einzelnen Jugendlichen „seine Verantwortung gegenüber sich selbst und der Gemeinschaft bewußt zu machen und ihn zum Gebrauch seiner Urteils- und Kritikfähigkeit herauszufordern". Man dürfe Jugendliche zwar nicht „unkritisch in Anti-Haltungen [...] bestätigen", aber auch nicht die schlichte Anpassung an bestehende Normen und Verhaltensweisen predigen, sondern müsse „einen eigenen Weg zu Selbstverwirklichung und Urteilsbildung [...] ermöglichen." Der BR-Redakteur erwartete von erwachsenen Zuschauern durchaus Toleranz; und er ging noch weiter:

> „Wesentliche Merkmale jugendlicher Mentalität sind auch in ihren eher negativen Erscheinungsformen wie z.B. Übereifer, Einseitigkeit, Übertreibung, Kritiklust, Skeptizismus usw. bei

---

[88] Vgl. *ARD-Jahrbuch* 2 (1970), S. 184: 6 (1974), S. 61. – Interview mit Tom Schroeder im September 2007. Der *R-u-m-m-m-s*-Vorspann findet sich auf der von Werner Reinke konzipierten Dreifach-CD *HR3 history – 25 Jahre Party im Ohr. Die schafsten Hits aller HR3-Zeiten*, hier: CD 3, Dominion CD 4125-3.
[89] Vgl. *ARD-Jahrbuch* 1 (1969), S. 72; 4 (1972), S. 178.
[90] Vgl. ebda., S. 245, 252, 257.
[91] Vgl. ebda., S. 271; *ARD-Jahrbuch* 2 (1970), S. 244.
[92] Vgl. *ARD-Jahrbuch* 2 (1970), S. 190.
[93] Vgl. *ARD-Jahrbuch* 6 (1974), S. 63.
[94] Vgl. *ARD-Jahrbuch* 4 (1972), S. 184.
[95] Vgl. Rundschreiben des SR-Jugendfunks vom 27.9.1973, WDR Hist. Arch. 10443; sowie *ARD-Jahrbuch* 6 (1974), S. 65.
[96] Vgl. *ARD-Jahrbuch* 6 (1974), S. 179.
[97] Vgl. Christoph Lindenmayer, Zielgruppenprogramme im Bayerischen Rundfunk. Identitätsstiftung zwischen Tradition und Innovation, in: Margot Hamm u. a. (Hg.), Der Ton – Das Bild. Die Bayern und ihr Rundfunk 1924 – 1949 – 1999, Augsburg 1999 (Veröffentlichungen zur bayerischen Geschichte und Kultur 40/99), S. 196-203, hier: S. 200. Ferner den lesens- und beherzigenswerten Beitrag von Ulrich Stock: Rettet das Radio!, in: *Die Zeit – Dossier* 9/2005, abgerufen am 7.6.2005 unter http://zeus.zeit.de/text/2005/09RettetdasRadio.
[98] Interview mit Manfred Jenke im August 2005.

der Gestaltung der Programme in Rechnung zu stellen, wenngleich nicht einfach als Programmgrundsätze zu übernehmen."

Die Forderung nach „Ausgewogenheit" war für Böck „ein mit der jugendlichen Mentalität grundsätzlich nur schwer in Einklang zu bringender Begriff". Sie sei im Jugendprogramm anders zu erfüllen als beispielsweise in Politiksendungen für Erwachsene: „nicht [...] als ein Beitrag zur Einübung in formal-demokratisches Proporzdenken, sondern als Verpflichtung der Verantwortlichen, durch das Programm Toleranz als demokratische Grundtugend zu propagieren".[99]

Das bedeutete, daß sich Jugendsendungen in Konflikte einmischten, daß sie Partei für ihre Zielgruppe ergriffen. In der West-Berliner Reihe *s-f-beat* beispielsweise beschwerten sich Jugendliche im Originalton darüber, daß einer ihrer Lehrer aufgrund der Mitgliedschaft in einer kommunistischen Splitterpartei entlassen worden war – ohne daß ein Moderator die Äußerungen gleich im Anschluß relativierte. Wenn die Auffassung dieser Jugendlichen der öffentlichen Meinung widerspreche, befand SFB-Redakteurin Marianne Wagner, so müsse das Jugendradio eben „eine unkonventionelle Öffentlichkeit" schaffen. Beteiligung Jugendlicher an der Sendung könne ein Weg sein, Identifikationsmöglichkeiten zu schaffen, so Wagner weiter; ein zweiter sei die Moderation – sofern es dem Moderator gelinge, „eine emotionale Beziehung zu seinen Hörern" herzustellen.[100]

3. Das Lebensgefühl von „Achtundsechzig" im Radio: *Panoptikum*
– die Vorläufersendung der Radiothek (1968-1973)

Als der WDR seine tägliche Jugendsendung 1974 initiierte, befand er sich freilich ARD-weit – wie angedeutet – unter den Nachzüglern.[101] Im gemeinsam mit dem NDR betriebenen ersten Programm hatte lediglich eine Sendung Platz gefunden, die in inhaltlicher und auch in personeller Hinsicht zur Vorläuferin der Radiothek werden sollte; sie wurde nur monatlich ausgestrahlt, suchte allerdings in der bundesdeutschen Radiolandschaft ihresgleichen: die Reihe *Panoptikum – 50 Minuten für junge Leute*.

„Um 1968 war es, daß Gretel Rieber zu mir kam und sagte: ‚Ich habe da was vor, Achim – mach Dir doch mal Gedanken darüber'", erinnerte sich Regisseur Joachim Sonderhoff. „Sie wollte ein Jugendmagazin machen, das *völlig anders* war als alle anderen Sendungen, die es bis dato gegeben hatte im WDR."[102] Unter dem Eindruck des Todes Benno Ohnesorgs und der Aktivitäten der APO habe sie sich gefragt, ob nicht das Rundfunkgesetz den Sender verpflichte, auch der unruhigen Jugend und ihren Ansichten Raum im Programm zuzugestehen, erläuterte Gretel Rieber in einer am 9. Juli 1971 aufgezeichneten Rundfunksendung, in der die FAZ-Journalistin Angelika Grunenberg und der Musikpublizist Manfred Miller sie über *Panoptikum* befragten.

---

[99] Diese Thesen finden sich bei Hanns Helmut Böck, Zur Situation des Jugendprogramms im Deutschen Fernsehen, in: *Jugend, Film, Fernsehen* 1/1975, S. 8-13, hier: S. 12 f.; direkte Zitate dort entnommen. – Zur Entstehung der Zielgruppensendungen um 1970 außerdem Wolf Lindner, Schönheitsoperationen, nicht bloß kosmetisch. Exemplarisches aus der Disziplinierungsgeschichte der Jugendsendungen, in: *Medium* 8 (1978), Heft 10, S. 9-11, hier: S. 9.
[100] Vgl. zu *s-f-beat* Marianne Wagner, Praktische Formenlehre: s-f-beat, in: *Medium* 8 (1978), Heft 10, S. 12-13.
[101] Vgl. Vergin a.a.O., S. 121: Ab 1971 versuchte die Serie *Rotlicht*, Kinderfunk mit journalistischem Anspruch auf den Sender zu bringen.
[102] Alle Zitate Joachim Sonderhoffs in diesem Abschnitt nach dem Interview im August 2005. – Zahlreiche Details über *Panoptikum* finden sich in der bereits in der Einleitung erwähnten Sendung von Gretel Rieber und Marcus Heumann: Die Kinder von Marx, Marcuse und Coca Cola. Panoptikum '68 – ein Hörfunkexperiment, a.a.O.; für das Überlassen eines Mitschnitts danke ich Marcus Heumann, Redakteur beim Deutschlandfunk in Köln.

„Früher machte man Jugendfunk aus dem Gefühl heraus: Da ist die heile Welt der Jugendlichen und der Kinder, und die interessieren sich für 'n bißchen Wandern und 'n bißchen Klampfe und vielleicht Basteln. Nichts gegen Basteln und Wandern! Aber das war so das Gärtchen, in dem die lieben Jugendlichen sich aufhalten durften. Inzwischen hat man doch aber gesehen [...], daß sich gerade junge Leute sehr ernsthaft engagieren – jetzt mal ganz vage gesprochen: gegen Unrecht. [...] Sodaß man heute also Jugend anders definieren müßte."[103]

„Jugend anders definieren" –
Panoptikum-Redakteurin Gretel Rieber im Jahre 1970

Dramaturgisch habe man völliges Neuland betreten, erinnerte sich Sonderhoff. „Gretel und ich haben darüber gehockt, tagelang, haben darüber gesprochen, wußten nicht, wie das Ding heißt und was das ist – und kamen schließlich auf die Idee, eine Collage zu machen": eine dramaturgisch ausgefeilte, pointenreiche Mischung aus Rock- und Popmusikausschnitten, mehr oder weniger kurzen Wortbeiträgen, Klangeffekten und kabarettistischen Einlagen, die von zwei Moderatoren und der comicartigen Figur „Candy" präsentiert wurde. Als „Pop" umschrieb der EPD den Stil der Sendung:

„'Pop', das ist, was unter vielen Leuten populär ist, ohne daß man deshalb sich auf ein Bravo- oder Twen-Niveau herabgeben muß. ‚Pop' sind witzige Meldungen, die politische Brisanz besitzen und zwischengestreut werden. Das ist auch ein Interview mit dem Chef der Arbeitsgemeinschaft der Unabhängigen Sozialistischen Schüler. Oder das ist ein Modebeitrag und vor allem ‚Candy', der Redaktionsengel, der dem Mikrofongespräch der blendenden Amateur-Conferenciers Rosemarie Pape und Thomas Schroeder gallige Kommentare zwischenschiebt."[104]

Panoptikum überraschte seine Hörer jeden Monat aufs Neue, mit einer kurzweiligen und temporeichen Mischung, sodaß selbst Redakteurin Gretel Rieber gestand, sicherlich könne kein Hörer der Sendung über 50 Minuten hinweg durchgehend konzentriert folgen.[105] Sie

---

[103] *Journalisten fragen WDR-Redakteure*, WDR-Schallarchiv 6075448.
[104] Fritz Baas, Problematik der Jugendmagazine: Für Junge oder von Jungen? Zum Beginn der neuen WDR-Reihe „Panoptikum", in: KuR 9/1968, S. 1-2, hier: S. 2. – Thomas Schroeder taucht in der Radiothek als Tom Schroeder wieder auf.
[105] *Journalisten fragen WDR-Redakteure*, a.a.O.

und Sonderhoff hatten zunächst eine „Nullnummer"[106] (Sonderhoff) produziert, um sie Hörfunkdirektor Fritz Brühl vorführen und seine Genehmigung für das Projekt erhalten zu können. Sonderhoff erinnerte sich an einen auf die Weihnachtszeit bezogenen Beitrag Henryk M. Broders, den diese Produktion enthielt:

> „Brühl setzte sich zurück in den Sessel, [...] und dann kam der Beitrag. Und der Beitrag bestand aus dem Satz: ‚Geben ist seliger denn Nehmen, aber Nehmen macht mehr Spaß!' Punkt – Musik! Brühl kriegte sich nicht mehr ein vor Lachen, und damit war die Sache gegessen. Wir kriegten sozusagen das *blanc* – und damit auch den kommenden Ärger."[107]

Panoptikum, so umschrieb es Fritz Brühl später wohlwollend-distanziert, behandle die „Problematik von Oberschülern, Studenten und Berufsschülern" in einer Form, „die auf das Eindringen in letzte Wahrheiten unserer sozialen Szene hofft"[108]. Der von Sonderhoff erwähnte „Ärger" war programmiert; denn nach den Worten Waltraud Blains, die gemeinsam mit Gretel Rieber für *Panoptikum* nominell verantwortlich zeichnete, sollte die Sendung „ganz legitim eine Veranstaltung der jungen Leute *für* junge Leute sein"[109]. Hinter den beiden Redakteurinnen standen in der Anfangszeit keine professionellen Journalisten, sondern sieben Radio-Laien, keiner älter als 30 Jahre. „Junge Autoren wurden geholt, eine ganze Reihe", erinnerte sich Sonderhoff; nach Gretel Riebers Worten hatten sie und Waltraud Blain unter den Mitarbeitern anderer Sendungen solche angesprochen, mit denen sie sich eine Kooperation vorstellen konnten: „Das sind zum Teil Studenten – zum Teil Leute, die freiberuflich journalistisch tätig sind – oder es sind dann auch Leute dabei, die sich zum Beispiel [hauptberuflich] um Sozialfürsorge kümmern."[110]

Die *Panoptikum*-Macher arbeiteten streng basisdemokratisch – bei der Herstellung eines Beitrages besaßen die Redakteurinnen das gleiche Mitspracherecht wie die Autoren, die Moderatoren, selbst die Studiotechniker:

> „Und dieses Team arbeitet in einer Gemeinschaft – man könnte fast sagen: kollektiv – alle Manuskripte [durch], die entweder vom Team selbst geschrieben werden oder die von draußen hereinkommen – also, irgendein Hörer, der schreibt uns 'nen Beitrag und sagt: ‚Das ist ein wichtiges Thema, guckt's Euch doch mal an, vielleicht könnt Ihr was damit anfangen.' Dann setzen wir uns alle zusammen, die Teammitglieder, und ich selbst bin auch dabei, der Regisseur ist dabei, und wir diskutieren über jedes einzelne Manuskript."[111]

Die Debatten waren lang und kontrovers, die Ressourcen aber üppig, nicht nur in zeitlicher und personeller, sondern auch in technischer Hinsicht, wie Tom Schroeder erläutert:

> „Wir konnten die großen Studios benutzen. Achim [Sonderhoff] konnte Spitzen-Sprecher einsetzen, er selber hat auch experimentieren können! Und er ist nun wirklich ein *ganz* großer Radio-Regisseur! [...] Ich hab ein paar gute Regisseure, ein paar sehr eitle kennengelernt. Der beste – der am wenigsten eitle, der sich selber am meisten zurückhalten konnte, war Achim Sonderhoff. Ein hervorragender Handwerker mit einem fast genialischen Händchen für Pro-

---

[106] WDR-Schallarchiv 6124959, ausgestrahlt am 29.2.1968.
[107] Sonderhoff zitierte fast korrekt; auf dem Band heißt es a.a.O.: „Aber Nehmen macht mehr Spaß als Geben." Darauf folgte eine kurze fingierte Absage mit dem Zusatz „Wir schalten um."
[108] Fritz Brühl, Funkhaus Wallrafplatz. Der Hörfunk zwischen Gefährdung und Renaissance, in: Walter Först (Hg.), Aus Köln in die Welt. Beiträge zur Rundfunk-Geschichte, Köln/Berlin [W.] 1974 (Annalen des Westdeutschen Rundfunks 2), S. 407-444, hier: S. 420 f.
[109] *Hörer interviewen WDR-Redakteure über die Sendereihe PANOPTIKUM* (5.6.1970), WDR-Schallarchiv 5075350.
[110] Rieber ebda.
[111] Rieber ebda.

duktionen. [...] Und natürlich sind so Kunstwerke entstanden – radiophone Kunstwerke würd' ich die nennen."[112]

Regisseur Joachim Sonderhoff war maßgeblich beteiligt an Planungen für den WDR-Jugendfunk der sechziger und siebziger Jahre

Resultat waren Sendungen wie *Panoptikum* vom 18. Dezember 1969: Aktuelle Musik der Gruppen *Jethro Tull, The Rolling Stones,* des Liedermachers Franz Josef Degenhardt und anderer umrahmte Berichte über beklagenswerte Zustände in einem Heim für Schwererziehbare, über das „APO-Adreßbuch", über einen Eklat bei den Essener Songtagen 1968 – dort war gefragt worden, ob Zuhören „reaktionär" sei –, über das internationale Koordinationsbüro „Agitprop-Information" in London, und ein Interview über die „Kommune" als Lebensform, das laut Aussagen der Moderatoren eine „Fließbandarbeiterin bei einer Computerfirma" geführt habe. Die Sendung enthielt schließlich einige in kritischer Absicht angeführte Zitate aus dem Prospekt des Deutschen Roten Kreuzes für einen „ABC-Volksschutzanzug" und eine kurze Szene mit mehreren Sprechern:

> „Im italienischen Abgeordnetenhaus ist es kürzlich zu einer Schlägerei zwischen Kommunisten und Neofaschisten gekommen." – „Bei uns wäre so etwas doch gar nicht möglich gewesen. Zu einer Schlägerei gehören mindestens zwei! Und Kommunisten gibt es im Deutschen Bundestag jedenfalls nicht."[113]

In der 50. Sendung 1972 wurde ein von Hubert Maessen verfaßter satirischer Dialog über die politischen Aktivitäten des Flick-Konzerns wiederholt. Eine Bemerkung des Flick-Vorstandsmitgliedes und Bundestagsabgeordneten Wolfgang Pohle (CSU), bei Bedarf

---

[112] Interview mit Tom Schroeder im September 2007. – Der frühere Radiothek-Autor Herbert Hoven bestätigte im übrigen Schroeders Beschreibung des Regisseurs Sonderhoff: „Der war mal genial." (Gespräch im November 2005 in Köln.)
[113] WDR-Schallarchiv 5073812. Weitere Beispiele typischer *Panoptikum*-Programme sind die Sendungen vom 14.12.1972, WDR-Schallarchiv 5073848, vom 2.1.1970, WDR-Schallarchiv 5073818, vom 14.1.1971, WDR-Schallarchiv 5073825, vom 6.5.1971, WDR-Schallarchiv 5073828, und 13.12.1973, WDR-Schallarchiv 5073860.

könne man in Bonn 250 Parlamentarier ansprechen, hatte Maessen zum Anlaß genommen, zu berechnen, wieviele Abgeordnete denn jedem Konzern „aufgrund seines Umsatzes so zustehen würden", um den jeweiligen Einfluß gerecht zu verteilen:

> „Du teilst die Bundestagsabgeordneten durch die Umsatzmilliarden. Dann siehst Du, wie viele Abgeordnete auf eine Milliarde kommen, und diese Zahl multiplizierst Du dann wieder mit dem jeweiligen Konzernumsatz!" – „Das macht für den Flick nur 25, na bitte, kannste mal sehen! Für Siemens 60, [...] für VW 90." [...] „Aber hör mal, Du, das sind doch nur 495 Abgeordnete – wir haben aber 496, da bleibt doch einer übrig!" – „Das macht doch nichts! Der kann doch das Volk vertreten!"[114]

Joachim Sonderhoff erinnerte sich lebhaft an das Echo auf diesen Sketch: „Was glauben Sie, was damit los war! [...] Die Leute sind explodiert!" Auch Gretel Rieber berichtete 1972 über höchst kritische Hörerpost:

> „Wir kriegen also Briefe, die uns böse beschimpfen, [...] vielleicht gebe ich Ihnen eine Kostprobe, eine Karte, die mir gerade vor drei Tagen auf den Tisch kam – ich entschuldige mich für den Schreiber: ‚Na, Ihr subversiven roten Säue, Mauermörder des Sozialisten-KZ, wieviel bekommt Ihr von DDR-Puffsau Ulbricht? Hoch lebe Franz Josef Strauß!' Das sind Ausnahmen, solche Karten! Wir bekommen aber natürlich auch Briefe, die sich sehr kritisch, vernünftig kritisch mit unserer Sendung auseinandersetzen, und die sagen: Ihr seid nicht radikal genug. [...] Oder die sagen: Ihr seid zu einseitig. Ihr macht Agitation statt Information."

Daraus leitete die Redakteurin allerdings her, daß die Sendung offenbar Anhänger vieler politischer Denkrichtungen anspreche.[115] Waltraud Blain hatte bereits 1970 betont, daß der Redaktion während zweier Jahre lediglich in zwei Fällen unvollständige Recherche habe nachgewiesen werden können. Im übrigen sei „kein Teammitglied im Sinne eines klassischen Leninismus-Marxismus links"[116]. Freilich mußten sich die beiden Redakteurinnen in dieser Studiodiskussion der – durchaus nicht abwegigen – Frage Jugendlicher stellen, ob die Sendung nicht einseitig sei. Waltraud Blain gab zur Antwort, man wolle mit *Panoptikum* gerade Jugendliche in die Gesellschaft integrieren; und Gretel Rieber fügte hinzu, es gehe darum, die Informationsangebote anderer Massenmedien zu ergänzen.[117] „Ganz klar, die Sendung war natürlich nicht konservativ, die war auch nicht linksradikal – die Sendung war nur anders!" urteilte Joachim Sonderhoff 2005. Ein „linker", auf gesellschaftliche Reform und Demokratisierung drängender Akzent allerdings war nicht zu überhören.
Auf den Einwurf, ob *Panoptikum* nicht konzilianter vorgehen solle, um dadurch auch Jugendliche zu erreichen, die nicht zur Protestszene gehörten, antwortete Gretel Rieber mit einem charakteristischen Bekenntnis: „Mittelwege sind meistens meiner Meinung nach nicht golden. Sondern Mittelwege sind meistens [...] ziemliche Trampelpfade." In gewisser Weise sollte die Serie „gesellschaftsverändernd" wirken, „und zwar in den Punkten, wo unsere Gesellschaft verändert werden muß. [...] Das soll jetzt nicht heißen: *Panoptikum* macht Revolution oder so was."[118] Und Waltraud Blain fügte hinzu: „Unser Wunsch ist es, daß sich tatsächlich junge Leute artikulieren dürfen. Sofern sie der Ansicht sind, daß es

---

[114] *Panoptikum* vom 13.1.1972, WDR-Schallarchiv 5075005.
[115] *Journalisten fragen WDR-Redakteure*, a.a.O.
[116] Äußerung Waltraud Blains in *Hörer interviewen WDR-Redakteure über die Sendereihe PANOPTIKUM*, a.a.O.
[117] Blain und Rieber ebda.
[118] Äußerung Gretel Riebers ebda. – Henryk M. Broder allerdings betonte in einem Interview in der genannten *Brummkreisel*-Sendung von Gretel Rieber und Marcus Heumann 1988 (a.a.O.), es sei ihm als *Panoptikum*-Mitarbeiter niemals darum gegangen, „etwas zu verändern".

Mißstände in dieser Gesellschaft gibt, sollen sie das ausdrücken dürfen!" Sie erläuterte gleichwohl die Grenzen:

> „Ich höre die Sendung an – und wenn ich glaube, es sind verletzende oder diffamierende Äußerungen [gegenüber] einer ganz bestimmten Gesellschaftsschicht oder einer ganz bestimmten Gruppe von Menschen darin enthalten, die einfach den Takt verletzen auf grobe Weise, dann würde ich sagen: Kinder, was ist denn los, laßt uns darüber noch mal reden! Muß das sein? Was habt Ihr Euch gedacht? Aber im Sinn eines eindeutigen Vetos: Die *Möglichkeit* hat das Haus dazu. Aber es war eigentlich bisher nicht nötig, denn ich muß sagen aus der Kenntnis dieser Gruppe [...]: Sie kontrollieren sich in wachsendem Maße [...] doch gegenseitig."[119]

Hier traf sich die Redaktionsleiterin mit dem Urteil des Hörfunkdirektors: „Die für diese Sendungen tätigen jungen Menschen, denen beträchtlicher freier Auslauf gegeben war, haben nach fünf Jahren einen Lernprozeß hinter sich gebracht, der sie von der Fixierung als ‚enfants terribles' ziemlich wegzuführen wußte"[120], resümierte Fritz Brühl 1973.

Seit dem Debüt vom 29. Februar des Jahres 1968 lief *Panoptikum* 71 Monate lang im ersten Programm von WDR und NDR. Stellt man das Sendekonzept demjenigen der Nachfolgereihe gegenüber, so ist der Wandel zwischen 1968 und 1974 mit Händen zu greifen: Im Vergleich zu der frechen, basisdemokratisch hergestellten Collage war die Radiothek eine zwar inhaltlich streitbare, in formal-stilistischer Hinsicht jedoch solide-konventionell gestaltete Sendung. Ihr Informationsgehalt freilich übertraf den ihrer Vorgängerreihe bei weitem. Einige Grundzüge des *Panoptikum* sollten in der Radiothek erhalten bleiben: daß nämlich Jugendliche in ihrer charakteristischen Sprache über ihre typischen Probleme Auskunft gaben und daß die Sendung sich in kritischer und streitbarer Weise mit aktuellen Themen der Zeit befassen, daß sie hochpolitisch sein sollte. Das Konzept scheint unter den WDR-Mitarbeitern so unstrittig gewesen zu sein, daß es während der Planungsphase kaum einmal ausdrücklich erwähnt wurde.

Zwei Wochen vor der Jahreswende 1973/74 ging die letzte *Panoptikum*-Folge über den Sender. „Nun, ab 30.12. wird's täglich von 19.05 bis 21.00 Uhr im 2. Programm des WDR eine Sendung geben", kündigte Moderator Hubert Maessen an, „die wird heißen: ‚Fünf nach sieben – Radiothek'."[121]

---

[119] Äußerung Waltraud Blains in *Hörer interviewen WDR-Redakteure über die Sendereihe PANOPTIKUM*, a.a.O.
[120] Brühl a.a.O., S. 421.
[121] *Panoptikum* vom 13.12.1973, WDR-Schallarchiv 5073860.

II. 1972/1973: Die WDR-Redakteure planen eine „Jugendschiene"

Der WDR-Hörfunk befand sich während der frühen siebziger Jahre ohnehin in einer Umbruchphase. Die drei Programme wurden einer gründlichen Revision unterzogen; und 1974 setzte die Direktion eine Strukturreform an.[122] Bereits 1971/72 hatten die Planungen begonnen.
Der spätere Hörfunkdirektor Manfred Jenke beobachtete dies von Hamburg aus „mit Sympathie", empfand es allerdings als „eine etwas undurchsichtige Angelegenheit"; denn die treibenden Kräfte seien nicht in der Leitungsebene des Hörfunks zu suchen gewesen, sondern auf „einer mittleren Ebene von engagierten leitenden Redakteuren, die sich zusammengesetzt hatten, und die nun sagten: Wir reformieren das Programm"[123]. Eine vierköpfige Kommission war gebildet worden[124] – eingesetzt durch Hörfunkdirektor Brühl[125]. Als „Motor" der Reformüberlegungen bezeichnet Jenke den Kommissionsvorsitzenden Ulrich Gembardt. „Die tragenden Kräfte waren Wolfgang Seifert, der Sendeleiter, der stellvertretende Musikchef Alfred Krings und Ludwig Dohmen, Chef der [Redaktion] Wirtschaft. Das war der Kern, um den herum sich andere gruppierten."[126] Die Beteiligten stützten sich Jenkes Erinnerung zufolge auf Untersuchungsergebnisse des Meinungsforschungsinstituts *Infratest*.
Dessen Erhebungen hatten 1971 für den WDR bedrückende Ergebnisse zutage gefördert: Unter jugendlichen Hörern in Nordrhein-Westfalen hörten 90% zumindest gelegentlich das kommerzielle Radio Luxemburg, nur 65% das zweite WDR-Programm, 43% nannten das gemeinsame erste Programm von WDR und NDR, 2,49% den Deutschlandfunk, 1,7% den US-Soldatensender AFN, 1,29% die über einen starken Mittelwellensender empfangbare *Europawelle Saar* (SR 1). Auf die Frage, welchem Programm sie den Vorzug gäben, wenn sie sich für eines entscheiden müßten, votierten gar zwei Drittel für Radio Luxemburg. „Also eine alarmierende Situation, bei der was getan werden mußte", kommentiert Manfred Jenke, „wo auch Klaus Klenke sagte: Jetzt müssen wir mal diese Daten der Hörerforschung ganz genau analysieren, wo wir die Ansatzpunkte finden, mit denen wir das Programm reformieren können."[127]
Ulrich Blank, Redakteur in der Abteilung Politisches Wort, hielt in einem undatierten Papier[128] Vorschläge fest: Das erste Programm umschrieb er als „Hauptprogramm" oder „Fernseh-Alternative", womit der Versuch unternommen werden sollte, „dem Hörfunk wenigstens bis 21,00 Uhr eine grössere Zahl von Hörern zu erhalten" – unterhaltende Sendungen mit neuen Formen der Hörerbeteiligung sollten dabei helfen. Die „2. UKW-Kette" bezeichnete Blank als „Informations-Regional- und Jugendprogramm", dessen Schwerpunkte regionale und politische Informationen sowie Sendungen für junge Hörer sein sollten. Hier findet sich auch ein früher Hinweis auf Überlegungen zum Angebot für Jugendliche:

---

[122] Vgl. Brühl a.a.O., S. 418.
[123] Interview mit Manfred Jenke im August 2005.
[124] Vgl. Wankell, a.a.O., S. 68. Manfred Jenke übernahm nach seinem Amtsantritt im April 1974 deren Vorsitz, vgl. ebda.
[125] Interview mit Klaus Klenke im Mai 2007.
[126] Interview mit Manfred Jenke im August 2005.
[127] Interview mit Manfred Jenke im August 2005. Klenke bestätigte während des Interviews im Mai 2007 die Bedeutung der *Infratest*-Studien für den Dialog zwischen Hörfunkdirektor Brühl und den leitenden Redakteuren.
[128] *Vorschläge für die Reform des Hörfunkprogramms*, WDR Hist. Arch. 10443.

> „Die Abendsendungen des Informations- und Regionalprogramms sollen einen deutlichen Kontrast zum Hauptprogramm bilden. Der Akzent liegt dabei auf Sendungen für die Jugend. Von der Einrichtung einer Jugendschiene wird jedoch abgeraten, um die Transparenz der beiden Programme sicherzustellen und junge Hörer auch für das Hauptprogramm gewinnen zu können."

Blanks auffälliges Votum gegen eine Jugendschiene scheint aber im WDR bald verworfen worden zu sein. Hans Götz Oxenius, Leiter der Abteilung Kulturelles Wort, argumentierte im April 1972 gegenüber dem Hauptabteilungschef Kultur, Heinz Linnerz, der Hörfunk habe

> „angesichts der wachsenden Fernsehmüdigkeit mit einem offensiven Programm eine immer grössere Chance, vor allem bei jungen Hörern. Das zeigen amerikanische Erfahrungen, die mit einigen Jahren Verspätung jetzt bei uns zur Geltung kommen. Beispiele in unserem eigenen Programm beweisen, dass es möglich ist, grössere Hörerzahlen wiederzugewinnen, während traditionelle Teile des Programms nach den jüngsten Umfrageergebnissen offensichtlich kaum noch mit Hörern rechnen können."[129]

Intendant von Bismarck wiederum hatte bezüglich des Fernsehens bereits 1970 vorhergesehen, daß „spätestens um das Jahr 1975 herum die junge Generation als ständig wachsende Zuschauergemeinde ihre Forderungen an das Programm stellen wird. Denn dann werden die bis zu 30jährigen in der Bevölkerungsstatistik in der Überzahl sein"[130]. Im Vorabendprogramm des Fernsehens aber – so die Überzeugung der Hörfunk-Programmplaner zu Beginn der siebziger Jahre – fand sich diese junge Generation bislang kaum wieder.[131] Die Idee lag also nahe, in genau diese Lücke zu stoßen – mit einer Jugendschiene im Hörfunk. Klenkes Erinnerung zufolge setzte sich dieser Ansatz nicht zuletzt auf Ulrich Gembardts Betreiben hin durch.[132] Und Gembardt mochte sich darin bestätigt fühlen, als sich die große Mehrheit der anrufenden Hörer in einer Beteiligungssendung der Reihe *Funkhaus Wallrafplatz* im Mai 1973 „eine leicht auffindbare längere Programmstrecke für Jugendliche"[133] wünschte. Auch im mit der Beratung des Intendanten in programmlichen Fragen beauftragten WDR-Programmbeirat stand man der Idee nach Erinnerung des damaligen Mitglieds Peter Rinsche aufgeschlossen gegenüber:

> „Daß ein engagiertes Team – wie wir damals noch glaubten – von Redakteuren sich bestimmte Themen, vor allem auch Wirtschaftsthemen vornimmt und zusammen mit einem Mix – Rock-, Popmusik und was auch immer – jugendlichen Zuhörern bietet, Erklärung bietet, Hintergrundinformationen bietet, an interessanten Fällen was aufarbeitet – das war ja eine ausgesprochen gute Idee, und ich würde auch sagen, gesellschaftlich notwendige Idee! [...] Von daher war die Grundidee der Richtung vom gesamten Programmbeirat sehr, sehr positiv aufgenommen worden."[134]

---

[129] Schreiben Hans Götz Oxenius' an Heinz Linnerz vom 28.4.1972, WDR Hist. Arch. 10443. Zum Reichweitengewinn des Hörfunks zwischen 1970 und 1974 vgl. Stefan Kursawa, Vom Leitmedium zum Begleitmedium. Die Radioprogramme des Hessischen Rundfunks 1960-1980, Köln u.a. 2004 (Medien in Geschichte und Gegenwart 21), S. 196. Ferner als zeitgenössischen Text: Peter Glotz, Konkurrenz und Kooperation. Thesen zur Zukunft des Rundfunks in der Bundesrepublik, in: Westdeutscher Rundfunk (Hg.), Rundfunk 70. Beiträge zur Zukunft des Mediums, Köln 1970, S. 31-39, hier: S. 37.
[130] Klaus von Bismarck, Zukunftsperspektiven des Rundfunks. Einführung in das Thema der Tagung, in: Westdeutscher Rundfunk (Hg.), Rundfunk 70, a.a.O., S. 7-19 (künftig: „Zukunftsperspektiven"), hier: S. 10.
[131] Vgl. Hans Janke, „...den Gebrauchswert differenzieren". Ein Interview mit WDR-Hörfunkdirektor Manfred Jenke über „Radiothek" und Programmstruktur, in: Medium 10 (1980), Heft 4, S. 2-6.
[132] Interview mit Klaus Klenke im Mai 2007.
[133] Vgl. die Notiz *Hörer zu Jugendsendungen im „Funkhaus Wallrafplatz" am 7. Mai 1973*, WDR Hist. Arch. 07517.
[134] Interview mit Peter Rinsche im Februar 2008.

1. „...uns für die Rechte junger Leute einsetzen"[135]: die Radiothek als Zielgruppensendung

Eine Ausschußsitzung der Hauptabteilung Kultur skizzierte am 27. April 1972 den Plan einer täglichen Jugendsendung zwischen 19.00 und 21.00 Uhr im zweiten Programm. Gretel Rieber, die Kulturchef Heinz Linnerz und Musikchef Karl O. Koch darüber am 15. Mai informierte[136], empfahl ein magazinähnliches Mischprogramm mit einem durch Musik aufgelockerten Wortteil, allerdings mit anderer Akzentuierung und anderen Schwerpunkten als in den bereits existierenden „allgemeinen Magazinprogramme[n]".[137] Für die Jugendschiene war somit eine Sendezeit vorgesehen, zu der zuvor neben sporadischen Popmusik-Angeboten wie *Drugstore*, *Platten nach der Penne* oder *Disco aktuell* auch Sendungen des Frauenfunks oder landespolitischer Thematik erschienen waren.[138]

Im Dezember 1972 waren die Überlegungen weiter gereift[139]: Die Sendung sollte möglichst live ausgestrahlt, in jedem Falle aber „live moderiert werden." Darüber hinaus beinhaltete der Begriff der „Jugendschiene" einen inhaltlichen Akzent: Dieses Votum lief darauf hinaus, daß das bis dahin meistgehörte Radioprogramm des WDR fortan allabendlich für zwei Stunden die Interessen älterer Hörer als zweitrangig einstufen sollte. Dies bedeutete nicht nur den konsequenten Einsatz von Rock- und Popmusik; es bedeutete auch, daß die Wortbeiträge in Inhalt und Machart auf die Zielgruppe ausgerichtet wurden. Gretel Rieber hob dies hervor und ergänzte:

> „Selbstverständlich gehören zum Spektrum ‚Jugendkultur' auch politische, soziale und Bildungselemente. Information, Hilfestellung bei der Schärfung eines kritischen Bewußtseins, konkret ‚Lebenshilfe' für junge Arbeiter, Lehrlinge, Schüler und Studenten müßten innerhalb des Programmrahmens ‚Jugendschiene' ausreichend Platz finden, nicht nur, weil dies dem Programmauftrag des WDR entspricht, sondern auch, weil die jungen Hörer dies immer wieder in Briefen und Gesprächen wünschen."[140]

Waltraud Blain faßte im November 1973 zusammen, das neue Sendekonzept sei

> „orientiert am Auftrag des Rundfunks und am empirisch ermittelten Bedürfnis der Hörer. [...] Hauptnenner aller Sendungen muss bleiben (bei Berücksichtigung des legitimen Anspruchs der Hörer auf Unterhaltung und Entspannung): Information mit ausreichend erhellendem Kontext zu bieten: Durch kritische Auseinandersetzungen mit politischen und gesellschaftlichen Zusammenhängen, Prozessen und Trends soll den jungen Leuten Emanzipationshilfe zur Verfügung gestellt werden."[141]

Hier leuchtete ein Emanzipationsbegriff durch, wie ihn Hermann Gieseke 1971 formuliert hatte: Er zielte darauf ab, das mündige Individuum aus Bedingungen zu befreien, die ein rational begründetes Handeln erschweren.[142] Dahinter stand die Utopie einer Gesellschaft,

---

[135] Ulrich Teiner in der Moderation zur Sendung *Radiothek über Radiothek* (30.11.1975), WDR-Schallarchiv 5090143 (Einspielband) und Hist. Arch. 10444 (Transkript).
[136] *Protokoll eines Gesprächs zum Thema ‚Jugendschiene' vom 15.5.72*, WDR Hist. Arch. 10443.
[137] Vgl. Schreiben Gretel Riebers an Heinz Linnerz vom 5.5.1972, WDR Hist. Arch. ebda.
[138] Vgl. das Schema der drei WDR-Hörfunkprogramme in der Fassung ab 1968, WDR Hist. Arch. 11430.
[139] Vgl. Schreiben Gretel Riebers an Heinz Linnerz und Waltraud Blain vom 16.12.1972, WDR Hist. Arch. 10443.
[140] Schreiben Gretel Riebers an Heinz Linnerz vom 8.3.1973, WDR Hist. Arch. 10443.
[141] Rundschreiben Waltraud Blains vom 23.11.1973, WDR Hist. Arch. ebda.
[142] Vgl. Hermann Giesecke, Die Jugendarbeit, München 1971 (Grundfragen der Erziehungswissenschaft 13), S. 152.

deren Mitglieder mehr als je zuvor in Freiheit, Gleichheit und Glück leben können sollten.[143]

Bei ihrer Forderung nach Informationsanteilen im Programm konnte sich Waltraud Blain im übrigen auf Anregungen des Intendanten berufen: Von Bismarck war bereits 1970 davon ausgegangen, „daß der Freizeitmensch der Zukunft nach mehr Bildungsmöglichkeiten" verlangen werde. Der Sender müsse darauf mit seinen Angeboten eingehen und darüber hinaus „solches Verlangen nach mehr Bildung" beleben. Von Bismarck hielt jedenfalls den Bildungsbereich für einen „Schwerpunkt des künftigen öffentlich-rechtlichen Rundfunks." Daneben sei zu überlegen, „ob in allen Programmen des Hörfunks mehr Informationen zur praktischen Orientierung für das tägliche Leben am Platze sind, so daß die Rundfunk-Anstalt gerade im Hörfunk noch mehr zu einer Art ‚Rat-Haus' wird". Schließlich mahnte der Intendant, die Redaktionen müßten künftig „auf verstärkte Mobilität bedacht sein", ihre Umwelt aufmerksamer wahrnehmen. „Die Entwicklung neuer tragbarer [...] Aufnahmegeräte stärkt solche Mobilität!"[144]

Alle drei Anregungen sollten in den Sendungen der Radiothek ihren Niederschlag finden: im Bemühen darum, den Horizont der Hörer zu erweitern, im Streben nach einer Ratgeberfunktion und im Einsatz von O-Tönen aus dem Alltagsleben.

Die Redaktion umreißt ihr Konzept

Das Selbstverständnis dieser kritischen, auf Emanzipationshilfe ausgerichteten Jugendsendung hielten die Redakteure detailliert in einem Papier[145] und noch ausführlicher in einer besonderen Sendung fest.

Am 30. November 1975 strahlte der WDR letztere unter dem Titel *Radiothek über Radiothek* aus[146]; Wortredaktionsleiter Ulrich Teiner moderierte selbst:

> „Wir meinen, daß es solche Sendungen [wie die Radiothek] geben muß wegen der besonderen Situation, in der junge Menschen leben. Diese Situation ist gekennzeichnet durch den jugendlichen Reifeprozeß, durch die Hauptlernphase des Lebens in Schule und Beruf und durch den Übergang ins Erwachsenenalter mit allen sich daraus ergebenden Rechten und Pflichten."

Teiner verdeutlichte die Absichten der Radiothek, indem er die Unterschiede zu einer konventionellen Zeitfunksendung hervorhob: Ein Thema solle aus Sicht der Betroffenen dargestellt werden.

> „Im Gegensatz zum Zeitfunkbericht hat der Radiothek-Beitrag nicht die Absicht, den Informationsstand der Hörer durch eine Vielfalt von Zahlen, Fakten und Meinungen zu verbessern.

---

[143] Vgl. Wolfgang Lorig, Aussteigermentalität und politische Apathie Jugendlicher. Eine zentrale Herausforderung für die politische Bildung der achtziger Jahre, in: APuZ 32-33/1982, S. 41-54, hier: S. 46.
[144] Vgl. zu diesem Absatz Bismarck, Zukunftsperspektiven, S. 13, 15 f.; direkte Zitate dort entnommen.
[145] *Anmerkungen zum Selbstverständnis der Redaktion RADIOTHEK*, WDR Hist. Arch. 10444.
[146] *Radiothek über Radiothek* (30.11.1975 – Moderator war Ulrich Teiner), WDR-Schallarchiv 5090143 (Einspielband) und Hist. Arch. 10444 (Transkript); alle Zitate im folgenden nach dem Band im Schallarchiv. Aufgrund ihres hohen Aussagegehaltes über die Ideen der Radiothek kommen diese Sendung und das Selbstverständnispapier bereits hier zur Sprache. Teiner faßte das Konzept der Zielgruppensendung noch einmal zusammen in einem Schreiben an Jenke vom 23.4.1979, WDR Hist. Arch. 10451. – Er erläuterte die Konzeption der Sendung darüber hinaus in: Praktische Formenlehre: Radiothek, in: *Medium* 8 (1978), Heft 10, S. 14-16. Außerdem in einem Beitrag gemeinsam mit Helga Kirchner: Zielgruppensendungen – Anmerkungen einer umstrittenen Sache am Beispiel Radiothek, in: *Funk-Report* 2/1976, S. 5-10. – Augenzwinkernd betrachtete die Redaktion ihre Arbeit unter anderem in der Sendung „*Bitte kein Mitleid!" – Enthüllungen über die Radiothek. Oder: Wer wirklich dahintersteckt hat* (20.12.1980), WDR-Schallarchiv 1002556 (Einspielband).

Radiothek versteht sich als eine Ergänzung zu solchen Sendungen und wählt Informationen thematisch und zielgruppengerecht aus."

Teiner verwahrte sich gegen den Vorwurf parteipolitischer Einseitigkeit, denn Zustimmung wie Kritik töne der Radiothek aus allen politischen Lagern entgegen. „Wenn mit Einseitigkeit gemeint ist, eindeutig auf der Seite des Rechtes derer zu stehen, für die wir unsere Sendung machen, so bekennen wir uns allerdings ohne Umschweife zu dieser Einseitigkeit."

Es gehe der Sendung darum, sich für nicht verwirklichte Rechte der Jugendlichen stark zu machen. Dabei sei ihr daran gelegen, die jungen Hörer auf diese Rechte erst einmal hinzuweisen, „Methoden und Materialien zur Bewußtmachung und Wahrnehmung demokratischer Rechte und Verhaltensweisen" anzubieten, damit junge Menschen ihre eigene Lage erkennen, beurteilen, gegebenenfalls verändern konnten. In diesem Programm verschränkte sich das Ethos der Aufklärung mit einer eher basisdemokratisch definierten Zielsetzung.

Teiner ging zur Abschirmung der Sendung auf Kritikpunkte ein. Den Vorwurf der Unausgewogenheit konterte er mit Rekurs auf das WDR-Gesetz, der WDR solle „zum Frieden und zur sozialen Gerechtigkeit mahnen"[147]. Es gehe der Redaktion nicht um die „Interessen" junger Menschen, sondern um deren Rechte; und diese zu betonen, sei einer Jugendsendung keineswegs verwehrt: „Während nämlich Interessen einer Gruppe oft im Gegensatz stehen zu Interessen anderer Gruppen, in der Regel also nicht allgemein sind [...], gilt für Rechte der Grundsatz, daß sie für alle gelten und in jedem Falle Vorrang haben."

Noch andere kritische Argumente suchte Teiner abzuwehren:

„Wie steht es denn in diesem Zusammenhang mit den Pflichten? Nun, wir meinen zunächst, daß es erlaubt sein muß bei einer Gruppe, die ihre eigenen Rechte nicht immer so wahrnehmen kann, wie es ihr zusteht, diese Rechte gegenüber den sogenannten Pflichten zu betonen, [...]. Gerade weil so vieles als Pflicht hingestellt wird, was nichts anderes ist als ein verschleiertes Fremdinteresse, sehen wir uns überhaupt veranlaßt, uns für die Rechte unserer Zielgruppe einzusetzen. [...] Dazu kommt ein weiteres. Demokratische Verhaltensweisen sind gerade dadurch gekennzeichnet, daß sie den Ausgleich versuchen zwischen den Rechten des einzelnen und denen der Allgemeinheit; daß nicht einfach der Stärkere den Schwächeren beherrschen kann. Dies erfordert natürlich vom einzelnen die Bereitschaft zum Kompromiß und die Übernahme von Pflichten."

Auch die *Anmerkungen zum Selbstverständnis der Redaktion RADIOTHEK*[148] erläuterten, die Sendung wende sich innerhalb des WDR-Gesamtprogramms an die junge Hörergruppe, ergänze andere Angebote und bewege sich selbstverständlich im Rahmen gesetzlicher Vorschriften und der Programmgrundsätze. Als Zielgruppensendung sei sie jedoch gehalten, „sich besonders für die Rechte" ihrer Zielgruppe einzusetzen. Darüber hinaus fühle sich die Redaktion „zur Herbeiführung eines aufklärerischen Prozesses verpflichtet, der die Bewußtmachung demokratischer Rechte und Verhaltensweisen sowie von Erkenntniskriterien der Wirklichkeit einschließt".

Was die Interessen der Zielgruppe anbetraf, so ging es zwar – wie Teiner betont hatte – nicht darum, daß sich der Jugendfunk für sie einsetzte; die Redakteure betrachteten es je-

---

[147] § 4 II Satz 1 WDRG, abgedruckt im Gesetz-und Verordnungsblatt für das Land Nordrhein-Westfalen 8 (1954), Ausgabe A, Nr. 34, S. 151-154; im Facsimile bei Wolf Bierbach, Der neue WDR. Dokumente zur Nachkriegsgeschichte des Westdeutschen Rundfunks, Köln/Berlin [W.] 1978 (Annalen des Westdeutschen Rundfunks 3), S. 393-396; hier: S. 393.
[148] *Anmerkungen zum Selbstverständnis der Redaktion RADIOTHEK*, WDR Hist. Arch. a.a.O.; direkte Zitate dort entnommen.

doch als ihre Aufgabe, mit ihrer Themenwahl „an[zu]knüpfen an die Interessen und Bedürfnisse junger Hörer"[149]. Die damalige Radiothek-Redakteurin Helga Kirchner erläutert: „Wir haben darüber lange diskutiert und wußten natürlich sehr wohl, daß es da zwischen Rechten und Interessen Unterschiede gibt. [...] Man kann den Interessen-Begriff ja vielfältig schattieren." Intern habe man ihn folgendermaßen umschrieben:

> „Die Jugendlichen da abholen, wo sie sind. [...] So ist von den meisten von uns dieser Begriff verstanden worden. Daß man ihn auch noch anders verstehen kann, war uns bewußt; aber ich glaube, dieses Mißverständnis haben wir in Kauf genommen. [...] Es ging nicht um Klasseninteressen! Dieser Begriff war damals natürlich auch sehr gängig, aber es war nun nicht so, daß hier jemand die Unterwanderstiefel angezogen hatte und dann zur Feder gegriffen hatte, als das Selbstverständnispapier formuliert worden ist."[150]

Auf welche Weise man Hörer (und damit auch Jugendliche) dort „abholen" konnte, wo sie sich befanden – über dieses Problem hatte Staffan Kjellmor medienspezifische Überlegungen angestellt. Er faßte zunächst „subjektive Funktionen des Mediums, wie der Hörer sie empfindet" zusammen: Medien konnten zum ersten dazu dienen, aus der Realität zu fliehen – hier sah Kjellmor eine Domäne des Fernsehens – , zum zweiten als Quelle der Information und des Wissens, zum dritten als Ratgeber – dies wies Kjellmor besonders dem Hörfunk zu.[151] Für letzteren hatte Lindblad 1970 drei kulturpolitische Konzepte umrissen: Ein erster, idealistischer Ansatz fordere, „Wissen und intellektuelle Bereicherung" zu vermitteln. Ein zweites, gruppenorientiertes Konzept hingegen ziele darauf ab, „sich nach den Interessen bestehender und etablierter Gruppen" zu richten und „einem positiven Bild der existierenden Gesellschaft" zu entsprechen. Ein drittes, „professionelles" Konzept beabsichtige schließlich, sich so weit wie möglich an den Wünschen des Publikums zu orientieren.[152]

Vergleicht man dieses theoretische Raster mit der Gestalt der späteren Radiothek-Sendungen, so taucht das professionelle Konzept am ehesten in den gefällig angelegten Musikstrecken auf – stark in Hitparadensendungen, schwächer in solchen mit progressiver Popmusik.[153] Der idealistische Ansatz ist im weitesten Sinne in den Wortbeiträgen wiederzufinden; daneben kann man dieses Bestreben auch manchen – sperrigeren – Musikstrecken und zahlreichen Sondersendungen attestieren – die sich beispielsweise mit der Musikkultur Afrikas befaßten oder während der Weihnachtstage traditionelle Bräuche aus aller Welt vorstellten.[154] Mit dem gruppenorientierten Konzept läßt sich die kritische Herangehensweise der Sendung nur insoweit in Einklang bringen, als sie auf dem Boden der grundgesetzlich kodifizierten Ordnung stand; ein positives Bild des gesellschaftlichen Status quo zu vermitteln, wäre jedoch der reformerischen Programmatik der Radiothek zuwidergelaufen.

---

[149] Zit. nach einer Zusammenfassung der Ergebnisse eines Seminars der Friedrich-Ebert-Stiftung vom 27./28.10.1975 über *Freizeit und Freizeitverhalten und ihre Darstellung in Rundfunk und Fernsehen*, WDR Hist. Arch. 10448. Daran hatten sich Hörfunk- und Fernsehredakteure sämtlicher ARD-Anstalten und des ZDF beteiligt. – Im Archiv der Friedrich-Ebert-Stiftung sind laut dortiger Auskunft keine Materialien über dieses Seminar mehr vorhanden.
[150] Interview mit Helga Kirchner im August 2004.
[151] Vgl. zu Kjellmors Überlegungen: Blaukopf, Senderfärbung, S. 317; direktes Zitat dort entnommen.
[152] Vgl. ebda., S. 323; direkte Zitate dort entnommen. Blaukopf wirft ebda., S. 325, zu Recht die Frage auf, ob man die Vorlieben des Publikums allein per Umfrage erkunden könne, oder ob dabei nicht „latente, unartikulierte Wünsche" unter den Tisch fielen. Auch dem professionellen Ansatz, so Blaukopf weiter – mit guten Gründen – , wohne „ein Paternalismus" inne, „eine Bevormundung des Publikums, die gerade die Gefahren der kulturellen Nivellierung heraufbeschwört".
[153] Zu den Details der Musikstrecken vgl. unten Abschnitt II. 4.
[154] Vgl. zu Sendungen dieser Art unten Abschnitt III. 2. a) und III. 3. c) β).

Hinter der Konzeption der Jugendschiene stand offensichtlich die Überzeugung, Denk- und Bewußtseinsbildungsprozesse bei den Hörern auslösen zu können. Auf einer Tagung der Friedrich-Ebert-Stiftung im Herbst 1975 erklärten die ARD-Jugendfunkredakteure unisono ihre Absicht, „zu einem aufklärerischen Prozeß beizutragen, der demokratische Rechte und Verhaltensweisen bewußt macht und die Jugendlichen befähigt, ihre gesellschaftliche Lage zu erkennen und einen politschen Standort einzunehmen"[155]. Radiothek-Redakteur Jürgen Keimer schmunzelt:

> „Es war 'ne Sendung, in der wir – also, mir ging das am Anfang so – gedacht haben: Mit dem, was wir hier senden, können wir Sachen *verändern*. Wir haben da so 'ne Umwelt-Themenwoche gemacht, und [...] da hab ich gedacht: Jetzt haben wir doch alles mal gesendet, jetzt muß sich doch was ändern! Man hatte schon noch so eine naive Vorstellung davon, daß Information unmittelbar was bewirken kann."[156]

Diese Vorstellung stand freilich wohl auch hinter den Befürchtungen zahlreicher späterer Kritiker. Sie mochten sich darin von Hans Magnus Enzensberger bestärkt fühlen, der bereits in den sechziger Jahren das dahingehende Potential des Rundfunks hervorgehoben hatte:

> „Mit der Entwicklung der elektronischen Medien ist die Bewußtseins-Industrie zum Schrittmacher der sozio-ökonomischen Entwicklung spätindustrieller Gesellschaften geworden. [...] Das offenbare Geheimnis der elektronischen Medien, das entscheidende politische Moment, das bis heute unterdrückt oder verstümmelt auf seine Stunde wartet, ist ihre mobilisierende Kraft."

Enzensberger hielt es für durchaus möglich, „die Menschen beweglicher zu machen[,] als sie sind. Frei wie Tänzer, geistesgegenwärtig wie Fußballspieler, überraschend wie Guerilleros." Allerdings sei es erforderlich, die Rezipienten zum selbständigen Denken anzuregen. „Wer die Massen nur als Objekt der Politik betrachtet, kann sie nicht mobilisieren. [...] Propaganda, die Selbständigkeit nicht freisetzt[,] sondern lähmt, gehorcht demselben Schema. Sie führt zur Entpolitisierung." Nun aber sei erstmals „die massenhafte Teilnahme an einem gesellschaftlichen oder vergesellschafteten produktiven Prozeß möglich, dessen praktische Mittel sich in der Hand der Massen selbst befinden" – in Gestalt der Radio- und Fernsehtechnologie. Daß sich die „Massen" die Technologie nutzbar machten, werde freilich vorerst noch „bewußt verhindert, aus guten, schlechten politischen Gründen. Dem Programmangebot des Senderkartells entspricht das politische Angebot eines Machtkartells von autoritär verfaßten Parteien."[157]

Deren Einwirkung auf den Rundfunk war unstrittig; im Hörfunk der siebziger Jahre jedoch hatte sich ein Stilmittel eingebürgert, mit dessen Hilfe nicht nur Vertreter des von Enzensberger sogenannten „Machtkartells" sondern auch solche der „Massen" zu Wort kommen konnten: nämlich der Originalton. Die Technik hatte einen Stand erreicht, in dem mobile Aufnahmegeräte in eine Schultertasche paßten und ohne umfangreiches technisches Vorwissen bedient werden konnten. Da war es leicht, Stimmen auf der Straße zu sammeln, auf Versammlungen von Bürgerinitiativen, in Schulen, Universitäten und Jugendzentren, am

---

[155] Zit. nach der Zusammenfassung der Ergebnisse des Seminars *Freizeit und Freizeitverhalten und ihre Darstellung in Rundfunk und Fernsehen*, a.a.O., WDR Hist. Arch. 10448.
[156] Interview mit Jürgen Keimer im Oktober 2005. – Zur erwähnten Sendewoche vgl. unten Abschnitt III. 3. e) θ).
[157] Vgl. Hans Magnus Enzensberger, Baukasten zu einer Theorie der Medien, in: *Kursbuch* 20 (März 1970), S. 159-186 (künftig: „Baukasten"), hier: S. 159-161; direkte Zitate dort entnommen.

Rande von Demonstrationen oder auch im Jugendgefängnis. „Wir wollten ein Jugendprogramm machen", erklärt der damalige Radiothek-Redakteur Wolfgang Schmitz, „in dem nicht über Jugend berichtet wird, sondern in dem eben möglichst viel Jugend ungefiltert, mit allen Brüchen, mit allen Widersprüchen zu Wort kommt."[158]

2. „Ein irritierendes Moment"[159]: Jugendliche und Jungredakteure am Mikrofon – der Einsatz von Originaltönen und die sprachlichen Charakteristika

a) Originaltöne

Welches Potential in diesen kurzen Sendeelementen steckte, hatten bereits die Hörspielautoren der zwanziger Jahre erkannt; sie hatten das Stilmittel aber bald den Reportern überlassen.[160] Erst in den sechziger Jahren verhalf die mobile Aufnahmetechnologie dem O-Ton zum endgültigen Durchbruch im Radio, wobei Neues Hörspiel und Feature voranschritten.[161] Gerade wenn das Radio aktuelle politische und gesellschaftliche Themen behandelte, mochte es mit dem Einsatz von O-Tönen Bertold Brechts 1932 entworfener Vision eines „Kommunikationsapparat[es]" näherkommen – indem es tatsächlich den bisherigen Hörer zum Sprecher erhob.[162] Wenn ein Kleinunternehmer, eine junge Angestellte, ein Arbeitsloser oder eine Hausfrau im O-Ton zu Wort kam, so näherte man sich eben jenem von Brecht geforderten Zustand, daß nämlich „das Publikum nicht nur belehrt werden, sondern auch belehren"[163] können müsse. Die Hochkonjunktur des O-Tons in den siebziger Jahren fügte sich zudem in die Partizipationsideen der Zeit. „Diese Bewegung von unten nahm solche Ausmaße an, daß selbst Intendanten und andere Offizielle dazu Stellung nahmen – teils (verbal) dafür, teils (unter größtem Mißvergnügen) dagegen."[164] Denn eines hatte sich längst herausgestellt: Wenn der „Normalbürger" zu Wort kam, dann äußerte er sich keineswegs immer in der geschliffenen Form, welche die Hörer von Politikern, Publizisten oder Wissenschaftlern gewohnt waren. Es konnte kaum verwundern, daß sich beispielsweise der Deutschlandfunk in den siebziger Jahren unter den Druck externer Akteure gesetzt sah, denen es darum ging, inhaltlichen Einfluß sogar auf Sendungen mit Hörerbeteiligung auszuüben.[165] „Mikrophon und Kamera heben den Klassencharakter der Produktionsweise (nicht der Produktion) auf", kommentierte Enzensberger. „Die normativen Regeln treten zurück: das mündliche Interview, der Streit, die Demonstration verlangen und erlauben keine Orthographie und keine Schönschrift."[166]
Zugleich entfalteten O-Töne – trotz oder manchmal gerade wegen des geringen Grades an jener akustischen „Schönschrift" – eine besondere Wirkung: Sie vermittelten Authentizität.

---
[158] Interview mit Wolfgang Schmitz im Juli 2003.
[159] Interview mit Ulrich Teiner im Februar 2005.
[160] Vgl. Peter Marchal, Kultur- und Programmgeschichte des öffentlich-rechtlichen Hörfunks in der Bundesrepublik Deutschland. Ein Handbuch. Bd. II: Von den 60er Jahren bis zur Gegenwart, München 2004, S. 463.
[161] Vgl. Marchal a.a.O., S. 463 f. sowie Döhl a.a.O., S. 113-116.
[162] Vgl. Bertold Brecht, Der Rundfunk als Kommunikationsapparat. Rede über die Funktion des Rundfunks, in: ders., Schriften zur Literatur und Kunst 1920-1932, Bd. 1, Frankfurt (M.) 1967, S. 132-140, künftig: „Rundfunk als Kommunikationsapparat", hier: S. 134; direktes Zitat dort entnommen. – Auch Brechts 1927 erhobenem Appell an die Rundfunkintendanten, „mit den Apparaten an die wirklichen Ereignisse näher heran[zu]kommen", kam das Radio mit dem Einsatz von O-Tönen nach. Vgl. Brecht, Voschläge für den Intendanten des Rundfunks, in: Ebda., S. 124-127, hier: S. 124.
[163] Brecht, Rundfunk als Kommunikationsapparat, S. 137.
[164] Marchal a.a.O., S. 542 f.
[165] Vgl. Capellan a.a.O., S. 351.
[166] Enzensberger, Baukasten, S. 182.

Ihnen „wurde vielfach eine Art Beweiskraft und tragfähiger Stellenwert zugesprochen, während der im Studio gesprochene Text zu Überleitungen und gelegentlichen Zusammenfassungen zusammenschrumpfte."[167] Im Falle der WDR-Jugendschiene war dieses Zusammenschrumpfen mitunter wörtlich zu verstehen; denn die Mitarbeiter wollten sich gerade nicht als „Zurechtstutzer von Informationen aus der Außenwelt"[168] betätigen; deshalb waren hier häufig O-Töne von mehreren Minuten Dauer zu hören. Der Grad an Authentizität bedeutete zwangsläufig, daß streitbare O-Töne unter Umständen weit engagiertere Zustimmung oder Ablehnung provozieren konnten, als dies ein konventioneller „Funkvortrag" oder eine Moderation getan hätte.

In der neuen Jugendschiene spielten O-Töne darüber hinaus eine Rolle bei dem Bemühen, das Interesse der Zielgruppe zu gewinnen. Die Redaktion sei sich nämlich im klaren, erläuterte Ulrich Teiner in der Sendung *Radiothek über Radiothek*, „daß es keineswegs immer so ist, daß die von uns angezielten Hörer begierig auf dieses unser Angebot warten. [...] Haben sie doch in der Regel eher Anpassung als Selbständigkeit gelernt." Deshalb müsse die Radiothek ihrer Zielgruppe eine „Möglichkeit der Identifikation" bieten.

> „Das heißt: Der junge Hörer muß erkennen, daß in diesen Programmen seinesgleichen in seiner Sprache seine Probleme und Fragen artikulieren. Und dieses bedeutet, daß junge Leute in solchen Programmen mit Selbstaussagen und Selbstdarstellungen beteiligt werden müssen."[169]

Wohl äußerten Kritiker Bedenken: Die Nähe zum Hörer werde in Beiträgen mit O-Tönen lediglich vorgetäuscht; und mitunter müßten O-Töne dazu herhalten, die fehlende Kompetenz des Berichterstatters zu vertuschen.[170] Einen anderen Vorwurf äußerte Thomas T. aus Mettmann im Hörerbrief zu einem Radiothek-Bericht über Homosexuelle 1978: „Ein durch Stereotypen [sic] vorbelasteter Hörer", der die Sendung zufällig eingeschaltet habe, könne „mit den Äußerungen über die Gefühle der Schwulen, der [sic] Lebenssituation etc., so wie sie gebracht wurden, nicht sehr viel anfangen"; damit lasse sich kaum Verständnis für Homosexuelle wecken.[171] Der Einwand war nicht aus der Luft gegriffen; es bestand fraglos die Gefahr, einen Beitrag durch den Einsatz von O-Tönen zu einer „Insiderveranstaltung" geraten zu lassen, die sich dem Verständnis Außenstehender entzog.

Teiner nennt jedoch den Punkt, an dem sich die Kritik im Falle der Radiothek weit häufiger entzündete: Jugendliche Selbstaussagen im Radio seien aus stilistischen Gründen „ein zusätzliches irritierendes Moment" gewesen. „Daß da auf einmal auch Leute sprachen, die Sätze nicht zuende sprachen, die nicht die Hochsprache verwandten und von denen man bis dahin geglaubt hatte: Die haben im Radio nichts zu suchen, die sollen mal schön hören, aber nicht reden!"[172]

---

[167] Marchal a.a.O., S. 463.
[168] Peter Faecke, Leben und arbeiten in Südwestfalen – Medienarbeit auf dem Land, in: Günter Bentele/Robert Ruoff (Hg.), Wie objektiv sind unsere Medien?, Frankfurt (M.) 1982, S. 257-268, hier: S. 257.
[169] *Radiothek über Radiothek* (30.11.1975), WDR-Schallarchiv 5090143 und Hist. Arch. 10444; zu dieser Sendung vgl. oben Abschnitt II. 1.
[170] Vgl. Marchal a.a.O., S. 464 f.
[171] Vgl. die Zuschrift vom 11.8.1978 zur Radiothek vom 26.7.1978. Teiner bekundete in seinem Antwortbrief, es sei Ansichtssache, ob der Beitrag für Außenstehende tatsächlich schwer verständlich gewesen sei. WDR Hist. Arch. 10477.
[172] Interview mit Ulrich Teiner im Februar 2005.

b) Sprachliche Charakteristika

Auch die Gestaltung der Moderationen – diejenige vieler erhaltener Autorentexte in auffallend geringerem Maße – orientierte sich an der Sprache der jungen Generation. „Sollten Sie [...] meinen, daß in der Moderation keine wohlgesetzten Worte mit großer Geste und ‚bühnenreif' auf den Sender gebracht werden, stimme ich Ihnen zu", antwortete Redakteur Ulrich Lux einem Hörer, der sich über undeutlich sprechende Moderatoren beklagt hatte. „Das allerdings ist auch nicht unsere Absicht."[173] Längst war zu dieser Zeit im bundesdeutschen Radio eine Entwicklung hin zur spontan gesprochenen Sprache und zum informellen Sprachstil im Gange. Kürzere Sendezeiten führten darüber hinaus in sprachlicher Hinsicht „zu komprimierenden Formen [und] elliptischen Satzstrukturen".[174]
Typische Bestandteile der Jugendsprache wie „extreme Sprechsprachlichkeit – eigenwillige Grüße – Anreden und Partnerbezeichnungen – [...] Spruchwelten und flotte Redensarten – stereotype Floskeln – [...] Lautwörterkommunikation – Sprachspiele auf der Lautebene"[175] waren stilbildend. Sie tauchten auch in den Radiothek-Moderationen mehr oder weniger stark auf: im informell wirkenden Umgang der Moderatoren miteinander, in ihren üblichen Formulierungsweisen, besonders im Verhalten der Musikmoderatoren Mal Sondock und Dave Colman. Lautwörterkommunikation und Sprachspiele freilich sind lediglich im Verhalten Tom Schroeders und seines Co-Moderators Winfried Trenkler am 3. Januar 1974[176] dokumentiert, als sie nämlich die Sendung mit Blödeleien einleiteten; offensichtlich suchten Redaktion und Mitarbeiter zu dieser Zeit noch nach einem eigenen Stil. „Griffige Namen, Spitznamen – [...] metaphorische Sprechweisen mit Hang zur Übersteigerung – Entzückungs- und Verdammungswörter"[177] sind in den Radiothek-Achivalien nicht nachweisbar. Die Verwendung der Jugendsprache in der Moderation unterlag hier in der Tat „situativen Einschränkungen: Der Faktor ‚öffentlich' verlangt Rücksichtnahme auf alle potentiellen Hörer über die Zielgruppe hinaus. [...] Jugendsprache erscheint gewissermaßen ‚bereinigt'."[178] So findet sich keinerlei Anbiederung an das Publikum – die Hörer wurden gesiezt und mit einem freundlich-korrekten „Guten Abend" begrüßt. „Die Grenzen des ‚öffentlich Akzeptablen' anzutasten oder kurzfristig zu überschreiten", mochte in anderen oder auch späteren Programmen „eine Form der Hinwendung zum jugendlichen Hörer"[179] darstellen, nicht aber in den Radiothek-Archivalien.
Informelles Verhalten war am ehesten bei Musikmoderatoren die Regel; „Hyperbolisierung"[180] schlug sich beispielsweise nieder, wenn Dave Colman und Mal Sondock von einer „duften neuen LP" sprachen. Winfried Trenkler jedoch setzte sich in seinen mitunter inhaltlich anspruchsvollen Moderationen und auch im Sprachduktus hiervon ab. Ulf Posé wiederum beschritt einen Mittelweg, schreckte vor „flotten Sprüchen" zurück, achtete allerdings auf Verständlichkeit.

---

[173] Schreiben Lux' an A. G. aus Köln vom 29.11.1978, WDR Hist. Arch. 10477.
[174] Vgl. Hans-R. Fluck, Zur Entwicklung von Rundfunk und Rundfunksprache in der Bundesrepublik Deutschland nach 1945, in: Biere/Henne (Hg.), Sprache in den Medien nach 1945, a.a.O., S. 87-107, hier: S. 102, 104; direktes Zitat dort entnommen.
[175] Marlies Reinke, Jugend, Sprache und Medien nach 1945 – Beispiele aus Rundfunksendungen, in: Biere/Henne a.a.O., S. 108-127, hier: S. 109.
[176] WDR Hist. Arch. 10480.
[177] Reinke a.a.O., S. 109.
[178] Ebda., S. 124.
[179] Ebda.
[180] Ebda., S. 118.

„Auch in meinem heutigen Beruf [als Manager-Trainer, M. K.] weiß ich: Schwerverständlichkeit erzeugt allenfalls Ehrfurcht, aber keine Begeisterung. Und mir war Ehrfurcht weniger wichtig als Begeisterung. Also, insofern hab ich das 'ne Nummer einfacher gehalten, hab 'n bißchen über die Künstler erzählt, was ich wußte oder was die Industrie an Informationen zur Verfügung stellte, und hab mein Urteil über die Musik abgegeben – und hab einfach durch meinen Geschmack versucht, den Hörer bei der Stange zu halten. Das machten eigentlich alle [Musikmoderatoren der Radiothek], denk' ich. Jeder auf seine Art."[181]

3. Inspiriert von Platten der *Beatles*: Ideen für die zweistündige Wort-Musik-Sendung

Von etablierten Angeboten wie dem *Mittagsmagazin* sollte sich die Radiothek aber nicht nur sprachlich unterscheiden, sondern auch thematisch. „Wir haben uns ziemlich schnell darauf geeinigt, daß es [...] nicht ein weiteres Abendmagazin zu lauter unterschiedlichen Themen sein sollte", erinnerte sich Ulrich Lux an die Planungsphase, „sondern es sollte nur eine gewisse *relative* Tagesaktualität haben. Meinetwegen ein Thema, das im Busch ist, oder von dem die Redaktion meint, man müsse dazu was sagen, um einen aktuellen Zusammenhang herzustellen."[182] Auch wenn diese Auffassung innerhalb des WDR keine ungeteilte Zustimmung fand[183], setzte sie sich durch.

Bereits 1972 scheinen sich die Beteiligten geeinigt zu haben, die einzelnen Sendetage der Jugendschiene mit regelmäßigen thematischen Akzenten zu versehen, „um dem Hörer gezieltes Hören zu ermöglichen"[184]. Daß es sich um kombinierte Wort-Musik-Sendungen handeln sollte, hatte bereits die Ausschußsitzung der HA Kultur im April 1972 ebenso betont wie den Umstand, daß die Musik „keinesfalls nur Geräuschkulisse oder Berieselung sein, sondern in möglichst engem Bezug zum jeweiligen Wortprogramm stehen"[185] solle. Soweit aus den Archivalien ersichtlich, wurde letztere Forderung allerdings in der Praxis kaum verwirklicht.

Den Planern war jedoch bewußt, daß sich das ausgefeilte *Panoptikum*-Konzept allenfalls partiell fortführen ließ. „An jedem *Panoptikum* haben wir, abgesehen von den Vorbereitungen, allein drei Tage nur produziert", erinnerte sich Ulrich Lux. „Drei Abende à sechs Stunden nur produziert, für die 50 Minuten!" Darüber hinaus, so ergänzte Joachim Sonderhoff, hätten die eher an der aktuellen Berichterstattung orientierten Wortredakteure Bedenken angemeldet.[186]

Die Überlegungen zu Details des Konzeptes beschäftigte mehrere „Arbeitsgruppen" im Frühjahr 1973. Die Vorschläge der Arbeitsgruppe 1 – bestehend aus Mitarbeitern des Jugendfunks sowie der Abteilungen Unterhaltung Wort und Musik – erläuterte Lux seinen Kollegen im Mai 1973[187]: Die Gruppe plädierte „innerhalb eines grundsätzlich gleichen und stets erkennbaren Schemas" aus Wort- und Musikblock für „eine Vielfalt von Sendungen". Sendungen mit „Phone-In" – also Höreranrufen – wurden angeregt, aber auch „Expertengespräche". Auffallend war der Akzent auf vielfarbigen, dabei fachlich kompetent

---

[181] Interview mit Ulf Posé im Juli 2006.
[182] Interview mit Ulrich Lux im März 2006. Ähnlich Waltraud Blain brieflich am 23.11.1973, WDR Hist. Arch. 10443.
[183] Interview mit Ulrich Lux im März 2006.
[184] Schreiben Gretel Riebers an Heinz Linnerz vom 3.5.1972, WDR Hist. Arch. 10443.
[185] Schreiben Gretel Riebers an Heinz Linnerz und Karl O. Koch vom 16.5.1972, WDR Hist. Arch. ebda.
[186] Interview mit Joachim Sonderhoff im August 2005.
[187] Schreiben Lux' an Hilmar Bachor, Wolfgang Kischka und Wolfgang Pahde vom 17.5.1973 sowie an Waltraud Blain und Ulrich Gembardt vom 10.5.1973, WDR Hist. Arch. 10443.

```
WDR                SENDELAUFPLAN/-PROTOKOLL              2. PROGRAMM
                                                         Blatt-Nr.:
Woche: -Tag:      Datum:      Zeit: von:    bis:    Abt./Tel.: Radiothek/4684
 13   Dienstag   28.3.1978    19.05    21.00   Verantw. Red.: Lux/Schmitz
Kostenträger:    Übernahme von:   Angeschlossene Sender:           Zahl:
 104200              -                  -                            -
```

Titel: RADIOTHEK Nr. 1.546 Mod.: Colman/Schmitz
"Mit Panzern gegen Arbeitslosigkeit? –
Können Rüstungsaufträge Arbeitsplätze schaffen?"

(Vf.: Werner Balsen)

	Tonträger	
	Nr.	Zeit

19.05 Vorspann (kurz)
    Moderation Begrüßung und Themenvorstellung
    -MUSIKSTRECKE mit Tips
19.34 Moderation, BAND Thema Take 1   775421   1'16"
    (Musik...Musik)
    Moderation, BAND Thema Take 2   3'20"
    (1951..gesellschaftliche ENtwicklung)
    Moderation, BAND Thema Take 3   2'38"
    (Der Unterschied..ausgelastet sind)
    Moderation
    -MUSIK (1)
    Moderation, BAND Thema Take 4   2'21"
    (Der andere Unterschied..i.d.Welt macht)
    Moderation, BAND Thema Take 5   5'25"
    (Die bundesdeutsche..Länder bewirkt)
    Moderation
20.00-MUSIK / Verkehrshinweis (unter Mitwirkung von Spotti)
    Moderation, BAND Thema Take 6   4'50"
    (Wir können uns...gebunden werden)
    Moderation, BAND Thema Take 7   1'07"
    (Musik...Musik)
    Moderation
    -MUSIKstrecke
ca. 20.25 Moderation, BAND RT-Urlaubstips (Prospekte)   3'15"
    (Vf.: Esther Hartbrich)
    (von: In-Jingle ... bis: Out Jingle)
    -MUSIKSTRECKE mit Tips, Verlosung etc.
    Moderation Tschüsskes und wat isn morgen los
20.59'48" Nachspann

Morgen i. d. RT: Die DIW mit MS, und ab 20.30 Uhr:
"Kojak & Co. - Amerikanische Fernsehserien und ihr Publikum"

Köln, 28. 3. 1978

Sendeleitung   Unterschrift

Der Ablauf einer Radiothek-Ausgabe typischer Machart auf dem Durchschlag des Laufplans, wie ihn die Beteiligten während der Sendung im Studio vor sich liegen hatten; hier eine von Wolfgang Schmitz und Dave Colman moderierte Dienstags-Sendung (WDR Hist. Arch. 10531). Zu den einzelnen Band-Takes sind jeweils erste und letzte Worte des Takes notiert, um dem Techniker das exakte „Fahren" der Sendung zu erleichtern. Hinter dem Jargon „DIW mit MS" im Hinweis auf den folgenden Sendetag verbirgt sich Mal Sondocks *Discothek im WDR*.

dargebotenen Musikstrecken. Auch *Panoptikum* lasse sich unter dem neuen Dach fortführen. In thematischer Hinsicht gerieten die Vorschläge zum Wortprogramm überaus ambitioniert: Die Skala reichte von jugendpolitischen Gegenständen über kulturelle Hintergrundberichte, Reportagen über Jugendliche im Ausland und erklärend-unterhaltende Sendungen zur populären Musik bis hin zu klassischen Kabarettprogrammen.[188]

Die Arbeitsgruppe 2 wiederum schlug ein „integriertes Programm aus einem starken, vielfarbigen Musikteil (80 Prozent der Sendezeit) und einem redaktionellen Wortprogramm" vor, wobei sich letzteres aus Beiträgen von „10 mal zwei bis zu einmal 25 Minuten Länge" zusammensetzen sollte. Einige Ideen aus diesem Papier wurden später verwirklicht: etwa die Hitparadenstrecken am Mittwoch und Samstag sowie thematische Akzente wie „Lebenshilfe gegen Konsumterror".[189]

Regisseur Joachim Sonderhoff war überzeugt, daß die zweistündige Jugendschiene nach einer von Grund auf neuartigen Dramaturgie verlange. „Tagelang, wochenlang hab ich gegrübelt, was man da machen kann." Sonderhoffs Erinnerung zufolge waren es die Konzept-LPs der *Beatles*, die ihm die entscheidende Inspiration gaben. „Die haben eine ganz fabelhafte Dramaturgie darin entwickelt, und so hab ich das übertragen auf diese Sendung: [...] Von sieben bis halb acht Musik, dann die Überleitung zum Text, der Text ging immer von halb acht bis viertel nach acht, und der Rest wieder Musik."[190]

Ein thematisches Raster für die sieben Tage der Woche erarbeiteten die Jugendfunkredakteure schließlich gemeinsam mit ihren Kollegen aus den Abteilungen Unterhaltung Wort und Unterhaltung Musik – wobei a) die vorherrschende Musikfarbe, b) die Wortschwerpunkte kennzeichnete:

„Sonntags:
  a) Open Box, vertiefte Darstellung und Dokumentation von Gruppen, Trends usw.
  b) 3 mal monatliche Dokumentation und Selbstdarstellung von Jugendgruppen [...]. Der vierte Sonntagabend des Monats soll für Themen unterschiedlichster Art [...] freigehalten werden [...].
Montags:
  a) Folk
  b) Zu etwa gleichen Teilen Politik und Unterhaltung (Kabarett, politisches Lied, Glossen)
Dienstags:
  a) Soul
  b) Themen, die für junge Arbeitnehmer interessant, nützlich und wichtig sind
Mittwochs:
  a) Discothek im WDR
  b) Eher private Probleme junger Leute [...].
Donnerstags:
  a) Progressiver Pop
  b) Service. [...] Nicht nur konkrete Tips über Veranstaltungen und Reisen, sondern auch die Vorstellung wichtiger, neuer Platten, Bücher, Zeitschriften, Filme.
Freitags:
  a) Country, Western, Rock-Oldies
  b) Studentenfragen, Probleme der allgemeinen Bildungspolitik. [...]
Samstags:
  a) WDR-Hitparade

---

[188] *Entwurf eines Schemas für ein tägliches Programmangebot „für junge Leute" der Arbeitsgruppe 1*, WDR Hist. Arch. 07517; direkte Zitate dort entnommen.
[189] Vgl. *WDR-Hörfunkreform – Bereich Jugendschiene (2. Programm). Vorschlag der Arbeitsgruppe 2*, WDR Hist. Arch. ebda.; direkte Zitate dort entnommen.
[190] Interview mit Joachim Sonderhoff im August 2005.

b) Schülerfragen, allgemeine Ausbildungsprobleme, Berufswahl, Mädchenbildung etc."[191]

a) Zum Moderationskonzept

Vom Samstagabend mit seinem bald als *Schlagerrallye* bezeichneten Hitparadenangebot abgesehen, sollte in der Radiothek grundsätzlich das von *Panoptikum*, aber auch von Sendungen wie dem Frühmagazin *Heute morgen* her bekannte Konzept einer Doppelmoderation umgesetzt werden: mit getrennten Moderatoren für die Musik- und die Wortelemente, die von den jeweiligen Abteilungen selbständig benannt wurden[192]. Bereits im Zuge der Planungen hatte sich das Arbeitsschema herauskristallisiert: Ein eng verzahnter Dialog der beiden Moderatoren war in weit geringerem Maße denkbar, als es bei den minuziös ausgearbeiteten *Panoptikum*-Sendungen der Fall gewesen war. Während der Musikstrecken sollte sich der Wortmoderator also „möglichst zurückhalten"[193]. Ihm blieb den Planern zufolge ursprünglich die Zeit zwischen 19.45 und 20.30 Uhr vorbehalten[194]. In der Praxis schob sich dieser Teil meistens um zehn Minuten nach vorne.[195]
Schon nach wenigen Wochen allerdings wurde an diesem Prinzip massive Kritik laut[196]: Ulrich Gembardt hielt die Doppelmoderation für „nicht geglückt". Im März 1974 dann kam eine größere Besprechungsrunde der Redakteure und einiger freier Mitarbeiter[197] zu dem Schluß, daß bei den Kosten der Moderation gespart werden müsse: Fortan sollte die regelmäßige Doppelmoderation auf vier Wochentage beschränkt bleiben.
Noch heute urteilen die Beteiligten über die Doppelmoderation in der Radiothek überwiegend negativ: „Das kann man keinesfalls mit dem *Morgenmagazin* in der damaligen Zeit vergleichen, wo zwei Leute sich im günstigsten Fall die Bälle zugespielt haben"[198], winkt Musikmoderator Roger Handt ab. „Ich glaub' nicht, daß Doppelmoderationen funktionieren"[199], befindet Dietrich Backmann; und auch Joachim Sonderhoff sparte nicht mit Kritik: „Das kann nicht funktionieren [...], da muß man sich schon gegenseitig sehr, sehr gut kennen [...]. Im Grunde verstand der eine nicht, [...] was der andere sagte. Die standen sich gegenseitig im Wege."[200] „Ich kann mir vorstellen, daß die menschliche Note da tatsächlich 'ne wichtige Rolle spielt", überlegt Tom Schroeder und ergänzt: „Daß man sich voreinander nicht profilieren muß – das ist auch ein ganz wichtiger Punkt!"[201] Backmanns damaliger Moderationspartner Ulf Posé allerdings urteilt gerade insofern positiv:

> „Mit Dietrich Backmann hab ich mich sehr gut verstanden, [...] mit anderen auch! Ich kann mich nicht entsinnen, daß der Wortmoderator mich in irgendeiner Form gestört hat. Wir gingen uns gegenseitig nicht ins Gehege; ich hab die Dinge, die Dietrich gemacht hat, nicht kommentiert, und er meine Dinge nicht. [...] Ich hab mitbekommen, daß gesagt wurde: Es gebe ei-

---

[191] Rundschreiben Waltraud Blains vom 23.11.1973, WDR Hist. Arch. 10443. – Der für Montag vorgesehene Musikschwerpunkt „Folk" setzte sich nicht durch; in Ulf Posés von Mainstream-Pop bestimmten Musikstrecken gab es immerhin zumindest zeitweise ein als „Folk-Trailer" bezeichnetes Programmelement, das Posé nach zugelieferten Manuskripten moderierte, das sich allerdings im Gesamtbild der Strecke als Fremdkörper ausnahm. Beispiel sind die Sendungen vom 24.3.1975, WDR-Schallarchiv 5090107, und vom 27.10.1975, WDR-Schallarchiv 5090140.
[192] Interview mit Dietrich Backmann im Juli 2004.
[193] Undatiertes anonymes Arbeitspapier: *Jugendschiene – Form, Moderation*, WDR Hist. Arch. 10443.
[194] Rundschreiben Waltraud Blains vom 23.11.1973 a.a.O.
[195] Interview mit Joachim Sonderhoff im August 2005.
[196] Vgl. Protokoll der Wochensitzung vom 23.1.1974, WDR Hist. Arch. 10445.
[197] Vgl. *Protokoll der großen Sitzung am 3.3.1974, 12.00 Uhr*, WDR Hist. Arch. ebda.
[198] Interview mit Roger Handt im Februar 2008.
[199] Interview mit Dietrich Backmann im Juli 2005.
[200] Interview mit Joachim Sonderhoff im August 2005.
[201] Interview mit Tom Schroeder im September 2007.

ne Konkurrenz zwischen Wort- und Musikredaktion. Ich hab die nicht gesehen. Oder ich hab sie vielleicht für mich nicht wahrgenommen. Ich hatte damit überhaupt keine Probleme."[202]

Man muß der Doppelmoderation positiv attestieren, daß sie gewährleistete, daß sowohl Wortbeiträge als auch Musikstrecken der Radiothek durchweg kompetent und mit fachlicher Autorität moderiert wurden. Ein einzelner Moderator wäre damit überfordert gewesen; denn er hätte mit dem Wortthema eines Abends ebenso vertraut sein müssen wie mit den geplanten Musikstücken. Das Resultat wäre vermutlich entweder eine nichtssagende Präsentation der Musikstrecken oder aber eine oberflächliche Wortmoderation gewesen.

Die damalige Enttäuschung der Programmverantwortlichen über die Radiothek-Doppelmoderation dürfte nicht zuletzt von zu großen Erwartungen herrühren. Womöglich war sie von den Erfahrungen mit *Panoptikum* motiviert, die sich jedoch in einer täglich zweistündigen Live-Sendung kaum wiederholen ließen. Denn das hätte neben einer gewissen Kompetenz beider Moderatoren für *beide* Teile der Sendung auch jenes von Sonderhoff erwähnte besondere Miteinander der Personen vorausgesetzt – eine Konstellation, die in der täglichen Praxis sicher kaum zu verwirklichen gewesen wäre. Die erhaltenen Mitschnitte aus Radiothek-Sendungen mit Tom Schroeder und Winfried Trenkler immerhin lassen erkennen, daß hier ein Moderatorenduo dem Ideal nahe kam.[203]

b) *„Nicht in komplizierter Form, auch nicht wie Kochrezepte für Eintopfgerichte"*[204] – *Anforderungen an die Wortbeiträge*

Die Wortbeiträge für die Jugendreihe durften eines nicht sein: schwer verständlich – so ließ Helga Kirchner den *Zeit*-Redakteur Hans Schueler 1976 wissen. „Zumal es sich bei den RADIOTHEK-Hörern um ein vorwiegend jugendliches Publikum handelt, dessen Konzentrationsbereitschaft und -fähigkeit nicht allzu hoch angesetzt werden kann."[205] Deutlich umschrieb es Joachim Sonderhoff in einem ruppig-launigen Brief „in alter Freundschaft"[206] an den Autor der Reihe *Science Fiction*, Lothar Walser. Dieses Schreiben wirft unfreiwillig ein bezeichnendes Licht auf das Selbstverständnis der Radiothek-Wortredaktion und auf ihre Einstellung zur Arbeit ihrer Musik-Kollegen.

Walser hatte sich zuvor in einem auf Tonbandkassette gesprochenen Eilbrief bei Regisseur Sonderhoff über viele Details der fertigen *Science-Fiction*-Sendebänder beschwert. Nachdem Sonderhoff sein großes Mißfallen bekundet hatte, vom Postboten am frühen Morgen aus dem Schlaf geklingelt worden zu sein, und darum seiner Hoffnung Ausdruck verliehen

---

[202] Interview mit Ulf Posé im Juli 2006.
[203] Beispiel ist die Radiothek vom 17.4.1975, WDR-Schallarchiv 5090313, in der sich Schroeder und Trenkler jeweils an der Moderation sowohl der Wort- aus auch der Musikstrecken beteiligten.
[204] Radiothek vom 30.12.1973, WDR Hist. Arch. 10480.
[205] Schreiben Helga Kirchners an Schueler vom 1.4.1976, WDR Hist. Arch. 10467. – Schueler steuerte bald darauf einen Beitrag zur Radiothek-Sendewoche über den Radikalenerlaß bei, vgl. unten Abschnitt III. 3. b) δ).
[206] Schreiben Sonderhoffs an Walser vom 8.11.1974, WDR Hist. Arch. ebda.; alle weiteren Zitate hiernach. Sonderhoff selbst kann sich heute dieser Korrespondenz nicht mehr erinnern. Der Brief ist jedoch von einem „Achim" abgefaßt, Sonderhoff selbst wurde auch im WDR-Programm häufig „Achim" genannt; außer ihm gab es nur noch einen weiteren Radiothek-Mitarbeiter mit diesem Vornamen, nämlich Achim Graul. Graul arbeitete jedoch als Musikmoderator der Freitags-Sendungen und trat zu keiner Zeit als Regisseur aufwendiger Wortproduktionen wie *Science Fiction* hervor. Alles spricht also dafür, daß der Brief von Sonderhoff stammt, zumal die Aussagen durchaus mit dessen Radiophilosophie übereinstimmen und Sonderhoffs Tochter den Sprachduktus am Rande eines Gedächtnistreffens für den verstorbenen Regisseur im Januar 2008 wiedererkannte. – Walsers auf Tonband gesprochene Äußerungen sind von unbekannter Hand maschinenschriftlich transkribiert worden – das Band selbst ist nicht erhalten. WDR Hist. Arch. ebda.

hatte, die gleichfalls als Eilbrief versandte Antwort möge „nachts" bei Walser ankommen, kam er zur Sache:

> „Als Du den Auftrag für diese Serie erhieltest, hat Dir ein jeder gesagt, in welchem Umfeld Du Dich mit Deinen Viertelstunden befindest. Ich sage es Dir noch einmal: Du befindest Dich nicht im Nachtprogramm oder in irgend einem anderen kulturellen Magazin, sondern mitten in einer Schlager-humbta-humbta-tätärä-Sendung, die sich vor allen Dingen dadurch auszeichnet, daß das Publikum von einem Samstag zum anderen Samstag den Hit Nr. 1 der Schlager-Rallye erraten darf. Der, der es rät, bekommt eine Schallplatte, an der oft das Bemerkenswerteste das Loch in der Mitte ist. Das zum Umfeld. Da wir [...] nicht interessiert sein können, junge Leute durch einen mehr oder weniger niveauvollen Musikteppich im Eskapismus zu bestärken, sie also zu verblöden, einem Gerede des Musikmoderators auszusetzen, dem außer den Adjektiven ‚neu, hervorragend, aufregend, ungewöhnlich, hitverdächtig, originell, super, toll, klasse, phantastisch' und dergleichen mehr nicht sonderlich viel einfällt und auch nicht einfallen kann, haben wir uns überlegt, mit welchen Mitteln und vor allen Dingen mit welchen Inhalten man Alternativen zu diesem Matsch setzen kann, ohne den Rahmen dieser Radiothek-Sendung zu sprengen. Das ist zwar ein ziemlich langer Satz, aber er trifft genau den Kern der Sache, weiter: Wer Informationen an ein so gelagertes Publikum weitergeben möchte, muß das methodisch anders als sonst machen, wer will schon, daß abgeschaltet wird."

Also war griffige, kurzweilige Darstellung gefragt. Dave Colman allerdings konnte sich mit seiner Anregung, die einzelnen Beiträge der Jugendschiene sollten „in der Regel zwei, höchstens drei Minuten lang sein, denn es gibt nichts, was man in diesem Zeitraum nicht sagen kann"[207], nicht durchsetzen. So bestand zwar der Beitrag *Berufsbildungsgesetz* vom Neujahrstag 1974 aus drei Takes von maximal 3 Minuten und 15 Sekunden Länge. Doch bereits die Ausgabe vom 5. Januar enthielt mit Mario Angelos Bericht über die Erlebnisse von „Bravogirls" einen Beitrag, der in Schriftform dreieinhalb Manuskriptseiten füllte und *mindestens* fünf Minuten dauerte. Die Redaktion hielt – trotz mehrfacher Beschwerden aus Hörerkreisen – grundsätzlich an den zeitlichen Verflechtungen zwischen Wort- und Musikelementen fest. „Nicht verhehlen will ich Ihnen, daß natürlich von seiten der Redaktion eine gewisse Absicht dahinter steckt, wenn sie die Wortbeiträge nicht an den Anfang oder an das Ende der Sendung setzt", erläuterte Ulrich Teiner dem Hörer Siegmund S. aus Neuss, der sich beklagt hatte.

> „Wir glauben nämlich, daß es eine Vielzahl von Hörern gibt, die wir über ihre Rechte, Pflichten und ihre Interessen [sic] informieren sollten und die wir nur im Umfeld dieser Musik erreichen können. Wir glauben nicht, daß dies eine Entmündigung unserer Hörer bedeutet. Wir glauben und hoffen vielmehr, daß dies die Mündigkeit vorantreibt."[208]

Die Schwierigkeit, im Anschluß an ein Musikstück jeweils wieder mit einer kurzen Anmerkung des Wortmoderators zum Thema zurückführen zu müssen – und dadurch Redundanzen zu erzeugen –, nahm die Redaktion dabei bewußt in Kauf.[209]

4. Von der *Discothek im WDR* bis zum Progressive Pop – Blick auf die Musikstrecken

Ulrich Teiners Argumentation gegenüber Siegmund S. läßt erkennen, daß sich unter den Sendeverantwortlichen in den siebziger Jahren eine neue Erkenntnis durchgesetzt hatte[210]:

---

[207] Aus dem oben zitierten Konzeptpapier *Die Jugendschiene*, WDR Hist. Arch. 07517.
[208] Antwortbrief Teiners an S. vom 1.7.1975, WDR Hist. Arch. 10472.
[209] Vgl. den Antwortbrief Teiners an Ursel B. aus Münster/Westf. vom 29.8.1978, WDR Hist. Arch. 10477.
[210] Interview mit Josef Eckhardt im Juni 2007.

wie sehr nämlich Musik darüber entscheidet, welchen Publikumszuspruch eine Sendung erreicht[211]. „Wir wußten, daß die Musik die Leute holt [...] – aber das hieß, völlig umzudenken!" betont Klaus Klenke; und er umschreibt die bis dahin herrschende Auffassung: „Musik war: Pause! War: Füllung! Mußte man in Kauf nehmen, bevor ich wieder was Schlaues sagen konnte. So war Radio damals!" Die Radiothek hat Klenke demgegenüber in Erinnerung als „Beginn eines formatierten, wieder-erwartbaren Radios, mit festen Sendeelementen, bei denen die Musik eine ganz zentrale Rolle gespielt hat".[212] In der Tat zeigt schon ein Blick in die Rundfunkzeitschriften, daß der WDR-Hörfunk vor 1974 bei Rock- und Popmusik nur ein zersplittertes, teilweise unregelmäßiges Angebot vorhielt. Doch auch die Wortstrecken sollten vom Einsatz der Musik profitieren: Gerhard Schmidtchen hatte 1974 erkannt, daß gezielt eingesetzte Unterhaltungsmusik die Aufnahmefähigkeit der Hörer für Inhalte der Beiträge noch steigern könne.[213]

a) Zwischen persönlichen Vorlieben und „Format Play": Zur Musikdramaturgie der Radiothek

Details des Verhältnisses zwischen Wort und Musik in der Jugendschiene mußten freilich erst sendepragmatisch geklärt werden, durch eine längere Diskussion zwischen Wort- und Musikredakteuren. Von einer Unterordnung der Musik unter die Belange des Wortprogramms[214] konnte aber keine Rede sein. „Wir wissen nicht, wie wir es allen recht machen können und sind in der Redaktion überwiegend der Meinung, daß ein Verhältnis von Musik zu Wort im Verhältnis 3:1 zur Zeit das Beste sei"[215], erläuterte Dietrich Backmann einem Hörer im Januar 1975. Musikmoderator Dave Colman hatte im Laufe der Planungen Gedanken zur Stilistik entwickelt:

> „Der musikalische Charakter der Sendung muß im allgemeinen gleich bleiben. Es wird natürlich Blöcke geben innerhalb der Sendungen, die in eine bestimmte Musik-Richtung gehen. Man muß aber nur sehr aufpassen, wie man dies der Hörer mitteilt. [...] Sonst könnte es passieren, daß Hörer nicht einschalten, weil sie eine bestimmte Art von Musik nicht mögen oder weil sie sich für bestimmte Themen nicht interessieren. Wir müssen immer den Versuch machen, die Leute dazu zu bringen, die Sendung zu hören, und nicht dazu verleiten, nur einen gewissen Teil davon zu hören."[216]

Diese Idee täglich wechselnder Schwerpunkte auch in der Musik wurde ab 1974 in der oben skizzierten Weise in die Tat umgesetzt. Josef Eckhardt, der in den siebziger Jahren den Aufbau der WDR-Medienforschung begann, merkt dazu an, daß die Toleranz der damaligen Radiothek-Zielgruppe nicht zu eng angesetzt werden dürfe: Zahlreiche Hörer fanden an einer Sendung, deren Schwerpunkt auf progressiver Rockmusik lag, ebenso Gefallen

---

[211] Vgl. Friedemar Lüke, Die dreifache A-Frage. Radio öffentlich-rechtlich: Anpassen? Ausdünnen? Aufgeben?, in: KuR 99/1988, S. 3-8, hier: S. 7; sowie Josef Eckhardt, Musik im Hörfunk: für wen? Ausgewählte Ergebnisse einer Untersuchung des Westdeutschen Rundfunks, in: Wolfgang Hoffmann-Riem/Will Teichert (Hg.), Musik in den Medien. Programmgestaltung im Spannungsfeld von Dramaturgie, Industrie und Publikum, Baden-Baden 1986, S. 158-176, hier: S. 163.
[212] Interview mit Klaus Klenke im Mai 2007.
[213] Gerhard Schmidtchen, Die Bedeutung der leichten Musik für das Verhältnis der Hörer im Radio, in: *Communications* 3/1974, S. 443-468, hier: S. 451.
[214] Gert Haedecke konstatiert dies für das 1975 eingerichtete Programm SWF 3, vgl. seinen Beitrag: Sergeant Pepper und die Weltlage. Rock & Pop in einem Informationsprogramm am Beispiel von SWF 3, in: Ulf Scharlau/Petra Witting-Nöthen (Hg.), „Wenn die Jazzband spielt...", a.a.O., S. 133-141, künftig: „Sgt. Pepper", hier: S. 139.
[215] Antwortbrief vom 24.1.1975 auf eine Zuschrift des Hörers Wolfgang K. aus Kreuztal, WDR Hist. Arch. 10472.
[216] Ebda.

wie an einer Musikstrecke, in der eingängiger Soul-Pop den Ton angab.[217] Roger Handt bestätigt diese Beobachtung; heute seien „die musikalischen Bandbreiten des einzelnen *eigentlich* nicht mehr so breit".[218] Die Grundsatzentscheidung, ausgiebig Rockmusik einzusetzen, sei freilich 1973 noch ein ungewöhnlicher Gedanke gewesen, betont Handts Kollege Ulf Posé: „Man konnte richtig merken, wie der WDR sich ab 1973 veränderte in der Musik, zumindest WDR 2. Selbst das *Mittagsmagazin* spielte viel rockigere Musik. [...] Musikalisch wurde der Sender über die Radiothek viel moderner, als er vorher war."[219] Bereits die erste halbe Minute jeder Radiothek-Ausgabe ließ die Hörer ahnen, daß sie es in den folgenden zwei Stunden mit anderen Klängen zu tun bekommen würden als in der gerade zuende gegangenen Stundensendung *Guten Abend mit Musik*. Denn der Vorspann setzte einen expressiven Akzent: Unterbrochen von der Ansage „Fünf nach sieben – Radiothek" war der Beginn des von Jeffrey Steinberg komponierten *Nice'n'juicy* zu hören, interpretiert von der Big Band des kanadischen Trompeters Maynard Ferguson[220], einem überaus exakt spielenden Orchester, das sich besonders auf die Umsetzung perkussiver, komplexer Bläserarrangements verstand. „Ein Aufreißer wie im Krimi"[221], befand der *Spiegel*. Freilich: „'Mach die Musik leiser' ist ein Satz, den alle zum Überdruß kennen"[222], beobachtete Wolfgang Spindler 1975, und so verschreckten die Musikteile der Radiothek mit Sicherheit zahlreiche ältere Hörer – Intendant Friedrich-Wilhelm von Sell hat sie als „laut und drastisch"[223] in Erinnerung. Bei der Gesaltung dieser Strecken genossen die Musikmoderatoren der neuen Jugendschiene Freiheiten, wie Ulf Posé sie aus seiner Zeit beim kommerziellen Radio Luxemburg nicht kannte. Dabei konnte er auf Stilmittel zurückgreifen, die er in den sechziger Jahren von britischen Kollegen übernommen hatte:

> „Als ich beim Piratensender *Radio Nordsee* war, kamen die englischen DJs. Und die waren schon sehr erfahren. Das waren Profis. Die kamen von *Radio Caroline*, von *Big L*, da waren tolle Stimmen bei: Carl Duncan, der hatte 'ne Stimme – da bebte der Raum, wenn der sprach! Oder Roger Twiggy Day – das waren Berühmtheiten in England! [...] Die hatten ein sogenanntes ‚Format Play'. [...] Das kannte [im WDR] sonst keiner – hab ich auch nicht so rumerzählt, man geht ja nicht ständig hausieren mit seinen Erkenntnissen, aber das war das System meiner Sendung."[224]

Wirft man einen Blick auf die vereinzelt bzw. fragmentarisch erhaltenen Musiklaufpläne und Mitschnitte der Musikstrecken[225], so verfestigt sich der Eindruck, daß zumindest Dave Colman – bei einer von Posé abweichenden, meist auf Soul-Musik ausgerichteten Stilistik

---

[217] Interview mit Josef Eckhardt im Juni 2007.
[218] Interview mit Roger Handt im Februar 2008.
[219] Interview mit Ulf Posé im Juli 2006. – Ablesbar ist dieser Wandel auch, wenn man den Vorspann der Sendung *Mittagsmagazin* ab 1974 (WDR-Schallarchiv 5074200) vergleicht mit demjenigen, der zuvor eingesetzt worden war (WDR-Schallarchiv 5020589): Beide verarbeiten dasselbe musikalische Motiv in zutiefst unterschiedlicher Weise: Den älteren spielt ein um Streicher ergänztes Unterhaltungsorchester im ternären, dem Swing verwandten Rhythmus, den neueren eine von Blechbläsern geprägte Big Band mit präzisen, perkussiven Einsätzen und binärem (Rock-) Rhythmus.
[220] Enthalten auf der im April 1973 erschienenen LP *M. F. Horn 3*, Columbia KC 32403. – Vgl. auch die Angaben im Antwortbrief Heidi Schöders vom 18.11.1974 an den Hörer Walter M. aus Wuppertal, WDR Hist. Arch. 10472. Die Ansage wurde anfangs von dem WDR-Sprecher Kurt Postel und einigen Jugendlichen im Wechsel gesprochen; ab 1975/76 taucht in den Mitschnitten nur noch die Stimme Postels auf.
[221] N.N., Trojanischer Teppich, a.a.O., S. 196.
[222] Wolfgang Spindler, „Rock me!" Diskotheken, Buden, Läden, in: *Kursbuch* 54 (1978), S. 1-12, hier: S. 6.
[223] Interview mit Friedrich-Wilhelm von Sell im August 2005.
[224] Interview mit Ulf Posé im Juli 2006. Handt bestätigt, er habe bei der Musikauswahl „hundertprozentige" Freiheit genossen.
[225] Vgl. hierzu Dave Colmans handgeschriebene Laufpläne vom 25.2.1975 (WDR Hist. Arch. 10494) und 11.3.1975 (WDR Hist. Arch. 10495) sowie Winfried Trenklers Laufplan vom 3.1.1974 (WDR Hist. Arch. 10480).

– ähnlich vorging. „Format Play" findet sich in diesen Musikstrecken insofern wieder, als sich die Programme durch bedacht plazierte Einstiegs- und Kehraus-Nummern, durch Abwechslungsreichtum in Klangfarben, Stilistik, Tempo und Rhythmik[226] sowie durch gezielt eingesetzte Hitparadenmusik auszeichneten. Kompromißloser verhielt sich Colmans Kollege Winfried Trenkler, der in einem erhalten gebliebenen Laufplan um experimentelle Rock-Klänge keinen Bogen schlug und sogar ein 13minütiges Rock-Jazz-Stück auflegte: den *Boogie Woogie Waltz* der Gruppe *Weather Report*.

b) Mal Sondock und die „Discothek im WDR"

Von Trenklers progressivem Pop aus betrachtet am anderen Ende der stilistischen Skala bewegte sich ein Moderator, dessen Programm an jedem Mittwoch in die neue Jugendschiene integriert wurde und fraglos die weiteste Resonanz beim Publikum fand: Mal Sondock mit seiner *Discothek im WDR*.
Sondock hatte diese Sendung als reine Musikstrecke bereits in den sechziger Jahren entwickelt. Ihr Markenzeichen war eine Erkennungsmelodie, die von einem Popchor mit zeittypischer Instrumentalbegleitung gesungen wurde und ab 1974 jeweils im Anschluß an den Vorspann der Radiothek lief:

> „Das zweite Programm präsentiert,
> was die Popfans interessiert:
> Musik für den Sofortverzehr –
> *Discothek im WDR*.
> Die neuesten Hits aus aller Welt,
> aufgelegt und vorgestellt
> von Mal Sondock.
> Mal! Was ist heute dabei?"[227]

Der Texaner Sondock, der seit seinem Militärdienst in den fünfziger Jahren in der Bundesrepublik lebte, setzte konsequent auf publikumsattraktive Musik. Ihm war nämlich in den sechziger Jahren aufgefallen, daß der ARD-Hörfunk zu wenige Hitparadensendungen geboten habe.

> „Und ich hab gesagt zum WDR: Hey, ich möchte eine Hitparade in meiner Sendung haben! – ‚Nee, das können wir nicht machen, das ist viel zu kommerziell für eine öffentlich-rechtliche Anstalt!' – Ich habe gesagt: Sie verstehen mich falsch, ich wollte nicht eine offizielle WDR-Hitparade gestalten! Nur ein kleiner Test für meine paar Hörer. – ‚Ja... das dürfte gehen...' – Und da war ‚Pandora's Box' geöffnet!"[228]

Sondocks Sendung erreichte rasch bemerkenswerten Hörerzuspruch. Unter dem Titel *Discotheken-Bummel* kam sie anfangs als Originalübertragung aus wechselnden Discotheken Nordrhein-Westfalens. „Einmal aber stand der Übertragungswagen nicht zur Verfügung", berichtete Sondock; daher hätten die WDR-Verantwortlichen entschieden, die Sendung einmalig im „Lunchraum" zu produzieren, der früheren Kantine im Keller des Kölner Funkhauses.

---

[226] Vgl. zum Gestaltungsprinzip: Martin Hoffmeister, Musikalische Mischprogramme. Authentizität versus Popularisierung. Zur Frage nach der „richtigen" Musik in den ARD-Kulturprogrammen, in: Arnd Richter u. a. (Hg.), Zukunftsmusik für Kulturwellen. Neue Perspektiven der Kulturvermittlung im Hörfunk, Wiesbaden 2002, S. 81-88, hier: S. 83 f.
[227] WDR-Schallarchiv 5049202.
[228] Alle Äußerungen Mal Sondocks in diesem Abschnitt zit. nach dem Interview im April 2007.

„Das war ein Raum ohne Lüftung, unglaublich, das war eine Sauna, wenn viele Leute da drin waren. [...] Die Karten waren kostenlos. Und es kamen sehr viele Anfragen deswegen. Sehr, sehr, sehr viele Anfragen! Und dann haben die WDR-Leute gesagt: Sekunde! Wir können unglaublich Geld und Arbeit sparen, dann brauchen wir keine Ü-Wagen zu bestellen und zu bezahlen – wir können Sondock in den Keller stecken, dann haben wir dieselbe Sendung, und die heißt dann *Discothek im WDR*. Das war der Start dieser Sendereihe."

„Ich war der ‚Scheiß-Ami, der Negermusik gespielt und die Kinder verdorben hat'": Mal Sondock, einer der populärsten Moderatoren im bundesdeutschen Hörfunk

Als *Übertragung einer Schallplatten-Tanzparty aus dem Funkhaus in Köln* wurde die Sendung vor 1974 in den Programmzeitschriften annonciert.[229] Sondocks Erfolgsrezept bestand darin, daß er sich an britischen und US-amerikanischen Hitparaden orientierte.

„Das heißt, mein Kriterium war ganz einfach: Könnte das ein Top-Ten-Hit werden? Ja oder nein? Und dann hab ich sie gespielt und getestet. [...] Klar, ich war besonders aufmerksam auf Topstars, die gerade eine neue Aufnahme gemacht hatten [...]. Hat der Interpret der Platte, die ich gerade in der Hand habe, vorher schon einen riesigen Hit gehabt? Das war [auch] ein Grund, sie zu präsentieren."[230]

Erst in den späten siebziger Jahren, so erinnerte sich Sondock, habe er mit dieser Vorgehensweise „Probleme" bekommen – und deshalb einige Kriterien modifiziert.

„Das war die Ära der Disco-Musik: Alles klang gleich! Und es war so leicht, toll klingende Platten zu produzieren, daß ich folgende Maßstäbe angelegt hab für Neuinterpreten: Ich habe die Schallplattenfirma angerufen und gefragt: Machen Sie große Publicity für diese Platte, ja oder nein? Und wenn die Antwort Nein war, hab ich sie auch nicht gespielt – denn dann hatte sie *deswegen* von vornherein keine Chance."

In sein Programm hineinreden ließ er sich nicht: „Mein Produzent war Dave Colman; auch ein Freund von mir, dem ich allerdings gesagt habe: Die Sendung mache ich! Du setzt

---

[229] Vgl. u. a. die Angaben in den Programmspalten der *HörZu* 45/1972 (4.-10.11.1972), S. 114.
[230] Zur vergleichbaren Arbeitsweise der SWF-3-Musikredakteure vgl. Münch a.a.O., S. 103-107.

Dich in die Ecke, kassierst Dein Geld und hältst das Maul!" Schmunzelnd fügte Sondock hinzu: „Das hat er begriffen und mit Wonne getan."

Colman erklärt den großen Publikumserfolg der *Discothek im WDR* ganz neidlos aus Sondocks Kompetenz als Programmgestalter: „Der hatte ein enormes Gespür dafür, was die Leute wirklich hören wollten. Er hat das Radio in den [Vereinigten] Staaten von der Pike auf gelernt; er wußte ganz genau, wie das geht. Und war sicherlich in kommerzieller Hinsicht viel, viel erfolgreicher als ich."[231]

Es war freilich offensichtlich, daß der Moderator mit seinen Programmvorstellungen im WDR nicht nur Freunde hatte. Unter den WDR-Musikredakteuren stieß das Konzept der „Musik für den Sofortverzehr" auf Widerspruch[232] – und zwar auch unter den Anhängern sozialkritischer oder auch musikalisch anspruchsvollerer Rockmusik. „Übelste Verdummung! Wird das ein Hit, oder wird das kein Hit? Völliger Quatsch!"[233] eiferte sich Joachim Sonderhoff noch Jahrzehnte später über die *Discothek im WDR*. Wortredaktionsleiter Teiner antwortete einer kritischen Hörerin 1974 abwägend:

> „Ich will keinen Hehl daraus machen, daß mir Mal Sondock auch nicht liegt. Ich weiß aber, daß ihn viele Hörer, vor allem jüngere Hörer mit Begeisterung hören. Deshalb hat er auch sein Recht in dieser Sendung. Zu Ihrer Frage darf ich Ihnen mitteilen, daß Sie an allen Tagen, außer Mittwoch, die Radiothek ohne Mal Sondock empfangen können."[234]

Gretel Rieber hatte der *Discothek im WDR* – angesichts erwiesener Beliebtheit bei den Hörern – bereits 1973 ihre Berechtigung zuerkannt und über eine Einbeziehung in die Jugendschiene nachgedacht:

> „Überwiegend sind es junge Leute in der Berufsausbildung, die von diesem WDR-Angebot Gebrauch machen. Wir sind der Meinung, daß sich der WDR nicht entgehen lassen sollte, mit dieser Gruppe in einen über das Musikangebot hinausgehenden Kontakt zu kommen, das Gespräch über Probleme, die für diese Altersgruppe spezifisch sind, zu suchen. [...] Wir denken uns eine attraktive und vielfältige Mischung aus ‚Discothek', [...] Musikmoderation [...], jungen Bands und locker eingestreuten Gesprächen, die von einem Jugendfunkmoderator koordiniert werden."[235]

Von der Einbeziehung junger Bands abgesehen, wurde dieses Modell im Januar 1974 in die Praxis umgesetzt. Sondock allerdings war mit den eingestreuten Wortelementen alles andere als glücklich:

> „Die Sendung war dadurch fast ruiniert, und das hab ich auch gespürt. Und das war das einzige Mal während meiner gesamten Zeit beim WDR, wo ich gesagt habe: So geht das nicht weiter, ich muß eine reine Musiksendung haben, oder schmeißen Sie mich raus! Ich glaube, das letztere hätten sie am liebsten getan; aber das haben sie sich nicht getraut."

Bereits zehn Tage nach Sendebeginn schickte sich Musikredakteur Dietmar Kindler an, die „künftige Gestaltung der ‚Diskothek'" gemeinsam mit seinen Kollegen Alfred Krings und Wolfgang Kischka zu überdenken[236]. Auch die Wortredakteure zeigten sich mit dem Wechsel aus Hitparadenmusik und Diskussionsbeiträgen unzufrieden. „Es war schwierig,

---

[231] Interview mit Dave Colman im Oktober 2007.
[232] So die Einschätzung Josef Eckhardts im Interview im Juni 2007.
[233] Interview mit Joachim Sonderhoff im August 2005.
[234] Antwortbrief Teiners vom 16.8.1974 an die Hörerin Maria F. aus Düsseldorf, WDR Hist. Arch. 10472.
[235] Schreiben Gretel Riebers vom 19.2.1973 an Heinz Linnerz, WDR Hist. Arch. 10443.
[236] Vgl. das Protokoll der Redaktionssitzung vom 10.1.1974, WDR Hist. Arch. 07517; direktes Zitat dort entnommen.

eine gemeinsame Sendung herzustellen. Gretel [Rieber] und ich haben es am Anfang versucht", erläuterte Ulrich Lux rückblickend. Aber:

> „Der Lunchraum hier unten war von der Akustik her musikalisch total zugedröhnt. [...] Die Diskussionsrunden mußten gegenüber der Musik weit in der Lautstärke runtergenommen werden, damit es keine Rückkopplungen gab. Auf der anderen Seite war die Musik so laut gewesen, daß die Leute dann bei den Gesprächsrunden gar nicht mehr mitgekriegt haben: Was reden die da überhaupt?? [...] Ich hab trotzdem versucht, Themen zu machen, die in dieser Discothekveranstaltung interessant sein könnten. Meinetwegen: ‚Sollten Mädchen zur Bundeswehr eingezogen werden?' Aber die Kollegin Kirchner und auch der Kollege Backmann [...] haben relativ früh das Handtuch geschmissen und haben gesagt: Das is' unmöglich, unter den Umständen was Vernünftiges herzustellen. Und dann sind wir – was ich bedauert habe, aber was ich auch eingesehen habe – dazu übergegangen, ab halb neun einen vorproduzierten Beitrag zu bringen."[237]

Dieser Schritt wurde am 24. April 1974 vollzogen[238]; fortan lief die *Discothek im WDR* als geschlossener Block jeden Mittwoch zwischen 19.05 und 20.30 Uhr. Im WDR-Schallarchiv ist keine Live-Ausgabe der *Discothek im WDR* erhalten[239]; Sondocks Moderationen der Ausgabe vom 2. April 1975 wurden immerhin fast vollständig transkribiert.[240] Die 270. *Discothek im WDR* vom 2. Oktober 1974 läßt sich über weite Strecken rekonstruieren.[241] Von der attraktiven Musik, der gekonnten Dramaturgie und der wohldosierten Einbeziehung des Publikums abgesehen, gewann die Sendung ihren Reiz aus der humorvollen Moderation Sondocks, dem es gelang, eine keineswegs aufgesetzt wirkende gute Laune mit großer musikalischer Sachkompetenz zu verbinden. Sein breiter US-amerikanischer Sprachakzent steuerte eine charmante und zugleich fachliche Autorität ausstrahlende Note bei.

c) Eine alternative Hitparade: die „Schlagerrallye"

Als zusätzliches Hitparadenangebot richtete der WDR im Rahmen der Radiothek die *Schlagerrallye* ein: Bereits 1973 hatte die Abteilung Musikalische Unterhaltung für diesen Tag eine Vorgehensweise angeregt, die gerade „nicht ein Abklatsch der bisher praktizierten Anpreisung von Verkaufsschlagern"[242] sein sollte. Moderator Wolfgang Neumann hatte ein festes Reglement entwickelt, das er 1976 Harald Banter, dem Leiter der Programmgruppe Unterhaltende Musik, erläuterte: Demnach suchte die Redaktion allwöchentlich zunächst zwölf ausländische und auch zwölf deutsche Musiktitel aus. In einem zweiten Schritt wählten fünf Hörer – die aufgrund einer persönlichen Bewerbung allmonatlich neu rekrutiert wurden – sieben Titel aus diesem Angebot aus, ein weiterer wurde per Mehrheitsentscheid bestimmt. Diese acht Stücke wurden als „Neuvorstellungen" bezeichnet.

---

[237] Interview mit Ulrich Lux im März 2006. – Die betreffenden Sendungen der ersten Monate sind nicht dokumentiert.
[238] Vgl. Protokoll der Redaktionskonferenz vom 27.3.1974, WDR Hist. Arch. 10445. – Die Mittwochsendungen waren bereits zuvor in einer größeren Besprechungsrunde ausgiebig debattiert worden, vgl. *Protokoll der großen Sitzung am 3.3.1974, 12.00 Uhr*, WDR Hist. Arch. 10445.
[239] Erhalten sind lediglich acht Sendungen, die Sondock als besondere „Oldie-Shows" im Studio vorproduzierte: 5049153, 5049202, 5049203, 5049259, 5049301, 5049421, 5070375, 5106871.
[240] WDR Hist. Arch., unverz. Best., Akte *R 351* der Hörfunkdirektion *Kritik – Radiothek. Mitschriften und allg. Schriftverkehr 1.4.-31.4.1975* [sic].
[241] Ein Mitschnitt der Moderationen existiert unter http://www.mal-sondock-fanpage.de, abgerufen am 26.4.2007. Die Datierung ist aufgrund verschiedener ausdrücklicher Angaben in den Moderationen Sondocks unzweifelhaft. Für Erläuterungen danke ich dem Betreiber der genannten Internetseite, David Tölle (Dortmund).
[242] Undatiertes, nicht namentlich gekennzeichnetes Papier *Vorschläge für das Jugendprogramm 19.05-21.00 Uhr der Musikalischen Unterhaltung*, WDR Hist. Arch. 10443.

„Aus den 10 plazierten Titeln der Vorwoche, den Platten auf den Plätzen 11-15, die nur angespielt wurden, sowie den [...] 8 Neuvorstellungen wählt nun der gesamte Hörerkreis der Schlagerrallye die 10 besten Platten für die nächste Woche aus."[243] Dies geschah per Postkarte, die nach einem genau festgelegten System beschriftet werden mußte. Wolfgang Neumanns detaillierte Angaben zu Stimmenanteilen, Laufnummern und Plazierungen einzelner Titel während der Sendung beschworen denn auch die Analogie zur Berichterstattung über Wählerwanderungen zwischen zwei Landtagswahlen herauf.

Mal Sondock hielt von diesem System nichts: „Das Konzept, daß fünf Leute in einer Jury die Musiktitel aussuchen könnten – das ist eine repräsentative Umfrage unter fünf Leuten, und das klappt *seltenst!*"[244] Dennoch deutet das Hörerecho in den Akten darauf hin, daß die *Schlagerrallye*, was den quantitativen Zuspruch des Publikums zur Radiothek angeht, rasch Erfolg hatte und einzig von der *Discothek im WDR* überflügelt wurde.[245]

Im WDR-Schallarchiv ist die *Schlagerrallye* vom 8. März 1975 vollständig erhalten.[246] Das Auswahlverfahren hatte unter anderem einen hohen Anteil deutscher Produktionen zur Folge, die sich allerdings durch eine auch im Vergleich zur Hitparadenmusik anderer Länder bemerkenswerte textliche und musikalische Dürftigkeit auszeichneten. Immerhin erlauben ihre guten Plazierungen Rückschlüsse auf einige Vorlieben der jungen Hörer um die Mitte der siebziger Jahre.

5. „Wir waren reichsunmittelbar"[247]: die Rekrutierung der Redaktion und ihre unmittelbare Zuordnung zur Hörfunkdirektion

Nicht nur inhaltliche, auch organisatorische und personelle Fragen waren im Zuge der Vorbereitungen zur Jugendschiene zu klären. „Ziemlich bald war vom damaligen Hörfunkdirektor Fritz Brühl die Vorgabe gekommen, daß sich mehrere Abteilungen beteiligen sollten", erläuterte Ulrich Lux: „Musik, Aktuelle Abteilung – und erfreulicherweise sollte an der Jugendsendung auch der Jugendfunk beteiligt werden." Das bedeutete die Einbindung der drei Hauptabteilungen Musik, Politik und Kultur. Waltraud Blain hatte als Leiterin der Redaktion Frauen-Familie-Gesundheit die Federführung übernommen. „Sie hat dann versucht, Redakteure in Einzel- und Gemeinschaftsgesprächen dafür zu gewinnen – oder davon abzuhalten", schmunzelte Lux, „je nach deren Vorstellungen, wie so 'ne Sendung auszusehen hatte."[248] Zu Lux selbst und Gretel Rieber habe sich daraufhin zunächst Dietrich Backmann gesellt, später außerdem – in Vertretung der längerfristig erkrankten Waltraud Blain – Helga Kirchner.

a) Arbeitsorganisation

Niemand bezweifelte allerdings, daß die basisdemokratische Vorgehensweise der *Panoptikum*-Macher nicht mehr fortzuführen war. Infolgedessen bot sich eine konventionelle Abstufung redaktioneller Kompetenzen an – Redaktionsleitung, Redakteure und Mitarbeiter –,

---

[243] Schreiben Wolfgang Neumanns vom 6.2.1976 an Harald Banter, WDR Hist. Arch. 11431.
[244] Interview mit Mal Sondock im April 2007.
[245] Vgl. dazu unten Abschnitt IV. 2.
[246] WDR-Schallarchiv 5090181. Aus dem Mitschnitt der Moderationen rekonstruieren läßt sich auch der Laufplan der *Schlagerrallye* vom 15.3.1975, WDR-Schallarchiv 5090102: Nennenswerte stilistische Unterschiede zur Sendung vom 8.3. sind nicht erkennbar.
[247] Interview mit Helga Kirchner im August 2004.
[248] Alle Aussagen Lux' in diesem Absatz aus dem Interview im März 2006.

die jedoch in hierarchischer Hinsicht recht flach ausfiel. „Mit Hierarchie war da nichts", erklärt Dietrich Backmann, „das war die Zeit, wo alle grundsätzlich gleichberechtigt waren, und Hierarchen waren verachtenswerte Wesen! Das ließ man die auch merken."[249] Die Details der Sendung und der Zusammenarbeit abzustimmen, erwies sich während der Frühphase freilich nicht immer als leicht. „Es war ein großes Durcheinander"[250], erinnerte sich Sonderhoff. „Es war absolut chaotisch", bestätigt Backmann, und er begründet: „Integrierte Sendung hieß, daß [...] Leute, die miteinander eigentlich nichts zu tun hatten, gemeinsam Programm machen sollten."[251] Nach Helga Kirchners Beobachtung wirkte erschwerend,

> „daß es im Umkreis der alten Jugendfunkredaktion mit den beiden Redakteuren [Rieber und Lux] einen Kreis von festen Mitarbeiterinnen und Mitarbeitern gab, die sowohl für das Musikalische als auch für das Wortprogramm der Vorgängersendung verantwortlich waren, und die seinerzeit für dieses alte Projekt ein hohes Maß an Mitbestimmung, Mitwirkung innehatten. [...] Und so gab's beträchtliche Spannungen"[252].

Manfred Jenke verfolgte aufmerksam die ersten – heute kaum mehr dokumentierten – Sendungen der neuen Jugendschiene:

> „Ich fand das auf eine überraschende und liebenswerte Art chaotisch. [...] Es hatte eine bestimmte Vorstellung davon, was junge Leute interessieren müßte. [...] Und ich guckte mir das so an und sagte: Na ja, das läuft sich schon zurecht. Und [auch wenn] die Redaktion in sich äußerst zerstritten war und starke Konflikte auszutragen hatte, bis zu Tränen und Wutausbrüchen der Menschen untereinander – es *lief* sich auch zurecht."[253]

b) Personalien

Personelle und organisatorische Details faßte Waltraud Blain im November 1973 zusammen.[254] Zwei Wochen später stellte sie in einem Rundschreiben *An unsere potentiellen Autoren*[255] das neue Projekt vor. Auch die Überlegungen hinsichtlich eines Titels waren erfolgreich verlaufen: „Wir durften [...] mitbestimmen", erinnert sich Backmann. Allerdings: „Dieses Kunstwort ‚Radiothek' kam von dem Kollegen, der *ZeitZeichen* erfunden hat – von Wolf-Dieter Ruppel. Während die Redaktion selbst über ‚Fünf nach sieben' nicht hinauskam – was ja ziemlich einfallslos war."[256]
Waltraud Blain, Alfred Krings und Ulrich Gembardt legten kurz vor Weihnachten 1973 schließlich Arbeitsmodalitäten fest: Sie beabsichtigten eine möglichst enge Einbindung auch der Musikredakteure in die Gesamtsendung. „Jedes Redaktionsmitglied ist für alles mitverantwortlich."[257] Zugleich kursierte eine interne *Liste der möglichen Mitarbeiter für die „Jugendschiene"*: Sie nannte die von *Panoptikum* her bekannten Henryk M. Broder, Jens Hagen, Tom Schroeder und Hubert Maessen, ferner Sibylle Krause-Burger, Hubert

---

[249] Interview mit Dietrich Backmann im Juli 2004.
[250] Interview mit Joachim Sonderhoff im August 2005.
[251] Interview mit Dietrich Backmann im Juli 2004.
[252] Interview mit Helga Kirchner im August 2004.
[253] Interview mit Manfred Jenke im August 2005.
[254] Waltraud Blain faßte in einem Papier vom 23.11.1973 die personellen und organisatorischen Regelungen zusammen, WDR Hist. Arch. 07517.
[255] Schreiben vom 10.12.1973, WDR Hist. Arch. 10443.
[256] Interview mit Dietrich Backmann im Juli 2004. Joachim Sonderhoff wiederum erinnerte sich in Interview im August 2005, daß der Titel „Radiothek" auf einen Vorschlag des späteren Chefredakteurs Dieter Thoma zurückgehe.
[257] Krings' *Aktennotiz nach dem Gespräch mit Frau Blain und Herrn Gembardt am 20.12.1973*, WDR Hist. Arch. 10443.

Rübsaat, Klaus Klenke, Peter O. Chotjewitz, Wolfgang Bombosch, Eberhard Rondholz und etliche andere. Der gleichfalls aufgeführte Ben Wett taucht in den dokumentierten Sendungen nicht auf, machte sich jedoch in den siebziger und achtziger Jahren im ZDF mit Sport-Hintergrundberichten aus den USA einen Namen. Peter Kleinert, eine weitere Person auf der Liste, geriet 1976 unfreiwillig zum Protagonisten einer umstrittenen Ausgabe der Radiothek.[258]

„In den Augen mancher waren wir die Schmuddelkinder": Besprechung der Radiothek-Redaktion 1980, v. l.: Dietrich Backmann, Ulrich Lux, mit dem Rücken zur Kamera Ulrich Teiner, dahinter Sekretärin Heidi Schöder, Jürgen Keimer, Helga Kirchner, Nora Schattauer

Bezüglich der Moderatoren hatte ein nicht namentlich gekennzeichnetes Papier betont, daß die Jugendschiene für nachrückende Kräfte offengehalten werden solle. „Wir meinen, daß nur so einem Moderatoren-Starkult, den wir für diese Sendung ablehnen, vorgebeugt werden kann, daß nur so beim Hörer der Eindruck entstehen kann, daß hier ein Team sehr verschiedenartiger Leute mit sehr verschiedenartigen Interessen an der Arbeit ist."[259] Ansprüche an die geistige Flexibilität des Publikums verbanden sich also mit der Abneigung gegen Starkult im weitesten Sinne.[260]
Allerdings besagen die Erinnerungen Mal Sondocks und Ulf Posés, daß man als Moderator von Programmstrecken mit populärer Musik innerhalb des WDR-Hörfunks ohnehin nur über ein mäßiges Image verfügt habe. Nachträgliche Resonanz und Detailkritik zum Inhalt einer Musikstrecke erfuhr Posé lediglich von seinem Redakteur Dietmar Kindler.

---

[258] Die Liste der möglichen Mitarbeiter findet sich in: WDR Hist. Arch. 10443. – Zur Sendung über die Aktivitäten Peter Kleinerts vgl. unten Abschnitt V. 7. b).
[259] Undatiertes Arbeitspapier Jugendschiene – Form, Moderation, WDR Hist. Arch. 10443.
[260] Und dies war ein Charakteristikum vieler späterer Radiothek-Sendungen: Vgl. dazu unten Abschnitt III. 3. e) δ).

„Die Anerkennung fand nur außen statt; innerhalb des WDR waren Sie einer von achtzigtausend. [...] *Wenn* einer einen besonderen Status nach innen hatte, dann war es sicher Dave Colman. Weil der Dave neben der Radiothek auch noch 'n paar andere Sachen machte, [...] der hatte durchaus 'ne hohe Reputation und hohe Anerkennung – zumindest soweit ich beobachten konnte. Mal Sondock wiederum machte die Teenie-Sendung der Radiothek, damit hatte er durchaus einen gewissen Nimbus."[261]

„Sagen wir's so", schmunzelte Sondock, „ich war der ‚Scheiß-Ami, der Negermusik gespielt und die Kinder verdorben hat'. Das war die Einstellung des WDR mir gegenüber. Also: Anerkannt im Haus war ich nicht unbedingt. Aber die Hörer haben meine Sendungen gemocht."[262]

c) Organisatorische Einbindung

Der Status der neuen Mannschaft als einer integrierten Redaktion verlangte freilich nach einer besonderen Eingliederung ins Organisationsgefüge des Senders. „Wir [Kirchner und Backmann] kamen aus der Hauptabteilung Politik, die anderen [Rieber und Lux] kamen aus der Kultur, und dann kam noch Musik dazu – das ist ja quer zum Organigramm"[263], erklärt Helga Kirchner. Bereits während der Planungsphase hatte sich herausgestellt, daß jede der drei Hauptabteilungen mit Blick auf diese Redaktion durchaus Interessen verfocht. „Die Musik war immer der Meinung, sie würde von allen Wort-Leuten nicht für voll genommen. Mit denen mußte man also entsprechend vorsichtig umgehen", begann Wortredakteur Lux aufzuzählen und fuhr fort:

„Die Aktuelle [Abteilung] war sowieso der Meinung, sie haben beim Radio das Gelbe vom Ei erfunden; und der Kultur ist immer vorgeworfen worden, sie sei zu politisch. Weil Kultur nicht politisch sei. Also, da waren zwischen diesen Pfeilern auch bestimmte Interessenkonflikte. Nicht unter uns Leuten, die wir das machten, sondern bei denen drumherum. Die sahen dann immer ihre Pfeiler-Interessen unter Umständen verletzt."[264]

Weil drei zentrale Bereiche des WDR-Hörfunks beteiligt waren, ließ sich die neue Redaktion der Jugendschiene nicht einer dieser Hauptabteilungen eingliedern. Deshalb wurde sie gemeinsam mit einigen anderen Redaktionen der Hörfunkdirektion direkt unterstellt, bis in den Winter 1978/79.

Manfred Jenke, der dies beim Antritt seines Amtes als Hörfunkdirektor vorfand, nennt es einen „antihierarchischen Effekt". Er selbst sei dadurch jedoch mit „ein[em] Sammelsurium von direkt unterstellten Sendungen" konfrontiert gewesen. „Es war letzten Endes das organisatorische Nirwana! Es war wirklich ein Ärgernis für mich – auch war ich unbefriedigt darüber, daß man sich um diese Sachen nicht wirklich intensiv kümmern konnte. [...] Man konnte schon graue Haare kriegen dabei."[265]

---

[261] Interview mit Ulf Posé im Juli 2006. – Zu Posés beruflichem Weg zum WDR vgl. Martin van der Ven, Sie hatten einen irren Spaß daran. Ulf D. Pose über seine Rundfunkkarriere, abgerufen am 27.5.2005 unter http://www.offshore-radio.de/RNI/hannibal.htm.
[262] Interview mit Mal Sondock im April 2007.
[263] Interview mit Helga Kirchner im August 2004.
[264] Interview mit Ulrich Lux im März 2006. – Zur damaligen Debatte um die politischen Implikationen der Arbeit von Kulturredakteuren vgl. Klaus von Bismarcks Vortrag zum 25jährigen Bestehen des EPD-Mediendienstes *Kirche und Rundfunk* 1974, vgl. unten Abschnitt V. 5. a). – Die politischen Ambitionen der Kulturredakteure beschrieb auch Brühl a.a.O., S. 419.
[265] Interview mit Manfred Jenke im August 2005.

Die Beurteilungen dieser von den Redakteuren augenzwinkernd als „Reichsunmittelbarkeit"[266] bezeichneten Eingliederung gehen auseinander, fallen aber überwiegend negativ aus. „Ich fand das überhaupt nicht gut", stimmt der spätere Intendant Friedrich-Wilhelm von Sell dem Hörfunkdirektor zu; denn die notwendige Distanz zwischen Direktion und Redaktion sei nicht gewahrt worden, mit negativen Folgen.[267] Helga Kirchner kommt zu einem ähnlichen Schluß:

> „Wir hatten dadurch zwar [in Gestalt Manfred Jenkes] einen direkten Ansprechpartner, der auch sehr aufgeschlossen war. Aber es ist für beide Seiten auf die Dauer eigentlich kein guter Zustand gewesen. Denn: Wenn man das jetzt hierarchisch sieht [...], ist es so, daß der Programmdirektor mit allem, was da in der Redaktion geschieht, identifiziert wird als direkt Verantwortlicher – das ist nicht im Sinne einer souverän distanziert geführten Leitung einer Gesamtdirektion. Das ist das eine. Und das andere ist, daß wir im Grunde ja auch mit jeder Kleinigkeit, die der Redaktionsleiter nicht regeln konnte, auf den Direktor angewiesen waren. Das ist einfach nicht stimmig in diesem asymmetrischen Verhältnis."

Manfred Jenkes Referent Klaus Klenke ergänzt, in die späteren Konflikte um die Radiothek sei der Hörfunkdirektor gerade aufgrund der direkten organisatorischen Zuordnung tief hineingezogen worden.

> „Ich glaube, das war auch ein Grund, warum Jenke dann so radikal reagiert hat: Denn das war ja etwas, wo er direkt eine Programmverantwortung hatte. Das ist besonders schwer auszuhalten. Und das ist auch aus Managersicht falsch: Als Manager brauche ich Zwischenhierarchien, damit ich was abpuffern kann! Sonst bin ich ja jeden Tag auf der Schlachtbank!"[268]

Der Redaktion wiederum habe ein helfendes Korrektiv in Gestalt der turnusmäßigen Programmbereichs- und Redakteurssitzungen gefehlt, erläutert Helga Kirchner:

> „Dadurch waren wir nicht so der Auseinandersetzung mit der übrigen Kollegenschaft ausgesetzt, konnten uns auch nicht verständlich machen oder auch unser Anliegen noch mal in anderer Weise vertreten als durch die Sendungen, die wir ablieferten. [...] Ich glaube, es wäre für das Projekt Radiothek und für uns besser gewesen, wir hätten von Anfang an eine stärkere Verzahnung gehabt. Das hätte uns vielleicht auch vor manchen Fehlern oder Irrtümern bewahrt, hätte uns vielleicht auch noch mehr genötigt, zu reflektieren, was wir tun – auch wenn wir schon so durch den Direktor zur Reflexion gezwungen waren."[269]

Lux teilte diese Einschätzung und verwies noch auf einen weiteren Punkt:

> „Du wußtest nicht genau, wo die Probleme der Kollegen lagen, die evtl. auch Deine Probleme werden konnten. [...] Du hast dann über'n Flurfunk unter Umständen erfahren, oder wenn Du Dich mit jemandem in der Kneipe getroffen hast: Da is' ein Ding am kochen! Du warst in Entscheidungsfindungen nicht eingebunden, konntest diese Entscheidungsfindungen folglich auch nicht beeinflussen. Auf der anderen Seite [...] hat mich die Strukturpolitik des Westdeutschen Rundfunks eigentlich immer weniger interessiert als vielmehr die Zielgruppe, für die ich die Sendung mache!"[270]

Klaus Klenke erkennt bei aller Kritik allerdings auch positive Aspekte der unmittelbaren Angliederung an die Direktion. Sie habe nämlich die jahrelange Existenz der Sendung erst ermöglicht:

---

[266] Interview mit Helga Kirchner im August 2004.
[267] Interview mit Friedrich-Wilhelm von Sell im August 2005.
[268] Interview mit Klaus Klenke im Mai 2007.
[269] Interview mit Helga Kirchner im August 2004.
[270] Interview mit Ulrich Lux im März 2006.

„Ich gehe so weit zu behaupten, daß die Radiothek das erste Jahr nicht überlebt hätte, wenn sie in der [Hauptabteilung] Politik angesiedelt gewesen wäre! Bei Paul Botta. Denn dann wäre das *seine* Verantwortung gewesen, als Chefredakteur. Dann hätte er gesagt: *Da* ist was passiert, *da* ist was passiert, und so weiter. Dadurch, daß der Hörfunkdirektor sagt: Ich mach' das zu meiner Sache – waren die Konflikte nicht weniger scharf! Aber die Machtverhältnisse waren klar! [...] Das hat die Radiothek geschützt! Denn man wußte: Wenn ich die Radiothek abschaffen will, muß ich an den Programmdirektor 'ran! Das wollte die Politik *auch* nicht!"[271]

Klenkes Nachfolger Uwe Rosenbaum bestätigt diese Einschätzung.[272]
Bereits im November 1976 allerdings stellten die Redakteure Überlegungen an, wie sie sich zu einer eventuellen Eingliederung in die hergebrachte Hierarchie des Senders stellen sollten – vor die Wahl einer Zuordnung zur HA Politik oder Kultur gestellt, neigten sie der letzteren zu. Im Winter 1978/79 schließlich wurde diese Umorganisation vollzogen.[273]
Die Redakteure selbst beschäftigten sich im Winter 1973/74 allerdings weniger mit Problemen anstaltsinterner Eingliederung als mit den Fragen der täglichen Praxis. „Wir fanden das damals einfach spannend", beschreibt Backmann das Klima. „Sie kriegen da plötzlich [...] zwei Stunden Sendung! Von montags bis samstags! Zwei Stunden gehörten uns sozusagen – konnte man was *machen*!"[274]

---

[271] Interview mit Klaus Klenke im Mai 2007.
[272] Interview mit Uwe Rosenbaum im Januar 2008.
[273] Interview mit Helga Kirchner im August 2004. – Vgl. Protokoll der Redaktionskonferenz vom 5.11.1976, WDR Hist. Arch. 10444. – Laut elektronischer Post Ulrich Teiners vom 16.6.2009 können sich er, Lothar Fend und Dietrich Backmann nicht genau erinnern, warum die Entscheidung für die HA Kultur fiel; Teiner vermutet die Beweggründe zum einen im getrübten Verhältnis zwischen den Redakteuren der Radiothek und der HA Politik – von dem unten noch die Rede sein wird –, und zum anderen erläutert er: „Die Mehrheit der Redaktionsmitglieder, auch ich als Redaktionsleiter, kam aus der Kultur. Da könnten Planstellen-Rechnereien durchaus eine Rolle gespielt haben."
[274] Interview mit Dietrich Backmann im Juli 2004.

III. Die Sende-Inhalte 1974-1980

1. Startphase der Radiothek

Es war der vorletzte Tag des Jahres 1973, als die erste Folge der neuen Jugendreihe über den Sender ging. Die Debütsendung ist nur in wenig aussagekräftigen Fragmenten dokumentiert.[275] Thematisch vorgesehen waren für diesen Abend: „'Regierungserklärung' und Inhaltsangabe der Sendereihe [...]. Dazwischen entsprechende Spots, vorproduziert".
Nach einer satirischen Silvesterausgabe wiesen die ersten Sendungen des Jahres 1974 bereits jene Themen auf, wie sie in der Radiothek häufig vorkommen sollten: *Berufsbildungsgesetz, Jugendschutz, am Beispiel der Discothek aufgehängt*, schließlich wurden mehrere Jugendorganisationen vorgestellt und ein Thema aus der Dritten Welt behandelt.[276]

2. Zu thematischen Akzenten und alternativen Sendekonzepten

a) Die Themenschwerpunkte

Als Zielgruppensendung gab sich die Radiothek damit bereits in den ersten Tagen zu erkennen. Beim Blick auf die Planungen, wie sie die Redaktion jeweils an Donnerstagen für die folgenden Wochen festlegte, fällt ins Auge, daß sich die thematischen Akzente über die Jahre hinweg kaum wandelten.[277] Anderslautende Auffassungen zeitgenössischer Beobachter lassen sich aufgrund der Archivalien nicht bestätigen.
Grundsätzlich folgte die Redaktion der 1973 für jeden Wochentag festgelegten, intern als „Tages-Kästchen" bezeichneten thematischen Ausrichtung.[278] In diesem Rahmen blieben viele Interessenschwerpunkte zwischen 1974 und 1979 unverändert. Auf aktuelle Entwicklungen reagierte die Radiothek: Radikalenerlaß (März 1975), Terrorismus (Herbst 1977), Jugendarbeitslosigkeit, die Probleme ausländischer Kinder in der Bundesrepublik (März 1974), *Umweltschutzzentrum in Worringen* (April 1974); besonders intensiv behandelte die Redaktion das Thema *Umwelt und Energie* jedoch erst im September 1979.
Bereits im Mai 1975 hatte die Redaktion begonnen, einzelne Themen über mehrere Tage hinweg zu behandeln: in sogenannten „Sendewochen" – ein in damaligen Jugendsendungen ungewöhnliches Gestaltungsprinzip[279]. Die erste dieser insgesamt 16 Wochen[280] drehte sich um *Freizeitverhalten und Freizeitprobleme Jugendlicher*[281] am Beispiel Bochums. Im September 1975 lautete das Thema *Bundeswehr als Schule der Nation*, im Oktober *Jung-*

---

[275] WDR Hist. Arch. 10480 (Manuskripte einiger kürzerer Einspielbänder); alle Zitate aus der Debütsendung hiernach.
[276] Vgl. den *Themenkatalog 1. Sendewoche* a.a.O.
[277] Die Themenplanungen für die Zeit vom 24.1.1974 bis 30.12.1979 finden sich in den Protokollen der Redaktionskonferenzen, WDR Hist. Arch. 10444 und 10445. Diese Vorschauen versandte die Redaktion zumindest 1979 zu Informationszwecken regelmäßig auch an alle anderen Jugendredaktionen des ARD-Hörfunks, vgl. den Verteiler in WDR Hist. Arch. 10444. Die Protokolle von 1980 sind nicht erhalten; Auskunft über die Zeit zwischen dem 18.2. und 18.5.1980 gibt die Themenvorschau, welche die Redaktion auf Anforderung Hörfunkdirektor Jenkes zusammenstellte, WDR Hist. Arch. 10457.
[278] Hält man in einer zufällig herausgegriffenen Woche die Themenwahl sämtlicher ARD-Jugendradiosendungen gegeneinander – wie es die Zeitschrift *Medium* mit Blick auf eine Maiwoche des Jahres 1978 tat –, so unterscheidet sich die Radiothek prinzipiell nicht von den Angeboten anderer Sender. (Vgl. die Übersicht bei Imme de Haen, Stichworte zu einem unübersichtlichen Programmfeld: Jugendsendungen im Hörfunk, in: *Medium* 8 (1978), Heft 10, S. 3.) Über Unterschiede in der Machart sei damit freilich noch nichts gesagt.
[279] Interview mit Helga Kirchner im August 2004.
[280] Schreiben Ulrich Teiners an Heinz Linnerz vom 13.8.1980, WDR Hist. Arch. 10462.
[281] Vgl. zur Auftaktsendung dieser Woche unten Abschnitt III. 3. d) ε).

arbeiter im Abseits – Über Jugendarbeitslosigkeit[282], im Januar 1976 ging es um *Die Leute von der Gewerkschaft*[283], im Mai um den Radikalenerlaß[284]; im September stellten gleich zwei Wochen anläßlich der bevorstehenden Bundestagswahl Wahlkampfthemen und Kandidaten vor. Im Oktober 1977 befaßte sich die Radiothek mit dem Terrorismus der RAF[285], im Monat darauf mit der *Jugend auf dem Lande*, im Februar 1978 mit den Gefahren des Alkoholkonsums[286]. Anläßlich der Fußball-Weltmeisterschaft in Argentinien brachte die Redaktion im Mai 1978 eine Sendewoche unter dem Titel *Schuß – Tor – der Ball ist rund*[287], im September 1979 beschäftigte sie sich mit *Umwelt und Energie*.[288]

Ein politischer Trend in der Auswahl fällt auf. Beim Blick auf Jugendorganisationen erscheinen häufiger die sozialistischen *Falken* als etwa den Bund der Deutschen Katholischen Jugend, eher Aktivitäten der Gewerkschaften als diejenigen der Arbeitgebervertreter, kaum Projekte der dominanten Kultur, oft hingegen solche der Alternativkultur; die Radiothek interessierte sich besonders für Konflikte – mochten sich diese um den Datenschutz oder um die Umweltzerstörung entsponnen haben, um das Verhalten aufmüpfiger Jugendlicher in ländlichen Dorfgemeinschaften oder um eine streitbare Schülerzeitung. Das Augenmerk der Reihe richtete sich also gerade auf solche Themen, die in gesellschaftlichen Debatten um Demokratisierung und Partizipiation, um Randgruppen und alternative Lebensmuster Beachtung gefunden hatten. Die Korrespondenz der Redaktion deutet ebenso wie das Echo in der Presse darauf hin, daß bereits diese Akzentuierung Gegnerschaft zur Reihe wachrief.[289]

Im Oktober 1976 hielten die Redakteure – als Reaktion auf die Ergebnisse der Umfrage *Hörfunk und jüngere Generation*[290] – Konferenzen über die thematische Gestaltung ab. Einleitend wurde bemängelt, daß die Sendung zu unflexibel sei, um auf aktuelle Ereignisse rasch reagieren zu können. Die Redakteure plädierten „für die Beibehaltung des Kästchenprinzips – gleichzeitig für mehr Flexibilität".[291] Die relativ geringe Zahl weiblicher Hörer führte man „neben dem allgemeinen Desinteresse" auf „die mangelhafte Ansprache dieser Gruppe durch ein gezieltes Themenangebot" zurück – ohne sich freilich bereits auf konkrete Gegenmaßnahmen festzulegen.[292] Auf den Umstand, daß zahlreiche Hörer eine intensivere Behandlung der Themen „Sport, Freizeit, Hobby, Bücher, Filme" angemahnt hatten, reagierte die Redaktion mit grundsätzlichen, charakteristischen Überlegungen zur Themenwahl:

> „Schule und Beruf kommen hinreichend vor. [...] Sport soll in Zukunft häufiger ins Programm kommen, natürlich nicht als Live-Reportage [...]. Politik: Die Themenauswahl sollte künftig breiter sein. [...] Entwicklungspolitik muß mindestens im bisherigen Umfang vorkommen. Allgemeine Übereinstimmung darin, daß es bei uns Defizite bei politisch im Mittelpunkt stehenden Themen gibt: aktuelle Beispiele sind China, Südafrika, Rhodesien. [...] Zur Musik der

---

[282] Vgl. zu dieser Sendewoche unten Abschnitt III. 3. f) γ).
[283] Vgl. zu dieser Sendewoche unten Abschnitt III. 3. f) β).
[284] Vgl. zu dieser Sendewoche unten Abschnitt III. 3. b) δ).
[285] Vgl. zu dieser Sendewoche unten Abschnitt III. 3. b) ς).
[286] Vgl. zu dieser Sendewoche unten Abschnitt III. 3. i) α).
[287] Vgl. zur Abschlußsendung dieser Woche unten Abschnitt III. 3. c) γ).
[288] Vgl. zu dieser Sendewoche unten Abschnitt III. 3. e) θ). – Alle Angaben und Titel in diesem Absatz nach den Wochenvorschauen in WDR Hist. Arch. 10444 und 10445
[289] Vgl. dazu unten Abschnitt V. und VI. – Zum Begriff der Randgruppe: Albert Scherr, Art. Randgruppen und Minderheiten, in: Bernhard Schäfers / Wolfgang Zapf (Hg.), Handwörterbuch zur Gesellschaft Deutschlands, Bonn 1998, S. 504-514, hier: S. 504 f.; der Begriff wird hier aus Praktikabilitätsgründen verwendet.
[290] Zu Modalitäten, Ergebnissen und Konsequenzen dieser Untersuchung vgl. unten Abschnitt IV. 2. b).
[291] Vgl. das Sitzungsprotokoll vom 26.10.1976, WDR Hist. Arch. 10444; direktes Zitat dort entnommen.
[292] Vgl. das Sitzungsprotokoll vom 28.10.1976, WDR Hist. Arch. ebda.; direktes Zitat dort entnommen.

Vorschlag, hier anzuknüpfen an Stars, um Interesse zu wecken, und dann kritische Auseinandersetzung mit dem Thema. [...] Film, Fernsehen, Bücher. Detailüberlegungen zur Gestaltung stehen noch aus. Grundprinzip aber immer Beteiligung der Zielgruppe. [...] Ziel: bessere Erkenntnis der eigenen Interessen und kritischerer Medienkonsum. [...] Freizeitgestaltung: Keine Hobbyangebote, sondern mehr tendierend auf Freizeitpädagogik, kritische Aufarbeitung der Beziehungen zwischen Arbeit, Freizeit, Konsum; aber auch Anbieten von Alternativen. [...] Erziehungsfragen sind wichtig, gerade von Unterschichtgruppen auch gewünscht. Hier bietet sich ein breites Mittwochsfeld. Interessenten sind sowohl junge Eltern als auch jene jüngeren Hörer, die selbst noch permanente Opfer von an ihnen ausgeübten Erziehungsmaßnahmen sind."[293]

Diese Vorschläge brachten die typischen Akzente einer kritischen Zielgruppensendung für Jugendliche auf den Punkt. Dennoch änderte sich – soweit es die Akten erkennen lassen – hinsichtlich der Themenwahl in den Radiothek-Sendungen trotz der umtriebigen Konferenzaktivität nichts wesentliches. Klassische Sportberichterstattung interessierte grundsätzlich ebensowenig wie Ratgeberbeiträge zu Hobbys und Freizeitaktivitäten oder oberflächlich-affirmative Portraits von Popstars. Die besagten „Hilfen zur Reisevorbereitung und -bewältigung" bilden insofern eine Ausnahme. „Kritischerer Medienkonsum", „kritische Aufarbeitung der Beziehungen zwischen Arbeit, Freizeit, Konsum", kritische Blicke in die Dritte Welt, kritische Betrachtung von Erziehungsmaßnahmen, deren „Opfer" Jugendliche seien – ungeachtet der Änderungsvorschläge im Detail lagen diese Gedanken aus dem Jahre 1976 lediglich auf der sattsam bekannten Generallinie der Reihe.

Das Thema Unterhaltung kam in den Konferenzen des Oktober 1976 nicht zur Sprache; immerhin brachte die Radiothek von Zeit zu Zeit derartige Beiträge – Autor Mario Angelo beispielsweise lieferte in seinem Hörspiel *Funkhausreport I* augenzwinkernd Einblicke in den Alltag eines freien Hörfunkmitarbeiters[294] und steuerte gemeinsam mit Henryk M. Broder unter dem Titel *How to pick up girls* satirische Betrachtungen *über die Anmache von Mädchen*[295] bei – in der Wochenplanung ob ihrer Praxisnähe durchaus treffend als *Leitfaden und praktische Anwendung*[296] tituliert. Meist aber ging es der Redaktion offensichtlich darum, im Rahmen unterhaltsamer Sendungen auf politisch oder gesellschaftlich relevante Inhalte einzugehen: Sie tat dies beispielsweise in der Zukunftsvision *Der letzte Radikale*[297], in deren Verlauf die Besucher eines Zoos vor dem Käfig jenes „letzten Radikalen" standen – oder auch in einer *Hymne an Dieter Thomas Heck*[298], die Kritik am deutschen Schlager übte, und an der Art und Weise, wie er in den Massenmedien zelebriert wurde – ein weiterer Beitrag zum Thema „Warenästhetik"[299].

Unterhaltung in der Radiothek war häufig auch vom Bestreben geprägt, den Hörer zu bilden. Dies geschah etwa in den schulfunkähnlichen Serien *Geschichte der Comics*, *Was steckt dahinter?* und *Science Fiction*. Ein weiteres gelungenes Beispiel lieferte Joachim Sonderhoff am ersten Weihnachtstag des Jahres 1975 mit seiner zweistündigen Musiksendung *Von Jerusalem bis Jingle Bells – Weihnachten besinnlich bis heiter*[300]: Er stellte zwischen den Platteneinspielungen Weihnachtsbräuche aus vielen Teilen der Welt vor und skizzierte die Gestalt von Weihnachtsfeierlichkeiten in früheren Jahrhunderten. Kein Autor

---

[293] Sitzungsprotokoll vom 29.10.1976, WDR Hist. Arch. ebda.
[294] Radiothek vom 11.6.1975, WDR-Schallarchiv 5090132; zu dieser Sendung vgl. unten Abschnitt III. 3. k).
[295] Radiothek vom 13.2.1975, WDR-Schallarchiv 5067733; zu dieser Sendung vgl. unten Abschnitt III. 3. h) β).
[296] WDR Hist. Arch. 10444.
[297] Radiothek vom 15.5.1976, WDR-Schallarchiv 5090176; zu dieser Sendung vgl. unten Abschnitt III. 3. b) δ).
[298] Radiothek vom 29.11.1975, WDR-Schallarchiv 5090126; zu dieser Sendung vgl. unten Abschnitt III. 3. e) δ).
[299] Zum Begriff der Warenästhetik vgl. unten Abschnitt III. 3. e) δ).
[300] Radiothek vom 25.12.1975, WDR-Schallarchiv 5090328.

oder Redakteur habe Lust verspürt, eine Sendung für diesen Abend vorzubereiten; da sei er eben eingesprungen, erinnerte sich Sonderhoff.

> „Die Situation war, daß man zu Weihnachten auf keinen Fall kontroverse Themen in das Programm nehmen konnte. Also hab ich gesagt, ich mach' eine Sendung über Weihnachten. [...] Ich hab die Sendung allein gemacht. Ich war alleine mit dem Techniker im Studio, und ich hatte mein Manuskript vor mir liegen – hat keiner gesehen vorher, kein Mensch! Hat sich keiner drum gekümmert! Und zum Schluß hab ich den Song von John Lennon übersetzt, *Christmas*. Der Text ist nun ein bißchen anders, als man gemeinhin annimmt, wenn man ihn im Radio hört. [...] Das war eine schöne Sendung, die hab ich gemocht. Das sind so kleine Highlights..."[301]

b) Sendekonzepte auf Tuchfühlung mit den Hörern

Neben dem konventionellen Sendekonzept entwickelten die Radiothek-Redakteure mehrere Formen sogenannter Beteiligungssendungen – die im WDR-Hörfunk weitgehend Neuerungen darstellten. Kaum denkbar erschien vielen anderen Redakteuren im Haus die Beteiligung der Hörer an politischen Sendungen; auch der Verwendung von O-Tönen standen diese Programmmacher zurückhaltend gegenüber.[302]
Die Radiothek-Redaktion hingegen trug sich bereits früh mit dahingehenden Gedanken, wie Ulrich Teiner 1974 dem Düsseldorfer Hörer Hans D. erläuterte:

> „Sie haben völlig Recht, daß es wünschenswert ist, die Hörerin einem möglichst hohen Maße aktiv am Programm zu beteiligen. Wir versuchen das z. Zt., in dem wir
> 1. Sendungen machen, wie das Funkhaus Wallrafplatz
> 2. Anregungen von unseren Hörern, wie Sie sie uns auch in Ihrem Brief gaben, in unserer Programmplanung zu berücksichtigen,
> 3. immer, wo es sich ergibt, das unmittelbare Gespräch mit unseren Hörern suchen und
> 4. in unserem Programm möglichst viele junge Leute selbst in Interviews und Statements zu Wort kommen lassen.
> Daß das allerdings noch nicht vollkommen ist, wissen wir, und wir überlegen auch, wie wir manche Dinge anders und besser machen können."[303]

Dabei scheint die Hauptabteilung Musik eine Vorreiterrolle gespielt zu haben – mit ihrer Idee der *Campus-Konzerte*: nämlich live ausgestrahlter Veranstaltungen mit Wortanteilen und Musik im Rahmen der Jugendschiene.[304] Auch die Wortredakteure hielten zunächst in unregelmäßiger Folge eine Reihe von Sendungen vor Ort ab – unter anderem am 12. Juni 1976 von der „*ran*-Fete" in Recklinghausen[305]. „Eine Sache, die die Radiothek ja auch sozusagen dem Radio beschert hat", erinnert sich Wolfgang Schmitz:

> „Wir sind mit der Radiothek sehr, sehr oft und wo immer es ging nach draußen gegangen, haben öffentliche Veranstaltungen gemacht, Diskussionen draußen gemacht und das Radio unter

---

[301] Interview mit Joachim Sonderhoff im August 2005.
[302] Vgl. Wankell a.a.O., S. 66 f. – Hörfunkdirektor Jenke erläuterte seine Vorstellungen der Hörerbeteiligung in: Manfred Jenke, Gegenwart und Zukunft des Hörfunks, in: Walter Först (Hg.), Nach fünfundzwanzig Jahren. Beiträge zu Geschichte und Gegenwart des WDR, Köln 1980 (Annalen des Westdeutschen Rundfunks Bd. 4), S. 81-116, künftig: „Gegenwart und Zukunft", hier: S. 87 f.
[303] Antwortbrief Teiners an Hans D. vom 23.8.1974, WDR Hist. Arch. 10472.
[304] Vgl. zum Konzept das Protokoll der Redaktionssitzung vom 27.3.1974, WDR Hist. Arch. 10445. Die Campus-Konzerte sind in den Archivalien allerdings kaum dokumentiert.
[305] Vgl. den Sendeaufplan mit Anmerkungen für den Störungsfall, WDR Hist. Arch. 10510.

die Leute gebracht. Das ist auch sicherlich eine Geschichte gewesen, die ein Stück wegweisend war für die Radioentwicklung im WDR danach."[306]

Nach einer längeren Planungsphase nämlich initiierte die Redaktion schließlich eine monatliche Serie: *Radiothek unterwegs*.

α) Radiothek unterwegs

Ein geeigneter Sendeplatz fand sich schnell: die als *Open Box* bezeichnete Sonntagssendung der Radiothek, die wechselnden Themen und Sendeformaten offen stand. „Wolfgang Schmitz kam dann auf die Idee: Man könnte doch an dem Sonntag 'ne Sendung machen, wo wir 'ne öffentliche Veranstaltung abhalten, und zwar an Orten, an denen sonst nie was los ist!"[307] erinnerte sich Ulrich Lux, der bald turnusmäßig die Redaktion von *Radiothek unterwegs* übernahm. 1978 waren die Überlegungen einem internen Papier[308] zufolge weiter gediehen:

> „1979 soll Radiothek als festen Bestandteil an einem Sonntag im Monat eine öffentliche Veranstaltung bekommen. [...] Vorzugsweise in der Provinz [...], wo Jugendliche relativ selten interessante Veranstaltungen angeboten bekommen und wo für unsere Hörergruppe auch wenig Möglichkeiten bestehen, zu unserer Arbeit Kontakt zu finden."

Das Planungspapier fuhr fort, für die musikalischen Elemente solle – soweit finanziell möglich – „zumindest eine live spielende Gruppe" sorgen, „die professionelle Arbeit macht, aber noch nicht so bekannt ist". Eine zweite Band sollte sich aus der Amateurszene der jeweiligen Region rekrutieren. „Formen und Inhalte des Wortprogramms in dieser Reihe sollte[n] nicht starr festgeschrieben werden. Als festen Bestandteil könnte man einplanen: eine kurze vorproduzierte Vorstellung des Ortes der Region, von wo die Sendung kommt." Für den „Hauptbeitrag" entwickelte das Papier zwei denkbare Ideen: Zum einen könne man ein Problem der Jugendlichen vor Ort aufgreifen, sofern es „auch für Jugendliche anderswo von Belang" sei. Zum anderen:

> „Jugendliche am Ort erhalten durch Radiothek Gelegenheit, zu Themen, die sie wichtig finden oder die sich aus der Aktualität ergeben, Politiker oder sonstwie in Verantwortung stehende Leute direkt zu befragen. (Den Kultusminister zum Schulmitwirkungsgesetz, den Vorstandsvorsitzenden eines Unternehmens, wenn am Ort gerade ein Betrieb stillgelegt werden soll etc.)".[309]

Schmitz erläuterte weitere Details in einem standardisierten Rundschreiben an Städte, die sich als Schauplatz anboten:

> „Mit RADIOTHEK UNTERWEGS wollen wir vor allem den Kontakt mit jugendlichen Hörern verstärken, die abseits der Ballungszentren in mehr ländlichen Gebieten unseres Bundeslandes wohnen. [...] Was die Konzeption dieses Programms betrifft, möchten wir zum einen Live-Musik präsentieren, möglichst unter Berücksichtigung einer Gruppe, die aus der Region stammt, wo wir die Sendung aufzeichnen. Das Wortprogramm für RADIOTHEK UNTERWEGS soll sich ebenfalls vorrangig an Bedürfnissen oder Problemen der Jugendlichen vor Ort

---

[306] Interview mit Wolfgang Schmitz im Juli 2003.
[307] Interview mit Ulrich Lux im März 2006.
[308] Konzeptpapier *Radiothek unterwegs. Öffentliche Veranstaltungen 1979* vom 29.3.1978, WDR Hist. Arch. 10452.
[309] Ebda.

orientieren, d. h. es können anstehende aktuelle Konflikte aufgegriffen und diskutiert, aber auch besondere Aktivitäten junger Leute vorgestellt werden."[310]

Bei Interesse, so regte Schmitz an, könne die betreffende Stadt Kontakt mit der Redaktion aufnehmen.

Die Kommunen zeigten sich in der Tat aufgeschlossen. So schlug die Stadt Paderborn für eine geplante Sendung im Frühjahr 1979 vor, „jugendliche Obdachlose zu Wort kommen zu lassen. Die Stadt Paderborn will in Kürze ein Jugendzentrum für diesen lokalen Bereich eröffnen, wo junge Obdachlose zusammen mit anderen Jugendlichen Kontakte knüpfen sollen"[311]. Das Jugendamt des Kreises Lippe wiederum verpflichtete sich in einem Vertrag mit dem WDR über die für den 2. Februar 1979 geplante *Radiothek unterwegs*, einen Teil der Musikerhonorare und der GEMA-Gebühren zu bestreiten und kostenlos die Lokalität zu stellen.[312] Auch Rheine bekundete lebhaftes Interesse; man kam überein, in dieser Stadt mit einer großen Bundeswehrgarnison den „Standort Rheine, das Freizeitverhalten der Jugendlichen und der jungen Bürger in Uniform sowie die Integrationspunkte mit der Bevölkerung" zu behandeln.[313]

Zu dieser Zeit, im Frühjahr 1979, waren die ersten Sendungen bereits ausgestrahlt worden – allerdings nicht live, sondern zeitversetzt, wie Direktionsreferent Uwe Rosenbaum dem Gremiumitglied Peter Giesen erläuterte: Die Debütsendung war am 11. Februar aus Lügde/Lippe gekommen – bezeichnenderweise aus dem Osten Nordrhein-Westfalens, der von jeher fürchtete, in den Sendungen des WDR unterrepräsentiert zu sein[314]; die Sendung hatte sich mit *Freizeitprobleme[n] für Jugendliche im ländlichen Raum*[315] befaßt. Am 11. März war es in Unna um *Kulturarbeit besonders für jugendliche Zielgruppen* gegangen; für den 8. April war die erwähnte Sendung aus Rheine geplant: *Jugendliche diskutieren mit jungen Soldaten*. Am 13. Mai wollte man sich in Soest mit dem Thema *Hausfrau und Mutter* befassen, am 10. Juni in Vlotho mit *Jugend im Europa der Regionen*. Anläßlich der Bundesgartenschau in Bonn sollte es um *Umwelt* gehen, danach in einer Sendung aus Herten um die *Integration jugendlicher Ausländer*.[316]

Für manche Interviewpartner und Zuhörer vor Ort stellte eine *Radiothek unterwegs* durchaus eine ungewohnte Erfahrung dar, wie Ulrich Lux am Beispiel einer Sendung aus Borgholzhausen betonte, die sich mit dem Leben der Frauen auf dem Lande befassen sollte:

> „Die hatten vor uns eigentlich Angst. [...] Die waren nämlich gewohnt, daß der WDR mit seinem Ü-Wagen da hinkommt, und sie werden vorgeführt. Die waren dann völlig verblüfft, daß wir tatsächlich daran *interessiert* waren, worum es ihnen eigentlich ging. Wir haben eben nicht gesagt: So, jetzt fahren wir nach Borgholzhausen, und dann *machen* wir [einzig das, was wir uns vorher überlegt haben]. Und wir haben es bewußt nicht über die einzelnen Landesstudios abgewickelt [...]. Sondern: Wir haben einen Autor beauftragt, sich eine Woche oder zwei Wochen in der Gegend aufzuhalten und sich umzutun und rauszukriegen: Was brennt den Leuten auf den Nägeln? Und dieser Autor hat dann [...] die Moderatoren gebrieft. Hat Gesprächspartner ausgesucht usw. usw., hat also die Sendung als solche vorbereitet."[317]

---

[310] Formbrief vom 18.9.1978, WDR Hist. Arch. ebda.
[311] So das Presseamt der Stadt Paderborn in einem Schreiben an Lux vom 7.2.1979, WDR Hist. Arch. ebda.
[312] Vertrag zwischen Kreis Lippe und WDR vom 23.1.1979, WDR Hist. Arch. 10453.
[313] Vgl. Protokoll der Besprechung zwischen Lux und Vertretern der Stadt Rheine vom 21.2.1979 (direktes Zitat dort entnommen) sowie den vorherigen Briefwechsel zwischen Schmitz und der Stadt Rheine, WDR Hist. Arch. ebda.
[314] Vgl. Brühl a.a.O., S. 415.
[315] WDR-Schallarchiv 5090334; Moderatoren waren Wolfgang Schmitz und Joachim Sonderhoff.
[316] Vgl. Schreiben Rosenbaums an Giesen vom 21.3.1979, WDR Hist. Arch. 10451; direkte Zitate dort entnommen.
[317] Daß sich die Landbevölkerung bei Produktionen vor Ort häufig nicht recht ernstgenommen fühlte, erfuhr auch Peter Faecke bei einer Kooperation mit der Landjugend für ein Radioprojekt im Jahre 1977, vgl. Faecke a.a.O., S. 261 f.

Am Tag vor der Sendung und am eigentlichen Sendetag selbst war häufig Flexibilität gefragt; Lux, der jeden Sonntag im Gottesdienst einer Kölner Kirchengemeinde die Orgel spielte, sah sich auch als Musiker gefordert:

> „Da kam Tom Schroeder auf die Idee: Alle beteiligten Musikgruppen machen zum Schluß als Abschlußtitel 'ne Jam Session. Dann hatten wir also irgendeine Rockgruppe, eine Folkgruppe, und als Lokalmatadoren hatten wir den *Evangelischen Posaunenchor Hiddenhausen III* – und die haben gemeinsam den letzten Titel gespielt. Die Hiddenhauser haben dazu einen Blues ausgesucht, den sie nach dem Choralbuch mit ihren Trompeten und Posaunen abgelassen haben. Der Pianist der Rockgruppe konnte aber keine Noten lesen. Ich hab ihm dann also auf den Tasten gezeigt, wie das Stück ging. Dann hat der 'n paar Stunden an dem Abend vorher geübt, hat ein Arrangement – oder wie man das nennen will – gemacht, hat dann mit den anderen Mitgliedern der Rockgruppe diesen Blues geprobt. Und schließlich haben die drei Gruppen [...] das als Schlußtitel [gespielt], und da drüber [haben wir] dann die Schlußmoderation gelegt. Da waren lustige Sachen dabei, die haben Spaß gemacht!"[318]

Umfangreiche Vorsichtsmaßnahmen traf die Redaktion bei den Wortstrecken – beispielsweise im Vorfeld der Sendung vom Festival *Lieder-liches in Vlotho* am 10. Juni 1979, dem Tag der Europawahl: Lux unterrichtete Hörfunkdirektor Jenke, daß die Moderatoren gehalten seien, „vor Beginn der Veranstaltung das Publikum darauf hin[zu]weisen, daß spontane parteiliche Bemerkungen zum Europawahlkampf unterbleiben müssen. Sollte das Thema während der Veranstaltung selbst doch auftauchen, besteht die Möglichkeit, bis zum Sendetermin am Sonntag noch Schnitte vorzunehmen."[319] Programmgruppenleiter Heinz Linnerz ergänzte, Teiner oder Backmann werde die Aufgabe zufallen, das Band vor der zeitversetzten Sendung noch einmal abzuhören „und im Hinblick auf den besonderen Charakter des Sendetages" zu überprüfen.[320] Die Beteiligten bis hinauf zur Direktionsebene gingen also mit gebührender Vorsicht ans Werk – wie gut sie daran taten, sollte sich anläßlich der letzten öffentlichen Radiothek-Ausgabe im Dezember 1980 zeigen.[321]

Reaktionen der kommunalen Seite auf die Sendungen sind lediglich in einem Falle überliefert. Der Landrat des Hochsauerlandkreises, Rolf Füllgräbe, bedankte sich im Juli 1979 für die Sendung *Feriengrüße aus Fort Fun*. „Ein breites Meinungsspektrum" sei dem Hörer geboten worden – „und so ein – mit gewissen Einschränkungen – doch ausgewogenes Bild des Sauerlandes" gezeichnet worden. Klage führte Füllgräbe lediglich über den Auftritt des Liedermachers Jürgen von der Lippe, der Vorurteile gegenüber dem Sauerland geschürt habe: Füllgräbe könne „das, was dieser Herr bot, nur als ‚üble Machwerke' bezeichnen. Seine Texte waren in ihrer durchgängigen Tendenz gegen das Sauerland eine Zumutung für alle, die sie anhören mußten. [...] Solche extremen Positionen haben in einer Jugendsendung nichts zu suchen." Von der Lippe hatte während seines Auftritts unter anderem „die Erfindung des Kupferdrahtes" darauf zurückgeführt, „daß zwei Sauerländer gleichzeitig ein Pfennigstück auf dem Boden liegen sahen", darüber hinaus freilich auch mit einigen etwas derberen Pointen aufgewartet. Hörfunkdirektor Jenke antwortete dem Landrat, die betreffende Sendung habe ein „Experiment" dargestellt,

---

[318] Interview mit Ulrich Lux im März 2006.
[319] Schreiben Lux' an Jenke vom 22.5.1979, WDR Hist. Arch. ebda.
[320] Schreiben Linnerz' an Jenke vom 25.5.1979, WDR Hist. Arch. ebda. Ein weiterer Grund für die zeitversetzte Sendung war nach Teiners Erinnerung (Interview vom Februar 2005) der technische Aufwand für die Live-Übertragung.
[321] Vgl. zu dieser Sendung vom 30.12.1980 unten Abschnitt VI. 6.

„das auch nach meiner Auffassung nicht restlos geglückt verlief. Ihre Kritik an dem Liedermacher Jürgen von der Lippe wird hinsichtlich des Auftritts an dieser Stelle durchaus geteilt; keineswegs war es jedoch Absicht der Redaktion ‚Radiothek', die von Ihnen erwähnten völlig abwegigen Vorurteile gegen eine ganze Region und ihre Menschen auf diese Weise zu stützen."[322]

β) Radiothek am Draht

Auch in ihren Sendungen aus dem Kölner Funkhaus bemühte sich die Redaktion 1979, „mit einer neuen Gestaltung der Sonntage mehr Hörerbeteiligung zu praktizieren"[323]. Nach dem Vorbild *Funkhaus Wallrafplatz* schaltete sie ihre Hörer per Telefon ein: das Ergebnis hieß *Radiothek am Draht*. „Ausgangspunkt für jedes Studiogespräch sind die Fragen der Anrufer und nicht die Zielvorstellungen der Programm-Macher" erläuterte ein internes Papier. Ein Ziel der Sendung sei, „den Anrufern Hilfen zur besseren Entscheidungsfindung [in bestimmten Lebenslagen, M. K.] zu geben. Das Studioteam darf dabei gar nicht erst die Erwartung wecken, es könnte dem Hörer klar und unzweifelhaft sagen, was er in welcher Situation tun oder lassen sollte." Wohl sei es schwierig, psychische und persönliche Probleme Jugendlicher in diesem Rahmen zu behandeln. Gerade diese Themen öffentlich anzusprechen, sei aber durchaus sinnvoll, „weil sich eher viele Jugendliche mit solchen Problemen alleingelassen fühlen".[324]

Im April 1979 hatte die Redaktion den ersten Versuch unternommen: unter dem Titel *Das erste Mal – Fragen über Ängste, Unsicherheiten, Verhütung*.[325] Gemeinsam mit den Moderatoren Nora Schattauer und Ulf Posé beantworteten die Psychologin Beate Brörmann und ein als „Dr. Stollbrock" vorgestellter Frauenarzt die Fragen der meist jungen Hörer. Kritische Reaktionen des Publikums und auch der Redakteure selbst auf diese Sendung wie auch auf die folgenden erklärten sich womöglich aus hochgespannten Erwartungen im Vorfeld. „Dies war ja nun erst die zweite Sendung dieser Art, und wir werden bestimmt noch ein bißchen experimentieren, bis uns die Sendung selbst richtig gefällt", antworte Jürgen Keimer einem Hörer, der sich zur zweiten *Radiothek am Draht* mit dem Thema *Liebeskummer* kritisch geäußert hatte. „Wir sind uns über die problematischen Aspekte solcher Sendungen sehr klar; bis jetzt schienen uns aber die zahlreichen Anrufer während der ersten beiden Telefonsendungen zu zeigen, daß eine Sendung dieser Art – wenn auch nur einmal [im] Monat – nützlich sein kann." Und Keimer fuhr fort:

„Absicht der RADIOTHEK am Draht ist es auch nicht, den ‚selbsternannten Lebenshelfer' zu spielen, vielmehr soll die Sendung zeigen, daß (und wie) man über manche Probleme reden kann, daß viele Schwierigkeiten, die dem einzelnen einmalig schwierig erscheinen, vielleicht besser zu bewältigen sind, wenn man hört, daß andere ähnliche Schwierigkeiten haben."[326]

Die Redaktion hielt die Moderatoren bald dazu an, im Laufe einer Sendung immer wieder zu betonen, „daß dem Anrufer die Entscheidung nicht abgenommen werden kann, sondern

---

[322] Schreiben Jenkes vom 6.8.1979; Füllgräbes Zuschrift datierte vom 18.7.1979. Von der Lippe ist zitiert nach dem Transkript der Radiothek vom 6.7.1979 – alle in WDR Hist. Arch., unverzeichnete Akte aus dem Bestand des Intendanten von Sell, *WDR Allgemeine Programmangelegenheiten – RADIOTHEK – 1-22 – 24.602*.
[323] Undatiertes Konzeptpapier für die *Radiothek am Draht* am 6.6.1979, WDR Hist. Arch. 10451.
[324] Vgl. das genannte Konzeptpapier, WDR Hist. Arch. ebda., direkte Zitate dort entnommen.
[325] *Mein Freund will mit mir schlafen, aber ich weiß nicht so recht – Experten geben Auskunft*. Telefonsendung (22.4.1979 – Moderatoren waren Nora Schattauer und Ulf Posé), WDR Hist. Arch. 10451 (Transkript); alle Zitate hiernach. Mehr zu dieser Sendung unten in Abschnitt III. 3. h) δ).
[326] Antwortbrief Keimers an Bernd W. aus Wuppertal vom 12.6.1979, WDR Hist. Arch. 10478.

daß höchstens bestimmte Richtungen aufgezeigt werden können". Immerhin sei es während der Sendung im April

> „in einigen Fällen [...] durch Nachfragen gelungen, die Probleme des Anrufers klarer zu erkennen [...]. Wenn wie in diesem Beispiel die Betroffene sich klarer darüber wird, welche Wünsche sie an sich oder den Partner stellt, wovon ihre Wünsche abhängen und was der Erfüllung von Wünschen im Wege steht, dann dürfte sie vielleicht ein wenig besser in der Lage sein, ihre Probleme zu bewältigen."[327]

Moderatorin Nora Schattauer selbst erläuterte in ihrer Antwort auf eine Hörerzuschrift Details:

> „Sicher hatte man an mancher Stelle mehr den Eindruck von Raten und Rätseln als von Ratgeben und Bescheid wissen. Trotzdem sehen wir die bisherigen Sendungen nicht als Mißerfolg an. Es stimmt doch: Das drüber reden hilft auch schon, von ähnlichen Problemen bei Anderen Hören kann Impulse geben für die eigene Problemlösung. [...] Die Frage ist nur: wie weitermachen? Darüber haben wir in der Redaktion lange diskutiert [...]. Wir werden in den nächsten Sendungen die Themenstellung spezifizieren und zunächst mal Themen wählen, die weniger als existentiell empfunden werden."[328]

Eine undatierte handschriftliche Themenvorschau vom Sommer 1979[329] deutete die Richtung an: Am 26. August sollte es um *Taschengeld* gehen, für den 28. Oktober war das Thema *Fragen stellen und was ändern wollen bringt nur Ärger* geplant.

γ) Hörer machen Programm

Auch über direkte Beteiligungen der Hörer an der Programmplanung scheint die Radiothek-Redaktion schon 1974 nachgedacht zu haben.[330] Offenbar orientierte sie sich schließlich an der von Klaus Klenke moderierten Sendung *Schüler machen Programm*. Klenke und die Redaktion kamen im Februar 1979 überein, „die interessantesten [...] Gesprächspartner jeweils am ersten Sonntag im Monat zu einem Gespräch live in die RADIOTHEK einzuladen", wie es Ulrich Teiner gegenüber einem Teilnehmer der Klenke-Sendung, Michael B. aus Duisburg, umschrieb. „Die Spielregeln entsprechen weitgehend dem Donnerstags-Programm: die Hörer diskutieren und gestalten darüber hinaus das Musikprogramm des Abends."[331] Der Titel der neuen Radiothek-Reihe: *Hörer machen Programm*.
„Es ist – wie der Titel sagt – eine Sendung, von Hörern gemacht, und zwar sowohl vom Musikteil her wie vom Wortteil her" erläuterte Helga Kirchner einem interessierten Hörer.

> „Es sollen kleinere (max. 5-6) Gruppen von Hörern zu Wort kommen, die entweder an einem Projekt zusammenarbeiten, ein gemeinsames Problem haben, in derselben Situation sich befinden. Die jeweilige Gruppe sollte vor allem ihre Erfahrungen, Erlebnisse, Empfindungen im Umgang mit dem Problem bzw. bei der Arbeit an ihrem Projekt zur Sprache bringen."[332]

---

[327] Vgl. das genannte Konzeptpapier, WDR Hist. Arch. 10451, direkte Zitate dort entnommen.
[328] Antwortbrief Schattauers vom 10.7.1979 auf eine Hörerzuschrift aus Hagen, WDR Hist. Arch. ebda.
[329] WDR Hist. Arch. 10455.
[330] Vgl. Teiners Antwortbriefe vom 23.8.1974 an Gerd H. aus Herzberg/Harz und an das Jugendhaus Salvadore [sic] Allende in Wülfrath vom 7.11.1974, WDR Hist. Arch. 10472.
[331] Schreiben Teiners an B. vom 20.2.1979, WDR Hist. Arch. 10456.
[332] Schreiben Kirchners an Stefan K. aus Essen vom 3.3.1980, WDR Hist. Arch. ebda.

Die betreffende Gruppe konnte sich beispielsweise aus Vertretern der Studentenmission Deutschland[333] oder Angehörigen der Anonymen Alkoholiker[334] zusammensetzen; es konnte sich um entlassene Strafgefangene[335] handeln oder auch um Jugendliche aus Lemgo, die über den Umgang mit der nationalsozialistischen Vergangenheit vor Ort diskutierten[336].

δ) Hörer als Hörspielautoren

Bereits zwei Jahre zuvor hatte die Redaktion in unregelmäßiger Folge begonnen, sogenannte Hörer-Hörspiele ins Programm aufzunehmen. Den Anfang machte Monika Schrecks *Vater hat gesagt, das Fräulein Tochter ist wohl zu fein zum arbeiten* am 15. Mai 1977, das zumindest teilweise mit Laiensprechern produziert wurde. Im Anschluß regte die Redaktion ihre Hörer zu Meinungsäußerungen an, ob sie sich häufiger derartige Hörspiele wünschten; und die Moderation ermunterte potentielle Autoren:

„Ich könnte mir zum Beispiel vorstellen, daß sich ein einzelner noch mal hinsetzt und ein Manuskript schreibt, [...] genauso gut könnte ich mir aber denken, daß sich 'ne Schulklasse zusammentut, [...] da kann es um Konflikte mit dem Lehrer, innerhalb der Klasse oder um Probleme mit den Eltern gehen. [...] Aber damit kein Mißverständnis entsteht: Gut durchdacht, ausgefeilt sollte so ein Manuskript oder Konzept schon sein. Sonst können wir nichts damit anfangen. [...] Ja, Schwellenangst muß man schon überwinden, [...] aber das sollte Radiothek-Hörern eigentlich nicht allzu schwer fallen."[337]

Beispiel eines zur Produktion angenommenen Hörspiels war *Die allgemeine Lage kann nichts dafür* – ein Portrait des fiktiven jungen Arbeitslosen Jürgen Rodnick. Das Ende dieses Hörspiels wurde bewußt offen gehalten, wie die WDR-Pressestelle erläuterte: „'Radiothek'-Hörer können die Geschichte [...] weiterschreiben, wenn sie Spaß daran haben. Die Redaktion wird den besten Vorschlag auswählen, produzieren und, gegen Honorar, senden."[338] Die Hörer reagierten in der Tat und sandten Manuskripte ein: „Dies ist in so großem Umfang geschehen, daß wir unter der Hörspielflut fast erstickt sind"[339], stellte ein überraschter Ulrich Teiner fest.

3. Der Umgang mit Themen der Zeit

Gut 2.500 Radiothek-Ausgaben hat die Kölner Jugendfunkredaktion zwischen dem 30. Dezember 1973 und dem 30. Dezember 1980 auf den Sender gebracht. Der Löwenanteil der noch dokumentierten Wortbeiträge befaßt sich mit den – wegen ihrer Konfliktträchtig-

---

[333] Radiothek vom 3.2.1980, vgl. die Korrespondenz in WDR Hist. Arch. 10456.
[334] Vgl. Schreiben Helga Kirchners vom 13.7.1979 an Christine H. aus Münster, WDR Hist. Arch. ebda.
[335] Radiothek vom 6.1.1980, vgl. die Korrespondenz in WDR Hist. Arch. ebda.
[336] Vgl. die Korrespondenz der Jugendlichen mit Ulrich Teiner, WDR Hist. Arch. ebda.
[337] Radiothek vom 15.5.1977, WDR Hist. Arch. 10521 (Hörspiel- und Moderationsmanuskript).
[338] *hörfunk-tip* der WDR-Pressestelle vom 5.10.1977: *Kurzhörspiel mit offenem Ende in „Radiothek". Die Hörer können die Geschichte weiterschreiben*, WDR Hist. Arch. 10526. – Das Hörspiel lief unter dem Titel *Ende offen, oder: Die allgemeine Lage kann nichts dafür. Ein kurzes Hörspiel mit allgemeiner Tendenz zum realistischen Pessimismus*, Teil 1 (13.10.1977), WDR Hist. Arch. 10526, Teil 2 nach Manuskript eines Hörers (16.2.1978), WDR Hist. Arch. 10530. Zum Inhalt dieses Hörspiels vgl. unten Abschnitt III. 3. f) γ). Am 18.2.1978 strahlte der WDR eine weitere Fortsetzung aus der Feder eines Hörers aus: *Das Leben beginnt vor dem Tod*, WDR Hist. Arch. 10530.
[339] Schreiben Teiners an Wolfgang G. aus Recklinghausen vom 24.1.1978, WDR Hist. Arch. 10475. – Die „Flut" findet sich in: WDR Hist. Arch. 10476; ein Hörer sandte sogar zu Demonstrationszwecken eine Tonbandkassette ein.

keit – für die vorliegende Arbeit relevanten Themen aus Politik und Gesellschaft; freilich ist nur noch zu einem Teil der Sendungen aussagefähiges Material erhalten. Dieser Abschnitt stützt sich auf etwa neunhundert von ihnen – Wiederholungen eines Beitrags sind dabei nicht mitgerechnet.

Die thematische Abgrenzung kann im Einzelfall natürlich schwierig sein – welche Sendung behandelte Themen „aus Politik und Gesellschaft", welche nicht? Die Auswahlkriterien lassen sich illustrieren anhand von Beiträgen, die *keine* Berücksichtigung fanden – dies galt etwa für solche zu Kulturthemen: zur Musikszene Israels, zu einem Irish-Folk-Festival, zu den Karl-May-Festspielen in Bad Segeberg, zu einem Buch über Skatweltmeister. Die Reihe *Science Fiction* fiel ebenso heraus wie die Serie *Was steckt dahinter?*, die Sprichworte, Redewendungen und ihre Entstehung erläuterte.[340] Von Interesse hingegen sind Kulturthemen mit einem unübersehbaren politischen Akzent – das gilt beispielsweise für ein Portrait des Liedermachers Frank Baier oder für die Berichte über Lehrlingstheater. Unverzichtbar war der Blick auf Beiträge, die sich um bedeutende Debattenthemen der siebziger Jahre drehten: vom Streit um die Kriegsdienstverweigerung bis zum § 218 StGB, von der Bildungsreform bis zum Radikalenerlaß. Der Übersichtlichkeit halber sind sie abschnittsweise nach Themenbereichen sortiert beschrieben; die Gliederung schien mir zweckmäßig, auch wenn sich im Detail für eine andersgeartete Kategorisierung durchaus Gründe finden dürften – ebenso wie für eine abweichende Zuordnung einzelner Beiträge zu den Kategorien. Doch gab es in der Radiothek etwa zum Thema Homosexualität solche Sendungen, die eher den Umgang des einzelnen mit der Homosexualität betrachteten – und dann wieder andere, die eher Homosexuelle als gesellschaftliche Randgruppe ins Blickfeld rückten. Film und Kino kamen im einen Fall als Formen der Jugendkultur zur Sprache, im anderen Fall als ein Ausdruck der „Warenästhetik". Der Sport wurde in der einen Sendung gleichfalls als Ausfluß dieser Warenästhetik aufs Korn genommen, in einer anderen Sendung als Facette der dominanten Kultur vergleichsweise neutral geschildert. Also sind diese Beiträge auf unterschiedliche Abschnitte verteilt.

Bei allem bleibt natürlich das Problem einer lückenhaften Überlieferung: man kann sich nur auf eine Auswahl der zu einem bestimmten Thema gesendeten Beiträge stützen. Überdies ist in zahlreichen Fällen die Schlußmoderation nicht erhalten, in der die Moderatoren häufig abschließende Wertungen vornahmen. Andererseits aber deutet in Quellen, Zeitzeugenerinnerungen und zeitgenössischen Texten nichts darauf hin, daß die Radiothek in den heute nicht mehr rekonstruierbaren Sendungen ein Bild geboten hätte, das signifikant von demjenigen abwiche, wie es sich im ganzen aus den Archivalien ergibt. Offenbar hat die Redaktion über die archivalisch erhaltenen Sendungen hinaus keine weitere Beiträge ausgestrahlt, welche die dokumentierten an Schärfe oder auch an Angriffslust wesentlich übertroffen hätten; denn aller Wahrscheinlichkeit nach würde sich zum einen in der Korrespondenz ein Hinweis auf derartige Beiträge finden, und zum anderen sind diejenigen Sendungen, gegen die sich interne oder externe Kritik richtete, im allgemeinen wörtlich transkribiert worden, um als Diskussionsgrundlage zu dienen. Der Eindruck der Radiothek, den die erhaltenen Akten und Bänder vermitteln, dürfte sich also vor diesem Hintergrund durchaus verallgemeinern lassen.

Den Unterabschnitten ist aus Praktikabilitätsgründen jeweils eine Zusammenfassung ihrer wesentlichen Inhalte hinzugefügt – um den schnellen Überblick zu erleichtern. Die Unterabschnitte selbst behandeln exemplarische oder auch besonders gut dokumentierte Beiträ-

---

[340] Vgl. zu diesen Themenbeispielen die Wochenplanungen der Redaktion, WDR Hist. Arch. 10444 und 10445.

ge; weitere sind in den Anmerkungen genannt.[341] Aus dem heterogenen Erscheinungsbild der Sendungen ergibt sich, daß der Versuch, „Ausgewogenheit" oder „Unausgewogenheit" eines Beitrags allein anhand der Stoppuhr nachzuweisen, zumindest im Falle der Radiothek keine brauchbaren Resultate liefern kann. Der Versuch, die Anzahl sachlicher Argumente miteinander zu vergleichen – der sich bei anderen Gelegenheiten, wenn man etwa klassische Radiokommentare betrachtet, durchaus bewähren kann[342] – wäre im Falle der WDR-Jugendschiene nicht sonderlich fruchtbar; durchkreuzen würden ihn nämlich das facettenreiche Erscheinungsbild der Wortstrecken und ihre mitunter von einem Abend zum anderen unterschiedliche Dramaturgie im Detail. Besonders der hohe Anteil an O-Tönen spricht gegen diesen Ansatz: Denn wenn beispielsweise – dies ist ein konstruierter Fall – in Beiträgen zur Bildungsreform Argumente der einen Seite einmal vom abgeklärten, rhetorisch versierten Sprecher eines Bildungsministeriums, dann wieder von einem lispelnden Pädagogen, der überdies in einem halligen Raum interviewt wurde, vorgetragen werden, die Argumente der Gegenseite wiederum von einem enthusiastischen Studenten in Studioakustik bzw. von einem 17jährigen Schüler, aus dessen O-Tönen die Versprecher aus Zeitgründen nicht mehr herausgeschnitten werden konnten – dann ergibt sich daraus ein derart vielfältiges Erscheinungsbild, daß keine sinnvollen Kategorienbildungen möglich sind. Denn ein und dasselbe Argument kann unterschiedliche Überzeugungskraft entfalten, abhängig davon, wer es wie „verkauft". Daß die Frage, welche Wirkung ein Beitrag hinterläßt, darüber hinaus von der Hörsituation und vielen anderen Umständen auf Seiten des einzelnen Hörers abhängt, kommt noch hinzu.

Die Qualität eines Beitrags läßt sich daran messen, wie weit er über Fakten, Zusammenhänge und Hintergründe informierte, wie genau er ein Konfliktfeld ausleuchtete, wie ausführlich und um Objektivität bemüht er unterschiedliche, teilweise kontroverse Ansichten darstellte, wie weit er einander widersprechenden Auffassungen in fairer Weise die Möglichkeit gab, daß sie vom Hörer wahrgenommen und erwogen wurden. Ein derartiger Beitrag mußte den Hörern so weit wie möglich verdeutlichen, daß es bei der Lösung von Konflikten vor allem um den Ausgleich unterschiedlicher Interessen, zumeist um Kompromißfindung ging – nicht darum, daß sich jene Seite durchsetzte, mit der beispielsweise der Autor eines Beitrages sympathisierte. Die Qualität eines Beitrages konnte darüber hinaus darin begründet liegen, daß er dem Publikum Informationen und Denkanstöße über ein anderenorts vernachlässigtes Thema lieferte.

a) Sendungen des Themenbereichs Politik (1): Parteien und politische Bildung

α) Themen der politischen Bildung

Beim Hineinwachsen in konkretes Verhalten als politisch wache Individuen suchte die Redaktion ihre Hörer in mehreren Sendungen zu unterstützen. Das richtete sich vor allem – wie zu erwarten – auf die Bereitschaft, der eigenen Rechte gewahr zu werden und sie zu

---

[341] Die Wortbeiträge sind – soweit die Angaben verfügbar waren – zitiert mit dem (im Text und auch in Zwischenüberschriften kursiv gesetzten) Originaltitel, meist dem Sendelaufplan oder dem Datensatz im sog. *Archimedes*-Katalog des WDR-Schallarchivs entnommen, mit Autor, Moderator, Redakteur und Sendedatum; die Fundstelle im Historischen Archiv und/oder Schallarchiv schließt sich an, außerdem Angaben zur Art des Materials: ob es sich um einen Mitschnitt oder ein vorproduziertes Einspielband handelt, um ein Transkript oder Moderationsmanuskript, ob die O-Töne transkribiert sind oder nicht.
[342] Vgl. zu diesem Ansatz Antje Eichler, Protest im Radio. Die Berichterstattung des Bayerischen Rundfunks über die Studentenbewegung 1967/1968, in: Markus Behmer/Bettina Hasselbring (Hg.), Radiotage, Fernsehjahre. Studien zur Rundfunkgeschichte nach 1945, Münster 2006 (Kommunikationsgeschichte 22), S. 193-211, hier: S. 196.

artikulieren[343]: „Wir brauchen den mündigen Staatsbürger, der nicht darauf schielt, was man sagt, denkt oder tut, sondern der sich selbständig eine Meinung bildet."[344] So appellierte Moderatorin Helga Kirchner in einer Sendung über die Mechanismen direkter Demokratie[345] an die Hörer:

> „Zum Beispiel sollte man im laufenden Volksbegehren gegen die Koop-Schule genau wissen: wann sie eingeführt wird, unter welchen Umständen und wie. Sinnvoll kann das Instrument des Volksbegehrens nämlich nur sein, wenn diejenigen, die ihre Stimme abgeben, auch wirklich aufgrund von Kenntnissen und Sachkunde entscheiden."

Land- und Bundestagswahlen hat die Radiothek auf unterschiedliche Art und Weise behandelt. Anläßlich der Bundestagswahl 1976 betrachtete sie den Wahlkampf aus der Perspektive Jugendlicher und untersuchte, inwieweit dort Themen wie „Humanisierung der Arbeitswelt, Mitbestimmung, Entwicklungshilfe-Politik und Berufsausbildung" zur Sprache kamen.[346] Im Hintergrund stand die Frage, worin das politische Desinteresse vieler Jugendlicher begründet liege. Andere Sendungen schilderten die Mechanismen des Parlamentarismus genauer, ergänzt um Kritik an dysfunktionalen parlamentarischen Ritualen und an mangelnder Aktionsfähigkeit der Legislative gegenüber der Exekutive.[347]
Zur nordrhein-westfälischen Landtagswahl 1975 wiederum entwarf die Radiothek Charakterskizzen einzelner Kandidaten von CDU/CSU[348], SPD[349] und FDP[350]. Die Autoren berichteten direkt aus dem Straßenwahlkampf; sie blendeten die Schwächen der Protagonisten nicht aus[351], ließen ihnen aber auch Gelegenheit, ihre politischen Ziele ausführlich zu erläutern. 1980 beschritt die Redaktion abermals einen anderen Weg: Vielleicht um sich

---

[343] Sendungen vom 9.7.1976 über *Angebote der Evangelischen Kirche* in der Reihe *Politische Bildungsangebote für Arbeiter* (Moderator und vermutlich auch Autor war Jürgen Thebrath), WDR Hist. Arch. 10511 (Manuskript mit transkribierten O-Tönen, ohne Moderationen), und vom 4.1.1977 über *Politische Bildungsarbeit mit Schulabgängern – Modell „Junge Volkshochschule" Hamburg – Teil 1: Das Seminar am Pfefferberg* (Autorin war Ingrid Fischer, Moderator Wolfgang Schmitz, Redakteur Ulrich Lux), WDR Hist. Arch. 10517 (Manuskript mit transkribierten O-Tönen und Moderationsvorschlägen). – Auffallend war, daß die Radiothek sich in einem Beitrag auch den politischen Aktivitäten des Rockmusikers Udo Lindenberg widmete – statt sie von vornherein als Hirngespinste abzutun: *Interview mit dem Rockmusiker Udo Lindenberg über seine politischen Vorstellungen* (22.5.1980), WDR-Schallarchiv 1002556 (Einspielband).
[344] *Erziehung zur Anpassung* (28.7.1978 – Autorin war Helga Pöhlmann-Hoppe, Redakteur Heinz Deiters), WDR Hist. Arch. 10535 (Manuskript der Moderation). – Zur Entstehung dieses Beitrages auf die Anregung eines Hörers hin vgl. Abschnitt IV. 3. a). – Auf der Linie dieses Beitrages lag auch die Sendung „*Treffpunkt*" *Bahrenfeld* (4.1.1977), a.a.O., WDR Hist. Arch. 10517.
[345] *Volksbegehren Kooperative Schule* (19.2.1978), WDR Hist. Arch. 10530 (Moderationsmanuskript und Manuskript eines Einspielbandes). – Zur Hörerpost auf diese Sendung hin vgl. unten Abschnitt IV. 3. e).
[346] Als Manuskript mit transkribierten O-Tönen erhalten ist die zweite Folge der Serie vom 13.9.1976, WDR Hist. Arch. 10513.
[347] *Schaufensterdebatten – darf im Parlament jeder reden, wann und was er will?* (18.9.1978 – Moderatorin und vermutlich auch Autorin war Claudia Müller-Conrad, Redakteurin Nora Schattauer), WDR Hist. Arch. 10537. Der Beitrag ähnelt in seiner detaillierten Behandlung des Themas einer Schulfunksendung; die O-Töne sind allerdings nicht transkribiert. Jürgen Krönig lieferte in einem Hintergrundbeitrag Einblicke in die Arbeitsweise von Parlamentsfraktionen: *Abgeordnete zwischen Resignation und Rebellion* (20.6.1977), WDR-Schallarchiv 1001589 (Mitschnitt).
[348] Radiothek vom 7.4.1975, WDR Hist. Arch. 10447 (Transkript). – In weiteren, hier nicht näher behandelten Sendungen wandte sich die Redaktion einigen Kandidaten aus der Region Köln zu: Am 21.4.1975 beobachtete Christine Lemmen Vertreter von CDU und FDP; am 25.4. widmete sich Helga Kirchner Kandidaten der CDU und der SPD.
[349] Radiothek vom 14.4.1975, WDR Hist. Arch. 10447 (Transkript).
[350] Radiothek vom 11.4.1975, WDR Hist. Arch. ebda. (Transkript).
[351] Anders verhielt sich hier Christian Berg bei seiner Beobachtung des Kölner DKP-Kandidaten Jürgen Laimer (Radiothek vom 18.4.1975, Transkript in WDR Hist. Arch. 10447): hier fehlten jene für den Protagonisten etwas peinlichen Situationen, über die ein jugendlicher Hörer die Augen verdrehen mochte. Berg hatte in seiner Sendung auch einen Kandidaten der NPD vorstellen wollen – „doch bis heute haben wir von der NPD keine Kandidatenliste auf unsere mehrfachen Anfragen erhalten".

nicht auf die mit gebauten Beiträgen verbundenen Risiken einzulassen, vielleicht aber auch, um sich in der Machart ihrer Sendungen nicht zu wiederholen, strahlte sie Gespräche mit den Spitzenkandidaten der Parteien zu jugendpolitischen Themen aus.[352]
Zwei Jahre zuvor hatte Radiothek-Redaktionsleiter Ulrich Teiner die politischen Akteure in ihrem Verhalten gegenüber Jugendlichen kritisiert.[353] Die Entscheidung des Bundesverfassungsgerichts im Streit um die Gewissensprüfung für Kriegsdienstverweigerer füge sich, so Teiner, ins Bild ständig steigender Belastungen für junge Leute – in Gestalt des Leistungsdrucks, des Wettlaufs um Lehrstellen und auch der diffusen Angst vor Konsequenzen des Radikalenerlasses im persönlichen Lebenslauf. In eine derartige Gesellschaft lasse sich die nachwachsende Generation jedoch nur schwer integrieren. Teiner schloß: „Es wird höchste Zeit, dies zu ändern, sonst ist ein massenhafter Umschlag von Resignation und Ohnmacht in Aggression und Gewalt nicht auszuschließen."
Die ersten Wahlerfolge der Alternativparteien[354] weckten ab 1978 das Interesse der Redaktion, die über die neuen Kräfte zunächst in einer gelassen-wohlwollenden Weise berichtete.[355] Mit der Partei *Die Grünen* befaßte sich die Radiothek im Januar 1980 in einer Studiodiskussion, an der neben Moderatorin Nora Schattauer zwei Delegierte des Gründungsparteitages teilnahmen.[356]

---

[352] *Vor der Landtagswahl in Nordrhein-Westfalen – die Jugend und die Parteien. Gespräch mit dem CDU-Landesvorsitzenden von NRW, Heinrich Köppler* (31.3.1980), WDR-Schallarchiv 5071403; *Interview mit Johannes Rau, SPD-Landesvorsitzender von NRW, anläßlich der Landtagswahl in NRW* (7.4.1980), WDR-Schallarchiv 5095831; *Interview mit Liselotte Funcke, stellvertretenden FDP-Vorsitzende von NRW, anläßlich der Landtagswahlen in NRW über jugendpolitische Fragen* (14.4.1980), WDR-Schallarchiv 5095832 (allesamt Einspielbänder)
[353] *Kommentar zur Entscheidung des Bundesverfassungsgerichtes zur Gewissensprüfung für Kriegsdienstverweigerer* (13.4.1978), WDR Hist. Arch. 10532 (Manuskript ohne Moderation). – Teiners Kommentar provozierte kritische Reaktionen in Hörerkreisen, vgl. unten Abschnitt IV. 3. e). Seine Einschätzung hinsichtlich der Ursachen jugendlicher Resignation konnte sich allerdings durchaus auf empirische Forschungen stützen, vgl. unten Abschnitt V. 2. c).
[354] Vgl. Ferdinand Müller-Rommel/Thomas Poguntke, Die Grünen, in: Alf Mintzel/Heinrich Oberreuter (Hg.), Parteien in der Bundesrepublik Deutschland, Bonn ²1992 (Schriftenreihe der Bundeszentrale für politische Bildung 282), S. 319-361; hier: S. 320 f., und Gerhard A. Ritter/Merith Niehuss, Wahlen in Deutschland 1946-1991. Ein Handbuch, München 1991, S. 160 f. – Zur Konfrontation der Bürgerinitiativen mit der etablierten Politik: Brandt/Büßer/Rucht a.a.O., S. 93, 95, 98 f.
[355] Radiothek vom 30.10.1978, WDR Hist. Arch. 10538 (Transkript). – Bereits am 4.2.1975 hatte die Radiothek anläßlich des Themas *Stadtsanierung Osnabrück* die Arbeit einer Bürgerinitiative gegen Flächensanierungen vorgestellt, WDR Hist. Arch. 10494 (Autor war Günter Scheding, Redakteurin Gretel Rieber). Hier wie auch in der Sendung *Bürger suchen neue Wege in der Erziehung – Teil 2: Bildungschancen für Benachteiligte* (17.3.1978 – Autor war Andreas Bartsch, Redakteurin Helga Kirchner), WDR Hist. Arch. 10531, kam die Frage nach der demokratischen Legitimation politischer Bürgerinitiativen nicht zur Sprache. Am 14.3.1977 schließlich hatte die Radiothek gut sechsminütige *Ausschnitte aus einer Rede von Hans Koschnick auf der kommunalpolitischen Fachkonferenz der SPD in Frankfurt über das Verhältnis der SPD zu den kommunalen Bürgerinitiativen* gesendet, WDR-Schallarchiv 5073508 (Einspielband). – Wohlwollend gegenüber der Bielefelder *Bunten Liste* fielen Gerhard Kellerters *Anmerkungen nach der Kommunalwahl in NRW* aus (1.10.1979 – Redakteure waren Dietrich Backmann und Ulrich Lux), WDR Hist. Arch. 10550 (Manuskript des Einspielbandes). – Auch der SPD-Politiker Peter Glotz plädierte in einem Radiothek-Gespräch für Dialogbereitschaft: *Interview mit Peter Glotz über die Alternativbewegung in der BRD* (14.5.1979 – Interviewer war Jürgen Krönig), WDR-Schallarchiv 1002471 (Einspielband). – Mit der Gefahr einer Entfremdung zwischen Jugendlichen und etablierten Parteien hatte sich die Radiothek bereits unter dem Eindruck der Terrorismus-Welle von Herbst 1977 befaßt: *Jugendverbände und Jugend. Diskussion mit Vertretern deutscher Jugendverbände über das Verhältnis der Jugend zu den etablierten Parteien* (30.10.1977), WDR-Schallarchiv 5073562 (Mitschnitt). Es handelte sich um den Abschluß der Radiothek-Sendewoche zum Terrorismus; zu letzterer vgl. unten Abschnitt III. 3. b) ζ).
[356] *Die Gründung der Partei der Grünen. Studiogespräch mit zwei Parteimitgliedern* (14.1.1980), WDR-Schallarchiv 5095832 (Mitschnitt). – Zur Gründungsphase und Mitgliederrekrutierung der Grünen vgl. Dietrich Thränhardt, Geschichte der Bundesrepublik Deutschland, Frankfurt (M.) 1996, S. 255 f., Heinrich August Winkler, Der lange Weg nach Westen II. Deutsche Geschichte 1933-1990, Bonn 2004 (Schriftenreihe der Bundeszentrale für politische Bildung 463), künftig zitiert: Weg nach Westen II, S. 351, und Ulrich von Alemann, Das Parteiensystem der Bundesrepublik Deutschland, Bonn 2001, künftig: „Parteiensystem", S. 62-64. – Bereits 1977 hatte Jürgen Krönig einen Radiothek-Beitrag mit der Frage überschrieben: *Kommt die Vierte Partei? Umweltschützer drängen in die Parlamente*

β) Politische Parteien und ihre Jugendorganisationen

Beim Blick auf die Parteien CDU/CSU, SPD und FDP als wichtigste Faktoren politischer Meinungsbildung und Debatte wandte sich die Redaktion vor allem den Jugendorganisationen zu.[357] Die dokumentierten Sendungen waren von dem Bemühen gekennzeichnet, den politischen Akteuren Gelegenheit zu geben, ausführlich ihre Standpunkte darzulegen, letztere gleichwohl auch kritisch zu beleuchten. 1978 analysierte Christian Berg den Leitantrag zum bevorstehenden Deutschlandtag der Jungen Union.[358] Er wies auf Meinungsverschiedenheiten innerhalb der Organisation hin[359] und sprach den Vorsitzenden Matthias Wissmann auf die Wertvorstellungen der JU an. Die Antwort:

> „Wir spüren nur, daß die zunehmende Rücksichtslosigkeit im Umgang miteinander, das zum Teil festzustellende überzogene Leistungsdenken an den Schulen, der Mangel an Bereitschaft zu Mitverantwortung, das zum Teil feststellbare rücksichtslose Durchsetzen eigener Interessen einen zunehmenden Stellenwert gewinnen nicht nur, aber auch in der Jungen Generation" –

eine Kritik, die kurioserweise vielen Klagen der Radiothek-Redaktion ähnelte; gleiches galt für Wissmanns Erklärungsansatz. Er nannte den „Verdrängungswettbewerb" auf dem Arbeitsmarkt, die Numerus-clausus-Regelung, eine sinkende Bereitschaft zum Engagement im Interesse der Gemeinschaft. Wissmann forderte, die Schule müsse „wieder stärker Werteelemente vermitteln, die Verantwortung, Solidarität, Mitmenschlichkeit beinhalten"; diese Werte müßten auch die politische Debatte prägen. Wenn der JU-Vorsitzende auf Nachfrage betonte, „daß es eine Verkürzung demokratischer Tugenden wäre, nur von notwendiger Kritikbereitschaft und nicht auch von der Bereitschaft zur Mitverantwortung, von der Bereitschaft zu Solidarität zu reden", hatte er damit natürlich einen Punkt erreicht, an dem Sichtweisen der JU und die in der Radiothek verfochtenen Auffassungen einander nicht mehr ganz deckten. Auffallend ist, daß die Sendung zu keiner Zeit den Versuch unternahm, Wissmanns Äußerungen mit unmittelbar anschließenden Gegenargumentationen des Autors oder des Moderators zu entkräften.

Auf Konfrontationskurs ging Christian Berg hingegen in seinem Bericht über die gemeinsamen Initiativen von RCDS, Schülerunion und CDU/CSU gegen „Volksfrontbündnisse in Schulen und an Hochschulen".[360] Berg widersprach den Vertretern des RCDS, die derartige Bündnisse aus seiner Sicht zu Unrecht als „eine grundsätzlich gefährliche politische Erscheinung" betrachteten.

> „Der Begriff Volksfront ist historisch also aufs engste verbunden mit der Bedrohung durch den Faschismus. Wichtig für die Beurteilung von Volksfrontbündnissen ist darüber hinaus, daß Volksfront-Regierungen aus demokratischen Wahlen hervorgingen, was von ihren Gegnern gerne vergessen wird."

(19.12.1977), WDR Hist. Arch. 10528 (nur Sendelaufplan), und dazu Vertreter von etablierten Parteien, Grünen Listen und Bundesverband Bürgerinitiativen Umweltschutz interviewt.

[357] Um die Ziele von Junger Union und Jungsozialisten ging es bereits früh: *Die Jugendorganisationen der Parteien* (14.1.1974) – WDR-Schallarchiv 5090051 (Mitschnitt). Auch befaßte sich die Sendereihe mit der Arbeit der Schülerunion: Radiothek vom 22.11.1974, WDR-Schallarchiv 5090085 (Mitschnitt); zur Zeit dieser Sendung war der Höhenflug der Schülerunion allerdings bereits vorbei, vgl. Ulrich Konitzer, Die Schülerbewegung – Chronologie und Deutung, in: *Frankfurter Hefte* 4/1975, S. 76-80, hier: S. 77-79. Diese Sendungen gingen im ganzen neutral vor.

[358] *Was will die Junge Union? Vorbericht zum Deutschlandtag* (19.5.1978 – Autor war Christian Berg, Moderatorin Nora Schattauer), WDR Hist. Arch. 10533 (Transkript).

[359] Mit diesen Divergenzen befaßte sich auch das *Portrait der jungen Arbeitnehmerschaft* (30.6.1975 – Autor war Peter Josef Bock), WDR-Schallarchiv 5090124 (Mitschnitt).

[360] *Volksfront* (27.8.1976), WDR Hist. Arch. 10512 (Transkript). – Zur kritischen Reaktion Heinrich Windelens auf diesen Beitrag vgl. unten Abschnitt V. 7. c)

Die Kooperation sozialistischer und liberaler Studentengruppen an der Universität Bremen bezeichnete Berg hingegen als „an der Sache orientiert. Die Sache – das ist das Reformmodell und seine Erhaltung." Die Argumente von RCDS, CDU und Schülerunion mochten in dieser Sendung nur geringe Wirkung beim Hörer hinterlassen, da Berg ihnen längere Äußerungen liberaler und sozialdemokratischer Wissenschaftler entgegenstellte.

Die politischen Gegner der JU, die Jungsozialisten, rückten anläßlich ihrer Kongresse ins Blickfeld. „Von einem lammfrommen Jugendverband der SPD [...] zu einer selbstbewußten, radikaldemokratischen und sozialistischen Organisation" hätten sich die Jusos seit 1969 gewandelt, befand Udo Bergdoll in seinem sehr wohlwollenden Bericht vom Münchner Kongreß der Organisation im Januar 1974.[361] Weit kritischer sah Radiothek-Redakteur Dietrich Backmann ein gutes Jahr die Zusammenkunft der Jusos in Wiesbaden.[362] Er hatte dort streckenweise chaotische und theorieüberladene Debatten erlebt. Die Gemüter der Jusos besonders erhitzt hatte ein Versuch des SPD-Vorstands, die sozialdemokratischen Arbeitsgemeinschaften – damit auch die Jugendorganisation – wieder enger an die Parteilinie zu binden[363]. Backmann dokumentierte ausführlich die Kongreßdebatte zu diesem Thema; er erläuterte schließlich beinahe akribisch den Streit um den „Stamokap"-Flügel der Jusos und schloß:

> „Ist wirtschaftliche Machtkontrolle nach den Vorstellungen der Jusos, also mit Investitionslenkung und mit Vergesellschaftung der die Struktur bestimmenden Bereiche der Wirtschaft, eine Gefährdung der Freiheit? Stellen sie sich [...] damit außerhalb des Grundgesetzes, [...] und nähern sie sich damit kommunistischen Positionen an? So etwa könnte man eine Reihe von Vorwürfen zusammenfassen, die den Jusos gemacht worden sind."

Eine Antwort auf diese Fragen mußten die Hörer selbst suchen.

γ) Zeitgeschichtliche Themen

Zeitgeschichtliche Sendungen in der Radiothek befaßten sich zum einen mit der Geschichte der Arbeiterbewegung[364]; zum anderen widmeten sie sich der nationalsozialistischen Diktatur.
Die Arbeiterbewegung wurde anläßlich wichtiger Jahrestage zum Thema. So erinnerte Michael Braun im Januar 1978 an die Ermordung Rosa Luxemburgs und Karl Liebknechts 59 Jahre zuvor.[365] Braun hatte mit dem 82jährigen früheren KPD- und späteren SPD-Mitglied

---

[361] *Kongreß der Jungsozialisten in München* (28.1.1974), WDR-Schallarchiv 5090052 (Mitschnitt). – Zu diesem Kongreß auch: Winkler, Weg nach Westen II., S. 321.
[362] *Kongreß der Jungsozialisten in Wiesbaden* (3.3.1975), WDR-Schallarchiv 3008413 (Mitschnitt) und Hist. Arch. 10446 (Transkript).
[363] Mit diesem Streit befaßte sich Backmann noch einmal ausführlich in der Radiothek vom 16.5.1977: *Statements zum Ausschluß des Juso-Vorsitzenden Klaus Uwe Benneter aus der* SPD, WDR-Schallarchiv 1001835 (Mitschnitt). Der Beitrag ähnelte in Inhalt und Machart weniger einer Jugendfunk- als vielmehr einer Zeitfunksendung. – Zu den jusointernen Debatten vgl. Thränhardt a.a.O., S. 231.
[364] Kaum Aussagen treffen lassen sich dabei – aufgrund nur höchst fragmentarisch und ungeordnet erhaltener Sendeunterlagen – über die Sendung vom 1.5.1979, die sich mit einem Schüler-Schreibwettbewerb über den 1. Mai in der Weimarer Republik befaßte, WDR Hist. Arch. 10545 (Moderationsmanuskript und Manuskripte der Einspielbänder). Die erhaltenen Moderationspassagen hinterlassen allerdings mitunter einen populistisch-schlichten Eindruck, wenn etwa die Rede ist von „Geschichte aus Sicht der kleinen Leute, der Betroffenen, die die Entscheidungen der da oben oft genug ausbaden müssen".
[365] *„Den Karl Liebknecht haben wir verloren, die Rosa Luxemburg starb durch Mörderhand." Karl Retzlaw erinnert sich anläßlich des 59. Todestages der beiden Führer der deutschen Arbeiterbewegung*, (15.1.1978 – Redakteur war

Karl Retzlaw gesprochen und ließ neben dessen Erinnerungen im O-Ton auch autobiographische Zitate Retzlaws einfließen.

Die Hauptschwäche lag nicht einmal darin, daß Braun die Perspektive Retzlaws an keiner Stelle kommentierte oder gar relativierte. Das Problem des Beitrags war vielmehr, daß er zum einen die Kluft verschwieg, die zwischen der von Rosa Luxemburg geprägten Programmatik und dem praktischen Verhalten von Spartakusbund- und KPD-Basis im Winter 1918/19 klaffte[366]. Zum anderen wies er nicht auf die entscheidenden Versäumnisse der MSPD-Regierung in den Tagen nach dem 9. November 1918 hin; folglich suchte er auch nicht die Zwänge zu erklären, denen sich die Regierung in den Monaten danach ausgesetzt sah. Die möglichen Folgen einer Entscheidung der SPD gegen den Burgfrieden vom 4. August 1914 ließ Braun ebenso unbeachtet wie spartakistische Anwürfe gegen die Diplomatie des US-Präsidenten Woodrow Wilson von 1917[367].

Gleich zweimal behandelte die Radiothek die Geschichte der Arbeiterbewegung im Laufe einer Woche im Oktober 1978. In der Montagssendung stellte Heinz Deiters August Bebels Schrift *Die Frau und der Sozialismus*[368] vor, am folgenden Freitag erinnerte Nora Schattauer an *100 Jahre Sozialistengesetz*[369]. 1878 wie 1978 suche man die Einschränkung bürgerlicher Freiheiten mit der Reaktion auf Terrorakte zu begründen. Die Moderatorin erläuterte im Brief an eine Hörerin die Absicht der Sendung. Zweck sei gewesen,

> „die Teilhabe von SPD-Regierungen an Gesinnungsverfolgung klarzumachen. [...] Daß SPD-Regierungen am Abbau demokratischer Rechte in der BRD beteiligt sind, ist doch wohl unbestritten. Es geht doch jetzt darum, das rückgängig zu machen bzw. für die Zukunft zu verhindern."[370]

Der Beitrag selbst erläuterte eingehend die Geschichte des Sozialistengesetzes – ähnlich einer Schulfunksendung, allerdings mit spürbaren Sympathien für die Sozialdemokratie. Die sozialdemokratischen Arbeiter seien nach 1878 einer „maßlose[n] Bespitzelung und Schnüffelei" ausgesetzt gewesen; der Einsatz von Militär gegen Streiks habe sie „endgültig darüber auf[geklärt], wer das Geld und die Macht hat in Deutschland: die Fabrikbesitzer und das Kapital".

Wesentlich höhere Qualität als die Radiothek-Beiträge zur Geschichte der Arbeiterbewegung wiesen diejenigen zu Geschichte und Nachwirkungen des Nationalsozialismus auf –

Jürgen Keimer) WDR-Schallarchiv 5073510 und Hist. Arch. 10529 (Manuskript ohne transkribierte O-Töne). – Rosa Luxemburg hatte die Radiothek bereits vier Jahre zuvor kurz portraitiert, und zwar in Udo Bergdolls Beitrag *Streit um eine Rosa-Luxemburg-Briefmarke* (14.1.1974), WDR-Schallarchiv 5090051 (Mitschnitt). Eine der Sichtweise der USPD 1918/19 verwandte Perspektive auf die Arbeiterbewegung in der Weimarer Republik hatten die Autoren Michael Braun und Richard Claus auch am 27.4.1977 eingenommen: *Der 1. Mai: Rückblick als Ausblick*, WDR Hist. Arch. 10520 (Manuskript des Einspielbandes ohne transkribierte O-Töne). – In Kreisen der Studentenbewegung stand Rosa Luxemburg „für einen affektiv unterlegten ‚wissenschaftlichen Sozialismus', der sich gegen den Reformkurs der Sozialdemokratie in seiner historischen wie aktuellen Ausprägung wandte", vgl. Glaser, Kulturgeschichte 3, S. 53 f.; direktes Zitat entnommen.

[366] Vgl. dazu Helga Grebing, Rosa Luxemburg (1871-1919), in: Walter Euchner (Hg.), Klassiker des Sozialismus Bd. II: Von Jaurès bis Herbert Marcuse, München 1991, S. 58-71; hier: S. 61, 67 f.

[367] Diese schildert Wolfgang J. Mommsen, Die europäische Reaktion auf Woodrow Wilsons „New Diplomacy", in: ders., Der Erste Weltkrieg. Anfang vom Ende des bürgerlichen Zeitalters, Bonn 2004 (Schriftenreihe der Bundeszentrale für politische Bildung 439), S. 181-199; hier: S. 192.

[368] *100 Jahre Die Frau und der Sozialismus* (16.10.1978 – Deiters war Redakteur und Wortmoderator), WDR Hist. Arch. 10538 (Moderationsmanuskript). – Da keine O-Töne erhalten sind, lassen sich nur in Grenzen Aussagen treffen.

[369] *100 Jahre Sozialistengesetz* (20.10.1978 – Nora Schattauer war Redakteurin und Wortmoderatorin), WDR Hist. Arch. 10538 (Manuskripte der Moderation und eines Einspielbandes).

[370] Antwortbrief Nora Schattauers an die Hörerin Vera H. aus Düsseldorf vom 7.11.1978, WDR Hist. Arch. 10477.

da sie im Gegensatz zu jenen im allgemeinen differenziert vorgingen und viele Details ausleuchteten.[371] 1979 erinnerte die Radiothek an die Entfesselung des Zweiten Weltkrieges[372]: Der Publizist Marian Podkowinski, der den 1. September 1939 als polnischer Soldat erlebt hatte, schilderte seine Erlebnisse und die Leiden der polnischen Zivilbevölkerung. Beides kam allerdings auffallend kurz und prosaisch zur Sprache; eingehender beschrieb Podkowinski hingegen das Verhalten der polnischen Regierung, der er Realitätsferne und taktische Fehler vorwarf. Interviewer Ludwig Thamm schloß freilich mit Sätzen, die mancher Kritiker kaum in der Radiothek erwartet hätte:

„Damit haben wir aber erst die eine Seite immer erwähnt und besprochen, aber noch nicht die andere Seite, nämlich die Leiden, die auch die Deutschen in diesem Krieg erdulden mußten, ihre Toten, ihre Verluste, die Zerstörung ihrer Städte; und hier wird die Sinnlosigkeit, die Absurdität eines Krieges vollends deutlich [...]."

Andere Sendungen ließen Überlebende der nationalsozialistischen Konzentrationslager zu Wort kommen[373]; bei dieser Gelegenheit beklagte Martin Niemöller, daß Vertreter unbequemer Meinungen in der Bundesrepublik des Jahres 1976 abermals verunglimpft würden:

„Wir [...] sind auf dem besten Wege, einen Zustand zu bekommen, daß die freie Meinung etwas ist, was man ängstlich hinter dem Berge hält, der deutsche Blick von 1933 bis 35, der ist ja heute schon beinahe wieder da, daß man nur keine unvorsichtige Äußerung macht, und wenn ich etwa an den Radikalenerlaß von heute denke – ja, was heißt das denn anders, als daß Gesinnung bestraft wird? Und Gesinnung strafen ist allemal der Anfang vom Ende."[374]

Auch eine Serie über den deutschen Widerstand sparte nicht mit Kritik an gegenwärtigen Verhältnissen: indem sie dem Kölner Regierungspräsidenten Franz Josef Antwerpes vorwarf, einem früheren „Edelweißpiraten" die Anerkennung „als politischer Gegner des NS-Regimes" zu Unrecht zu verweigern. „Bleibt uns nur noch zu fragen", schlossen die Autoren, „wann ist nach Ansicht bundesdeutscher Behörden jemand berechtigt, das ‚Maul aufzumachen', Widerstand zu leisten."[375]

Die Sendungen der Radiothek zur Geschichte des Nationalsozialismus[376] appellierten jedoch nicht in nennenswertem Maße an Gefühle – damit entsprachen sie durchaus den

---

[371] Zu den seltenen Ausnahmen zählte das Portrait des emigrierten Schriftstellers Kurt Merz, dessen rasch hingeworfene historische Urteile nicht befriedigend eingeordnet wurden: *Ein Mensch fällt aus Deutschland – Portrait des Emigrantenschriftstellers Konrad Merz* (30.1.1979 – Autor war Reinhard Kahl), WDR-Schallarchiv 5071399 (Einspielband).

[372] *Aus der Sicht der Opfer – ein Pole erzählt vom deutschen Überfall auf Polen vor 40 Jahren* (31.8.1979, WDR-Schallarchiv 5095842 (Einspielband).

[373] *Für Nr. 20034 ist Auschwitz noch nicht vorbei. Gespräch mit einem ehemaligen KZ-Häftling* (7.11.1979), WDR-Schallarchiv 5075664 (Einspielband): Hier berichtete der als Angehöriger der Pfadfinder verhaftete Pole Thaddäus Szymanski, der darauf hinwies, daß die Wunden auch nach Jahrzehnten noch nicht geheilt seien. – Dieter Bednarz beobachtete in einer Reportage die Reaktionen Jugendlicher auf die Konfrontation mit dem Lagersystem: *Gegenwärtige Vergangenheit – Jugendliche berichten von ihrer Begegnung mit Auschwitz* (31.10.1979), WDR Hist. Arch. 10550 (Manuskripte der Moderationen und Einspielbänder). „Ich habe nach Auschwitz das Gefühl", bekannte ein Interviewpartner, „daß ich zu Ungerechtigkeiten, die auch heute noch bei uns geschehen, nicht mehr schweigen darf, nur weil ich vielleicht dadurch Nachteile in Kauf nehmen muß."

[374] *Ehemalige KZ-Häftlinge berichten über die Rolle der Musik in den Lagern* (12.6.1976 – Autor war Tom Schroeder), WDR-Schallarchiv 5095900 (Mitschnitt).

[375] *Navajos und Edelweißpiraten – über den Jugendwiderstand gegen den Faschismus in Köln*, Sendungen vom 26.11. (WDR Hist. Arch. 10539) und 27.11.1978 (WDR-Schallarchiv 5095771 und Hist. Arch. 10539); direkte Zitate nach letzterer Sendung.

[376] Weitere Beispiele waren zum einen ein Rückblick auf den 9. November 1938: *Judenpogrom in einer Kleinstadt* (9.11.1978), WDR-Schallarchiv 1002808 (Einspielband); zum anderen der Bericht „*Wer uns kennt, soll all unseren Freunden sagen, daß wir hier umgekommen sind." Was wird aus dem ehemaligen Gestapo-Keller in Köln?* (8.5.1979,

Wünschen, die Schüler aus Frankfurt (Main), Stuttgart und München 1975 in einer öffentlichen Diskussion äußerten: nämlich „emotionslos und rational informiert zu werden"[377]. Hinter den Beiträgen stand im ganzen eine Sichtweise, die Redakteur Jürgen Keimer mit Blick auf den Fernsehfilm *Holocaust* umriß:

> „Mir ist beim Ansehen dieses Films klargeworden.....: Die deutsche Vergangenheit ist durch das Dritte Reich für uns nur dann faßbar, wenn wir auch das III. [sic] Reich verstehen. Also: nicht besserwisserisch, mir könnte das nicht passieren; gerade weil es jedem passieren könnte, muß man sich damit auskennen, damit man weiß, wovor man sich zu hüten hat."[378]

Zusammenfassung

Die Sendungen dieses Themenbereichs zielten darauf ab, die Hörer mit den Mechanismen parlamentarischer Demokratie vertraut zu machen, sie über Ziele und Vorgehensweisen der Akteure zu informieren und ihre Partizipationsbereitschaft zu wecken. Ins Auge fällt der Detailreichtum der Darstellungen, deren Autoren und Redakteure offenbar durchaus überzeugt waren, man könne die Hörer geistig fordern.
Sympathien für sozialdemokratische oder linksliberale Anschauungen sind in vielen Fällen spürbar, dazu eine gewisse Aufgeschlossenheit gegenüber den gerade entstehenden Alternativparteien. Vertreter christdemokratischer oder christlich-sozialer Positionen konnten ihre Auffassungen im allgemeinen darlegen; die Wirkung ihrer Aussagen wurde nur in einem Bruchteil der dokumentierten Fälle direkt im Anschluß durch konträre O-Töne oder Moderationen zunichte gemacht. Mit teils wohlwollendem Interesse betrachtete die Radiothek die Arbeit der Bürgerinitiativen; und Redaktionsleiter Teiner begründete dies in der Antwort auf eine kritische Hörerzuschrift damit, es sei „doch unbestritten, daß in einer ganzen Reihe von Fällen Bürgerinitiativen erst dazu geführt haben, daß auf parlamentarischer Ebene Entscheidungen gefällt wurden, die den Interessen der Bürger entsprechen"[379].
Zeitgeschichtliche Sendungen der Radiothek wandten sich vornehmlich der nationalsozialistischen Diktatur sowie der Geschichte der Arbeiterbewegung zu; die Beiträge zu letzterem Thema ließen an vielen Stellen die gebotene Distanz vermissen. Das nationalsozialistische Deutschland hingegen wurde in einer Reihe differenzierter und detaillierter Sendungen betrachtet. Die einschlägigen Beiträge zeigten sich bemüht, die Kenntnis der Hörer von Ereignissen der Jahre 1933 bis 1945 und ihrer Folgen zu vertiefen.

WDR-Schallarchiv 5075745 (Einspielband); letztere Sendung vermittelte eine Atmosphäre der Trauer und des nur leisen Trotzes. – Über die Foltermethoden der NS-Besatzungsbehörden in Frankreich zwischen 1940 und 1944 informierte ein Beitrag am 29.10.1979: *Der Prozeß, der Jahrzehnte zu spät kommt – der Litschka-Prozeß*, (Moderatorin war Nora Schattauer) WDR Hist. Arch. 10550 (Manuskripte der Moderationen und zweier Einspielbänder): in Augenzeugenberichten ist mitunter sadistisches Verhalten der Täter.
[377] Reinhard Ruttmann, Dreißig Jahre nach Auschwitz. Gymnasiasten befragen ehemalige KZ-Häftlinge, in: *Frankfurter Hefte* 4/1975, S. 80-82, hier: S. 80.
[378] *Holocaust – Hinweis auf eine Fernsehreihe* (Radiothek vom 18.1.1979), WDR Hist. Arch. 10541 (Stichpunkte zur Moderation). – Erhalten sind nur Stichpunkte Keimers für die Moderation; Hans Janke und Eugen Kogon äußerten sich im O-Ton über den Film. Offenbar ging es der Sendung um eine differenzierte Sichtweise. – Heiner Lichtenstein knüpfte in einem Beitrag daran an und betonte, daß nur eine demokratische Kontrolle von Staat und Regierung helfen könne, daß sich ein Verbrechen gleich dem nationalsozialistischen Völkermord nicht wiederhole: *Schülerinnen diskutieren über den Majdanek-KZ-Prozeß in Düsseldorf* (26.6.1976 – Moderator war Lothar Fend), WDR-Schallarchiv 1002332 (Mitschnitt).
[379] Ulrich Teiner im Antwortbrief an den Hörer Norbert B. aus Düsseldorf vom 1.3.1977, WDR Hist. Arch. 10474.

b) Sendungen des Themenbereichs Politik (2): Innenpolitik, Kriminalität und Infragestellen der Demokratie

α) Innere Sicherheit und Grundrechte

Die dokumentierten Beiträge dieses Themenbereichs befaßten sich vor allem mit der Debatte darum, ob die bundesdeutsche Polizei sich rechtmäßig verhalte. Sie gingen zumeist differenziert vor. So nahm der Bericht über eine Polizeiaktion im Jugendheim *Kleverhof* in Odenthal bei Köln[380] die Staatsmacht gegen Kritik in Schutz. Auf anonyme Hinweise, das RAF-Mitglied Christian Klar halte sich dort auf, habe ein martialisch auftretender Polizeitrupp das Heim gestürmt, erläuterte Moderator Wolfgang Schmitz. Bewohner und Betreuer des Heimes schilderten ihre Erlebnisse im O-Ton. Dann interviewte Schmitz den Kölner Polizeipräsidenten Jürgen Hosse, der auf die Notwendigkeit hinwies, bei derart konkreten Hinweisen einzugreifen und im übrigen den Überraschungseffekt zu nutzen. Der Moderator schloß, Für und Wider abwägend:

> „Daß die Polizei bei der Fahndung nach Terroristen besondere Methoden anwendet, ist einleuchtend; und daß nach den Vorgängen in Singen – wo Polizisten bei der Überprüfung von Personalien unversehens beschossen wurden – mit vielem gerechnet wird, ist auch zu verstehen. Nur: Anders als die Aktion in Singen vor einigen Wochen – die ja für die Polizei ohne Vorbereitung kam – ist die Untersuchung des Kleverhofs einen Tag vorher geplant und vorbereitet worden. Daß in einer solchen Situation die Taktik eines Polizeimanövers nicht genauer und sinnvoller überlegt wurde, ist ganz sicher zu kritisieren; und noch eins: Das rüde Verhalten der Polizisten und persönliche Beleidigungen von Leuten, die auf dem Kleverhof waren und ja als Unschuldige zu gelten hatten, ist sicher teilweise mit der Angst und dem Druck der Beamten zu erklären, die an einer solchen Aktion teilnehmen mußten. Man fragt sich nur, ob es darüber hinaus nicht wesentliche und schlimme Lücken und auch Fehler in der Ausbildung und auch in der Vorbereitung von Polizisten gibt. Wie sonst ist die Brutalität, die von den Kleverhof-Leuten beschrieben wird, zu erklären? Brutalität übrigens gegen Jugendliche, die im Laufe ihres Lebens und ihrer sozialen Karriere ohnedies schon ein Übermaß an Brutalität, an Unrecht erleiden mußten, für die sich mit Polizei sehr schlechte und sehr bedrückende Erfahrungen verbinden. Deshalb bei allem Respekt vor der komplizierten Aufgabe, Terroristen zu bekämpfen: Dieser Polizeieinsatz im Kleverhof macht in der Tendenz aus jungen Leuten die Terroristen von morgen."

Vorwürfe gegen die Polizei erhoben 1974 die Initiatoren des „Frankfurter Tribunals" – die Schriftsteller Gerhard Zwerenz und Jürgen Roth – , über das die Radiothek berichtete.[381] Moderatorin Doris Götting dokumentierte die Klagen von Besetzern eines polizeilich geräumten Hauses über Gewaltanwendung durch die Polizisten; gegenüber dem Tribunal

---

[380] *Polizei im Kleverhof* (24.5.1977 – Autor und Moderator war Wolfgang Schmitz), WDR-Schallarchiv 5095834 (Mitschnitt). – Mit einem verwandten Thema befaßte sich 1980 der Bericht über eine West-Berliner Bürgerinitiative, die sich um die Dokumentation polizeilicher Übergriffe bemühte: *Bürger beobachten die Polizei. Aus der Arbeit einer Berliner Bürgerinitiative* (25.8.1980 – Autor war Günter Hellmich), WDR-Schallarchiv 1002544 (Einspielband); auch dieser Beitrag ging differenziert vor. – Deutliche Kritik an Überwachungsmaßnahmen der Sicherheitskräfte übte Nora Schattauer 1978: *Wird die Polizei in Jugendzentren und Diskotheken schnüffeln? Zum Problem der Jugendpolizei in Köln* (21.11.1978), WDR Hist. Arch. 10539 (Manuskript ohne transkribierte O-Töne): Jugendkriminalität sei eher mit gezielter Sozialarbeit zu begegnen. – Vor Verstößen gegen den Datenschutz warnte auch ein Bericht über die neuartige EDV-Datenbanktechnologie: *Datenschutzgesetz – Bundesmeldegesetz* (13.3.1978 – Autor und Moderator war Jürgen Krönig), WDR-Schallarchiv 10531 (Manuskript der Moderationen ohne transkribierte O-Töne) – der das Thema aber im ganzen differenziert anging.
[381] *Foltert die Polizei? Bericht über ein Frankfurter Tribunal* (18.3.1974 – Autor war Wolfgang Klein, Moderatorin Doris Götting), WDR-Schallarchiv 5090056 (Mitschnitt).

selbst – das insofern Parallelen zum Verhalten der Sicherheitskräfte einer Militärdiktatur gezogen hatte – ging sie jedoch auf Distanz. Es bleibe

> „das unbehagliche Gefühl, daß auf diesem Tribunal Aussagen als wahr hingestellt worden sind, die nicht näher untersucht wurden, und daß aus diesen Aussagen voreilige Schlußfolgerungen gezogen worden sind. Man sollte doch noch einmal festhalten, daß zur Zeit immer noch Aussage gegen Aussage steht."

Berichterstatter Wolfgang Klein kritisierte das Tribunal noch schärfer:

> „Nichts charakterisiert die Stimmung im Saale besser als der Zwischenruf gegen einen der auftretenden Zeugen: ‚Mensch, sag doch nicht immer: Polizeibeamte! Das heißt: Bullenschweine!' Frenetischer Jubel im Saal [...]. Die Veranstalter [...] sind selbst an der aufkommenden Aggressivität auch nicht unbeteiligt."

Dieser Wortbeitrag bot nicht nur den Kritikern, sondern auch den Verteidigern polizeilichen Handelns Raum, ihre Ansichten darzustellen.
Ungleich wohlwollender berichtete die Radiothek über das „Russell-Tribunal" im Winter 1978/79.[382] Diese Veranstaltung habe sich, so Moderatorin Nora Schattauer, gegen „Einschüchterung und Selbstzensur" gewandt. Das „Tribunal" hatte sich starkgemacht für aufmüpfige Schülerzeitungen, die mit Verboten belegt worden waren; es hatte eine Aktion der Jungen Union gegen einen Stadtbibliothekar aufgrund linkslastiger Literaturbestände ebenso beklagt wie die polizeiliche Beschlagnahme von Büchern eines linken Verlages und von Plakaten kritischer Künstler. „Mit dem gerade geschilderten Vorgehen hat sich die Polizei wirklich ein Armutszeugnis ausgestellt, finde ich", kommentierte die Moderatorin. Der Beitrag vermied freilich jede Aussage zu der Frage, inwieweit die genannten Vorkommnisse repräsentativ für das Verhalten der Behörden seien; und auch die Gegenseite ließ er nicht zu Wort kommen. Mancher Kritiker mochte bemängeln, daß sich die Redaktion hier als Sprachrohr einer ihrerseits durchaus angreifbaren Initiative gerierte.[383]

β) Kriminalität

Es lag nahe, daß sich die Zielgruppensendung Radiothek, sobald es um Probleme der Kriminalitätsbekämpfung ging, zunächst der Jugendkriminalität zuwandte. Die Statistiken gaben zur Sorge Anlaß: Zwischen 1975 und 1980 stieg die Zahl der nach allgemeinem Strafrecht Abgeurteilten in Nordrhein-Westfalen von knapp 180.000 auf fast 220.000; diejenige der nach Jugendstrafrecht Abgeurteilten aber von etwa 38.600 auf fast 65.000.[384]
Die Serie *Einmal geklaut – immer kriminell?* suchte nach „Motiven und Ursachen"[385] jugendlicher Kriminalität sowie Möglichkeiten der „Vorbeugung". Die Autorin nahm die Jugendlichen in Schutz:

---

[382] *Findet doch eine Zensur statt? Bericht vom Russell-Tribunal* (8.1.1979 – Redakteur war Ulrich Teiner, Moderatorin Nora Schattauer), WDR Hist. Arch. 10541 (Transkript). – Namensgeber des „Tribunals" war der britische Philosoph Bertrand Russell, vgl. dazu Glaser, Kulturgeschichte 3, S. 51.
[383] Reaktionen auf die Sendung sind nicht dokumentiert; das Transkribieren des Inhalts deutet allerdings auf Streitigkeiten hin.
[384] Vgl. zu den Daten: Landesamt für Datenverarbeitung und Statistik Nordrhein-Westfalen (Hg.), Statistisches Jahrbuch Nordrhein-Westfalen 21 (1979), S. 179, sowie 23 (1981), S. 185, 187-189.
[385] *Einmal geklaut – immer kriminell? Über Jugendkriminalität – Motive, Ursachen, Vorbeugung – Teil 1* (21.3.1979 – Autorin war Christine Schäfers, Redakteurin der Reihe Helga Kirchner), WDR-Schallarchiv 5090163 (Einspielband) und Hist. Arch. 10543 (Manuskript mit teilweise transkribierten O-Tönen).

"Kinder und Jugendliche begehen Straftaten, die eigentlichen Täter aber sind die Eltern, die es versäumten oder nicht vermocht haben, ihren Kindern mit Liebe und Ausdauer Werte zu vermitteln. [...] Ein Diebstahl, ein Einbruch; das sind [...] Signale, mit denen Kinder auf ihre Probleme aufmerksam machen."[386]

Die Reihe betonte die Chancen gezielter Sozialarbeit am Beispiel eines neuen Jugendclubs in einer Kölner Obdachlosensiedlung.[387] Die Serie umriß viele drückende Probleme der Kriminalitätsbekämpfung: mangelhafte Erziehungsarbeit in einem belasteten Umfeld, Gruppenzwänge, schließlich das destruktive „Wegsperren" straffällig Gewordener, das die Rückfallquoten in die Höhe trieb. Problematisch war, daß die Autorin zum Lebensweg jugendlicher Krimineller ausschließlich diese selbst und nicht etwa einen Sozialarbeiter oder Kriminologen zu Wort kommen ließ.

Einer besonderen Form der Kriminalität wandte sich die Radiothek in einer kurzen Serie im Juli 1976 zu: der Vergewaltigung von Frauen und Mädchen. Die drei Sendungen suchten Klischees zu entkräften, indem sie die Sicht individueller Opfer und Täter auf die Delikte darstellten. Betroffene Frauen berichteten über ihre bedrückenden Erfahrungen, die sie gesammelt hatten, als die das Erlittene der Polizei und auch Freunden oder Bekannten geschildert hätten: Sie seien unausgesprochen mitverantwortlich gemacht worden.[388] Moderatorin Helga Kirchner wies auf Abhilfemöglichkeiten hin:

„In diesen Fragen drückt sich oft die Unfähigkeit der Männer aus, sich vorzustellen, daß Frauen bei erzwungenem Verkehr wirklich nur Angst und sonst nichts haben. [...] Die Befragungsprozedur bei der Polizei brauchte nicht zur seelischen Tortur zu werden, wenn z. B. Tonbandprotokolle von den Aussagen angefertigt würden. Und wenn ausschließlich weibliche Beamte die Vernehmung leiten."

Die Serie suchte ferner nach gesellschaftlichen Ursachen von Vergewaltigungen.[389] Schließlich sei das Problem in vielen archaischen Gesellschaften „unbekannt". Eine wesentlicher Gefahrenfaktor sei das Klischee des potenten Mannes, vor dem viele Täter versagten.[390] Autorin Gabriele Sonnenberg plädierte für eine „aufklärende Sexualerziehung" und begründete:

---

[386] Dieses Abheben auf Werte und Regeln lief in auffallender Weise in Stück weit konträr zu der von den Autoren Ulrich Wollenweber und Bernd Huppertz in der Radiothek vom 24.3.1978 (*Das war die Blüte meines Lebens – Kinderladenarbeit aus der Sicht von Kindern, Eltern und Erziehern* [Redakteurin war gleichfalls Helga Kirchner], WDR-Schallarchiv 5090161 [Mitschnitt], vgl. unten Abschnitt III. 3. g) α)) bekundeten Sympathie für die „Kinderladenarbeit".
[387] *Einmal geklaut – immer kriminell? Über Jugendkriminalität – Motive, Ursachen, Vorbeugung – Teil 2* (28.3.1979), WDR-Schallarchiv 5090163 (Einspielband) und Hist. Arch. 10543 (Manuskript mit nur fragmentarisch transkribierten O-Tönen).
[388] *Vergewaltigung – die Sicht der Opfer* (20.7.1976 – Redakteurin und Moderatorin war Helga Kirchner), WDR-Schallarchiv 5075663. – Die in dieser Sendung angesprochenen Aspekte thematisierte die Radiothek ein weiteres Mal am 26.9.1979 in dem Wortbeitrag *Vergewaltigung*, WDR-Schallarchiv 5124920. – Auf einen heiklen Einzelpunkt, die Vergewaltigung Minderjähriger durch Täter aus der eigenen Familie, ging die Radiothek kurz darauf ein: *Gewalt gegen Frauen und Mädchen – über Vergewaltigung und wie Frau damit fertig wird* (3.10.1979 – Moderator war Helga Kirchner), WDR-Schallarchiv 5095849 (Mitschnitt); eine Betroffene, die 17jährige Angelika, riet anderen Opfern, auf keinen Fall von einer Anzeige abzusehen: „Denn Ihr müßt nachher Euer Päckchen alleine tragen, und da wird keiner sagen: Ach, ist ja nicht so schlimm, oder so." – Der Versuchung, das Verhalten von Tätern allzu einfach zu erklären, widerstand auch die sehr nachdenkliche Sendung *Ein ganz klein wenig weiß ich mehr heute – Gespräch mit dem vor 15 Jahren wegen Mordes zu lebenslänglicher Gefängnisstrafe verurteilten Michael* (17.5.1978), WDR-Schallarchiv 5090162 (Einspielband); der Betroffene beschrieb seine Tatmotive, zugleich kamen deutliche Mängel in der Aufarbeitung der Tat während der Haft zum Ausdruck.
[389] *Vergewaltigung – Gewalt gegen Frauen* (21.7.1976 – Moderator war Lothar Fend), WDR-Schallarchiv 5075409.
[390] *Vergewaltigung – die Täter* (22.7.1976 – Moderator war Lothar Fend), WDR-Schallarchiv 5075409.

"Sie sollte es ermöglichen, daß Jungen und Mädchen es von Kindheit an lernen, sich entsprechend ihren eigenen Bedürfnissen zu verhalten. Das bedeutet vor allem, daß sie lernen, gesellschaftliche Normen nicht als natürlich und damit unveränderlich, sondern als gesellschaftlich bedingt und damit veränderbar zu begreifen."

Abschließend übte die Reihe an der Straffreiheit der Vergewaltigung in der Ehe herbe Kritik.

γ) Der reformbedürftige Strafvollzug

Die Sendungen der Radiothek zur Kriminalität gingen einher mit weiteren Beiträgen, die sich mit den Problemen des Jugend- und auch des Erwachsenenstrafvollzuges befaßten. Der Reformbedarf war nicht mehr zu übersehen. So betrieb die Redaktion in zwei Sendungen des September 1976 zunächst eine Bestandsaufnahme. Der erste Teil der Reihe berichtete über die Hafterfahrungen des langjährig einsitzenden Bankräubers Michael J.[391] Dessen Resozialisierung sei eher behindert als erleichtert worden, indem man ihm nämlich lange Zeit verwehrt habe, die Abiturprüfung nachzuholen und ihn darüber hinaus schikaniert habe. „Wenn Michael nach seiner Entlassung nicht wieder rückfällig wird wie 80 Prozent der Straftäter in der Bundesrepublik heute, [...] so wird das gewiß nicht eines sein: das Verdienst des Strafvollzugs." Der zweite Teil der Reihe nahm eine neutralere Perspektive ein und appellierte in geringerem Maße an die Emotionen der Hörer[392]: eine Gesprächsrunde mit Insassen und Leiterin einer neuen Jugendhaftanstalt untersuchte die Schwächen des Strafvollzuges näher.

Im Januar 1977 griff die Redaktion das Thema wieder auf; diesmal lenkte sie den Blick auf die Probleme der Untersuchungshaft.[393] Autor Jörg Armbruster erläuterte zum einen die rechtlichen Bedingungen der Haft – Schutzbedürfnis des Häftlings versus Interesse des Staates an der Sachaufklärung – und zum anderen die vielfältigen Belastungen, denen sich die Häftlinge ausgesetzt sahen: die Isolation, die Monotonie des Gefängnisalltags, die Drangsalierung durch andere Insassen. Armbruster beklagte die geringen Chancen eines Untersuchungshäftlings, sich juristisch zur Wehr zu setzen; er wies auf die häufigen Vorverurteilungen in der öffentlichen Meinung hin, auf infolge der Isolation zerbrechende Ehen – selbst bei einem Freispruch müsse der Häftling die schweren Folgen der U-Haft tragen.[394] Problematisch war freilich, daß die staatliche Seite in keinem O-Ton zu Wort kam.

---

[391] Radiothek vom 8.9.1976, WDR Hist. Arch. 10513 (Manuskript des Einspielbandes, Moderationstexte fehlen, nur die Positionen der Moderationen sind im Manuskript vermerkt).

[392] *Über die Praxis der Strafvollzugs in der Hamburger Jugendstrafanstalt Vierlande. Ein Gespräch mit der Anstaltsleiterin Eva Maria Rühmkorf und vier jugendlichen Häftlingen* (22.9.1976 – Redakteurin und Moderatorin war Helga Kirchner), WDR-Schallarchiv 5073508 (Einspielband). – Probleme des Erwachsenenstrafvollzuges hatte die Radiothek bereits am 18.12.1974 in den Blick genommen: *Lebenslänglich*, WDR-Schallarchiv 5067731 (Mitschnitt). Diese Sendung in Form einer Gesprächsrunde Inhaftierter und eines Psychologen krankte allerdings zum einen an der mangelnden Bearbeitung der O-Töne, die vor Abschweifungen nur so strotzten. Zum anderen stellte der Autor hier Fragen an Betroffene, die er zweckmäßigerweise an den Psychologen oder andere Fachleute gerichtet hätte. Eine Relativierung zwangsläufig stark subjektiv gefärbter Aussagen unterblieb. – Auf Diskrepanzen zwischen Anspruch und Wirklichkeit des novellierten Strafvollzugsgesetzes ging Heiner Lichtenstein 1977 detailliert ein: *Das neue Strafvollzugsgesetz am Beispiel der JVA Villich* (23.5.1977), WDR-Schallarchiv 1001835 (Einspielband); er verband Kritik mit Anregungen zur Verbesserung.

[393] *Untersuchungshaft und ihre Folgen* (26.1.1977 – Autor war Jörg Armbruster, Moderator Lothar Fend), WDR-Schallarchiv 5071621 (Einspielband) und Hist. Arch. 10517 (Manuskript mit transkribierten O-Tönen).

[394] Mit dem Problem der Isolation befaßte sich Günter W. Kober in einem Radiothek-Hörspiel, das mit jungen Häftlingen produziert worden war: *GITTER – Junge Strafgefangene spielen ein Hörstück* (3.7.1980), WDR-Schallarchiv 5095831 (Einspielband). – Um den Drogenmißbrauch ging es in Andrea Reischies' Sendung *Drogenabhängige im*

Im ganzen fragt sich, ob Armbruster jene Hörer, die mit dem Status quo einverstanden waren, nicht mit einer weniger suggestiven Vorgehensweise eher hätte nachdenklich stimmen können.[395]

Einen Reformansatz hatte Peter Meyerhof 1974 in seinem Bericht aus der Anstalt Berlin-Tegel geschildert[396]: „Der straffällig Gewordene wird nicht einfach nur eingesperrt, gefangengehalten, sondern man arbeitet mit ihm, und er arbeitet zusammen mit anderen an sich selbst." Unter Einbeziehung von Angehörigen, Arbeitgebern und Vorgesetzten werde ein schrittweiser Übergang in die Freiheit vollzogen. Allerdings nütze eine Förderung wenig, „wenn wir *alle* nicht bereit sind, den entlassenen Strafgefangenen eine echte Eingliederung zu ermöglichen."[397] Wolf Renschke schließlich wies anhand praktischer Beispiele auf die Chancen hin, die eine sorgfältige Aufarbeitung der Straftat und eine Betonung erzieherischer gegenüber den strafenden Sanktionen boten.[398]

δ) Der Radikalenerlaß

Zu den meistdiskutierten Themen der innenpolitischen Debatte in den siebziger Jahren zählte ein Beschluß der Regierungschefs des Bundes und der Länder vom 28. Januar 1972, der eine individuelle Überprüfung von Bewerbern für Tätigkeiten im öffentlichen Dienst auf „verfassungsfeindliche Aktivitäten", auf die Mitgliedschaft in Organisationen mit „verfassungsfeindliche[n] Ziele[n]" vorsah und auch die bereits Beschäftigten auf ein Bekenntnis „zu der freiheitlichen demokratischen Grundordnung im Sinne des GG" verpflichte-

---

Strafvollzug (20.8.1975), WDR-Schallarchiv 5090091 (Einspielband) und Hist. Arch. 10500 (Manuskript mit transkribierten O-Tönen).

[395] In gelungener, differenzierter Form berichtete die Radiothek hingegen in einer dreiteiligen Serie über die Aufgaben und Möglichkeiten der Jugendgerichtshilfe: *Diebstahl und das ganze Theater, was danach kommt. Jugendgerichtshilfe Teil 2* (6.9.1978), WDR Hist. Arch. 10537 (Manuskripte von Moderation und Einspielbändern mit ausgeschriebenen O-Tönen). Sowie *„Hoffentlich komm' ich hier gut wieder raus". Das Gerichtsverfahren und die Zeit danach. Jugendgerichtshilfe Teil 3* (20.9.1978), WDR Hist. Arch. 10537 (Manuskript mit transkribierten O-Tönen). Redakteurin der Reihe war Helga Kirchner. Autor Ottmar W. Weber faßte Detailkritik zusammen in seiner Anregung, an die Stelle des Jugendstrafverfahrens ein „Erziehungs- und Hilfsverfahren" zu setzen und im übrigen auf die pädagogische Eignung der Jugendrichter zu achten. – Die Radiothek vom 10.8.1976 hatte sich bereits mit dem Thema *Bewährungshelfer* befaßt und den Status quo einer differenzierten Kritik unterzogen, WDR Hist. Arch. 10512 (Manuskript mit transkribierten O-Tönen).

[396] *Experiment Soziales Training in der Strafvollzugsanstalt Berlin-Tegel* (11.9.1974), WDR-Schallarchiv 5090076 (Einspielband). – Ein verwandtes Projekt in Siegburg in Gestalt sog. Gefangenen-Kontaktgruppen hatte die Radiothek bereits vorgestellt: *Jugendliche Strafgefangene in NRW* (24.2.1974 – Autor war Dietrich Backmann, die Interviews hatte Christine Lemmen geführt), WDR-Schallarchiv 5067728. In einer Serie 1978 kamen die Gruppen abermals zur Sprache: *Gefangenen-Kontaktgruppen* (17. und 19.1.1978 – Autor war Axel Engstfeld, Redakteur Jürgen Keimer, der auch am 17.1. moderierte, am 19.1. saß Tom Schroeder am Mikrofon), WDR Hist. Arch. 10529 (Manuskripte mit transkribierten O-Tönen, die Sendungen lassen sich anhand der Laufpläne rekonstruieren). Auch diese Sendungen wiesen auf die Mängel des Jugendstrafvollzuges hin: „Hilfe statt Strafe" sei unter diesen Umständen undenkbar, die Vorbereitung auf die Entlassung mangelhaft. „Sie haben entsetzliche Angst vor dieser Freiheit", erläuterte der evangelische Siegburger Anstaltspfarrer Eberhard Bornemann im O-Ton, „es ist ihnen völlig unklar, was jetzt passiert, es ist meist kein Angelpunkt, kein Mensch, der auf sie wartet."

[397] Diesen Aspekt vertiefte die Redaktion in einem Bericht über „Freigänger": Radiothek vom 25.9.1974, WDR Hist. Arch. 10489 (Manuskript mit transkribierten O-Tönen, Moderationen fehlen). – Vorurteile abzubauen suchte auch die Radiothek vom 3.1.1979, WDR Hist. Arch. 10541 (Manuskript mit transkribierten O-Tönen), indem sie einen 15jährigen Jugendlichen seine Geschichte erzählen ließ, der „über vier Jahre seines Lebens [...]" in Erziehungsheimen und Gefängnissen" verbracht hatte und nun zu einer Bewährungsstrafe verurteilt worden war. Die Sendung wandte sich dagegen, daß Straffällige an seinem Schicksal in erster Linie selbst schuld sei – ohne allerdings die Taten des Protagonisten zu bagatellisieren.

[398] *Strafe muß nicht sein. Arbeitsauflagen nach dem Jugendgerichtsgesetz meist ohne erzieherischen Wert. Gruppenarbeit als sinnvolle Alternative* (4.10.1978), WDR Hist. Arch. 10538 (Manuskript mit transkribierten O-Tönen, Moderation fehlt).

te.³⁹⁹ Bereits der Verfassungstag 1975 bot der Redaktion Anlaß, zu untersuchen, wie der Erlaß in die nordrhein-westfälische Praxis umgesetzt werde „und worin seine verfassungsrechtliche Problematik" liege. Kritisch kam zur Sprache, daß Bewerber bereits aufgrund bloßer Mitgliedschaft z. B. in der DKP abgewiesen worden seien – was jedoch der Rechtsprechung des BVerfG zuwiderlaufe.⁴⁰⁰

Im Jahr darauf war der Radikalenerlaß Thema einer Sendewoche; und auch hier herrschte ein kritischer Grundton.⁴⁰¹ „Ob die Freiheit gefährdet ist, ob sie noch zu retten ist, das fragt Radiothek in dieser Sendewoche", erläuterte Helga Kirchner. Gegenüber Hörfunkdirektor Jenke betonte Ulrich Teiner allerdings, daß es in dieser Woche „nicht um die Grundsatzauseinandersetzung" mit dem Radikalenerlaß gegangen sei, „sondern um seine Auswirkungen".⁴⁰² Und weiter:

> „Die Redaktion möchte die Hörer der Zielgruppe (im Alter von 14 bis 25 Jahren) veranlassen, ihre Haltung zum Beschluß der Ministerpräsidenten zu überdenken. Dabei sollen vor allem solche Hörer angesprochen werden, die noch 1972 den Ministerpräsidentenbeschluß begrüßt oder zumindest hingenommen haben, weil sie die Wirkungen damals nicht übersehen konnten."⁴⁰³

Bereits die Auftaktsendung lag auf dieser Linie. Sie führte am Beispiel der *Gesinnungsprüfung des Helmut Leonhardt* ins Thema ein.⁴⁰⁴ Leonhardt war aufgrund früheren Engagements für den SHB der Eintritt in den bayerischen Staatsdienst verwehrt worden. „Gesinnungsprüfungen dieser Art finden überall in der Bundesrepublik statt", gab Autor Axel Weiss zu bedenken. Weiss ließ ausdrücklich die Frage offen, ob die Freiheit nun tatsächlich gefährdet sei; er befand aber:

> „Dieser Ministerpräsidenten-Beschluß [...] beeinflußt das politische Klima in der Bundesrepublik stärker, als vor vier Jahren befürchtet wurde. Mehr Demokratie wagen, dieser Satz Willy Brandts aus der Regierungserklärung des Jahres 1969, scheint zum Berufsrisiko zu werden."

Weiss zog ein kritisches Fazit – sein Beitrag sollte im Jahr darauf den nordrheinwestfälischen Landtag beschäftigen⁴⁰⁵:

---

³⁹⁹ Vgl. die Wiedergabe des Beschlusses bei Erhard Denninger, Freiheitliche demokratische Grundordnung. Materialien zum Selbstverständnis und zur Verfassungswirklichkeit in der Bundesrepublik, Band 2, Frankfurt (M.) 1977, S. 518 f.; alle Zitate hiernach. Umgangssprachlich wurde der Beschluß als „Radikalenerlaß" bezeichnet – dies geschieht aus Gründen der Kürze und Eindeutigkeit auch hier; die zahlreichen Kritiker, denen auch die Radiothek-Redaktion nicht fernstand, nannten seine Auswirkungen häufig „Berufsverbote". Der in der Radiothek häufig benutzte Terminus „Ministerpräsidentenbeschluß" ist nicht ganz korrekt, denn auch der Regierungschef des Bundes war beteiligt. Vgl. zur damaligen Debatte Thränhardt a.a.O., S. 203, 206, sowie Rainald Maria Goetz, Der macht seinen Weg. Privilegien, Anpassung, Widerstand, in: *Kursbuch* 54 (1978), S. 31-43, hier: S. 34. – Zum Umgang im WDR mit den unterschiedlichen Termini vgl. unten Abschnitt V. 8. a).
⁴⁰⁰ *Ministerpräsidentenbeschluß – Praxis in NRW* (23.5.1975 – Autor war Jörg Armbruster, Redakteurin am Mikrofon war Helga Kirchner), WDR-Schallarchiv 5090120.
⁴⁰¹ WDR Hist. Arch. 10509.
⁴⁰² Schreiben Ulrich Teiners an Manfred Jenke vom 13.7.1976, WDR Hist. Arch., unverz. Best. des Intendanten von Sell, *WDR Allgemeine Programmangelegenheiten – RADIOTHEK – UNTER-Allgemeinakte der Allgemeinakte 1 a – 24.602 – 261*.
⁴⁰³ Informationsschreiben Helga Kirchners und Lothar Fends an die an der Woche beteiligten Autoren vom 5.3.1976, WDR Hist. Arch. 10467. – Zusätzlich plante die Redaktion, in einem weiteren Beitrag die „Wandlungen in den rechtsstaatlichen Verhaltensweisen" unter dem Eindruck von Terrorismus und Radikalenerlaß zu betrachten; sie wandte sich mit dieser Idee am 1.4.1976 an den Mitarbeiter der Wochenzeitung *Die Zeit*, Hans Schueler (WDR Hist. Arch. 10467).
⁴⁰⁴ *Ist die Freiheit in Gefahr? Die Gesinnungsprüfung des Helmut Leonhardt* (9.5.1976 – Autor war Axel Weiss, Moderator Lothar Fend), WDR-Schallarchiv 5075653 und Hist. Arch. 10509 (Transkript). – Zur Kritik, die Walter Bajohr in der Radiothek vom 12.7.1976 an Weiss' Beitrag übte, vgl. unten Abschnitt III. 3. k) α).
⁴⁰⁵ Zu dieser Debatte vgl. unten Abschnitt V. 8. b).

> „Es gibt sie wieder, die amtlichen Gesinnungsprüfer, diese allseits verwendbaren Beamten, denen es nichts ausmacht, einen unbescholtenen Bürger über seine politische Einstellung zu verhören, die heute mit der gleichen Selbstverständlichkeit danach fragen, ob man Kommunist ist, mit der ihre Vorgänger vor 35 Jahren danach fragten, ob man Sozialdemokrat oder Jude war. [...] Es gibt sie wieder, die Spitzel, Denunzianten und Schnüffler, die ihre Kollegen und Kommilitonen radikaler Umtriebe verdächtigen, die Flugblätter sammeln, Privatgespräche weitermelden und dafür den Dank des Vaterlandes erwarten. [...] Es gibt sie wieder, die Angst, den Mund aufzumachen, aufzumucken und zu kritisieren. 30 Jahre nach dem Ende der Schreckensherrschaft politischer Gleichschaltung produziert die Angst vor der Gesinnungsbürokratie wieder Tausende von Duckmäusern und Mitläufern. Diesmal kann niemand sagen, er hätte nichts davon gewußt. Seit Jahren warnen kritische Stimmen aus dem In- und Ausland vor den Gefahren, die der Demokratie in der Bundesrepublik von den Radikalen-Erlassen drohen, Regelungen, die es in keiner anderen westlichen Demokratie gibt und die an die Gesetze aus dem faschistischen Dritten Reich erinnern."

Gemeint war das „Gesetz zur Wiederherstellung des Berufsbeamtentums" von Frühjahr 1933.

Der Beitrag wies darauf hin, daß das Bundesverfassungsgericht „im Mai 1975 systematische Ermittlungen des Verfassungsschutzes gegen Bewerber für den öffentlichen Dienst mißbilligt" habe[406]; die Einstellungsbehörden nutzten dennoch weiterhin Erkenntnisse der Ermittler. Abschließend kam Weiss sehr kritisch auf den Beschluß des Verfassungsgerichts vom 22. Mai 1975 zurück – der eine besondere politische Treuepflicht der Beamten festgestellt hatte.

> „Der Beamte wird zu einer Art Superbürger hochstilisiert, der, und das ist das Erschreckende, der den bestehenden staatlichen Verhältnissen unterworfen wird, nicht etwa der demokratischen Willensbildung. Staat und Verfassung sind nämlich nicht identisch. Der Staat, also die Verfassungswirklichkeit in der Bundesrepublik, kann durchaus von der Verfassung abweichen. Deshalb hätte das Bundesverfassungsgericht die Pflichten des Beamten allein auf die Verfassung und die Volkssouveränität beziehen dürfen, nicht jedoch auf die jetzt bestehenden staatlichen und gesellschaftlichen Verhältnisse, zumal das Grundgesetz die Möglichkeit für gesellschaftliche Veränderungen offenhält, weil es nicht auf eine bestimmte Wirtschaftsordnung festgelegt ist [...]."

Hier wies Weiss' Argumentation Lücken auf. Das Gericht hatte nämlich die Beamten in seinem Beschluß lediglich verpflichtet, sich mit der

> „Idee des Staates, [...] mit der freiheitlichen demokratischen, rechts- und sozialstaatlichen Ordnung dieses Staates zu identifizieren. Dies schließt nicht aus, an Erscheinungen dieses Staates Kritik üben zu dürfen, für Änderungen der bestehenden Verhältnisse – innerhalb des Rahmens der Verfassung und mit den verfassungsrechtlich vorgesehenen Mitteln – eintreten zu können, solange in diesem Gewand nicht eben dieser Staat und seine verfassungsmäßige Grundlage in Frage gestellt werden. An einer ‚unkritischen' Beamtenschaft können Staat und Gesellschaft kein Interesse haben. Unverzichtbar ist aber, daß der Beamte den Staat – ungeachtet seiner Mängel – und die geltende verfassungsrechtliche Ordnung, so wie sie in Kraft steht, bejaht, sie als schützenswert anerkennt, in diesem Sinne sich zu ihnen bekennt und aktiv für sie eintritt."[407]

Zwar bewegte sich das Gericht in einer Grauzone, denn die Begriffe der Identifikation und des Bekenntnisses waren schwer zu definieren; und die Formulierung im letzten zitierten

---

[406] Gemeint war der Beschluß des BVerfG vom 22.5.1975: „Radikale" als Beamte und als Angestellte im öffentlichen Dienst; Übernahme eines Rechtskandidaten in den Referendarvorbereitungsdienst, in: BVerfGE 39, S. 334-375.
[407] Zit. nach dem genannten Beschluß vom 22.5.1975, in: BVerfGE 39 a.a.O., hier: S. 347 f.

Halbsatz war schwammig geraten. Doch in dieser Passage ihres Beschlusses gestanden die Richter den Beamten das Recht zu, für Änderungen des Status quo einzutreten – und das entsprach *gerade* grundgesetzlichen Bestimmungen. Über diesen Punkt ging Weiss großzügig hinweg.

Der Autor fuhr fort – darin traf er sich im übrigen mit Zweifeln eines Verfassungsrichters am Beschluß[408] –, das Gericht habe jedoch seinerseits eine Regelung des Grundgesetzes mißachtet, nach der nur ihm selbst die Entscheidungskompetenz über die Verfassungswidrigkeit einer Organisation zustehe:

> „Es hat erklärt, jede Einstellungsbehörde könne die Ansicht vertreten, daß eine bestimmte politische Partei verfassungsfeindliche Ziele verfolge. [...] Das Bundesverfassungsgericht wußte natürlich auch, daß seine Entscheidung mit Artikel 21 kollidieren muß. Deshalb bediente es sich eines Tricks, um die Kollision wegzuleugnen. Es behauptete einfach, der Artikel 21 verbiete nur, daß die Verfassungswidrigkeit einer Partei vor dem Verbot rechtlich als Nachteil geltend gemacht werde. Die Nichteinstellung eines Parteimitglieds in den Öffentlichen Dienst sei aber kein rechtlicher, sondern nur ein tatsächlicher Nachteil. [...] Der Beschluß des Bundesverfassungsgerichts ist eine politische Entscheidung. Wenn Richter Politik machen, bleibt freilich immer ein Stück Recht auf der Strecke. [...] Der Beschluß führt die Bundesrepublik wieder ein Stück zurück vom demokratischen zum autoritären Staat."

Ohne triftigen Grund, so die Moderation weiter, habe das Gericht bürgerliche Freiheiten beschnitten und für einen Machtzuwachs der „Bürokratie" gesorgt. Aber:

> „Ein Blick in die Geschichte hätte die Verfassungsrichter gelehrt, daß in Deutschland radikale Beamte noch nie den Staat in Gefahr gebracht haben. Die Gefahr für die demokratischen Freiheiten ging vielmehr von den Mitläufern in den Behörden aus, die sich jedem Machthaber unterwarfen [...]. Ein Blick in die Gegenwart hätte den Richtern gezeigt, daß die Radikalenerlasse wieder Mitläufer zu Tausenden produzieren."

Der zweite Teil der Sendewoche[409] setzte den kritischen Kurs fort, indem er fragte, wie man im Ausland die bundesdeutsche Praxis beurteile. Der Pariser ARD-Korrespondent Bodo Morawe referierte französische Stimmen, die einen „Verfallsprozeß der westdeutschen Demokratie" und ein „absurdes politisches Theater" beobachteten. Aus österreichischer Sicht sprach der Wiener Publizist Günter Nenning offen von „Berufsverbote[n]" und bezeichnete sie als „Stalinismus mit umgekehrten Vorzeichen". Jan van Minnen, Korrespondent niederländischer Zeitungen in der Bundesrepublik, appellierte in seinem Beitrag an die Toleranz: „Kommunisten zu ertragen, prägt die Demokratie." Schließlich kommentierte Hansjakob Stehle, ARD-Korrespondent in Rom, in Italien unterliege nicht einmal die offen verfassungsfeindliche neofaschistische Partei vergleichbaren Sanktionen. Die KPI wiederum sei durch Toleranz demokratisiert und liberalisiert worden. Abschließend zitierte Stehle einen, wie er betonte, „ganz polemischen Kommentar" der italienischen Tageszeitung *L'avenire*:

> „Da heißt es, der deutsche Radikalenerlaß erinnere an die Zeiten des McCarthyismus in Amerika, an Hexenjagden, an die Verweigerung eines Düsseldorfer Lehrstuhls für Heinrich Heine, ja, an das Schicksal von Carl [von] Ossietzky. [...] Und wen vertritt nun diese Zeitung? Sie ist das Organ der katholischen Kirche Italiens, finanziert vom Vatikan."

---

[408] Vgl. Abweichende Meinung des Richters Dr. Rupp zur Begründung des Beschlusses des Zweiten Senats des Bundesverfassungsgerichts vom 22. Mai 1975, in: in: BVerfGE 39, S. 378-385, besonders S. 383.
[409] *Urteile aus dem Ausland – Mit deutscher Gründlichkeit – Der Radikalenerlaß* (10.5.1976 – Redakteurin war Helga Kirchner, Moderator Lothar Fend), WDR-Schallarchiv 5090175 und Hist. Arch. 10509 (Transkript).

Im dritten Teil wandte sich die Sendewoche der Situation in der Arbeitswelt zu und bemerkte, unter den Bedingungen der Wirtschaftskrise erlahme das kritische Bewußtsein der Arbeitnehmer; zugleich kritisierte der Beitrag den Kurs der deutschen Gewerkschaften.[410] Im vierten Teil erörterte Hans Schueler – Redakteur der Wochenzeitung *Die Zeit* – die jüngsten Entwicklungen in Gesetzgebung und Rechtsprechung unter dem Eindruck des Terrorismus:[411] Schueler räumte jedoch ein, das Verhalten der Terroristen vor Gericht habe den Rechtsstaat tatsächlich in Zugzwang gebracht. Allerdings kritisierte er die Haftbedingungen für Terroristen: „Wir müssen die Gerechtigkeit der Ordnung, die wir vertreten, auf das Penibelste gerade ihren Gegnern zuteil werden lassen." Dabei distanzierte er sich von Kritikern des politischen Systems: „In Deutschland gab es nie weniger Anlaß, die bestehenden Zustände durch Gewalt zu ändern, als unter der Herrschaft des Grundgesetzes."
Ein Beschneiden der durch diese Verfassung garantierten Grundrechte hatte der Schriftsteller Alfred Andersch in seinem Gedicht *Artikel 3 (3)*[412] beklagt, das die *Frankfurter Rundschau* am 3. Januar 1976 veröffentlicht hatte – und der Streit um die Ausstrahlung dieses Gedichtes im SWF-Fernsehen war Thema des fünften Teils dieser Sendewoche.[413] Der Medienredakteur des Evangelischen Pressedienstes Peter Christian Hall warf dem SWF „eine listige Form der Zensur oder zumindest der Selbstzensur" vor. „Man stelle sich nur einmal vor, es würde genauso mit Äußerungen von Politikern umgegangen." Hall sah hinter dem Streit einen grundsätzlichen Disput:

> „Das berührt ein uraltes Problem des öffentlich-rechtlichen Rundfunks, der nicht nur Medium der öffentlichen Meinung zu sein hat, sondern auch – und das ist nicht etwa von radikalen Linken, sondern vom Bundesverfassungsgericht in seinem berühmten Fernsehurteil festgelegt worden – Faktor der Meinungsbildung zu sein hat. Das heißt, die Programmacher [...] haben auch Diskussionen in Gang zu setzen."

Nun jedoch sei eine Tendenz zur Selbstzensur zu beobachten; brisante Inhalte rückten auf unattraktive Sendeplätze, Unterhaltung sei auf dem Vormarsch. Die Sendewoche zum Radikalenerlaß setzte sich mit einem Bericht fort, der auf das einschüchternde Klima an Schulen und Hochschulen hinwies: Reformorientierte Pädagogen seien vorsichtig geworden, da sie fürchteten, von ihren Schülern als Sympathisanten der RAF angeschwärzt zu werden.[414]
Insgesamt verhielt sich die Radiothek in dieser Woche kritisch gegenüber dem Radikalenerlaß. Dies wurde nun seinerseits Thema eines Beitrages, den Walter Bajohr, Redakteur der konservativen Wochenzeitung *Rheinischer Merkur*, als Gastautor für die Radiothek verfaßte.[415] Die Jugendreihe selbst beschäftigte sich noch einige weitere Male mit dem Radika-

---

[410] *Seid froh, daß Ihr noch Arbeit habt! Arbeitgeber und Gewerkschaften gegen kritische Arbeiter* (11.5.1976 – Autor war Jürgen Thebrath), WDR Hist. Arch. 10509 (Transkript).
[411] *Vom BM-Komplex befallen* (12.5.1976), WDR Hist. Arch. 10509 (Transkript). – Mit „BM-Komplex" war der „Baader-Meinhof-Komplex" gemeint, vgl. Lothar Fends Moderation in der Sendung *Ist die Freiheit in Gefahr? Diskussion mit Heinrich Böll, Walter Fabian, Anke Brunn, Albrecht Hasinger, Hannes Reppel* (16.5.1976), WDR-Schallarchiv 5075663 und Hist. Arch. 10509 (Transkript).
[412] Alfred Andersch, Artikel 3 (3), in: ders., empört euch der himmel ist blau. Gedichte und Nachdichtungen 1946-1977, Zürich 1977, S. 109-114.
[413] *Nicht sendefähig? Vor- und Nachspiele zu Alfred Anderschs Gedicht „Artikel 3, 3"* (13.5.1976 – Autor war Samuel Schirmbeck, Redakteurin Helga Kirchner), WDR-Schallarchiv 5075751 und Hist. Arch. 10509 (Transkript). Die Zitierweise als „Artikel 3, 3" folgt dem Sendeaufplan.
[414] *Kein Land der unbegrenzten Möglichkeiten – über die Freiheit des Forschens, Lehrens und Lernens in der Bundesrepublik* (14.5.1976 – Autor und Moderator war Wolfgang Stenke), WDR Hist. Arch. 10509 (Transkript).
[415] *„Rheinischer Merkur" über Radiothek* (12.7.1976 – Autor war Walter Bajohr), WDR Hist. Arch. 10523 (Manuskript mit transkribierten O-Tönen); vgl. dazu unten Abschnitt III. 3. k) α).

lenerlaß – von einem Gespräch mit dem nordrhein-westfälischen Ministerpräsidenten Johannes Rau abgesehen[416], meist in kritischer Form.[417]
Einen Skandal provozierte jedoch erst der Bericht über die aufgrund ihrer KBW-Mitgliedschaft aus der Deutschen Postgewerkschaft ausgeschlossene und danach auch von der Bundespost entlassene Angestellte Petra Kling-Goltermann.[418] „Sieben Jahre gibt es das, was es offiziell gar nicht gibt, nämlich Berufsverbote", leitete Moderatorin Nora Schattauer ein, um anschließend gleich mehrfach zu betonen: „Wir wollen den Fall nicht in jedem Für und Wider darstellen, sondern die Betroffene erzählen lassen, wie sich unter solchem Druck ihr persönliches und politisches Leben weiter gestaltete" – ein Satz, an dem sich erbitterter Streit entzünden sollte[419]. Die Sendung schilderte den Fall mit zahlreichen O-Tönen der Betroffenen – die freilich ruhig und ohne Zorn erzählte – , mit Zitaten aus Zeugenaussagen und mit Erläuterungen der Moderatorin, die sich nicht scheute, Partei zu ergreifen:

> „Vor allem linke Gruppen, die die herrschende Politik kritisieren, werden schnell zu Verfassungsfeinden gestempelt, ohne daß man sich mit ihren politischen Positionen auseinandersetzt. [...] Gegen den KBW kann man sicherlich einiges einwenden – das ist auch meine persönliche Meinung – , aber ich meine auch, selbst wenn ich nicht dieser Meinung bin, trete ich dafür ein, daß diese Meinung frei geäußert werden kann."

Im ganzen war der Wortbeitrag in seinen Kernaussagen und auch in der Montage der Elemente durchaus suggestiv gestaltet. Auch wenn er keine nennenswerten Aspekte enthielt, die vorherige Sendungen nicht bereits behandelt hatten – an dieser Sendung sollte sich eine der schärfsten Kontroversen um die Radiothek entzünden.

ε) Rechtsradikalismus der siebziger Jahre

Rechtsextreme Ausschreitungen begannen in den siebziger Jahren um sich zu greifen: zwischen 1970 und 1980 stieg ihre Zahl von 184 auf 1.643 im Jahr. Zwei von drei Tätern waren 1979/80 zwischen 14 und 30 Jahre alt.[420] Bei der Bewertung gingen die Meinungen freilich auseinander; so riet die Shell-Studie 1981 zur Gelassenheit.[421] Es fällt auf, daß die Radiothek auch bei der Behandlung dieses Themas teilweise ihrem Grundsatz treu blieb, Betroffene zu Wort kommen zu lassen; indessen machten die Moderatoren und Autoren aus ihrer Ablehnung des Rechtsradikalismus keinen Hehl.
Ausführlich nahmen Dirk Gerhard und Rolf Bringmann im Mai 1978 jugendliche Rechtsradikale in den Blick. Ihr Beitrag enthielt O-Töne von Feierstunden; Aktivisten erläuterten ihre Motivation zum Engagement: „vor allen Dingen, um [...] gegen das Unrecht zu kämp-

---

[416] *Interview mit Johannes Rau über das Ende der Regelanfrage in NRW* (11.6.1979), WDR-Schallarchiv 5071492.
[417] Von einem „eines Rechtsstaats unwürdige[n] Spiel mit der Angst und der Unsicherheit junger Staatsbürger" und einer „Eigendynamik der Bürokratie in einer verfassungsrechtlichen Grau- und Dunkelzone" sprach Axel Weiss: *Die Angst des Bürgers vor der Anhörung* (9.7.1978 – Redakteur war Jürgen Keimer, Moderator Michael Rüsenberg), WDR-Schallarchiv 5075664 und Hist. Arch. 10535 (Manuskript mit transkribierten O-Tönen). – Der Beitrag *Berufsverbote* (23.10.1978), WDR-Schallarchiv 5122615 (Einspielband), zog Parallelen zwischen einem abgewiesenen Lehramtsbewerber und dem von einem „Berufsverbot" König Friedrichs II. von Preußen betroffenen Gotthold Ephraim Lessing.
[418] *Radikale unerwünscht bei der Post?* (19.2.1979 – Autoren waren Barbara Schulte und Manfred Schlichting), WDR-Schallarchiv 1002808 (Mitschnitt) und Hist. Arch. 10451 (Transkript). – Mit einem verwandten Thema befaßte sich Moderator Wolfgang Schmitz in der Sendung vom 20.11.1979: *Kündigung B. Wüllscheidt*, WDR Hist. Arch. 10551 (Transkript).
[419] Zu den Folgen dieser Sendung vgl. unten Abschnitt V. 8. c).
[420] Vgl. Backes/Jesse a.a.O., S. 90 f., sowie Hollstein a.a.O., S. 98.
[421] Vgl. Fischer, Shell-Studie 1981, Bd. 1, S. 508.

fen, das den Deutschen angetan wird, [...] zum Beispiel die angehängten Morde an den Juden", denn letztere seien „Lügen".[422]

„Tja, die Lügen, die nachgesagten Lügen", nahm Moderator Jürgen Keimer diesen O-Ton ab – in der für ihn typischen sehr ruhigen Sprechweise; und er fuhr fort:

> „Irgendwie wundere ich mich wirklich darüber, wie mehr als dreißig Jahre nach dem Krieg immer noch Menschen denken können, daß im Dritten Reich diese Morde, diese Untaten nicht passiert sind, wie man immer noch denken kann, daß durch deutsche Schuld nicht sechs Millionen Juden in Europa umgekommen sind, um nur das zu nennen",

er wundere sich weiterhin darüber

> „daß junge Leute sich unter ‚der deutschen Sache dienen' immer noch etwas vorstellen, was mit Kampf, Militär, mit Krieg zu tun hat. [...] Irgendwie wundert es mich, daß diese jungen Leute nicht merken, daß der von ihnen so verachtete und bekämpfte zweite deutsche Staat in seiner Jugenderziehung genauso militaristisch ist und eigentlich sich die Sommerlager dann hüben und drüben zum Verwechseln ähnlich sehen."

Keimer fuhr fort:

> „Wenn man sich anhört, was in diesen Köpfen vorgeht, dann weiß man gar nicht, wo man zuerst anfangen muß, sich zu wundern. Über das eigenartige Geschichtsbild – über die Halb-Kenntnisse, über das Halbwissen – oder ob man sich darüber wundern muß, daß es in Deutschland immer noch Menschen gibt, junge und alte, die nicht festgestellt haben, daß im Laufe dieses Jahrhunderts gerade diejenigen Deutschland *klein*gemacht haben, die immer von Deutschlands Größe gefaselt haben [...]."

Der Moderator brachte andere Kriterien für die Bedeutung einer Nation ins Spiel::

> „Sollte nicht eigentlich – wenn es überhaupt so etwas wie berechtigtes Nationalgefühl gibt – sollte das nicht eigentlich darin bestehen, daß ein Volk besonders viel soziale Gerechtigkeit, besonders viel Freiheit verwirklicht? Groß ist ein Volk doch nicht dann, wenn es auf der Landkarte möglichst viel Fläche für sich einnimmt, oder wenn es möglichst viel Ellenbogen gegenüber anderen benutzt."

Die Moderation schloß mit einer Anregung:

> „Der Stolz, Deutscher zu sein, von dem da die Rede war, der sollte sich eigentlich auf andere Dinge gründen. Und die Werte, die da berufen wurden, die in der Vergangenheit angeblich so wach gewesen sind, die sollte man in der Gegenwart suchen. Da, wo es um die Gleichwertigkeit aller Menschen geht, wo es um Gerechtigkeit geht, wo es um echte menschliche Solidari-

---

[422] *Der deutschen Sache dienen. Rechtsradikale Jugend in der Bundesrepublik* (15.5.1978 – Autoren waren Dirk Gerhard und Rolf Bringmann, Redakteur und Moderator Jürgen Keimer), WDR-Schallarchiv 1002808 (Mitschnitt). – Neonazistische Gruppen hatten 1975 bis 1980 ihre Mitgliederzahl auf 1.200 verdreifacht; diejenige der „national-freiheitlichen" Organisationen, zu denen auch die DVU gehörte, stieg von 3.800 auf 13.500, vgl. Backes/Jesse a.a.O., S. 98, 106. – In ähnlicher Weise kritisch agierte der Beitrag *„Wenn die Leibstandarte ficht, jeder Feind zusammenbricht". Waffen-SS damals – und heute?* (17.4.1978 – Redakteurin und Moderatorin war Nora Schattauer), WDR-Schallarchiv 5075234 (Einspielband) und Hist. Arch. 10532 (Moderationsmanuskript ohne transkribierte O-Töne). Zum Hörerecho auf diesen Beitrag vgl. unten Abschnitt IV. 3. e). – Andere Beiträge warnten vor rechtsradikaler Rockmusik: *Nazi-Rock – vom neuen Geist in der Rockmusik* (14.8.1975 – Autor war Mario Angelo, Redakteur Lothar Fend), WDR-Schallarchiv 5090134 (Mitschnitt), 5067737 (Einspielbänder) und Hist. Arch. 10500 (Manuskripte zu Moderation und Einspielband), oder sie kritisierten Presseerzeugnisse: *Landser-Hefte* (13.6.1974), WDR-Schallarchiv 5090061 (Mitschnitt) und Hist. Arch. 10486 (Manuskript des Einspielbandes und der Moderation). Die Radiothek kritisierte auch die Arbeit türkischer Rechtsextremisten in der Bundesrepublik und warf deutschen Behörden vor, sie nur ungenügend zu beobachten: Sendung vom 4.10.1976, WDR Hist. Arch., unverz. Best., Akte der Intendanz *WDR Allgemeine Programmangelegenheiten – RADIOTHEK – 23-31* (Manuskript ohne transkribierte O-Töne).

tät geht – da liegen Werte, die unsere demokratische Gesellschaft bestimmt eher verwirklichen kann als irgendwelche trüben und in der Vergangenheit schon vielfach gescheiterten Hirngespinste, denen leider immer noch Leute nachlaufen."

Anstoß erregte diese Sendung nicht – ganz im Gegensatz zu einem Bericht über die Konzertreihe „Rock gegen Rechts" im Spätherbst 1979.[423] Teilnehmer der Initiative erläuterten ihre Beweggründe:

„Wir sind gegen Rechts, gegen alles, was uns unterdrückt, gegen alles, was uns einschränken will. [...] Ich habe Angst davor, daß wieder so was passiert wie damals, 1940 rum, daß wieder ein Diktator sich rausschwingt und daß wieder irgendwie Diktatur entsteht und daß die Leute dann wieder so unterdrückt werden. Weil gerade die Rechten so was gerne machen."

Auf die Nachfrage des Autors, ob denn derzeit tatsächlich „eine besondere Gefahr, eine bestimmte Gefahr" bestehe, äußerte sich der Jugendliche allerdings ausweichend: „Ja, ich weiß nicht genau." Zwar enthielt der Beitrag durchaus kritische O-Töne Jugendlicher, die sich an der politischen Akzentuierung der Konzerte störten. Die gerieten allerdings im Lauf der Sendung ins Hintertreffen; der Bericht erweckte vielmehr den Eindruck einer wohlwollenden Betrachtung, die lediglich Zweifel an der Effektivität der Methoden von „Rock gegen Rechts" äußerte. Auch die Musiker der Initiative „Rock gegen Rechts" umrissen ihre Motivation:

„Das zieht sich so durch alle Texte durch, daß da Leute beschrieben werden, die wir nicht so gut finden, Leute, die Spießer sind z. B., Leute, die Denunzianten sind, die was haben gegen Leute, die irgendwie andersartig sind, die nicht so ganz analcharakteristisch sauber sind wie sie selbst, nicht so pünktlich sind usw. usf. [...] Und wenn man uns was kaputtmacht und uns alle irgendwie kaputtmacht, das kommt doch von rechts. [...] Wir wollen da nicht anfangen mit CDU, SPD und Parteiklamauk. Das Ganze ist für uns rechts. Und dagegen sind wir halt."

Es kam nicht von ungefähr, daß diese Sendung die Kontroversen des Winters 1979/80 um die Radiothek mit auslöste. Kernproblem war, daß die teils undifferenzierten Zitate und O-Töne – anders als ähnlich krause Äußerungen junger Rechtsradikaler – ungenügend kommentiert ausgestrahlt wurden.[424] Auch wenn die Kritiker angesichts der Abstrusität zumal des zitierten Musiker-O-Tons erheblich mehr Gelassenheit an den Tag hätten legen können, waren die Schwächen dieser Sendung nicht zu überhören.

ζ) Terrorismus von links

Der „Deutsche Herbst" des Jahres 1977 war kaum vergangen, da wagte sich die Radiothek-Redaktion an das heikle Thema: in einer fünfteiligen Sendewoche zum RAF-Terrorismus.[425] Helga Kirchner erläuterte einleitend[426], die Woche solle „Argumente für eine rationalere Auseinandersetzung liefern".

---

[423] *Aktion gegen Rechts – Bericht über eine Veranstaltungsreihe in Gelsenkirchen* (13.11.1979 – Autor war Thomas Meinke, Redakteur Dietrich Backmann, Moderator Wolfgang Schmitz), WDR Hist. Arch. 10551 (Transkript).
[424] Vgl. dazu Hans Janke, Mehr Respekt für die Arbeit der anderen! Die „Radiothek" soll um ihren Charakter gebracht werden, in: KuR 7/1980 (26.1.1980), S. 2-5. – Zur Kontroverse um diese Sendung vgl. unten Abschnitt VI. 1. a).
[425] Die Abschlußsendung der Woche vom 30.10.1977 – *Jugendverbände und Jugend. Diskussion mit Vertretern deutscher Jugendverbände über das Verhältnis der Jugend zu den etablierten Parteien*, WDR-Schallarchiv 5073562 – wurde oben im Abschnitt III. 3. a) β) über Parteien und ihre Jugendorganisationen erwähnt; denn dort kam der RAF-Terrorismus selbst nur am Rande zur Sprache. – Die beiden übrigen Sendungen dieser Woche behandelten laut Themenplanung der Redaktion am 26.10. einen CDU-Kongreß in Hamburg zu *Zukunftschancen der Jugend*, am 29.10. ging Teil 10 der Serie *Geschichte der Comics* über den Sender, WDR Hist. Arch. 10445. – Zur Entwicklung des RAF-

Lothar Fend untersuchte in einem Gespräch mit dem Historiker Walter Laqueur und dem Politikwissenschaftler Iring Fetscher *Ursachen des Terrorismus*. Die Darstellung war fundiert und im ganzen neutral. Laqueur bezeichnete die Maßnahmen gegenüber der RAF als „Überreaktion". Den Gesetzesreformen gestand er immerhin Berechtigung zu; er regte jedoch an, diese Gesetze in ihrer Geltungsdauer zu beschränken. Fetscher bemängelte die ungenügende Aufarbeitung des Nationalsozialismus nach 1945. Die junge Generation wolle sich von diesem Makel befreien. Allerdings, so Fetscher weiter, verkannten die RAF-Terroristen den Unterschied zwischen Demokratie und Diktatur; sie hätten mit ihren Aktionen dazu beigetragen, daß sich die Stimmung im Lande gegen weitere gesellschaftliche Reformen und Demokratisierung gewandt habe.

Ulrich Teiner und Jürgen Keimer vertieften tags darauf die Überlegungen, wie man „Sympathisanten" wieder in die Gesellschaft zurückführen könne.[427] Sie ließen den Publizisten Matthias Walden, den einstigen West-Berliner Regierenden Bürgermeister Heinrich Albertz und den Wissenschaftssenator Peter Glotz mit kontroversen Ansichten zu Wort kommen. Walden widersprach Albertz' Plädoyer für einen Dialog mit den Sympathisanten, denn dazu sei es zu spät. Albertz hingegen kritisierte die Maßnahmen der Legislative gegen den Terrorismus, denn damit erreichten die Terroristen „stückweise, was sie in ihrer irrsinnigen und schizophrenen politischen... pseudo-politischen Zielvorstellung wollen, nämlich daß dieser Staat mehr und mehr ein Polizeistaat wird – ein Staat, der liberale Rechte abbaut". Auch Glotz plädierte dafür, sich intensiv mit den Fundamentalkritikern der Bundesrepublik auseinanderzusetzen, um sie dadurch zurückzugewinnen. Keimer und Teiner kommentierten die Ansichten ihrer drei Interviewpartner nicht, sondern überließen den Hörern das Urteil.

Axel Weiss befaßte sich in der dritten Folge der Sendewoche mit den *Reaktionen des Rechtsstaates auf den Terrorismus*.[428] Weiss umschrieb das „Dilemma", in dem sich ein Staat befinde, der Terroristen bekämpfen, dabei jedoch die Grenzen des Grundgesetzes beachten müsse.

> „Bei allem Abscheu über die Morde und Geiselnahmen darf [...] nicht vergessen werden, daß die Demokratie in der Bundesrepublik durch den Terrorismus nie direkt gefährdet war. [...] Der Terrorismus kann jedoch erreichen, daß der Staat bei seinen Gegenreaktionen die Grenzen des Rechtsstaats überschreitet."

Weiss kritisierte die seit 1974 initiierten Reformen des Strafgesetzbuches und der Strafprozeßordnung. Die Sendung trug mit vielen Details zwar zur Information bei; sie argumentierte aber klar aus linksliberaler Perspektive und ließ Gegenmeinungen nicht recht zur Geltung kommen. Im vierten Teil wandte sich Wolfgang Schmitz den Folgeerscheinungen der Fahndungsaktionen zu.[429] Für und Wider der Polizeieinsätze wurden dargestellt; die Sichtweisen beider Seiten fanden hier gleichermaßen Raum; die Befürworter polizeilicher Maßnahmen behielten das letzte Wort.

Terrorismus zwischen 1974 und 1977 vgl. Gerd Langguth, Protestbewegung. Entwicklung – Niedergang – Renaissance. Die Neue Linke seit 1968, Köln 1983 (Bibliothek Wissenschaft und Politik 30), S. 32 f. – Zum RAF-Terrorismus vgl. Thränhardt a.a.O., S. 232-235.

[426] *Ursachen des Terrorismus* (24.10.1977 – Autor war Lothar Fend, Redakteurin Helga Kirchner), WDR-Schallarchiv 5073517 (Mitschnitt).

[427] *Terrorismus – Die Sympathisanten* (25.10.1977 – Interviewer waren Ulrich Teiner und Jürgen Keimer, Keimer moderierte), WDR-Schallarchiv 5073513 (Mitschnitt).

[428] *Reaktionen des Rechtsstaates auf den Terrorismus* (27.10.1977 – Autor war Axel Weiss, Moderatorin Helga Kirchner), WDR-Schallarchiv 5075756 (Einspielband).

[429] *Terrorismus – mit der Fahndung befaßt, von der Fahndung betroffen* (28.10.1977 – Autor war Wolfgang Schmitz), WDR-Schallarchiv 5075199 (Einspielband).

Die Sendewoche zum Terrorismus gehörte zu den Projekten, in denen die Radiothek ihre Stärken ausspielte: Das Thema wurde auf eine Weise behandelt, die in dem aufgeheizten Klima des Herbstes 1977 nicht selbstverständlich war – eben ohne die Sympathisantenszene in Bausch und Bogen zu verdammen, ohne aber auch über die Aktivitäten der Sicherheitsbehörden vorschnell den Stab zu brechen. Dem in der Auftaktsendung erhobenen Anspruch, Argumente für eine rationale Debatte zu liefern, kam die Redaktion durchaus nach. „Das waren ganz klassische Sendungen, das war im speziellen Fall gar nicht mehr ausgerichtet auf ein junges Publikum!" betont Helga Kirchner rückblickend. „Sondern das Thema wurde so behandelt, wie man das an einem anderen Platz [...] auch hätte behandeln können!"[430] Es fällt auf, daß selbst der schärfste Kritiker der Radiothek, Heinrich Windelen, die Sendewoche zum RAF-Terrorismus im Zuge einer Verwaltungsratssitzung ohne Abstriche lobte.[431]

Zusammenfassung

Die Radiothek-Sendungen zu Fragen der Innen- und Rechtspolitik suchten zum einen über kaum beachtete Mißstände zu informieren – gerade in Fragen der Jugendkriminalität und des Jugendstrafvollzuges; sie griffen zum anderen mit Vorliebe heißumstrittene Themen der Zeit auf.
Beim Blick auf Probleme der Kriminalität zeigte sich die Radiothek vor allem bestrebt, die Materie aus ungewöhnlicher Perspektive zu betrachten und Vorurteile zu widerlegen. Sie wies auf ungünstige Rahmenbedingungen hin, die Straffällige zu ihren Taten motivierten. Sie leuchtete intensiv aus, in welcher Notlage sich die Opfer von Vergewaltigungen befanden.
Häufig kamen Schwächen des Strafvollzuges zur Sprache. Die Radiothek-Sendungen wiesen aber auch auf vielversprechende Projekte hin, die bei der Resozialisierung von Straftätern helfen sollten. Beim Blick auf die Arbeit von Polizei und Sicherheitsbehörden kritisierte die Radiothek mehrfach ein aus ihrer Sicht überzogenes Handeln. Sie warf allerdings mitunter den von polizeilichen Übergriffen Betroffenen vor, das Fehlverhalten der Polizei auch durch ihre eigene Aggressivität provoziert zu haben.
Der Radikalenerlaß geriet zur Zielscheibe der Kritik: Die Beiträge beklagten, daß dieser Beschluß dazu beigetragen habe, das Klima in der bundesdeutschen Gesellschaft zu vergiften. Die Radiothek leitete aus dem Grundgesetz ein weit liberaleres Gesellschaftsmodell her, als sie es im Radikalenerlaß wiederfand.
Deutlich zurückhaltender geriet die Sendewoche zum RAF-Terrorismus unmittelbar im Anschluß an den „Deutschen Herbst" 1977. Hier gelang es der Redaktion über weite Strecken, die Argumente beider Seiten gegeneinanderzustellen und dem Hörer auf einer fundierten Grundlage das Urteil zu überlassen.
Eine durchweg ablehnende Haltung nahmen die Mitarbeiter der Radiothek in ihren Sendungen schließlich gegenüber dem Rechtsradikalismus der siebziger Jahre ein; sie wiesen mitunter auf Parallelen neonazistischer und stalinistischer Vorstellungen hin.

---

[430] Interview mit Helga Kirchner im August 2004.
[431] Vgl. Protokoll der erweiterten Direktorensitzung vom 2.12.1977, WDR Hist. Arch., unverz. Best. des Intendanten von Sell, *WDR Allgemeine Programmangelegenheiten – RADIOTHEK – UNTER-Allgemeinakte der Allgemeinakte 1 a – 24.602 – 261.*

c) Sendungen des Themenbereichs Politik (3): Blick über die Grenzen der Bundesrepublik

α) Die DDR und die übrigen Staaten des Warschauer Paktes

Als die Radiothek-Redaktion zur Jahreswende 1973/74 ihre Arbeit aufnahm, lag die brisante Phase der sozialliberalen Ostpolitik bereits einige Jahre zurück. Zwischen Bonn und Ost-Berlin hatte sich ein kühles und vorsichtiges Miteinander entsponnen.[432]
Was die Redaktion von der neuen Ostpolitik erwartete, zeigte sich an einer Sendung im März 1975: Sie fragte nicht etwa nach den Chancen einer Vereinigung Deutschlands – worum es dem Architekten der Ostpolitik, Egon Bahr, ging[433] und was auch die CDU/CSU-Opposition an die erste Stelle rückte – , sondern nach den Konsequenzen der Entspannung für Jugendliche in der Bundesrepublik.[434] Moderator Christian Berg umriß die Ereignisse seit dem Abschluß des deutsch-deutschen Grundvertrages von 1972 und schloß:

> „Dem Zweck wie den Möglichkeiten der Ostverträge wird nur die Frage gerecht, ob sie eine geeignete Voraussetzung zu bilden vermögen, um ein verändertes Verhältnis zu Osteuropa zu schaffen. [...] Im Mittelpunkt der Ostpolitik steht also der Mensch, eine Sache, die im Grunde selbstverständlich sein sollte."

Bergs Bilanz fiel zurückhaltend aus: Bislang habe sich die Entspannung sich noch nicht in Gestalt von Kontakterleichterungen für Jugendliche ausgezahlt. Die deutsche Frage selbst kam weder in dieser noch in einer anderen dokumentierten Radiothek-Sendung in nennenswerter Form zur Sprache.

In Sendungen wie der beschriebenen erschien die DDR de facto als Ausland, von dem die Bundesrepublik durch die Systemgrenze getrennt war. Daher überrascht es kaum, daß die Radiothek das Leben Jugendlicher in der DDR nur recht selten betrachtete. Zu den wenigen dokumentierten Berichten gehört eine zweiteilige Reihe vom Herbst 1979, die im Februar 1980 wiederholt wurde.
Die Autoren ließen zunächst[435] Auszubildende des VEB Robotron in Sömmerda zu Wort kommen, die ausführlich über ihre Berufswahl, die Ausbildung, das Leben in Wohnheim und Jugendbrigade, ihre Zukunftsplanungen sowie schließlich über ideologische Schulun-

---

[432] Vgl. Timothy Garton Ash, Rückblick auf die Entspannung, in: APuZG 14/1994, S. 3-10, hier: S. 7, und Willy Brandt im Interview mit dem *Spiegel* „Ich blicke nicht im Zorn zurück", in: *Der Spiegel* Nr. 20/1984 (14.5.1984), S. 37-49; hier: S. 46. Den Kenntnisstand kritischer bundesdeutscher Jugendlicher der späten sechziger und der siebziger Jahre über die DDR umreißt Christian Semler, Redakteur der Berliner *tageszeitung* und einstiger SDS-Aktivist, mit den Worten „Die DDR war ‚Terra incognita'". Zit. nach Semlers Essay: 1968 im Westen – was ging uns die DDR an?, in: APuZ 45/2003, S. 3-5, hier: S. 3.
[433] Vgl. Andreas Vogtmeier, Egon Bahr und die deutsche Frage. Zur Entwicklung der sozialdemokratischen Ost- und Deutschlandpolitik vom Kriegsende bis zur Vereinigung, Bonn 1996 (Reihe Politik- und Gesellschaftsgeschichte 44), S. 63-66, 83, 201.
[434] *Was hat die Ostpolitik der Koalition an Kontaktmöglichkeiten für junge Leute gebracht?* (24.3.1975 – Redakteur war Dietrich Backmann), WDR-Schallarchiv 5090107 (Mitschnitt) und Hist. Arch. 10447 (Transkript).
[435] *Wir sind sozial, sicher und geborgen – Jugend in der DDR Teil 1* (11.2.1980 – Autoren waren Klaus Kastan und Sigbert Kluwe), WDR-Schallarchiv 5071402 (Einspielband). Die Erstausstrahlung vom 23.10.1979 ist nur fragmentarisch dokumentiert, in Gestalt der Moderationsmanuskripte Nora Schattauers: WDR Hist. Arch. 10550; sie kommt daher hier nur ergänzend zur Sprache. – Mit einem verwandten Thema hatte sich die Radiothek bereits am 11.12.1978 befaßt: *Bericht über Jugendliche in der DDR* (Redakteurin und Moderatorin war Nora Schattauer), WDR-Schallarchiv 10540 (Moderationsmanuskript); das erhaltene Material ist jedoch zu lückenhaft, als daß sich Feststellungen über die Sendung treffen ließen. – Zur Situation DDR-Jugendlicher in Ausbildung und Beruf vgl. Arnold Freiburg, Art. Jugend, in: Bundesministerium für innerdeutsche Beziehungen (Hg.), DDR-Handbuch Bd. I, Köln ³1985, S. 683-687, hier: S. 685.

gen berichteten. Die Stellungnahmen unterschieden sich auffallend von O-Tönen gleichaltriger Bundesbürger: Sie klangen an-erzogen, vernünftig, geradezu brav. Auch in den Antworten Erwachsener auf die Nachfragen der Autoren war keine Rede von Erziehung zur Selbständigkeit – ein tiefer Gegensatz zu jenen Ideen, wie sie gerade die Philosophie der Jugendsendung Radiothek prägten. Keiner der beiden Autoren unternahm jedoch den Versuch, etwa während der Sendung in seiner Moderation aus dem Studio weitere Kritik anzubringen. Vom anderenorts mitunter zu beobachtenden Vorgehen der Radiothek-Moderatoren, fragwürdige oder unliebsame O-Ton-Inhalte sofort durch Gegenargumente zu entkräften, war hier nichts zu spüren.[436]

Eine andere Perspektive auf die DDR öffnete der Bericht eines jungen Erwachsenen, der dort aufgewachsen war und mühsam seine Ausreise erwirkt hatte.[437] Der 22jährige Frank, nun in Köln wohnhaft und als Dreher tätig, schilderte seine Erlebnisse jenseits des Eisernen Vorhangs – den gescheiterten Fluchtversuch, Verhöre und sechs Monate Haft, die späteren Drangsalierungen am Arbeitsplatz in der DDR, bis seine Ausreiseanträge schließlich Erfolg hatten. Autor Claus-Ferdinand Siegfried skizzierte das Portrait eines Mannes, der radikal mit der DDR gebrochen hatte und sich nun um kompromißlose Anpassung an westliche Denkweisen bemühte. Frank wies freilich auch auf Gefahren der Vereinsamung hin; er zog im ganzen jedoch ein positives Fazit seines Lebens in der Bundesrepublik.

> „Es gibt keinen goldenen Westen. Wenn man hier zu irgendwas kommen will, muß man auch arbeiten, man muß hart arbeiten – man muß wirklich einiges machen, um hier zu was zu kommen. Nur: Man *kann* zu was hier kommen! [...] Wenn man hier fünf Jahre lang das leistet, was man im Osten leistet, hat man mindestens das drei- oder vierfache geschaffen als wie drüben."

Ausgesprochen kritisch gegenüber der DDR verhielt sich die Radiothek, sobald die Sprache auf das staatlich gelenkte Mediensystem kam. Henryk M. Broder nahm einen Bericht über DKP-nahe Zeitungen zum Anlaß, auch einen Blick auf den Journalismus im SED-Staat zu werfen.[438] Broder zitierte eine Passage aus dem SED-Organ *Neues Deutschland*,

---

[436] Reservierter gegenüber dem SED-Staat hatte sich Nora Schattauer zuvor verhalten: *Wir sind sozial, sicher und geborgen – Jugend in der DDR 1. Teil* (23.10.1979), a.a.O., WDR Hist. Arch. 10550: Sie wies darauf hin, daß sämtliche Interviews unter Aufsicht der Staatsmacht stattgefunden hätten; die Ergebnisse seien also unter Vorbehalt zu betrachten. Darüber hinaus kritisierte die Moderatorin das eigentümliche Leistungsethos in der um Planerfüllung bemühten DDR-Arbeitswelt und den „kleinbürgerliche[n] Mief" im Privatleben typischer Kleinfamilien: „eine Gesellschaft, die sich sozialistisch nennt". – Verschwiegen wurden politische Belastungen des DDR-Arbeitsalltags hingegen in *Knochenmühle... Arbeiter aus der DDR und der Bundesrepublik tauschen Erfahrungen aus über Schichtarbeit/Akkord* (20.2.1979 – Redakteur war Ulrich Teiner, Moderatorin Nora Schattauer), WDR Hist. Arch. 10542 (Manuskript ohne transkribierte O-Töne). – Die Belastung der Arbeiter in der DDR war in der Bundesrepublik vor 1989 bereits bekannt, vgl. Michael-Detlef Bolle/Erik Grawert-May, Art. Arbeit, in: Langenbucher/Rytlewski/Weyergraf a.a.O., S. 39-45; hier: S. 42 f. Sowie Johannes Raschka, Zwischen Überwachung und Repression – Politische Verfolgung in der DDR 1971 bis 1989, Opladen 2001 (Am Ende des realen Sozialismus 5), S. 28-30.

[437] *Fremde Heimat Deutschland. Aufgewachsen in der DDR* (24.8.1975 – Redakteurin war Helga Kirchner), WDR-Schallarchiv 5090131 (Einspielband). – Franks Erfahrungen in der Bundesrepublik ähnelten denjenigen des Ende der siebziger Jahre nach Inhaftierung aus der DDR ausgereisten Jugendlichen Matthias Bothe, vgl. dessen Text: Die Acht-Stunden-Ideologie, in: APuZ 33/1981, S. 34-40. Die Schülerin Manuela Wenau war einen ähnlichen Weg gegangen, betonte allerdings ihre Irritation angesichts der Freiheit im bundesdeutschen Gymnasium: Manuela Wenau, Habe ich den Fehler meines Lebens gemacht?, in: APuZ 33/1981, S. 41-45, hier: S. 44. – Die Radiothek berichtete über das Leben in einem Ostblockland – in diesem Falle in Polen – in *„Die haben mir erzählt, wie hoch der Lebensstandard hier ist" – polnische Flüchtlinge in der Bundesrepublik* (30.4.1974), WDR Hist. Arch. 10484 (Manuskript des Einspielbandes). – Abwägend betrachtete Schulbücher in Bundesrepublik und DDR: Radiothek vom 16.4.1974, WDR Hist. Arch. 10484 (Manuskript des Einspielbandes).

[438] *Wie man die Wirklichkeit auf die Parteilinie bringt. Die DKP-Presse im Kampf gegen „Reaktion" in Kurdistan und in Indien* (21.7.1975), WDR Hist. Arch. 10499 (Manuskript des Einspielbandes). – Zum Verhältnis der DKP zu den Diktaturen in Ost-Berlin und Moskau vgl. Manfred Rowold/Stefan Immerfall, Im Schatten der Macht. Nicht-etablierte

das sich sehr milde über die spanische Franco-Diktatur geäußert hatte, und deutete dies als „Dank des ND für die diplomatische Anerkennung des ersten deutschen Arbeiterstaates durch den dienstältesten Faschisten Europas". Broder warf den Regierungen und Massenmedien des Ostblocks sowie der DKP-Presse vor, ihre Haltung zu Stellvertreterkonflikten in der Dritten Welt sei einzig von machiavellistischem Kalkül bestimmt. Und an einem Hintergrundbericht der DKP-Zeitung *Unsere Zeit* (UZ) über den Krieg gegen die Kurden im Nordirak ließ er kein gutes Haar:

> „Der Kampf der Kurden um Unabhängigkeit dauerte – mit Unterbrechungen – seit 1920 [...]. Die UZ macht daraus ein ‚Abenteuer', ein ‚separatistisches Unternehmen' von einjähriger Dauer. Die kurdischen Kämpfer sind ‚Rebellen', Revolutionär darf sich nur nennen, wer von Moskau dazu geweiht worden ist. Barzani, der CIA-Agent – was denn sonst? – richtete ‚seinen Stoß gegen die Nationale Fortschrittliche Front.' Krause Sprache, krummer Sinn: Weiß die UZ nicht, daß Barzani schon gegen Bagdad kämpfte, als dort nicht die Fortschrittliche Front herrschte, sondern ein strikt antikommunistisches Regime? Sie weiß es sicher, so ignorant können nicht einmal Parteiredakteure sein, aber ein Hinweis auf die tatsächliche Dauer des Kampfes würde die antikommunistische Pointe kaputtmachen. Und ohne die wäre die ganze Hintergrund-Schmonzette so viel wert wie der Furz eines Jungen Pioniers beim Gruppenabend."

Eine übertrieben vorsichtige Haltung gegenüber der DDR prägte hingegen den Bericht vom 7. Festival des politischen Liedes im Ost-Berliner Palast der Republik im Februar 1978.[439] Autor Dieter Bub lieferte eine Zusammenfassung, wie er sie auch über ein westliches Musikfest hätte abfassen können. Selbst wenn tendenziöse oder verzerrte Inhalte in Musik oder O-Tönen auftauchten, suchte man die von der Radiothek gewohnte Schärfe vergebens. Auch Fred Viebahn ließ in seinem Bericht über *Deutschrock made in DDR*[440] wesentliches vermissen: Es fehlte jeder Hinweis auf politische Repressalien, etwa auf diejenigen gegen die Gruppe *Renft* in den sechziger Jahren[441] – und auch jede Anmerkung zum Vorgehen der SED beispielsweise gegen die Leipziger Beat-Szene[442]. Solche Drangsalierungen zu erwähnen, wäre angesichts der emanzipativen Ausrichtung der Radiothek aber ein Muß gewesen.

Wie die meisten politischen und medialen Akteure im Westen[443] mußte sich auch die Radiothek fragen lassen, warum sie – statt ihre Sendezeit einer SED-nahen Veranstaltung zur Verfügung zu stellen – nicht die Regimekritiker in der DDR in den Blick nahm. Eine Ausnahme unter den dokumentierten Sendungen bildete immerhin der zweistündige Bericht über ein Konzert der kurz zuvor aus der DDR abgeschobenen Musiker Gerulf Pannach und

---

Kleinparteien, in: Mintzel/Oberreuter (Hg.), Parteien in der Bundesrepublik Deutschland, a.a.O., S. 362-420; hier: S. 413 f.
[439] Radiothek vom 16.2.1978, WDR-Schallarchiv 5071621 (Mitschnitt). – Unterhaltungsmusik der DDR war mehrfach Thema. Joachim Sonderhoff kritisierte die staatlichen Eingriffe in die Schlagermusik und beklagte das „kleinbürgerliche" Gesellschaftsbild des DDR-Schlagers: *Es ist das alte Lied – Schlager in der DDR* (2.4.1975), WDR-Schallarchiv 5090110 (Mitschnitt) und Hist. Arch. 10447 (Transkript).
[440] *Deutschrock made in DDR* (12.4.1975 – Redakteurin war Helga Kirchner), WDR-Schallarchiv 5090111 (Mitschnitt) und Hist. Arch. 10447 (Transkript).
[441] Immerhin plante die Redaktion für den 27.3.1976 (vgl. die Wochenplanung in WDR Hist. Arch. 10444) einen von Joachim Sonderhoff verfaßten Bericht über *Renft* ein – sofern dieses Vorhaben umgesetzt wurde, wird in diesem Beitrag sicherlich von dem 1975 erlassenen Verbot der Gruppe die Rede gewesen sein. – Zu *Renft* vgl. Erhart Neubert, Geschichte der Opposition in der DDR 1949-1989, Bonn ²2000 (Schriftenreihe der Bundeszentrale für politische Bildung 346), S. 244, sowie den Artikel von Rainer Bratfisch in: Helmut Müller-Enbergs u. a. (Hg.), Wer war wer in der DDR? Ein biographisches Lexikon, Bonn 2000, S. 693 f.
[442] Vgl. dazu Michael Rauhut, Rock in der DDR 1964 bis 1989, Bonn 2002, S. 34, 36.
[443] Vgl. Neubert a.a.O., S. 325.

Christian Kunert in West-Berlin, in dessen Verlauf mehrfach auf Drangsalierungen durch das Ministerium für Staatssicherheit hingewiesen wurde – freilich in maßvollem Ton.[444]
Die Ausbürgerung eines prominenten Oppositionellen – des Liedermachers Wolf Biermann – rückte mit ihren Folgen ab 1976 mehrfach ins Blickfeld der Radiothek. Das SED-Politbüro hatte mit diesem radikalen Schritt auf ein Konzert Biermanns vor 7.000 Zuhörern in der Kölner Sporthalle am 13. November 1976 reagiert – nach rückblickenden Worten des Schriftstellers Günter Kunert eine „Mitternachtsmesse", die „das Ende der DDR eingeläutet" habe.[445] Schon bevor das bundesdeutsche Fernsehen die Aufzeichnung ausstrahlte, hatte die Radiothek Biermanns mehrstündigen Auftritt fast komplett gesendet – als Direktübertragung. „Und der Programmdirektor", erinnert sich Redakteur Backmann, „hat – was ich immer noch genial finde – eine Sendezeitverlängerung nach der anderen gegeben!"[446]
Am 19. November 1976 – zwei Tage, nachdem die DDR-Nachrichtenagentur ADN Biermanns Ausbürgerung gemeldet hatte – vermittelte die Radiothek ein Panorama der Meinungen, vor allem liberaler und linksliberaler Beobachter in der Bundesrepublik.[447] Der Liedermacher Walter Mossmann warf vielen seiner bundesdeutschen Mitstreiter Inkonsequenz gegenüber der SED vor: „Für die Glaubwürdigkeit dessen, was wir hier machen, gegen Zensur, gegen Berufsverbote, gegen Unterdrückung der freien Meinung, ist es ungeheuer wichtig, daß von den Linken das einhellig abgelehnt wird und bekämpft wird, diese Ausbürgerung."[448]

In den Sendungen zur Situation in der CSSR wiederum war die Sympathie für den „Prager Frühling" allgegenwärtig. Laurent Rainer lieferte im Januar 1974 bedrückende Impressionen aus der Studentenszene der tschechoslowakischen Hauptstadt.[449] Der Beitrag erinnerte auch an die Selbstverbrennung Jan Palachs und andere Akte individuellen Widerstands nach 1968. Mit seinen Schilderungen und zahlreichen Zitaten regimekritischer Lyrik entwarf er das Bild einer nun zur Unfreiheit verurteilten Gesellschaft, deren Jugendliche sich teilweise in den Drogenkonsum flüchteten oder aber versuchten, über das Hören westlicher Popmusik wenigstens ein kleines Stück privater Freiheit auszuleben.

---

[444] *Für uns, die wir noch hoffen. Solidaritätskonzert des Schutzkomitees „Freiheit und Sozialismus"* (13.11.1977 – Redakteur war Dietrich Backmann), WDR-Schallarchiv 5090330 (Mitschnitt). – Zu Pannachs Arbeit in der DDR vgl. Neubert a.a.O., S. 244, sowie den Artikel von Rainer Bratfisch in: Müller-Engbergs u.a., a.a.O., S. 643.
[445] Zit. nach Hans-Jörg Stiehler/Michael Meyen, „Ich glotz TV." Die audiovisuellen Medien der Bundesrepublik als kulturelle Informationsquelle für die DDR, in: Bernd Lindner/Rainer Eckert (Hg.), Mauersprünge [Teil des Begleitbuches zur Ausstellung *Klopfzeichen. Kunst und Kultur der 80er Jahre in Deutschland*], Leipzig 2002, S. 135-143; hier: S. 140. Vgl. zu Biermanns Kölner Konzert und den Folgen: Neubert a.a.O., S. 226 f, Lutz Kirchenwitz, Art. Biermann, Wolf, in: Müller-Enbergs u.a., a.a.O., S. 79-80, sowie Werner Mittenzwei, Die Intellektuellen. Literatur und Politik in Ostdeutschland von 1945 bis 2000, Leipzig 2001, S. 291-309.
[446] Interview mit Dietrich Backmann im Juli 2004. In der DDR war diese Sendung allerdings aus technischen Gründen nicht zu hören gewesen, denn die 720-kHz-Mittelwelle von WDR 2 wurde mit Einbruch der Dunkelheit turnusmäßig abgeschaltet, vgl. Ulrich Teiners Brief an Oliver M. aus Hamburg vom 6.8.1979, WDR Hist. Arch. 10478. – Zur Hörerresonanz auf die Radiothek-Übertragung des Konzertes, das manche Kritiker für SED-freundliche Propaganda hielten, vgl. unten Abschnitt IV. 3. e).
[447] *Nicht mehr in der DDR – Stellungnahmen zur Ausbürgerung Wolf Biermanns aus der DDR* (19.11.1976), WDR-Schallarchiv 5075663 (Mitschnitt).
[448] Da der Radikalenerlaß ein „Lieblingsthema der SED" in der ideologischen Auseinandersetzung darstellte, traf sie der Vorwurf hart, „selbst Berufsverbote zu verhängen" – ihn hatte etwa im Frühjahr 1976 die studentische Gruppe „Freiheit der Meinung – Freiheit der Reise für Wolf Biermann, Wolf Biermann nach Bochum" an der dortigen Ruhr-Universität erhoben, vgl. Neubert a.a.O., S. 226; direkte Zitate dort entnommen. – Biermann selbst äußerte sich in der Radiothek 17 Monate später im Gespräch mit Tom Schroeder: *Interview mit Wolf Biermann über seine Situation in der BRD* (20.4.1978), WDR-Schallarchiv 5075199 (Einspielband).
[449] *Prag, Wenzelsplatz 1974. Die Waisenkinder des Frühlings* (20.1.1974), WDR Hist. Arch. 10481 (Featuremanuskript).

1978 griff die Radiothek abermals das Thema auf. Zehn Jahre nach den Ereignissen ging es nun freilich in erster Linie um die historischen Abläufe. Der Beitrag beschrieb zunächst die tschechoslowakische Planwirtschaft der sechziger Jahre – als ein zum Scheitern verurteiltes Unternehmen. Dilettantismus herrsche nun, 1978, wieder in demselben Maße. Mit Zitaten von Regimegegnern beschrieb die Sendung die staatlichen Schikanen. Die Hoffnung der Menschen, so schloß sie, richteten sich einzig auf eine Krise in der UdSSR, „die den mitteleuropäischen Staaten des Warschauer Paktes soviel Spielraum ermöglicht, daß es doch noch zu einer Verbindung von Sozialismus und Demokratie in der CSSR kommt". Für die Diktaturen des Ostblocks zeigte der Autor keinerlei Sympathie.[450]

β) Entwicklungspolitik und Dritte Welt

Nur wenige Bundesbürger, befand Radiothek-Redaktionsleiter Ulrich Teiner in einer Moderation 1976, seien bereit, sich näher mit Problemen der Entwicklungspolitik auseinanderzusetzen.

> „Die Radiothek ist hingegen der Meinung, daß gerade dieses nötig ist. Denn davon hängt nicht nur das Leben von Millionen Menschen in den Entwicklungsländern ab, sondern mit Sicherheit wird das Verhältnis der Industrienationen zu den Entwicklungsländern die Politik der nächsten Jahrzehnte entscheidend bestimmen."[451]

Von dieser Auffassung geprägt waren alle dokumentierten Sendungen, in denen sich die Radiothek mit dieser Materie befaßte. So appellierte Dietrich Backmann 1974 in einer zweiteiligen Reihe über die Welternährungskonferenz in Rom an das Verantwortungsbewußtsein der Industrieländer, die für gerechte Handelsbedingungen gegenüber der Dritten Welt sorgen müßten.[452] Entwicklungspolitik drohe gegenüber den Interessen multinationaler Konzerne ins Hintertreffen zu geraten.[453] Doch auch ein verantwortliches Verhalten der Verbraucher in den Industrieländern wurde angemahnt: So könnten sie durch geringeren Fleischkonsum zu Strukturverbesserungen in der Landwirtschaft der Entwicklungsländer beitragen.[454] Moderator Backmann schloß:

---

[450] *Zehn Jahre Normalisierung. Prag nach der Okkupation* (18.8.1978 – Redakteur war Heinz Deiters), WDR Hist. Arch. 10536 (Manuskript der Einspielbänder ohne transkribierte O-Töne). – In den Akten deutet nichts darauf hin, daß die Radiothek die tschechoslowakische *Charta 77* zum Thema eines Wortbeitrages gemacht hätte.
[451] Radiothek vom 10.9.1976, WDR Hist. Arch. 10513 (Moderationsmanuskript ohne transkribierte O-Töne). – Gegen ein eurozentrisches Weltbild im Schulunterricht argumentierte der Beitrag *Lesebuch Dritte Welt* (13.4.1974 – Autorin war Doris Götting), WDR Hist. Arch. 10484 (Manuskripte der Moderation und des Einspielbandes mit transkribierten O-Tönen). – 1978 regte Arne Opitz in seinem Beitrag „ *Was kümmern uns die Buschmänner?* " Über das Studium der Völkerkunde (16.6.1978 – Redakteur und Moderator war Jürgen Keimer), WDR Hist. Arch. 10534 (Moderationsmanuskript mit transkribierten O-Tönen), an, auch Ethnologen, die über wertvolle neue Erkenntnisse verfügten, im diplomatischen Dienst zu beschäftigen.
[452] *Bericht von der Welternährungskonferenz der FAO 1974 in Rom* (18.11.1974), WDR-Schallarchiv 5090080 (Mitschnitt).
[453] Auf das Wirken der Konzerne ging die Radiothek auch am 3.1.1977 ein, in der Sendung *Weizen als Waffe. Über die Ursachen des Hungers in der Dritten Welt*, WDR-Schallarchiv 5095768 (Mitschnitt): Autor Christian Berg kritisierte US-amerikanische Akteure, die nach seinem Dafürhalten aus Eigeninteresse die Landwirtschaft in der Dritten Welt industrialisierten, dadurch zahlreiche Kleinbauern in den Ruin trieben und außerdem ihre Nahrungsmittelexporte als Mittel politischer Machtausweitung einsetzten. – In der Radiothek vom 14.6.1976 hatte Ulrich Teiner die „Ländlichentwicklung" in Afrika beschrieben, die positive Wirkungen durch eine „Loslösung von den entwickelten Ländern" zu erreichen suche, er blieb im Gesamturteil vorsichtig; WDR Hist. Arch. 10510 (Transkript).
[454] *Welternährungskonferenz 1974 Rom – Welche Konsequenzen hat sie?* (23.12.1974), WDR-Schallarchiv 5090082 (Mitschnitt). – Um ähnliche Probleme ging es im *Gespräch mit Jürgen Todenhöfer, entwicklungspolitischer Sprecher der CDU/CSU-Fraktion im Deutschen Bundestag, über Fragen der Entwicklungspolitik* (26.9.1977), WDR-Schallarchiv 5073508 (Einspielband). Die Sendung läßt sich in ihren Aussagen nur ein Stück weit einschätzen, da die Zwischenmoderationen nicht erhalten sind. Todenhöfer selbst kritisierte die Bundesrepublik jedoch in weit geringerem

„Ich weiß, daß diese Sendung mißverstanden werden kann – als der Wunsch nach Erweckung von Mitleid [...]. In Wirklichkeit geht es einfach darum, zu begreifen, daß es – einmal ganz egoistisch betrachtet – um unsere eigene Zukunft und Sicherheit geht; daß es notwendig ist, einen Zustand in der Welt zu schaffen, daß alle satt zu essen haben."

Um praktische Entwicklungshilfe ging es in Winfried Kurraths Reportagen über das Elend von Kindern und Jugendlichen in der Dritten Welt im April 1979. Bezüglich der „Ciudad de los Muchachos" in Ecuador, in der sich katholische Missionare um Straßenkinder kümmerten, zog Kurrath ein positives Fazit: 80 Prozent der Betreuten fänden den Weg zurück in die Gesellschaft.[455]

γ) Autoritäre Regimes und Diktaturen in der Dritten Welt und in westlichen Ländern

Autoritäre Regimes außerhalb des Ostblocks kamen in der Radiothek mehrfach kritisch zur Sprache. Dabei machten sich allerdings Unterschiede bemerkbar, je nach der Positionierung eines Regime auf der politischen Skala. Grundsätzliche Kritik traf vor allem das von Rassentrennung gekennzeichnete Südafrika. In einschlägigen Sendungen warf die Radiothek politischen und wirtschaftlichen Akteuren in westlichen Ländern vor, es an Kritik gegenüber der Regierung am Kap fehlen zu lassen.[456]

Maße, als er es zur Zeit des Entwicklungshilfeministers Erhard Eppler getan hatte, vgl. Franz Nuscheler, Partnerschaft oder Ausbeutung? Die Entwicklungspolitik der sozial-liberalen Koalition, in: Helga Haftendorn u. a. (Hg.), Die Außenpolitik der Bundesrepublik Deutschland, Berlin (W.) 1982 (WAV-Studienbücher: Recht und Politik), S. 492-506, hier: S. 499 f. – Ein weiteres Mal befaßte sich die Radiothek mit Entwicklungspolitik in Thomas Meinkes kurzem Bericht über den *Bundeskongreß entwicklungspolitischer Aktionsgruppen* (20.10.1979 – Redakteur war Dietrich Backmann, Moderatorin Nora Schattauer), WDR Hist. Arch. 10550 (Manuskript des Einspielbandes). Gegenüber den hier behandelten Sendungen enthielt der Beitrag allerdings keine neuen Gesichtspunkte.

[455] *Jugend in Ecuador Teil 1: Die Jungenstadt von Esmeraldas* (12.4.1979 – Redakteur war Ulrich Teiner, Moderator Jürgen Keimer), WDR Hist. Arch. 10544 (Manuskript des Einspielbandes, Zusatzmanuskript der transkribierten O-Töne). – Tags darauf berichtete Kurrath näher über das triste Leben dieser Kinder: *Das Zentrum der arbeitenden Kinder in Quito/Ecuador* (13.4.1979), WDR Hist. Arch. 10544 (Manuskript des Einspielbandes ohne transkribierte O-Töne, Zusatzmanuskript der deutschen O-Ton-Übersetzungen). – Weitere Reiseberichte aus der Dritten Welt schilderten höchst kritisch die religiösen Riten und das Alltagsleben in Benares, dem hinduistischen Zentrum Indiens (Radiothek vom 9.8.1979, WDR Hist. Arch. 10548 [Manuskript des Einspielbandes], ein Bericht aus konsequent säkularer Perspektive), sowie Gesellschaft, Geographie und Kultur des blockfreien Botswana, das als einziges Land seiner Region enge Beziehungen zur UdSSR pflegte: *Insel von Ländern umgeben – Reisenotizen aus Botswana* (25. und 26.12.1979 – Redakteurin war Helga Kirchner), WDR Hist. Arch. 10552 (Manuskripte der Moderationen und Einspielbänder). – Ulrich Teiners zweiteiliger Bericht aus Kamerun, der am 27./28.12.1979 lief (vgl. Helga Kirchners Einmoderation vom 25.12.1979), ist nicht erhalten. – Weitere Berichte befaßten sich mit politischen Dimensionen der Musikkultur in der Dritten Welt: *Reggae ist subversiv und gefährlich. Soziale und politische Hintergründe der Reggaemusik* (30.4.1979), WDR-Schallarchiv 5075199 (Einspielband); hier ging es um die Brisanz einer meist als harmlos-unterhaltend wahrgenommenen Stilistik. Sowie in der vierteiligen Reihe *African Rhythm*, die vom Oktober 1978 bis April 1979 schulfunkähnlich über Details der afrikanischen Musikszene sowie über die Schwierigkeiten schwarzer Musiker in den USA und in Südafrika informierte (WDR Hist. Arch. 10538-10540, 10544). – Afrikanische Kultur kam noch einmal am 23.7.1979 zur Sprache, als die Radiothek über das „Festival der Weltkulturen Horizonte" in West-Berlin berichtete, WDR Hist. Arch. 10547 (Manuskript des Einspielbandes, teilweise ohne transkribierte O-Töne).

[456] *Südafrika – der Rassenstaat als Klassenstaat* (30.6.1974 – Autor war Werner Schmidt), WDR Hist. Arch. 10486 (Manuskript des Einspielbandes). Der Beitrag wurde am 6.10.1974 wiederholt, WDR Hist. Arch. 10490. – Scharfe, teilweise empörte Kritik am Apartheid-System übte auch die Radiothek vom 1.1.1976: *Schwarzes Bewußtsein und südafrikanische Lyrik* (Autorin und Moderatorin war Christiane Ebermaier), WDR Hist. Arch. 10505 (Manuskript der Moderationen und Einspielbandes ohne transkribierte Gedichtlesungen). – Kritisch verhielt sich ferner die Sendung *Unterdrückung und Widerstand in Südafrika* (20.3.1978 – Autor war Klaus Kreimeier), WDR Hist. Arch. 10531 (Manuskript des Einspielbandes). – Ein weiteres Mal befaßte sich Nora Schattauer 1979 mit Südafrika: *Guerilleros oder Terroristen? Gespräch mit einem Afrikaner über Freiheitsbewegungen im südlichen Afrika* (5.2.1979), WDR-Schallarchiv 5071492 (Mitschnitt): Ihr Gesprächspartner betonte, die südafrikanischen Schwarzen würden „wie Tiere" unterdrückt.

Auch im Falle der griechischen Militärdiktatur wies die Radiothek auf Menschenrechtsverletzungen hin; Touristen werde hingegen eine heile Welt vorgegaukelt.[457] Redakteurin Gretel Rieber verteidigte diese Sendung im Entwurf einer Antwort auf kritische Hörerpost mit dem Hinweis, daß man es in der Bundesrepublik mit einer allgegenwärtigen Verklärung Griechenlands zu tun habe: „Wenn aber in so vielen Schlagern so viel über die (unbestreitbare) Schönheit Griechenlands gesungen wird, dann sollte man gerade jungen Leuten deutlich zu machen versuchen, daß es neben Sonne und Liebe auch Unfreiheit, Unterdrückung und Folter gibt."[458]

Eine aktuelle Sendung über die Ereignisse auf Zypern nach der türkischen Invasion vom 20. Juli 1974 bot Anlaß zur Kritik am Verhalten der NATO gegenüber der griechischen Diktatur. Das Bündnis habe sich, so Moderator Dietrich Backmann, „vor einer klaren – und in diesem Falle heißt das: ablehnenden Haltung gegenüber den griechischen Obristen ziemlich gedrückt. [...] Man hat die Obristen teilweise sogar ziemlich hofiert" – um deren möglichen Schwenk an die Seite des Warschauer Paktes zu vermeiden. „Man nennt dieses, selbst wenn dabei die Freiheit mit Füßen getreten wird, Realpolitik."[459]

Zu den umstrittensten Diktaturen in der Dritten Welt zählte das von Augusto Pinochet geleitete Militärregime in Chile. Ein Jahr nach dem dortigen Putsch zog die Radiothek eine durchweg negative Bilanz: „Ein grauenvolles Blutbad erstickt den Versuch Salvador Allendes, in einem Land der armen Welt Demokratie und Sozialismus aufzubauen." Autor Werner Schmidt wies auf die Beteiligung des US-Geheimdienstes CIA am Putsch hin und schilderte dann das folgende Szenario aus Repressalien, Folter und Terror. Er verglich ökonomische Kennziffern der Zeit vor und nach dem Putsch und hob die Merkmale einer tiefen Wirtschaftskrise hervor.[460]

Gleichfalls kritisch betrachtete die Radiothek die Militärdiktaturen Brasiliens und Argentiniens. Über ihre bedrückenden Erfahrungen in letzterem Land berichtete eine Familie, die von politischer Verfolgung betroffen war.[461] Brasilien bescheinigte die Radiothek nach zehnjähriger Militärdiktatur große wirtschaftliche Erfolge. „Fragt sich nur, wem Wunder und Dynamik zugutekommen. [...] Das Entscheidende ist wohl, daß den Arbeitnehmern die Früchte ihrer Arbeit weitgehend vorenthalten werden." Dies geschehe unter Beteiligung bundesdeutscher und US-amerikanischer Konzerne. Auch dieser Bericht schilderte die Züge einer Diktatur und ihrer Repressalien gegen die Opposition, Züge einer gleichgeschalte-

---

[457] *Die Bouzouki lacht* (25.4.1974 – Autor war Armin Kerker), WDR Hist. Arch. 10484 (Manuskript des Einspielbandes).
[458] Entwurf vom 10.5.1974 für Hörfunkdirektor Manfred Jenke, WDR Hist. Arch. 10450.
[459] *Putsch in Zypern* (22.7.1974 – Autor und Moderator war Dietrich Backmann), WDR-Schallarchiv 5090073 (Mitschnitt).
[460] *Terror und Rezession. Ein Jahr Militärjunta in Chile* (10.9.1974), WDR-Schallarchiv 5090066 (Mitschnitt) und Hist. Arch. 10489 (Manuskript des Einspielbandes). – Am 2.10.1975 griff die Radiothek das Thema erneut auf, diesmal stellte sie regimekritische Musiker aus Chile vor: die Gruppe *Karaxu*, WDR Hist. Arch. 10502 (Manuskript der Moderation). – Kritisch fiel auch die Bilanz des Jahres 1978 aus: *Die Menschen sind wieder hoffnungsvoller. Chile – fünf Jahre nach dem Putsch* (4.9.1978 – Autor war Jens Hagen, Redakteurin und Moderatorin Nora Schattauer), WDR Hist. Arch. 10537 (Manuskripte der Moderation und des Einspielbandes mit Hagens Moderationsvorschlägen und transkribierten O-Tönen).
[461] *Argentinien ein Jahr nach dem Putsch* (28.3.1977), WDR-Schallarchiv 5095768 (Mitschnitt). – Auch in einer Sendung zur Fußball-Weltmeisterschaft 1978 ging es um Menschenrechtsverletzungen in Argentinien: *Und selbst mit 80 Jahren noch... Live-Veranstaltung vom Lenauplatz in Köln-Ehrenfeld anläßlich der Fußball-Weltmeisterschaft in Argentinien* (28.5.1978 – Moderator war Wolfgang Schmitz, Redakteur Ulrich Lux), WDR-Schallarchiv 5090333 (Mitschnitt). Der Titel zitierte das *Fußball-Lied* der Kölner Musikgruppe *Bläck Fööss*. Weitere Details zu dieser Sendung in Abschnitt III. 3. e) γ).

ten Gesellschaft. Die Sendung bereitete die Kontroverse um diese Diktatur mit eingestreuten Hintergrundinformationen stellenweise nur holzschnittartig auf.[462]

Hält man einen 1978 ausgestrahlten Bericht über die kubanische Diktatur dagegen, so mußte sich die Radiothek vorhalten lassen, im Falle Brasiliens und Kubas mit zweierlei Maß zu messen. Kubanische Jugendliche berichteten in O-Tönen über ihr Alltagsleben, die umfassende medizinische und soziale Versorgung, den wirtschaftlichen Aufbau, die großen Fortschritte gegenüber der Epoche vor dem Machtantritt Castros. Die Autorin bekräftigte: „Die Geschichte Kubas ist eine 500jährige Geschichte der Ausbeutung – erst der Spanier, dann der Amerikaner. Es ist eine Geschichte der Herrschaft bestechlicher Präsidenten und blutiger Diktatoren, der letzte war der Oberst Batista." Die sonst in der Radiothek üblichen Hinweise auf Einschränkungen demokratischer Willensbildung und Freiheiten fehlten völlig.[463]

Ein zwiespältiges Bild hingegen zeichneten Reiseberichte aus China. Positive Erlebnisse im zwischenmenschlichen Umgang wurden hervorgehoben, aber auch „Auswüchse" des Bildungswesens kritisiert: der Arbeitseinsatz von Grundschulkindern, die Beschäftigung vieler Schüler mit „reine[r] Industriearbeit", die Einflußnahme von Industriebetrieben auf schulische Lehrinhalte.[464] Die chinesische Sexualmoral wurde als hoffnungslos rückständig kritisiert.[465] Mehrfach wurde auf das Problem hingewiesen, daß den Reisenden womöglich ein geschöntes Bild habe vermittelt werden sollen.[466] Die Hörer konnten sich aufgrund einer im ganzen differenzierten Darstellung selbst das Urteil bilden.

Ihrer emanzipatorischen Ausrichtung gemäß beurteilte die Radiothek die Resultate der portugiesischen „Nelkenrevolution" vom 25. April 1974 positiv. Samuel Schirmbeck begrüßte, daß „Portugal ein freies Land nach 48jähriger Diktatur" sei. Schirmbeck beobachtete die portugiesischen Massenmedien und lobte die publizistischen Freiräume; er wies aber auch darauf hin, wie schwer es vielen Journalisten falle, die inhaltlichen Fesseln aus der Zeit vor 1974 abzustreifen – selbst wenn sie zu den Anhängern des neuen Regime zählten.[467] Kontroverse Meinungen zur Lage in Portugal brachte hingegen eine Sendung vom März 1975: Während Schirmbeck in einem Interview keine Gefahr einer Diktatur von links sah und sich auch der außenpolitische Sprecher der SPD-Bundestagsfraktion Bruno Friedrich gelassen zeigte, warnte der CDU-Politiker Kai Uwe von Hassel vor einem Aufkommen autoritärer Strukturen. Moderator Dietrich Backmann arbeitete distanziert-neutral.[468]

---

[462] *Zehn Jahre Militärdiktatur in Brasilien* (31.3.1974 – Autoren waren Klaus Keuter und Reinhard Bispinck), WDR Hist. Arch. 10483 (Manuskript des Einspielbandes mit transkribierten O-Tönen).

[463] *Eine Reise durch Kuba* (27.7.1978 – Autorin war Marianne Thonnet, Redakteur Jürgen Keimer), WDR Hist. Arch. 10535 (Manuskript der Moderation mit transkribierten O-Tönen).

[464] *Reisebericht aus China Teil 1* (19.12.1976 – Autorin war Doris Götting, Moderatorin Helga Kirchner), WDR-Schallarchiv 5095824 (Mitschnitt).

[465] *Reisebericht aus China Teil 2* (20.12.1976 – Autorin war Doris Götting, Moderatorin Helga Kirchner), WDR-Schallarchiv ebda. (Mitschnitt).

[466] *„China war immer schon eine Welt für sich"* – ein Reisebericht von Petra Klingbeil, Teil 1: *Die Erwartungen und die Reise* (18.10.1978), WDR Hist. Arch. 10538 (Manuskript des Einspielbandes mit transkribierten O-Tönen); Teil 2: *Chinesischer Alltag und chinesische Erziehung* (25.10.1978), WDR Hist. Arch. ebda. (Manuskript des Einspielbandes mit inhaltlich paraphrasierten O-Tönen). – Die dritte Folge der Reihe ist nicht dokumentiert; die Wochenplanung der Redaktion vermerkt für den 8.11.1978 jedoch einen dritten Teil mit dem Titel *Die Kultur und die Politik*.

[467] *Die Lage der Massenmedien in Portugal nach dem Putsch vom 25. April 1974* (9.6.1974), WDR-Schallarchiv 5067730 (Mitschnitt). – Mit dem diktatorisch regierten Portugal befaßte sich Schirmbeck am 12.2.1978; *Canto livre – portugiesische Folklore* (WDR-Schallarchiv 5071621 – Einspielband). Positiv über die portugiesischen Verhältnisse urteilte er im Bericht über den *Kampf gegen den Analphabetismus in Portugal* (18.10.1974), WDR-Schallarchiv 5090080 (Mitschnitt).

[468] Radiothek vom 31.3.1975, WDR Hist. Arch. 10447 (Transkript). – Auch Backmanns aktuelle Informationen vom 25.8.1975 über *Die Lage in Portugal und seinen Überseeprovinzen Angola und Timor* (WDR-Schallarchiv 5090126 – Mitschnitt) ähnelten einer konventionellen, informationsgesättigten Zeitfunksendung; weder tat sich der Moderator

Zusammenfassung

Beim Blick in den Ostblock galt das Interesse vor allem der DDR. Berichte über den SED-Staat orientierten sich grundsätzlich am liberalen und demokratieorientierten Denken der Redaktion: Sie zeigten keinerlei Sympathie für die „Diktatur, die sich Sozialismus nannte"[469], griffen insbesondere deren Medienpolitik scharf an, wiesen auf große gesellschaftliche Reformrückstände hin. In den Sendungen über die DDR-Arbeitswelt allerdings fiel die Kritik an Mißständen mitunter einen Hauch moderater aus, als man das von vielen Beiträgen über bundesdeutsche Verhältnisse kannte.[470] Und: Die Unterdrückungsmechanismen des SED-Staates kamen in den dokumentierten Sendungen nur selten zur Sprache.

Sendungen über die Dritte Welt hoben die Notwendigkeit gezielter Entwicklungspolitik hervor und berichteten über gelungene Projekte. Mit Blick auf die Weltwirtschaft schlugen sich die Autoren in einigen Fällen allerdings über Gebühr unkritisch auf die Seite der Verfechter zeitgenössischer Dependenztheorien: Wie letztere blieben sie Erklärungen im Detail schuldig, wenn sie beispielsweise das Wirken internationaler Konzerne in der Dritten Welt angriffen und in einer separaten Entwicklung der Drittweltländer das Allheilmittel ausmachten.[471]

Scharfe Kritik übte die Radiothek am Apartheid-System Südafrikas. Im Falle des Landes am Kap, aber auch im Falle südamerikanischer Militärdiktaturen legten die Sendungen westlichen Wirtschaftsunternehmen und auch der Bundesregierung zur Last, aus ökonomischem Eigeninteresse über Menschenrechtsverletzungen vor Ort hinwegzusehen. Vergleicht man die Sendungen unter letzterem Aspekt mit denen über die DDR, so fällt auf, daß die Redaktion hier zweierlei Maß anlegte. Wenn man so will, verhielt sie sich hier also komplementär zum *ZDF Magazin* eines Gerhard Löwenthal.

Die Verhältnisse in China wiederum beleuchtete die Radiothek in mehreren detaillierten Reiseberichten, die gesellschaftliche Mißstände nicht verschwiegen, wenn sie auch Mängel politischer Freiheit nur leise kritisierten. West- und südeuropäischen Diktaturen – der Militärjunta in Griechenland und dem 1974 gestürzten Regime in Portugal – stand die Redaktion höchst kritisch gegenüber.

---

mit Meinungsäußerungen hervor, noch orientierte sich die Sendung an der Zielgruppe der Jugendlichen. Kritik an einer aus seiner Sicht über Gebühr angebotsorientierten portugiesischen Wirtschaftspolitik übte Schirmbeck hingegen 1977: *Zwischen Sozialismus und Sozialdemokratie* (17.1.1977), WDR Hist. Arch. 10517 (Manuskripte des Einspielbandes und einer Moderation).

[469] Hermann Weber, Arbeiter versus Sozialismus. Der Aufstand vom 17. Juni 1953, Beitrag in der Reihe *Aufstände, Unruhen, Revolutionen – Zur Geschichte der Demokratie in Deutschland*, ausgestrahlt im HR-2-Hörfunk am 26.4.1998 (priv. Mitschnitt).

[470] Redakteurin Nora Schattauer erläuterte im Antwortbrief an eine Hörerin, die sich über ungerechte Angriffe gegen die SPD in der Radiothek vom 20.10.1978 (Thema dort waren die Sozialistengesetze, zu dieser Sendung vgl. oben Abschnitt III. 3. a) γ)) beklagt hatte: „Wir schweigen nicht zur Unterdrückung der Meinungsfreiheit in der DDR. Wir meinen aber auch nicht, daß man bei jedem Menschenrechts-Thema zum Rundumschlag nach Ost und West ausholen muß, weil dabei das Konkrete leicht verloren geht. Anfang Juli hatten wir eine Sendung, die sich nur mit Bahro und den Zuständen in der DDR befaßte. Und dies mit weit weniger Sympathie gegenüber der DDR als die Sozialistengesetz-Sendung gegenüber der SPD." (Antwortbrief an Vera H. aus Düsseldorf vom 7.11.1978, WDR Hist. Arch. 10477.)

[471] Zur Schwäche der Dependenztheorien: Hermann Sautter, Unterentwicklung und Abhängigkeit als Ergebnis außenwirtschaftlicher Verflechtung. Zum ökonomischen Aussagewert der Dependencia-Theorie, in: Hans-Jürgen Puhle (Hg.), Lateinamerika – Historische Realität und Dependencia-Theorien, Hamburg 1977 (Historische Perspektiven 6), S. 61-101, hier: S. 70-88.

d) Sendungen des Themenbereichs Gesellschaft (1): Gesellschaftliche Organisationen und (Rand-) Gruppen

Dieser Abschnitt zerfällt in zwei Teile. Die im ersten Teil behandelten Sendungen befaßten sich mit gesellschaftlichen Gruppen, mit ihrer Situation und ihren Problemen. Anne Preissner erläuterte:

> „Neben den sogenannten Normalbürgern in unserer Gesellschaft gibt es eine Reihe von Außenseiter- oder Randgruppen, von deren Existenz wir am liebsten nichts wissen möchten oder mit denen wir nichts zu tun haben wollen. Das sind z. B. Ausländer, Straffällige, Behinderte, Farbige, Homosexuelle."[472]

An diesen häufig übersehenen Gruppen zeigte die Redaktion durchweg großes Interesse. Die Sendungen des zweiten Teils untersuchten kulturelle Phänomene[473] und charakteristische Lebensstile der Zeit.[474]

α) Jugendorganisationen

Mitte der siebziger Jahre vermochten die Jugendverbände etwa ein Drittel der bundesdeutschen Jugendlichen mit ihren Angeboten zu erreichen. Resonanz unter den Jugendlichen fand gerade die sogenannte offene Jugendarbeit, die Räume zum „Sich-selbst-Aneignen" zur Verfügung stellte. Jugendliche wurden gesellschaftlich oder künstlerisch aktiv, indem sie ihre Wohn- und Freizeitverhältnisse z. B. im Film dokumentierten oder in Theaterstücken ihre Erfahrungen mit Eltern, Lehrern und beruflichen Ausbildern darstellten.[475] So wandte sich die Radiothek den Jugendverbänden in einer Anzahl Sendungen zu. Die Verbände sahen ihre Funktion nicht mehr in erster Linie darin, für eine glatte gesellschaftliche Eingliederung nachwachsender Generationen zu wirken. Viele Jugendorganisationen hatten sich gegenüber den Interessengruppen Erwachsener verselbständigt.[476]
Damit befaßte sich die Radiothek vor allem 1975 in einer Serie über die *Geschichte der deutschen Jugendbewegungen seit 1945*. Autor Werner Schmidt schilderte den Wandel am

---

[472] Moderationsmanuskript Anne Preissners für die Radiothek über *Obdachlose* (27.8.1974), WDR Hist. Arch. 10488. – Aus praktischen Gründen gilt der Begriff „Gruppe" in diesem Abschnitt jedoch im weitesten Sinne: es ist also nicht nur von Randgruppen die Rede, sondern ebenso von Jugendorganisationen, soweit sie nicht der politischen Sphäre angehörten, sowie auch von Kirchen und religiösen Gruppen. Homosexuelle kommen hier zur Sprache, soweit sie als Randgruppe thematisiert wurden; Sendungen, welche die Situation des Individuums in den Vordergrund rückten, sind weiter unten behandelt.
[473] Begrifflich orientiert sich die Unterscheidung in „dominante Kultur", „Subkultur" und „Gegenkultur" an Walter Hollstein: Demnach umfaßt erstere die „offiziellen und gesamtgesellschaftlich geregelten Verhaltensweisen und Normen". Subkulturen bezeichnen „einzig einen akzidentiellen Dissens von der dominanten Kultur, der sich zeitlich beschränkt in eigenen Verhaltensweisen, Werten und Gruppenbeziehungen manifestiert". Eine Gegenkultur zielt demnach auf eine „Alternative zur Gesellschaft" ab. Zit. nach Hollstein a.a.O., S. 97. Es kann dahinstehen, ob die in den Radiothek-Sendungen behandelten Phänomene eher der Sub- oder der Gegenkultur zuzuordnen sind; entscheidend ist ihre Distanz zur dominanten Kultur.
[474] Sendungen zum Thema Bundeswehr sind aus praktischen Gründen in einem Abschnitt mit denjenigen zu Pazifismus und Kriegsdienstverweigerung zusammengefaßt; sie tauchen hier auf – und nicht etwa im Abschnitt der politischen Sendungen –, da politische Akzente in ihnen vergleichsweise schwach ausfielen. Es ging überwiegend um alltägliche Probleme des einzelnen Soldaten oder Kriegsdienstverweigerers.
[475] Vgl. Lothar Böhnisch/Werner Schefold, Jugendarbeit – Lernfeld mit wechselnden Bedeutungen, in: Deutsches Jugendinsitut (Hg.), Immer diese Jugend!, a.a.O., S. 337-348, hier: S. 341, 344 f.
[476] *Jugendverbände – wie sie sich gewandelt haben. Ein paar Beispiele, ein paar Bemerkungen* (23.5.1974 – Autor war Werner Schmidt), WDR Hist. Arch. 10485 (Manuskript der Einspielbandes). – Eingehend befaßte sich die Radiothek darüber hinaus mit Veranstaltungen wie dem *Kongreß des Deutschen Bundesjugendrings in Bonn* (21.6.1974 – Redakteurin war Helga Kirchner), WDR-Schallarchiv 5090063 (Mitschnitt).

Beispiel der Pfadfinder[477], der Land-, Naturfreunde-, Beamtenjugend[478], der *Falken* und anderer Verbände. Durchgängig zu spüren war Schmidts Sympathie für den neuen, aufmüpfigen Kurs der Jugendverbände, besonders für solche Initiativen, die von der Basis ausgingen. Offene Kritik übte der Autor am aus seiner Sicht revanchistischen Verhalten der Deutschen Jugend des Ostens.[479] Es war allerdings problematisch, daß der Autor der DJO kaum Raum ließ, ihre Ideen darzulegen – gegen die er durchaus im Anschluß hätte argumentieren können. Den Protest der Organisation gegen die Sendung kann man zu einem großen Teil als verbandspolitisch bedingt betrachten; doch hatte Schmidt versäumt, seinen Beitrag mit der nötigen Faktendarstellung anzureichern – er nahm seinen Hörern das Urteil zu sehr aus der Hand.[480]

β) Behinderte

Zu den Randgruppen, für deren Belange sich die Radiothek-Redaktion besonders engagierte, zählten die Behinderten. So wies bereits im Herbst 1974 eine Sendung anschaulich auf deren Probleme im Alltag hin. Die durchaus gutgemeinte Hilfe wandle sich zu einer Belastung des Behinderten:

> „Ihm wird alles abgenommen – ihm wird geholfen. Er wird allzu oft dabei systematisch entmündigt. [...] Nicht wenige Behinderte haben verinnerlicht, [...] ein Nichts zu sein – als ein unproduktives Etwas eingeschätzt zu werden. Resignation und stille Ergebung sind vielen Behinderten an-erzogen worden."[481]

Abhilfemöglichkeiten skizzierte unter anderem die Radiothek vom 19. Oktober 1979: Inge von Bönninghausen stellte ein integriertes Schulprojekt vor. „Da können wir eben sehen, wie wir mit Behinderten umgehen können", erklärten die Schüler. Die Behinderten selbst lernten schneller, als wenn sie unter ihresgleichen blieben.[482] Auf die Schwierigkeiten der

---

[477] *Geschichte der deutschen Jugendbewegungen seit 1945, 1. Teil: Die Pfadfinder hängen den Hut an den Nagel* (2.2.1975 – Autor war Werner Schmidt), WDR Hist. Arch. 10494 (Manuskript des Einspielbandes mit transkribierten O-Tönen).
[478] *Geschichte der deutschen Jugendbewegungen seit 1945, 2. Teil* (2.3.1975 – Autor war Werner Schmidt, Moderatorin Gretel Rieber), WDR Hist. Arch. 10446 (Transkript). – Die Sendeakte 10495 enthält dazu Musiklaufplan und Manuskript des Musikmoderators Gerd Alzen, der jedoch an keiner Stelle Beziehungen zum Wortthema knüpfte und statt dessen – unter ausgiebigem Einsatz von Unterlegmusiken und Jingle-Maschine – eine neue Folge seiner Reihe *Oldie Cologne* präsentierte.
[479] *Geschichte der deutschen Jugendbewegungen seit 1945, 3. Teil* (30.3.1975 – Autor war Werner Schmidt), WDR-Schallarchiv 5090110 (Einspielband) und Hist. Arch. 10447 (Transkript). Der Beitrag wurde in bewährter Weise mit wechselnden Haussprechern produziert, die eine sachlich-distanzierte Sprechhaltung einnahmen.
[480] Dieser Beitrag wurde auch von der 1974/75 aktiven Beobachterkommission des Programmbeirates kritisch beurteilt; vgl. dazu unten Abschnitt V. 4. b).
[481] *Behinderte und Umwelt Teil 1 – Was bedeutet Behinderung?* (2.10.1974), WDR-Schallarchiv 5090077 (Mitschnitt) und Hist. Arch. 10490 (Manuskript des Einspielbandes ohne transkribierte O-Töne). – Daran anknüpfend bemängelte die Sendung *Behinderte in der Arbeitswelt* am 6.11.1974 materielle Benachteiligungen Behinderter, WDR Hist. Arch. 10491 (Manuskript des Einspielbandes): Wer nicht von Berufsgenossenschaften, Kriegsopferfürsorge oder beruflicher Unfallversicherung versorgt werde, sei auf die knapp bemessene Sozialhilfe angewiesen. (Die Sendung wurde offenbar am 2.2.1977 wiederholt, denn eine Manuskriptkopie findet sich unter diesem Tag in WDR Hist. Arch. 10518.)
[482] *Nicht absondern, sondern zusammenführen. Behinderte und nichtbehinderte Kinder besuchen dieselbe Schule – ein Versuch in Berlin*, WDR-Schallarchiv 5090165 (Einspielband). – Sonderschulen sollten lt. KMK-Beschluß vom 16.3.1972 „das Recht der behinderten Menschen auf eine seiner Begabung und Eigenart entsprechende Bildung und Erziehung verwirklichen" ihnen darüber hinaus „helfen, Vertrauen zu sich und ihren Leistungsmöglichkeiten zu gewinnen", vgl. die Wiedergabe bei Oskar Anweiler u.a. (Hg.), Bildungspolitik in Deutschland 1945-1990. Ein historisch-vergleichender Quellenband, Bonn 1992 (Schriftenreihe der Bundeszentrale für politische Bildung 311), S. 187-189.

integrativen Schule hatte allerdings schon Jürgen Hobrecht am 30. März 1977[483] aufmerksam gemacht: Wenn man Lehrer und Schüler nicht gezielt für die Probleme Behinderter sensibilisiere, drohe in der Regelschule Ausgrenzung.[484]

In mehreren Sendungen kam Kritik am Verhalten der Gesellschaft zum Ausdruck. Werner Groß beklagte in einem Bericht über psychiatrische Kliniken die mangelhafte Betreuung der Patienten: Psychische Probleme würden noch zu selten mit Methoden einer reformierten Sozialpsychiatrie zu behandeln: „Wenn man nicht schon verrückt ist, hier wird man's bestimmt."[485]

Gesellschaftskritik schlug sich freilich an anderer Stelle noch deutlicher nieder, etwa in Ulrike Schweitzers Blick auf die Schulausbildung geistig Behinderter – wenn auch der Sprachduktus weniger dem einer Agitatorin glich als demjenigen einer Sozialpädagogin: „Behinderte leisten nichts, und deswegen verdienen sie weniger; denn die Wertvorstellungen in unserer Gesellschaft, die ja an erster Stelle rangieren, sind Leistungsfähigkeit, Produktivität, Rationalität und Schönheit."[486] Inhaltlich und terminologisch geriet die Kritik scharf, in vielsagender Diktion:

> „Die Strategie der Kapitalisten, die Lasten der wirtschaftlichen Krise durch Entlassungen, Reallohnkürzungen und verstärkte Arbeitshetze in den Betrieben auf die arbeitende Bevölkerung abzuwälzen, trifft in ganz besonderem Maße die Behinderten. [...] Es ist die Aufgabe all derer, die sich als Vertreter von Behinderteninteressen ausgeben, [...] gemeinsam etwas gegen ihre Unterdrückung und Benachteiligung zu unternehmen. Der einzelne steht auf verlorenem Posten gegen die Allmacht der Ämter und Unternehmen. Nur im gemeinsamen Kampf sind Fortschritte zu erzielen."

γ) Ethnische (Rand-)Gruppen

Im Vordergrund stand hier die Situation eingewanderter ausländischer Arbeitnehmer in der Bundesrepublik, deren Zahl 1973 knapp 2,6 Millionen erreicht hatte[487]. Nach dem Ein-

---

[483] *Schulsituation Körperbehinderter* (30.3.1977), WDR Hist. Arch. 10519 (Manuskript des Einspielbandes mit transkribierten O-Tönen). – Ein verwandtes Thema behandelte die Sendung vom 19.12.1979: *„Bitte kein Mitleid!" Wie Behinderte in der Öffentlichkeit oft dargestellt werden und was sie selber dem entgegensetzen* (Autorinnen waren Helga Kirchner und Ulrike Schweitzer), WDR-Schallarchiv 5095833 (Einspielband).

[484] Auf die Grenzen der beruflichen Integration wies freilich die Sendung vom 2.11.1979 hin: *Bequem angeschoben oder gut aufgehoben – geistig behinderte Jugendliche in Schule und Heim* (2.11.1979), WDR-Schallarchiv 5075751 und Hist. Arch. 10551 (Transkript). Der hier übernommene Titel entstammt dem Sendelaufplan – die vermutlich auf der Beschriftung des nicht erhaltenen Bandkartons basierende Titulierung im Schallarchiv lautet *Bequem ausgeschlossen oder gut aufgehoben*.

[485] *Die Alptraumfabrik – über das Leben junger Leute in psychiatrischen Anstalten* (16.6.1977 – Autor war Werner Groß), WDR-Schallarchiv 5073508 (Einspielband ohne Moderationen) und Hist. Arch. 10522 (Manuskript der Moderation mit teilweise nicht exakt transkribierten O-Tönen). – Die schärfsten Passagen des Manuskripts hat Redakteur Lux vor der Sendung gestrichen; und darüber hinaus tauchen auch einige nicht gestrichene Abschnitte auf der CD im Schallarchiv nicht mehr auf. – Auch am 20.6.1979 widmete sich die Radiothek ausführlich einem verwandten Thema: in dem Beitrag *„Hier bin ich nach langer Zeit wieder zum Sprechen gekommen"* – Bericht über die Behandlung seelisch Kranker auf der Station K des Knappschaftskrankenhauses in Bottrop Teil 2 (Autorin war Rita Lebe), WDR-Schallarchiv 5095848 (Einspielband). – Die Sendung vom 31.3.1976 enthielt den Erfahrungsbericht des jungen Insassen einer psychiatrischen Klinik: *Weg vom Fenster – oder: Wie man in eine Nervenklinik kommt* (Autor war Achim Kieffer), WDR-Schallarchiv 5095833 (Einspielband).

[486] *Bequem angeschoben oder gut aufgehoben – geistig behinderte Jugendliche in Schule und Heim* (2.11.1979), a.a.O. – Mit Behinderten in der Arbeitswelt befaßte sich die Radiothek am 2.3.1977, WDR Hist. Arch. 10519. – Bereits am 6.11.1974 hatte Autor Ernst Klee die „Ausbeutung" Behinderter beklagt: *Behinderte in der Arbeitswelt*, WDR Hist. Arch. 10491.

[487] Vgl. Werner Abelshauser, Deutsche Wirtschaftsgeschichte seit 1945, Bonn 2004 (Schriftenreihe der Bundeszentrale für politische Bildung 460), S. 320, sowie Ulrich Herbert, Geschichte der Ausländerpolitik in Deutschland. Saisonarbeiter, Zwangsarbeiter, Gastarbeiter, Flüchtlinge, Bonn 2003 (Schriftenreihe der Bundeszentrale für politische Bildung 410), künftig: „Geschichte der Ausländerpolitik", S. 233.

druck einer Enquête-Kommission des Bundestages gestaltete sich die Situation ausländischer Jugendlicher „noch schwieriger als die ihrer Eltern, weil sie nicht wissen, wo sie hingehören"[488].

Auf ausländische Schüler richtete sich das Augenmerk am 13. September 1974.[489] Moderatorin Helga Kirchner stellte kritisch fest, daß sich die deutsche Politik bislang weder für eine Rotation[490] der ausländischen Arbeitnehmer noch für ihre Integration habe entschließen können. Gerade das Schulsystem betreue die ausländischen Kinder und Jugendlichen nicht angemessen.[491] „Schulsituation und Wohn- und allgemeine Lebenslage ergeben schließlich das, was man als Ghettoisierung, Isolation, Randgruppenexistenz bezeichnet."[492] Auch in die Gesellschaft der Herkunftsländer jedoch seien die Kinder und Jugendlichen nicht integriert[493]; sofern es ihnen nun nicht möglich gemacht werde, in der Bundesrepublik Fuß zu fassen, sei die Entwurzelung programmiert.

Antworten auf die Frage, wie denn das alltägliche Leben der Zuwanderer in der Bundesrepublik aussehe, suchte die Radiothek im Mai 1977[494]. Zu Wort kam der 20jährige Türke Süher (phonet.), der seit 14 Jahren in Deutschland lebte. Die Sendung zeichnete das typische Bild einer Familie, die dem damals bei den Kölner Ford-Werken arbeitenden Vater nachgezogen war. Süher klagte, daß viele Deutsche den Türken überheblich begegneten. Dabei distanzierte er sich gleichermaßen von vielen seiner Landsleute. Er warf ihnen rückständige Einstellungen vor. Man müsse sich, forderte Süher, schon ein wenig anpassen, wenn man im Ausland sei.

---

[488] Zit. nach: Deutscher Bundestag, Bericht der Enquête-Kommission „Jugendprotest im demokratischen Staat" gemäß Beschluß des Deutschen Bundestages vom 26. Mai 1981, Drucksache 9/2390 (17.1.1983), S. S. 30.

[489] *Ausländer im deutschen Schulsystem* (13.9.1974 – Autorin war Nora Schattauer, Moderatorin Helga Kirchner), WDR-Schallarchiv 5090075 (Mitschnitt) und Hist. Arch. 10489 (Manuskript mit transkribierten O-Tönen). – Die Sendung vom 20.9.1974 auf der gleichen Linie; es sei anzuerkennen, daß die Bundesrepublik de facto ein „Einwanderungsland" geworden sei: *Gastarbeiterkinder* (20.9.1974 – Moderatorin war Doris Götting), WDR-Schallarchiv 5090085 (Mitschnitt). Klaus J. Bade, Europa in Bewegung. Migration vom späten 18. Jahrhundert bis zur Gegenwart, München 2000, S. 336, macht im übrigen ab Mitte der siebziger Jahre den Übergang zu einer „echte[n] Einwanderungssituation" aus.

[490] Diese Idee stammte aus der Frühzeit der Anwerbeperiode ab 1955, sie stieß jedoch schließlich auf die Kritik der Unternehmer, die über Kosten der immer neuen Einarbeitung neuangeworbenen Personals klagten, vgl. Bade a.a.O., S. 335. Zu den Begriffen Rotation und Integration vgl. Eberhard de Haan, Kulturelle Integration ausländischer Arbeitnehmer, in: Hans-Wolf Rissom (Red.), Arbeitnehmer im Ausland. Bericht über ein internationales Seminar der Deutschen UNESCO-Kommission und der Friedrich-Ebert-Stiftung, Pullach 1974, S. 55-66; hier: S. 57, 59 f.

[491] Damit traf es sich, daß viele ausländische Arbeitnehmer, die noch unentschlossen waren, ob sie dauerhaft in der Bundesrepublik bleiben sollten, ihre Kinder nicht in die deutsche Schule schickten, vgl. das nicht betitelte Referat von Edeltrud Meistermann-Seeger, in: Rissom a.a.O., S. 11-22; hier: S. 17. – Die Behandlung ausländischer Schüler durch die Behörden, die Hilflosigkeit vieler Lehrer hatte auch Anne Preissner in der Radiothek vom 3.3.1974 kritisiert: *Schulsituation ausländischer Kinder und Jugendlicher*, WDR Hist. Arch. 10483 (Manuskript der Moderation ohne transkribierte O-Töne). – Ausländischen Jugendlichen ohne Lehrstelle widmete sich die Radiothek besonders in der Sendung *Berufsausbildung jugendlicher Ausländer* vom 3.2.1976, WDR Hist. Arch. 10506 (Manuskript der Moderation mit transkribierten O-Tönen) – in einem eingehenden Problemaufriß, der auch die Perspektive des Arbeitsamtes, der Ausbilder im Betrieb und der Berufsschullehrer einbezog. Um eine Lehrstelle zu erhalten, stellte Autorin Andrea Reischies fest, müsse ein Ausländer angesichts der ungünstigen Startbedingungen mehr leisten als ein Deutscher; von den Kosten der vorherigen Sprachkurse ganz zu schweigen.

[492] Allen Bemühungen der KMK zum Trotz klafften darüber hinaus große Lücken in der Betreuung ausländischer Kinder und Jugendlicher im Bereich der Vorschulen einerseits und im Bereich der Berufsschulen andererseits, vgl. das nicht titulierte Referat von Manfred Hohmann in: Rissom a.a.O., S. 35-43; hier: S. 36 f.

[493] Diese doppelte Desintegration nahm die Sendung *Kinder mit deutscher Mutter und ausländischem Vater* vom 19.3.1975 (WDR-Schallarchiv 5090180 – Mitschnitt) noch einmal genauer in den Blick. „In Persien haben wir als Ausländer gegolten", konstatierte eine jugendliche Betroffene mit unüberhörbarem Kölner Sprachakzent, „dann kamen wir nach Deutschland, und dann fing der gleiche Ärger schon wieder an." Mit Blick auf diese Kinder machte sich die Sendung für eine erleichterte Einbürgerung von Ausländern stark, die mit deutschen Frauen verheiratet waren.

[494] *Ein Gastarbeiter aus der Türkei erzählt über sein Leben in der Bundesrepublik* (2.5.1977), WDR-Schallarchiv 5095855 (Mitschnitt).

Besonders ausführlich behandelte die Radiothek die Probleme der Ausländer in der Bundesrepublik noch einmal im Rahmen der Sendewoche *Fremd in der Heimat – fremd im Gastland. Ausländische Arbeitnehmer in Deutschland* 1977[495]; sie schlug dabei allerdings keine neuen Wege ein, sondern vertiefte, was bereits 1974/75 angeklungen war – sie erntete im übrigen damit ein positives Echo[496].

Doch nicht nur den „Gastarbeitern" wandte die Radiothek ihr Augenmerk zu, sondern auch die Probleme der Sinti und Roma kamen gegen Ende des Jahrzehnts wiederholt zur Sprache. Eine Sendung im März 1978 suchte Vorurteile abzubauen, indem sie mit O-Ton-Berichten Betroffener an die Verfolgungen im nationalsozialistischen Deutschland erinnerte.[497] Im November 1979 kritisierte ein Beitrag scharf die Diskriminierung der Sinti und Roma – gerade durch offizielle Stellen – in der Bundesrepublik; er wollte allerdings letztlich zum Dialog anregen.[498] Und noch eine der letzten Sendungen der Radiothek beschäftigte sich mit der Situation der Sinti in Bayern. Sie warf der Landesregierung vor, deren kulturelle Interessen aus populistischen Motiven mit Füßen zu treten. Auffallend allerdings ist, daß auch die Gegenseite in diesem Beitrag ausführlich zu Wort kam, ohne daß ihre Argumente umgehend relativiert wurden.[499]

Mit der Situation junger Spätaussiedler – in den siebziger Jahren eine kaum wahrgenommene Gruppe – befaßte sich die Radiothek im Dezember 1979.[500] Einmal mehr beklagte die Sendung Vorurteile der deutschen Gesellschaft gegenüber einer Randgruppe. Autorin Doris Götting erinnerte an die Akte der Diskriminierung, denen die Auslandsdeutschen im Ostblock ausgesetzt seien. Auch hier ging es der Radiothek darum, Vorurteile der Hörer abzubauen und Verständnis für die besonderen Probleme einer Randgruppe zu wecken.[501] Sie forderte von der gesellschaftlichen Mehrheit Toleranz.

---

[495] Die Auftaktsendung fragte: *Warum kamen sie nach Deutschland?* (26.6.1977 – Autorin war Aysim Atsiz, Redakteurin Helga Kirchner), WDR-Schallarchiv 3093568 (Mitschnitt). Die zweite Sendung regte an, über eine zweisprachige Erziehung eingewanderter Kinder in den Schulen nachzudenken: *Analphabeten in zwei Sprachen? Türkische Jugendliche* (28.6.1977 – Autor war Werner G. Schmidt, Redakteurin Helga Kirchner), WDR-Schallarchiv 5090178 (Mitschnitt) und Hist. Arch. 10522 (Manuskripte der Moderation und des Einspielbandes). – Ergänzend beleuchtete die Radiothek in einer schulfunkähnlichen Sendung die Situation in den Herkunftsländern: die Perspektive der Zurückbleibenden auf ihre Landsleute, die in die Bundesrepublik wanderten: *Gastarbeiterkinder in der Bundesrepublik* (1.7.1977), WDR-Schallarchiv 5090178 (Einspielband). Die dritte Folge der Sendewoche betrachtete die familienpolitischen Probleme: *Das Familienleben – zwischen Tradition und Anpassung* (29.6.1977 – Autorinnen waren Aysim Atsiz und Andrea Reischies, Redakteurin war Helga Kirchner), WDR-Schallarchiv 5090178 (Mitschnitt) und Hist. Arch. 10522 (Manuskripte der Moderation und des Einspielbandes). Zur Illustration der Chancen einer gewandelten Politik kam dort eine gut integrierte 15jährige Türkin im O-Ton zu Wort, die seit zehn Jahren in der Bundesrepublik lebte und sich entschieden von Türkinnen distanzierte, die ein Kopftuch trugen.

[496] Vgl. die Zuschrift des Magistrats der Stadt Kassel vom 6.7.1977: „Die Darstellungen der Probleme fand ich einfach gelungen." WDR Hist. Arch. 10523.

[497] *Die Zigeuner vom Ginsterberg* (22.3.1978 – Autoren waren Uwe Möller und Christian Tenbruck), WDR Hist. Arch. 10531 (Manuskripte der Moderation und des Einspielbandes).

[498] *Zigeuner waren in der Stadt/Musikfest Darmstadt* (1.11.1979 – Autoren waren Tom Schroeder und Hans Zahn), WDR Hist. Arch. 10551 (Manuskript des Einspielbandes ohne transkribierte O-Töne).

[499] *Nach dem Hungerstreik im KZ Dachau – hat sich die Lage der Sinti gebessert?* (25.12.1980 – Autorinnen waren Monika Meister und Nortrud Semler), WDR-Schallarchiv 5071399 (Mitschnitt). – Über eine weitere ehtnische Randgruppe berichtete der Beitrag *Vom Ghetto ins Ghetto – über schwarze GIs in der Bundesrepublik* (4.3.1975), WDR Hist. Arch. 10446 (Transkript).

[500] *„Hier weiß man nicht, was man von einem Freund erwarten kann" – von den Schwierigkeiten junger Aussiedler, Kontakt zu finden* (12.12.1979), WDR Hist. Arch. 10552 (Manuskript des Einspielbandes ohne transkribierte O-Töne).

[501] Einen ähnlichen Akzent setzte im übrigen eine Sendung über US-Amerikaner in der Bundesrepublik: *Amerikanische Ausländer* (20.8.1974 – Autor war Friedhelm Melder, Moderator Klaus Klenke, Redakteurin Gretel Rieber), WDR Hist. Arch. 10488 (Manuskript der Moderationen); hier ging es allerdings nicht um Integrationsprobleme, sondern um individuelle Wahrnehmungen Deutschlands und der USA durch einen 18jährigen US-Amerikaner aus Düsseldorf.

In ähnlichem Sinne betrachtete die Reihe die Situation ethnischer Minderheiten in anderen Ländern. Im Falle der Afroamerikaner wahrte sie allerdings spürbare Distanz zu den noch in den sechziger Jahren[502] allgegenwärtigen Befreiungsparolen der *Black Panthers*.[503] Autor Günter Goldbeck-Löwe stellte vielmehr eine Basisinitiative vor, die sich zum Ziel gesetzt hatte, in den Slums von Baltimore durch Sozialarbeit „eine lebens- und erlebenswerte Nachbarschaft aufzubauen." Goldbeck-Löwe beklagte, daß der US-Rassismus „mehr Unheil [...] als die Atombombe auf Hiroshima" angerichtet habe. Auffallenderweise zog der Beitrag an keiner Stelle Parallelen zu den Mißständen in deutschen Satellitenstädten, denen sich die Radiothek zu anderer Zeit immer wieder widmete.

Ein Beitrag der Radiothek über die amerikanischen Ureinwohner stellte dem romantisierenden Bild aus bekannten Filmen und Romanen das tatsächliche Elend der Indianer in den USA und Brasilien entgegen.[504] Ein Reisebericht[505] kritisierte allerdings offen die europäische Sichtweise, die kein Verständnis dafür aufbringe, wenn die Indianer dennoch loyal zu den USA stünden. Der Beitrag informierte eingehend und im Stil einer Schulfunksendung über die Sozialgeschichte der Minderheit, um anschließend ein indianisches Reformschulprojekt vorzustellen, dem am Erhalt der traditionellen Kultur und Sprache gelegen war.

Mit zornigem Engagement betrachtete Henryk M. Broder schließlich die Situation der Kurden im Irak.[506] Er brandmarkte das Desinteresse des Westens:

> „Da die Kurden, anders als die PLO, keine Flugzeuge entführen, keine Schulen überfallen und, im Gegensatz zu der IRA, keine Bomben in Kneipen detonieren lassen, da das Erdöl, das auf ihrem Gebiet gefördert wird, nicht ihrer Verfügungsgewalt unterliegt, ist das Interesse an *ihrem* Befreiungskampf schwach. [...] Eine Öffentlichkeit, die sich nur betroffen fühlt, wenn sie direkt getroffen wird (z. B., wenn unter den Opfern einer Flugzeugkatastrophe *Deutsche* sind), und deren politisches Engagement vom Benzinpreis abhängt, von dieser Öffentlichkeit kann nicht erwartet werden, daß sie ihren selbstgefälligen Arsch aus dem Polstersessel hebt und auch nur einen Hauch von Mitgefühl für ein Volk mitbringt, das ihr – wenn überhaupt – als ein Haufen wilder Gestalten aus einem Buch von Karl May bekannt ist."

Einmal mehr kritisierte der Beitrag aber auch heftig die sowjetische Politik gegenüber den Kurden[507], und Broder schloß bitter: „Die Weltherrschaft der Gangster, von der Sartre nach dem Biafra-Krieg sprach, scheint sich als die einzige internationale Solidarität von Bestand und Dauer zu erweisen."

---

[502] Vgl. dazu Gert Raeithel, Geschichte der nordamerikanischen Kultur Bd. 3: Vom New Deal bis zur Gegenwart 1930-1995, Frankfurt (M.) ²1995, S. 361, 397, sowie Ekkehard Jost, Sozialgeschichte des Jazz in den USA, Frankfurt/M. 1982, ND 1991, S. 174-176.
[503] *Im Ghetto blühen wieder Blumen – Basisarbeit in einem Schwarzen-Viertel von Baltimore* (24.5.1979 – Autor war Günter Goldbeck-Löwe, Redakteur Jürgen Keimer), WDR Hist. Arch. 10545 (Manuskript des Einspielbandes mit deutschen O-Ton-Übersetzungen).
[504] *Indianer* (12.9.1974 – Moderator war Tom Schroeder), WDR Hist. Arch. 10489 (Manuskript der Moderation und des Einspielbandes).
[505] Radiothek vom 19.7.1979, WDR Hist. Arch. 10547 (Manuskript der Moderationen und der deutschen O-Ton-Übersetzungen).
[506] *Wo die internationale Solidarität aufhört. Über die „Gesellschaft für bedrohte Völker", die Zeitschrift „pogrom" und den Krieg in Kurdistan* (2.6.1975 – Autor war Henryk M. Broder), WDR Hist. Arch. 10510 (Manuskript des Einspielbandes). Kursiv gesetzte Worte sind im Manuskript gesperrt geschrieben. – Die Sendung scheint Interesse unter Hörern geweckt zu haben: Detlef S. von den Jusos in Göttingen bat am 6.6.1975 um ein Manuskript des Beitrags; vgl. WDR Hist. Arch. 10473.
[507] Mit diesem Thema befaßte sich auch der Beitrag *Wie man die Wirklichkeit auf die Parteilinie bringt. Die DKP-Presse im Kampf gegen „Reaktion" in Kurdistan und in Indien* (21.7.1975), WDR Hist. Arch. 10499. Vgl. dazu Abschnitt III. 3. c) α).

δ) Homosexuelle als Randgruppe

Das Bestreben, Randgruppen Raum zur Selbstdarstellung zu bieten, um damit ihnen damit zu Akzeptanz zu verhelfen und auch die Wogen in hitzigen Debatten zu glätten, schlug sich unter anderem in der Behandlung Homosexueller als einer mitunter ausgegrenzten Randgruppe[508] nieder. Eine Sendung vom Mai 1974[509] warb um Verständnis:

> „Für die Schwulen gilt – was für alle Minderheiten gilt: sie sind ein Teil der Gesellschaft – und müssen akzeptiert werden – denn wenn man alle Minderheiten an den Rand der Gesellschaft schieben wollte – bliebe kaum mehr was übrig. [...] Wir halten Homosexualität nicht für was Erstrebenswertes – aber auch nicht für ein Unglück. Schwule sind auch nicht netter als andere – aber eben auch nicht hässlicher, dümmer, gefährlicher oder sonstwas."

Betroffenen bot die Moderation abschließend an, die Redaktion nenne auf Anfrage Adressen von Beratungsstellen und Selbsthilfegruppen.[510] Wie heikel sich die Arbeit dieser Gruppen in der Bundesrepublik der siebziger Jahre vielfach gestaltete, zeigte ein Bericht über die *Initiativgruppe Homosexualität Bielefeld*.[511] Diese Gruppe habe den Versuch unternommen, in Schulen über ihre Arbeit zu berichten, sei jedoch auf erbitterten Widerstand gestoßen. Vertreter der Initiative und ihrer Gegner erläuterten ihre Positionen; und Moderator Tom Schroeder ergänzte kritisch: „Mag die Gesetzgebung zur Homosexualität, der sogenannte Paragraf [sic] 175, in letzter Zeit auch liberaler geworden sein, in manchem Kopf von Schule, Elternhaus, Parteien usw. spürt man von dieser Liberalisierung noch nichts."

1977 befaßte sich Christine Lemmen in einer zweiteiligen Sendereihe mit weiblicher Homosexualität. Aus der Tatsache, daß viele Männer auf die Eröffnung einer Frau, sie sei lesbisch, nur mit einem Achselzucken reagierten, schloß die Autorin, daß weibliche Sexualität „im Grunde gar nicht ernstgenommen" werde.[512] Die Frauen selbst schilderten Diskriminierungsängste. Sie betonten, daß sie mit dem Ausleben ihrer Homosexualität Ideen gesellschaftlicher Reformen verbänden:

> „Was wir jetzt lernen [...], daß wir also in Frauenbeziehungen jetzt lernen, Mensch zu sein und überhaupt uns als Menschen zu entfalten, was wir in der alten Frauenrolle nicht durften, ist also für mich 'n wirklich revolutionärer Ansatz. Womit wir Gesellschaft verändern können. [...] Und am Ende können beide Geschlechter wieder miteinander leben. Aber dann haben sie sich so verändert, daß sie eben auch mit ihrem eigenen Geschlecht leben können. Und daß sie nicht mehr nur so halbe Menschen sind."[513]

---

[508] 1977 zeigten sich die 22- bis 23jährigen toleranter gegenüber Homosexualität als die 17- bis 18jährigen; insgesamt votierten unter Jugendlichen und jungen Erwachsenen 15% für ein Verbot, 33% für eingeschränkte Toleranz, 48% für völlige Freiheit, vgl. Blücher/Schöppner, Shell-Studie 1977, Bd. II, S. 72.
[509] *Homosexuelle* (12.5.1974), WDR Hist. Arch. 10485 (Manuskript der Moderation ohne transkribierte O-Töne); Hervorhebung im direkten Zitat übernommen.
[510] Angebote dieser Art waren heikel, vgl. die Beschwerde Peter Giesens gegenüber Intendant Klaus von Bismarck vom 12.2.1975, WDR Hist. Arch. 10450. Näheres dazu unten in Abschnitt V. 3. a).
[511] *Initiativgruppe Homosexualität Bielefeld* (16.1.1975 – Autorin war Andrea Reischies, Moderator Tom Schroeder, Redakteurin Gretel Rieber), WDR Hist. Arch. 10493 (Manuskripte der Moderation und des Einspielbandes).
[512] *Warum Frauen Frauen lieben* (30.8.1977 – Autorin war Christine Lemmen), WDR-Schallarchiv 5075655 (vermutlich Einspielband).
[513] *Frauen lieben Frauen – Gespräch mit lesbischen Frauen* (31.8.1977 – Autorin war Christine Lemmen), WDR-Schallarchiv 5075664 (vermutlich Einspielband).

ε) Weitere Randgruppen

Behinderte und Migranten waren nur die wichtigsten Randgruppen, denen die Radiothek ihr Augenmerk widmete – sie waren keineswegs die einzigen.[514]
Als eine unterprivilegierte Gruppe gerieten bereits im Frühsommer 1974 Kinder ins Blickfeld.[515] Lothar Walser hatte Erwachsene nach ihren Wünschen befragt, wie sich Kinder im Alltag verhalten mögen, und worum es in der Erziehung gehe. Die Antworten boten dem Autor Anlaß zu beißender Kritik:

> „Na also: Artig sollen sie sein – die deutschen Kinder, aufmerksam, folgsam und anpassend, rechtschaffen und arbeitsfreudig. Und natürlich sollen sie Respekt vor den Erwachsenen haben. Schließlich tun die ihnen so viel Gutes: Sie haben fast 24.000 Spielplätze gebaut zum Beispiel. – Wenn man die Quadratmeterzahl allerdings auf die Kinder umrechnet, bleiben jedem Kind etwa 1,6 Quadratmeter – das entspricht der Größe eines Einzelgrabes. Dem allerliebsten Kind der Deutschen – dem Auto – stehen bereits seit 1939 (!) gesetzlich abgesicherte 25 Quadratmeter zu."

Walser zeichnete ein ernüchterndes Bild: In der Bundesrepublik verfüge eine Million Kinder über kein eigenes Bett, knapp 600.000 wüchsen „in unvollständigen Familien", als nichteheliche Kinder oder Halbwaisen heran; „es fehlen rund 30.000 Kindergärten", und jährlich würden Kinder Opfer von „16.000 Sittlichkeitsverbrechen". Die Gesellschaft jedoch glänze durch Desinteresse. Walser vermißte eine Reform nicht nur in der Schule, sondern bereits im Kindergarten –

> „dann kommen die Kinder in die Schule und werden weiter angepaßt und abgeschliffen: Hier ist der Lehrstoff, da sind die Köpfe [...]. Viele Eltern meinen womöglich auch noch: So sei das Leben nun mal, und sie müßten ihre Kinder halt für diesen Lebenskampf fit machen."

Und er wies im letzten Satz auf einen Grund hin: „Wenn Kinder Traktoren hätten, mit denen sie nach Bonn fahren könnten, wäre sicherlich manches anders."
Mit einem brisanten Thema der Zeit[516] befaßte sich Helmut Peters in seinem Portrait eines Mädchens, das in einem Jugendheim lebte.[517] Peters hob die Kosten und die Probleme der Heimunterbringung hervor, die mangelnde personelle Ausstattung und die Überlastung der Betreuer. Nötig sei vorbeugende Sozialarbeit, um Kinder und Jugendliche von vornherein vor der Heimunterbringung zu bewahren.[518]

---

[514] Am Rande erwähnt sei die Sendung über eine eigenwillige Randgruppe: *Wandernde Gesellen in Deutschland* (25.11.1980 – Autor war Thomas Nachtigall), WDR-Schallarchiv 5124920 (vermutlich Mitschnitt). – Eine andere wandernde Gruppe betrachtete die Sendung vom 29.9.1977: *So ein Zirkusleben – Interviews mit jungen Artisten eines Kleinzirkus* (Autor war Axel Engstfeld, Redakteur Lothar Fend), WDR Hist. Arch. 10525 (Manuskript der Moderation und des Einspielbandes mit transkribierten O-Tönen).
[515] Radiothek vom 2.6.1974 (Redakteur war Ulrich Lux; Walser moderierte), WDR Hist. Arch. 10486 (Manuskript der Moderation ohne transkribierte O-Töne). – Zum Hörerecho auf diesen Beitrag vgl. unten Abschnitt IV. 3. e).
[516] APO-Gruppen hatten in den späten sechziger Jahren unter der Parole „Holt die Kinder aus den Heimen" Kampagnen initiiert, in deren Verlauf zahlreiche Jugendliche aus Heimen entwichen; einige fanden Zuflucht in professionell betreuten „Jugendwohnkollektiven" – die sich in den folgenden Jahren mühsam etablieren konnten. Unter dem Einfluß sozialwissenschaftlicher Erkenntnisse schwand in den Heimen nach und nach der „Strafcharakter des Umgangs mit jugendlicher Abweichung", vgl. Julia Ubbelohde, Der Umgang mit jugendlichen Normverstößen, in: Herbert (Hg.) Wandlungsprozesse in Westdeutschland, a.a.O., S. 402-435, hier: S. 430 f., 434 f.; direktes Zitat der S. 435 entnommen.
[517] *Zum Beispiel Monika – die Geschichte eines Heimmädchens* (8.2.1978 – Redakteurin war Helga Kirchner), WDR Hist. Arch. 10530 (Manuskript des Einspielbandes mit transkribierten O-Tönen).
[518] Der Befund deckt sich mit demjenigen Vera Sprau-Kuhlens, Heimerziehung – Stationen auf dem Nebengleis, in: Deutsches Jugendinsitut (Hg.), Immer diese Jugend!, a.a.O., S. 309-322, hier: S. 320 f.: Demzufolge konnten sich Heimerzieher darüber hinaus häufig nur schwer in ihre Zöglinge hineinversetzen. Unter dem Druck der Öffentlichkeit

Eine weitere stigmatisierte Gruppe betrachtete Christopher Sommerkorn 1974: minderjährige Mütter.[519] Sommerkorn umriß die Probleme, mit denen sich diese Mädchen konfrontiert sahen:

> „Viele von ihnen sind bereits psychisch und sozial so geschädigt, daß sie kaum für sich selbst, geschweige denn für ein Kind Verantwortung übernehmen können. [...] Es ist vielleicht bezeichnend, daß gerade diese ganz jungen Mütter [...] sich nach einem kleinen, sehr bürgerlichen Glück sehnen. Sie fühlen sich nicht stark genug – und sind es auch nicht –, sich alleine durchzusetzen [...]. Ihre Möglichkeit heißt Anpassung an die Normen."

Die Eltern der jungen Mütter wiederum ließen es vielfach an der nötigen Unterstützung fehlen. Früher oder später müßten die jungen Mütter ihre Kinder schließlich in einer Krippe unterbringen. „Für viele dieser Kinder ist nach wie vor der weitere Lebensweg damit schon vorgezeichnet: es ist die berühmt-berüchtigte Heimkarriere."
Um Verständnis für eine Randgruppe warben auch Radiothek-Sendungen über das Schicksal Obdachloser. „Der Weg vom sogenannten Normalbürger zum Obdachlosen ist kürzer, als es die meisten von uns wahrhaben möchten", betonte Anne Preissner 1974. Materielle Hilfe allein reiche nicht aus; nötig sei vielmehr eine einfühlsame Sozialarbeit in den Obdachlosensiedlungen, die das Selbstvertrauen der Bewohner wieder stärke.[520] Uli Heuel wiederum schilderte mehrere Wege dieser Sozialarbeit, nahm allerdings auch die Betroffenen in die Pflicht:

> „Wenn es eine äußerst schwierige Aufgabe ist, das Sozialhilfegesetz am einzelnen Nichtseßhaften konkret in die Praxis umzusetzen, liegt das oft nicht an unzureichenden Hilfsmöglichkeiten, sondern daran, daß manche Nichtseßhafte gar nicht dazu bewegt werden können, sich helfen zu lassen."[521]

Eine Jugendsendung der siebziger Jahre kam nicht daran vorbei, auch Gruppen der Jugendszene zu betrachten, denen ein anrüchiges Image anhaftete: Rocker[522] berichteten über ihre monotone Freizeit, über Schwierigkeiten im Beruf, über Streit mit den Eltern, über Schlägereien auf der Straße, aber auch über die gegenseitige Solidarität innerhalb der Clique. Auf das Problem der Gewaltbereitschaft gingen Moderator und Autoren nicht weiter ein.[523]

---

wehe seit den späten sechziger Jahren immerhin ein frischerer Wind, und Heimunterbringung gelte mehr und mehr als ultima ratio.
[519] *Noch Kind – schon Mutter. Minderjährige zwischen Baby und Beruf* (23.7.1974 – Redakteurin war Gretel Rieber), WDR Hist. Arch. 10487 (Manuskript des Einspielbandes mit transkribierten O-Tönen).
[520] *Obdachlose* (27.8.1974 – Autorin war Anne Preissner, Moderator Wolfgang Schmitz, Redakteur Ulrich Lux), WDR Hist. Arch. 10488 (Manuskript des Einspielbandes).
[521] *Das schöne beschissene Leben – Tippelbrüder, Stadtstreicher und Nichtseßhafte* (9.11.1977 – Autor war Uli Heuel), WDR-Schallarchiv 5095851 (Einspielband). – Später berichtete die Radiothek über ein weiteres Hilfsprojekt: „*Wenn einer zu mir Penner sagt, tut es weh" – aus der Arbeit einer Projektgruppe mit Nichtseßhaften in Münster* (9.5.1979 – Autor war Andreas Janning, Redakteurin Helga Kirchner), WDR Hist. Arch. 10545 (Manuskript der Moderation ohne transkribierte O-Töne).
[522] Eine Charakterisierung der Rocker lieferte 1963 *Der Punkt*, die Hauszeitschrift eines Hamburger Jugendzentrums: „Die ‚Rocker' geben sich stark, bisweilen grob, bevorzugen Mopeds, tragen vorn hochgekämmtes Haar – mitunter hinten zum Entenschwanz gelegt – und Motorradjacken [...]. Das Tanzen wird von ihnen als ‚Rocken' bezeichnet. Man hört mit Vorliebe Rock'n'Roll oder im Rhythmus ähnliche Musik und liest die Zeitschrift ‚Bravo'. Die ‚Rocker' sind meist Arbeiter [...]". Zit. nach Fischer, Shell-Studie 1981, Bd. 1, S. 490.
[523] Radiothek vom 12.5.1975, WDR Hist. Arch. 10447 (Transkript). Weitere Details zu dieser Sendung unten in Abschnitt III. 3. e) α). – Mit Aktionen von Rockern gegen einen kirchlichen Jugendclub befaßte sich die Sendung „*Rokker-Arbeit" in Hamburg* (24.3.1977), WDR Hist. Arch. 10519 (Manuskript der Moderation ohne transkribierte O-Töne); das Moderationsmanuskript beschränkt sich auf eine recht nüchterne Faktendarstellung. Zur Behandlung des Phänomens Rocker in einer Sendung über Rechtsradikalismus vgl. oben Abschnitt III. 3. b) ε).

1980 befaßte sich die Radiothek mit den Gruppen der Punks, „Popper" und Teds[524]: Drei aktuelle Trends der Jugendszene sahen sich in dieser Sendung so weit geschildert, wie es zu diesem frühen Zeitpunkt möglich war; freilich sollte sich die Gruppe der „Popper" recht bald als ein Produkt der Massenmedien entpuppen – und als ein Feindbild aufmüpfiger Jugendlicher.[525] Einmal mehr waren die Hörer selbst gefordert, sich ein Urteil zu bilden. Letzteres galt auch in einem Beitrag über studentische Verbindungen, der die interviewten Korpsstudenten durchweg fair behandelte[526]; freilich ist die – möglicherweise wertende – Schlußmoderation nicht dokumentiert.

ζ) Kirchen und Religion

Betrachtet man die Zielgruppe der Radiothek, so besuchten 1972 etwa 35% der jungen Katholiken allwöchentlich oder fast jeden Sonntag die Kirche, unter den Protestanten waren es zwar nur 3,5%, doch immerhin 20% taten dies von Zeit zu Zeit.[527] So wandte sich auch die Radiothek wiederholt den beiden großen Kirchen zu. Die dokumentierten Sendungen nahmen eine distanziert-neutrale Position ein[528]; sie richteten ihr Augenmerk besonders auf alternative Projekte, die aus dem konventionellen Gemeindeleben herausstachen[529]. Den Sinn kirchlicher Aktivitäten beurteilte die Redaktion beispielsweise im Falle der Hamburger „Projektgruppe Glaubensinformation", einer Initiative für kirchliche Mission, in erster Linie anhand der praktischen Erfolge ihrer Sozialarbeit an Gefängnisinsassen.[530]

Entschieden wertende Haltung hingegen nahm eine Serie ein, die sich 1974 mit dem Leben Jugendlicher in kleinen religiösen Gruppen befaßte. Die Serie ist nur teilweise erhalten; die Archivalien lassen jedoch erkennen, daß die Radiothek in schärfster Form vor den Gefahren zu warnen suchte – nicht einmal die Sendungen über Neonazis lassen vergleichbare Distanzierung erkennen. Dabei fällt auf, daß die Sendungen nicht aus kirchlicher Blickrichtung argumentierten, sondern offenbar entsprang die Kritik der Radiothek dem in Säkularisation und Aufklärung gründenden Denken.

Die einleitende Folge *Hare Krishna*[531] ließ Betroffene nicht zu Wort kommen; Auskunft gab vielmehr der Journalist Hans-Conrad Zander, der sich 40 Tage lang als scheinbares Mitglied in die Hare-Krishna-Bewegung begeben hatte. Zander erläuterte ausführlich, wie das Leben dort aussah. Er habe „noch nie so eine primitive Form von Religion erlebt", bekannte Zander. Das intellektuelle Niveau sei „unter allem Hund", es gleiche dem „Niveau

---

[524] *Gespräche mit Punks, Poppern und Teds* (13.9.1980 – Autor war Andreas Bormann), WDR-Schallarchiv 1002556 (Einspielband). – Bereits zuvor hatte sich die Radiothek mit der Punkszene befaßt: *Langeweile. Wir sind ziemlich hirnlos, aber wir machen uns nichts draus – ein Hörbild der deutschen Punk-Szene* (18.6.1978 – Redakteur war Ulrich Teiner), WDR-Schallarchiv 5090154 (Einspielband). Zum Hörerecho auf diese Sendung vgl. unten Abschnitt IV. 3. e).
[525] Vgl. Fischer, Shell-Studie 1981, Bd. 1, S. 456, 517.
[526] *Impressionen aus dem Verbindungsleben* (6.11.1980 – Autor war Matthias Welp), WDR-Schallarchiv 1002506 (Einspielband).
[527] Vgl. Nothelle a.a.O., S. 49, sowie Landesamt für Datenverarbeitung und Statistik Nordrhein-Westfalen (Hg.), Statistisches Jahrbuch Nordrhein-Westfalen 18 (1976), S. 157 f., sowie 23 (1981), S. 165 f.
[528] Ablesbar u.a. an der Sendung *Haben die Kirchen den Jugendlichen noch was zu sagen?* (6.3.1974), WDR-Schallarchiv 5090054.
[529] Beispiel war Gerd Paschs Bericht *Hier fühle ich mich wie zuhause – ein Gottesdienstversuch in Mönchengladbach* (4.2.1979 – Redakteur war Jürgen Keimer), WDR Hist. Arch. 10542 (Manuskript der Moderation mit transkribierten O-Tönen).
[530] Radiothek vom 4.9.1974, WDR Hist. Arch. 10489 (Manuskript des Einspielbandes mit transkribierten O-Tönen); das Manuskript nennt keinen Verfasser, aus den Angaben läßt sich schließen, daß insofern Henryk M. Broder beteiligt war.
[531] *Jugendliche in kleinen Religionsgemeinschaften und Glaubensgemeinschaften – Teil 3: Hare Krishna* (24.7.1974 – Interviewer war Ulrich Teiner, Redakteur Dietrich Backmann), WDR-Schallarchiv 5090073 (Mitschnitt).

einer Rockerbande", urteilte er und schloß: „Ich würde noch viel dringender abraten als bei einer Droge! [...] Wenn Sie da drin sind, dann verlieren Sie ihren Verstand definitiv und ohne Unterbrechung." In der anschließenden Folge über die „Mun-Sekte"[532] schilderte Jürgen Keimer die offenkundige Geschäftemacherei der Sekte und warnte unverblümt vor den Gefahren, die bereits drohten, wenn sich Jugendliche von den „Werbern auf der Straße" auch nur ansprechen ließen. Der letzte Teil der Serie schließlich fragte nach dem Reiz der neuen Gruppierungen.[533] Diese profitierten von einer „soziale[n] Aufbruchstimmung" innerhalb der Jugend und von deren Streben nach postmaterialistischen Werten. Die Antwort der Gesellschaft könne nur in der Bereitschaft liegen, sich zu reformieren und den Jugendlichen entgegenzukommen.

Zusammenfassung

Die Radiothek-Sendungen über gesellschaftliche Gruppen sollten in vielen Fällen zunächst Informationslücken der Hörer schließen. Das galt besonders, wenn in der Öffentlichkeit nur diffuse Kenntnisse oder aus Sicht der Redaktion einseitig gefärbte Auffassungen zu einem Thema kursierten. Und dies war nicht selten der Fall – denn: „Das Klima der politischen Verhärtung und Terroristenhysterie vom Herbst 1977 begünstigte ganz allgemein den Druck gegenüber dissentierenden Minderheiten."[534]
Im Falle ethnischer Minoritäten machte sich die Radiothek für die Integration ausländischer Bevölkerungsgruppen stark. Im Falle behinderter Menschen beklagten die Beiträge, daß die Betroffenen allzu oft an den Rand der Gesellschaft gedrängt würden. Im Falle von Interessengruppen informierte die Sendereihe meist über deren Geschichte und nahm ihre Ziele unter die Lupe.
Die Sendungen bemühten sich zugleich, Impulse zur Meinungsbildung zu geben. Das konnte vielfach schon dadurch geschehen, daß Phänomene wie die Punks oder die Rocker geschildert wurden, ohne über sie im gleichen Atemzuge bereits den Stab zu brechen. Das geschah in anderen Fällen, indem die Autoren oder Moderatoren offen gegen etablierte Meinungen oder Vorurteile argumentierten. Mit Ausnahme religiöser Sekten forderte die Sendung von Randgruppen gerade nicht die Anpassung an herrschende Gepflogenheiten, sondern sie klagte eine größere Toleranz der Mehrheitsgesellschaft ein.

e) Sendungen des Themenbereichs Gesellschaft (2): Lebensstile

α) Kultur und Jugendkultur

Viele Jugendliche verfügten in den siebziger Jahren über reichlich Freizeit – der Umstand jedoch, daß sich häufig Langeweile einstellte, bot der Radiothek-Redaktion Anlaß zu mehreren Sendungen. Einige versuchten eine Bestandsaufnahme, etwa beim Blick auf die Perspektivlosigkeit Jugendlicher in Bochum[535]: „Freizeit, was heißt Freizeit? [...] Da bist Du

---

[532] *Jugendliche in kleinen Religionsgemeinschaften und Glaubensgemeinschaften – Teil 4: Gesellschaft zur Vereinigung des Weltchristentums* (31.7.1974 – Autor war laut Backmanns Programmhinweis am 24.7. [a.a.O.] Jürgen Keimer), WDR Hist. Arch. 10487 (Manuskript des Einspielbandes).
[533] *Jugendliche in kleinen Religionsgemeinschaften und Glaubensgemeinschaften – Teil 7: Gespräch mit dem Religionssoziologen Michael Schibilsky* (21.8.1974 – Redakteur war Dietrich Backmann), WDR-Schallarchiv 5090076 (Mitschnitt).
[534] Brandt/Büsser/Rucht a.a.O., S. 135.
[535] Es war eine Sendewoche: WDR-Schallarchiv 10497; allerdings sind nur zwei Sendungen aussagekräftig dokumentiert.

entweder für die Schule am büffeln, oder Du säufst Dir einen", befand ein junger Kfz-Mechaniker[536]. Der Bericht über die Schwierigkeiten Jugendlicher auf dem Lande, ihre Freizeit sinnvoll zu füllen, schlug als Abhilfemöglichkeit ein selbstverwaltetes Jugendzentrum vor. Kommerzielle Diskotheken seien keine Alternative.[537]

Manche Ausprägungen der Jugendkultur betrachtete die Radiothek kritisch. Das tat etwa ein Beitrag über die seit 1978 verstärkte Verbreitung schwerer Motorräder, der Warnungen vor dem Leichtsinn der Fahrer mit Kritik an der Motorradindustrie verband.[538] „Der überdrehte PS-Zirkus hat nichts übrig für die Motorradopfer, die ein Freizeitvergnügen monatelang aus dem Rennen wirft, die mitunter für ihr Leben lang gehandicapt sind, umschulen müssen", befand Autor Otto Riewoldt. Redakteur Jürgen Keimer mußte sich gegen die Kritik eines Hörers wehren, der dem Beitrag Miesmacherei vorwarf. Keimer argumentierte in seinem Antwortbrief mit Worten, welche die Zielrichtung der Radiothek-Wortbeiträge als um Aufklärung und um Kritik an Kommerzialisierung und Hedonismus bemüht kennzeichneten:

> „Motorradfeindlich sind wir nicht; wir sind nur gegen einen verantwortungslosen Umgang mit schweren Maschinen, die für viele zum Verhängnis werden. (Und wir ärgern uns darüber, daß die Leute, die mit ihrer Werbung und ihrer Verkaufsstrategie viele Unfälle indirekt mit verursachen, für die Folgen nicht zur Rechenschaft gezogen werden.)"[539]

In den dokumentierten Buchrezensionen wandte die Redaktion vornehmlich Literatur aus kleinen Verlagen[540] ihr Augenmerk zu. Daneben kamen literarische Versuche Jugendlicher zur Sprache; in ihnen spiegelte sich das Lebensgefühl einer Szene, in der vom Optimismus der frühen siebziger Jahre nichts übriggeblieben war.[541] Skandalträchtig geriet Otto Rie-

---

[536] Radiothek vom 12.5.1975 (Moderator war Lothar Fend, Redakteur Ulrich Lux), WDR Hist. Arch. 10497 (Transkript). Weitere Details zur Passage über die Bochumer Rocker oben in Abschnitt III. 3. d) ε).

[537] *Der große Frust – Freizeit auf dem Lande* (20.4.1977 – Autoren waren Hans Nakielski, Rainer Müller und Werner Balsen), WDR-Schallarchiv 5095856 (Einspielband) und Hist. Arch. 10520 (Manuskript des Einspielbandes mit transkribierten O-Tönen). Ähnlich argumentierte die Sendung „*Musik wird störend oft empfunden...*" (20.9.1979 – Autor war Günter Scheding, Moderator Michael Rüsenberg), WDR Hist. Arch. 10549 (Manuskript der Moderationen ohne transkribierte O-Töne). Der ernüchternde Befund deckte sich mit den Beobachtungen von Detlef Lecke/Udo Pobel, Unter der Linde und am Wartehäuschen. Jugendliche auf dem Dorf, in: *Kursbuch* 54 (1978), S. 111-125, hier: S. 113. – Dem Freizeitproblem Jugendlicher auf dem Lande wandte sich die Redaktion auch in einer Folge der Reihe *Radiothek unterwegs* zu: *Feriengrüße aus Fort Fun* (8.7.1979 – Moderatoren waren Nora Schattauer, Wolfgang Schmitz und Tom Schroeder), WDR Hist. Arch. 10547 (Transkript); die Auskünfte eines Interviewpartners über diesen sauerländischen Freizeitpark kommentierte Wolfgang Schmitz zurückhaltend: „Okay, dies ist also ein Beispiel für – ja – kommerzielle Freizeit, verkaufte Freizeit." Bereits während der Vorbereitung hatte Heinz Linnerz gegenüber Hörfunkdirektor Jenke gefordert, die Sendung müsse „frei von irgendwelchen Auflagen oder auch Spontanaktionen des Unternehmens ‚Fort Fun'" bleiben; Jenke stimmte zu (vgl. WDR Hist. Arch. 10453). Der WDR erhielt auf diese Sendung hin lobende Zuschriften von Dienststellen des Hochsauerlandkreises, vgl. WDR Hist. Arch. 10451.

[538] *Heißer Markt für heiße Öfen – Motorradfahrer leben gefährlich* (21.6.1979 – Autor war Otto Riewoldt. Redakteur und Moderator Jürgen Keimer), WDR Hist. Arch. 10546 (Manuskript der Moderationen und Einspielbänder mit transkribierten O-Tönen). – Ähnlich kritisch äußerte sich die Radiothek auch gegenüber der verbreiteten Gewohnheit des „Frisierens" von Mofas: *Frisieren mit dem Schraubenschlüssel – über Mofas* (7.8.1979 – Moderatorin war Nora Schattauer, Redakteur Ulrich Teiner), WDR Hist. Arch. 10548 (Manuskript der Moderationen).

[539] Antwortschreiben Keimers an Rolf S. aus Kleve vom 4.7.1979, WDR Hist. Arch. 10478.

[540] Eines dieser Häuser stellte die Radiothek 1980 vor: *Gespräch mit einem Mitglied des Rotbuch-Verlagskollektivs in Berlin* (29.9.1980), WDR-Schallarchiv 1002506 (Einspielband).

[541] *Schreibwettbewerb Unsere Zukunft* (25.10.1979 – Moderator war Tom Schroeder, Autor Martin Burkert, Redakteur Ulrich Lux), WDR Hist. Arch. 10550 (Manuskript ohne transkribierte O-Töne und zusammenfassende Anmerkungen Burkerts über die zitierten Texte). – Ähnliche Eindrücke vermittelte die Sendung *Märchen aus dem Kohlenpott. Schüler aus Bottrop schreiben über ihre Umgebung* (26.9.1980), WDR-Schallarchiv 5090189 (Einspielband). Ungleich hoffnungsvoller war 1975 der Bericht über ein Treffen von Schülerzeitungsredakteuren ausgefallen, der die große Bereitschaft Jugendlicher zu politischem Engagement und auch die Chancen gesellschaftlicher Reformen hervorgehoben hatte: *Jugendpresse* (10.7.1975), WDR Hist. Arch. 10499 (Manuskript mit transkribierten O-Tönen).

woldts und Jörg Armbrusters zweiteiliger Bericht von der Frankfurter Buchmesse 1979. Im noch recht unspektakulären ersten Teil widmeten sich die Autoren besonders der Literatur, die zum 30jährigen Bestehen der Bundesrepublik erschienen war.[542] Armbruster und Riewoldt ließen Autoren zu Wort kommen, spielten Ausschnitte aus Lesungen ein und verbanden dies mit eigenen Anmerkungen. Auf dem erhaltenen Archivband der zweiten Folge[543] setzt sich dieser Kurs für knapp 27 Minuten fort – die Sendung stellte Bücher über die Atomkraftindustrie, die Bundeswehr, über Rocker vor. Dann aber las Werner Waldhoff im O-Ton aus seinem Buch *Punkt für Punkt* den Text *Amoklauf*:

> „Wieder mal so'n richtigen Amoklauf hinlegen, Anzug und Krawatte anziehen, Haare kurz schneiden lassen, die Präsidentin vom katholischen Komitee gegen die Abtreibung schwängern oder ersatzweise einen Gartenschlauch vergewaltigen, draußen im Schuppen beim Schrebergartenverein. Im Bundestag bei der großen Debatte verkehrt vors Mikrofon treten und – ich darf mich kurz fassen, meine Damen und Herren – einen Riesenfurz lassen. Dem Polizeichef einen – F. J. – Strauß roter Rosen zum Geburtstag schenken und anschließend ein Lebensgeständnis reinhauen, sich von 13 in strahlendstem Weiß gekleideten Männern einfangen lassen, die alle so aussehen, wie Heino gern aussehen würde, und sich dann in der Klapse abspritzen lassen. Ach ja, wieder mal so richtig Mensch sein."

Die Tatsache, daß den Buchautoren keinerlei unbequeme Fragen gestellt wurden, daß Schwächen der Bücher praktisch nicht benannt wurden, nahmen die Kritiker gar nicht mehr wahr. An Werner Waldhoffs Lesung und Otto Riewoldts affirmativer Abnahme dieses O-Tons – „Ja, und weil das jetzt so schön war [...]" – entzündete sich rasch zwischen Redaktion, Intendanz, Hörfunkdirektion, WDR-Aufsichtsgremien und Hörern eine der erbittertsten Kontroversen um die Radiothek – die in den darauffolgenden acht Wochen zu einschneidenden Änderungen in der Arbeit der Redaktion führte.[544]

β) Rückschau auf „1968"

Nur ein halbes Jahrzehnt war vergangen seit den Debatten der späten sechziger Jahre, als die erste Radiothek-Ausgabe über den Sender ging. Die Redaktion hat sich mehrfach mit jenen Entwicklungen befaßt; die Beiträge zu den bundesdeutschen Verhältnissen sind jedoch lückenhaft dokumentiert.[545] Sympathie für die Reformideen der APO war nicht zu übersehen.[546] Auffallend hart allerdings ging die Radiothek im Frühsommer 1978 mit den

---

[542] *Stimmen aus dem Bücherdschungel – Berichte von der Frankfurter Buchmesse* (18.10.1979 – Moderator war Jörg Armbruster), WDR-Schallarchiv 5090188 (Mitschnitt). – Die in diesen Sendungen vorgestellten Kleinverlage zählten zu jenen, die sich stark am Vorbild der amerikanischen *underground press* orientierten und sich „der Veröffentlichung experimenteller Literatur und Kunst, literarischer und wissenschaftlicher Raritäten [...] und politischer Theorie wie Polemik" widmeten, vgl. Glaser, Kulturgeschichte 3, S. 53; direktes Zitat dort entnommen.
[543] *Literatur für gute und miese Zeiten* (6.12.1979), WDR-Schallarchiv 5090197 (Mitschnitt) und Hist. Arch. (Transkript).
[544] Vgl. zu dieser Kontroverse unten Abschnitt VI. 1. b).
[545] Das gilt etwa für Christian Bergs und Lothar Fends Reihe *Studentenbewegung in der Bundesrepublik*, Sendungen vom 2. und 3.6.1977, WDR Hist. Arch. 10522 (Moderationsmanuskripte). – Zu den dort u.a. behandelten Aktivitäten des SDS vgl. Willy Albrecht, Der Sozialistische Deutsche Studentenbund (SDS). Vom parteikonformen Studentenverband zum Repräsentanten der Neuen Linken, Bonn 1994 (Reihe Politik- und Gesellschaftsgeschichte 35), S. 463-465.
[546] Beispiel war Nora Schattauers Bericht „*Eine linke Geschichte*" – das neue Stück des Berliner Grips-Theaters (22.7.1980), WDR-Schallarchiv 5095830 (Mitschnitt). Zum Theater selbst vgl. Gerhard Fischer, GRIPS. Geschichte eines populären Theaters (1966-2002), München 2002. – Im selben Jahr hatte Nora Schattauer die *Trauerfeier für Rudi Dutschke in der Freien Universität Berlin* in Redeausschnitten dokumentiert (Radiothek vom 4.1.1980, WDR-Schallarchiv 5071403 [Mitschnitt]).

K-Gruppen ins Gericht.[547] Sie erschienen in der Schilderung einstiger Mitglieder als autoritär organisierte linke Sekten[548]: „Also, ich hatte während der K-Zeit immer das Gefühl, ich verblöde zunehmend. Diese einfältige Methode des Stalinismus, mit der da die Welt erklärt wurde, war also zunehmend untauglich, irgendwie die politische Realität zu durchschauen oder Ansätze zu einer Lösung zu finden." In vergleichbar scharfer Form waren in den Sendungen der Radiothek einzig bestimmte religiöse Sekten kritisiert worden.[549]

Als umfassende Betrachtung der Ereignisse von 1968 in der Radiothek[550] ist eine dreiteilige Reihe über *Die amerikanischen 60er Jahre* dokumentiert. „Die Bürgerrechtskämpfer [...] sind erwacht vom amerikanischen Traum,"[551] befand Autor Helmut Röhrling. Er schilderte ausführlich die Aktivitäten der Studentenbewegung und die Rassenunruhen der sechziger Jahre.[552] Seine Bilanz der Ereignisse versammelte Stellungnahmen Beteiligter und überließ dem Hörer das Urteil, indem sie vielen Meinungen Raum gab: Allen Ginsberg bemerkte selbstkritisch, die Aggression der Linken habe wohl zur Wahl Präsident Richard Nixons und damit zur Verlängerung des Vietnam-Krieges beigetragen. Der Gitarrist Barry „The Fish" Melton[553] – umschrieb den Wandel seither:

> „Ich glaube, die siebziger Jahre sind eine Zeit, wo wir zuhause, bei uns selbst beginnen. [...] Damals hatte die Revolution eine soziale Form, heute ist sie eher individuell. Das bedeutet aber nicht, daß ich jetzt a-politisch geworden wäre. Es gibt so viele Dinge, wenn ich nur an die ganze Umweltverseuchung denke."

William S. Burroughs bekräftigte, die Ideen der sechziger Jahre würden die Kultur wohl langfristig verändern. Im Gegensatz zu kommunistischen Denkern habe die Protestbewegung allerdings keine realistische Vision einer neuen Gesellschaft entwickeln können. Und Jim Kunen – einst Kopf der Studentenbewegung an der Columbia University – bekannte: „Ich hasse es, das zu sagen [...]: Ich bin heute ein Liberaler. Und mit mir sind viele Radikale der sechziger Jahre heute Liberale."[554]

---

[547] *Der Weg in die K-Gruppen* (2.6.1978 – als Autor ist W. Spindler angegeben), WDR-Schallarchiv 5095849 (Einspielband).
[548] Der Befund deckt sich mit demjenigen von Backes/Jesse, die a.a.O., S. 150, den K-Gruppen extrem autoritäres Verhalten, ideologische Intoleranz untereinander und eine scharfe Abgrenzung von der DKP bescheinigten: „Kennzeichnend war der Kampf gegen den ‚Revisionismus'. So charakterisierte man insbesondere die sowjetische Position, die Frieden mit dem Kapitalismus geschlossen und auf eine revolutionäre Veränderung verzichtet habe." Als wichtigste K-Gruppen hatten KPD/ML, die 1970 gegründete KPD und der KBW um 1975 zusammen knapp 1.000 Mitglieder. Der CDU-Bundesvorstand erwog 1977 eine Initiative zum Verbot der K-Gruppen, provozierte damit jedoch eine Gegendemonstration von 10.000 Anhängern der Gruppen, vgl. Backes/Jesse a.a.O., S. 149, 152, 390; Thränhardt a.a.O., S. 252; sowie Andreas Kühn, Stalins Enkel, Maos Söhne. Die Lebenswelt der K-Gruppen in der Bundesrepublik der 70er Jahre, Frankfurt (M.)/New York 2005, S. 52-54, 57.
[549] Vgl. dazu oben Abschnitt III. 3. d) ζ).
[550] Diesen Versuch unternahm auch die freilich oberflächliche Sendung *Mai 1968 in Frankreich – Gespräch mit Daniel Cohn-Bendit* (9.6.1977), WDR-Schallarchiv 5075655 (Einspielband) und Hist. Arch. 10522 (Manuskript des Einspielbandes mit An- und Abmoderation). Dort ist als Sendedatum der 9.5.1977 angegeben; der klare Vermerk auf dem Manuskript und auch die Themenplanung für Mai und Juni 1977 (WDR Hist. Arch. 10445) sprechen jedoch für den 9.6.1977.
[551] *Die amerikanischen 60er Jahre – Teil 1: Der Unmut wächst* (26.5.1977 – Redakteur der Reihe war Lothar Fend), WDR-Schallarchiv 5095776 (Einspielband) und Hist. Arch. 10521 (Manuskript des Einspielbandes).
[552] *Die amerikanischen 60er Jahre – Teil 2: Alles oder nichts!* (29.5.1977), WDR-Schallarchiv 5095776 (Einspielband) und Hist. Arch. 10521 (Manuskript des Einspielbandes). – Zum Abflauen der Protestbewegung vgl. Raeithel a.a.O., S. 398-400.
[553] Vgl. zu Melton: Martin C. Strong, The great Rock Discography, Edinburgh ⁶2002, ND Frankfurt (M.) 2002, S. 671.
[554] *Die amerikanischen 60er Jahre – Teil 3: Ein Jahrzehnt danach* (30.5.1977), WDR-Schallarchiv 5095776 (Mitschnitt) und Hist. Arch. 10521 (Manuskript des Einspielbandes). – Mit einem verwandten Thema – den „Yippies", einer politisierten Hippie-Bewegung – setzte sich die Radiothek am 1.9.1977 auseinander: *Portrait Jerry Rubin* (Autor war Helmut Röhrling), WDR Hist. Arch. 10525 (Manuskript der Moderation und des Einspielbandes).

γ) Die dominante Kultur am Beispiel des Sports

Die dominante Kultur der westlichen Welt stand im Mittelpunkt nur weniger Radiothek-Sendungen. Die meisten dokumentierten Beiträge widmeten sich einem Aspekt dieser Kultur, dem auch Jugendliche großes Interesse entgegenbrachten: den Großereignissen des Sports.

Auch hier wahrte die Radiothek strenge Distanz gegenüber dem aufkommenden Starkult. Besonders die Planung der Sendewoche *Schuß – Tor – der Ball ist rund* zur Fußball-Weltmeisterschaft 1978 deutet darauf hin: So fragte die Auftaktsendung am 21.5.1978 „Fußball-Weltmeisterschaft in Argentinien – eine runde Sache?", die zweite Folge stellte den Deutschen Fußball-Bund vor, in der dritten Folge ging es um „Freizeitfußball", die vierte enthielt den Bericht über einen „Samstagnachmittag in der Südkurve". Der fünfte Teil behandelte die „Kulturgeschichte des Ballspiels", der samstägliche Beitrag dann enthielt ein „Rätsel aus der Fußballwelt".[555]

Zum Abschluß übertrug die Radiothek gemeinsam mit dem *Rockpalast* des Westdeutschen Fernsehens eine Sendung aus Köln-Ehrenfeld[556], bei der Moderator Wolfgang Schmitz jedoch auch nicht etwa Stars der aktuellen Szene interviewte, sondern vielmehr Spieler aus der C-und D-Jugend des *SV Bergfried Leverkusen*, Mitglieder der Ehrenfelder Thekenmannschaft *SC Marieneck*, einen Kegelverein, der zur WM reisen wollte, und bekannte Nationalspieler vergangener Jahrzehnte. Menschenrechtsaktivisten wiesen im Interview auf die Verbrechen der argentinischen Militärdiktatur hin.[557] Beim Publikum auf dem Platz freilich, beobachtete der *Kölner Wochenspiegel*, sei dies auf vergleichsweise geringes Interesse gestoßen.[558]

In auffallender Weise unterschied sich die Perspektive, je nachdem ob die Sendungen sich mit dem Breitensport, mit Randsportarten oder aber mit dem massenattraktiven Spitzensport beschäftigten. In den ersteren Fällen zeigte sich die Radiothek bemüht, den Horizont ihrer Hörer zu erweitern[559], im letztgenannten demonstrierte sie ihre Distanz gegenüber Trends der Massenkultur – wie es Moderator Tom Schroeder im Vorfeld der Fußball-WM 1978 ironisch tat: „Sie wissen ja: Noch zwei Wochen ... sind wir Weltmeister."[560]

---

[555] Vgl. die Wochenplanung der Redaktion in WDR Hist. Arch. 10445; direkte Zitate dort entnommen.
[556] *Und selbst mit 80 Jahren noch... Live-Veranstaltung vom Lenauplatz in Köln-Ehrenfeld anläßlich der Fußball-Weltmeisterschaft in Argentinien*, a.a.O. Weitere Details zu dieser Sendung in Abschnitt III. 3. c) γ).
[557] Vgl. zum Inhalt dieser Sendung auch oben Abschnitt III. 3. c) γ).
[558] Vgl. N.N., *„Buenos dias, Argentina". Kontroverse Veranstaltung der „Radiothek" auf dem Lenauplatz in Ehrenfeld*, in: Kölner Wochenspiegel vom 31.5.1978, S. 1.
[559] Ein Beispiel war die Sendung *Rallye – was ist das eigentlich?* (8.4.1978 – Autor war Jochen Schwarz, Redakteur Ulrich Lux), WDR Hist. Arch. 10532 (Manuskripte der Moderation und des Einspielbandes mit transkribierten O-Tönen), die am Beispiel der späteren Weltmeister Walter Röhrl und Christian Geistdörfer Eigenheiten des Rallyesports erläuterte.
[560] *Schuß – Tooor – der Ball ist rund Teil 5: Schon die Chinesen sind scharf drauf gewesen. Aus der Kulturgeschichte des Ballspiels* (25.5.1978 – Redakteur war Ulrich Lux), WDR Hist. Arch. 10533 (Manuskript der Moderationen ohne transkribierte O-Töne). – Auch die Bilanzen der Fußball-Weltmeisterschaften von 1974 und 1978 in der Radiothek waren – ganz im Gegensatz zum genannten Bericht über den Rallyesport – geprägt von Parodie und ironischer Distanz gegenüber dem Fußballgeschäft und der mitunter einfältigen Berichterstattung besonders der Boulevardmedien. Vgl. *Rückblick auf große Tore* (17.6.1978 – Autor war Rolf Wolf), WDR-Schallarchiv 5075199 (Einspielband) und Fußball-WM 1974 – Quellensammlung für eine erste Bilanz (4.7.1974 – Autor war Werner Schmidt), WDR Hist. Arch. 10487 (Manuskript des Einspielbandes). Der Beitrag *Rote Karte für den Club Borussia Dortmund* (15.12.1977 – Autor war Wolfgang Schmitz), WDR-Schallarchiv 5075406 (Einspielband mit O-Ton-Takes) über Streit zwischen dem Fußballverein und einem Fanclub berücksichtigte vor allem die Perspektive der Fans. Der Rückblick auf die Olympischen Spiele 1976 fiel gleichfalls ein Stück weit distanziert aus, angereichert um „ein paar Brösel" über die antike Geschichte: *Vopo holte erstes Gold – aus der Geschichte noch laufender Ereignisse* (31.7.1976 – Autor war Werner Schmidt, Redakteurin Helga Kirchner), WDR Hist. Arch. 10511 (Manuskript des Einspielbandes und der Moderation); direktes Zitat hiernach.

δ) *„Wir werden uns über den Zwang zur Anpassung unterhalten"*[561] – *„Warenästhetik"
und Mode*

Zur Hoffnung der Studentenbewegung, gesellschaftliche Zustände auf der Grundlage rationaler Analyse verändern zu können, hatte sie nicht gepaßt: die Welt der Konsumfreude, der Werbung, des modischen „Chic". Der Begriff der „Warenästhetik" war zum Reizwort geworden; denn – so der Soziologe Wolfgang Fritz Haug in seiner „Kritik" dessen:

> „Das Ästhetische der Ware löst sich hier von der Sache ab. Schein wird für den Vollzug des Kaufakts wichtiger als Sein. [...] Dieser Verwertungsstandpunkt steht dem, was die Menschen von sich aus sind und wollen, zunächst schroff gegenüber. [...] Die vom Kapitalismus Bedienten sind am Ende nurmehr seine bewußtlosen Bediensteten. Die Menschen werden unablässig trainiert im Genuß dessen, was sie verrät, der eigenen Niederlage und der Identifikation mit der Übermacht."[562]

Warenästhetik versuche demnach, zu manipulieren – vergängliche, scheinbare Bedürfnisse zu wecken.[563]
Die Radiothek schlug sich klar auf der Seite der „Vertreter des ‚moralischen Code'" – die freilich auf verlorenem Posten standen: „Denn der moralische Code schützt, schränkt ein, verbietet. Der ‚kommerzielle Code' dagegen biedert sich an, schmeichelt sich ein, verspricht."[564] Es ging dabei nicht um Askese – es ging um Kritik an einem Konsum, der nach Ansicht der Redaktion zum Selbstzweck geworden war, um Kritik an der Manipulation alltäglicher Wünsche und Einstellungen. Ein Szenenausschnitt, den Uli Heuel an prominenter Stelle in seinen Bericht über ein Laientheater der Christlichen Arbeiterjugend einfügte, brachte diese Haltung auf den Punkt:

> „Wir leben in einer süchtigen Gesellschaft, und der Tanz um das goldene Kalb findet nach wie vor statt. Wenn man das bei Licht betrachtet, ist das im Prinzip das einzige, was unsere Gesellschaft zu bieten hat. Nämlich: Konsum und Sucht. Süchtiges Verhalten im weitesten Sinne. Einfach dieser Wunsch, angetörnt [sic] zu sein. Die Erwachsenen leben einem das ja ständig vor. Durch Alkohol, durch Tabletten, durch neue Kleider, Fernsehen, Auto, Leistungssexualität. Verändert, was Euch stört, die anderen, und vor allem dann: Euch selbst."[565]

Diese Einstellung schlug sich etwa nieder in einem Beitrag über das Bodybuilding[566]. Autor Friedhelm Melder nahm die Aktiven zwar gegen abfällige Urteile in Schutz; aber er brandmarkte Körperkult und das leistungsorientierte Engagement im Freizeitsport als

---

[561] Moderation Doris Göttings in der Radiothek vom 5.1.1974, WDR Hist. Arch. 10480.
[562] Wolfgang Fritz Haug, Kritik der Warenästhetik. Überarbeitete Neuausgabe mit einem Zweiten Buch zur Warenästhetik im High-Tech-Kapitalismus, Frankfurt (M.) 2009, S. 29, 75, 84 f.
[563] Glaser, Kulturgeschichte 3, S. 60.
[564] Vgl. Rolf Lindner, Jugendkultur – stilisierte Widerstände, in: Deutsches Jugendinsitut (Hg.), Immer diese Jugend!, a.a.O., S. 13-24 (künftig: „Jugendkultur"), hier: S. 19; alle direkten Zitate dort entnommen.
[565] *„Astrein"* – *Ausschnitte aus einer Lehrlingsrevue der Christlichen Arbeiterjugend Münster über aktuelle Jugendprobleme* (19.6.1979), WDR-Schallarchiv 5090183 (Einspielband). Dazu auch Detlef Siegfried, „Trau keinem über 30"? Konsens und Konflikt der Generationen in der Bundesrepublik der langen 60er Jahre, in: APuZ 45/2003, S. 25-32, hier: S. 27. – Distanz zur Warenästhetik kam auch zum Ausdruck in den Sendungen: *Lieb Fassenacht magst ruhig sein – kaum Alternativen zum Humbahumba* (11.2.1975), WDR-Schallarchiv 5067732 (Mitschnitt); *Bemerkungen zum Tage – Weiberfastnacht im Rheinland* (6.2.1975), WDR-Schallarchiv 5090086 (Einspielband); *Dreimal großes C – Expeditionen in den Teil eines Stadtteils, Trabantenstadt Köln-Chorweiler* (14.8.1977 – Autoren waren Ilse Sieweke, Frank Grützbach und Mario Angelo, Redakteurin Helga Kirchner) WDR-Schallarchiv 5090186 (Einspielband) und Hist. Arch. 10524 (Manuskript des Einspielbandes mit transkribierten O-Tönen); *McDonald's* (5.7.1979), WDR-Schallarchiv 5073517 (Einspielband).
[566] *Auf der Suche nach einer besseren Welt. Zwei Sportcenter in Köln* (14.11.1974), WDR Hist. Arch. 10491 (Manuskript des Einspielbandes mit transkribierten O-Tönen). – Eine ähnliche Aussage enthielt der Beitrag *Karate – das*

„Flucht aus dem Alltag. Sport, der den in der Daseins-Form empfundenen Mangel [...] ausbeutet und damit vertieft. Sinnvoller wäre es bestimmt, sich weniger um sein Bauchfett und mehr darum zu kümmern, was in der nächsten Nachbarschaft passiert. Ob Wohnhäuser abgerissen und Verwaltungspaläste gebaut werden. Oder auch das, was mit einem am Arbeitsplatz geschieht, nicht nur den Funktionären zu überlassen."

Der Körperkult war nicht Sache der Radiothek-Autoren und -Redakteure. So betrachtete Eike Gerken die *Miss-Germany*-Schönheitskonkurrenz höchst kritisch[567]: „Was denn da über den Laufsteg paradierte, sagen wir's offen, stellte nicht in erster Linie eine Schönheitskonkurrenz dar, sondern bewies vielmehr die möglichst optimale Vermarktung von Konsumprodukten unter Ausnutzung des weiblichen Körpers." Auch dem Werben der Kosmetikbranche um jugendliche Kundinnen stand die Sendung reserviert gegenüber. So wies Nora Schattauer auf die „Verkaufstricks" der Kaufhäuser hin[568]; sie schilderte, unter welchen Druck die Verkäuferinnen von Geschäftsbetreibern und Herstellern gesetzt würden, und zog die Wirksamkeit der Substanzen in Zweifel: „Das, was der Haut wirklich hilft, sind Gesichtsmassagen, viel Schlaf, wenig Rauchen und eine gesunde Ernährung." Friedhelm Melder wiederum befand:

„Boutiquen präsentieren sich dem Kunden als idyllische Konsumoasen, die Konflikte des Alltags werden vor der Türe ausgesperrt. [...] Die Verkäuferinnen [...] gleichen einander wie eine Schaufensterpuppe der anderen. [...] Sie verkauft Klamotten, [...] mit den Klamotten auch noch fehlendes Selbstbewußtsein, bunte Träume, Illusionen."[569]

Kritisch betrachtete denn auch eine zweiteilige Reihe des Frühsommers 1979 den *Wechsel der Mode*. „Zeitschriften, Boutiquen usw. sind der Maßstab für das, was Mode ist", befand Moderator Jürgen Keimer im ersten Teil. „Gleichzeitig betonen die [...] Befragten immer wieder, daß sie in ihrer Wahl unabhängig seien, frei und selbständig. [...] Das ist eigentlich widersprüchlich."[570] Nora Schattauer wies auf ökonomische Zwänge hin, denen sich Einzelhändler und Produzenten ausgesetzt sähen.[571] Die Moderatorin bezeichnete dennoch das vorzeitige Entsorgen unmodern gewordener Kleidungsstücke als Verschwendung und widersprach der These von der Nachfrage nach Mode, die Arbeitsplätze sichere:

„Ich meine, das hieße ja eine Verschwendung in Milliardenhöhe zu akzeptieren, und das hieße, daß sich die Verbraucher nach den Bedürfnissen der Industrie richten sollten und nicht umgekehrt, die Industrie nach den Verbrauchern. Gerade wie eine Wirtschaft in der Lage ist, sich veränderten Verbraucherwünschen anzupassen, zeigte sich die Stärke und Vernünftigkeit eines Wirtschaftssystems."

Geheimnis der leeren Hand (3.8.1978 – Autor war Hermann Krause, Redakteur Jürgen Keimer), WDR Hist. Arch. 10536 (Manuskript der Moderationen ohne transkribierte O-Töne): Krause kritisierte überdies die Gewaltverherrlichung der Karate-Mode und wies auf die Notwendigkeit sorgfältigen Trainings hin, um Verletzungen zu vermeiden.
[567] *Körpermaße Rhein-Main. Vorgeschmack auf die Miß-Germany-Wahlen* (14.5.1977 – Autor war Eike Gerken), WDR-Schallarchiv 1001835 (Einspielband).
[568] *Kosmetikverkäuferin im Kaufhaus – Das Maiglöckchenparfüm kann ruhig nach Rosen duften* (17.10.1978), WDR Hist. Arch. 10538 (Manuskripte der Moderationen und der transkribierten O-Töne).
[569] *Boutiquen* (13.3.1974), WDR Hist. Arch. 10483 (Manuskript des Einspielbandes mit transkribierten O-Tönen).
[570] *Walle walle, der Schlabberlook ist alle – Mode. Teil 1: Über den Wechsel der Mode* (25.6.1979 – Redakteurin war Nora Schattauer), WDR Hist. Arch. 10546 (Manuskript des Einspielbandes und der Moderationen mit transkribierten O-Tönen).
[571] *Walle walle, der Schlabberlook ist alle – Mode. Teil 2: Warum sind Klamotten so teuer?* (26.6.1979 – Moderatorin war Nora Schattauer, Redakteur Wolfgang Schmitz), WDR Hist. Arch. ebda. (Manuskript des Einspielbandes und der Moderationen ohne transkribierte O-Töne). – Modekritisch verhielt sich auch eine Sendung über das Schminkverhalten von Mädchen: *Femina Tausendschön* (7.6.1978), WDR Hist. Arch. 10534 (Manuskript des Einspielbandes mit transkribierten O-Tönen).

Die Mode der Stöckelschuhe kritisierte Nora Schattauer als „beknackt" und unergonomisch[572]: „Warum werden solche Produkte, die doch offenkundig gesundheitsschädlich sind, überhaupt hergestellt? Wie steht es da mit der sozialen Verantwortung der Unternehmen?"

Es kann kaum verwundern, daß die Radiothek auch Teile der breitenwirksamen Filmkultur als eine Form des kulturellen Konsums kritisch betrachtete. Moderat geschah dies 1977 im Falle des *James-Bond*-Films *Der Spion, der mich liebte*.[573] Die Hörer mochten sich freilich fragen, weshalb der Inhalt des Films ausgerechnet von jungen Gewerkschaftern diskutiert wurde, und nicht etwa von Mitgliedern einer jungen Theatergruppe oder einer Video-AG – die sicher zu weitergehenden Erkenntnissen gelangt wären als nur zu dem reichlich oberflächlichen Schluß, der Film sei gewerkschaftsfeindlich.

Treffender geriet die Kritik an den kommerziell ausgerichteten Unterhaltungsfilmen in zwei Beiträgen von Michael Berg. Berg skizzierte 1974 die Handlung eines gerade erschienenen Charles-Bronson-Streifens[574] und befand: „,Ein Mann sieht rot' ist ein reaktionärer Film, ja, manche halten ihn sogar für einen faschistoiden Film, auf jeden Fall aber ist er Bestandteil der neuen amerikanischen Gegenaufklärung (etwa zusammen mit den Exorzisten)." Der Autor verwies auf den relativ hohen Grad der Kriminalität im US-Alltag und nannte den Film vor diesem Hintergrund

> „ein schamloses Geschäft mit der dumpfen Ohnmacht und Unsicherheit der Bevölkerung. Rationale Analyse wird ersetzt durch demagogische Stimmungsmache, jeglicher Hinweis auf die Herkunft der Kriminalität, auf ihre politischen und sozialen Ursachen fehlt. Und die Lösung dieser brennenden Fragen entnimmt der Film einer reaktionären Western-Ideologie – nämlich Selbstjustiz und vorbeugende Tötung."

Einige Monate später nahm Berg an gleicher Stelle die Welle der *Katastrophenfilme* unter die Lupe[575] und erinnerte an die Filme *Erdbeben* und *Flammendes Inferno* mit ihren aufwendigen Inszenierungen:

> „Eine solche Materialschlacht, ein solches Zur-Schau-Stellen von Aufwand regt die Macher dieser Filme zu seltsamen Rechtfertigungen an. Sie geben vor, dem Gemeinwohl zu dienen, indem sie mit ihren Horrorwerken auf Gefahren und Versäumnisse aufmerksam machen. [...] Hinweise dieser Art sind freilich nichts anderes als ein Vorwand zur ungehemmten Ausnut-

---

[572] *Mit Würde durch den Sommer stöckeln – Sinn und Unsinn der Schuhmode* (1.8.1978 – Autorin war Anne Preissner, Moderatorin und Redakteurin Nora Schattauer), WDR Hist. Arch. 10536 (Manuskript der Moderationen und eines Einspielbandes ohne transkribierte O-Töne). – Zum negativen Hörerecho auf diese Sendung vgl. unten Abschnitt IV. 3. e).
[573] *Keiner kann es besser – Besprechung des James-Bond-Films „Der Spion, der mich liebte". Diskussion mit sechs jungen Gewerkschaftern* (6.11.1977 – Gesprächsleiter war Michael Kameier), WDR-Schallarchiv 5095784 (Mitschnitt).
[574] Radiothek vom 21.11.1974, WDR Hist. Arch. 10491 (Manuskript der Moderationen und des Einspielbandes). – Kritisch, wenn auch darin weniger massiv, fiel die Beurteilung eines weiteren Kinofilms aus: *Der Krieg der Sterne*. *Heinz-Josef Jansen im Gespräch mit vier Jugendlichen* (27.4.1978), WDR Hist. Arch. 10532 (Manuskript des Einspielbandes). – Mit einem umstrittenen US-Film über den Vietnam-Krieg befaßte sich die Radiothek in einer von Marcel F. M. Pott geleiteten Diskussion am 10.5.1979: *Die durch die Hölle gehen – Diskussion über den amerikanischen Vietnamfilm „Deer Hunter"* (Redakteur war Jürgen Keimer), WDR Hist. Arch. 10545 (Manuskript der Moderationen und transkribierten O-Töne).
[575] *Katastrophenfilme* (27.3.1975 – Moderatorin und Redakteurin war Gretel Rieber), WDR-Schallarchiv 5090108 (Mitschnitt) und Hist. Arch. 10447 (Transkript). – Mit der deutschen Filmindustrie setzte sich 1976 Henryk M. Broder kritisch auseinander: *Filmförderung Teil 2*, WDR Hist. Arch. 10499; die Tätigkeit der Freiwilligen Selbstkontrolle hatte er 1975 betrachtet und ihr eine zu nachlässige Haltung gegenüber gewaltverherrlichenden Filmen vorgeworfen: *Die gegenwärtige Situation ist zweifellos unübersichtlich*, WDR-Schallarchiv 5090122 (Einspielband).

zung von Angst und Ohnmacht; hinter der Fassade einer sozial-freundlichen Motivation läßt sich dann umso besser Kasse machen."

Auch die Unterhaltungskultur des Fernsehens geriet zur Zielscheibe der Kritik: in Joachim Sonderhoffs ironischer *Hymne an Dieter Thomas Heck*[576] und mehr noch in Sonderhoffs und Werner Schmidts bitterbösem Portrait des *Disco*-Moderators Ilja Richter[577]:

„Seit dem griechischen Redner Demosthenes, der mit einem Kieselstein im Mund seinen Sprachfehler bekämpfte, hat unseres Wissens kein zweiter Mensch mit einem vergleichbaren Leiden sein Publikum so beeindruckt wie der Krähhahn Ilja. [...] Wir halten es nicht mit denen, die Ilja Richter kurz angebunden einen Kotzbrocken nennen. Unterhaltungssendungen im deutschen Fernsehen sind schließlich auf jeden angewiesen – ob auf Maria Schell, Gerhard Löwenthal oder eben Ilja Richter."

Gesprochen war dieser Text in einem ruhigen, abgeklärten Duktus; die Fernsehausschnitte präsentierten *Disco* als eine von Oberflächlichkeit und Primitivität bestimmte Sendung. Mancher Hörer mochte sich freilich fragen, wie sich dieser Beitrag zu den Mittwochs- und Samstagssendungen der Radiothek verhielt – der *Discothek im WDR* und auch der *Schlagerrallye* –, doch zeugt das Ilja-Richter-Portrait einmal mehr von der Kluft zwischen einigen Wort- und Musikredakteuren der WDR-Jugendsendung.[578]

Gegenüber ihren Hörfunk-Kollegen nahmen die Macher der Radiothek gleichfalls kein Blatt vor den Mund. *Carmen kennt kein Erbarmen* überschrieb Henryk M. Broder seine Betrachtung der *WDR-Mitmachsendung ‚Hallo Ü-Wagen' mit Carmen Thomas*, die zeitgleich mit der Radiothek angelaufen war.[579] Broder bemängelte, *Hallo Ü-Wagen* betreibe Schönfärberei:

„Mit dieser Sendung sollen, und das ist höchst lobenswert, Vorurteile aufgezeigt und abgebaut werden – im direkten Kontakt mit dem Zuhörer, der zum Partner wird. Unvermutet tun sich aber immer Schönwetterlandschaften auf; vor dem Mikrofon zeigt jeder sein Sonntagsgesicht."

Auf das Problem des „Sonntagsgesichts" auch bei Interviewpartnern der Radiothek ging Broder freilich nicht ein. Er attestierte der Mitmachsendung Versagen; denn statt eingehender Analyse und Anregung zum Handeln stehe Unterhaltung im Vordergrund:

„Ich finde, auf diese Weise werden die Leute, wenn auch ungewollt, verarscht. Daß es ihnen offensichtlich Spaß macht, verarscht zu werden, macht die Sache nur noch schlimmer. [...] Man muß sich fragen, ob die an sich gute Absicht der Ü-Wagen-Leute, Information in Unterhaltung zu verpacken, bei dieser Art der Durchführung nicht etwas blauäugig ist. Wir wissen nicht, was bei den Zuhörern hängenbleibt."

Eine vergleichbar kritische Grundhaltung durchzog die Berichte in der Radiothek über Musikkultur – das Spannungsverhältnis zwischen unterhaltenden Musikstrecken und analytischen Beiträgen der Wortredaktion war gerade in solchen Sendungen greifbar, die sich in

---

[576] *Hymne an Dieter Thomas Heck* (29.11.1975), WDR-Schallarchiv 5090126 (Einspielband).
[577] *Ilja Richter – ein Mann kämpft gegen seine Stimme* (22.2.1975), WDR-Schallarchiv 5067733 (Einspielband).
[578] Ein an der „Programm-Beobachtung" während des ersten Jahresdrittels beteiligter Hörer kritisierte denn auch, der Beitrag sei zwar zu Beginn „witzig und treffend" gewesen. „Bald ging er aber in eine gehässige, unfaire, verzerrte und überzogene Kritik über. Rational läßt sich diese überheblich-aggressive Darstellung kaum erklären, denn so groß ist der Unterschied schließlich nicht zwischen der Musikpräsentation in Radiothek und der Diskothek. Auch wenn so getan wird, als trennten diese beiden Sendungen." (WDR Hist. Arch. 10471.) Zu dieser Programmbeobachtung vgl. unten Abschnitt IV. 2. a).
[579] *Carmen kennt kein Erbarmen. Über die WDR-Mitmachsendung ‚Hallo Ü-Wagen' mit Carmen Thomas* (1.3.1975), WDR-Schallarchiv 5067733 (Einspielband).

der Art des Schul- und Bildungsfunks mit Popmusik befaßten[580]. So kritisierte Richard Hübsch in einer Betrachtung von *Klassik und Pop*[581] offen die Einfallslosigkeit zahlreicher Rock- und Schlagerkomponisten, die schlicht auf musikalische Motive aus der klassischen Musik zurückgriffen. Volker Rebell erläuterte in seinem *Workshop „Musik-Einmaleins"*[582] Grundlagen der Musiktheorie; er distanzierte sich vom Schlager und überschüttete den kommerziellen Diskotheken-Rock mit Kritik. Rebell wies freilich auf „das eigentlich Neuartige des Rock" in Tonbildung und Rhythmik hin und betonte, daß die „Komplexität" der Rockmusik nicht allein anhand musikalischer, sondern auch sozialpsychologischer Kriterien zu beurteilen sei.

Von kultischer Verehrung der Rockstars im Stil einschlägiger Jugendzeitschriften war hier allerdings nichts zu spüren. Und so tauchten Portraits einzelner Musiker und Bands recht selten auf den Wort-Sendeplätzen der Radiothek auf. Zur Sprache kamen vorwiegend solche Künstler und Gruppierungen, die sich für gesellschaftliche Reformen engagierten – etwa die irische Folkband *Sands Family*[583], die West-Berliner Band *Ton, Steine, Scherben*[584] oder die Rockgruppe *Mobiles Einsatz-Kommando Düsseldorf-Bilk*, die sich in Musik und Theatereinlagen gegen Stadtsanierungs- und Wohnungsbauprojekte sowie gegen die Aktivitäten des Verfassungsschutzes wandte.[585]

Distanz zum Kommerz prägte schließlich auch Dietmar und Elmar Essers Rezension eines Buches über jugendliche Fans des populären Hard Rock.[586] Sie prägte noch stärker Beiträ-

---

[580] Dies gilt auch für die an anderer Stelle behandelte Sendung *Nazi-Rock – vom neuen Geist in der Rockmusik* (14.8.1975), WDR-Schallarchiv 5090134 (Mitschnitt), 5067737 (Einspielbänder) und Hist. Arch. 10500 (Manuskripte zu Moderation und Einspielband). – Differenziert ausgefallen sind im übrigen auch die erhaltenen Berichte von Musikfestivals – bereits die Auswahl war anti-kommerziell: Am 22.5.1975 berichtete Michael Rüsenberg vom *4. Internationalen New Jazz Festival Moers* (WDR Hist. Arch. 10497 – Manuskript des Einspielbandes); am 23.8.1979 befragte Tom Schroeder Günter Scheding über das Musikfest *Umsonst und draußen* in Möllbergen/Porta Westfalica: *Umsonst und draußen – was in einer kleinen Stadt alles passieren kann* (WDR Hist. Arch. 10548 – Manuskript des vorproduzierten Gesprächs ohne transkribierte Einspielbänder).

[581] *Klassik und Pop – die Verwendung klassischer und barocker Themen in der Rockmusik* (15.4.1976), WDR Hist. Arch. 10508 (Manuskript des Einspielbandes ohne transkribierte O-Töne). – 1975 hatte sich die Radiothek bereits am Beispiel der Dortmunder Firma *Pläne* und der Konkurrenten der großen Plattenkonzerne gewidmet: *Schallplattenkleinverlage* (20.3.1975), WDR Hist. Arch. 10447 (Transkript); Moderator Ulrich Lux umriß deren Probleme: „Die Vertriebsbedingungen haben sich für selbst produzierte, besonders politische Stellung beziehende Platten seit 1972 rapide verschlechtert. Es gibt kartellartige Absprachen einiger Großhändler untereinander, so was nicht mehr mitzumachen, sowie ein mittlerweile gewachsenes Mißtrauen der Kleinhändler gegenüber Raubdruckern, Schwarzpressern und Politrockern." Lux sah einen Ausweg in auf die Erfordernisse des Marktes eingerichteten Kooperationen der Kleinfirmen.

[582] *Workshop „Musik-Einmaleins" – musikalische Grundbegriffe, aufgezeigt an Beispielen aus der populären Musik* (10.12.1974), WDR Hist. Arch. 10492 (Manuskript des Einspielbandes). – Dieser Beitrag lief an einem Dienstagabend, einen Tag vor der von Mal Sondock moderierten *Discothek im WDR*.

[583] *Portrait der „Sands-Family"* (23.7.1977 – Autor war Jens Hagen), WDR Hist. Arch. 10523.

[584] *Was ist los mit der Berliner Rockgruppe Ton, Steine, Scherben?* (18.10.1975 – Redakteur war Lothar Fend), WDR-Schallarchiv 5090138 (Einspielband) und Hist. Arch. 10502 (Manuskript des Einspielbandes mit transkribierten Liedtexten und O-Tönen). – Michael Braun wies noch 1978 auf den großen Erfolg einer kritischen österreichischen Band hin, die ihr Land 1977 sogar beim *Grand Prix d'Eurovision de la Chanson* vertreten hatte – Braun verglich dies mit einer Nominierung der deutschen Gruppe *Floh de Cologne* für diesen Wettbewerb: *Portrait der österreichischen Musikgruppe „Schmetterlinge"* (21.1.1978), WDR Hist. Arch. 5095842 (Einspielband).

[585] *Portrait des Rocktheaters M.E.K. Bilk – Mobiles Einsatz-Kommando Düsseldorf-Bilk* (18.10.1980), WDR-Schallarchiv 5095830 (Einspielband). – Ein ähnliches Thema behandelte Michael Braun in seinem Beitrag *Songwerkstatt des Jungen Forums Recklinghausen* (5.6.1975 – Moderator war Tom Schroeder), WDR Hist. Arch. 10498 (Manuskript des Einspielbandes mit transkribierten O-Tönen) – mit O-Tönen politisch engagierter Musiker, die Jugendliche für gewerkschaftliche Arbeit gewinnen wollten und deshalb nach eigener Aussage versuchten, „die Brücke zu schlagen zu den Leuten, die normalerweise Radio Luxemburg usw. hören, die da eben diesen Mist vorgesetzt bekommen".

[586] *Rockdreams müßtest Du erzählen – aber auch das Aufwachen* (16.8.1979 – Redakteur war Ulrich Lux), WDR Hist. Arch. 10548 (Manuskript des Einspielbandes ohne transkribierte O-Töne).

ge, die sich mit der Discothekenszene befaßten. Wolfgang Schmitz berichtete 1975 über zwei Discotheken in Köln[587]:

> „Ganz sicher ist es so, daß die Diskotheken zur Abdeckung einer Reihe von Bedürfnissen in der Freizeit eine große Rolle spielen und auch wichtig sind. [...] Auf der anderen Seite scheinen ein paar Geschichten nicht ganz zu funktionieren. Wir haben gehört von Leuten, die Kontakt nicht gefunden haben in der Diskothek, die sich darüber beklagt haben, daß man eigentlich nicht zu Gesprächen kommt. Und dazu kommt natürlich der kommerzielle Aspekt. In den Diskotheken muß man halt einiges bezahlen für seine Getränke."

Der Hinweis auf eine Lösung dieses Problems lag auf der gewohnten Linie der Radiothek:

> „Es gibt ein alternatives Angebot. [...] Das sind Jugendzentren, die über dieses reine Freizeitangebot hinaus ja Angebote bieten, miteinander zu diskutieren, [...] gemeinsame Hobbys zu entwickeln, und natürlich sich richten an alle. [...] Da kann man [...] anfangen, gemeinsame Erfahrungen zu machen und vielleicht auch auf diese Weise eine gemeinsame Sprache zu finden, was ja in der Diskothek so leicht offensichtlich nicht möglich ist. Und zu einer gemeinsamen Sprache zu finden, wäre doch auch ganz schön."

Walter Mufflers Kritik an Discotheken zielte in eine andere Richtung; er sah die tieferen Ursachen des Bedürfnisses nach sinnentleerter Zerstreuung in einem monotonen Alltag der Besucher:

> „Wenn von einem Freizeitproblem gesprochen werden kann, dann liegen seine Ursachen nicht in der Freizeit, sondern in der Arbeit oder im Verlust der Arbeit. Immer stumpfsinnigere Arbeitstätigkeiten oder mit Resignation ertragene Arbeitslosigkeit lähmen die Fähigkeit, etwas selber zu gestalten. Die Empfänglichkeit auf [sic] starke äußere Reize auch in der Freizeit wird erhöht."[588]

Wie eine nichtkommerzielle *Diskothek im Jugendzentrum* arbeiten konnte, erläuterten Friedrich Hagedorn und Gerd Kappelhoff 1979 an Beispielen aus Lengerich und Münster-Kinderhaus:[589] Die Wahl und Abwahl von Discjockeys durch die Besucher war möglich, es gab die „Vorstellung einer besonderen LP" und verschiedene Spiel-Aktionen, schließlich wurde in Lengerich ein Informationsfilm über die Arbeit des Jugendzentrums gezeigt.

---

[587] Radiothek vom 1.4.1975, WDR Hist. Arch. 10447 (Transkript).
[588] *Die Goldene Freizeit Teil 1: Spielhallen* (22.11.1978), *Teil 2: Diskotheken* (29.11.1978), *Teil 3: Vergnügungsviertel – Beispiel Düsseldorfer Altstadt* (6.12.1978), alle unter dem 22.11.1978 in WDR Hist. Arch. 10539 (Manuskripte der Einspielbänder ohne transkribierte O-Töne). Das direkte Zitat entstammt dem Teil 3. – Kritik an der Monotonie des Alltags in der Industriegesellschaft übte auch Anne Preissner in dem Ratgeberbeitrag *Urlaub und Jugendliche* (28.5.1974), WDR Hist. Arch. 10485 (Manuskript des Einspielbandes).
[589] *Diskothek im Jugendzentrum* (11.7.1979), WDR Hist. Arch. 10547 (Manuskript der Moderationen ohne transkribierte O-Töne). Satirisch hatte Werner Schmidt kontroverse Ansichten zum Thema auf den Punkt gebracht, jedoch dem Hörer das Urteil überließen: *Discjockeys – contra und pro* (20.3.1974), WDR Hist. Arch. 10483 (Manuskript des Einspielbandes). – Scharfe Kritik an der Kommerzialisierung der Musikszene übte Carl Weissner 1974 in seinem Bericht über die Konzertszene: *Allman Brothers: $ 650.000 – Eric Clapton: $ 250.000 – ein heißer Sommer für das amerikanische Rock Business* (25.8.1974), WDR Hist. Arch. 10488 (Manuskript des Einspielbandes); und Werner Sonne kritisierte in seinem *Kommentar zum Tode von John Lennon* (11.12.1980), WDR-Schallarchiv 5073510 (Einspielband), der Ex-Beatle habe „genausogut mit Öl und nicht mit Songs oder Träumen [...] handeln können". Tom Schroeder vermittelte 1974 zahlreiche Details zum Pop-Geschäft: *„Jimme* [sic] *Money" – ökonomische Fakten in der Schallplattenwirtschaft* (12.12.1974), WDR-Schallarchiv 5090070 (Mitschnitt). Er wies darauf hin, daß die Schallplatte „die psychologische Freizeit-Macht Nummer eins" sei. – Schroeders Kritik deckte sich mit derjenigen Salzingers, der 1982 befand: „Rock war von Anfang an nichts als eine kommerzielle Angelegenheit. [...] Paradoxerweise war es jedoch gerade dieser unverfrorene Handelswarencharakter, der die Hoffnung erzeugte, es handle sich um eine revolutionäre Aktionsform." A.a.O., S. 125.

Distanziert, aber ungleich weniger kritisch widmete sich die Radiothek einer zur Unterhaltung genannten Literaturgattung, über deren Qualität bereits in den fünfziger Jahren eine Debatte entbrannt war: den Romanheften.[590] In solchen Beiträgen über Trivialliteratur gehe es den Autoren „nicht darum, die Leser dieser Lektüre zu verunglimpfen", erläuterte Manfred Jenke einem Hörer, „sie beabsichtigten vielmehr, diese Leser darüber aufzuklären, was sie dort konsumieren."[591]

Nicht überraschen konnte wiederum, daß die Radiothek bereits eine Woche nach ihrem Start auf Konfrontationskurs zu jener Zeitschrift ging, die wie keine zweite die Szene der unterhaltenden Jugendmedien und die Freude am Konsum repräsentierte – zur allwöchentlich erscheinenden *Bravo*.[592] Mario Angelos Kritik allerdings spiegelte jene Anwürfe, denen sich die Radiothek umgekehrt ausgesetzt sah:

> „'Bravo', das von sich glaubt, seinen Käufern immer wieder mit dem Holzhammer einreden zu müssen, was gerade 'in' ist, was man sich kaufen muß, was man worüber zu denken hat, war schockiert darüber, daß jemand auch selber denken und seine eigene Meinung haben kann."[593]

Als Konkurrenz zu *Bravo* suchte der Deutsche Gewerkschaftsbund seine Jugendzeitschrift *ran* ins Spiel zu bringen; und im Oktober 1974 stellte die Radiothek die für nordrhein-westfälische Gesamtschulen entwickelte Unterrichtseinheit „*Bravo*" contra „*ran*" vor.[594] Die Beschreibung der Inhalte schlug sich auf die Seite der DGB-Zeitschrift, indem sie *Bravo* deutlich kritischer – wenn auch treffend – darstellte. „Die Einübung in das Konsu-

---

[590] *„...daß das Böse sich wandelt und das Gute belohnt"* – *Gespräch mit einer Heftchenromanautorin* (15.8.1974), WDR-Schallarchiv 5090075 (Mitschnitt) und Hist. Arch. 10488 (Manuskript des Einspielbandes mit transkribierten O-Tönen); *Geschäftchen mit Heftchen. Ökonomisches aus dem Romanheftgewerbe* (9.10.1975 – Autor war Mario Angelo), WDR-Schallarchiv 5090137 (Mitschnitt) und Hist. Arch. 10502 (Manuskript des Einspielbandes mit transkribierten O-Tönen).

[591] Antwortbrief Jenkes an Detlev G. aus Köln vom 4.2.1975, WDR Hist. Arch. 10472. – In ähnlichem Sinne aufgeschlossen zeigte sich die Radiothek gegenüber dem umstrittenen Genre der Comics, dem sie eine schulfunkähnliche Serie widmete: *Geschichte der Comics Teil 1: Pro und Contra des Gebrauchs und Lesens von Comics* (4.5.1974), WDR-Schallarchiv 5090086 (Einspielband) und Hist. Arch. 10485 (Manuskript des Einspielbandes), und weitere Folgen in Schallarchiv und Historischem Archiv. – Unter Anwendung ähnlicher radiophoner Stilmittel befaßte sich die Radiothek in einer längeren Sendereihe mit der Science-Fiction-Kultur – Autor war Lothar Walser: *Science Fiction Folge 1* (19.10.1974), WDR-Schallarchiv 5090127 (Einspielband), und weitere Folgen in WDR-Schallarchiv und Historischem Archiv.

[592] Dennoch beantwortete die Redaktion noch im März 1974 die Anfrage des Hörers Michael W. aus Düsseldorf abschlägig, der um Informationen zu *Bravo* bat, weil man die Zeitschrift kritisch im gymnasialen Deutschunterricht behandeln wolle: „Leider können wir Ihnen zu der Zeitschrift ‚Bravo' kein Informationsmaterial liefern, da wir über diese Art von Zeitschriften nicht berichten." (WDR Hist. Arch. 10468.) – Zum Nutzungsverhalten der Jugendlichen vgl. oben Abschnitt I. 1.c).

[593] *Markenzeichen: Nettes Mädchen von nebenan* (5.1.1974), WDR Hist. Arch. 10480 (Manuskript des Einspielbandes). – In ähnlichem Stil berichtete die Radiothek am 19.5.1978 über einen Eklat am Rande der von *Bravo* organisierten „sogenannte[n] Teen-Wahl 78" in der Dortmunder Westfalenhalle (WDR Hist. Arch. 10533 [Transkript]). Auch die Rockzeitschrift *Flash* sah sich kurz darauf Kritik der Radiothek ausgesetzt: „Echte Kritik an bestimmten Erscheinungen im Musikgeschäft findet in ‚Flash' nicht statt." („*Flash*" – *von A wie Amon Düül bis Z wie Frank Zappa. Die Rockpresse – warum „Flash" von der Plattenindustrie abhängig ist* [24.1.1974 – Autor war Mario Angelo], WDR Hist. Arch. 10480 [Manuskript des Einspielbandes mit transkribierten O-Tönen]).

[594] Radiothek vom 10.10.1974, WDR Hist. Arch. 10490 (Manuskript des Einspielbandes mit transkribierten O-Tönen). – Tom Schroeder und Winfried Trenkler griffen die Konkurrenz der beiden Blätter 1978 in einer – möglicherweise von Autor Uwe Herzog konzipierten – kontroversen Doppelmoderation wieder auf. Während Schroeder den Gefälligkeitsjournalismus von *Bravo* im Bereich der Popmusik kritisierte und eher *ran* zuneigte, nahm Trenkler *Bravo* gegen allzu harsche Kritik in Schutz: *Bravo & Co. Popzeitschriften in Deutschland* (1.11.1977 – Redakteur war Ulrich Lux), WDR Hist. Arch. 10527 (Manuskript der Moderationen, Herzogs Beitrag ist nicht dokumentiert). Mario Angelo warf der Jugendpresse vor, das politische und gesellschaftliche Bewußtsein ihrer Leser nur ungenügend zu schärfen: *Jugendseiten mit Seitenstichen. Wie ein Syndikat über die Inhalte von Jugendseiten bestimmt* (25.7.1974), WDR-Schallarchiv 5090072 (Mitschnitt) und Hist. Arch. 10487 (Manuskript des Einspielbandes mit transkribierten O-Tönen).

mieren ist eigentlich das wichtigste Angebot, das BRAVO seinen Lesern macht", kommentierte der Beitrag, „Erwartungen, Sehnsüchte und Hoffnungen der Leser zu käuflichen und konsumierbaren Objekten umwandeln". In den O-Tönen der befragten Schüler unterblieb freilich ein Nachdenken über gewerkschaftliche Interessen, die hinter der Verbreitung von *ran* standen.[595]

Die Kritik verstärkte sich noch beim Blick auf die Praktiken der Boulevardpresse – in Gestalt der *Bild*-Zeitung. *Wen erschlägt die Schlagzeile?* fragte ein Bericht[596], der manipulative Techniken erläuterte. Der ehemalige *Bild*-Reporter Hans Schulte-Willikes berichtete über Recherchetricks, suggestive Fragetechniken und Überrumpelungstaktiken der Zeitung – und auch über den Druck, unter den die Redaktion ihre Mitarbeiter setze. „Die meisten Reporter haben sich ja leider das Konzept der Zeitung zueigen gemacht." Der Beitrag war unproblematisch – offenbar bis auf einige fehlerhafte Detailangaben, bezüglich derer der Springer-Verlag eine Gegendarstellung ausstrahlen ließ. Die Redaktion nahm dies zum Anlaß, den Beitrag unter Auslassung der betreffenden Details zu wiederholen.[597]

ε) Die USA und ihre Lebensweise

Teilweise ins Bild der Sendungen zur Frage der „Warenästhetik" fügten sich jene, die sich mit dem Muster einer von dieser Ästhetik geprägten Gesellschaft befaßten, nämlich mit derjenigen der USA. In einigen dokumentierten Sendungen ging die Radiothek jedoch durchaus differenziert vor.

Dies galt für Erika Kips Beitrag über 19 Jugendliche, die sich monatelang in Amerika aufgehalten und im Anschluß einen Reisebericht verfaßt hatten.[598] Wohl kam eine geradezu schmierige US-Provinz mit sozialen Problemen des Mittelstands zum Vorschein. Doch wies der Beitrag auch auf positive Seiten hin: Die Jugendlichen erläuterten, sie hätten Bekanntschaft mit neuartigen Lebensweisen gemacht, sie lobten die Toleranz und die Freiheit in den USA und kritisierten schließlich die in Deutschland verbreiteten antiamerikanischen Vorurteile als „erschreckend".

1976 freilich betrachteten Joachim Sonderhoff und Ulrich Lux „die USA von unten".[599] „Wir sprachen eben nicht mit den offiziellen Vertretern [...]. Deren Vorstellungen von der

---

[595] Vgl. zur gewerkschaftlichen Einbindung Nothelle a.a.O., S. 147, 161.
[596] *Wen erschlägt die Schlagzeile? Über die Methoden der Boulevardpresse* (25.7.1977), WDR-Schallarchiv 5095851 (Einspielband). – Bereits in der Radiothek am 18.7.1974 hatte Ingrid Fischer Mitglieder der Hamburger Theatergruppe *Rost* interviewt, die *Bild* in einer Revue aufs Korn genommen hatten (WDR Hist. Arch. 10450; Transkript). Der Springer-Verlag scheint sich am 30.7.1974 beschwert zu haben (das Schreiben ist nicht erhalten); denn Ulrich Teiner rechtfertigte die Sendung am 8.8.1974 gegenüber Hörfunkdirektor Jenke, vgl. WDR Hist. Arch. 10450. – Ein weiteres Mal betrachtete die Radiothek die Praktiken der Bild-Zeitung kritisch anläßlich der Nachforschungen Günter Wallraffs: *Die BILD-Zeitung, ihre Opfer und Ankläger – Günter Walraff contra BILD* (20.12.1979 – Autor war Jürgen Krönig), WDR-Schallarchiv 5071403 (Mitschnitt).
[597] Die Bestätigung dieser Gegendarstellung findet sich in der Sendeakte: WDR Hist. Arch. 10523, der Schriftwechsel in: WDR Hist. Arch., unverz. Best. des Intendanten von Sell, *WDR Allgemeine Programmangelegenheiten – RADIOTHEK – 1-22 – 24.602 – 254.* – Vgl. zum Nachspiel der Sendung unten Abschnitt V. 7. d).
[598] *Abenteuer Amerika – 19 Jugendliche schreiben ein Reisebuch* (29.3.1979 – Redakteur war Ulrich Teiner), WDR Hist. Arch. 10543 (Manuskript des Einspielbandes mit transkribierten O-Tönen).
[599] *200 Jahre American Pie – Alternatives zum Geburtstag der USA* (4.7.1976), WDR Hist. Arch. 10511 (Manuskript des Einspielbandes). – Bereits in der Radiothek vom 8.2.1976 (WDR Hist. Arch. 10506 [Manuskript der Moderation]) hatte Ulrich Lux Kritik an der Todesstrafe in den USA durchblicken lassen. – 1975 wiederum hatten Lux und Sonderhoff sehr kritisch die kommerzielle Radiolandschaft in den USA beschrieben: *Rundfunk in Amerika* (9.3.1975), WDR-Schallarchiv 3008438 (Mitschnitt), und das bundesdeutsche System als positives Beispiel dagegengesetzt. Die Faktendarstellung dieser Sendung war nicht zu beanstanden, vgl. dazu Hans J. Kleinsteuber, Medien und öffentliche Meinung, in: Willi Paul Adams u.a. (Hg.), Länderbericht USA Bd. I, Bonn ²1992 (Schriftenreihe der Bundeszentrale

Vergangenheit, der Gegenwart und der Zukunft Amerikas wurden heute und in den vergangenen Monaten mehr als genug in den bundesdeutschen Medien [...] behandelt."
Die Autoren beklagten die Diskriminierung indianischer Bevölkerungsgruppen, die restriktive Politik Washingtons gegenüber Kuba, den Einfluß internationaler Wirtschaftskonzerne. Sie schilderten das massive Drogenproblem, verwiesen auf die Situation der aus dem Vietnam-Desaster heimgekehrten Versehrten, die Arbeitslosigkeit, den Rassismus – und schlossen: „Im 200. Jahr ihrer Geschichte befinden sich die USA in einem desolaten Zustand."

ζ) *Die Alternativkultur*

„Wichtig ist [...], daß Kultur hier nicht reduziert wird auf die des Abonnement-Theaters, sondern erweitert wird auf alle Strömungen, die von der Basis stammen" – mit diesen Worten umriß Günter Scheding 1974 die Motive jener Radiothek-Sendungen, die im Mittelpunkt dieses Abschnitts stehen.[600] Einer kulturellen Betätigung Jugendlicher, die frei von Einflüssen Erwachsener oder von wirtschaftlichen Zwängen war (und die gerade aus ersterer Tatsache einen Teil ihrer Faszinationskraft gewann[601]) wandte die Radiothek ihr Augenmerk zu. Sie berichtete etwa über die von Laien initiierten „Lehrlingstheater" – denen es nach Worten Michael Brauns darum ging, „das Mittel Theater zu benutzen, um aufklärerische, politische Inhalte zu vermitteln"[602]. Die Jugendlichen nahmen kein Blatt vor den Mund:

> „Wenn ich heute ins Theater gehe und seh' mir Hamlet an, da geh ich bekloppt rein und komm auch bekloppt wieder raus, [...] Theater muß Spaß machen, und es muß auch aufklären, und wenn man beides gut verbinden kann, und so haben wir es [...] auch gemacht und haben damit Erfolg gehabt. [...] Natürlich kann unser Theater nicht die Welt verändern, aber wir benutzen es eben, um die Leute dazu zu bekommen, die Welt zu verändern. Das andere Theater, das bürgerliche Theater, das kann die Welt schon mal gar nicht verändern."

---

für politische Bildung 293/I), S. 546-562; hier: S. 551 f. Zum gleichwohl kritischen Hörerecho auf diese Sendung vgl. unten Abschnitt IV. 3. e).
[600] *Bielefelder Blätter* (13.6.1974 – Moderator war Tom Schroeder, Redakteur Ulrich Lux), WDR Hist. Arch. 10486 (Manuskript des Einspielbandes).
[601] So Langguth a.a.O., S. 280 f.
[602] *Theaterinitiative Dortmund, Dortmunder Lehrlingstheater* (25.3.1975 – Moderator war Wolfgang Schmitz), WDR Hist. Arch. 10447 (Transkript). Wiederholt wurde der Beitrag bereits am 1.5.1975 (Moderator war Tom Schroeder, Redakteur Ulrich Lux), WDR Hist. Arch. 10486 (Manuskript der Moderation und des Einspielbandes mit transkribierten O-Tönen). – Am 12.8.1975 behandelte die Radiothek das Thema abermals und wies auf die Vorteile eines Zusammenschlusses derartiger Initiativen hin: *Volkstheaterkooperative München* (Autor war Wolfgang Bauernfeind, Moderator Lothar Fend), WDR Hist. Arch. 10500 (Manuskript der Moderationen und des Einspielbandes mit transkribierten O-Tönen). – Klar auf die Seite der Laientheater schlugen sich Kathrin Voß und Walter Claßen in ihrem Bericht über einen Streit der Frankfurter Kinder- und Jugendbühne *Theater am Turm*, das als bundesweit einziges mit öffentlicher Finanzierung rechnen konnte, mit der örtlichen CDU: *Der Countdown läuft* (23.11.1978), WDR Hist. Arch. 10539 (Manuskript des Einspielbandes mit transkribierten O-Tönen). – Auch Walter Kluth ergriff in seinem Bericht über das kritische Bochumer Kindertheater *Bollerwagen* Partei für dessen Betreiber: *Ein erfolgreiches Kindertheater, und doch kaputtgemacht* (9.12.1976 – Moderator war Tom Schroeder, Redakteur Ulrich Lux), WDR Hist. Arch. 10515 (Manuskript der Moderation und des Einspielbandes mit transkribierten O-Tönen). Die zwei streitbarsten Passagen im Manuskript sind allerdings gestrichen. – Zu den Absichten der alternativen Theaterszene vgl. Hermann Glaser, Deutsche Kultur. Ein historischer Überblick von 1945 bis zur Gegenwart, Bonn 1997, künftig: „Deutsche Kultur", S. 329, 336, sowie ders., Kulturgeschichte 3, S. 75 f., 385. – Die Radiothek berichtete schließlich 1977 über Jugendgruppen, die auf gesellschaftliche Mißstände nicht mit Hilfe des Theaterspiels, sondern mit dem neuen Medium Video aufmerksam machen und damit „Basisöffentlichkeit" schaffen wollten: *Zwei Medienzentren in Hamburg* (21.4.1977), WDR Hist. Arch. 10520 (Manuskript der Moderationen und des Einspielbandes mit transkribierten O-Tönen).

Die in den siebziger Jahren populäre Kultur der sozialkritischen Liedermacher kam am Beispiel eines prominenten Vertreters aus dem Ruhrgebiet zur Sprache: des Duisburgers Frank Baier.[603] Jens Hagen schilderte die Aktivitäten Baiers, der sich auch intensiv mit der Sozialgeschichte des Reviers befaßt hatte und sich bemühte, die Lieder des Arbeiterdichters Heinrich Kämpchen, der sich 1889 während der großen Streiks an der Ruhr engagiert hatte[604], zu rekonstruieren. Der Beitrag enthielt Baiers Version des Kämpchen-Liedes *Dem, der auf der Liste steht*, das unter dem Eindruck des Sozialistengesetzes entstanden war. Kämpchens Text

> „Dem, der auf der Liste steht,
> Hilft kein Bitten, kein Gebet.
> Mögen Weib und Kind verhungern,
> Er muß durch die Lande lungern,
> Ohne Arbeit, ohne Geld,
> Weil es so den Herrn gefällt. [...]"

hatte Baier um den *Zusatz 1979* ergänzt:

> „Es droht und schimpft Demokratei,
> Es kocht und brodelt um die Ecke.
> Was nützt uns Freiheit, die nicht frei,
> Wo man nichts mehr zu sagen hätte?
> Das Denken steht bald unter Straf',
> Was nicht genehm den Herren.
> Nur der in Schulen lehren darf,
> Will er sich nie für nichts beschweren."

„Es lohnt sich und macht Spaß, ihn anzuhören", urteilte Jens Hagen.

Raum in der Radiothek hatten schließlich auch alternative Wohn- und Lebensformen. Dabei spielten Landkommunen eine wichtige Rolle. Ulrich Lux erläuterte die unterschiedlichen Aktivitäten dieser Kommunen und faßte zusammen: „All diese Ideen stehen in einem Zusammenhang, nämlich dem: Wir haben von der Stadt die Schnauze voll."[605] Die langfristigen Überlebenschancen dieser Initiativen beurteilten Lux und der Autor Günter Scheding jedoch zurückhaltend. Wohlwollend betrachtete die Radiothek auch jenes Milieu, dessen Angehörige sich auf der Burg Rothenfels zum „ersten bundesweiten WG-Treffen" zusammengefunden hatten.[606] Scheding berichtete über eine kleine, sehr heterogene Szene, die nach alternativen Modellen des Zusammenlebens suchte; und Tom Schroeder resümierte:

> „Ja, manches von dem, was wir eben gehört haben, klingt dann noch etwas ungenau, wenn man so will, vielleicht sogar etwas unausgegoren. Okay, es ist aber auch noch wirklich eine etwas unausgegorene Sache, eine sehr junge Sache. Und wer dann gleich anfängt zu motzen, dem sollte man sofort sagen, ich meine, die Ehe, die ist ja ein paar Tausend Jahre, also etwas älter. Da gibt es ja auch sehr viel Schwierigkeiten und manchmal auch sehr viel Unausgegorenes."

---

[603] *„Dat muß doch auch wat Späßken bringen."* Ein Portrait des Ruhrpott-Liedermachers Frank Baier (7.4.1979 – Redakteur war Ulrich Lux), WDR-Schallarchiv 5090195 (Einspielband) und Hist. Arch. 10544 (Manuskript des Einspielbandes ohne transkribierte O-Töne).
[604] Vgl. Gerhard A. Ritter/Klaus Tenfelde, Arbeiter im Deutschen Kaiserreich 1871 bis 1914, Bonn 1992 (Geschichte der Arbeiter und der Arbeiterbewegung in Deutschland seit dem Ende des 18. Jahrhunderts), S. 804.
[605] Radiothek vom 6.3.1975, WDR Hist. Arch. 10446 (Transkript).
[606] Radiothek vom 13.3.1975, WDR Hist. Arch. 10447 (Transkript).

Auch die aufkeimenden Proteste gegen die Flächensanierung der Innenstädte[607] weckten das Interesse der Redaktion, wenngleich nur wenige einschlägige Sendungen dokumentiert sind. 1974 informierte ein Beitrag über Pläne, eine Gelsenkirchener Zechensiedlung abzureißen, um Platz für moderne Wohnblöcke zu schaffen. Autorin Edeltraud Remmel vermittelte Impressionen aus einer idyllischen Siedlung; und Moderatorin Helga Kirchner erläuterte Hintergründe: Eigentümer derartiger Siedlungen seien die Zechenbetreibergesellschaften; diese hätten im Zuge der Kohlekrise ihre Verluste auf die öffentliche Hand abgewälzt, den lukrativen Grundbesitz jedoch behalten und Wohnbaugesellschaften gegründet.

> „500 Familien sollen aus ihrer vertrauten Umgebung vertrieben werden in vier- bis zwölfgeschossige Hochhäuser. Das, was für den Kumpel Lebensqualität ist – sein Garten, seine Haustiere, die gute Nachbarschaft – soll ersetzt werden durch ein anonymes Wohnen hinter öden, kalten Betonmauern. [...] Man schlägt die alten Wohnungen kaputt und zwingt so deren Mietern die neuen Wohnungen auf."

Auch Kinder und Jugendliche seien betroffen; denn für sie gebe es in den Neubauvierteln kaum attraktive Möglichkeiten, ihre Freizeit zu gestalten. O-Töne Jugendlicher aus dem Duisburger Neubaugebiet Neumühl illustrierten dies – Erzählungen von Langeweile und Alkoholmißbrauch unter Kindern, von Verwahrlosung und Schlägereien: „Die ham' reingetreten wie die Kesselflicker." „Gerade das Beispiel Neumühl sollte eine Lehre sein", kommentierte die Moderatorin und fuhr fort:

> „Bestehende gute nachbarschaftliche Beziehungen, sinnvolle Möglichkeiten zur Freizeitbeschäftigung für Alt und Jung, das Zusammenleben mehrerer Generationen – wie es diese alten Siedlungen ermöglichen –, alldies kann nicht willkürlich zerstört werden ohne schwere Schäden für die Betroffenen."[608]

Ein besetztes Haus stellte die Radiothek im Jahr darauf vor[609]: das 1971 eingerichtete „selbstverwaltete Arbeiter-Jugend-Kollektiv" im früheren Krankenhaus *Bethanien* in West-Berlin. Es gehe darum, den Bewohnern eine Selbstdarstellung zu ermöglichen, erläuterte Moderator Wolfgang Schmitz. Denn: „Wir denken, daß es deshalb richtig ist, weil sie selbst ja nun über Jahre hin viel Arbeit in dieses Haus investiert haben, weil sie mit vielen Problemen fertigwerden mußten und in Auseinandersetzungen nicht nur mit politischen Partnern verstrickt waren [...]." Die Bewohner schilderten die problematischen Wohnverhältnisse in Berlin-Kreuzberg um 1970, die Besetzung des Hauses. Ein zweiter Abschnitt beschrieb das Leben dort. Im Plenum organisierten die Bewohner die täglichen Aufgaben, den Umgang mit Finanzen; dort ahndeten sie Regelverstöße. Moderator Schmitz kommentierte, ein derartiges Zusammenleben und den Interessenausgleich lernten Jugendliche in

---

[607] Die Hausbesetzer sollten sich um 1980 zur unter Jugendlichen „bekannteste[n] Protestbewegung" entwickeln, vgl. Fischer, Shell-Studie 1981, Bd. 1, S. 202.
[608] *Stadtsanierung in Gelsenkirchen* (15.9.1974 – Autorin war Edeltraud Remmel, Redakteurin Helga Kirchner), WDR-Schallarchiv 5090077 (Mitschnitt). – Ähnliche Kritik formulierte Nora Schattauer: *Bauschutt neben dem Badezimmer. Wie Mieter aus billigen Altbauwohnungen herausmodernisiert werden* (28.8.79 – Redakteur war Wolfgang Schmitz), WDR Hist. Arch. 10548 (Manuskript der Moderation ohne transkribierte O-Töne); und dies tat auch Günter Korz: *Mieterinitiative Salierring* (30.7.1974 – Moderator war Klaus Klenke), WDR Hist. Arch. 10487 (Manuskript des Einspielbandes).
[609] *Das Georg-von-Rauch-Haus – ein besetztes Haus in Berlin-West* (24.6.1975 – Autoren waren Michael Braun und Richard Claus, Redakteur Ulrich Lux), WDR-Schallarchiv 5090122 (Mitschnitt). – Benannt war dieses Haus nach Georg von Rauch, einem Anführer der „Bewegung 2. Juni", der im Dezember 1971 bei einer Schießerei mit Polizisten ums Leben gekommen war, vgl. Backes/Jesse a.a.O., S. 204.

der Familie und Schule nicht. Schließlich berichteten die Bewohner von ihren Überlegungen und Versuchen, „auch nach außen politisch aktiv" zu werden.

η) Die Bemühungen um selbstverwaltete Jugendzentren

Viele kritische Jugendliche beteiligten sich in den siebziger Jahren am Aufbau autonomer Jugendzentren – denn mit den hergebrachten Häusern waren sie unzufrieden. „Da gab's zwar 'ne ganze Menge von Einrichtungen wie Häuser der Offenen Tür oder Jugendfreizeitstätten [...], in kirchlicher Trägerschaft, städtischer Trägerschaft, Arbeiterwohlfahrt, was auch immer", erläutert Erik Bettermann. „Es fing aber an, daß der Träger den Freiraum nicht mehr gab, solch ein Haus zu gestalten."[610] Dies forderte eine Gegenbewegung heraus. Sie konzentrierte sich in Kleinstädten und ländlichen Großgemeinden; Mitte des Jahrzehnts waren etwa 1.000 Initiativen am Werk. Es ging ihnen auch darum, eine Gegenöffentlichkeit zu schaffen, politisch in Aktion zu treten und emanzipatorische Prozesse zu fördern.[611] Als „Beitrag über diese Versuche, seine Freizeit auch mal mit mehr Kopp und Köpfchen anzuchecken"[612] kündete Tom Schroeder einen neutral-wohlwollenden Bericht über ein „Jugend-Wohn-Kollektiv" in Bochum-Leer an. Dort waren ursprünglich entlaufene Heimzöglinge untergebracht worden; nun hatte sich das Projekt zu einer sozialpädagogisch betreuten Wohngruppe entwickelt, die sich darüber hinaus gesellschaftlich engagierte und Freizeitangebote für Externe eingerichtet hatte.

Nach der Praktikabilität der Selbstverwaltung hatte die Radiothek im vorangegangenen Herbst gefragt.[613] Angesichts der hohen Fluktuation unter den Jugendlichen sei ein ausschließlich von ihnen verwaltetes Zentrum tatsächlich nicht realistisch; unter Anleitung professioneller Kräfte sei es jedoch denkbar[614]. Freilich stellten die Interviewten klar, daß nur ein Teil der Jugendlichen für die Mitarbeit zu gewinnen sei; Jungarbeiter und Lehrlinge hätten „einfach den ganzen Diskussionsverlauf nicht packen können und sind wieder gegangen".

---

[610] Interview mit Erik Bettermann im Juni 2007.
[611] Vgl. Klaus Blanc/Lothar Böhnisch, Landjugend – zwischen Tradition und Modernisierung, in: Deutsches Jugendinsitut (Hg.), Immer diese Jugend!, a.a.O., S. 287-300, hier: S. 289. Sowie Ulrich Chaussy, Jugend, in: Wolfgang Benz (Hg.), Die Bundesrepublik Deutschland. Geschichte in drei Bänden, Bd. 2: Gesellschaft, Frankfurt/M. 1983, S. 35-67, hier: S. 57-59.
[612] *Jugend-Wohn-Kollektiv Leer* (15.5.1975 – Autoren waren Michael Braun und Walter Kluth), WDR-Schallarchiv 5090118 (Mitschnitt).
[613] *Rodenkirchen: Jugendliche fordern Jugendzentrum* (29.10.1974 – Autor war Reinhold Böhm, Moderator Wolfgang Schmitz, Redakteurin Gretel Rieber), WDR Hist. Arch. 10490 (Manuskript des Einspielbandes mit transkribierten O-Tönen).
[614] Diesen Punkt vertiefte Wolfgang Schmitz in dem Beitrag *Jugendzentrumsbewegung in Ost-Westfalen* (8.7.1975), WDR Hist. Arch. 10499 (die Akte enthält ein Transkript, das laut Überschrift vom Bielefelder „Koordinationsbüro der Jugendzentren und Initiativen Ostwestfalen-Lippe" erstellt wurde). Angeregt durch eine Radiothek-Sendung aus dem Jugendhof Vlotho hatten Jugendliche aus der Region diesen Wortbeitrag unter Mithilfe Günter Schedings selbst gestaltet. – Bereits am 31.10.1974 hatte die Radiothek aus Bielefeld über eine Demonstration für selbstverwaltete Jugendzentren berichtet: *Sternmarsch in Bielefeld* (Autor war Günter Scheding), WDR Hist. Arch. 10490 (Manuskript des Einspielbandes mit transkribierten O-Tönen). – In der zweiten Hälfte des Jahrzehnts befaßten sich noch einige Sendungen mit dem Thema der Jugendzentren; soweit sie ausreichend dokumentiert sind, brachten sie jedoch keine wesentlichen neuen Aspekte zur Sprache: *Soziale Prozesse in Bielefeld-Stieghorst Teil 6* (7.1.1976), WDR Hist. Arch. 10505, *1. Lippisches Jugendfestival – ein Fest der verpaßten Möglichkeiten* (22.9.1977), WDR Hist. Arch. 10525, *Vom selbstverwalteten Jugendzentrum zum Haus der offenen Tür* (14.6.1979 – Autor war Günter Scheding), WDR Hist. Arch. 10546 (sämtlich Manuskripte der Moderationen ohne transkribierte O-Töne).

θ) „Am Rande des Abgrunds wird jeder Fortschritt sinnlos"[615] *– Umweltschutz, Umweltbewegung*

Postmaterialistische, an Partizipation interessierte Orientierungen hatten sich mit dem Wunsch nach „Erhaltung einer menschenwürdigen Umwelt" in der Ökologiebewegung zusammengefunden. Zwar war die Umweltpolitik seit der Mitte des Jahrzehnts „auf Bundesebene in die Defensive geraten"[616], doch bald darauf widmete sich die Radiothek mehrfach dem Thema.[617] „Langsam wächst, und das ist [...] wohl der eigentliche Erfolg der Alternativen, überall das Bewußtsein über die Defizite unserer Gesellschaft", befanden Günter Hellmich und Udo Potthast.[618]

Den Kern der Beiträge zum Thema des Umweltschutzes bildete eine Sendewoche *Umwelt und Energie* Anfang September 1979. Das redaktionsinterne Planungspapier hatte die Richtung gewiesen:

> „Es soll [...] gezeigt werden, wie Industrieansiedlung, Kraftwerksbau und Verkehrsplanung den Lebensraum von Menschen verändern, ohne daß dies für die meisten im Zusammenhang bemerkbar wird. [...] Gleichzeitig werden mit diesen Projekten nicht beliebig vermehrbare Ressourcen in bedrohlicher Weise angegriffen: Wald und Wiese, Wasser und Luft. Alles für Konsum und sichere Arbeitsplätze?"[619]

Wolfgang Schmitz' einleitender Reisebericht vom Niederrhein[620] fiel allerdings differenzierter aus als diese Vorgabe. Er beschrieb die Gefahren geplanter Baumaßnahmen – des „Schnellen Brüters" in Kalkar, neuer Industrieansiedlungen und der Autobahn Köln-Niederlande – und zeigte sich im ganzen kritisch; er brachte allerdings auch Argumente für jene Maßnahmen zur Sprache.

Gegenüber der Nutzung der Atomenergie hatte die Radiothek in den dokumentierten Beiträgen der Vorjahre zwar keine offene Kritik geübt; sie begegnete jedoch den Kritikern der Kernkraftwerke mit Sympathie.[621] Dies schlug sich auch in der zweiten Folge der Umwelt-

---

[615] Programmhinweis der Radiothek-Redaktion auf die Sendewoche „zu Umwelt und Energie" im September 1979, WDR Hist. Arch. 10549.
[616] Manfred G. Schmidt, Das politische System Deutschlands. Institutionen, Willensbildung und Politikfelder, Bonn 2007 (Schriftenreihe der Bundeszentrale für politische Bildung 600), S. 425.
[617] Beispiele waren die Sendungen *Umweltschutz im Othetal* (26.7.1977 – Autor und Moderator war Wolfgang Schmitz), WDR Hist. Arch. 10523; *Hier betoniert die Bundesrepublik den Rest derselben... Über den Verkehrskongreß der Bürgerinitiativen in Westberlin* (25.4.1978 – Autorin und Moderatorin war Nora Schattauer), WDR Hist. Arch. 10532 (jeweils Manuskript des Einspielbandes ohne transkribierte O-Töne); *Umweltschutz Worringen* (21.4.1974 – Autor war Günther Korz), WDR Hist. Arch. 10485 (Manuskript der Moderation mit transkribierten O-Tönen). Das streitbare Engagement der Moderatoren blieb allerdings spürbar hinter demjenigen etwa in Sendungen zu Themen der Arbeitswelt zurück – ablesbar unter anderem an Ulrich Lux' Verhalten am 19.10.1978: *Wie machen wir es besser? Carl Amery schreibt mit Jugendlichen ein Umweltbuch* (Autor war Jörg Armbruster), WDR Hist. Arch. 10538 (Manuskript der Moderationen ohne transkribierte O-Töne).
[618] *Ein Christiania in Berlin? Alternative Gruppen besetzen das UFA-Gelände* (26.7.1979 – Redakteurin war Helga Kirchner), WDR Hist. Arch. 10547 (Manuskript der Moderationen ohne transkribierte O-Töne).
[619] WDR Hist. Arch. 10444.
[620] *Kann mir mal jemand sagen, was hier eigentlich los ist? – Umweltzerstörung am linken Niederrhein* (3.9.1979 – Autor war Wolfgang Schmitz), WDR-Schallarchiv 5090153 (Mitschnitt).
[621] So relativierte Christian Berg in seinem Bericht über *Demonstrationen in Brokdorf und Itzehoe* (20.2.1977), WDR-Schallarchiv 5095768 (Einspielband), weder die Vorwürfe Robert Jungks, der den „Atomstaat" Bundesrepublik mit dem „SS-Staat" verglich und „semi-faschistische Zustände" ausmachte, noch die Ansicht des Gewerkschafters Heinz Brandt, der von einer „verdeckte[n], potentielle[n] Atombombenproduktion" gesprochen hatte. Nora Schattauer erläuterte die Gefahren radioaktiven Plutoniums – ein tennisballgroßer Brocken genüge, um bei der gesamten Menschheit Lungenkrebs auszulösen: *Auf dem Weg zum Atomstaat? Überwachungspraktiken in Gorleben* (12.6.1978), WDR Hist. Arch. 10534 (Manuskript der Moderationen ohne transkribierte O-Töne). – Hans Peter Weymar plädierte am 4.4.1978 in den Moderationen zu seinem Beitrag für eine Anerkennung von Anti-Atomkraft-Bürgerinitiativen als

Sendewoche nieder.[622] Sie erläuterte zahlreiche technische Details – Hinweise auf die Gefahren fehlten nicht: Ein „GAU" in einem Schnellen Brüter könne durch den Einfluß des Kühlmittels Natrium „unvorstellbar[e]" Konsequenzen haben. Und schließlich stelle sich das Problem der Atommüll-Endlagerung.

Um alternative Methoden der Landwirtschaft drehte sich die Sendung des folgenden Tages.[623] Sie ging freilich differenzierter vor; Moderator Jürgen Keimer appellierte nicht an Emotionen, er arbeitete nicht mit Klischees; sondern er vermittelte detaillierte Informationen über Arbeitsweisen, Vorzüge und Probleme der alternativen Landwirtschaft. Keimer verwies auf Schattenseiten der konventionellen Anbaumethoden: „Selbst der Stickstoff – in der Luft allgegenwärtig – muß mühsam und energieaufwendig synthetisiert werden. Eine Tonne reiner Stickstoff braucht mehr als eine Tonne Rohöl." Ein Vertreter der Landwirtschaftskammer Rheinland erläuterte den Modellversuch, in dem die Kammer gerade die Modalitäten alternativer Landwirtschaft unter die Lupe nehme; er verwies allerdings auch auf den Kostendruck, denen sich Landwirte im Agrarsystem der Europäischen Gemeinschaft ausgesetzt sähen.

Auf die Möglichkeiten modifizierter Lebensweisen wies Nora Schattauer am nächsten Tag hin[624]: Sie erläuterte Möglichkeiten, durch bauliche Maßnahmen, aber auch durch praktische Verhaltensänderungen Heizkosten zu sparen; sie verwies auf den hohen Energiebedarf der Produktion bestimmter Aluminium- und Kunststoffverpackungen, sie beschrieb energiesparende Heizmethoden wie „Wärmekraftkopplung", Fernwärme, Erdgas, erwähnte auch die Solar- und Windenergie.

Jürgen Keimer widmete sich schließlich der „Frage, die in allen Einzelfragen zur Umwelt- und Energieproblematik eigentlich mit drinsteckt: Müssen wir unsere Gesellschaft ändern, damit die Umwelt überlebt?"[625] Die Sendung arbeitete weniger zugespitzt als etwa die vorangegangene über Gefahren der Atomenergie; sie suchte vielmehr Anstöße zum Umdenken zu vermitteln. Keimers Moderation griff die bekannten Bedenken des *Club of Rome* auf: Der „industrielle Fortschritt" gründe sich

---

gemeinnützig: *Aberkennung der Gemeinnützigkeit von Bürgerinitiativen*, WDR Hist. Arch. 10532 (Manuskript der Moderationen ohne transkribierte O-Töne). – Neutral gegenüber der Protestbewegung zeigte sich Christiane Schaefer in ihrem *Bericht vom 2. Intenationalen Sommercamp der Atomkraftgegner in Gorleben-Gartow – Atomdeponie, Wiederaufbereitungsanlage* (15.8.1978), WDR-Schallarchiv 5090186 (Einspielband).

[622] *Von der Bombe zur Atomenergie – Ein Strauß voll Erklärungen – Geschichte der Atomenergie in der BRD* (4.9.1979 – Autorinnen waren Helga Kirchner und Nora Schattauer), WDR-Schallarchiv 5090166 (Mitschnitt) und Hist. Arch. 10451 und 10549 (jeweils Transkript). – Auch die samstägliche Satire dieser Sendewoche befaßte sich mit dem Thema Atomenergie – ohne neue Gesichtspunkte ins Spiel zu bringen: Radiothek vom 8.9.1979, WDR Hist. Arch. 10549 (Hörspielmanuskript).

[623] *Landwirtschaft – mal mit Chemie, mal ohne – Biologisch-dynamischer Ackerbau als Alternative* (5.9.1979 – Autor war Jürgen Keimer, Redakteurin Helga Kirchner), WDR-Schallarchiv 5090167 (vermutlich Einspielband) und Hist. Arch. 10549 (Manuskript der Moderationen ohne transkribierte O-Töne). – Bereits am 1.1.1975 hatten Mario Angelo und Henryk M. Broder einen „Landkommunarden" portraitiert, der ausführlich über selbstproduzierte Nahrungsmittel in der Landkommune berichtete: *Bienen, Bräute, Bauernleben – Deutschlands dienstältester Landkommunarde*, WDR Hist. Arch. 10493 (Manuskript des Einspielbandes mit transkribierten O-Tönen). – Agri Männer hatte am 16.6.1977 eine „Alternative zu den Supermärkten" vorgestellt, in der „Lebensmittel ohne Chemie" erhältlich sein: *Lebensmittelkooperative Bielefeld* (Moderator war Lothar Fend), WDR Hist. Arch. 10524 (Manuskript der Moderationen ohne transkribierte O-Töne).

[624] *„Spare, spare, Häusle dichte, gehst Du aus, dann lösch das Lichtle." Alternative Energiequellen, ja bitte* (6.9.1979 – Moderatorin war Nora Schattauer, Redakteur Ulrich Lux), WDR Hist. Arch. 10549 (Manuskript der Moderationen ohne transkribierte O-Töne). – In ähnlichem Sinne warb Nora Schattauer wenige Tage später für das Radfahren in der Stadt: *Mit dem Autoverschrecker unterwegs... Übers Radfahren in der Stadt* (10.9.1979 – Redakteur war Dietrich Backmann), WDR Hist. Arch. 10549 (Manuskript der Moderationen ohne transkribierte O-Töne).

[625] *Muß sich die Gesellschaft ändern, damit die Umwelt überlebt?* (7.9.1979), WDR-Schallarchiv 5090168 (Mitschnitt).

„auch auf einen fundamentalen Rechenfehler: [...] Wenn wir Rohstoffe konsumieren, brauchen wir also unser eigenes Kapital auf. [...] Gewinne werden also bisher meist noch [...] auf Kosten der Natur gemacht. [...] Dieser Rechenfehler ist ein durchgängiges Merkmal unserer Zivilisation, man kann das auch brutaler ausdrücken: Der überwältigende Erfolg der europäisch-amerikanischen Lebensweise ist der Erfolg konsequent angewandter Straßenräubermoral. Wir verbrauchen Dinge, die wir nicht selbst herstellen können und die wir nicht ersetzen können. [...] Vielleicht müssen wir auch irgendwann noch mal neu darüber nachdenken, worin eigentlich Reichtum und worin Wachstum bestehen kann."

ı) Pazifismus, Kriegsdienstverweigerung und Bundeswehr

Als die Radiothek-Redaktion 1974 ihre Arbeit aufnahm, lagen die brisanten Jahre des Kalten Krieges noch nicht lange zurück, und so standen das Militär und die Kriegsdienstverweigerung im Mittelpunkt mehrerer Sendungen. 1975 bereits widmete die Redaktion der Bundeswehr eine Sendewoche, die jedoch nur fragmentarisch dokumentiert ist.[626] Charakteristisch für die Beiträge der Jugendreihe war eine Distanz zu den Ideen militärischer Konfliktlösung und zur bundesdeutschen Armee selbst. So befaßte sich die Radiothek mehrfach mit der Arbeit der Vertrauensleute in der Bundeswehr. Sie erläuterte die Aufgaben und Rechte dieser Soldaten, bezweifelte aber, daß sich diese Rechte auch praktisch wahrnehmen ließen.[627] Vertrauensleute dürften „nicht vom guten Willen irgendwelcher Vorgesetzter" abhängig sein; ihre rechtliche Stellung müsse festgeschrieben werden „in Richtung: Interessenvertreter für ihre Kameraden sein zu können".[628]

Die Radiothek ging auf Distanz zum Prinzip von Befehl und Gehorsam, sie bemängelte, daß Soldaten „das eigene Denken ausgetrieben" werde.[629] Eine Sendung über den Fronteinsatz einer Armee – in diesem Falle der französischen Fremdenlegion – überließ dem Hörer das Urteil über Sinn und Unsinn solcher Einsätze, ging jedoch ausführlich auf die Notwendigkeit ein, daß Soldaten dort gezwungen waren, zu töten.[630] In Friedenszeiten, so Moderator Wolfgang Schmitz, stelle sich die Laufbahn als Berufssoldat vielen von Arbeitslosigkeit bedrohten Männern als Ausweg dar. Die Sendung warnte jedoch davor, denn man werde dort letztlich für das Führen von Kriegen ausgebildet, und überdies zeichneten sich viele Zeitsoldaten nach dem Ende ihrer Armeelaufbahn dadurch aus, daß sie willige Untergebene ohne Hang zu selbständigem Denken und Urteilen seien. Schmitz schloß abwägend:

„Die Bundeswehr liefert ein Angebot, mit dem man allerdings ein bißchen kritisch verfahren sollte, denn erstens schafft nicht jeder die Laufbahn, die er sucht, und zweitens muß man einiges in Kauf nehmen, zum Beispiel diese langen Verpflichtungszeiten [...]. Trotzdem kann ich mir vorstellen, daß es für Leute, die in einer gewissen Unsicherheit sich befinden, verlockend ist, den Sprung zur Bundeswehr zu tun und sich dort für längere Zeit zu verpflichten, aber ich glaube, daß das nicht die Alternative ist, die politische Alternative zu Arbeitslosigkeit und

---

[626] Erhalten sind die Sendungen vom 22.9.1975 (Autor war Dirk Gerhard, Redakteur am Mikrofon Lothar Fend), und 27.9.1975, beide WDR Hist. Arch. 10501 (jeweils Manuskript der Moderationen ohne transkribierte O-Töne).
[627] *Vertrauensleute in der Bundeswehr* (12.10.1976 – Autor war Dirk Gerhard, Moderator Wolfgang Schmitz, Redakteur Lothar Fend), WDR Hist. Arch. 10514 (Transkript). – Das Thema des Alkoholmißbrauchs schnitt die Radiothek im Monat darauf an: *Alkohol in der Bundeswehr* (6.11.1975 – Autor war Matthias Welp, Moderator Tom Schroeder), WDR Hist. Arch. 10515.
[628] *Vertrauensleute in der Bundeswehr* (22.11.1976), WDR Hist. Arch. 10450 (Transkript). – Zum Streit um beide Sendungen über Vertrauensleute vgl. unten Abschnitt V. 7. c).
[629] Zu spüren war dies in der Sendung *Fremdenlegion Folge 1* (8.12.1975 – Autorin war Christine Lemmen, Redakteur Lothar Fend), WDR-Schallarchiv 5090148 (Mitschnitt); direktes Zitat hiernach.
[630] *Krieg als Beruf – zwei deutsche Mitglieder der französischen Fremdenlegion berichten über ihren Kriegseinsatz in Zaire* (17.8.1978), WDR-Schallarchiv 5095771 (Einspielband).

Lehrstellenmangel heißt nicht: Mehr Freiwillige zur Bundeswehr. Sondern sie heißt einfach: Mehr Sicherheit für die Arbeitsplätze von Jugendlichen [...]. Genausowenig wie die Bundeswehr die Schule der Nation ist, darf sie zur Berufsschule oder zur Lehrwerkstatt der Nation werden."[631]

Die pazifistische Grundhaltung der Radiothek setzte sich auch im Kommentar des Redaktionsleiters zu einer Entscheidung des Bundesverfassungsgerichts über die *Gewissensprüfung für Kriegsdienstverweigerer* fort.[632] 1978 hatte das Bundesverfassungsgericht die seit dem Vorjahr gültige „Postkartenregelung" für verfassungswidrig erklärt.[633] „Kriegsdienstverweigerer bekommen nur dann positive Schlagzeilen, wenn sie ihren Kriegsdienst in Ost-Berlin verweigern", kommentierte Ulrich Teiner. Er betrachtete das Wiederaufleben der Prüfung als ein weiteres belastendes Element im Leben Jugendlicher. Auf diese Weise jedoch lasse sich die nachwachsende Generation kaum in den Staat Bundesrepublik integrieren: „Wen kann eigentlich verwundern, daß viele junge Leute eine freiheitliche Grundordnung nicht verteidigen, wenn sie so wenig von ihrer Freiheit und umso mehr von ihrer Ordnung erfahren?"

Das Portrait eines Soldaten, der sich der Waffenausbildung verweigerte und deshalb in Arrest genommen worden war[634], schilderte einfühlsam dessen Gewissensnöte und erläuterte Initiativen der Evangelischen Kirche, die bemüht war, fahnenflüchtigen Bundeswehrsoldaten zu helfen; zur Sprache kamen auch Vorschläge für eine Reform des Anerkennungsverfahrens bei Kriegsdienstverweigerern, die bereits ihre Einberufung erhalten hatten oder schon eingerückt waren. In einer Sendung über die *Geschichte des Pazifismus in Deutschland*[635] resümierte Helga Kirchner, Pazifisten würden nach wie vor „als Drückeberger und politische Illusionisten abqualifiziert. Wer so spricht, übersieht allerdings, wieviel Zivilcourage schon immer dazu notwendig war, für Frieden und Verständigung einzutreten."

Zusammenfassung

Die Radiothek-Wortbeiträge zur Jugendkultur weisen einige bemerkenswerte Charakteristika auf: So sparten sie nicht mit Kritik an kommerziell ausgerichteter Popmusik; und auch von Starkult ist in den dokumentierten Wortstrecken nichts zu spüren.

---

[631] *Was bringt es ein, ein Soldat zu sein?* (25.2.1975 – Interviewer war Wolf Renschke, Moderator Wolfgang Schmitz), WDR-Schallarchiv 5090098 (Mitschnitt). – Analoge Kritik äußerte die Sendung *Frauen in die Bundeswehr – ein Beitrag zur Emanzipation?* (14.9.1979 – Autorin war Anneli Grabe, Moderatorin Helga Kirchner, Redakteur Dietrich Backmann), WDR Hist. Arch. 10549 (Manuskript der Moderationen ohne transkribierte O-Töne): Die Aufgabe der Frauen sei es nicht, so Anneli Grabe, ihre Gleichberechtigung durch Wehrdienst zu erreichen, sondern sich pazifistisch zu engagieren. Ob dieser Moderationsvorschlag übernommen wurde, läßt sich anhand der Sendeunterlagen nicht mit letzter Sicherheit klären. Handschriftliche Korrekturen an Formulierungen deuten aber darauf hin.
[632] *Kommentar zur Entscheidung des Bundesverfassungsgerichts zur Gewissensprüfung für Kriegsdienstverweigerer* (13.4.1978), WDR Hist. Arch. 10532 (Manuskript des Einspielbandes). Weitere Details zu diesem Beitrag oben in Abschnitt III. 3. a) β). Zum Hörerecho vgl. unten Abschnitt IV. 3. e). – Am 22.3.1977 hatte die Radiothek in einem sachlich gehaltenen Beitrag die unterschiedlichen Positionen in der Debatte dargestellt, (WDR Hist. Arch. 10519 [Manuskript des Einspielbandes]).
[633] Vgl. Konrad Hecker, Kriegsdienstverweigerung – Dienen in Zivil, in: Deutsches Jugendinsitut (Hg.), Immer diese Jugend!, a.a.O., S. 467-480, hier: S. 474.
[634] *Inhaftierte Kriegsdienstverweigerer* (26.8.1975 – Autor war Günter Scheding, Moderator Lothar Fend), WDR-Schallarchiv 5090131 (Mitschnitt) und Hist. Arch. 10500 (Manuskript der Moderationen ohne transkribierte O-Töne).
[635] *Die Waffen nieder! Zur Geschichte des Pazifismus in Deutschland* (27.1.1978 – Autor war Dirk Gerhard, Moderatorin Helga Kirchner), WDR-Schallarchiv 5124920 (Mitschnitt) und Hist. Arch. (Manuskript der Moderationen ohne transkribierte O-Töne). – Im Vorjahr ausgestrahlt hatte die Radiothek eine *Selbstdarstellung des Informationsbüros für Friedensarbeit in Köln* (8.2.1977 – Interviewer war Jürgen Keimer), WDR-Schallarchiv 5071621 (Einspielband); die Sendung signalisierte Sympathie für das Anliegen der überkonfessionellen Initiative.

Beim Blick auf die gesellschaftlichen Umwälzungen der späten sechziger Jahre nahm die Radiothek eine radikaldemokratische Perspektive ein – mit deutlichen Sympathien für die Protestbewegung. Sie zog dennoch eine im großen und ganzen differenzierte Bilanz und konstatierte gleichermaßen Erfolge wie Mißerfolge. Mit auffallend scharfer Kritik überschüttete sie die K-Gruppen.

Die Beiträge wandten sich vor allem jedoch gegen einen unkritischen materiellen oder kulturellen Konsum[636]. Sendungen zu Themen des Sports wandten sich spektakulären Großereignissen allenfalls in distanzierter, kritischer oder ironischer Form zu. Stars der Sportszene und der dominanten Kultur im allgemeinen waren durchweg nicht von Interesse.

Wohlwollend betrachtete die Radiothek wiederum viele Erscheinungen der Alternativkultur. Sie widmete sich auch der gerade aufgekommenen Umweltbewegung, wies auf Gefahren der Atomenergie hin, informierte über alternative Anbaumethoden der Landwirtschaft; sie warb dafür, im Alltag Energie zu sparen, warnte vor „Grenzen des Wachstums".

Sie kritisierte scharf die Projekte der „Flächensanierung" in Innenstädten, verwies demgegenüber auf die Vorzüge des Lebens in traditionellen Siedlungen und stellte solche Hausbesetzerinitiativen vor, die in den vom Abriß bedrohten Gebäuden zu einem produktiven Miteinander gefunden hatten.

Sie deutete Sympathie gegenüber pazifistischen Denkweisen an; forderte Reformen im Umgang mit Kriegsdienstverweigerern – allerdings nur Reformen partieller Natur, nicht die Abschaffung des Wehr- und Zivildienstes.

Beim Blick auf aus ihrer Sicht vergängliche und oberflächliche Moden vermied es die Redaktion, das Individuum, das sich einer Mode anpaßte, lächerlich zu machen. Sie nahm jedoch große Distanz zu den Symbolfiguren solcher Moden ein und stellte den Sinn modeorientierten Verhaltens in Frage, sofern es auf Manipulation schließen ließ und der Ablenkung von unbefriedigenden, aber im Grunde doch reformierbaren Lebensverhältnissen diente.

f) Themen aus der Arbeitswelt

Die in diesem Abschnitt behandelten Sendungen deckten einen thematischen Kernbereich der Radiothek ab. Es lag nahe, daß eine Jugendredaktion den Alltag Auszubildender und junger Arbeitnehmer betrachtete. Darüber hinaus ging es jedoch immer wieder um die Aktivitäten der Gewerkschaften.

α) Allgemeine Themen aus Wirtschaft und Sozialpolitik

Mehrere Sendungen informierten über allgemeine wirtschaftspolitische Zusammenhänge, und sie taten dies in detaillierter Weise. Sie stellten die Anschauungen angebots- und nachfrageorientierter Wissenschaftler gegeneinander, wobei allerdings die nachfrageorientierten und gewerkschaftsnahen Stimmen jeweils das letzte Wort behielten.[637] Die Beiträge zogen die Theorie einer Lohn-Preis-Spirale in Zweifel und bekundeten Distanz gegenüber den

---

[636] Kurioserweise ergaben sich hier Parallelen zu einem Denken der fünfziger Jahre, das „an die [...] Konstruktion der bedrohten und bedrohlichen Jugend anschloß" und „eine rigorose Beschneidung jugendlicher Lebensräume" proklamierte, gerade was Warenkonsum anging, vgl. dazu Ubbelohde a.a.O., S. 406; direkte Zitate dort entnommen. Freilich nahm dies in der Radiothek weniger Repressions- als vielmehr Appellcharakter an.
[637] *Woher kommt die Wirtschaftskrise?* (6.10.1977 – Moderator war Wolfgang Schmitz, Redakteur Jürgen Keimer), WDR Hist. Arch. 10526 (Manuskript der Einspielbänder mit transkribierten O-Tönen sowie teilweise ausformulierter Moderationen). *Gewinne – Investitionen – Arbeitsplätze* (Autorin war Daniela Hartmann), WDR Hist. Arch. 10533 (Manuskript des Einspielbandes). – Zu Details der Krise: Winkler, Weg nach Westen II, S. 331.

Prognosen der von der Bundesregierung konsultierten Sachverständigen.[638] Vereinzelt ließen die Sendungen arbeitgebernahe Stimmen ungenügend zu Wort kommen oder wischten deren Argumente gleich im Anschluß geradezu weg.[639]

β) Gewerkschaften

Auffallend intensiv hat sich die Radiothek über sieben Jahre hinweg mit Problemen der Vertretung von Arbeitnehmerinteressen befaßt. Zum einen thematisierte die Redaktion häufig die Arbeit der Gewerkschaften; zum anderen wies sie auf Möglichkeiten hin, die Rechte junger Arbeitnehmer im Alltag der Betriebe und Unternehmen durchzusetzen. So informierte die Radiothek 1974 über die *Aktion Rote Zange* der IG Metall, die Verstöße gegen das Jugendarbeitsschutzgesetz ans Licht bringen wollte. „Die schlechteste Reaktion auf Gesetzesverstöße ist jedenfalls, gar nichts dagegen zu unternehmen", betonte Wolfgang Schmitz. „Denn damit schadet man sich und den Kollegen."[640] Die Tätigkeit der Jugendvertreter in den Betrieben stand mehrfach im Blickpunkt; abermals betonte die Redaktion die Notwendigkeit, daß junge Arbeitnehmer ihre Rechte im Arbeitsleben entschlossen durchsetzen müßten.[641]

1976 widmete die Radiothek den Gewerkschaften eine Sendewoche.[642] Diese durchzog eine auffallende Nähe zu gewerkschaftlichen Positionen; Autoren und Moderatoren gingen in mitunter ermüdender Weise ins Detail und schilderten Sachverhalte, die vermutlich nur den mit gewerkschaftlicher Arbeit vertrauten Teil ihrer Hörerschaft interessierten. Die Arbeitgeberseite kam in diesen Sendungen nicht zu Wort. Ausführlich behandelt wurden die Schulung gewerkschaftlicher Vertrauensleute[643], die Wege, Interessen gegen die Arbeitgeberseite durchzusetzen, und die Möglichkeiten einer Kontrolle der Gewerkschaftsspitzen durch die Basis[644].

Theda Muffler erkundete am Rande einer von 1.500 Teilnehmern besuchten „Gewerkschaftsshow" des Jungen Forums Recklinghausen, welchen Eindruck die Sendewoche bei

---

[638] *Die Weisheit der „5 Weisen". Wirtschaftsprognosen des Sachverständigenrats* (28.11.1978 – Autoren waren Jutta vom Hofe, Kay Funke-Kaiser und Dietmar Hawranek, Redakteurin am Mikrofon Nora Schattauer), WDR Hist. Arch. 10539 (Manuskripte der Moderationen und der Einspielbänder mit transkribierten O-Tönen).

[639] Radiothek vom 1.2.1977, WDR Hist. Arch. 10518 (Manuskript des Einspielbandes mit transkribierten O-Tönen).

[640] *Aktion Rote Zange/Neufassung Jugendarbeitsschutzgesetz* (12.3.1974 – Autor war Wolfgang Schmitz), WDR Hist. Arch. 10482 (Manuskript eines Einspielbandes).

[641] Radiothek vom 18.3.1975, WDR Hist. Arch. 10447 (Transkript). – Ähnlich ausgerichtet, dabei aber stärker informierend über die Arbeit der Jugendvertreter widmete sich Hans J. Haug dem Thema: *Jugendvertreterwahlen* (20.4.1976), WDR Hist. Arch. 10508 (Manuskript der Moderation und des Einspielbandes mit transkribierten O-Tönen). Gleiches galt für Walter Kluths *Wer nicht handelt, handelt falsch* (18.5.1976), WDR Hist. Arch. 10509 (Manuskript der Moderationen mit transkribierten O-Tönen), für Klaus Keuters erklärenden Beitrag zur Sendung *Erst mal müssen die Kollegen die Angst verlieren... Jugendvertreterwahl 78* (2.5.1978 – Redakteurin am Mikrofon war Nora Schattauer), WDR Hist. Arch. 10533 (Manuskript der Moderation und des Einspielbandes) – und analog auch für Nora Schattauers *Klimaanlage – Silberhochzeit – Computereinführung. Probleme neugewählter Betriebsrätinnen* (27.6.1978), WDR Hist. Arch. 10534 (Manuskript der Moderationen mit transkribierten O-Tönen). Weitere Sendung: *Rückblick auf Jugendvertreterwahlen* (30.7.1974 – Autor war Wolfgang Schmitz), WDR Hist. Arch. 10487 (Manuskript der Moderation mit transkribierten O-Tönen).

[642] Vgl. Ulrich Lux' Themenvorschau in der Auftaktsendung *Schritt ins Arbeitsleben gleich Schritt in die Gewerkschaft?* (19.1.1976 – Autoren der Sendewoche waren Dagmar Schwarze, Michael Braun und Walter Kluth, Lux war Redakteur), WDR Hist. Arch. 10505 (Manuskripte der Moderation und des Einspielbandes mit transkribierten O-Tönen).

[643] *Gewerkschaftliche Bildungsarbeit – Freizeitvergnügen oder Erziehung zum Klassenkampf?* (20.1.1976), WDR Hist. Arch. 5090148 (Einspielband).

[644] *Gewerkschaftliche Demokratie, oder: Was man gegen Bürokratisierung tun kann* (23.1.1976), WDR Hist. Arch. 10505 (Manuskript der Moderationen mit transkribierten O-Tönen).

der Zielgruppe hinterlassen hatte.[645] Viele sparten nicht mit Lob; andere beklagten, die Sendungen hätten verschwiegen, „daß Gew.[erkschaften] eine Gegenmacht im Staate darstellen könnte[n], z. B. politische Mandate wahrnehmen"; und zur Sprache sei auch nicht gekommen, welche gesellschaftspolitischen Ziele die Arbeitnehmerorganisationen verfochten. Auf Theda Mufflers Frage, „ob solche Sendungen etwas bewirken" für die Arbeit der Gewerkschaftsjugend, äußerten sich die befragten Jugendlichen zurückhaltend positiv. „Eine eindeutige Wirkung" konnte Theda Muffler

> „nur bei aktiven Gewerkschaftern feststellen. Dort soll die Sendung in der Gruppenarbeit eingesetzt werden. Zwar weiß man dadurch immer noch zu wenig über die inhaltliche Wirkung, aber allein die Tatsache ist schon eine ganze Menge. Zeigt es doch [...], daß einige Probleme realistisch dargestellt sind."

Auch wenn es um offene Konflikte zwischen Arbeitgeber- und Arbeitnehmerseite ging, neigte die Radiothek in der Regel der letzteren zu. Dies konnte sich eher indirekt in der Auswahl von O-Tönen zeigen, wie 1978 bei einem Bericht über Streiks gegen Rationalisierungen in der Druckindustrie, in dem neben zahlreichen Stimmen der Streikenden kaum solche der Arbeitgeber zu Wort kamen.[646] Dies konnte sich ferner zeigen im Wegwischen von Argumenten, etwa im Rahmen eines Beitrages über den Konkurs eines metallverarbeitenden Mittelstandsunternehmens im niederrheinischen Kempen 1974[647]: Wohl informierte der Beitrag eingehend über die Lage vor Ort, die Arbeit und den guten Ruf der bedrohten Lehrwerkstatt; ein diffuses Gefühl, nicht neutral unterrichtet zu werden, mochte diese Sendung beim Hörer dennoch hinterlassen. In auffallender Weise freilich stellte sich die Radiothek im Falle innergewerkschaftlicher Konflikte zwischen Führung und untergeordneten Ebenen oder Basis der Organisationen gegen die Gewerkschaftsspitzen.[648]

γ) Jugendliche in der Ausbildung

Noch fünf Jahre nach ihrer Verabschiedung bestimmte die Novelle des Berufsbildungsgesetzes von 1969 die Debatte. Kritiker forderten eine öffentliche Kontrolle der beruflichen Bildung, sie plädierten für höheren Lehrlingslohn, für erweiterte Mitbestimmungsrechte in Berufsschule und Betrieb, für strengeren Jugendarbeitsschutz. Die Unternehmerverbände wandten sich gegen diese aus ihrer Sicht ideologisch motivierten Forderungen.[649]

---

[645] *Kritischer Beitrag zur Sendewoche der Radiothek „Die Leute von der Gewerkschaft"* (4.2.1976 – Autorin war Theda Muffler), WDR Hist. Arch. 10506 (Manuskript des Einspielbandes mit transkribierten O-Tönen).
[646] *Streik in der Druckindustrie. Unsichere Arbeitsplätze und weniger Geld durch die neue Technik?* (6.3.1978), WDR Hist. Arch. 10531 (Transkript).
[647] *Konkurs bei Rokal – Lehrlinge im Kündigungsstreß* (2.7.1974 – Autor war Wolfgang Schiffer), WDR Hist. Arch. 10487 (Manuskript des Einspielbandes mit transkribierten O-Tönen). – Mehrfach informierte die Radiothek über einen Arbeitskampf in Erwitte, mit dem sich Arbeitnehmer gegen das rüde Vorgehen eines Unternehmers in der Baustoffindustrie zur Wehr setzten: *Besetzung der Zementfabrik in Erwitte durch die Belegschaft* (17.4.1975), WDR-Schallarchiv 5090313 (Mitschnitt) und Hist. Arch. 10447 (Transkript); *Zementwerk Erwitte – Bilanz 1975* (23.12.1975), WDR-Schallarchiv 5090127 (Einspielband).
[648] Beispiel war der Bericht über den Konflikt zwischen DGB-Spitze und der Redaktion der Jugendzeitschrift *ran* wegen der Veröffentlichung eines blasphemischen Cartoon: *Zur Kündigung der RAN-Redaktion* (21.12.1979 – Redakteurin war Helga Kirchner), WDR Hist. Arch. 10552 (Transkript). – Bereits in Martin Burkerts Bericht über die Kultur- und Freizeitarbeit in der DGB-Jugend in Köln *Meier, Müller, Huber, Schmidt – noch machen nicht so viele mit* (31.7.1979 – Redakteur war Jürgen Keimer), WDR Hist. Arch. 10547 (Manuskript der Moderationen mit paraphrasierten O-Ton-Inhalten), hatte jede Anregung zum gewerkschaftlichen Engagement gefehlt. Ein Trend, wonach die Radiothek 1979 auf Distanz zu den Gewerkschaften gegangen sei, läßt sich daraus allerdings noch nicht ablesen.
[649] Vgl. Dieter Eißel, Lehrlinge und Jungarbeiter im kapitalistischen System, in: *Frankfurter Hefte* 4/1975, S. 16-22, hier: S. 17. – Das auch unter dem Eindruck von Lehrlingsprotesten und allgemeiner Kritik an der Berufsbildung entstandene Berufsbildungsgesetz regelte die Lehrlingsausbildung, Fortbildung und Umschulung im dualen System; es

Der Streit war ein Thema der ersten regulären Radiothek-Sendung am Neujahrstag 1974. Die Redaktion ließ Unzufriedenheit mit dem Gesetz von 1969 erkennen und schlug sich auf die Seite der Kritiker: Wenn nicht genügend Lehrstellen zur Verfügung stünden, müsse die Ausbildung staatlicher Kontrolle unterworfen werden, müsse vielleicht sogar der Gesetzgeber die Unternehmer unter Druck setzen.[650] In einem Bericht über Ausbildungsprobleme in Kleinstädten[651] monierte Günter Scheding, Inhalte würden nur ungenügend vermittelt, die Lehrlinge sähen sich statt dessen ausgenutzt. Mit Blick auf das Schulfach Arbeitslehre schließlich kritisierte Autor Heribert Schmidt[652], das Fach diene lediglich dazu, Unterordnungsbereitschaft und Sekundärtugenden zu fördern – „also das, was sozusagen einen guten, nämlich ruhigen Lehrling ausmacht, aber nicht unbedingt einen Bürger, der in einem demokratischen Staat seine Rechte kennt und sie auch in seinem Betrieb vertreten kann". Wohl distanzierte sich Ute Remus in ihrer Moderation ausdrücklich von der arbeitgeberkritischen Sichtweise des Autors Hans-Jürgen Haug.[653] Klaus Klenke hingegen nahm kein Blatt vor den Mund:

> „Es ist schon eigenartig, daß Tips von Lehrlingen für Lehrlinge so aussehen: Halt die Klappe, dann läuft's! Wenn man zur Bundeswehr geht, kriegt man für die Zeit der Grundausbildung so ähnliche Tips. Das zeigt mir eigentlich nur, daß bei einer Ausbildung, in der man sich schön ducken muß, damit es keinen Ärger gibt, etwas von Grund auf stinkt."[654]

Diese Sendung informierte über Möglichkeiten, sich gegen Ungerechtigkeiten zu wehren.[655] Demütigender Behandlung durch Ausbilder oder auch dem Ausspielen von Lehrlingen und ihren Eltern gegeneinander könne man am besten gemeinsam handelnd entgegentreten. „Es gibt ja Leute, die sagen: [...] Das mit den Lehrlingen hängt einem ja mittlerweile zum Halse heraus", gab Moderator Klenke zu. „Uns auch. Nur – wir werden erst damit aufhören können, wenn sich da was gebessert hat."[656]

---

galt vielen jedoch als unbefriedigender Kompromiß. Insbesondere die Unternehmerseite wandte sich gegen striktere staatliche Kontrolle der Ausbildung, vgl. Wolfgang Gaiser/Claus J. Tully/Peter Wahler, Arbeitsmarkt – Risikoschwelle fürs Erwachsenwerden, in: Deutsches Jugendinstitut (Hg.), Immer diese Jugend!, a.a.O., S. 179-198, hier: S. 187 f.; und Anweiler a.a.O., S. 24, 38.

[650] *Berufsbildungsgesetz* (1.1.1974), WDR Hist. Arch. 10480 (Manuskript des Einspielbandes). Ähnlich verhielt sich die Sendung vom 5.3.1974 (Redakteurin war Gretel Rieber), WDR Hist. Arch. 10482 (Manuskripte der Moderation und der Einspielbänder). Auch der Blick auf die Berufsausbildung im Rahmen der Reihe *Bilanz der Bildungsreform* am 28.2.1975 fiel kritisch aus:, WDR Hist. Arch. 10446 (Transkript); ähnlich die Sendung vom 11.3.1975, WDR Hist. Arch. ebda. (Transkript).

[651] In seinem Beitrag *Kleinstadtlehrlinge*, Radiothek vom 5.3.1974, a.a.O.

[652] In seinem Beitrag *Arbeitslehre*, Radiothek vom 5.3.1974, a.a.O. Ähnlich argumentierte Klaus Klenke in der Moderation zum Beitrag *Untersuchung Berufsschulbücher* (12.2.1974 – Redakteur war Ulrich Lux), WDR Hist. Arch. 10481 (Manuskript der Moderation und des Einspielbandes). Die Akte enthält noch ein zweites Manuskript mit leicht modifizierten Formulierungen; für die Ausstrahlung der ersten Fassung spricht, daß das Manuskript die Markierungen trägt, mit denen Studiotechniker das erneute Ansetzen des Sprechers nach eventuellen Fehlern markieren. – Das Fach Arbeitslehre sollte lt. KMK-Empfehlungen vom 3.7.1969 Inhalte aus dem „technisch-wirtschaftlichen und gesellschaftlich-politischen Bereich vermitteln" und zur Partizipation ermutigen, bei der Berufswahl helfen. Die Inhalte seien danach auszuwählen, „daß die Jugendlichen an ihnen fundamentale Arbeitstugenden wie Konzentration, Genauigkeit, Fähigkeit zur Umstellung und zur Zusammenarbeit sowie wirtschaftliches Denken und planvolles Handeln entwickeln und üben können" – zit. nach Anweiler a.a.O., S. 328 f.

[653] In ihrer Moderation zu dessen Beitrag *Berufsbildungsgesetz*, Radiothek vom 5.3.1974, a.a.O.

[654] *Tips von Lehrlingen für Lehrlinge* (4.6.1974 – Autor war Reinhold Böhm, Redakteur Ulrich Lux), WDR-Schallarchiv 5090060 (Einspielband) und Hist. Arch. 10486 (Manuskript der Moderationen mit transkribierten O-Tönen).

[655] Am 1.10.1974 sollte Wolfgang Schmitz in seiner Moderation zu den *Tips für Lehrlinge* abermals hervorheben: „Wir haben uns überlegt, dass für einen Lehrling am Anfang seiner Lehre, eine wichtige Frage, der er nachgehen sollte, die ist: Gibt es einen Betriebsrat, eine Jugendvertretung? Wer ist Jugendvertreter?"; WDR Hist. Arch. 10490.

[656] Eine Reihe Sendungen kritisierte in diesem Zusammenhang Mängel in einzelnen Ausbildungsgängen: *„Wir müssen auch mal auf eigenen Füßen stehen". Zwei Floristinnen-Lehrlinge berichten über ihren Alltag* (27.5.1975 – Autor war

Die seit 1973 herrschende Lehrstellenknappheit[657] beschäftigte die Radiothek häufig; mehrfach wurde die Bereitschaft der Arbeitgeber angezweifelt, in adäquatem Maße Ausbildungsplätze zu schaffen. Dagmar Schwarze, Michael Braun und Walter Kluth berichteten 1975 von einer Großdemonstration der Gewerkschaften für eine Reform der Ausbildung und ließen die Initiatoren ausgiebig zu Wort kommen.[658] Reinhard Kahl informierte über die Modalitäten von Einstellungstests, klagte jedoch: „Man interessiert sich sehr eingehend für die Gedanken der Bewerber. Fragt nach der Einstellung zum Terrorismus, zum Radikalenerlaß und zu den Gewerkschaften"[659]. Joachim Hornig erzählte in einem Hörer-Hörspiel die Geschichte eines fiktiven Bewerbers, der nach langer Ausbildungsplatzsuche zu resignieren begann und schließlich in die Kriminalität abzugleiten drohte.[660] Thomas Thimme stellte das selbstverwaltete West-Berliner Jugendprojekt SSB vor, das neben einem Jugendzentrum und einem Wohnheim auch drei Jugendwerkstätten initiiert hatte. „Sie haben nicht länger darauf gewartet, daß ihnen ein Jugendzentrum gebaut wird, sie haben auch nicht länger auf Lehrstellen und Arbeitsmöglichkeiten gehofft."[661] Immerhin, so erläuterte Moderatorin Nora Schattauer 1978, eröffne das Ausbildungsplatzförderungsgesetz seit 1976 die Möglichkeit, die Unternehmen mit einer „Lehrstellenabgabe" zu belegen. Sie wandte sich an die Betroffenen:

> „Verkriecht Euch nicht zuhause, sprecht mit anderen darüber, was Euch passiert ist, denn Ihr seid ja nicht schuld daran, daß es zuwenig Stellen gibt. Schreibt Briefe an die örtlichen Zeitungen, schreibt Briefe an die Behörden in der Gemeinde, an die Industrie- und Handels- und Handwerkskammern, informiert die Gewerkschaft. Die Öffentlichkeit muß erfahren, wie groß die Not wirklich ist [...]. Dann besteht vielleicht auch eine Chance, daß endlich was passiert, daß vielleicht auch der Staat die Ausbildung mehr in die Hand nimmt. Das könnte durchaus eine Möglichkeit sein, staatliche Lehrwerkstätten, in denen jeder einen Platz findet."[662]

Die Unternehmerseite freilich kam nicht zu Wort; es war kein Wunder, daß die Redaktion den protestierenden Telefonanruf eines freien Unternehmensberaters aus Essen verzeichne-

---

Jens Hagen, Moderator Wolfgang Schmitz, Redakteur Lothar Fend), WDR Hist. Arch. 10497 (Manuskript der Moderationen, an sich als Sprecherpassagen ausgewiesen, laut Sendeaufplan aber vom Moderator übernommen, mit transkribierten O-Tönen). Zum Hörerecho auf diesen Beitrag vgl. unten Abschnitt IV. 3. e). Sowie *Ausbildung Krankenschwestern und -pfleger*, Teil 1 (7.10.1975) und Teil 2 (21.10.1975), WDR Hist. Arch. 10502 (Manuskript der Moderationen mit transkribierten O-Tönen).

[657] Vgl. Gaiser/Tully/Wahler a.a.O., S. 192, sowie Frank Braun/Heiner Schäfer/Helmut Schneider, Jugendarbeitslosigkeit – Strukturdaten und Konsequenzen, in: Deutsches Jugendinsitut (Hg.), Immer diese Jugend!, a.a.O., S. 225-238, hier: S. 226.

[658] *Bericht über die Demonstration vom 8.11.* (12.11.1975), WDR Hist. Arch. 10503 (Manuskript der Moderationen mit transkribierten O-Tönen).

[659] *Sind gute Lehrlinge knapp? Zur Praxis der betrieblichen Eingangstests* (Autor war Reinhard Kahl, Moderator Wolfgang Schmitz, Redakteur Ulrich Lux), WDR-Schallarchiv 5095784 (Einspielband) und Hist. Arch. 10527 (nur Sendeaufplan). Der Sendetag ist nicht mit letzter Sicherheit zu klären.

[660] *Ende offen, oder: Die allgemeine Lage kann nichts dafür. Ein kurzes Hörspiel mit allgemeiner Tendenz zum realistischen Pessimismus*, Teil 1 (13.10.1977), WDR Hist. Arch. 10526, Teil 2 (16.2.1978), WDR Hist. Arch. 10530 (Hörspielmanuskripte). Der Teil 1 wurde laut Themenplanung der Redaktion (WDR Hist. Arch. 10445) am 11.2.1978 wiederholt, der zweite Teil dann u. a. unter dem Arbeitstitel *Happy End* gemeinsam mit zwei anderen Hörer-Hörspielen am 16.2.1978 ausgestrahlt. Zu diesem Hörer-Hörspiel vgl. im übrigen oben Abschnitt III. 2. b) δ). – Mit Problemen der Berufsausbildung befaßte sich auch das Hörspiel *Was meinst Du? Lehrlinge in einem Familienbetrieb* (14.3.1979 – Autorin war Andrea Reischies), WDR Hist. Arch. 10543, und (Hörspielmanuskript).

[661] *Sieben Jahre Selbstverwaltung machen stark Teil 2* (24.4.1979 – Autor war Thomas Thimme, Moderator Wolfgang Schmitz, Redakteur Dietrich Backmann), WDR Hist. Arch. 10544 (Manuskript der Moderation ohne transkribierte O-Töne).

[662] *Das Portemonnaie bleibt zu. Warum die Unternehmer auch in diesem Jahr keine Lehrstellenabgabe leisten müssen* (21.3.1978 – Autor war Martin Ebbing, Redakteurin am Mikrofon Nora Schattauer), WDR Hist. Arch. 10531 (Manuskripte der Moderation und des Einspielbandes).

133

te, der sich über eine „tendenziöse Sendung" beschwerte und über die mangelnde Eignung vieler Bewerber klagte, die er zum Gespräch eingeladen hatte.[663]

Mit Jugendlichen, die sich gegen eine Berufsausbildung und für den unmittelbaren Schritt in die Tätigkeit als ungelernter Arbeiter entschieden, befaßte sich die Radiothek 1975 in der Sendewoche *Jungarbeiter im Abseits*. Der Titel war treffend gewählt; denn diese Gruppe war „der Bodensatz, den das Bildungsprogramm zurückgelassen hat"[664]. Die Sendungen betonten, das Versagen des einzelnen sei nicht der Hauptgrund der Misere; sie berichteten in Fallbeispielen von bedrückenden Rahmenbedingungen der Suche nach einem Ausbildungs- oder Arbeitsplatz. Und weiter:

> „Die Anforderungen des Staates an die Ausbilder wuchsen, und die Kosten der Ausbildung stiegen, sodaß manche Unternehmer gar keine Lehrlinge mehr ausbilden. [...] Der Leistungsdruck [...] verhindert oft, daß sich die Ausbilder um mehr kümmern können als nur um die Vermittlung technischer Fertigkeiten. Sie sind einfach überfordert, wenn sie auf persönliche Probleme eingehen sollen, wie das vor Jahren – und manchmal heute noch – in Handwerksbetrieben möglich gewesen sein mag. Nur geht das eben zulasten *der* Jugendlichen, die vor allem durch Personen motiviert, angespornt werden."[665]

Wolfgang Schmitz untersuchte tags darauf die Probleme der Jungarbeiter auf dem Lande[666]: Dort könnten sich die meisten Jugendlichen die tägliche Fahrt zu weiter entfernten Betrieben finanziell nicht leisten – einen Umzug erst recht nicht. Jörg Armbruster beklagte die unterschiedlichen Startbedingungen bei Kindern aus der Mittel- und Unterschicht.[667] „Ob man Jungarbeiter wird oder nicht, ist nicht 'ne Frage, ob man zu dumm ist, ob man lernbehindert ist, sondern eine Frage der sozialen Benachteiligung", betonte Schmitz am folgenden Tage – auch deshalb seien zwei Drittel der Betroffenen weiblich.[668] Er stellte mit Blick auf die ungleichen Startchancen der Kinder die rhetorische Frage, was dieser Mißstand

> „mit dem Zustand von Demokratie zu tun hat. Denn das ist 'ne sehr, sehr große Gruppe, und ich würde denken, die Demokratisierung eines Gemeinwesens, eines Staates hängt sicherlich unter anderem davon ab, welche Möglichkeiten dieses Gemeinwesen seinen Unterprivilegierten einräumt."

Moderatorin Helga Kirchner wandte sich am letzten Tag der Woche mit einer Ratgebersendung an Hauptschüler:

---

[663] Vgl. die handschriftliche Gesprächsnotiz in WDR Hist. Arch. 10531. Der Anrufer hatte zwei Ausbildungsplätze zum „Programmierer" besetzen wollen und deshalb „40-50" Vorstellungsgespräche geführt. Viele Bewerber hätten „von sich aus" abgesagt; nun habe er die Suche aufgegeben. „Gefühl, die wollen gar nicht, oder wollen viel verdienen."
[664] Vgl. Blücher/Schöppner, Shell-Studie 1977, Bd. I, S. 19, 100 f.; direkte Zitate der S. 100 f. entnommen.
[665] *Jungarbeiter im Abseits Teil 1 – Jungarbeiter in der Stadt* (27.10.1975 – Autor war Jörg Armbruster, Moderator Lothar Fend, Redakteurin Helga Kirchner), WDR-Schallarchiv 5090140 (Mitschnitt). – Jungarbeiter sahen sich in besonders hohem Maße von struktureller Arbeitslosigkeit bedroht, vgl. Blücher/Schöppner, Shell-Studie 1977, Bd. I, S. 19.
[666] *Jungarbeiter im Abseits Teil 2 – Jungarbeiter auf dem Land und Gastarbeiterkinder* (28.10.1975 – Autor und Moderator war Wolfgang Schmitz, Redakteurin Helga Kirchner), WDR-Schallarchiv 5090139 (Mitschnitt).
[667] *Jungarbeiter im Abseits, Folge 3. Fördermaßnahmen für Jungarbeiter und jugendliche Arbeitslose* (29.10.1975 – Autor war Jörg Armbruster, Moderatorin Helga Kirchner), WDR-Schallarchiv 5090138 (Einspielband).
[668] *Jungarbeiter im Abseits Teil 4 – Situation der Mädchen* (30.10.1975 – Autor und Moderator war Wolfgang Schmitz, Redakteurin Helga Kirchner), WDR-Schallarchiv 5090139 (Mitschnitt). – In ähnlicher Weise behandelte Gretl Brand dieses Problem in der zweiteiligen Reihe *Jugendliche Arbeitslose* (3. und 17.12.1974 – Redakteur war Ulrich Lux), WDR Hist. Arch. 10492 (Manuskript der Einspielbänder mit transkribierten O-Tönen).

„Es soll ein Versuch sein, ihnen den Weg ins Abseits zu ersparen oder Möglichkeiten aufzuzeigen, dort wieder herauszukommen. Das klingt sehr vielversprechend, ist jedoch ein ganz bescheidenes Angebot. Wir haben dazu drei typische Fälle bei der Berufsberatung, Arbeitsvermittlung und Jugendberatungsstelle durchgespielt."

Die Moderatorin betonte, gerade in Zeiten der Krise sei eine Berufsausbildung sinnvoll – und nicht der scheinbar bequeme Schritt in die ungelernte Tätigkeit. „Denn es [...] verschiebt Probleme nur." Sie verlor kein Wort über gewerkschaftliche Forderungen zur Reform des Ausbildungswesens, über eventuelle Versäumnisse der Arbeitgeberseite; sie erinnerte im Gegenteil an die Probleme, die reformierte, damit anspruchsvollere Ausbildungsgänge und verschärfte Arbeitsschutzbestimmungen gerade für Jungarbeiter aufgeworfen hätten.[669]

δ) Arbeitsalltag Jugendlicher und Erwachsener

Die dokumentierten Sendungen, in denen die Radiothek Blicke in den Arbeitsalltag Erwachsener warf, befaßten sich überwiegend mit dem Arbeitsleben von Frauen und ihren spezifischen Problemen.
Der Sekretärinnenberuf, so Helga Kirchner 1978, sei „ein Beispiel dafür, wie Frauen in ihrer beruflichen Entwicklung wegen ihres Geschlechts behindert werden. Gerade im Beruf der Sekretärin zeigt sich. Frauen sollen auch im Beruf dienen, fürsorgen, bemuttern." Autorin Christa Oberbremer forderte vereintes Handeln: „Auch die Sekretärinnen sollten lernen, ihr Arbeitsleben mehr aus ihrem eigenen Blickwinkel zu sehen. Ihre Bedürfnisse und Interessen zu erkennen. Und: durchzusetzen."[670]
Ein bedrückendes, an Zustände des späten 19. Jahrhunderts gemahnendes Szenario wiederum hatte Monika Held 1977 in ihrem Bericht über junge Fließbandarbeiterinnen entworfen: Aus der Perspektive der Betroffenen schilderte sie die entfremdete Arbeit, den Druck, den Betriebsleitungen und Meister ausübten, die gesundheitlichen Belastungen, schließlich die besonderen Probleme ausländischer Arbeiterinnen.[671] Ähnlich kritisch betrachtete Gabriele Branchart vier Monate später den Arbeitsalltag in Großraumbüros. Um „die Kontrolle der Arbeit, also der Leistung" gehe es dort; die Schaffung eines angenehmen Arbeitsumfeldes in diesen Büros koste den Unternehmer viel Geld. „Der Arbeitnehmer im Großraumbüro wird zum Meister im Verdrängen seiner Situation." Moderator Ulrich Lux schloß: „George Orwells 1984 hat – scheint's – schon begonnen."[672]
Die Archive dokumentieren freilich auch Sendungen, die auf positive Seiten der Arbeitswelt hinweisen. Fortschritte im Arbeitsschutz und bei den allgemeinen Rahmenbedingungen in den vergangenen 25 Jahren beschrieb Werner Zeppenfeld im Rahmen einer Buchre-

---

[669] *Jungarbeiter im Abseits Teil 5 – Handlungsalternativen – Entscheidungshilfen* (31.10.1975 – Autor war Wolfgang Schmitz, Moderatorin Helga Kirchner), WDR-Schallarchiv 5090142 (Mitschnitt).
[670] *Tatort Vorzimmer. Report über einen Frauenberuf – Sekretärin* (3.5.1978 – Autorin war Christa Oberbremer), WDR-Schallarchiv 5090162 (Mitschnitt) und Hist. Arch. 10533 (Manuskript der Moderation und des Einspielbandes mit transkribierten O-Tönen).
[671] *Taktzeiten – über junge Frauen am Fließband* (5.4.1977 – Autorin war Monika Held), WDR Hist. Arch. 10520 (Manuskript der Moderation und des Einspielbandes mit transkribierten O-Tönen).
[672] *Ein Königreich für eine Trennwand – über die Arbeitssituation in Großraumbüros* (9.8.1977 – Autorin war Gabriele Branchart, Redakteur am Mikrofon Ulrich Lux), WDR Hist. Arch. 10524 (Manuskript der Moderation und des Einspielbandes mit inhaltlich paraphrasierten O-Tönen). – Kaum positiver fiel 1980 ein Bericht über Arbeitnehmer in Schichtarbeit aus: *Nachts sind alle Züge grau. Über Probleme der Schichtarbeit* (13.5.1980 – Autor war Michael Fest, Moderatorin Nora Schattauer), WDR-Schallarchiv 1002556 (Mitschnitt).

zension.[673] Roberta Tatafiore und Ulrich Teiner wiederum erläuterten 1979 Vorzüge des Lebens bundesdeutscher Arbeitnehmer im Vergleich zu ihren Kollegen in Italien: sie verwiesen auf die dortigen niedrigen Löhne, eine hohe Arbeitslosigkeit, auf unerschwingliche Wohnungen sowie den Fortfall von Lohn- und Gehaltszahlungen bei Streiks.[674]

ε) Blick auf die Arbeitgeberseite

Neben Beiträgen, in denen die Radiothek über den Arbeitsalltag abhängig Beschäftigter berichtete, sind auch einige Sendungen erhalten, die der Arbeitgeberseite ihr Augenmerk widmeten. Die von anderen Radiothek-Sendungen her gewohnte gewerkschaftsfreundliche und arbeitgeberkritische Sichtweise trat in den in diesem Abschnitt behandelten Beiträgen merklich zurück; mitunter war sie gar nicht zu spüren. Das galt etwa für einen Bericht über Unternehmer, die aus kleinen Verhältnissen kamen und das Wagnis der Selbständigkeit eingegangen waren. Hier kamen die Belastungen zur Sprache, denen die Betreffenden ausgesetzt waren, der tägliche Zwang, sich behaupten zu müssen.[675]
Kritisch allerdings geriet der Blick der Radiothek auf die Wirtschaftskriminalität. Moderatorin Nora Schattauer wunderte sich, weshalb Fernsehkrimis kaum einmal in diesem Milieu spielten. Immerhin sei

> „der Schaden, der der Gesellschaft, der uns allen zugefügt wird, enorm groß. [...] Während bei Mord oder schwerem Raub die Presse spektakulär berichtet, hält man sich bei Wirtschaftsverbrechen fein zurück. Und seit das neue Steuergesetz in Kraft ist, ist der Schutz des Steuergeheimnisses noch verstärkt worden. [...] Solche Behandlung wünschen sich Jugendliche, die im Supermarkt der Versuchung erliegen und Waren für 20 Mark mitgehen lassen, sicher auch."

Wirtschaftsstraftäter sahen sich hier also deutlich schärfer kritisiert, als es die Radiothek in diversen Sendungen gegenüber anderen Kriminellen zu tun pflegte.[676]

ζ) Arbeitslosigkeit

Seit dem Ölpreis-Schock von 1973 war die Bundesrepublik mit einem in dieser Dimension neuartigen Problem konfrontiert: einem Beschäftigungsnotstand, der 1975 einen Höchst-

---

[673] *Aber es waren schöne Zeiten – junge Bergleute diskutieren über Hans-Dieter Baroths Buch* (3.7.1979 – Autor war Werner Zeppenfeld, Moderator Jürgen Keimer, Redakteurin Helga Kirchner), WDR Hist. Arch. 10547 (Manuskript der Moderation und des Einspielbandes mit transkribierten O-Tönen).
[674] *Jugend in Italien Teil 1* (12.9.1979), WDR Hist. Arch. 10549 (Manuskript des Einspielbandes mit transkribierten O-Tönen).
[675] *Träume vom Aufstieg Teil 3: Lieber ein kleiner Herr als ein großer Knecht – der Traum vom Aufstieg als kleiner Unternehmer* (10.8.1977 – Autoren waren Michael Braun und Richard Claus), WDR-Schallarchiv 5090192 (Einspielband). – Mit ähnlichen Akzenten porträtierte die Radiothek auch den Gründer des Frankfurter Zweitausendeins-Versandes: *Die Lutz-Reinecke-Story. Porträt eines jungen Verlegers in 7 Kapiteln* (29.2.1976, in gekürzter Form wiederholt am 21.7.1977 – Autor war Mario Angelo), WDR Hist. Arch. 10506 (Manuskript des Einspielbandes mit transkribierten O-Tönen). – Eine zweiteilige Reihe zum Jahresende 1976 berichtete in ähnlicher Form über die Betreiber kleiner Buchverlage (28. und 30.12.1976 – Autor war handschriftlichen Anmerkungen zufolge offenbar Stefan Huy, die Anmerkungen selbst zeigen die Handschrift Ulrich Lux', der demnach Redakteur gewesen sein könnte), WDR Hist. Arch. 10515 (Manuskripte der Einspielbänder mit transkribierten O-Tönen). – *Ungleiche unter Gleichen. Zum Gesellschaftsbild junger Selbständiger* (18.10.1977 – Autor war Stephan Krass, Redakteur Ulrich Lux), WDR Hist. Arch. 10526 (Manuskript der Moderationen ohne transkribierte O-Töne).
[676] *Den Staat, den kann man ja ruhig schädigen... Über Wirtschaftskriminalität* (5.3.1979 – Autoren waren laut Angabe in der Moderation „Journalistikstudenten der Kölner Schule", Moderatorin war Nora Schattauer, Redakteur Ulrich Teiner), WDR Hist. Arch. 10543 (Manuskript der Moderationen und des Einspielbandes mit transkribierten O-Tönen).

stand von 1,074 Millionen erreichte.[677] Die Radiothek wandte sich den Konsequenzen für den einzelnen zu.
So berichtete Jens Hagen über die Arbeitslosigkeit Jugendlicher und über sozialpädagogische Hilfsmaßnahmen in einer Dortmunder Obdachlosensiedlung.[678] Bald darauf portraitierte die Radiothek eine arbeitslose Familie im Sauerland, die unter materieller Not litt: Arbeitslosen- und Kindergeld deckten den Bedarf nicht, ein Leben als Bittsteller war die Folge – von manchen Nachbarn hämisch beäugt. Der Familienvater zeigte sich nach intensiver Arbeitssuche resigniert:

> „Ich bin nu' kein Kommunist oder sonst irgendwas, ich wünsch' mir auch kein System wie DDR oder Sozialismus, aber wenn man den drüben begguckt, ne, urlaubsmäßig, das Volk so, ne, es wird dort mehr getan für den Arbeiter, dort können auch Arbeiter in Urlaub fahren, die wirklich arm sind! Hier ist es so, wenn Du arm bist, mußt Du eher sterben." [679]

Wolfgang Schmitz befaßte sich in einer *Radiothek unterwegs* mit den kommunalen Maßnahmen gegen die Jugendarbeitslosigkeit. Es entspann sich eine kontroverse Diskussion zwischen Arbeitslosen und ihren Betreuern einerseits und Vertretern der Arbeitsverwaltung andererseits.[680] Die scharfe Kritik, auf die diese Sendung im Nachhinein stieß[681], ist nicht recht nachzuvollziehen; denn die Auswahl der Interviewpartner berücksichtigte die unterschiedlichen Sichtweisen, und Schmitz verhielt sich im Verlauf der gesamten Sendung neutral.
Einen individuellen Ausweg zu zeigen versuchte die Radiothek in einem von Andreas Harms verfaßten „Hörer-Hörspiel" im Winter 1977/78.[682] Die jugendlichen Arbeitslosen Rolf und Jürgen fuhren per Anhalter vom Ruhrgebiet nach Frankfurt (Main) und begegneten berufstätigen Menschen, die kein rechtes Verständnis für Rolfs und Jürgens Probleme aufbrachten. Erst das Mädchen Moni ließ sich bei einem Kneipengespräch auf Jürgens Überlegungen ein und hielt ihm den Spiegel vor: „Du haus' wohl lieber i'n Sack, statt irgendwat durchzustehen." Jürgen dürfe sich nicht alles gefallen lassen, sich nicht verkrie-

---

[677] Vgl. Braun/Schäfer/Schneider a.a.O., S. 227, sowie Abelshauser a.a.O., S. 289, 301.
[678] *Arbeitslosigkeit bei Jugendlichen an sozialen Brennpunkten* (15.4.1975 – Autor war Jens Hagen, Moderator Wolfgang Schmitz), WDR-Schallarchiv 5090112 (Mitschnitt) und Hist. Arch. 10447 (Transkript). Schmitz' Formulierungen lassen darauf schließen, daß er in dieser Sendung ein Beispiel einer im Voraus nicht schriftlich ausformulierten, vermutlich eher spontan nach Stichworten formulierten Moderation liefert. Zur kontroversen Beurteilung der Sendung durch grundsätzlich radiothek-kritische Mitglieder des Programmbeirates vgl. unten Abschnitt V. 4. – Über Jugendliche in finanzieller Not berichtete die Sendung „*Ich fühl mich wie ein Bettler." Jugendliche Sozialhilfeempfänger* (12.7.1978 – Autorin war Renate Feyerbacher), WDR Hist. Arch. 10535 (Manuskript des Einspielbandes mit transkribierten O-Tönen). – Mit dem Thema der gemeinnützigen Arbeitsverpflichtungen hatte sich die Radiothek bereits am 28.1.1977 befaßt: WDR Hist. Arch. 10517 (Manuskript der Moderationen ohne transkribierte O-Töne).
[679] *Portrait einer arbeitslosen Familie im Sauerland* (16.12.1975 – Moderator war Wolfgang Schmitz), WDR-Schallarchiv 5090152 (Mitschnitt). – Ähnlich trist geriet Ingrid Müllers Bericht *Die Erde sieht aus wie ein riesiger Schweizer Käse. Über das ehemalige belgische Kohlerevier Borinage* (15.10.1979 – Moderatorin war Nora Schattauer), WDR Hist. Arch. 10550 (Transkript). – Bereits am 10.9.1974 hatte die Radiothek über die Probleme Arbeitsloser im sauerländischen Giershagen berichtet (WDR Hist. Arch. 10489 [Manuskript des Einspielbandes mit transkribierten O-Tönen]).
[680] *Radiothek unterwegs: Keine Arbeit – nix zu machen?* (14.10.1979 – Moderator war Wolfgang Schmitz), WDR Hist. Arch. 10550 (unvollständiges Transkript, die letzte Seite fehlt offenbar). – Der Hoffnung, die Rüstungsindustrie könne für Arbeitsplätze sorgen, erteilte Werner Balsen in seinem Bericht eine Absage: *Mit Panzern gegen Arbeitslosigkeit? – Können Rüstungsaufträge Arbeitsplätze schaffen?* (28.3.1978 – Redakteure waren Ulrich Lux und Wolfgang Schmitz), WDR Hist. Arch. 10531 (Manuskript des Einspielbandes mit transkribierten O-Tönen).
[681] Vgl. dazu unten Abschnitt VI. 1. a).
[682] *Hauptsache, ich weiß, was ich wert bin. Hörer-Hörspiel* (14.2.1978 – Autor war Andreas Harms, Regisseur Michael Braun), WDR-Schallarchiv 5098004 (Einspielband). – Zu den Hörer-Hörspielen in der Radiothek vgl. oben Abschnitt III. 2. b) δ).

chen, meinte Moni; er müsse sein Leben selbst gestalten: „Du muß' nur wissen, wo De' stehst und wat De' willst und vor allem, wat Du Dir wert bis'."

Zusammenfassung

Allgemeine Wirtschaftsthemen behandelte die Radiothek meist in einer informierenden Weise; sie ließ Verfechter angebots- wie auch nachfrageorientierter Denkweisen zu Wort kommen, die Sendungen vermittelten mitunter eine Vielzahl Details.
Während sie sich in diesen Beiträgen meist neutral verhielt, neigte die Redaktion bei der Betrachtung des Verhältnisses zwischen Arbeitgebern und Arbeitnehmern in hohem Maße gewerkschaftsnahen Ansichten zu. Mitunter waren die Sendungen von vornherein darauf angelegt, Themen aus der Gewerkschaftssphäre zu behandeln – was zumindest bei Teilen der Zielgruppe Desinteresse wecken mochte. Die Redaktion forderte Lehrlinge und junge Arbeitnehmer auf, gegen Mißstände, unter denen sie litten, tatkräftig und vereint mit ihren Kollegen vorzugehen. Zu den Kernthemen der Wirtschaftssendungen gehörten die Lehrstellenkrise und die Mängel des beruflichen Ausbildungssystems. Die Radiothek setzte sich dafür ein, daß Lehrlingen eine fundierte Ausbildung zuteil werde. Insoweit empfahl sie auch Schulabgängern dringend, sich um eine Berufsausbildung zu bemühen, statt ihr Heil in einer ungelernten Tätigkeit zu suchen. Bei der Betrachtung der Jugendarbeitslosigkeit nahm die Radiothek die Betroffenen gegen den Vorwurf der Bequemlichkeit und Arbeitsscheu in Schutz. Die Portraits junger Arbeitgeber machten allerdings deutlich, daß es nicht nur Arbeitnehmer waren, die sich drückenden Belastungen und Zwängen ausgesetzt sahen.

g) Der Themenbereich Bildung

Der Sendebeginn der Radiothek fiel in eine Zeit, in welcher der Reformelan der Bildungspolitiker erlahmte – in der Bundesrepublik wie in vielen anderen westlichen Ländern. Zur wachsenden Skepsis gegenüber den Möglichkeiten langfristiger Bildungsplanung traten die Auswirkungen der wirtschaftlichen Krise.[683] Die Folgen waren bedrückend:

> „Die große Masse der Jugendlichen ist zurückgesunken in dumpf angepaßte Resignation; kein Protest mehr und keine konkrete Hoffnung. Denn gerade der Jugend war am meisten versprochen worden. Kernstück der Gesellschaftsreform sollte die Bildungsreform sein, und gerade ihr [sic] ist fast nichts davon geblieben."[684]

α) Allgemeine Themen der Bildung und Erziehung

Trotz dieser widrigen Rahmenbedingungen sprach aus den Sendungen die Überzeugung, daß Reformen nach wie vor auf der Tagesordnung stünden. Zum Kernkonzept der auf „Emanzipationshilfe" gerichteten Jugendsendung gehörte es zunächst, daß sie die Hörer selbst anzuregen suchte, sich zu bilden. Charakteristisch war insofern der Titel einer dreiteiligen Reihe zum Jahresende 1977: *So dumm bin ich gar nicht, oder: Was man durch*

---

[683] Vgl. Thränhardt a.a.O., S. 201, sowie Peter Fränz/Joachim Schulz-Hardt, Zur Geschichte der Kultusministerkonferenz 1948-1998, in: Sekretariat der Kultusministerkonferenz (Hg.), Einheit in der Vielfalt. 50 Jahre Kultusministerkonferenz 1948-1998, Neuwied u.a. 1998, S. 177-227, abgerufen am 3.10.2007 unter http://www.kmk.org/aufg-org/home.htm?auskom, dortiger Abschnitt IV.
[684] Hans Friemond, Abschied von morgen. Was bleibt der Jugend von der Bildungsreform?, in: *Frankfurter Hefte* 4/1975, S. 7-14, hier: S. 7.

Lernen alles verändern kann. Die Auftaktsendung wollte mit den Portraits zweier ehrgeiziger Frauen zeigen: Das individuelle Bemühen um Bildung kann helfen, unbefriedigende Berufs- und Lebenverhältnisse zu überwinden.[685] Der zweite Teil der Reihe suchte „Ursachen für erfolgreiches Lernen aufzuspüren".[686] Hier wie in einer weiteren Sendung betonte Moderatorin Helga Kirchner die Notwendigkeit, gerade das Bildungsniveau von Arbeitern zu heben:

> „Sie sind in den Bildungseinrichtungen benachteiligt, weil die ihren spezifischen Bedürfnissen nur unzureichend gerecht werden. [...] Die Ursachen [...] liegen nicht in der Person des Arbeiters, etwa als mangelnder Intelligenz [...]; vielmehr versperren andere Hindernisse den Zugang, zum Beispiel Sprachbarrieren, die zu große berufliche Beanspruchung oder die Tatsache, daß das Bildungsangebot nicht auf die speziellen Bedürfnisse und Möglichkeiten von Arbeitern eingeht."[687]

Beim Blick auf die frühkindliche Erziehung wandte sich die Radiothek in den dokumentierten Sendungen vor allem elterlichen Initiativen zu: den Kinderläden der frühen siebziger Jahre[688] sowie neueren Projekten in Hamburg und Bonn[689]. Die Beiträge nahmen eine wohlwollende Position ein; sie wiesen durchaus auf Schwachpunkte hin, fundamentale Kritik kam aber nicht zur Sprache.

β) Schule

„Die wohl bestgehaßte Einrichtung der Welt"[690] sei die Schule, konstatierte Jürgen Keimer in einer Moderation – die Schule war naturgemäß häufig Thema der Radiothek. Die Redaktion befaßte sich zum einen mit Mängeln des Status quo aus Sicht der Schüler und auch der Lehrer; zum anderen stellte sie Reformansätze vor.[691]
Schüler, so lautete ein landläufiger Vorwurf, seien hohem Leistungsdruck ausgesetzt; diese Kritik machten sich viele Radiothek-Beiträge zueigen. Betroffene Schüler schilderten ihre Probleme[692]; die Autoren gingen mitunter einen Schritt weiter und bemängelten, auf schu-

---

[685] *So dumm bin ich gar nicht, oder: Was man durch Lernen alles verändern kann Teil 1: Mehr Wissen allein genügt mir nicht* (16.12.1977 – Autorin war Gabriele Sonnenberg, Redakteurin am Mikrofon Helga Kirchner), WDR Hist. Arch. 10528 (Manuskript der Moderationen ohne transkribierte O-Töne).
[686] *So dumm bin ich gar nicht, oder: Was man durch Lernen alles verändern kann Teil 2: Zusammen arbeiten – zusammen lernen* (23.12.1977 – Autorin war Gabriele Sonnenberg, Redakteurin am Mikrofon Helga Kirchner), WDR Hist. Arch. 10528 (Manuskript der Moderationen ohne transkribierte O-Töne).
[687] Radiothek vom 4.4.1975 (Autor war Dirk Gerhard, Moderatorin Nora Schattauer), WDR Hist. Arch. 10447 (Transkript).
[688] *Kinderladenarbeit Teil I* (6.6.1976 – Autor war Werner Schmidt, Moderator Ulrich Lux), WDR Hist. Arch. 10510 (Transkript); sowie *Bürger suchen neue Wege in der Erziehung Teil 3: Kinderladenarbeit* (24.3.1978 – Autoren waren Ulrich Wollenweber und Bernd Huppertz, Redakteurin am Mikrofon Helga Kirchner), WDR-Schallarchiv 5090161 (Mitschnitt) und Hist. Arch. 10531 (Transkript).
[689] „*Was sie anders machen". Bericht vom Verein Kinderhaus Hamburg-Eimsbüttel* (12.5.1977 – Moderator war Wolfgang Schmitz), WDR-Schallarchiv 1001835 (Mitschnitt). – Zu den Hörerreaktionen auf einen anderen Beitrag dieser Thematik und Zielrichtung vgl. unten Abschnitt IV. 3. e).
[690] Moderator Jürgen Keimer in der Radiothek vom 6.7.1979: *Zusammen leben, zusammen arbeiten, zusammen lernen – Werkschulen in Berlin*, WDR Hist. Arch. 10547.
[691] Mit einer radikalen Absage an die Schule befaßte sich Stefan Huy im Bericht über einen Pädagogen, der seine Kinder selbst unterrichtete, statt sie zur Schule zu schicken; und der bemängelte, das deutsche Schulwesen sein ein hoffnungslos veraltetes „Pseudo-Bildungssystem [...], in dem eigentlich alle leiden": *Der einzige Lehrer ist der Alltag – Zazie und Xerxes leben ohne Schule* (6.8.1980), WDR-Schallarchiv 5095830 (Einspielband).
[692] *Schulstreß* (7.5.1976), WDR Hist. Arch. 10509 (Transkript). – Auch das Hörer-Hörspiel *Samstage* (30.12.1978 – Autor war Gerd Wolfgang Gottschalk), WDR Hist. Arch. 10540 (Hörspielmanuskript), befaßte sich mit diesem Problem.

lischen Druck seien auch viele jugendliche Selbstmordversuche zurückzuführen.[693] Die Beiträge nahmen die Eltern in die Pflicht:

> „Sie müßten erkennen, daß sie mit ihrem Ehrgeiz [...] den Kindern und Jugendlichen nur schaden. Sie sollten gegen ein Schulsystem protestieren, das Kinder und Jugendliche immer wieder unter Leistungsdruck stellt und sie zu Konkurrenzdenken zwingt. Die Schule muß menschlicher werden!"[694]

Darüber hinaus bemängelten mehrere Sendungen, die schulisch vermittelten Lerninhalte bestünden „nur noch aus abfragbarem und meßbarem Wissen [...], sie fördern nur die geistige, aber nicht die motionale [sic] und soziale Entwicklung". Eine „entscheidende Forderung der Unterrichtslinien" sei damit nicht erfüllt,

> „nämlich den Schüler zu einem kritischen und mündigen Bürger zu erziehen. Wenn es stimmt, was Willy Brandt in seiner ersten Regierungserklärung 1969 gesagt hat, daß nämlich die Schule der Nation die Schule sei, dann muß etwas geschehen, denn sonst sind wir bald eine Nation rücksichtsloser Streber, Egoisten, angepaßter, unkritischer und autoritätsgläubiger Bürger und Arbeitnehmer, die gar nicht in der Lage sind, die Demokratisierung in Wirtschaft und Politik voranzutreiben."[695]

Scharfe Kritik in diesem Sinne übte auch Gerold Scholz in seinen Überlegungen zur *Gewalt in der Schule*.[696] Hinter prügelnden Schülern und Lehrern stehe eine „strukturelle Gewalt" des Systems Schule:

> „Eine Gewalttätigkeit, die so umfassend und allgemein ist, daß sie zumeist übersehen wird. Schule bringt Kinder in eine Rangreihe und wertet einzelne Kinder ab, sagt ihnen, sie seien dümmer, fauler oder schmutziger als andere, und tut ihnen damit Gewalt an. Wir können sogar sagen: Schule erzieht dazu, Gewalt als durchaus übliches Mittel des Umgangs der Menschen miteinander zu billigen. [...] Konkurrenz ist eine Form von Gewalt, auch wenn die Erwachsenen in unserer Gesellschaft dies vergessen haben. [...] Wie und wodurch lernen unsere Kinder, ihre Mitschüler nicht als Konkurrenten zu begreifen, sondern als Mitmenschen? Dies müßten die Fragen sein, über die wir zu einer Schule ohne Gewalt gelangen können."[697]

---

[693] „*Wer hat die Schule krank gemacht?*" (25.3.1977 – Moderator war Christian Berg), WDR Hist. Arch. 10519 (Transkript); sowie *Der letzte Ausweg, oder: Aussteigen gilt nicht. Teil 1: Warum Jugendliche nicht mehr leben wollen* (7.12.1977), WDR-Schallarchiv 5071944 (Einspielband) und Hist. Arch. 10528 (Manuskript des Einspielbandes mit transkribierten O-Tönen).
[694] *Der letzte Ausweg, oder: Aussteigen gilt nicht Teil 2* (14.12.1977), WDR Hist. Arch. 10528 (Manuskript des Einspielbandes mit transkribierten O-Tönen).
[695] *Schulstreß* (7.5.1976), WDR Hist. Arch. 10509 a.a.O. – In diesem Sinne kritisierte ein anderer Beitrag den Zweiten Bildungsweg: *Radiothek vom 14.3.1975*, WDR Hist. Arch. 10447 (Transkript). Wolfgang Stenke beklagte in einer zweiteiligen Reihe die aus seiner Sicht affirmative und ungenügend kritische Perspektive von Schulbüchern für das Fach Wirtschaftskunde: *Schulbuchkritik* (12. und 19.9.1975), WDR Hist. Arch. 10501 (Manuskripte der Einspielbänder). – 1977 diskutierte Bundespräsident Scheel inhaltliche Fragen des Deutschunterrichts mit Schülern: *Berufsschüler diskutieren mit Bundespräsident Walter Scheel über den Deutschunterricht in der Berufsschule* (18.11.1977), WDR-Schallarchiv 5073508 (Einspielband). Schell dämpfte die Kritik der Jugendlichen an pädagogischen und inhaltlichen Mängeln des Unterrichts und wies auf die Schwierigkeiten bei der Konzeption eines sinnvollen Lehrplans hin.
[696] „*Halt Dein Maul, sonst passiert was.*" *Über Gewalt in der Schule Teil 1* (17.1.1979), WDR Hist. Arch. 10541 (Manuskript des Einspielbandes mit transkribierten O-Tönen).
[697] „*Halt Dein Maul, sonst passiert was.*" *Über Gewalt in der Schule Teil 2* (24.1.1979), WDR Hist. Arch. ebda. (Manuskript des Einspielbandes mit transkribierten O-Tönen). – Mit den Hoffnungen, daß Schüler ihre Interessen über erweiterte Mitwirkungsrechte durchsetzen könnten, befaßte sich die Radiothek in den Sendungen *Schüler diskutieren den Entwurf des Schulmitwirkungsgesetzes* 25.2.1977 – Moderatorin war Doris Götting), WDR Hist. Arch. 10518 (Transkript), sowie *Heiß umkämpft, doch kaum bekannt – Schülermitverwaltung* (2.2.1979 – Autor war Bernd Huppertz, Moderator Jürgen Keimer, Redakteurin Helga Kirchner), WDR Hist. Arch 10452 (Manuskript der Moderation mit transkribierten O-Tönen); ferner *Mehr Disziplin und Anpassung? Was Schüler und Lehrer von der Allgemeinen Schulordnung erwarten* (26.1.1979 – Autoren waren Jutta vom Hofe und Kay Schulte-Kaiser, Redakteurin am Mikro-

Im Leistungsdruck erblickten die Radiothek-Beiträge auch ein Hauptproblem bei der Beurteilung der Oberstufenreform. Aus Sicht des Jahres 1979 fiel die Bilanz „nicht allzu ermutigend" aus: Das Streben anch einer guten Gesamtnote beeinflusse die Fächerwahl der Schüler negativ; darauf reagiere das Kultusministerium nun mit verschärften Regeln. „Reformziele wie befreites, selbstbestimmtes Lernen gerieten angesichts dieser Leistungsverschärfungen ins Zwielicht", befürchtete Moderatorin Helga Kirchner. Gerade „Leistungsdruck und nur halbherzig durchgeführte Reformmaßnahmen" seien jedoch „wohl die Ursache dafür, daß es nicht so geklappt hat, wie man das mal vorhatte."[698]

Aufgeschlossen, wenngleich im Detail kritisch zeigte sich die Radiothek gegenüber weitergehenden schulischen Reformversuchen. Im Falle der Kooperativen Schule bemängelte Lothar Fend, es handle sich lediglich um einen halbherzigen „Kompromiß zwischen dem alten dreigliedrigen Schulsystem und der Integrierten Gesamtschule".[699] Letztere betrachtete Fend in einer weiteren Sendung differenziert: Er nahm die Gesamtschule gegen Fundamentalkritik in Schutz und verwies auf offenkundige Schwächen „der sogenannten Leistungsschule"; allerdings warnte er vor Illusionen:

> „Selbst wenn in der Schule die Gleichheit der Startbedingungen erreicht würde, müßten sich die Schüler später doch wieder in einer Welt zurechtfinden, in der Chancen ungleich verteilt sind. [...] Es gibt Forschungsergebnisse, die nahelegen, daß sich der Erziehungsstil der Eltern nach deren Erfahrungen am Arbeitsplatz richtet. [...] Schulreformen ändern da wenig, wenn nicht mehr Demokratie am Arbeitsplatz durchgesetzt ist."[700]

---

fon war Helga Kirchner), WDR Hist. Arch. 10451 (Manuskripte der Moderation und des Einspielbandes mit transkribierten O-Tönen); *Mitbestimmung endet nicht im Chaos!! Wie Schüler und Lehrer aus Duisburg ihre selbstorganisierte Ferienfreizeit verlebten* (15.8.1979), WDR Hist. Arch. 10548 (Manuskript der Moderation mit transkribierten O-Tönen). 1977 befaßten sich Andreas Bartsch und Klaus Keuter anläßlich eines Schülerkongresses mit der „Ohnmacht der Schüler gegenüber der institutionalisierten Macht der Lehrer, der Ministerien, sogar der Eltern" (so ihr Moderationsmanuskript): *Nicht für die Schule, sondern für das Leben – Schüler proben den demokratischen Konflikt* (9.9.1977), WDR Hist. Arch. 10525 (Manuskript der Moderationen ohne transkribierte O-Töne). – Mit der redaktionellen Freiheit aufmüpfiger Schülerzeitungen beschäftigten sich *Schülerpressekonferenz* (21.8.1978), WDR Hist. Arch. 10536 (Transkript), und *Was heißt hier Meinungsfreiheit?* (3.10.1977 – Autor war Joachim Dennhardt, Redakteurin Helga Kirchner), WDR Hist. Arch. 10526 (Manuskript der Moderation und des Einspielbandes ohne transkribierte O-Töne).

[698] *Zurück zum Eliteabitur? Erfahrungsbericht von Schülern aus der reformierten Oberstufe* (4.5.1979 – Autor war Günter Faure, Moderatorin Helga Kirchner, Redakteur Jürgen Keimer), WDR Hist. Arch. 10545 (Manuskript der Moderation ohne transkribierte O-Töne). – Mit dem Thema befaßte sich auch die Sendung vom 21.3.1975, WDR Hist. Arch. 10446 (Transkript), sowie der Beitrag *Was nicht meßbar ist, wird wegnormiert – über Normenbücher und ihre Folgen* (23.9.1977 – Autor war Joachim Dennhardt, Moderatorin Doris Götting, Redakteurin Helga Kirchner), WDR Hist. Arch. 10525 (Manuskript der Moderation ohne transkribierte O-Töne). – Kritisch gegenüber der Bedeutung des Abiturdurchschnitts bei der Vergabe von Lebenschancen hatte sich die Radiothek auch vier Wochen zuvor gezeigt, beim Blick auf die Forderung einer Schülergruppe aus dem rheinischen Meerbusch, eine Abiturklausur als Gruppe zu verfassen: Leistungsdruck und Streß seien „die alarmierendsten Folgen", mit Blick auf die Bedeutung von Gruppenarbeit im Unterricht sei die Forderung der Schüler „nur konsequent" – Radiothek vom 26.8.1977, WDR Hist. Arch. 10536 (Manuskript der Moderation ohne transkribierte O-Töne).

[699] Radiothek vom 20.5.1977 (Autor war Werner Balsen, Moderator Lothar Fend), WDR Hist. Arch. 10521 (Manuskript der Moderation ohne transkribierte O-Töne); der Beitrag bereitete thematisch die Radiothek am Draht vom 22.5.1977 mit den Landtagsabgeordneten Albracht Beckel (CDU) und Jürgen Hinrichs (FDP) vor, WDR Hist. Arch. ebda.

[700] Radiothek vom 7.3.1975, WDR Hist. Arch. 10446 (Transkript). – Der Gesamtschule widmeten sich auch die Sendung *Pressekonferenz zur Gesamtschule* (2.11.1979 – Moderatorin war Ulrike Schweitzer, Redakteurin Helga Kirchner), WDR Hist. Arch. 10551 (Transkript), und die zweite Folge der Serie *Lernen alternativ – Bürger suchen neue Wege in der Erziehung: Bildungschancen für Benachteiligte. Bürgerinitiative Gesamtschule Köln-Bocklemünd* (17.3.1978 – Autor war Andreas Bartsch, Redakteurin am Mikrofon war Helga Kirchner), WDR Hist. Arch. 10531 (Manuskript der Moderation mit separat transkribierten O-Tönen). In dieser Sendung kamen die Probleme der Gesamtschule allerdings nicht zur Sprache.

Zu dem Reformprojekt der West-Berliner „Werkschulen" bemerkte Hardy Tasso, dort werde die Kluft zwischen Schülern und Lehrern gekonnt überbrückt und kurzweiliger Unterricht erteilt.[701] Helga Kirchner zollte der „Initiative Freie Schule Essen" Respekt, denn dort werde versucht, die Schüler in einem Unterricht ohne Angst zu Eigeninitiative und zu gegenseitiger Hilfsbereitschaft zu erziehen:

> „Nun sind das ja keineswegs unausgegorene Ideen oder Vorstellungen von irgendwelchen Spinnern, wie vielleicht der eine oder andere denken mag – das ist ein Konzept, das auf wissenschaftlicher Grundlage erarbeitet worden ist und das sich auf eine Reihe in- und ausländischer abgesicherter Untersuchungen berufen kann."[702]

Sendungen dieser Art wollten erklärtermaßen solche Projekte weithin bekannt machen. Reserviert hingegen verhielt sich die Radiothek gegenüber der Idee privater „allgemeinbildender Ergänzungsschulen". Deren Qualität bemesse sich „an marktwirtschaftlichen Prinzipien"; was die Ausbildung wert sei, stelle sich erst im Verlaufe der extern abzuleistenden Prüfungen heraus. Lehrer und Schüler wiesen allerdings im O-Ton auf die Vorzüge des Modells hin; der Autor lobte die individuelle Betreuung in kleinen Arbeitsgruppen und den legeren Umgangston.[703]

Bemühungen um eine verbesserte Schulatmosphäre im Kleinen fanden in der Radiothek ein durchweg positives Echo. Gerd Pasch schilderte Bemühungen von Schülern und Lehrern um die Renovierung von Schulgebäuden: „Die Mal-Aktion der Oberstufenschüler [...] hat das Klima, die Atmosphäre an dieser Schule verändert." Der Autor appellierte an die Eigeninitiative der Hörer: „Daneben können selbstbewußte Schüler auch anderer Schulen schon sehr weit kommen, wenn sie ihre Vorstellungen einmal sammeln, zu Papier bringen und den Eltern, Lehrern, Schulverwaltungen vortragen."[704]

---

[701] *Zusammen leben, zusammen arbeiten, zusammen lernen – Werkschulen in Berlin* (6.7.1979 – Autor war Hardy Tasso, Moderator Jürgen Keimer, Redakteur Wolfgang Schmitz), WDR Hist. Arch. 10547 (Manuskript der Moderation mit transkribierten O-Tönen). – Um eine Verbindung aus Abitur und Berufsausbildung ging es in der Sendung *Mit dem Abitur auch den Beruf in der Tasche – Modellversuch Doppelqualifikation am Marie-Curie-Gymnasium* (5.10.1979 – Moderatorin war Helga Kirchner, Redakteur Ulrich Teiner), WDR Hist. Arch. 10550 (Manuskript der Moderation ohne transkribierte O-Töne): die Sendung hob die Vorzüge hervor, verwies allerdings auch auf die Schwierigkeiten der Absolventen bei der Stellensuche.

[702] *Lernen alternativ – Bürger suchen neue Wege in der Erziehung (Teil 1): Lernen ohne Angst – Initiative Freie Schule Essen* (20.1.1978 – Autoren waren Ulrich Wollenweber und Bernd Huppertz, Redakteurin am Mikrofon war Helga Kirchner), WDR-Schallarchiv 5090160 (Mitschnitt) und Hist. Arch. 10529 (Manuskript der Moderation mit separat transkribierten O-Tönen).

[703] Radiothek vom 28.3.1975, WDR Hist. Arch. 10447 (Transkript). – Wohlwollend verhielt sich die Sendung *Tageskolleg zur Vorbereitung des Hauptschulabschlusses in Köln* (14.1.1975 – Autorin war Andrea Reischies, Moderator Wolfgang Schmitz, Redakteur Ulrich Lux), WDR Hist. Arch. 10493 (Manuskript der Moderation mit transkribierten O-Tönen). – Doris Götting befaßte sich zwei Jahre später mit Förderklassen für Schulabbrecher an einer Kölner Realschule: *Sonderklassen an der Eichendorff-Realschule Köln* (6.7.1977), WDR Hist. Arch. 10521 (Manuskript der Moderation mit transkribierten O-Tönen); sie zeigte Distanz gegenüber den Kritikern in der Nachbarschaft – die Disziplinlosigkeit der Schüler beklagten, die auch anonyme Drohbriefe an die Direktion sandten – , und hob statt dessen die Erfolgsaussichten des Projektes hervor: Hier erhielten gerade diejenigen eine Chance, die auf konventionellen Schulen gescheitert seien. Auf ein anderes Reformprojekt aufmerksam machen wollte Hildegard Hombach eine Woche später: *Spielend lernen macht Spaß* (24.11.1978 – Redakteur war Jürgen Keimer), WDR Hist. Arch. 10540 (stichwortartiges Manuskript der Moderation mit transkribierten O-Tönen, handschriftlichen Ergänzungen und Streichungen, ist offenbar irrtümlich in der Dezember-Sendeakte unter dem 24.12.1978 eingeordnet). Der Beitrag stellte ein Projekt vor, in dem Schauspieler mit Hilfe von Rollenspielen helfen wollten, der stockenden Kommunikation zwischen Schülern neues Leben einzuhauchen, um besonders Außenseiter zu integrieren.

[704] *„Plötzlich weiß ich, wo ich hingehöre." In selbst renovierten Klassenzimmern lernen Schüler lieber* (18.5.1979 – Autor und Moderator war Gerd Pasch, Redakteurin Helga Kirchner), WDR Hist. Arch. 10545 (Manuskript der Moderation ohne transkribierte O-Töne).

Es fiel ins Auge, daß die Zielgruppensendung Radiothek in einer zweiteiligen Serie im Sommer 1979 die Perspektive derjenigen einnahm, die oft zu Antipoden der Jugendlichen wurden, nämlich die Sichtweise der Lehrer. Wolfgang Stenke betrachtete die Probleme des Referendariats und bemängelte, die Ausbildung bewirke, „daß ehemals kritische und wache Studenten sich zu reibungslos funktionierenden Unterrichtsbeamten wandeln".[705] Daran anknüpfend berichtete Werner Balsen über die „Ängste, Erwartungen und Erfahrungen von Junglehrern" während ihrer ersten Schultage. Für Idealismus und für Reformversuche auch nur im kleinen sei kein Platz. „Wer engagiert mit und für seine Schüler arbeitet, für den ist der Acht-Stunden-Tag Wunschtraum", lautete Balsens Fazit. „Kürzere Arbeitszeit für Lehrer – das könnte vor allem der pädagogischen Arbeit, der Arbeit mit den Kindern zugute kommen."[706]

Die Schwierigkeiten, auf die reformorientierte Lehrer im Alltag stoßen konnten, untersuchte Gernot Scholz, indem er O-Töne und Tagebuchnotizen zweier Hauptschüler und ihres Lehrers gegeneinanderstellte. Letzterem gelang es zwar, den Graben zu seinen Schülern zu überbrücken; dabei geriet er jedoch in eine Identitätskrise, und es ergaben sich Disziplinprobleme. Von einem freudigen Eingehen der an das ermüdende Einerlei konventionellen Unterrichts gewöhnten Schüler auf reformpädagogische Ansätze konnte demnach also keine Rede sein.[707]

γ) Hochschule

Es lag nahe, daß in den Radiothek-Sendungen aus dem Bildungssektor Themen des Schulbereichs besonders häufig zur Sprache kamen; doch die Redaktion nahm auch die seit den sechziger Jahren vieldiskutierten Fragen der Hochschule mehrfach in den Blick. Die Sendungen dieses Themenbereichs hatten in hohem Maße Ratgebercharakter.[708]
Mehrere Beiträge kritisierten, daß der Zugang zu den Hochschulen eingeschränkt werde. Behandelt wurden etwa Einstufungstests für sprach- und literaturwissenschaftliche Studiengänge.[709] Mit Blick auf die Brückenkurse, die nordrhein-westfälische Gesamthochschulen Studienbewerbern ohne Abitur verordneten, kritisierte Otmar Weber, das offene Modell der Gesamthochschule werde verwässert.[710]

---

[705] *„Einerseits fühle ich mich auf der Seite der Schüler – andererseits muß ich die Institution Schule vertreten." Über Lehrer im Referendariat* (10.8.1979 – Autor war Wolfgang Stenke, Redakteurin Helga Kirchner), WDR Hist. Arch. 10548 (Manuskript der Moderation ohne transkribierte O-Töne).
[706] *Auch Lehrer haben Angst – Bericht über die ersten Schultage eines Junglehrers* (24.8.1979 – Autor war Werner Balsen, Redakteur Dietrich Backmann), WDR Hist. Arch. ebda. (Manuskript der Moderation ohne transkribierte O-Töne).
[707] *Noch mal so en' Lehrer wie der Peter – oder: Was kann Schule eigentlich erreichen?* (12.8.1977 – Autor war Gerold Scholz, Redakteurin am Mikrofon war Helga Kirchner), WDR Hist. Arch. 10524 (Manuskript der Moderation und des Einspielbandes mit transkribierten O-Tönen).
[708] Dies galt etwa für Jochen Werners Bericht *Studienplatzklagen* (4.2.1977 – Autor war Jochen Werner), WDR Hist. Arch. 10518 (Manuskript des Einspielbandes), der über das Verhalten der Justiz gegenüber Studenten informierte, die nach Ablehnung durch die ZVS auf dem Klageweg an einen Studienplatz kommen wollten.
[709] *Hürden vor dem Studium* (30.9.1977 – Autor war Norbert Haupt, Moderatorin Helga Kirchner), WDR Hist. Arch. 10525 (Manuskript der Moderation ohne transkribierte O-Töne).
[710] *Chancengleichheit ade? Gibt es an den GHS bald Studenten erster und zweiter Klasse?* (16.2.1979 – Autor war Otmar Weber, Redakteurin am Mikrofon war Helga Kirchner), WDR Hist. Arch. 10542 (Manuskript der Moderation mit separat transkribierten O-Tönen).

Einige Sendungen befaßten sich mit Hochschulpolitik[711]; vereinzelt wurde die Kooperation zwischen Hochschulen und privater Wirtschaft sehr kritisch betrachtet – weit wohlwollender wurde die Zusammenarbeit von Universitäten mit Gewerkschaften beschrieben[712]. In mehreren Sendungen ging es um die alltäglichen Probleme an der Massenuniversität. Lothar Fend und Robert Roth berichteten über „Vereinsamung, Kontaktschwierigkeiten und Arbeitsstörungen"; sie bemängelten, an der Universität werde über Gebühr Wert auf die Vermittlung kognitiver Fähigkeiten gelegt. Sie informierten außerdem über universitätsinterne Beratungsangebote und stellten eine studentische Selbsthilfegruppe vor.[713]

Ausführlicher widmete sich die Radiothek den Problemen universitärer Prüfungsverfahren und Lehrinhalte. Die Sendungen warben für Reformen; in den Studiengängen sollten nach ihrem Dafürhalten Probleme der Gegenwart stärkere Beachtung finden: So warb Arne Opitz 1978 dafür, Fragen der Entwicklungspolitik im Ethnologiestudium stärker zu berücksichtigen.[714] Rolf Schmelzer und Christian Tenbrock plädierten dafür, daß die Lehrerausbildung „Strategien zur Anwendung eines demokratisch-partnerschaftlichen Lehrerverhaltens" vermitteln müsse.[715] Helga Kirchner wies auf die Probleme hin, die bei der Integration der Pädagogischen Hochschulen in die Universitäten mit ihren weniger praxisnahen Studiengängen drohten – eine Gefahr für das an den PH verfochtene „Konzept des erfolgreichen, auf das künftige Tätigkeitsfeld der Lehrer bezogenen Lehramtsstudium[s]".[716]

Bezüglich der Examensprüfungen betonte Klaus Walter zwar, die studentischen Forderungen der späten sechziger Jahre nach Abschaffung sämtlicher Examina hülfen „zumindest im Augenblick nicht weiter"; er beklagte jedoch die Situationen psychischen Drucks und

---

[711] Kritisch geschah das in der Sendung *Ein neues Hochschulghetto des Bundes. Ein Bericht über den noch vor Ende 1979 geplanten Start der Hochschule für Verwaltung* (7.4.1978 – Autor war Dieter Kassing), WDR Hist. Arch. 10532 (Manuskript ohne transkribierte O-Töne), die bemängelte, die Hochschule werde am Hochschulrahmengesetz vorbei eingerichtet. – Differenziert verfuhr die Sendung *Reglementierung oder Reform? Die Landeshochschulgesetze bleiben umstritten* (13.7.1979 – Autor war Andreas Bartsch, Moderatorin Helga Kirchner, Redakteur Ulrich Teiner), WDR Hist. Arch. 10547 (Manuskript der Moderation mit separat transkribierten O-Tönen); zur Rahmengesetzgebung vgl. Anweiler a.a.O., S. 24, 39. – Mit der Debatte um das allgemeinpolitische Mandat der Studentenausschüsse befaßte sich auch Gisela Faure in einem Bericht *Wie sich die Zeiten ändern – dreißig Jahre Freie Universität Berlin* (13.12.1978 – Moderatorin war Doris Götting, Redakteurin Helga Kirchner), WDR Hist. Arch. 10540 (Manuskript der Moderation ohne transkribierte O-Töne); dieser Beitrag kritisierte, es werde mit zweierlei Maß gemessen, wenn man einem AStA das allgemeinpolitische Mandat nur solange zugestehe, wie er sich konform zur „offiziellen Haltung der Regierung und den Interessen der westlichen Alliierten" verhalte.

[712] *Zusammenarbeit zwischen privater Wirtschaft und Hochschulen* (18.2.1977 – Autor war Reinhard Bispinck, Redakteurin Helga Kirchner), WDR Hist. Arch. 10518 (Manuskript der Moderation mit transkribierten O-Tönen).

[713] *Zur psychologischen Lage an der Massenuniversität* (1.8.1975 – Autoren waren Lothar Fend und Robert Roth, Fend moderierte, Redakteurin Helga Kirchner), WDR-Schallarchiv 5090133 (Mitschnitt). In diesem Sinne informierte Uwe Bork über die Arbeit einer Zentralen Studienberatung; er bemängelte allerdings, es könne sich auch um einen „heimlichen Reparaturbetrieb" handeln, „der die Defizite der Unis auffängt und ihnen so die Motivation nimmt, ihren Studienbetrieb neu zu organisieren": *Ratlos zu Semesteranfang – oder: Was nutzt die Studienberatung?* (28.9.1979 – Moderatorin war Helga Kirchner, Redakteur Ulrich Lux), WDR Hist. Arch. 10549 (Manuskript der Moderation mit transkribierten O-Tönen).

[714] *„Was kümmern uns die Buschmänner?" Über das Studium der Völkerkunde* (16.6.1978 – Autor war Arne Opitz, Redakteur am Mikrofon war Jürgen Keimer), WDR Hist. Arch. 10534 (Manuskript der Moderation mit transkribierten O-Tönen).

[715] *„Nun vergessen Sie einmal alles..." Ein Report über Widersprüche in der Lehrerausbildung* (23.6.1978 – Autoren waren Rolf Schmelzer und Christian Tenbrock, Redakteur war höchstwahrscheinlich laut Vermerk auf dem Manuskript Jürgen Keimer), WDR Hist. Arch. 10534 (stichpunktartiges Konzept der Moderation mit transkribierten O-Tönen). Klaus Schmidt warb in diesem Sinne für das Projekt *Einphasige Lehrerausbildung in Oldenburg* (30.6.1978), WDR Hist. Arch. 10534 (stichpunktartiges Konzept der Moderation mit teilweise transkribierten O-Tönen).

[716] *Was wird aus dem Lehrerstudium? Entwicklungen an den Hochschulen nach dem PH-Integrationsgesetz* (9.2.1979 – Redakteurin am Mikrofon war Helga Kirchner), WDR Hist. Arch. 10542 (Manuskript der Moderation mit transkribierten O-Tönen). Immerhin 30.000 Lehramtsstudenten besuchten zu dieser Zeit die Pädagogischen Hochschulen, 165.000 die Universitäten und Gesamthochschulen, vgl. Landesamt für Datenverarbeitung und Statistik Nordrhein-Westfalen (Hg.), Statistisches Jahrbuch Nordrhein-Westfalen 18 (1976), S. 140.

kritisierte, unter diesen Umständen gerate das gesamte Curriculum von der Einschulung bis zum Universitätsexamen zu einer „Ausbildungsphase, in der die kritische Aneignung und Auseinandersetzung mit bestimmten Lehrinhalten keine Rolle mehr spielt". Sein Fazit: „Nur durch gemeinsame Anstrengungen der Studenten und durch harte Auseinandersetzungen mit den politisch Verantwortlichen können die Studenten langsam Abhilfe schaffen."[717] Andreas Bartsch riet demgegenüber Eltern und Freunden, ihren Beitrag zu leisten, um das „Selbstwertgefühl" eines Prüfungskandidaten zu festigen. „Ich meine, daß es wirklich unmöglich ist, daß in jedem Jahr in der Bundesrepublik Studenten aus Angst vor der Prüfung oder weil sie in der Prüfung durchgefallen sind, Selbstmord begehen."[718]

Zusammenfassung

Radiothek-Sendungen zu Bildungsthemen waren von der Überzeugung geprägt, daß Bildung jeder Art zu bejahen und erstrebenswert sei; sie befaßten sich mit individuellen ebenso wie mit gesellschaftlichen Faktoren, die den Erfolg des Bemühens um Bildung bestimmten. So wiesen sie auf Chancen des einzelnen hin, durch Eigeninitiative und Einfallsreichtum sein Wissen zu vermehren und damit auch seine beruflichen Chancen zu verbessern. Sie betonten allerdings auch die Notwendigkeit, neue maßgeschneiderte Angebote für bislang bildungsferne Schichten zu entwickeln, und nahmen Staat und Gesellschaft in die Pflicht.

Beim Blick aufs Kindergartenalter informierten die Sendungen insbesondere über selbstverwaltete Elterninitiativen, die reformpädagogische Konzepte umsetzen wollten. Diese Modelle wurden allerdings differenziert betrachtet, Stärken und Schwächen gleichermaßen benannt.

Zur Frage schulischer Bildung kritisierte die Radiothek das Konkurrenzprinzip und den Leistungsdruck – unter diesen Umständen könne die Erziehung mündiger, gesellschaftlichen Reformen gegenüber aufgeschlossener Staatsbürger nicht gelingen. Die Folgen seien vielmehr Verhaltensauffälligkeiten, Gewalt gegen Mitschüler und Lehrer, seelische Belastungen und jugendliche Selbstmorde. Die Sendungen zeichneten sich durch Detailreichtum aus; sie vermieden vorschnelle oder monokausale Erklärungsmuster, schlugen sich freilich auf die Seite der Bildungsreform.

Radiothek-Sendungen zur Hochschulbildung wiesen auf die Belastungen hin, denen sich Studenten an einer Massenuniversität gegenübersahen. Sie plädierten für einen freien Zugang zu den Hochschulen, kritisierten aus ihrer Sicht unnötige Belastungen der Studenten während der Examina. Im Hintergrund vieler Sendungen stand die Forderung, Studenten eine „kritische Aneignung und Auseinandersetzung mit bestimmten Lehrinhalten" zu er-

---

[717] *Wozu taugen Hochschulprüfungen?* (19.8.1977 – Autor war Klaus Walter, Moderator Reinhard Bispinck, Redakteurin Helga Kirchner), WDR Hist. Arch. 10524 (Manuskript der Moderation ohne transkribierte O-Töne, deren Inhalt faßte der Autor in einem gleichfalls in die Sendeakte eingeordneten Exposé gegenüber der Redakteurin zusammen). In ähnlichem Sinne beklagte Michael Möller die Streßsituationen im Lehramtsexamen: *Ein Glücksspiel ist das Examen, und was danach kommt, ist ungewiß – eine Reportage über Lehrerstudenten im Examen* (13.1.1978 –Redakteurin am Mikrofon war Helga Kirchner), WDR Hist. Arch. 10529 (Manuskript der Moderation und des Einspielbandes mit transkribierten O-Tönen).
[718] Radiothek vom 29.9.1978 (Autor war Andreas Bartsch), WDR Hist. Arch. 10537 (Transkript). – In ähnlicher Weise hatte sich die Radiothek ein Jahr zuvor mit einem Konflikt an der Kölner Universität befaßt: *Vorm Examen zum Gericht – Kölner Lehrerstudenten im Streit mit ihrem Prüfungsamt* (5.8.1977 – die Autorenangabe lautet „PAG – Keuter", Redakteurin am Mikrofon war Helga Kirchner), WDR Hist. Arch. 10524 (Manuskript der Moderation ohne transkribierte O-Töne). Zu einer grundsätzlichen Anmerkung der Redakteurin zur Themenaufbereitung anläßlich dieses Beitrags vgl. unten Abschnitt IV. 3. c).

möglichen, statt die universitäre Bildung auf das Auswendiglernen abfragbaren Prüfungswissens zu beschränken.

h) Familie und Individuum als Themen

In programmatischen Überlegungen hatte die Radiothek-Redaktion auf Orientierungsprobleme hingewiesen, denen sich Jugendliche bei ihrem Ablösungsprozeß vom Elternhaus gegenübersahen; und so war es selbstverständlich, daß Fragen des Zusammenlebens in der Familie und in einer Partnerschaft häufig in der Radiothek zur Sprache kamen.[719] Daneben standen umstrittene Themen im Blickpunkt: die Sexualität, der Schwangerschaftsabbruch, die gesellschaftliche Gleichberechtigung der Frau.
Mitunter war eine Distanz zum Lebensmuster der hergebrachten Kleinfamilie zu spüren, so in einer Sendung, in der junge Paare zu Wort kamen, die mit 18 Jahren geheiratet hatten. Autorin Andrea Reischies bezeichnete die Kleinfamilie als staatlich geförderten „gesellschaftlichen Zwang", unter dessen Bedingungen „das bürgerliche Individuum reproduziert" werde. „Ließe also der Staat eine Veränderung oder gar Abschaffung von Ehe und Familie zu, müßte er auch die mögliche Veränderung der Gesellschaftsstruktur in Kauf nehmen, und davon, selbstverständlich, möchte man doch Abstand nehmen."[720]
Ein umstrittenes Alternativmodell zur Kindererziehung durch die leibliche Mutter stellte Gerlinde Schütt in Gestalt der *Tagesmütter* vor; sie ließ Befürworter und Gegner gleichermaßen zu Wort kommen.[721]

α) Zur Situation der Frau

Zahlreiche Sendungen sind dokumentiert, in denen sich die Radiothek mit der gesellschaftlichen Situation der Frauen und der Mädchen beschäftigte – mit Fragen, zu denen viele Jugendliche noch traditionelle Auffassungen vertraten[722].
Entsprechend scharf geriet die Kritik an medialen Angeboten, die sie in dieser Grundhaltung bestärken mochten. So kritisierte Mario Angelo 1974 die neu erschienene Mädchenzeitschrift *Melanie*,[723] die laut Eigenwerbung „dufte Mode, heißen Pop, Kosmetik, spannende Live-Stories, Horoskope, Kurzgeschichten und, und, und" biete, damit aber versäume, die wahren privaten und beruflichen Probleme ihrer Leserinnen zu behandeln[724].

---

[719] Nur vereinzelt befaßte sich die Radiothek mit der Herabsetzung der Volljährigkeitsgrenze auf 18 Jahre: *Volljährigkeit mit 18. Diskussion* (3.4.1974 – Gesprächsleiter war Ulrich Teiner), WDR-Schallarchiv 5090057 (Mitschnitt). Von einer euphorischen Reaktion der Sendung auf die Gesetzesänderung war hier ebensowenig zu spüren wie in der Sendung *Volljährigkeit und Konsum* (28.11.1974 – Autoren waren Daddy Gattner und Tom Schroeder, Moderator war Tom Schroeder, Redakteur Ulrich Lux), WDR Hist. Arch. 10491 (Manuskript der Moderation mit teilweise transkribierten O-Tönen).
[720] *Heiraten mit 18 Jahren* (4.9.1975 – Autorin war Andrea Reischies, Moderator Tom Schroeder), WDR Hist. Arch. 10501 (Teilmanuskript des Einspielbandes mit transkribierten O-Tönen, ein Teil der auf dem Sendelaufplan vermerkten Takes ist nicht dokumentiert; erhalten sind außerdem einige Moderationstexte der Autorin).
[721] *Tagesmütter – Bericht über ein Modell* (10.2.1976 – Autorin war Gerlinde Schütt, Moderator Wolfgang Schmitz), WDR Hist. Arch. 10506 (Manuskript der Moderation mit transkribierten O-Tönen).
[722] Vgl. die Angaben bei Blücher/Schöppner, Shell-Studie 1977, Bd. II, S. 131-133: So plädierten 39% dafür, daß Einkaufen für den Haushalt Sache der Frau sei, 62% hielten Kochen für Frauensache; 33% erklärten, es obliege allein dem Mann, für das Familieneinkommen zu sorgen.
[723] Radiothek vom 9.4.1974 (Autor war Mario Angelo, Moderator Klaus Klenke, Redakteurin war Gretel Rieber), WDR Hist. Arch. 10484 (Manuskript des Einspielbandes).
[724] Diesen Anspruch erhob die Radiothek hingegen, wenn Mädchen sich in einer Gesprächsrunde unverblümt über ihr alltägliches Leben austauschten: *Mädchen erzählen über sich* (21.6.1978), WDR-Schallarchiv 5071944 (Einspielband).

Hergebrachte Rollenvorstellungen nahm auch Doris Götting kritisch unter die Lupe[725]: Sie erklärte den Umstand, daß „Mädchen häufiger als Jungen ihre Schulausbildung abbrechen", daraus, daß Mädchen nach wie vor von einer Zukunft als Hausfrau und Mutter träumten.

> „Die Wirklichkeit bringt für viele Träumerinnen allerdings ein böses Erwachen, sie müssen erfahren, daß dieses Happy-End mit Hochzeitsmarsch und Kirchenglocken der Beginn zahlloser Schwierigkeiten sein kann, sei es, daß sich das Hausfrauendasein als ziemlich fade und eintönig erweist [...], und sei es auch, daß sich herausstellt, daß das Einkommen des Familienernährers zur Ernährung der Familie nicht ausreicht und die Frau mitverdienen muß. Dann tut es ihr vielleicht sogar leid, daß sie nicht einmal eine vernünftige Schul- und Berufsausbildung hat."

An dieser Sendung ist die grundsätzliche Sicht der Radiothek ablesbar: Sie setzte sich für die volle Gleichberechtigung der Frau ein, für die Möglichkeit einer selbstbestimmten Lebensplanung der Mädchen und Frauen. Sie suchte Denkanstöße zu vermitteln – so verwies Christine Lemmen[726] auf die Erfolge von Mädchen in handwerklichen Ausbildungen: Ihre Abbrecherquote sei geringer als bei Jungen; sie trügen darüber hinaus zur Verbesserung des Betriebsklimas bei.

Andrea Reischies wiederum betrachtete die Probleme der Frauen an den Hochschulen. Sie erinnerte an die „autoritäre[n] Verhaltensweisen und Bewußtseinsinhalte" innerhalb einer männlich dominierten Studentenbewegung und stellte universitäre Initiativen vor, die sich für die Schaffung von Frauenlehrstühlen und für eine Berücksichtigung der Emanzipationsproblematik im Studienstoff eingesetzt hatten. Mitglieder einer derartigen Frauengruppe erläuterten, sie hätten sich „mit dem Verhältnis Marxismus/Feminismus beschäftigt", um herauszufinden, „wie Unterdrückung der Frau mit dem politischen System zusammenhängt und überhaupt, ob man mit Frauen was machen kann, um das zu ändern".[727]

---

[725] Radiothek vom 6.4.1974 (Autorin und Moderatorin war Doris Götting, Redakteurin war Gretel Rieber), WDR Hist. Arch. 10484 (Manuskript der Moderation ohne transkribierte O-Töne und Manuskript eines Einspielbandes). – Helga Kirchner führte auch die erhöhte Studienabbrecherquote unter jungen Frauen zum Teil darauf zurück, daß Mädchen nur ungenügend zu selbstbewußtem Denken erzogen würden: *Lyrik einmal anders – Schüler dichten zum Thema „Frau in der Gesellschaft"* (1.6.1979 – Autorin war Anne Preissner, Moderatorin Helga Kirchner, Redakteur Ulrich Teiner), WDR Hist. Arch. 10546 (Manuskript der Moderation ohne transkribierte O-Töne). – Zu den hergebrachten Rollenvorstellungen vgl. Erica Carter, Frauen und die Öffentlichkeit des Konsums, in: Haupt, Heinz-Gerhard / Torp, Claudius (Hg.), Die Konsumgesellschaft in Deutschland 1890-1990. Ein Handbuch, Frankfurt (M.) / New York 2009, S. 154-171, hier: S. 168.

[726] *Zum Dank lädt der Minister nach Bonn... Mädchen in Männerberufen ziehen Bilanz* (11.9.1979 – Autorin und Moderatorin war Christine Lemmen, Redakteurin war Nora Schattauer), WDR Hist. Arch. 10549 (Manuskript der Moderation ohne transkribierte O-Töne). Über die Arbeit von Frauen auf Männerdomänen hatte die Radiothek im Jahr zuvor berichtet: *Jugendschutz in zarter Hand – Mit der weiblichen Kriminalpolizei unterwegs* (9.1.1978 – Autorin war Gabriele Brauchart), WDR Hist. Arch. 5071402 (Einspielband). – Ein ähnliches Thema behandelte Anneli Grabe: *Frauen in die Bundeswehr – ein Beitrag zur Emanzipation?* (14.9.1979), WDR Hist. Arch. 10549 (Manuskript der Moderationen ohne transkribierte O-Töne); zu dieser Sendung vgl. oben Abschnitt III. 3. e) ι). – Um ein weiteres Berufsfeld ging es in der Sendung *„Was also am anstrengendsten ist, die da dauernd labern zu hören..." Berichte aus dem Animierdamenalltag* (1.3.1978 – Autorin war Petra Haffter), WDR-Schallarchiv 5126083 (Einspielband), wiederholt am 7.3.1979, WDR Hist. Arch. 10543 (Manuskript des Einspielbandes mit separat transkribierten O-Tönen, außerdem Begleitbrief der Autorin zu Manuskript und Band vom 22.2.1978): Der Beitrag schilderte vor allem die psychische und physische Belastung der Frauen.

[727] *Frauen im Hochschulbereich* (19.4.1976 – Autorin war Andrea Reischies, Moderatorin Helga Kirchner), WDR Hist. Arch. 10508 (Manuskript der Moderation und des Einspielbandes mit transkribierten O-Tönen). – Auf die nur unvollkommene Emanzipation der Frau in der DDR hatte die Radiothek ihre Hörer am 15.12.1975 hingewiesen: *Zur Lage der Frauen in der DDR*, WDR-Schallarchiv 5090147 und Hist. Arch. 10504; vgl. zu dieser Sendung oben Abschnitt III. 3. c) α). – Ähnliche Kritik an mangelnder Gleichberechtigung der Frau in den Ostblockländern hatte Helga Kirchner bereits im Verlauf einer Sendung zur Situation der Frauen in der Gesellschaft Schwedens geübt: Radiothek vom 16.3.1975, WDR Hist. Arch. 10447 (Transkript); zu dieser Sendung vgl. unten Abschnitt III. 3. h) α). – Von einer Emanzipation der Frau in der DDR in Gestalt der Gleichberechtigung am Arbeitsplatz, des qualifikationsadäquaten

Auch wenn es um Freizeitinhalte ging, warben die Radiothek-Beiträge dafür, hergebrachte Rollenvorstellungen zu überwinden. So berichteten Henryk M. Broder und Friedhelm Melder über die Aktivität von Mädchen in Fußballvereinen; die Sendung zollte dem Mädchenfußball Anerkennung und distanzierte sich von der damals verbreiteten Vorstellung vom Fußball als reinem Männersport.[728]
Weitgehend neutral berichtete die Radiothek über feministische Aktivitäten[729]; Partei für die Frau ergriff sie hingegen, wenn es um Gewalthandlungen des Mannes in der Ehe ging. Christine Lemmen berichtete über das Betreuungs- und Unterbringungsanbebot eines selbstverwalteten Kölner Frauenhauses, skizzierte die Probleme der betroffenen Frauen und bescheinigte dem Haus beachtliche Erfolge.[730] Frauenhäuser dieser Art wirkten zu dieser Zeit darüber hinaus als Fanal, indem sie durch ihre bloße Existenz die Öffentlichkeit auf das Problem der Gewalt in der Ehe hinwiesen.[731]

β) Partnerschaft und Sexualität

Im Gegensatz zu den Sendungen des vorigen Abschnitts besaßen die Radiothek-Beiträge zu Fragen der Partnerschaft und Sexualität in erster Linie Ratgebercharakter.[732] Betroffene kamen ausführlich zu Wort, Voyeurismus suchte man jedoch vergebens. Eine zweiteilige Reihe zum Thema *Jugendliche und Partnerschaft* beobachtete, wie ein junges Paar Konflikte zu bewältigen suchte, die es zuvor verdrängt hatte.[733] Die Autoren schlossen:

Einsatzes im Arbeitsprozeß, der Beteiligung an wirtschaftlichen oder politischen Leitungspositionen und einer Entlastung durch Mitarbeit der Ehemänner im Haushalt konnte noch ein Jahrzehnt später keine Rede sein; vgl. Gabriele Gast, Art. Frauen, in: Bundesministerium für innerdeutsche Beziehungen (Hg.), DDR-Handbuch Bd. I, Köln ³1985, S. 443-449; hier: S. 446 f, und Martha Ibrahim, Art. Frau, in: Wolfgang R. Langenbucher/Ralf Rytlewski/Bernd Weyergraf (Hg.), Handbuch für deutsch-deutsche Wirklichkeit. Bundesrepublik Deutschland/Deutsche Demokratische Republik im Kulturvergleich, Stuttgart 1983, ND 1988, S. 210-215; hier: S. 213, 215. – Die Sendung *Wie emanzipiert sind die Frauen in Israel?* (8.3.1978 – Autorin war Barbara Schleich, Moderatorin Nora Schattauer), WDR-Schallarchiv 5090195 und Hist. Arch. 10531 (Manuskript der Moderation und des Einspielbandes mit transkribierten O-Tönen) beklagte die Benachteiligung der Frauen besonders im israelischen Kibbuz und in der Armee.
[728] *Aus Jux spielt doch keiner Fußball, oder: Eine Frau sollte eine Frau bleiben. Faszination und Probleme des Damenfußballs* (2.8.1975 – Autoren waren Henryk M. Broder und Friedhelm Melder, Redakteurin war Helga Kirchner), WDR-Schallarchiv 5090132 (Einspielband). – Um die Belästigung von Frauen in ihrer Freizeit aufgrund hergebrachter männlicher Rollenvorstellungen ging es in der Sendung *Frauen in Kneipen* (12.10.1977 – Autorin war Erika Kip, Redakteur Lothar Fend), WDR Hist. Arch. 10526 (Manuskript des Einspielbandes mit Moderationstexten und transkribierten O-Tönen).
[729] *Feminismus und Feministinnen* (22.4.1975 – Autorin war Ingrid Fischer, Moderator Wolfgang Schmitz), WDR Hist. Arch. 10447 (Transkript); *Zur Entwicklung feministischer Theorie und Praxis. Ein Kongreß in Köln* (1.12.1978 – Autorin war Barbara Böttger, Redakteurin am Mikrofon war Helga Kirchner), WDR Hist. Arch. 10540 (Manuskript der Moderation ohne transkribierte O-Töne. – Mit einem Augenzwinkern schließlich ging es um das Verhältnis der Geschlechter zueinander in *How to pick up girls. Über die Anmache von Mädchen. Leitfaden und praktische Anwendung* (13.2.1975 – Autoren waren Mario Angelo und Henryk M. Broder), WDR-Schallarchiv 5067733 (Mitschnitt).
[730] *Frauenhaus in Köln* (7.12.1976), WDR-Schallarchiv 5095824 (wahrscheinlich Einspielband).
[731] Vgl. Brand/Büsser/Rucht a.a.O., S. 133.
[732] Zu den wenigen Ausnahmen zählten Berichte über umstrittene Bücher: *Das „Sexbuch" von Günter Amendt* (17.12.1979 – Autorin war Daniela Hartmann, Moderatorin Nora Schattauer), WDR-Schallarchiv 5095830 (Mitschnitt); ferner: *Indizierungsantrag für Zeig mal* (16.1.1975 – Autorin war Andrea Reischies, Moderator Tom Schroeder, Redakteurin Gretel Rieber), WDR Hist. Arch. 10493 (Manuskript der Moderation mit transkribierten O-Tönen). *Schutz vor Schmutz – braucht die Jugend die Bundesprüfstelle?* (17.12.1976 – Autorin und Moderatorin war Doris Götting, Redakteurin Helga Kirchner), WDR Hist. Arch. 10515 (Manuskript der Moderation und des Einspielbandes mit transkribierten O-Tönen), kritisierte das rigide Vorgehen der Prüfbehörden gegenüber Literatur mit sexuellen Inhalten.
[733] *Jugendliche und Partnerschaft Teil 1: Bei uns knallt's nie – wie man sich seiner Bedürfnisse bewußt wird und sie in die Beziehung einbringt* (7.9.1977 – Autoren waren Claudia Müller-Konrad und Hans Tervooren), WDR Hist. Arch. 10525 (Manuskript der Moderation ohne transkribierte O-Töne). *Jugendliche und Partnerschaft Teil 2: Ich liebe dich, jetzt kann ich's sagen – wie man lernt, offen seine Gefühle auszusprechen* (14.9.1977 – Autor war Klaus Kastan, Re-

„Nach unserem ersten Gespräch haben Helga und Volker versucht, einander besser zu verstehen. Das bedeutet für beide nicht, Standpunkte aufzugeben. Aber es heißt für Helga, sich vorzuwagen und ihre Standpunkte nicht vorschnell zu verlassen. Volker bemüht sich, Helgas Ängste zu akzeptieren, auch wenn er selber keine derartigen Gefühle entwickeln kann."

Manuela Reichart wiederum berichtete über den Umgang Betroffener mit zerbrochenen Beziehungen; sie befaßte sich auch mit Begleitumständen einer Trennung – wie den finanziellen und rechtlichen Modalitäten. Sie gab den Betroffenen keinerlei Gelegenheit zu unfairen Anschuldigungen oder Beleidigungen ihres Gegenüber, sondern behandelte das heikle Thema in einer nachdenklichen, konstruktiven Weise.[734] Die Situation in einer zerrütteten Beziehung sah sie durchaus pragmatisch: „Jeder Trennungsschmerz [...] ist wohl immer noch besser als eine Partnerschaft, die nur aus Angst vorm Alleinsein und vielleicht noch aus Gewohnheit aufrecht erhalten wird."[735]

Bereits im ersten Sendejahr der Radiothek beschäftigte sich die Redaktion eingehend mit jugendlicher Sexualität: 14- bis 18jährige Jugendliche diskutierten mit Ingrid Barley (phonet.), der Leiterin der Kölner *Pro-Familia*-Beratungsstelle. Die jeweils knapp halbstündigen Gesprächsrunden verliefen in einer ruhigen und nachdenklichen, beinahe trockenspröden Atmosphäre. Es ging nicht darum, Sensationsgelüste oder Neugierde zu befriedigen, sondern darum, Orientierungshilfen zu geben: Die zweite Folge beispielsweise befaßte sich mit *Sterilisation, Intimhygiene und Geschlechtskrankheiten*[736]; sie enthielt detaillierte Informationen über die Modalitäten einer Sterilisation, über den Gebrauch von Kondomen, schließlich über den Besuch beim Frauenarzt – gerade letzteres sollte verbreitete besorgte Fragen beantworten helfen. In einer späteren Folge, die sich um Schuldgefühle im Zusammenhang mit Selbstbefriedigung drehte, ging es gleichfalls darum, Ängste abzubauen – auch Versagensängste.[737] Beim Blick auf „Fragen zur Homosexualität und zu den sogenannten Perversionen" lenkte die *Pro-Familia*-Beraterin das Augenmerk auf die Motivation und die Zwänge, die das Handeln der Betroffenen bestimmten.[738] Der abschließende Teil der Serie informierte näher über die Beratungsangebote von *Pro Familia*; Ingrid Barley plädierte für Unbefangenheit – da „die Erziehung [...] um die Sexualität das Kind praktisch vom ersten Lebenstag an begleitet, das fängt schon auf der Wickelkommode an". Im ganzen müsse „die Sexualerziehung ein Teil des Alltags" werden.[739]

---

dakteurin Helga Kirchner), WDR Hist. Arch. ebda. (Manuskript der Moderation und des Einspielbandes ohne transkribierte O-Töne).

[734] *Verlassen und verlassen werden – Beziehungen, die kaputtgehen Teil 1* (2.8.1978 – Autorin war Manuela Reichart), WDR-Schallarchiv 5095856 (Einspielband). – Die Serie wurde im Februar 1979 wiederholt, vgl. WDR Hist. Arch. 10542 (Manuskripte der Einspielbänder mit transkribierten O-Tönen).

[735] *Verlassen und verlassen werden Teil 2* (16.8.1978), WDR-Schallarchiv 5095856 (Einspielband).

[736] *Sexuelles Verhalten junger Leute. Diskussion mit Jugendlichen über Sterilisation, Intimhygiene und Geschlechtskrankheiten* (16.5.1974 – Gesprächsleiterin war Helga Kirchner), WDR-Schallarchiv 5075809 (Einspielband). Die Sendung wurde am 26.5.1976 wiederholt: WDR-Schallarchiv 5090198 (Einspielband).

[737] *Sexuelles Verhalten junger Leute Teil 4* (12.6.1974 – Gesprächsleiterin war Helga Kirchner), WDR-Schallarchiv 5090060 (Einspielband); Wiederholungsdatum unbekannt.

[738] *Sexuelles Verhalten junger Leute Teil 5: Homosexualität und Perversionen* (19.6.1974 – Gesprächsleiterin war Helga Kirchner), WDR-Schallarchiv 5090061 (Einspielband); Wiederholungsdatum unbekannt.

[739] *Sexuelles Verhalten junger Leute Teil 6* (26.6.1974 – Gesprächsleiterin war Helga Kirchner), WDR-Schallarchiv 5090066 (Einspielband); Wiederholungsdatum unbekannt. – Das Thema Sexualität stand 1979 auch im Mittelpunkt der ersten *Radiothek am Draht*, in der versucht wurde, Anrufern in Problemsituationen zu helfen; daneben wurden verschiedene Verhütungsmittel ausführlich beschrieben: *Mein Freund will mit mir schlafen, aber ich weiß nicht so recht*, WDR Hist. Arch. a.a.O. Mehr zu dieser Sendung oben in Abschnitt III. 2. b) β). – Kritisch betrachtete die Radiothek die Gewohnheit vieler Männer, Verhütung einzig für eine Angelegenheit der Frau zu halten: *Die Last mit der Pille Teil 1: „...außerdem nehme ich die Pille nicht mehr"* (19.4.1979 – Autoren waren Katrin Nathe und Hermann Krause, Moderator war Jürgen Keimer), WDR Hist. Arch. 10544 (Manuskript der Moderation ohne transkribierte O-

Es fällt zum einen auf, daß zu dieser Serie keinerlei kritische Äußerungen oder Angriffe aus WDR-Gremien oder der politischen Sphäre dokumentiert sind; zum anderen erhielt die Redaktion zu dieser Reihe sehr umfangreiche interessierte Hörerpost. Die meisten Absender baten um weiteres Informationsmaterial.[740]

γ) Der Streit um den § 218 StGB

Zu den erbitterten politischen Debatten in der Bundesrepublik der siebziger Jahre zählte der Streit um den § 218 des Strafgesetzbuches. 1976 konnte sich die sozialliberale Regierung mit ihrer Idee durchsetzen, wonach der Schwangerschaftsabbruch bei vorheriger Beratung bis zur 22. Woche unter gewissen Bedingungen möglich war. Die Reformdiskussion ging jedoch weiter.[741]
Die Radiothek nahm die parlamentarische Entscheidung des Jahres 1976 zunächst zum Anlaß, das Problem in einer Serie zu erörtern. Moderatorin Helga Kirchner referierte die neue Rechtslage; Autorin Claudia Müller-Konrad leuchtete dann die mentale Situation der betroffenen Frauen vor und nach einer Abtreibung aus. Sie betonte die seelischen Belastungen – die Zwangslage in einer Situation, in der Frauen „mit gesetzlichen Mitteln zum Gebären gezwungen" würden. Diese Frauen seien keineswegs darauf aus, sich nach einer leichtfertig in Kauf genommenen Schwangerschaft aus der Verantwortung für ein Kind zu stehlen. Die Autorin mahnte vielmehr die Verantwortung von Staat und Gesellschaft an, für eine umfassende Betreuung der Kinder alleinerziehender Mütter zu sorgen, damit diese bald nach der Entbindung wieder ihrem Beruf nachgehen könnten.[742] Das Motiv für einen Schwangerschaftsabbruch sei vielfach „in den sozialen und materiellen Lebensverhältnissen der Frau zu suchen – und diese Verhältnisse haben sie nicht allein zu verantworten. Für die Mehrheit der Frauen ist eine Abtreibung Leiden, Notentscheidung und Gewissenslast."[743]
Die Gesetzesnovelle trat im Juni 1976 in Kraft, und im Sommer 1977 versuchte Heidrun Schmidt eine erste Bilanz. Die fiel zwiespältig aus: Denn das Recht sei „nur auf dem Papier" liberalisiert worden. Die Zahl der Schwangerschaftsabbrüche in der Bundesrepublik sei von 20.000 auf 60.000 gestiegen, weitere 40.000 würden im Ausland vorgenommen. Ärzte und Krankenhäuser nähmen nur ungern ihre Beraterfunktion wahr; die „Gewissensfreiheit der schwangeren Frau" sah die Autorin nicht gewahrt.[744]

Töne); sowie *Die Last mit der Pille Teil 2: Pille und Partnerschaft* (20.4.1979 – Autoren waren Katrin Nathe und Hermann Krause, Moderatorin war Nora Schattauer, Redakteur Jürgen Keimer), WDR Hist. Arch. 10544 (Manuskript der Moderation ohne transkribierte O-Töne).
[740] WDR Hist. Arch. 10470.
[741] Vgl. Adolf Schönke/Horst Schröder, Strafgesetzbuch. Kommentar, bearb. v. Theodor Lencker u. a., München ^{26}2001, S. 1727 f. (Rdn. 3 f. der Vorbemerkungen zu §§ 218 bis 219 b).
[742] *Zur Reform des Paragraphen 218, 1. Teil: Die Lage der Betroffenen* (15.2.1976 – Autorin war Claudia Müller-Konrad, Moderatorin Helga Kirchner), WDR Hist. Arch. 10506 (Manuskript der Moderation und des Einspielbandes ohne transkribierte O-Töne).
[743] *Zur Reform des Paragraphen 218, 2. Teil: Politische und verfassungsrechtliche Situation* (16.2.1976 – Autorin war Claudia Müller-Konrad, Moderatorin Helga Kirchner), WDR Hist. Arch. 10506 (Manuskript der Moderation ohne transkribierte O-Töne).
[744] *Eine Bilanz nach einem Jahr Reform des §218* (8.8.1977 – Autorin war Heidrun Schmidt), WDR-Schallarchiv 5095768 (Einspielband). – Ein weiteres Resümee zog die Sendung *Wir wollen nicht mehr nach Holland fahren... Erfahrungen mit dem § 218* (6.8.1979 – Moderatorin war Nora Schattauer, Redakteur Wolfgang Schmitz), WDR Hist. Arch. 10548 (Manuskript der Moderation, teilweise in Stichpunkten, ohne transkribierte O-Töne).

δ) Das Verhältnis Jugendlicher zu ihren Eltern

Meine Eltern haben 'ne Macke – Andrea Reischies' Hörspiel[745] skizzierte ein familiäres Konfliktszenario, wie es in den siebziger Jahren häufig beschrieben wurde: das gestörte Verständnis der Generationen untereinander. Allerdings befassen sich nur wenige dokumentierte Sendungen mit diesem Thema.[746]
Der Heiligabend 1976 stand im Zeichen eines ernsten Themas: der Kindesmißhandlung. „Wer seinen Pudel auf offener Straße tritt oder seinen Schäferhund an eine kurze Kette legt, erntet gemeinhin böse Worte, wenn nicht gar eine Anzeige", konstatierte Moderatorin Helga Kirchner.[747]

> „Wer dagegen sein Kind schlägt oder im dunklen Keller einsperrt, braucht solchen Unmut der Öffentlichkeit kaum zu fürchten. [...] Es ist eben durchaus in der Ordnung, wenn kindlicher Ungehorsam [...] mit Züchtigung bestraft wird. Es gilt das Recht des Stärkeren, das dem Schwächeren aufgezwungen wird."

Ein nicht namentlich genannter Erziehungsberater erläuterte: Auslöser einer Kindesmißhandlung könnten durchaus Probleme der Eltern sein – das Leiden unter monotonem Arbeitsalltag, unter fehlender Anerkennung, unter mangelnden Möglichkeiten, sich mit anderen auszutauschen. „Kein Wunder, wenn es dazu besonders häufig in den finanziell schlecht gestellten Familien kommt", befand Helga Kirchner. „Dort ist der Druck der Verhältnisse besonders direkt und unmittelbar, denn dort können fehlendes Glück und Unzufriedenheit nicht durch Geld kompensiert werden. Die Familie wird zur Kampfarena. Gewaltfreie Konfliktlösungsmöglichkeiten werden nicht gesehen." Mißhandelnde Eltern seien jedoch in der Regel keineswegs besonders gefühlskalt – so gerne man sich in dieses Vorurteil flüchte.

> „Vielmehr handelt es sich um ein gesellschaftliches Problem, das in fast allen Bevölkerungsschichten [...] auftritt. Kindesmißhandlung ist ein Ausdruck dafür, daß eine Familie nicht mehr mit den auf sie zukommenden Problemen fertig wird. Pauschal den Eltern die Schuld dafür zu geben, wäre falsch. Die Ursachen [...] wurzeln in der autoritären Erziehungstradition und der allgemeinen Gewaltförmigkeit unserer Gesellschaft. [...] Gewaltfreie Erziehung, die Abschaffung von Prügel und Mißhandlung [...] setzen voraus, daß autoritäre Grundsätze menschlichen Zusammenlebens [...] abgelöst werden von partnerschaftlichen Prinzipien. [...] Erster Schritt auf diesem Weg ist eine Therapie der Familie. Anstelle ihrer Bestrafung und Kriminalisierung."

Helga Kirchner verwies auf Möglichkeiten der kurzfristigen Hilfe: Sorgentelefone, Kinderschutz-Häuser. „Ich meine, wir sollten alles dafür tun, solche Einrichtungen zu fördern, sei es durch Spenden, sei es durch aktive Mitarbeit", schloß die Moderatorin. „Ganz wesentlich aber scheint mir noch ein weiterer Punkt. Nämlich daß unsere Gesellschaft kinder-

---

[745] *Meine Eltern haben 'ne Macke. Familienszenen* (Autorin war Andrea Reischies), WDR Hist. Arch. 10538 (Hörspielmanuskript). Sendetermin war vermutlich der 8.11.1978 oder der 10.1.1979, vgl. die Wochenplanungen in WDR Hist. Arch. 10445.
[746] Neben den im folgenden genannten tat dies ein *Gespräch mit NRW-Ministerpräsident Johannes Rau über jugendpolitische Fragen* (23.1.1979 – Interviewer waren Ulrich Teiner und Dietrich Backmann), WDR-Schallarchiv 5095771 (Einspielband).
[747] *Hilfe für mißhandelte Kinder – Hilfe für mißhandelte Eltern* (24.12.1976 – Autor war Dirk Gerhard, Redakteurin am Mikrofon Helga Kirchner), WDR-Schallarchiv 5090332 (vorproduziertes Sendeband). – Mit Jugendlichen, die aus dem Elternhaus fortliefen, befaßte sich die Sendung *Runaways – Jugendliche hauen ab* (28.2.1979 – Autorinnen waren Holly-Jane Rahlens und Heide Wohlers), WDR Hist. Arch. 10542 (Manuskript des Einspielbandes mit transkribierten O-Tönen).

freundlich wird. Damit Eltern ihre Kinder darin mühelos gewalt- und repressionsfrei aufziehen können."
Axel Weiss schließlich widmete sich im März 1977 den in jüngster Zeit vermehrten Unterhaltsprozessen, die Kinder gegen ihre Eltern angestrengt hatten.[748] Gegen den Vorwurf ungerechtfertigter Auflehnung nahm er die Kinder in Schutz. Weiss erläuterte die juristische Situation beider Seiten; und er plädierte für das Recht Jugendlicher, Lebensentwürfe zu verfolgen, die den Vorstellungen ihrer Eltern zuwiderliefen. Er kritisierte die elternfreundliche Rechtsprechung eines Kölner Gerichts und schloß:

> „Wer wie die Richter in Köln die vergleichsweise harmlose Aktion des Kindes als ‚aufsässige Rücksichtslosigkeit' bezeichnet und auf der anderen Seite das Nichtzuschlagen mit einem erhobenen Kaminstocker zur Mutterliebe hochstilisiert, dem fehlt es freilich an den elementarsten Kenntnissen familiärer Konflikterforschung, der versteht das Verhältnis von Eltern und Kind als einseitige Machtbeziehung."

Von der Justiz sei also „ein erweiterter Schutz für Jugendliche bei der Suche nach der eigenen Identität, dem eigenen Lebensweg nicht zu erwarten".
Dabei schlug sich die Radiothek, wenn es um den Generationenkonflikt ging, keineswegs einzig auf die Seite der Jugendlichen. Die Autoren eines Berichts vom Kulturfestival *Duisburger Akzente* beklagten das Desinteresse „der jugendlichen Subkulturen Anfang der 70er Jahre" gegenüber den gesellschaftlichen Interessen der älteren Generation und stellten sich hinter Versuche von Senioren, diese Interessen durchzusetzen; insoweit lobten sie das Engagement Älterer in neuen sozialen Bewegungen zu Fragen des Umweltschutzes und der Friedenspolitik.[749]

Zusammenfassung

Die dokumentierten Sendungen der Radiothek zu Themen aus Familie, zwischenmenschlichen Beziehungen und Sexualität weisen in hohem Maße Ratgebercharakter auf. Das galt auch in Fällen, in denen die Redaktion brisante oder tabuisierte Sachverhalte betrachtete. Ablesbar sind die Intentionen vor allem an Beiträgen zur jugendlichen Sexualität: Alles andere als unterhaltsam kamen diese Sendungen daher – sie zielten auf eine unspektakuläre Form der „Aufklärung" auch in heiklen Detailfragen.
In Fragen der Ehe und Kindererziehung vertraten die Beiträge pragmatische, in den siebziger Jahren freilich mitunter brisante Auffassungen: Sie zeigten keine Scheu, Vorzüge ungewöhnlicher Betreuungsmodelle vorzustellen; sie setzten nichteheliche Gemeinschaften gegenüber der Ehe keineswegs herab. Sie beklagten eine Sichtweise, die zwischen Eltern und Kind eine zuungunsten des letzteren abgestufte Machtbeziehung verfocht.
Mit Blick auf das Verhältnis der Geschlechter machte sich die Radiothek für eine konsequente Emanzipation der Frau bis in Details des Alltags hinein stark. Für Frauenrechte einzutreten, konnte allerdings in den siebziger Jahren heikel sein – denn: „Der hohe Anteil an

---

[748] *A Family Affair* (9.3.1977 – Autor war Axel Weiss), WDR Hist. Arch. 10519 (Manuskript des Einspielbandes mit transkribierten O-Tönen).
[749] *Lieder und Leute vor Ort Teil 2: Über einen ungewöhnlichen Altennachmittag und einen Abend über Umweltzerstörung am Niederrhein während der 3. Duisburger Akzente* (28.6.1979 – Autoren waren Jens Hagen und Friedrich Rek), WDR Hist. Arch. 10546 (Manuskript des Einspielbandes mit transkribierten O-Tönen). – Sehr positiv berichtete die Radiothek ferner über ein Projekt, das zu Diaolg und Verständnis zwischen den Generationen beitragen wollte: *Nicht abschieben, sondern helfen – Jugendliche betreuen Alte und Kinder* (5.4.1979 – Autor war Uli Heuel), WDR Hist. Arch. 10544 (Manuskript des Einspielbandes mit transkribierten O-Tönen).

weiblichen Terroristen verleitete zuweilen dazu, Feministinnen pauschal dem vielzitierten ‚Sympathisantensumpf' zuzurechnen."[750]
Die heißumstrittenen Fragen des Abtreibungsrechts behandelte die Redaktion differenziert: Sie machte sich in keiner der dokumentierten Sendungen die Idee des „Mein Bauch gehört mir" zueigen. Sie suchte jedoch in erster Linie Verständnis für die Situation der Frau zu wecken. Das Motiv einer Abtreibung wurzle oftmals in schwierigen Lebensumständen einer Frau – und für die sei sie nicht alleine verantwortlich.

i) Ausblenden der Wirklichkeit

α) Alkohol- und Drogenkonsum

1980 schlugen Experten Alarm: Der Konsum illegaler Drogen durch Jugendliche steige „in kaum noch zu kontrollierender Weise"; und immer mehr Jugendliche widersetzten sich einer Therapie. In wachsendem Maße betreffe das Problem nicht allein mehr Randgruppen, sondern Jugendliche aus dem bürgerlichen Umfeld.[751] Bereits 1978 waren in der Bundesrepublik 20.000 alkohol- und drogenabhängige Jugendliche gezählt worden. Nichtrepräsentative Befragungen 14- bis 17jähriger förderten zutage, daß fast jeder zweite von ihnen regelmäßig Zigaretten rauchte.[752] An den Themen Tabak-, Alkohol- und Drogenkonsum kam keine Jugendsendung der siebziger Jahre vorbei.
Eine zweiteilige Reihe wies auf die gesundheitlichen Gefahren des Tabakkonsums und auch auf die des Passivrauchens hin. Die Sendungen nahmen vor allem die erwachsene Generation in die Pflicht: „Wäre es also wirklich zuviel verlangt zu erwarten, daß Eltern vor allem in Gegenwart ihrer Kinder den Tabakkonsum einschränken?" Überdies müsse „eine langfristig erfolgreiche Prävention [...] darangehen [...], die Ursachen zu beseitigen, die unter Umständen zum Rauchen führen: z. B. Schulstreß, Lehrstellenmangel, Jugendarbeitslosigkeit, das Fehlen einer lohnenden Lebensperspektive überhaupt."[753] Besonders scharf griff die Radiothek die Werbung der Tabakindustrie an.[754]
Schon zu Beginn des Jahres 1975 war die Drogenszene ein Thema – Autorin Andrea Reischies machte zwar keine Anstalten, Drogenkonsum zu bejahen – sie verteufelte ihn aber auch nicht, sondern zog Verbindungen zu aufkeimenden postmaterialistischen Orientierungen Jugendlicher:

> „Die Sceneleute [sic] aber wollen sich nicht in der Konkurrenz- und Karrierespirale verlieren, die die Verwirklichung der höchsten Werte unserer Gesellschaft, wie Brüderlichkeit und Freiheit als Persönlichkeitsentfaltung immer unmöglicher macht. Sie suchen nach etwas, das direkt Befriedigung, Anerkennung und Belohnung gewährt [...]. Damit aber stellen sie die gesell-

---

[750] Brandt/Büsser/Rucht a.a.O., S. 135.
[751] So Dieter Baacke, „Jugend zwischen Anarchismus und Apathie?", in: Wilhelm von Ilsemann (Hg.), Jugend zwischen Anpassung und Ausstieg. Ein Symposium mit Jugendlichen und Vertretern aus Wissenschaft, Wirtschaft, Politik und Verwaltung, Hamburg 1980, S. 105-130 (künftig: „Anarchismus"), hier: S. 107, 109; direktes Zitat der S. 107 entnommen.
[752] Vgl. Hartmut und Thilo Castner, Jugend zwischen Überfluß und Mangel, in: APuZ 21/1980, S. 3-21, hier: S. 3 f., 11.
[753] *Rauchverbote nützen gar nichts. Was man gegen das Rauchen tun kann* (13.6.1979 – Autor war Ulrich Teiner) und *Der Duft der weiten Welt stinkt mir. Was man gegen das Rauchen tun kann* (27.6.1979 – Autor war Ulrich Teiner), WDR Hist. Arch. 10546 (Manuskripte der Einspielbänder ohne transkribierte O-Töne).
[754] *Radiothek* vom 13.9.1978, WDR Hist. Arch. 10537.

schaftlich anerkannten Ziele Leistung und Konsum in Frage, und das beunruhigt [...] die Gesellschaft mehr als der eigentliche Drogenkonsum."[755]

Weit kritischer geriet die Perspektive im Rahmen der einschlägigen Sendewoche im Jahre 1980. Jugendliche berichteten über ihren Weg in die Drogenabhängigkeit, über die Euphorie nach dem Konsum, aber auch über enttäuschte Hoffnungen: Die Szene bot ihnen keinerlei Geborgenheit, und sie mußten sich bald eingestehen, daß sie ein selbstzerstörerisches Leben führten – im Blickpunkt die tägliche verzweifelte Suche nach dem „Stoff": „Ich konnte echt an nix anderes mehr denken. [...] Die Leute lügen sich so was vor – ich hab's ja genauso gemacht: [...] ‚Ich brauch das ja überhaupt nicht.' Und in Wirklichkeit hängen se' dick drauf, ne?"[756] Der zweite Tag der Sendewoche[757] beschrieb sehr detailliert die unterschiedlichen Substanzen, ihre Wirkungen und die Formen des Konsums; Moderator Jürgen Keimer wies auch auf die Mechanismen innerhalb der Szene hin:

> „Es gab mal die idyllische Vorstellung, daß die Drogenszene so etwas wie ein Märchenland ist, wo alle miteinander nur das eine im Sinn haben: nämlich sich gegenseitig zu ihren Träumen zu verhelfen – wenn das je irgendwann mal gestimmt haben sollte, inzwischen ist das alles Unsinn – der Drogenmarkt heute funktioniert unwahrscheinlich hart und brutal, wie ein Markt eben funktioniert, nur noch etwas schlimmer als die offiziellen Märkte, die in unserer offiziellen Wirtschaftspolitik so laufen."

Dabei seien die meisten Profiteure klug genug, kein Gramm Drogen zu konsumieren. Gerade gegen sie härter vorzugehen, forderte die dritte Sendung der Woche[758]. Darin kritisierten Experten die Stoßrichtung der gerade vom Bundestag debattierten Novelle des Betäubungsmittelgesetzes, die sämtliche Drogenhändler – gleich ob sie selbst konsumierten oder nicht – denselben Strafen unterwarf. Der Strafvollzug treibe die selbst drogenabhängigen Dealer mit seiner Erziehung zur Unselbständigkeit nur noch weiter in die Sucht hinein. Die Händlerringe wiederum seien auf diese Weise nicht zu zerschlagen. Weiterhin fehle die Möglichkeit, eine Freiheitsstrafe zwecks Therapie zur Bewährung auszusetzen.

Wie hilflos Eltern und Angehörige dem Problem gegenüberstanden, was sie aber auch unternehmen könnten, das kam in der Donnerstagssendung der Woche zur Sprache.[759] Die Autorin Christine Lemmen führte ein Elternpaar und seine drogenabhängige Tochter zum

---

[755] *Untersuchung der Drogenscene in Münster* (9.1.1975 – Autorin war Andrea Reischies), WDR Hist. Arch. 10493 (Manuskript des Einspielbandes mit transkribierten O-Tönen). Gleichfalls ohne warnend erhobenen Zeigefinger, aber doch distanziert gegenüber der Szene verhielt sich die Sendung *Drogenabhängige im Strafvollzug* (20.8.1975 – Autorin war Andrea Reischies), WDR Hist. Arch. 10500 (Manuskript der Moderation mit transkribierten O-Tönen). Noch deutlicher geriet besagte Distanz in dem am 11.1.1978 ausgestrahlten *Drogen und Entzug in Berlin* von E. Gerdener (WDR Hist. Arch. 10529). – Mit einem vielbeachteten massenmedialen Ereignis – dem Buch *Christiane F.* und dem gleichnamigen Spielfilm – befaßte sich die Radiothek 1979/80: *Christiane F. – ein Kind vom Bahnhof Zoo* (1.2.1979 – Autor war Stefan Huy, Moderator Tom Schroeder, Redakteur Jürgen Keimer), WDR-Schallarchiv 5126083 (Einspielband) und Hist. Arch. 10542 (Manuskript der Moderation ohne transkribierte O-Töne); *Bericht über die Verfilmung des Buches „Wir Kinder vom Bahnhof Zoo"* (25.10.1980 – Autor war Günter Hellmich), WDR-Schallarchiv 1002506 (Mitschnitt); die Darstellung operierte mit Starkult und differenzierter. Mehrere Interviewte bezweifelten, daß Buch und Film geeignet seien, Jugendliche vom Drogenkonsum abzuhalten. Horst Schäfer, Die Geschichte des Jugendfilms in der Bundesrepublik Deutschland, in: Jürgen Lauffer/Renate Röllecke/Dieter Wiedemann (Hg.), Jugendfilm spezial. Aufwachsen in getrennten Staaten. Deutsche Jugendfilme aus Ost und West – Empfehlungen und Hintergründe, Bielefeld 1995 (Schriften zur Medienpädagogik 17), S.122-145, hier: S. 135, 137, spricht rückblickend von einem „synthetischen", keinem „authentischen" Jugendfilm.

[756] *Wege in die Abhängigkeit* (27.4.1980 – Interviewer war Jürgen Keimer), WDR-Schallarchiv 5090170.

[757] *Von Eitsch und Gras, von Affen und Turkeys – Drogen und ihre Wirkung* (28.4.1980 – Moderator war Jürgen Keimer) WDR-Schallarchiv 5090171 (Mitschnitt).

[758] *Umgang mit Drogen – ein sicherer Weg in den Knast?* (29.4.1980), WDR-Schallarchiv 5090172 (Einspielband).

[759] *Wie Eltern mit einem drogensüchtigen Familienangehörigen leben* (30.4.1980 – Autorin war Christine Lemmen, Redakteur Ulrich Teiner) WDR-Schallarchiv 5090173 (Einspielband).

Gespräch zusammen. Die Sendung wirkte wie die Dokumentation eines konstruktiv gemeinten Therapiegesprächs. Im abschließenden Autorentext nahm der Beitrag Ratgebercharakter an; und er wandte sich darin gerade an die *Eltern* drogenabhängiger Jugendlicher. Denn: „Der Abhängige kann sich nicht ändern. Also müßt Ihr Euch ändern. Fachleute sagen, daß ein Drogenabhängiger in der Familie immer ein Symptom dafür ist, daß etwas in der Familie nicht stimmt." Daran allerdings, daß auch der Jugendliche selbst zur Abkehr von der Droge wirklich bereit sein müsse, ließ die Sendung gleichfalls keinen Zweifel.
Die Sendung des folgenden Abends nahm den Faden auf: Vier einstige Drogenabhängige im Alter von 25 bis 28 Jahren schilderten ihre Erfahrungen in der Drogentherapie.[760] Sie widersprachen der Annahme, man werde dort zum Opportunismus erzogen. Ulrich Teiner brachte daran anknüpfend eine Grundposition der *Radiothek* auf den Punkt:

> „Auseinandersetzung, Kritikfähigkeit, Verantwortung – wenn es gelingt, den Klienten in der Therapie dies zu vermitteln, ist es nach meiner Meinung das Gegenteil von Anpassung. Ganz abgesehen davon, daß man den Drogengenuß ja wohl kaum als die große Freiheit, sondern eher als das Wegschleichen aus jeglicher Verantwortung sehen muß."

Gut zwei Jahre zuvor hatte sich die Radiothek in einer anderen Sendewoche den Gefahren des Alkoholkonsums gewidmet. Auch diese Woche begann mit bedrückenden Erfahrungen Betroffener, die eindringlich vor den Gefahren des Alkohols warnten.[761] Ein Experte erläuterte, anders als die „Fixer" der frühen siebziger Jahre stammten neun von zehn alkoholabhängigen Jugendlichen aus zerrütteten Familien, in denen ihnen keinerlei menschliche Werte vermittelt worden seien. Ihr Denken sei bestimmt von Perspektivlosigkeit:

> „Wir können die Aussagen dieser Jugendlichen auf drei Begriffe bringen: 1. Es bringt nichts – 2. Es ist alles Scheiße – und 3. Was soll das Leben überhaupt? [...] Die Frage ist: Warum kann diese Generation oder diese große Gruppe von Jugendlichen nicht mit sich und mit der Umwelt umgehen? Diese emotionale Beziehungslosigkeit und diese ideele Sinnlosigkeit [...] liegt mehr im Verhalten oder im Umgang der Menschen überhaupt. Also – wie gehen Eltern mit den Kindern um? [...] Und warum unterstützen die Eltern den Leistungsdruck in der Schule? [...] Warum gibt es in den kleineren Städten [...] keine sinnvollen Freizeitangebote für die Jugendlichen, sondern nur Discotheken? [...] Ich meine, die Frage müßten wir danach richten: Was ist eigentlich mit unserer Erziehung, und was ist eigentlich mit unserer Kultur los?"

Die Sendung riß damit auch ein grundsätzliches Thema der Radiothek an: Wie ging man sinnvoll mit der Freiheit des Konsums um – und mit den Möglichkeiten, die das materiell gesättigte Leben bot?
Bei der Wiederholung des Beitrages 1978 ging Dietrich Backmann mit der Spirituosenindustrie scharf ins Gericht – und bezog sich auf die damals allgegenwärtige Werbekampagne eines Likörherstellers:

> „Manchmal mutet diese Werbung an, als sei sie gemacht von Alkoholikern für solche, die es werden sollen. [...] Man könnte sich als nächsten Titel vorstellen: Ein Beschwerdeführer, der

---

[760] *Drogentherapie* (1.5.1980 – Autorin war Gabriele Branchart, Redakteur am Mikrofon war Ulrich Teiner), WDR-Schallarchiv 5090174 (Mitschnitt). Umrahmt von der gewohnten *Schlagerrallye* brachte die Radiothek am Samstag keinen locker-unterhaltenden Beitrag, sondern fragte: *Wer bezahlt die Therapie?* und *Aufklärung in der Schule* (2.5.1980 – Redakteurin am Mikrofon war Helga Kirchner), WDR-Schallarchiv 5090172 (vermutlich Mitschnitt). – Über ein unkonventionelles Therapieprojekt berichtete die Sendung *Synanon – eine Woche unter Süchtigen* (vermutlich 15.11.1978), WDR-Schallarchiv 5071492 (Einspielband).
[761] *Erst trinkt man, weil man Probleme hat, dann wird das Trinken zum Problem. Teil 1: Alkohol – eine Karriere* (20.2.1978 – Autorin war Christine Lemmen), WDR-Schallarchiv 5095826 (Einspielband).

sagt: Ich trinke, weil diese Schnapsfirma sich ohnehin einen Dreck um die Empfehlungen des deutschen Werberates kümmert."[762]

Am folgenden Abend[763] stellte Moderator Ulrich Teiner klar, „daß die Alkoholsucht eine Krankheit ist und nicht eine Charakterschwäche. Und gegen Krankheiten helfen eben nur angemessene Behandlungsmethoden, nicht der gute Wille." In dieser Ratgebersendung brachten Abhängige ihre Geschichte auf den Punkt – in haarsträubenden Details über die Zerrüttung menschlicher Beziehungen, über ihren Weg in Beschaffungskriminalität und Gefängnishaft: „Ich kann sagen, ich habe oben angefangen mit den besten Leuten zu trinken, und ich bin zum Schluß bei Pennern, bei Berbern, beim letzten Volk, bei Asozialen bin ich gelandet." Ulrich Teiner nahm die Betroffenen in Schutz: „Grund für solche Störungen in der Persönlichkeitsentwicklung sind Erziehungsfehler auf der einen Seite, objektiv schlechte Lebensverhältnisse in Schule, Beruf, Freizeit auf der anderen Seite. Hier von persönlicher Schuld zu reden, geht am Kern des Problems vorbei."

Über ihren Titel *Alkoholismus und Jugendarbeitslosigkeit*[764] hinaus fragte die Donnerstagssendung der Reihe nach Mitteln gegen die Alkoholabhängigkeit Jugendlicher. Die Schulen müßten ihren Beitrag zur Problemlösung leisten – indem sie zum einen ihre Schüler besser förderten, indem sie zum anderen zu einem kontrollierten Umgang mit Alkohol erzögen. Die Jugendschutzgesetzgebung sei löchrig, solange Kindern Alkohol im Supermarkt verkauft werden dürfe. Die Redaktion hatte einige Minderjährige beauftragt, in Einzelhandelsgeschäften als Kaufinteressenten aufzutreten und zu erkunden, ob sich die Verkäufer an die gesetzlichen Bestimmungen hielten[765] – was diese dann nur zum Teil taten. „Ich finde es auch sehr nett", schloß Backmann ironisch, „daß die jugendlichen Kunden ausführlich beraten werden, damit sie einen anständigen Geschmack für Alkohol entwickeln." Die folgende Sendung schließlich stellte eine reformorientierte Therapieeinrichtung vor. Die Therapie dort sei hart; aber sie unterscheide sich vom eintönigen und stumpfsinnigen Leben in anderen Entziehungsheimen, das – so Ulrich Teiner – vielfach nur „Drehtürpatienten" hervorgebracht habe.[766]

β) Psychologische Probleme – Selbstmord

Mehr noch als bei der Behandlung legalen und illegalen Drogenkonsums wies die Radiothek in Berichten über jugendliche Selbstmörder[767] auf die Verantwortung des Umfeldes hin. Es gehe unter anderem darum, „Vorurteile gegenüber all jenen abzubauen, die in ihrer

---

[762] *Erst trinkt man, weil man Probleme hat, dann wird das Trinken zum Problem. Teil 2: Gebrauch und Mißbrauch von Alkohol* (21.2.1978 – Redakteur war Dietrich Backmann), WDR-Schallarchiv 5090199 (Einspielband).
[763] *Erst trinkt man, weil man Probleme hat, dann wird das Trinken zum Problem. Teil 3: „Irgendwann konnte ich nicht mehr aufhören zu trinken. Da war alles zu spät." Alkoholismus als Suchtkrankheit* (13.9.1978 – Autor war Ulrich Teiner), WDR Hist. Arch. 10537 (Manuskript des Einspielbandes mit transkribierten O-Tönen).
[764] *Erst trinkt man, weil man Probleme hat, dann wird das Trinken zum Problem. Teil 4: Alkoholismus und Jugendarbeitslosigkeit* (23.2.1978 – Redakteur am Mikrofon war Dietrich Backmann), WDR-Schallarchiv 5090199 (Mitschnitt).
[765] Das stellte Moderator Dietrich Backmann bei der Wiederholung der Folge am 14.9.1978 klar, WDR Hist. Arch. 10537.
[766] *Erst trinkt man, weil man Probleme hat, dann wird das Trinken zum Problem. Teil 5: Alkoholismus und Therapiemöglichkeiten* (24.2.1978 – Moderator war Ulrich Teiner), WDR-Schallarchiv 5126083 (wahrscheinlich Mitschnitt).
[767] Zwischen 1950 und 1977 stieg die Selbstmordziffer in der Bundesrepublik insgesamt von 19,2 auf 22,7; unter Jugendlichen stieg sie von 1967 bis 1977 um 50%, unter Kindern vervierfachte sie sich zwischen 1947 und 1977, vgl. Rainer Welz, Selbstmorde und Selbstmord-Versuche nehmen zu, in: *betrifft: Erziehung* 13 (1980), H. 4, S. 26-27, hier: S. 26. Mit Selbstmordgedanken trug sich vorübergehend jeder zehnte Jugendliche, vgl. Castner, Jugend zwischen Überfluß und Mangel, S. 4.

Verzweiflung den Versuch machen, ihr Leben zu beenden"[768], erläuterte Helga Kirchner einem Hörer. Eine zweiteilige Reihe fragte im Dezember 1977 nach Gründen und auslösenden Momenten eines Selbstmordversuchs[769]. „80% aller Kinder und Jugendlichen glauben, daß ihre Eltern sie nicht verstehen", referierte Autorin Monika Winhuisen Ergebnisse einer nicht näher benannten Umfrage. Vielfach litten die Betroffenen unter Leistungsdruck und Versagensängsten, während sich ihr Umfeld nie so recht darum gekümmert habe, worin der Grund für solches Versagen liege. Strafende Eltern seien niemals unfehlbar; und nicht jeder „Anraunzer" an der Arbeitsstelle sei berechtigt.

Bereits eine frühere Sendung zum Thema[770] hatte die Fortschritte in der psychiatrischen Therapie geschildert und einschlägige Kliniken gegen Vorurteile in Schutz genommen: „Sollte die Arbeit der modernen Psychiatrie erfolgreich sein, besonders in Bezug auf vorbeugende Maßnahmen, müßte auch auf die Veränderung der krankmachenden Verhältnisse, z. B. am Arbeitsplatz hingearbeitet werden." Nach einem Selbstmordversuch würden Jugendliche zu häufig mit mit dem Glauben alleingelassen, sie selbst seien schuld an ihrer Notlage. Aber, so faßte die Schlußmoderation zusammen: „Selbstmord ist nicht die Verzweiflungstat eines einzelnen. [...] Selbstmord ist der letzte Ausdruck für gestörte Beziehungen."[771] Selbstmord zeige also eine verbreitete gesellschaftliche Krise an.

Zusammenfassung

Charakteristisch für die Sendungen der Radiothek zum Problem legaler und illegaler Drogen ist die 1975 noch verhalten, 1978 und 1980 dann entschieden ablehnende Haltung dem Konsum gegenüber. Motiviert war dies allerdings – anders als bei erwachsenen Warnern früherer Jahre, die vornehmlich auf „'sittliche' Fragen wie ‚Genußsucht' und ‚Triebbefriedigung'"[772] abgehoben hatten – durch das Bewußtsein gesundheitlicher Gefahren. Wenn man allerdings schlicht Abstinenz predige, komme man nicht zum Ziel, betonte Dietrich Backmann in seiner Moderation am 12. September 1978: „Wir wollen [...] keinen Horror verbreiten, sondern nur auf die Gefährlichkeit des Alkoholgenusses hinweisen."[773]

Dies taten analog die Beiträge über Tabak- und Drogenkonsum; die Sendungen fragten jedoch auch nach gesamtgesellschaftlichen Ursachen und wandten sich mehr und mehr der erwachsenen Generation zu: Sie forderten, daß diese bereit sein müsse, ein positives Vorbild abzugeben, daß sie ferner Maßnahmen gegen unnötige Belastungen der Jüngeren ergreifen müsse – vor allem gegen Schulstreß und Jugendarbeitslosigkeit. Das Leiden jugendlicher Abhängiger, so die Denkweise der Radiothek, war nur zu einem Teil selbstverschuldet. Noch vehementer betonten die Beiträge über jugendliche Selbstmörder eine Verantwortung des Umfelds.

---

[768] Antwortbrief Helga Kirchners an den Hörer Georg M. aus Selm vom 21.1.1976, WDR Hist. Arch. 10473.
[769] *Der letzte Ausweg, oder: Aussteigen gilt nicht*, Teil 1 (7.12.1977 – Autorin war Monika Winhuisen), WDR Hist. Arch. 10528 (Manuskript des Einspielbandes mit transkribierten O-Tönen). – Der zweite Teil hob besonders auf den Leistungsdruck in der Schule ab: *Der letzte Ausweg, oder: Aussteigen gilt nicht*, Teil 2 (14.12.1977 – Autorin war Monika Winhuisen), WDR Hist. Arch. ebda. (Manuskript des Einspielbandes mit transkribierten O-Tönen).
[770] Radiothek vom 22.9.1974, WDR Hist. Arch. 10489 (Manuskript des Einspielbandes mit transkribierten O-Tönen); Autor war Friedhelm Melder. – Der direkt zitierte Satz stand am Schluß des Beitrags.
[771] Schluß des Beitrags vom 14.12.1977, a.a.O.
[772] Ubbelohde a.a.O., S. 407; vgl. den dortigen Blick auf Warnungen der fünfziger Jahre.
[773] Wiederholung der Folge *Gebrauch und Mißbrauch von Alkohol* aus der Alkohol-Sendewoche, WDR Hist. Arch. 10537.

j) Ein besonderes Thema

Zu den einfühlsamsten und im ganzen gelungensten Sendungen der Radiothek gehört ein Bericht *Über Sterben und Tod von Kindern* vom November 1979. Die im O-Ton eingeflochtenen Erfahrungen einer Krankenschwester bildeten den Kern des Beitrags; und in ihrer Verbindung mit einigen vom Autor referierten Expertenerkenntnissen darüber, welche Vorstellung Kinder unterschiedlicher Altersstufen vom Tod hatten, entstand ein bedrückendes Bild, das Denkanstöße vermitteln konnte. Einmal mehr griff die Radiothek hier ein Tabu-Thema auf; und sie tat es konsequent: indem die Krankenschwester nämlich auch über ihre Versuchung zur aktiven Sterbehilfe berichtete: „Auf der einen Seite hat man schon das Gefühl: Mensch, wenn Du da jetzt was tätest, würdest Du dem Kind mit Sicherheit einen Gefallen tun. Aber auf der anderen Seite weißt Du ganz genau: Du darfst es nicht, und Du wirst es auch nie tun."[774] Dieser Beitrag zeigte einmal mehr die potentielle besondere Stärke der Sendereihe: den Horizont eines breiten Publikums zu erweitern.

k) Sondersendungen: Selbstkritik – Selbstbeschreibung – Experimente

Dieser Abschnitt faßt Beiträge zusammen, die von der Redaktion in eigener Sache produziert wurden oder auch Auskunft über ihre Arbeitsweise gaben. Nur am Rande erwähnt sei die Sendung des Silvesterabends 1976, die in einigen fiktiven Szenen aus dem Alltag der Radiothek-Redaktion das Ausgewogenheitspostulat ins Lächerliche zog.[775]

α) „Rheinischer Merkur" über Radiothek

Seinen Niederschlag hatte dieses Postulat im Sommer zuvor in einer Sendung gefunden, die ein Kritiker der Radiothek zum Programm beisteuerte.[776] Walter Bajohr, Volontär der konservativen Wochenzeitung *Rheinischer Merkur*, befaßte sich mit der Radiothek-Sendewoche zum Radikalenerlaß und darüber hinaus mit der Kontroverse, die seit dem Winter 1974/75 um die Sendung entbrannt war.[777] Sein Beitrag ging auf eine Anregung Ulrich Teiners vom vorangegangenen Frühjahr zurück.[778] „Wir haben in der *Merkur-*

---

[774] *Hat sich die Wahrheit selber geholt – Über Sterben und Tod von Kindern – Eine Krankenschwester berichtet* (21.11.1979 – Autor war Werner Schmidt), WDR-Schallarchiv 5090153 (Mitschnitt) und Hist Arch. 10551 (Manuskript des Einspielbandes ohne transkribierte O-Töne).

[775] *Ein ausgewogenes Programm* (31.12.1976 – Autor war Werner Wiedehopf), WDR Hist. Arch. 10515 (Manuskript). – Eine weitere Sendung dieser Kategorie – *Radiothek über Radiothek*, in der die Redaktion am 30. September 1975 ausführlich ihr Vorgehen erläuterte – kam bereits oben zur Sprache.

[776] *„Rheinischer Merkur" über Radiothek* (12.7.1976 – Autor war Walter Bajohr), WDR Hist. Arch. 10523 (Manuskript mit transkribierten O-Tönen). Der Text des Beitrages erschien am 20.8.1976 auch im *Rheinischen Merkur* selbst unter dem Titel *Eine junge Sendung mit Schlagseite. Kritik an der „Radiothek" in der „Radiothek"*. – Zwei Tage nach dieser Sendung beschloß die Redaktion, Ideen zu entwickeln, „in welcher Form man innerhalb der RADIOTHEK Kritik an der RADIOTHEK üben kann" (WDR Hist. Arch. 10444). Ulrich Teiner und Lothar Fend machten dann jedoch erst in der Wochenkonferenz vom 16.2.1977 (ebda.) Vorschläge, wie man „Sendekritik ins Programm einbeziehen" könne: in öffentlichen Veranstaltungen oder Studiodiskussionsrunden, oder indem Kritiker sich am Telefon zu umstrittenen Beiträgen äußern können sollten. Die Ansätze scheinen nicht konsequent weiterverfolgt worden zu sein.

[777] Dazu näheres unten in Abschnitt V. 4.

[778] WDR Hist. Arch. 10466: Teiner hatte dies am 11.3.1976 in einem Brief an den *Rheinischen Merkur* vorgeschlagen und eine Sendezeit von „25 bis 30 Minuten" veranschlagt. Die Zeitung antwortete positiv am 15.3.1976. – Damit dürften die Unstimmigkeiten ausgeräumt worden sein, die sich nach einem Artikel der Zeitung im Frühjahr 1975 ergeben hatten: Aus der Radiothek vom 28.1.1975 war dort falsch zitiert worden. Dadurch war die *Kultur Cooperative Ruhr* als eine Organisation hingestellt worden, die sich zu „nicht demokratischen, sondern sozialistischen" Prinzipien bekenne – nach Angaben Teiners in einem Schreiben an Jenke vom 9.4.1975 bekannte sich der Interviewpartner jedoch in Wahrheit gerade zu „demokratischen und sozialistischen Prinzipien". „Ich halte es zumindest für erwägens-

Redaktion ein bißchen hin- und herüberlegt", erinnert sich Bajohr, „und dann lief das Ganze mehr oder weniger automatisch auf mich zu, weil ich halt als Volontär der wahrscheinlich Jüngste in der Redaktion war."[779]
Einleitend stellte Bajohr zentrale Passagen aus dem Selbstverständnispapier der Radiothek-Redaktion den Äußerungen ihrer Kritiker gegenüber – Einsatz für die Rechte junger Hörer versus „Klassenkampf per Ätherwellen" – und erläuterte sein Vorgehen: Er habe „die Radiothek einmal schwerpunktmäßig in dem Zeitraum vom 3. Mai bis zum 21. Juni betrachtet." Bajohr betonte, er wolle die Sendung „nicht in Frage stellen"; die im Selbstverständnispapier dargelegte Konzeption sei „durchaus begrüßenswert", denn der WDR fülle damit eine „jahrelang bestehende Lücke" im Hörfunkprogramm. „Aber: Wie so oft, klaffen Theorie und Wirklichkeit auch hier manchmal beträchtlich auseinander. [...] Wer, wie die Radiothek-Redaktion, in einem Selbstverständnispapier sich selbst hohe Maßstäbe setzt, muß sich daran messen lassen." Er wolle untersuchen, ob der Vorwurf an die Radiothek, „sie sei linkslastig", stimme „und was die RADIOTHEK besser machen sollte".

Bajohr untersuchte exemplarisch Axel Weiss' Beitrag in der Auftaktsendung der Woche zum Radikalenerlaß[780] und bemerkte: Bereits „mit der unkritischen Übernahme des Reizwortes Berufsverbot, das so gar nicht stimmt" sei die „Tendenz der Sendung und der Abhandlung des Themas eigentlich von vornherein klar" gewesen. Die bereits oben zitierten Zwischenmoderationen („Es gibt sie wieder..."), so bemängelte Bajohr, überschritten endgültig „den Rahmen dessen, was als Provokation des Hörers, quasi um sein Interesse zu wecken, noch erlaubt" sei. Und weiter:

„Der Eindruck des Hörers muß sein, daß die Behörden nichts weiter als unter demokratischem Deckmantel arbeitende undemokratische Monster sind, deren wahre Natur sich bei diesen Einstellungsgesprächen zeigt und denen man hilflos ausgeliefert ist. Dieser Eindruck, gerade in seiner Verallgemeinerung, ist gefährlich weil unrichtig. Er ergibt ein falsches Bild der Wirklichkeit."

Bajohr stieß sich weiterhin daran, daß Weiss den Behörden ob ihrer Beweisführung „ein erschreckendes Demokratieverständnis" attestiert hatte. Damit werde

„die gesamte Bürokratie und damit der Staat selbst in ein undemokratisches Licht gerückt. Auf diese Weise wird in den Zuhörern der RADIOTHEK ein Gefühl des Mißtrauens gegen diesen Staat entfacht, und von da aus ist es nur ein kleiner Schritt zu der Erkenntnis, der Staat insgesamt sei schlecht. So schafft man nicht das Vertrauen, das – bei durchaus kritischer Distanz – dem jungen Zuhörer erst die Möglichkeit gibt, den Staat Bundesrepublik Deutschland und seine geltende Ordnung verstehen zu können und dann sich selbst ein Urteil zu bilden. Hier wird ganz einfach suggestiv das Urteil vorwegfabriziert."

Weiss' Vorwurf, der Betroffene habe keine Chance, Einsicht in die Notizen des befragenden Beamten zu nehmen, konterte Bajohr, indem er die Situation nicht etwa mit einer Beschuldigtenvernehmung verglich, sondern mit „einer Eignungsprüfung, die jedes Wirt-

---

wert", schloß Teiner, „ob das Haus nicht wenigstens im Falle des [...] Zitates mit der offensichtlichen Fälschung überlegt, eine formelle Gegendarstellung zu verlangen. Dies scheint mir allerdings nur sinnvoll, wenn in den übrigen Zitaten weitere gravierende Fehler nachgewiesen werden, weil der ‚Rheinische Merkur' bei der Gegendarstellung sonst in dem redaktionellen Nachspann den Eindruck zu erwecken suchen könnte, alle übrigen Zitate seien korrekt." (WDR Hist. Arch. 10450.)
[779] Interview mit Walter Bajohr im April 2008.
[780] *Ist die Freiheit in Gefahr? Die Gesinnungsprüfung des Helmut Leonhardt* (9.5.1976), WDR-Schallarchiv 5075653 und Hist. Arch. 10509. Vgl. zu diesem Beitrag oben Abschnitt III. 3. b) δ).

schaftsunternehmen bei Neueinstellungen vornimmt". Im übrigen stehe dem abgelehnten Bewerber der Rechtsweg offen.

„Den Gipfel der tendenziösen Darstellung" erreiche Weiss' Beitrag jedoch mit seiner Betrachtung der juristischen Problematik. Bajohr räumte ein, daß die Entscheidung des Bundesverfassungsgerichts „nicht ganz bedenkenfrei" sei; Weiss seinerseits habe jedoch juristische Dinge „politisch dargestellt". Bajohr bemängelte, daß nicht etwa Kommentare von Rechtswissenschaftlern zu dem Urteil zitiert worden seien, sondern vielmehr eine Meinungsäußerung des *Vorwärts*. Weiterhin zeige sich Weiss' „juristische Fehlinterpretation" daran, „daß sich der Verfasser über den Begriff der politischen Treuepflicht des Beamten gegenüber dem Staat aufregt". Diese sei aber „ein elementarer Grundsatz des Berufsbeamtentums, ohne den sich sowohl Beamtentum als auch der Staat selbst ad absurdum führen würden und den außer denen, die den Staat selbst in Frage stellen, niemand anzweifelt". Weiss unterstelle dem Gericht die Absicht, „sich über das Grundgesetz hinwegzusetzen"; dem widersprächen jedoch die Leitsätze des BVerfG-Beschlusses vom 22. Mai 1975, die Bajohr anschließend ausführlich zitierte.

In der Tat enthielt der Beschluß eine Passage, die auch den Beamten das Recht zugestand, für Änderungen des Status quo im Rahmen des Grundgesetzes einzutreten – und über diesen Punkt war Weiss großzügig hinweggegangen. Bajohr warf ihm dies zu Recht vor; und auch wenn er Weiss zur Last legte, einen juristischen Text politisch kritisiert zu haben, so traf dies insofern den Kern, als es Weiss sich mit der Betrachtung der Details zu leicht gemacht hatte. Allerdings: Weiss' Vorwurf, der Beamte werde „zum Superbürger hochstilisiert", war zwar pointiert formuliert, er war aber nicht aus der Luft gegriffen; und einige Unsauberkeiten im Detail konnten seiner Kritik am Beschluß nicht ganz die Berechtigung nehmen. Bajohr kam dennoch zu dem Schluß:

> „Die gesamte RADIOTHEK-Woche [...] machte nicht einmal den Versuch, sich mit dem Problem wirklich objektiv und unvoreingenommen zu befassen. Das Urteil stand vielmehr schon vorher fest: Der Beschluß ist schlecht, er muß weg. [...] Dies war nicht Herbeiführung eines aufklärerischen Prozesses, dessen sich die RADIOTHEK-Redaktion laut Selbstverständnispapier verpflichtet fühlt, sondern die einseitige und verfälschende Darstellung eines komplizierten Problems. [...] Es wurde eine bestimmte Interpretation des Themas den Hörern aufgezwungen. Die Sendereihe war daher kein Ruhmesblatt für die RADIOTHEK."

Bajohr wandte sich anschließend der Donnerstags-Sendung über Alfred Anderschs *Artikel 3, 3*[781] zu – „Quintessenz des Beitrages: Die Meinungsfreiheit ist auch in den Funkhäusern in Gefahr". Immerhin sei das Gedicht *gesendet* worden, argumentierte Bajohr; und er richtete eine Frage an die Redaktion: „Hätten Sie auch so engagiert Stellung bezogen mit dem gleichen Tenor, wenn das Gedicht nicht ein linkes, sondern ein entsprechend rechtes gewesen wäre und ebenfalls diese Schwierigkeiten gehabt hätte?"

Schließlich ging der Autor auf Beiträge außerhalb der genannten Sendewoche ein, die seiner Ansicht nach „zumindest den Versuch machten, den Ansprüchen des Selbstverständnispapiers wirklich gerecht zu werden" – sie bewiesen, „daß es in der RADIOTHEK auch anders, nämlich nicht tendenziös und einseitig geht". Bajohr lobte einen „ausgezeichneten Wortbeitrag über den Bundesverband der jungen Unternehmer" vom 4. Mai 1976, der „informativ und interessant" gewesen sei und „echte Hintergrundinformation" geboten habe. Auch die Sendungen vom 5. und 7. Mai über Heilsarmee und Schulstreß[782] fanden seine

---

[781] *Nicht sendefähig? Vor- und Nachspiele zu Alfred Andersch' Gedicht „Artikel 3, 3"* (13.5.1976), WDR-Schallarchiv 5075751. Vgl. zu diesem Beitrag oben Abschnitt III. 3. b) δ).
[782] *Schulstreß* (7.5.1976), WDR Hist. Arch. 10509. Vgl. zu diesem Beitrag oben Abschnitt III. 3. g) γ).

Zustimmung, ebenso wie die Sendungen vom 24. Mai (Berufsbildungsgesetz), 3. Juni (Mißstände bei gemeinnützigen Jugendreisen) und 14. Juni (Entwicklungspolitik). Hier habe sich gezeigt, „daß die Zielgruppenbestimmung des Programms endlich einmal ernst genommen wurde, und nicht nur für eine bestimmte, nämlich politisch einseitig eingefärbte Zuhörerschaft gesendet wurde."
An diesem Punkt wandte sich Bajohr der Zielgruppenorientierung der Radiothek insgesamt zu. Eine Zielgruppensendung könne

> „nicht allen Interessen der jugendlichen Zuhörer gerecht werden. Ein Programm aber, das in sehr vielen Sendungen politische Schlagseite aufweist, macht dadurch auch das Bemühen um wirkliche Zielgruppenorientierung unglaubwürdig. Oder muß man vielleicht die RADIO-THEK-Zuhörerschaft [...] dem Oberbegriff ‚linksorientiert' unterordnen? Daß die Hörerschaft so sei und nicht anders, wird wohl auch die RADIOTHEK-Redaktion nicht behaupten. Dann aber täten ein paar Gegengewichte der Sendung [...] wahrlich gut."

Am Beispiel der Ausgabe vom 11. Mai 1976 – über die Auswirkungen des Radikalenerlasses im Arbeitsleben[783] – kritisierte Bajohr die „Propaganda für die Gewerkschaften", die „viele, zu viele Sendungen" präge. „Daß auch ab und zu Kritik an den Gewerkschaften geübt wird, die dann jedoch darauf zielt, sie noch weiter nach links zu verändern, macht das Ganze nur noch schlimmer."[784]
Abschließend bezog sich Bajohr auf eine Passage der Sendung *Radiothek über Radiothek* vom 30. November 1975[785], in der Ulrich Teiner für die Zielgruppensendung Objektivitätskriterien einer besonderen Art reklamiert und betont hatte, es müsse verschiedene, einander ergänzende Formen des Journalismus geben. Er wolle Teiner beim Wort nehmen, erklärte Bajohr:

> „Verschiedene Formen des Journalismus, die nebeneinander stehen und sich gegenseitig ergänzen, sollte es auch, etwas anders verstanden, in der RADIOTHEK geben. Und deshalb sollte die Redaktion ruhig öfter einmal Sendungen ins Programm nehmen, die zwar nicht in ihr politisches Konzept passen, aber dafür sicher in das eines sicher nicht kleinen Teils der RADIOTHEK-Hörerschaft."

Bajohrs Vorwurf, der Auftaktbeitrag zur Sendewoche über den Radikalenerlaß trage zur Voreingenommenheit der Hörer gegenüber dem politischen System bei, war nicht ganz von der Hand zu weisen. Ein Stück weit erklärlich war die Herangehensweise des Beitrags vom 9. Mai allerdings aus der Tatsache, daß es offenbar auch um eine Art komplementärer Information ging: gegen die herrschende Meinung in der Öffentlichkeit. Bajohrs Vergleich der Befragung mit einem Bewerbungsgespräch trug ein Stück weit, ließ freilich die tiefgreifenden Konsequenzen einer Ablehnung aufgrund des Befragungsergebnisses außer acht. Die Bedenken, daß das Prüfverfahren im ganzen ein Klima der Unsicherheit und Denunziationsfurcht erzeuge, konnte Bajohr nicht entkräften.
Sein Manuskript forderte die Radiothek-Redakteure zunächst heraus:

> „Es gab kritische Rückfragen. Ob man das denn so sagen könne, und das sei doch eigentlich gar nicht, und so weiter – da haben wir ein bißchen rumdiskutiert – ich will nicht sagen, daß

---

[783] *Seid froh, daß Ihr noch Arbeit habt! Arbeitgeber und Gewerkschaften gegen kritische Arbeiter* (11.5.1976), WDR Hist. Arch. 10509. Vgl. zu diesem Beitrag oben Abschnitt III. 3. b) δ).
[784] Dieser Befund traf zu – vgl. oben Abschnitt III. 3. f).
[785] *Radiothek über Radiothek* (30.11.1975), WDR-Schallarchiv a.a.O. Zu dieser Sendung vgl. oben Abschnitt II. 1.

man versucht hat, mich unter Druck zu setzen. Das wäre übertrieben. Aber es hat denen nicht gepaßt. Das war deutlich spürbar. Ich habe gesagt: Entweder nur so oder gar nicht."[786]

Bajohrs Schlußfolgerung, die Radiothek werde von „ein paar Gegengewichte[n]" profitieren, ist nicht zu widerlegen; seine Begründung geriet freilich nicht ganz stichhaltig: Denn er ging vom Bild eines Hörers aus, der in einer bestimmten Radiosendung in erster Linie seine eigenen Auffassungen wiederfinden wollte – eines Hörers, der nicht etwa Denkanstöße empfangen wollte, die er Informationen aus anderen Quellen gegenüberstellen konnte, um sich auf dieser Grundlage eine eigene Meinung zu bilden – die durchaus von der in der Radiothek verfochtenen Auffassung hätte abweichen können. Bajohr forderte schließlich von der Radiothek als einzelner Sendereihe ein Stück weit jene Ausgewogenheit, die seine Gegner lediglich bei Betrachtung des Gesamtprogramms gewahrt wissen wollten.

β) „Radiothek über Radiothek. Öffentliche Veranstaltung in Bochum-Langendreer"

Ihre eigene Arbeit betrachtete die Redaktion öffentlich im Frühsommer 1975 – im Anschluß an die Sendewoche zur Freizeitsituation Jugendlicher in Bochum. Dagmar Schwarze befragte in einem Resümee dieser Woche[787] unter anderem Redakteur Lothar Fend. Der räumte ein, daß Interviewpartner relativ häufig „Sprecher von Jugendverbänden" seien – „das ist 'ne Tendenz, die eigentlich damit zusammenhängt, daß Sprecher von Jugendverbänden sich besser artikulieren können als andere Jugendliche, die vielleicht über ihre Probleme noch nicht so viel nachgedacht haben".
Dagmar Schwarze hatte Bochumer Jugendliche nach ihren Eindrücken aus der Sendewoche befragt – auch die kritisierten, daß in erster Linie rhetorisch geschulte Verbandsfunktionäre mit ihrer Kritik an den Bochumer Zuständen zu Wort gekommen seien; und sie argwöhnten, dies sei für die Mitarbeiter der Radiothek möglicherweise der bequemste Weg gewesen. Michael Braun, Co-Autor der Sendewoche, verteidigte sich mit dem Hinweis, es sei grundsätzlich schwierig, „das Vertrauen der Jugendlichen zu gewinnen" und dann erst in einem zweiten Schritt aussagefähige Interviews mit ihnen zu führen.
Brauns Anspruch, den Alltag in Bochum realistisch geschildert zu haben, zogen einige von Dagmar Schwarze befragte Jugendliche in Zweifel. Zwar seien viele Aspekte angemessen dargestellt worden, aber: „Die Diskussion mit [...] so einigen von Langendreer, mit den ausgeflippten Typen da" sei „ein bißchen überspitzt" gewesen; eine andere Sendung habe die Verhältnisse in der einzigen Discothek am Ort schlechtgeredet. Hier kritisierten also auch Jugendliche selbst die Auswahl von O-Tönen durch die Radiothek als unausgewogen. „Das, was Ihr jetzt hier macht, daß Ihr rumgeht und die Leute interviewt, warum habt Ihr das nicht eher gemacht?"

γ) Einblicke in die Redaktionsarbeit: Über das Entstehen eines Radiothek-Beitrags

Die Redaktion selbst informierte die Hörer über ihre Arbeitsweise noch in weiteren Sendungen[788] – sie tat es ausführlich in einer Reportage, welche die Zusammenarbeit der Re-

---

[786] Interview mit Walter Bajohr im April 2008.
[787] *Radiothek über Radiothek. Öffentliche Veranstaltung in Bochum-Langendreer* (28.5.1975 – Autorin war Dagmar Schwarze, Redakteur Ulrich Lux), WDR Hist. Arch. 10497 (Manuskript des Einspielbandes mit teilweise transkribierten O-Tönen). – Die Sendung ist nicht zu verwechseln mit der Ausgabe *Radiothek über Radiothek* vom 30.11.1975.
[788] Sie zogen etwa den Alltag in einer Jugendfunkredaktion durch den Kakao: *Funkhausreport I. Teil*, WDR-Schallarchiv a.a.O. – In einer anderen Sendung berichtete eine Tontechnikerin über Interna und Kuriositäten: *In der*

dakteure, Autoren und Moderatoren schilderte.[789] Der geplante Bericht sollte eine Essener Jugendgruppe vorstellen, die regelmäßig Senioren im Altersheim besuchte. Dokumentiert wurde zunächst die Zusammenarbeit des Autors Jürgen Thebrath mit der Gruppe – die bemerkenswerte Mitspracherechte bei der Konzeption des Beitrags erhielt. „Der Autor hat sich über die Arbeit der Jugendlichen, ihre Absichten, Motive und Erfahrungen informiert", faßte die Moderatorin zusammen. „Die Gruppe ihrerseits hat ihre Vorstellungen über die Sendung entwickelt. Denn Absicht der Redaktion ist es auch, die Betroffenen [...] zu beteiligen. Soweit dies vertretbar und möglich ist."
Es folgte ein O-Ton der Besprechung zwischen Jürgen Thebrath, Helga Kirchner und Lothar Fend über Einzelheiten des Beitrages – insbesondere über die Frage, welche Punkte im O-Ton und welche in der Moderation zur Sprache kommen sollten:

> [Thebrath:] „Es sollte also Schwerpunkt vielleicht der Sendung sein, zu informieren: Wie geht's den alten Leuten? Und natürlich auch: Was machen die jungen da, und warum machen die das?"
> [Kirchner:] „Ja, ich meine, die zweite Sache ist sicher für uns mindestens ebenso wichtig, denn wir machen ja nun 'ne Jugendsendung – und da muß uns natürlich irgendwo gelingen, denen klarzumachen, daß das [...] 'n gesellschaftliches Problem ist, was nicht isoliert nur für die Gruppe der Alten gilt, sondern das eben auch 'n Bezug zu ihrem eigenen Leben hat. Da scheint mir also die besondere Schwierigkeit [...] zu liegen."
> [Fend:] „Also, ich finde auch schon, wir sollten nicht dabei stehenbleiben, diese Gruppe da vorzustellen – und dann irgendwie so 'ne Aufforderung an unsere Hörer ergehen lassen, nun auch solche Gruppen da zu gründen und irgendwas für Alte zu tun – so gut das auch sein mag –, wir müßten also auch schon Informationen geben, wie Du gesagt hast, über das Alter und müßten auch versuchen, diese Informationen in irgendeinen Zusammenhang zu stellen."

Die Sendung schilderte nun die Arbeit Thebraths: das Sammeln der O-Töne, die weitere Besprechung mit der Jugendgruppe, schließlich Auswahl und Schnitt der O-Töne durch Autor und Moderatorin – wobei Thebrath mehrfach die Anliegen und Vorlieben der Jugendlichen ins Spiel brachte, die diese mit Blick auf die Sendung geäußert hatten.
Auf den Schnitt folgte die Besprechung der Moderationsinhalte. Fend hob dabei hervor, man müsse auch die Grenzen der jugendlichen Initiative betonen: Die Wohnverhältnisse im Altenheim isolierten die Senioren unweigerlich von den Jüngeren. Die Gesellschaft selbst müsse sich wieder ins Bewußtsein rufen, „daß diese Alten produktiv sind und 'n Sinn für das gemeinsame Zusammenleben haben. Das sind Aufgaben, die die Moderation eigentlich lösen müßte." Damit sei die Vorbereitung abgeschlossen, resümierte die Moderatorin. Am kommenden Freitag könne man das Ergebnis im Radio hören.

Wortbeiträge der Radiothek – Zusammenfassung

Die dokumentierten Wortbeiträge der Radiothek bieten aus heutiger Sicht ein im ganzen ambivalentes Bild. Neben gelungenen Ausgaben stehen andere, die in mancher Hinsicht

---

Technik gibt es keine Wunder. Der WDR und sein Programm aus Sicht einer Tontechnikerin (6.4.1977 – Autorin war Ingrid Lloyd, Redakteurin Helga Kirchner), WDR-Schallarchiv 5090177 (Einspielband).
[789] *Über die Entstehung der nächsten Freitagsradiothek* (4.6.1975 – verfaßt von Helga Kirchner, Jürgen Thebrath und Lothar Fend, Moderatorin war Helga Kirchner), WDR-Schallarchiv 5090121 (Mitschnitt). Die ungekünstelte Gestalt der O-Töne und der Umstand, daß das betreffende Thema tatsächlich redaktionell eingeplant wurde (unter dem Titel *Verhältnis von Jung und Alt. Bericht über eine Initiativgruppe* für den 6.6.1975, vgl. die Wochenplanung in WDR Hist. Arch. 10444), deuten darauf hin, daß es sich um Mitschnitte von Interviews und Besprechungen aus dem Redaktionsalltag handelt.

Lücken aufweisen oder Fragen offenlassen, schließlich wieder andere, denen man mehr oder weniger gravierende Mängel bescheinigen muß.[790]
Zahlreiche Sendungen zu Problemen des Strafvollzuges schlagen zum Vorteil für die Radiothek aus, denn sie machten in detaillierter Form auf Verbesserungsbedarf aufmerksam. Analoges gilt für Beiträge, die auf überholte pädagogische Praktiken in der Schule mit Beschreibungen von Reformansätzen antworteten, und auch für Sendungen, die anderweitig kaum wahrgenommene Schwierigkeiten benachteiligter gesellschaftlicher Gruppen ins Blickfeld rückten, um Vorurteile abzubauen. Auch die Beiträge über jugendliche Selbstmörder zielten darauf ab, die Hörer für deren Probleme zu sensibilisieren.
Den Sendungen zur Sexualität muß man das Bemühen bescheinigen, die Hörer gründlich aufklären zu wollen. Bei der Betrachtung zwischenmenschlicher Probleme in Partnerschaft und Familie spielte die Radiothek gleichfalls ihre Stärken aus, denn sie widerstand der Versuchung, dieses Thema voyeuristisch zu behandeln. Der Akzent lag vielmehr auf Problembehandlung und praktischer Lebenshilfe.
Zu den Pluspunkten der Radiothek zählten ferner ratgeberartige Sendungen, die über Möglichkeiten beruflicher Ausbildung informierten und die Vorteile einer derartigen Ausbildung gegenüber der Existenz als Jungarbeiter hervorhoben, sowie schließlich solche, die auf die Gefahren des Konsums legaler und illegaler Drogen hinwiesen. Gerade in letzterer Hinsicht begnügte sich die Redaktion nicht damit, über Mißstände zu klagen, sondern wies auch auf Auswege hin. Die Vorbildfunktion der erwachsenen Generation klagte sie zu Recht ein.

Wertend verhielten sich Sendungen, in denen die Radiothek das Thema des materiellen und kulturellen Konsums sowie der Warenästhetik aufgriff – die Kritik an der verbreiteten gedankenlosen Unterordnung unter Modetrends ist zumindest vertretbar. Vertretbar war es im Rahmen einer per Gesetz auf die bundesdeutsche Verfassung verpflichteten Sendung auch, scharfe Kritik an neonazistischen Gruppen zu üben und dabei gerade nicht „ausgewogen" zu verfahren.
Streitbar, doch im ganzen inhaltlich vertretbar waren Berichte, die kritisch auf Überreaktionen der Polizeikräfte im Dienst hinwiesen; vertretbar waren ebenso Beiträge, die den Hintergrund von Straftaten untersuchten. Gleiches gilt für Sendungen, die Kritik am Leistungsdruck in Schule und Hochschule übten, und schließlich für solche, die sich mit dem Problem der Arbeitslosigkeit befaßten und dabei die Betroffenen gegen den pauschalen Vorwurf mangelnden Engagements in Schutz nahmen. Daß die Radiothek die mangelnde Qualifikation vieler Arbeitsloser auf deren ungünstige Startbedingungen als Kinder aus Arbeiterfamilien zurückführte, mochte auf die Dauer ermüdend wirken, war jedoch nicht völlig aus der Luft gegriffen. Die klare Parteinahme für die gesellschaftliche Emanzipation der Frau war ebenfalls vertretbar; die Plädoyers für ein liberales Abtreibungsrecht bewegten sich innerhalb der Skala der im parlamentarischen Diskurs vertretenen Ansichten; auch die seelische Belastung der Frauen nach einer Abtreibung wurde zu Recht angesprochen. Kritiker mochten allerdings nicht ohne Grund monieren, daß die christdemokratische Sichtweise in den dokumentierten Sendungen zu kurz kam.
Mit ihren Beiträgen zu Ehe und Partnerschaft mußte die Redaktion darauf gefaßt sein, den einen oder anderen Hörer zum Widerspruch zu reizen; man mochte in den späten siebziger Jahren geteilter Meinung sein, ob die Familie hier die gebührende Wertschätzung erfuhr.

---

[790] Die Sendungen vom Nikolaustag 1979 und vom 30. Dezember 1980, denen der WDR-Verwaltungsrat einen Verstoß gegen elementare Programmgrundsätze des WDR-Gesetzes anlastete, bleiben in dieser Zusammenfassung ausgeklammert.

Daß die Radiothek die gerade entstehenden alternativen Jugendkulturen sehr wohlwollend betrachtete, war insofern akzeptabel, als sie hier mit Sicherheit eine komplementäre Funktion zu anderen – sehr kritischen – medialen Angeboten übernahm. Ähnliches galt für die Wertung der neuen sozialen Bewegungen und Bürgerinitiativen. Auch das zeitweilige – nicht recht zu begründende – Ausblenden von Menschenrechtsverletzungen in der DDR dürfte sich aus dieser komplementären Funktion erklären. Wenn die Radiothek die Auswirkungen des Radikalenerlasses behandelte, so nahm sie gleichfalls diese Funktion wahr; freilich verhielt sich die Redaktion, wenn sie den Terminus „Berufsverbote" bewußt benutzte, über Gebühr wertend.

Die scharfe Ablehnung der südamerikanischen Militärdiktaturen lag auf der Linie der parlamentarischen Demokratie; es ist fraglich, ob das WDR-Gesetz die Redaktion darauf verpflichtet hätte, auch Fürsprechern eines Augusto Pinochet weiten Raum in ihren Beiträgen zuzugestehen. Zweierlei Maß legte die Radiothek freilich insofern an, als sie das kubanische Regime und auch die DDR ungleich milder kritisierte, was die Mißachtung der Menschenrechte anging. Ein dokumentierter Bericht über die DDR-Rockszene übte sich insofern in Verharmlosung, indem er wesentliche Details verschwieg. Allerdings: Kritik an diesem Beitrag ist nicht dokumentiert – während die mehrstündige Übertragung des Wolf-Biermann-Konzertes aus der Kölner Sporthalle 1976 von aufgebrachten Hörern als Propaganda ausgerechnet für das SED-Regime bezeichnet wurde. Dieser Gegensatz wirft ein bezeichnendes Licht auf die Sachkompetenz und das Urteilsvermögen mancher Gegner der Radiothek.[791]

Zweifelhafte Praktiken des Erziehungs- und Wirtschaftssystems in China kamen zwar zur Sprache, doch geschah das in den dokumentierten Sendungen meist nur in sehr knapper Form. Die Unterdrückung der Meinungsfreiheit in den Ostblockstaaten wurde – ausgenommen im Falle der DDR – in adäquater Weise kritisiert. Daß sie die neue demokratische Regierung Portugals wohlwollend – die vorherige Diktatur entsprechend kritisch – betrachtete, kann man einer auf die parlamentarische Demokratie verpflichteten Hörfunksendung nicht vorwerfen.

Problematischer konnte im Einzelfall die Behandlung des Themas Entwicklungspolitik geraten, wenn die Autoren nämlich einen Deut zu sehr von der Warte der Dependenztheorie argumentierten; mitunter lieferten sie hier nur holzschnittartige Erklärungen für die Probleme der Dritten Welt. In den dokumentierten Sendungen kamen die Details der Entwicklungshilfemaßnahmen selbst – ihre Modalitäten, ihre Stärken und Schwächen – des öfteren zu kurz; mitunter wurde mehr Zeit als nötig darauf verwandt, das Verhalten politischer und wirtschaftlicher Akteure der Industrieländer gegenüber der dritten Welt anzuprangern.

Deutliche Mängel weisen Sendungen auf, die sich mit der Geschichte der Sozialdemokratie und der Arbeiterbewegung befaßten: Vereinzelt wurden Protagonisten hier ungeachtet ihrer Schwächen oder Fehler über Gebühr milde behandelt. Zeitgeschichtliche Beiträge zum Nationalsozialismus gerieten informativer und weit fundierter. Über die Mechanismen der repräsentativen Demokratie hat die Radiothek ihre Hörer umfassend informiert. Einzig im Konflikt um die „Volksfrontbündnisse" an Schulen und Hochschulen ergriff sie zu sehr Partei, indem sie den von Vertretern der CDU/CSU dargelegten Argumenten die Möglichkeit zu wirken nahm.

Große Schwächen muß man zahlreichen Beiträgen bescheinigen, die sich mit dem Verhältnis zwischen Arbeitgebern und Arbeitnehmern, mit der Situation junger Hilfsarbeiter

---

[791] Vgl. dazu unten Abschnitt IV. 3. e).

und Auszubildender beschäftigten. Hier verpaßte die Redaktion die Gelegenheit, den Bogen zu anderen Wortbeiträgen zu schlagen, die sich in differenzierter Form mit den Problemen von Kleinunternehmern oder jungen Selbständigen auseinandergesetzt hatten. Sie machte sich vielmehr in erster Linie die Perspektive der Arbeitnehmer zueigen, versäumte es, die einander widerstreitenden Interessen genauer zu untersuchen und ihren Hörern zu verdeutlichen, daß alles letztlich auf einen Ausgleich dieser Interessen hinauslaufen mußte; sie begnügte sich damit, die Arbeitnehmer unter ihren Hörern zur engagierten Wahrnehmung ihrer Rechte im Arbeitsleben zu ermuntern. Die Beiträge beschränkten sich zu häufig darauf, eine „Öffentlichkeit von Einverstandenen"[792] anzusprechen. Volkswirtschaftliche Zusammenhänge wurden dann mitunter aus einseitig keynesianischer Perspektive beleuchtet, ohne die Schwächen der nachfrageorientierten Wirtschaftstheorien auch nur anzudeuten. Ob die vielfach offene Parteinahme zugunsten der Gewerkschaften angebracht war in einer Volkswirtschaft, in der jene Gewerkschaften gerade im Begriff waren, mitunter zweistellige Lohnerhöhungen auszuhandeln, was von ihrem damaligen großen Einfluß zeugt, muß dahinstehen. Gerade diese Sendungen müssen sich Kritik gefallen lassen, wie sie der Kulturwissenschaftler Hermann Glaser 1975 gegenüber der Protestbewegung geäußert hat:

> „Die ehemals protestierende Linke müßte lernen, daß die Welt nicht dadurch verbessert wird, daß man auf sich selbst und die Gruppe (ingroup) fixiert und ständig über die ‚Schwierigkeiten mit den Genossen' palavert (dieses ‚unheimlich viele Reden über Liebe und Angst, über solidarisches Verhalten, über Orgasmen und Demonstrationen'); man muß aus der Jugend ‚heraustreten' und der Welt entgegenkommen können, will man sie verändern."[793]

Die zeitgenössische Kritik, die Radiothek versäume, Auswege aus den Problemen zu zeigen, die sie doch so ausführlich schildere, läßt sich pauschal nicht bestätigen. Die dokumentierten Beiträge über Randgruppen, über Fragen der Erziehung und Bildung, über Familie und Individuum, über legale und illegale Drogen enthielten in der Mehrzahl durchaus Vorschläge, wie sich ein Mißstand abstellen lasse. Wohl mochten diese Anregungen in der bundesdeutschen Gesellschaft der siebziger Jahre mitunter Kritik provozieren: wenn beispielsweise eine vom eigenen Vater vergewaltigte 17jährige die Empfehlung an Leidensgenossinnen aussprach, die Straftat anzuzeigen, mochte der Täter auch aus dem engsten familiären Umkreis stammen – oder wenn die Radiothek über die Modalitäten des Unterhaltsrechts informierte und die Jugendlichen auf die Möglichkeit hinwies, Forderungen gegen Eltern gerichtlich durchzusetzen. Wer von Jugendlichen lediglich konziliantes Verhalten in Konfliktsituationen erwartete, der dürfte sich an solchen Anregungen in der Tat gestoßen haben.

Grundsätzlich unterschied sich die Vorgehensweise der Radiothek-Redaktion von derjenigen ihrer Kollegen, die sich auch bei Verwendung von O-Tönen in hohem Maße auf die Aussagen politischer Akteure oder kompetenter Wissenschaftler stützten. In der Radiothek kamen die letztgenannten Stimmen durchaus vor – einige schulfunkähnliche Sendungen zu Themen aus Kultur und Musik zählen zu den ausgesprochenen Pluspunkten der Jugendreihe. In zahlreichen Beiträgen aber standen Expertenaussagen im Schatten der O-Töne Jugendlicher und unmittelbar Betroffener. Damit mochte die Redaktion zwar das Interesse ihrer Hörer wecken, und es ist ihr durchweg gelungen, den „erhobenen Zeigefinger" zu vermeiden – das verhalf besonders den Beiträgen über illegalen Drogenkonsum zu Über-

---

[792] Enzensberger, Baukasten, S. 165.
[793] Hermann Glaser, Glasur über dem Nichts. Der Mythos Jugend als Täuschung, in: *Frankfurter Hefte* 4/1975, S. 35-42 (künftig: „Glasur"), hier: S. 41 f.

zeugungskraft. Zahlreiche Sendungen aber vermittelten infolge fehlender Expertenaussagen nicht in ausreichendem Maße fundierte Hintergrundinformationen; manche blieben sogar im Oberflächlichen stecken. Das Argument, daß man in einem halbstündigen Wortbeitrag nicht alle Facetten eines Problems erläutern könne, trägt nur bei denjenigen Beiträgen, in denen nicht durch den Einbau überflüssiger O-Töne, denen es an Stringenz mangelte, Sendezeit vergeudet wurde. Hans Janke wiederum kritisierte die Idee der Sendung im Jahre 1980 grundsätzlich:

> „Jenes [...] Konzept, das der üblichen Informationsverteilung von oben [...] die Selbstzeugnisse von Betroffenen entgegenstellen wollte [...], dieses ‚Radiothek'-Konzept ist abstrakt so plausibel und vernünftig wie konkret immer nur annäherungsweise zu realisieren. In schludriger Verwendung wird der Originalton leicht belanglos, täuscht er Unterrichtung nur vor. Um eigene Vermittlungsleistungen kommt eben keine Redaktion herum, erst recht nicht eine, die ein besonders delikates Publikum zu bedienen hat."[794]

Immerhin muß man auch vielen insofern problematischen Beiträgen bescheinigen, daß sie den Horizont der Hörer zu erweitern vermochten: indem sie schlicht auf drückende Probleme oder Mißstände aufmerksam machten oder auch – in Berichten über literarische Versuche von Schülern beispielsweise – Erkundungen über das Lebensgefühl der jungen Generation anstellten. Letzteres mochte auch für aufgeschlossene ältere Hörer von Interesse sein.

Nun zum zeitgenössischen Vorwurf, die Radiothek sei „linksradikal": Die dokumentierten Sendungen lassen in der Tat das Bemühen erkennen, auf die Veränderung sozialer und politischer Zustände hinzuwirken, die von vornehmlich (links)liberalen, sozialdemokratischen Teilen der Gesellschaft als Mißstände empfunden wurden. Tatsachen, an denen sich wiederum christdemokratische oder konservative Beobachter stören mochten, kamen weit seltener zur Sprache: beispielsweise Befürchtungen bezüglich der neuen Ostpolitik oder bezüglich einer mangelnden Wertschätzung von Sekundärtugenden.
Betrachtet man die Kritik an der Radiothek, so schleicht sich allerdings der Verdacht ein, daß tatsächlich mängelbehaftete Beiträge mit anderen, die den Kritikern lediglich subjektiv unbequem waren, über einen Leisten geschlagen und mit dem plakativen, undifferenzierten Etikett „linksradikal" versehen wurden. Detailkritik an den Beiträgen war häufig berechtigt; das pauschale Verdammungsurteil aber ging über die Stärken der Sendereihe zu Unrecht hinweg. Von „verfassungsfeindlichen" Inhalten läßt sich *allenfalls* im Falle jener beiden Sendungen sprechen, denen der WDR-Verwaltungsrat in der Tat einen Verstoß gegen die Programmgrundsätze zur Last legte[795] – und auch diese bewegen sich noch in einer Grauzone. Betrachtet man das Gesamtbild, so muß man diese zwei Sendungen insoweit letztlich als „Ausrutscher" bezeichnen. Freilich läßt sich heute nicht mehr erkunden, in welchem Maße kritische – archivalisch nicht erhaltene – Schlußbemerkungen der Moderatoren Wertungen enthielten, die zum Image der Radiothek beitrugen. Dies gilt gerade für jene Sendungen, die lediglich in Gestalt der Einspielbänder oder der zugehörigen Manuskripte dokumentiert sind. Die politische Tendenz der Jugendreihe läßt sich heute also mit letzter Sicherheit nur noch teilweise rekonstruieren

---

[794] Janke, Mehr Respekt für die Arbeit der anderen!, a.a.O.
[795] Vgl. dazu unten Abschnitt VI. 1. b) und 6. d).

IV. Redaktionsalltag: die Arbeitsabläufe – der tägliche Kontakt mit Hörern

1. Arbeitsabläufe zwischen Planungssitzung, Telefonrecherche und Produktionsstudio

Ungeachtet ihrer Sonderstellung als integrierte, der Hörfunkdirektion direkt angegliederte Arbeitsgruppe organisierten die Macher der Radiothek ihre Tätigkeit im Stil einer konventionellen Radioredaktion. Es stellte sich erst nach einigen Monaten heraus, in wessen Händen die Leitung liegen sollte. So sprang Ulrich Gembardt für einige Monate als kommissarischer Leiter ein, bis schließlich der vormalige Kirchenfunkredakteur Ulrich Teiner die Aufgabe übernehmen konnte. Hörfunkdirektor Jenke stellte ihn Anfang Juni 1974 der Redaktion vor.[796]

Teiner sah sich zunächst mit Verunsicherung konfrontiert – besonders unter den freien Mitarbeitern, aber auch unter den Redakteuren:

> „Es gab da durchaus die Vorstellung [...]: Das ist jemand, der wird uns jetzt vor die Nase gesetzt, und der sorgt dafür, daß die tollsten Sachen nicht auf den Sender kommen – so eine Art hausinterner Zensor. Ich glaube, das hat sich aber relativ schnell gegeben. Ich denke, weil die Leute gemerkt haben, daß Zensur nun wirklich nicht meine Absicht war. Außerdem: [...] Wir haben auch Programme gemeinsam geplant; und dann merkten sie ja bald, wo der Hase läuft. Und [...] natürlich schweißt der Druck so 'ne Mannschaft *auch* zusammen! Wenn Sie dann den ich-weiß-nicht-wievel-dutzendsten Brief schreiben, um das Produkt, das jemand da erstellt und auf den Sender gebracht hat, zu verteidigen – na ja, dann *haben* Sie irgendwann das Vertrauen der Leute."[797]

Backmann bekräftigt: „Nichts hat die Radiothek-Mannschaft, wenn sie zerstritten war, so zusammengeschweißt wie der äußere Druck!"[798] Und die Frage, ob es sich bei der Radiothek-Redaktion um eine „verschworene Gemeinschaft" handelte, möchte Teiner nicht rundweg verneinen:

> „Zwischendurch war sie das mit Sicherheit! Sonst hätten Sie das auch nicht durchgehalten. Sie mußten wissen: Ich kann mich auf jeden verlassen. [...] Wenn ich etwas brauche, um einen Brief des Herrn von Sell zu beantworten, dann krieg ich das von dem, der die Sendung gemacht hat, und zwar zuverlässig. Und der mußte auch wissen[, daß ich dazu stehe]: ‚Wenn Du 'ne gute Sendung gemacht hast, dann kannst Du Dich auch drauf verlassen, daß ich einen Brief schreibe, der Dich deckt!' Sie können nicht sechs Jahre lang unter äußerstem Druck [...] durchhalten, wenn Sie sich nicht entschließen: Das machen wir alle gemeinsam."[799]

Bei der technischen Vorbereitung konnten die Radiothek-Redakteure auf umfangreiche Ressourcen zurückgreifen.[800] Die Kontrolle der geplanten Inhalte vor der Ausstrahlung oblag Ulrich Teiner: „Was auf Band war, wurde abgehört. Was der Moderator sagen wollte, hat er mir vorgelegt."[801] Die redaktionelle Verantwortung für die Wortstrecken war

---

[796] Vgl. das Protokoll der Radiothek-Wochenkonferenz vom 5.6.1974, WDR Hist. Arch. 07517, und Jenkes bestätigendes Schreiben an Teiner vom 2.9.1974, WDR Hist. Arch. 10444. – Zu Teiners beruflicher Biographie vgl. Gisela Corves, Das Vorbild, in: *WDR Print* 4/2003, S. 11.
[797] Interview mit Ulrich Teiner im Februar 2005.
[798] Interview mit Dietrich Backmann im Juli 2004.
[799] Interview mit Ulrich Teiner im Februar 2005.
[800] Zu den turnusmäßigen Aufgaben der Redakteure vgl. auch Teiners Schreiben an Lutz Lüdemann von der HA Musik vom 16.8.1974, WDR Hist. Arch. 10343. – Zu grundsätzlichen Gegebenheiten und Rahmenbedingungen der Wortproduktion in einem Funkhaus vgl. Michael Dickreiter, Handbuch der Tonstudiotechnik, München u. a. ^{5}1987, Bd. 1, S. 282-285, 332-335; Bd. 2, S. 43-49.
[801] Interview mit Ulrich Teiner im Februar 2005.

bereits in der Planungsphase 1973 abschließend geregelt worden: Backmann, Lux und Rieber sollten die Beiträge nach einem Rotationssystem betreuen.[802]

„Die Zeit, wo jeder sein Herzblut in eine Sendung goß" – die Radiothek-Redakteure Ulrich Lux (l.) und Jürgen Keimer (r.) mit Moderator Heinz Deiters im Studio, 1978

Ganz ähnlich wie in unzähligen anderen Radioredaktionen entspann sich der Umgang mit jenem „Satellitenschwarm von freien Mitarbeitern drumherum – den man eigentlich nur beaufsichtigen, begleiten, betreuen, redigieren oder sonstwas mußte"[803] (Backmann). Vorschläge für die Themen der Wortbeiträge kamen von diesen freien Autoren, aber auch von den Redakteuren selbst: „Ich hatte Ideen, in aller Regel", erläutert Helga Kirchner, „hab' die mit den Moderatoren vorbesprochen, ob sie sich die Themen auch vorstellen konnten, brachte die in die Redaktion ein; und dann hab ich auch so allmählich im Voraus nach bestimmten Anlässen, Ereignissen, Entwicklungen gesucht."[804] Wolfgang Schmitz ergänzt:

„Damals war vielleicht vieles auch noch ein bißchen spontaner als heute – [man] hat nicht immer, so wie wir's heute gerne hätten, am Tag vorher schon alle Sendeunterlagen gehabt und die Papiere zu den Gästen, mit denen man Interviews führen sollte, sondern es entstand vieles wirklich am Tag der Sendung selbst."

Das habe langwierige redaktionsinterne Debatten über ein Thema nicht ausgeschlossen:

„Wir haben bei manchem Beitrag zusammengesessen und mit heißen Köpfen und auch heißen Herzen darüber diskutiert, ob das so geht. Es ist ja nicht so, daß wir alles eins zu eins gesendet hätten, was uns so in den Kopf und ins Haus kam. [...] Natürlich gab es häufiger bei der Radiothek, als das vielleicht heute im Programmalltag ist, Beiträge und Situationen, wo man sehr genau nachdenken mußte: Kann man das machen? Womit handelt man sich Ärger ein? Ist das Ärger, der beherrschbar ist? Oder ist das einer, wo wir dann wirklich schlecht aussehen – wo es dann in den Rundfunkrat geht, in die Gremien oder in die Öffentlichkeit? Das alles haben wir ja durchaus abgewogen. Wir haben sicherlich gelegentlich auch – das gehört aber zu solch

---

[802] Undatierter und nicht namentlich gekennzeichneter *Organisationsplan* der Redaktion, WDR Hist. Arch. 10443.
[803] Interview mit Dietrich Backmann im Juli 2004.
[804] Interview mit Helga Kirchner im August 2004.

einer Sendung dazu, wenn sie erfolgreich sein will – ganz bewußt ausprobiert, wo die Grenzen sind."[805]

Dietrich Backmann, der die Berichterstattung über aktuelle politische Themen redigierte, erinnert sich an die eine oder andere schwierige Abstimmung mit seinen Autoren:

„Das war auch die Zeit, wo jeder sein Herzblut in eine Sendung goß. Sie mußten da teilweise mit irgendwelchen renitenten Leuten um jede Formulierung 'ne halbe Stunde diskutieren! [...] Mit manchen, die da wirklich meinten: ‚Wenn diese Formulierung auf den Sender kommt, bricht die Weltrevolution aus! Und die will dieses Schwein mir jetzt rausstreichen!'"[806]

Die Kölner Redakteure scheinen ihre tägliche Arbeit – ob zu Recht oder zu Unrecht, sei dahingestellt – mit großem Selbstbewußtsein erledigt zu haben. „Radiothek war von der Konstruktion her, glaube ich, in der ARD schon einmalig", befindet Backmann. „Daß es Jugendsendungen gab – klar. Aber – so wie Radiothek? Nein."[807] Und Lux erinnerte sich: „Wir haben durchaus gedacht: Wir sind vorne dran."[808]

2. Die Radiothek und ihre Hörer – zeitgenössische Erkundungen

In diesem Selbstbewußtsein konnten sich Lux, Backmann und ihre Kollegen bestärkt fühlen, sobald sie einen Blick auf die Statistiken warfen, die über den Zuspruch der Hörer zur Radiothek Auskunft gaben. Das zweite Programm als ganzes hatte von der Programmreform 1974 in beachtlichem Ausmaß profitiert – und sogar das gemeinsam mit dem NDR betriebene erste Programm als aktuelle „Leitwelle" abgelöst.[809] „Die ‚Radiothek' hat das höchste gemessene Einschaltergebnis irgendeiner WDR-Sendung nach 19.00 Uhr"[810], stellte Hörfunkdirektor Manfred Jenke im Sommer 1975 fest.

Eine *Infratest*-Erhebung förderte im selben Jahr Details zutage: So hörte jeder zweite Hörer der Radiothek zur Zielgruppe der 14- bis 29jährigen – die damals nur 25% der Gesamtbevölkerung über 14 Jahre ausmachten; immerhin 21 bis 24% der Hörer waren älter als 50 Jahre. Gehört wurde die Sendung vor allem von Männern – ihr Anteil lag doppelt so hoch wie derjenige der Frauen. Das Interesse der letzteren gerade am Wortbeitrag war offenbar relativ gering. Etwa 50% der Radiothek-Hörer waren erwerbstätig. Nach dem Ausbildungsstand befragt, gab knapp die Hälfte an, den Volksschulabschluß zu besitzen und eine Berufsausbildung absolviert zu haben; 25 bis 33% besuchten Realschule, Gymnasium oder Hochschule, 17 bis 26% besaßen nur den Volksschulabschluß.

Diese drei Gruppen unterschieden sich in ihrem Interesse an den Wortbeiträgen: Die Angehörigen der ersten (Berufsausbildung absolviert) lagen an der Spitze, während die Durchschnittswerte der zweiten Gruppe (höhere Bildung) für Wort- und Musikstrecken einander ähnelten. Die dritte Gruppe (Volksschulabschluß) scheint etwas geringeres Interesse an den Wortbeiträgen mitgebracht zu haben. Bei ihr machte sich besonders der sog. Tagesschau-Knick bemerkbar: ein regelrechter Einbruch der Hörerzahlen ab 20 Uhr. Aufs ganze gesehen wird sich zeigen, daß man Mitte der siebziger Jahre eher von einem „Abendprogramm-Knick" sprechen konnte – nämlich von einem Rückgang der absoluten Hö-

---

[805] Interview mit Wolfgang Schmitz im Juli 2003.
[806] Interview mit Dietrich Backmann im Juli 2004.
[807] Ebda.
[808] Interview mit Ulrich Lux im März 2006.
[809] Vgl. Wankell a.a.O., S. 73; direktes Zitat dort entnommen.
[810] Schreiben Manfred Jenkes an Heinz Linnerz vom 4.8.1975, WDR Hist. Arch. 11431. Hervorhebung übernommen.

rerzahlen ab 20.15 Uhr.[811] Zum Ende des Jahrzehnts hin sollte sich das Hörverhalten wandeln.[812]
Welche Reichweite die Musikstrecken entfalten konnten – besonders die *Discothek im WDR* –, illustriert eine Erinnerung Mal Sondocks:

> „Einmal kriegte ich [...] eine neue Single von Suzi Quatro. Suzi war in meiner Sendung sehr populär! So – wow! Gleich am nächsten Mittwoch: Play 'em! Den Titel aufgelegt! – Zwei Tage später bekam ich einen Anruf vom Chef ihrer Schallplattenfirma. ‚Mickey, Mensch, ich freue mich, Deine Stimme zu hören!' Er sagte: ‚Mal, warum haßt Du mich?' Ich hab gesagt: ‚Ich hasse Dich nicht, wie kommst Du denn darauf??' – ‚Ja, warum willst Du mich dann ruinieren?!' Ich habe gesagt: ‚Ruinieren? Wovon redest Du überhaupt?' – ‚Na, paß auf: Du hast in Deiner Sendung am Mittwoch einen Titel von Suzi Quatro gespielt und gesagt: ‚Das ist die neue Single.' Das ist aber *nicht* die neue Single! Das ist nur ein Sample aus der neuen *LP*! Die neue Single haben wir schon fix und fertig, um sie auszuliefern, und dann machst Du so was!' Ich sage: ‚Mickey, kein Problem! In der nächsten Sendung werd' ich sagen: Ich hab einen Fehler gemacht, das ist nicht die neue Single – wir spielen dann die neue Single an, und ich mach Deine neue LP von Suzi zur LP der Woche! Das ist eine riesige Werbung für Dich.' Er sagte: ‚Du verstehst nicht! Für das[, was Du als ‚neue Single' angekündigt hast,] haben wir 35.000 Bestellungen bekommen!'"[813]

a) Systematische Hörer-Programmbeobachtung 1975

Der große Zuspruch galt freilich einer politisch heißumstrittenen Sendereihe; und dies trug dazu bei, daß der WDR bald nach der Programmreform von 1974 eine erste systematische Untersuchung seines Hörfunkprogramms vornehmen ließ. Diese Aufgabe übernahm in den ersten vier Monaten des Jahres 1975 eine Gruppe ausgewählter Hörer, denen die Frage vorgelegt wurde: „Wer ist besser informiert über die politischen / kulturellen / wirtschaftlichen Ereignisse a) in der Welt, b) in der Bundesrepublik, c) im Lande Nordrhein-Westfalen, der Durchschnitts-Radiohörer oder der Durchschnitts-Fernseher?"[814]
Ein senderinterner, nicht namentlich gekennzeichneter Bericht[815] skizzierte auf dieser Grundlage das „Image" des zweiten Programms:

> „- flotte, zum Teil anspruchsvolle Pop-Musik, gute Mischung aus Information und Unterhaltung.
> - das ist Information und swingende Musik zu jeder Stunde.
> - volkstümlich – anspruchslos.
> - sprunghaft – vergagt – verkrampft – experimentierfreudig – musikalisch.
> - bedeutet Großstadt, Lärm, junge Menschen, aktuell sein ohne viel Tiefgang.
> - jugendlich – frisch – informativ – flott.
> - meistens attraktiv – flott – stellenweise aber unangenehm im Ton bei den Popsendungen des Nachmittags."

„Mein erster Eindruck [...] geht dahin, daß die Programmbeobachter uns ein qualitativ beachtliches und [...] in seiner Vielfalt dankbar angenommenes Programmangebot bestäti-

---

[811] Zu den Ergebnissen vgl. die Anlage zum Schreiben Uwe Magnus' an Harald Banter und Michael Franzke vom 17.11.1975: *Infratest*-Tabelle *Hörer pro Tag des Westdeutschen Rundfunks, 2. Programm (Montag-Samstag)*, WDR Hist. Arch. 10451.
[812] Vgl. dazu unten Abschnitt VI. 5. b).
[813] Interview mit Mal Sondock im April 2007.
[814] WDR Hist. Arch. 10471.
[815] *Zusammenfassender Bericht von der Programm-Beobachtung. Beobachtungs-Thema: Schwerpunkte des WDR-Hörfunkprogramms. Beobachtungs-Zeitraum: 30. Dezember 1974 bis 4. Mai 1975* vom 14.5.1975, WDR Hist. Arch. 11430; direkte Zitate dort entnommen.

gen", ließ Manfred Jenke den Hauptabteilungsleiter Kultur, Heinz Linnerz, wissen. „Für die ‚Rotfunk'-Diskussion ist das insofern wichtig, als es die These bestätigt, daß am Gesamtprogramm nichts zu beanstanden ist."[816]

Das Urteil der Beobachter – deren Sprachduktus darauf schließen läßt, daß sie in der großen Mehrzahl älter als 30 Jahre waren – über die Radiothek fiel zwiespältig aus.[817] „Wer Radiothek linkslastig nennt, verwechselt links mit sozial", betonte Ilse F. „Diese Sendung für junge Leute hat einen eigenen Rhythmus von starker Anziehungskraft", befand Dr. B., „ihre Art von ihrer Weltinformation [...] eröffnet auch dem nicht direkt beteiligten Hörer Einblicke in kreative Gefilde, die oftmals mehr erschließen als Impressionen. Das kann nur der Hörfunk, der aber oftmals seine Perlen – großzügig oder achtlos? – verstreut." Geneviève S. mußte zwar zugeben, daß ihre 19jährige Tochter nicht die Radiothek höre, „sondern hauptsächlich BFBS oder, im schlimmsten Falle, AFN"; sie selbst bekannte, „gegen die Form allergisch" zu sein, da sie die Musikunterbrechungen der Wortbeiträge störten. Sie gab jedoch zu: „Eine Radiothek-Sendung lieferte den intelligentesten Beitrag zum Jahre der Frau, den ich bis jetzt gehört habe." Hans-Peter I. lobte an einem Tage die „anspruchsvolle und ansprechende Pop-Musik", nannte aber die *Discothek im WDR* wiederum „sehr flach und albern", er fand besonders am Bericht über ein Dortmunder Lehrlingstheater[818] Gefallen; darin traf er sich mit einem weiteren Beobachter, der schrieb:

> „Radiothek – Mit Interesse hörte man den Jugendlichen zu, die in Dortmund eine Theatergruppe gegründet haben und Themen mit sozialpolitischen Grundlagen selbst zu Stücken verarbeiten, selbst Regie führen und ständig darüber diskutieren, was zur Folge hat, daß der Inhalt ganz variabel ist und bleibt."

Auch zahlreiche andere Wortbeiträge wurden von den Beobachtern in diesem Sinne gelobt: Berichte über das Sitzenbleiben in der Schule, über Jugendorganisationen, über eine pädagogische Tagung zu Klassengemeinschaftswochen, über junge Landtagskandidaten im Wahlkampf. Besonderen Anklang fand das *Portrait einer Hauptschülerin vor der Berufswahl*[819]:

> „Nachdem man viel Musik überstanden hatte, kam ein ausgezeichneter Wortbeitrag zu dem Porträt einer 15jährigen. Gar nicht gestellt, vielmehr sehr natürlich wirkten die Aussagen des Mädchens über sich selbst [...]. Diese Tatsache halte ich für eine große Kunst, denn jeder weiß, wie schwer es ist, Jugendliche zum Sprechen zu bringen, den roten Faden zu behalten und wesentliche Akzente herauszuarbeiten. Die Darstellung [...] hat mir außerordentlich gefallen und zu denken gegeben. Mir scheint, das Mädchen war sehr typisch ausgesucht, machte einen sympathischen Eindruck, und viele Gleichaltrige konnten sich mit ihr identifizieren, haben die gleichen Erlebnisse, Träume und Probleme. Ihnen allen zur Hilfe zwei Buchtitel zu nennen, halte ich für gut",

befand der Beobachter M. Ilse F. freilich schilderte ihre Begegnung mit „Schüler[n] einer Oberschule, die die Radiothek gelegentlich anstellen, allerdings nur als Background [...], wobei sie manchmal die dummerweise zeitlich nicht angekündigten Wortbeiträge mitbekommen. Da gäbe es gutes. Finde ich auch. Besser sei SWF 3."

---

[816] Schreiben Jenkes an Linnerz vom 9.5.1975, WDR Hist. Arch. 10471.
[817] Alle zitierten Äußerungen entstammen den Kurzberichten der Beobachter in WDR Hist. Arch. ebda.
[818] *Theaterinitiative Dortmund, Dortmunder Lehrlingstheater* (25.3.1975), WDR Hist. Arch. 10447; vgl. zu dieser Sendung oben Abschnitt III. 3. e) ζ).
[819] *Portrait einer Hauptschülerin vor der Berufswahl* (29.4.1975 – Moderator war Wolfgang Schmitz), WDR-Schallarchiv 5090116 (Mitschnitt).

Die meisten Beobachter störten sich an der Machart der Musikstrecken: „Ein munter quasselnder amerikanischer ‚Jockey' und eine rasante Abfolge von Pop-Nummern, die voneinander zu unterscheiden ich noch immer nicht gelernt habe", bemerkte der offensichtlich gereizte Willy K.; und Inez C. schrieb über das zweite Programm:

> „Da ich normalerweise nur abends Zeit finde, Radio zu hören, schien mir dies Programm in erster Linie durch ‚Radiothek' geprägt zu sein. Nur sehr ungern ließ ich die aggressive Musik und das enervierende Geschwafel des mit amerikanischem Akzent sprechenden Deutschen über mich ergehen. [...] Der angesprochenen Jugend bot die Themenstellung oft Anregendes, doch störte[n] mich bei manchen Beiträgen Polemik und politische Einseitigkeit [...]. Nach jeder Sendung fragte ich mich, was man denn damit bezweckt, die Jugend permanent mit Popp- [sic] und Jazz-Musik anzuheizen; es erscheint mir einseitig und phantasielos."

Antonius D. pflichtete ihr bei: „Die Sendung ‚Radiothek' schätze ich nicht, weil sie mir am Feierabend zu laut und schreiend ist. Die Wortbeiträge sind häufig zu hektisch und zu wirbelnd. [...] Ich wünsche mir zu dieser Stunde ruhigere Klänge." Und der genannte Willy K. faßte zusammen, die Wortbeiträge seien „überhaupt tendenziöser [...] als andere Beiträge des Hörfunks [...]. Aber das ist wohl auch Absicht." Ein anderer Beobachter kritisierte das Portrait des CDU-Landtagskandidaten im April 1975[820]:

> „Daß man bei der Vorstellung eines CDU-Kandidaten in seinem Wahlkreis nur auf einen dialektisch [sic] schwachen greifen [sic] würde, war bei der Tendenz von Radiothek voraussehbar; diesen vorab aber durch billige Spötteleien lächerlich zu machen, mangelte der Fairness. Positiv hingegen war der Eindruck des gestrigen Sprechers durch Ausdruck, Form und Gestaltung der Musikbeiträge im Vergleich zu dem sonst allzu aufdringlich agierenden Amerikaner."[821]

Und Ute R. äußerte Kritik zur Machart des Wortbeitrags in dieser Sendung:

> „Der größte Teil war Selbstaussagen des Kandidaten auf Wahlveranstaltungen gewidmet. Das wirkt zwar ganz farbig [...], ist aber wohl nicht sehr aussagekräftig. Auffallend ist die Zurückhaltung an Kritik in dieser Sendung; hier als ‚Wertung' in negativer wie positiver Form gemeint. Zum Stil der Radiothek paßt diese Form meiner Meinung nach recht gut. Die Sendung wird gewiß in erster Linie der Musik wegen gehört [...]. Als politische Informationssendung kann Radiothek wohl kaum gewertet werden."

Empirische Hörerforschung steckte im Jahre 1975 noch in den Kinderschuhen; die skizzierten Urteile konnten ob der Auswahl der Beobachter keinen Anspruch auf Repräsentativität erheben. So reifte im WDR 1975/76 der Entschluß, eine repräsentative Untersuchung über das Verhalten der jungen Hörerschaft in Auftrag zu geben – und zwar nicht nur über ihre Vorlieben bei Radiohören, sondern auch über ihre Freizeitaktivitäten, ihre politischen Einstellungen, ihre Interessen und Probleme. „Auf diese Weise sollten Zusammenhänge aufgehellt und möglichst viele für die spezifische Gestaltung von Jugendsendungen relevante Erkenntnisse gewonnen werden." Ergebnis war die Studie *Hörfunk und jüngere Generation* des Instituts für Jugendforschung in München.[822]

---

[820] Radiothek vom 7.4.1975, WDR Hist. Arch. 10447; vgl. zu Sendungen dieses Themenbereichs oben Abschnitt III. 3. a) β).
[821] Moderatoren dieses Montags waren vermutlich Dietrich Backmann und Ulf Posé.
[822] Rainer Kabel/Josef Eckhardt, Interessen und Probleme von Jugendlichen und jungen Erwachsenen. Zwei Umfragen des SFB und des WDR, in: *Media Perspektiven* 3/1977, S. 131-141, hier: S. 131; direktes Zitat dort entnommen.

b) „Bei der Jugend heißt der Renner ‚Radiothek'" [823]: *Die Untersuchung „Hörfunk und jüngere Generation" 1976*

Bereits 1966 hatte der WDR-Rundfunkrat begonnen, sich für Größe und Zusammensetzung der Hörerschaft zu interessieren.[824] Hörfunkdirektor Fritz Brühl und seine Kollegen in den anderen ARD-Funkhäusern konnten in den frühen siebziger Jahren aufatmen: Das Radio gewann gegenüber dem Fernsehen wieder an Boden.[825] Auf dem Schreibtisch von Brühls Nachfolger Manfred Jenke lagen im Januar 1975 die Daten aus einer Analyse des Zentralausschusses der Werbewirtschaft[826]; und demnach wurde das Radio vor allem von den 20- bis 29jährigen eingeschaltet – die wiederum in ihrem Fernsehkonsum unter dem Durchschnitt lagen.[827] Jenke benannte im August 1975 diese Altersgruppe – neben „Gastarbeiter[n] und ihre[n] Familien", „Autofahrer[n]" und „anspruchsvolle[n] Hörer[n]" – als eine von vier nennenswerten „Minderheiten", die sich für das Abendprogramm interessierten:

> „Während die über 30jährigen um 19.00 Uhr bereits zu 32,1% fernsehen und nur zu 4,9% Radio hören, gibt es bei den unter 30jährigen um dieselbe Zeit nur 20,3% Fernseher, aber 11,0% Radiohörer. Wir haben dieser Tatsache durch die Einrichtung der ‚Radiothek' entsprochen und wurden durch die Einschaltergebnisse bestätigt."[828]

Jenke und seine Mitarbeiter wünschten dennoch, weiteren Aufschluß zu gewinnen[829]; und dies wünschten auch die Redakteure der Radiothek. Ulrich Teiner umriß wenige Wochen später, wofür sich die Redaktion im Rahmen einer „Repräsentativumfrage" besonders interessiere: die Zusammensetzung der Hörerschaft, auch nach Tagen gegliedert – die „Mediennutzung" im allgemeinen – schließlich die Frage, wie die Hörer zu Charakteristika der Radiothek standen. Teiner nannte insoweit die Ausrichtung auf die Zielgruppe, die monothematischen Wortbeiträge, die Wechsel von Wort und Musik, die Doppelmoderation, schließlich die Idee der Sendewochen.[830] Jenkes Interesse ging offenbar noch weiter:

> „Der Fragenkatalog soll so erarbeitet werden, daß er z. B. bei den Kategorien AUFNAHMEBEREITSCHAFT und AUFNAHMEFÄHIGKEIT konkreter nach gegenwärtig praktizierten Präsentationsformen von Originalton – Mischformen O-Ton/Texte – reinen Texten – Wort- und Musikanteilen fragt."[831]

Der Fragebogen war im Mai 1976 konzipiert[832] – das Institut für Jugendforschung wurde lediglich mit der Durchführung der Interviews betraut und befragte im Sommer 1976 insgesamt 1.200 Personen.[833]

---

[823] Gerd Fischer, Bei der Jugend heißt der Renner „Radiothek". 1,8 Millionen hören sie mindestens wöchentlich, in: *Neue Ruhr-Zeitung* v. 13.7.1977.
[824] Vgl. Wankell a.a.O., S. 66.
[825] Vgl. Marchal a.a.O., S. 490 f.
[826] Vgl. zu deren Ergebnissen: Hansjörg Bessler, Hörer- und Zuschauerforschung, München 1980 (Rundfunk in Deutschland 5), S. 191-194.
[827] Vgl. das Papier der Hörfunkdirektion *Wichtige Daten aus der ZAW Funkmedien Analyse 1974* vom 7.1.1975, WDR Hist. Arch. 11430.
[828] Schreiben Manfred Jenkes an Heinz Linnerz vom 4.8.1975, WDR Hist. Arch. 11431.
[829] Vgl. Jenkes Äußerungen in der Rundfunkratssitzung vom 17.10.1975, Sitzungsprotokoll, AdRR.
[830] Schreiben Teiners an Uwe Rosenbaum vom 22.9.1975, WDR Hist. Arch. 00548.
[831] Papier Jenkes: *Anmerkungen und Ergänzungen zu dem Entwurf BEGLEITUNTERSUCHUNG RADIOTHEK* vom 7.1.1976, WDR Hist. Arch. 00548.
[832] Vgl. Schreiben Uwe Magnus' an Ulrich Teiner vom 12.5.1976 und den Auftrag der WDR-Abteilung Honorare und Lizenzen an das IJF vom 7.5.1976, WDR Hist. Arch. ebda.

Bei der Vorbereitung hatten sich die WDR-Mitarbeiter auf eine *Infratest*-Studie gestützt, die der SFB im Winter 1975/76 bezüglich seiner gleichfalls umstrittenen Jugendsendung *s-f-beat* in Auftrag gegeben hatte. 966 West-Berliner Jugendliche zwischen 13 und 24 Jahre waren dort nach ihrem Medienverhalten befragt worden. 77% verfügten über ein eigenes Radio, 60% über einen Plattenspieler. Zur Information nutzten sie besonders Illustrierte (68%), Jugendsendungen im Radio (51%) und politische Fernsehmagazine (50%). Das Radio schalteten sie vor allem der Musik wegen ein, dabei bevorzugten 80% Rock- und Popmusik, 29% Liedermacher. 28% gaben an, *s-f-beat* „fast immer" zu hören, besonders stark vertreten war hier die Gruppe der 13- bis 19jährigen.[834] „Die Jugendlichen in Berlin (West) unterscheiden sich in ihren Lebensumständen, in ihren Einstellungen und in ihrem Verhalten gegenüber den Massenmedien so erheblich, daß ein einheitliches ‚Jugendprogramm' unsinnig erscheint", resümierte der SFB.[835]

Die Studie des WDR war erheblich breiter angelegt. Die Hörfunkdirektion faßte nach einer Besprechung mit der Radiothek-Redaktion in einem undatierten Papier die Ergebnisse zusammen.[836]
Unter anderem war nach Zukunftserwartungen gefragt worden. Zwei Drittel der Jugendlichen und jungen Erwachsenen erwarteten „das private Glück in der Familie und unter Freunden", jeder zweite beruflichen Erfolg, jeder dritte eine „demokratische friedliche Entwicklung in der Bundesrepublik" – wobei zwei Drittel von der Beständigkeit der Bonner Demokratie überzeugt waren. Immerhin 23% fürchteten kommende „Wirtschaftskrisen und Arbeitslosigkeit" – während nur 7,5% einen Krieg zwischen Ost und West erwarteten. Die Wunschvorstellungen der Befragten waren „realitätsorientiert"; sie zielten mehr auf „Erfolg" und ein selbstbestimmtes Leben als auf „Abenteuer" und „Flucht aus der Wirklichkeit".
Immerhin jeder siebte – unter Auszubildenden sogar jeder vierte – gab an, über keinen Menschen zu verfügen, an dem er sich orientieren und von dem er Hilfe bei der Lebensgestaltung erfahren könne. Auf „Ärger und Frustration" reagierten die meisten, indem sie Musik hörten (55%), 36% gingen in solchen Fällen spazieren oder trafen sich mit Freunden, 29% gaben „Krach schlagen" an, 24% sahen fern, 15% besuchten eine Discothek, immerhin 14% flüchteten sich in den Alkohol, 12% kauften sich etwas Schönes, ebenso viele verkrochen sich.
Auf die Frage nach den Rollenvorstellungen in einer Familie traten 47% für „gemeinsame Sorge für Kinder und Haushalt beider Elternteile" ein, immerhin 40% votierten für das konventionelle Rollenmuster. „Wenig überraschend" nannten es die Mitarbeiter der Hörfunkdirektion in ihrem Bericht, daß 71% überzeugt waren, man könne in Beruf, Privatleben und Schule „nicht sagen [...], was man will", weil man Nachteile befürchten müsse. 38% fanden darüber hinaus, „man könne in der Bundesrepublik auch seine politische Meinung nicht frei äußern, ohne davon Nachteile zu haben" – und das, obwohl das politische

---

[833] Vgl. Schreiben des IJF an die WDR-Intendanz vom 26.7.1976, WDR Hist. Arch. ebda: Die Kosten betrugen 72.816,- DM.
[834] Vgl. das Papier der *Infratest*-Medienforschung: *Jugend in Berlin (West)/1976. Zusammenfassung der wichtigsten Ergebnisse* vom 28.4.1976, WDR Hist. Arch. ebda.
[835] SFB-Pressemitteilung: *Bemerkenswertes Umfrageergebnis: ‚Jugend' gibt es gar nicht!* (14.6.1976), WDR Hist. Arch. ebda.
[836] Die im folgenden zitierten Ergebnisse und Überlegungen entstammen diesem Papier: *HÖRFUNK UND JÜNGERE GENERATION. Zusammengefaßte Ergebnisse einer Untersuchung des Institutes für Jugendforschung, München, im Auftrag des WDR*, WDR Hist. Arch. 10462; alle direkten Zitate und Hervorhebungen dort entnommen. – Vgl. auch Kabel/Eckhardt a.a.O., S. 132-141.

Interesse der Befragten weit unter dem der Gesamtbevölkerung (37%) lag: 29% der 26- bis 29jährigen, nur 10% bei den 14- bis 17jährigen.

Vier von fünf Befragten bekundeten Bereitschaft, sich aktiv für die Demokratie einzusetzen; als Mittel politischer Aktionen nannten sie Unterschriftensammlungen (67%), Demonstrationen (56%), Eintritt in eine Partei (49%). Nur 4,4% konnten sich vorstellen, Gewalt gegen Sachen auszuüben, 3,1% sprachen von Gewalt gegen Personen, 1% von Hungerstreik. Anlaß zu solcher Betätigung waren für die meisten (über 30%): „Jugendarbeitslosigkeit, Umweltverschmutzung, gleiche Bildungschancen, Mieterhöhungen, Paragraph 218, Mitbestimmung, Presse- und Meinungsfreiheit" – diese Aufzählung deckte sich mit einigen Themenschwerpunkten der Radiothek. Desinteressiert zeigten sich die Befragten auf der anderen Seite an der „Wiedervereinigung Deutschlands" – allerdings auch an der „Solidarität mit Unterdrückten" und ebenso am „Radikalenerlaß".

Auch die WDR-Untersuchung stellte heraus, welche Bedeutung das Fernsehen als politische Informationsquelle erlangt hatte. Allerdings spielten daneben Radio und Zeitung eine wichtigere Rolle als im Leben der Erwachsenen. „Junge Menschen machen also gleichmäßiger Gebrauch von verschiedenen Medien." 80% wurden täglich vom Hörfunk erreicht, meistens schalteten sie nach 18 Uhr ein.

Unmittelbar zur Radiothek befragt, erklärten 58%, daß sie die Sendung mindestens einmal pro Woche hörten. „Bei diesen Stammhörern sind Studenten, Männer, Mittel- und Oberschüler, politisch Interessierte, jüngere Hörer und Lehrlinge überrepräsentiert." 6% schalteten täglich ein, 39% immerhin mehr als zweimal pro Woche. Jenkes Mitarbeiter schlossen daraus, daß die Radiothek 1,8 Millionen Angehörige der Zielgruppe mindestens einmal wöchentlich erreichte; sie konstatierten eine „tägliche Stammhörerschaft von 12-15%". 22% gaben an, die Sendung „nie" zu hören, zu ihnen gehörten vor allem „die 26- bis 29jährigen, die Frauen und die politisch wenig Interessierten"; 15% der Befragten indes – also zwei Drittel der besagten 22% – nutzten zu dieser Zeit ihr Radio grundsätzlich nicht. An den unterschiedlichen Wochentagen, so die Hörfunkdirektion, schalteten außer den Stammhörern jeweils sehr unterschiedliche Gruppen ein – mittwochs (*Discothek im WDR*) seien „Lehrlinge und Schüler" mit 38% überrepräsentiert, samstags (*Schlagerrallye*) die Schüler mit 29%. Der Umstand, daß sich dies keineswegs mit den Themenschwerpunkten des Wortprogramms traf – das Auszubildende dienstags und Schüler freitags bediente –, läßt auf die Bedeutung der Musik für das Einschaltverhalten der Zielgruppe schließen.

Gut die Hälfte der Befragten hielt eine spezielle Jugendsendung im Radio für wünschenswert. 53% lobten, die Radiothek bringe „Probleme der jungen Generation an die Öffentlichkeit", 43% zufolge *ermutigte* sie Jugendliche, „selbst für ihre Rechte einzutreten"; 38% hoben hervor, daß die Sendung „Mißstände" ans Licht bringe, 34% fanden, sie vermittle „Argumente für die Diskussion". Lediglich 31% waren der Ansicht, die Radiothek *vertrete* die Rechte Jugendlicher, 24% meinten, sie trete für soziale Gerechtigkeit ein, nur 14% befanden, sie kläre auch über Pflichten Jugendlicher auf.

Kritisch wurde von jeweils 20% geäußert, die Sendung könne vielseitigere Themen behandeln; sie sehe „alles zu sehr aus der Sicht der Jugendlichen". 11% hielten sie für politisch einseitig, gleichfalls 11% wünschten sich hingegen schärfere Stellungnahmen. 9% störten sich an den vielen Selbstaussagen Jugendlicher, 8% bemängelten, die Radiothek verschärfe Spannungen zwischen den Generationen, nur 6% hielten die Sendung für „langweilig, weil zuviel Informationen gebracht" würden. Immerhin 34% fanden, die Sendung bringe „zu viele Themen [...], die nicht interessieren": solche aus der Arbeitswelt, aus der Gewerkschaftsarbeit, „Ausbildungsfragen", „Politik anderer Länder", Hochschulthemen und

„Suchtprobleme" – auffallenderweise auch „Schlagerstars", was sich jedoch wohl auf die Musikstrecken bezog.
Als für sie persönlich interessant nannten die Befragten „in der folgenden Reihenfolge" die Themen: „Schule-Studium-Beruf, Sport, Politik, Musik-Schallplatten-Popstars, Familien-Probleme, Probleme des Zusammenlebens, Kraftfahrzeug". Häufiger als bisher wünschten sie sich in der Radiothek die Themenbereiche Freizeit, Sport und Hobby sowie „Partnerbeziehungen" und Politik.
Mit der Verteilung und Gewichtung der Wort- und Musikstrecken waren zwei Drittel zufrieden; mehr Musik wünschten sich vorwiegend Lehrlinge. 60% waren mit der monothematischen Gestaltung einverstanden; 80% erklärten, keine Probleme mit der sprachlichen Verständlichkeit zu haben. Knapp 50% hatten „keine feste Bindung an einzelne Moderatoren entwickelt, auch die Stammhörer nicht" – das entsprach den oben erwähnten Absichten der Redaktion. Gegen die verschiedenen Formen der Hörerbeteiligung – vor allem in O-Tönen – sprachen sich weniger als 10% aus. „Alle diese Punkte sprechen dafür", resümierte die Direktion, „daß die RADIOTHEK von der Mehrheit ihrer Hörer als Zielgruppensendung akzeptiert wird und daß sie nach Inhalt und Form breite Zustimmung findet".

Josef Eckhardt vom WDR-Medienreferat kommentierte einige Punkte[837]: „Es ist bemerkenswert, daß sich jeder dritte Jugendliche für politisch wenig oder überhaupt nicht interessiert betrachtet." Es sei auffällig, daß der Hörfunk nur für 23,3% der Befragten eine „Hilfe zur eigenen Meinungsbildung" biete, er liege damit weit hinter Fernsehen und Zeitung. In einem Aufsatz in der Fachpresse ergänzte Eckhardt, immerhin 38% der Befragten litten nach eigener Aussage unter Schulproblemen. Für das zweite Programm zeigte er sich optimistisch: 36% der Befragten schalteten den Sender täglich ein, Radio Luxemburg lag mit 23% weit dahinter, der SWF kam lediglich auf 4%. „Unmittelbar in Programme sind die Untersuchungsergebnisse nicht umsetzbar", gaben Eckhardt und sein Kollege Rainer Kabel zu bedenken. „Sie können aber die Intuition aller an der Konzeption und Produktion von Programmen Beteiligten schärfen, sowie Meinungsverschiedenheiten und die nicht repräsentative Einzelkritik objektivieren."[838]
So begann auch die Redaktion zu überlegen.[839] „Die RT-Hörer vertreten mehrheitlich die Auffassung, daß diese Zielgruppensendung die Rechte der Jugendlichen nicht indoktrinierend, wie oft behauptet wird, sondern argumentativ und aufklärerisch vertritt und vermittelt", bilanzierten die Redakteure, bemerkten allerdings auch, daß nur recht wenige die Sendung täglich hörten. So dachten sie über Modifikationen nach – wobei sie die wohlfeile Forderung aufstellten, man müsse die bisherigen Hörergruppen weiterhin bedienen und gleichzeitig „noch weiteres Reservoir aus der Zielgruppe erreichen".[840]

c) Erkundung im Jahre 1979

Hörfunk und jüngere Generation blieb die einzige Repräsentativuntersuchung, die zur Radiothek initiiert wurde. Über einen Wandel im Zuspruch des Publikums hin zum Ende des

---

[837] Vgl. Eckhardts undatiertes Papier *Ausgewählte Ergebnisse und Vergleich der Untersuchungen ‚Hörfunk und jüngere Generation' und ‚Jugend in Berlin (West)'*, WDR Hist. Arch. 00548; direkte Zitate dort entnommen.
[838] Kabel/Eckhardt a.a.O., S. 140 f.; direktes Zitat der S. 141 entnommen.
[839] Vgl. die *Überlegungen zum RADIOTHEK-Konzept aus Anlaß der WDR-Umfrage ‚Hörfunk und jüngere Generation'* vom 25.11.1976, WDR Hist. Arch. 00548; alle direkten Zitate hiernach. Zwei vorbereitende Papiere der Redaktion und Überlegungen zur Vorstellung der Umfrageergebnisse in speziellen Sendungen finden sich in WDR Hist. Arch. 10444. Ebda. auch die Protokolle der einschlägigen Redaktionskonferenzen vom 26.-29.10. sowie 3.-5.11.1976.
[840] Zu den Überlegungen der Redaktion hinsichtlich der Themenwahl vgl. oben Abschnitt III. 2. a).

Jahrzehnts kann man also nur spekulieren.[841] Eine vertrauliche Aktennotiz Uwe Magnus' und Helmut Drücks[842] sowie zwei Schreiben Magnus' zeigen, daß 1979 eine letzte vierwöchige Beobachtung der Sendereihe durch ausgewählte Hörer – „keine Experten, sondern ‚sensible Normalverbraucher'" – vorgenommen wurde. Drei Beobachter waren als „neutrale und unbefangene Hörer"[843] beauftragt, ihre Eindrücke festzuhalten. „Wie groß sind Bandbreite und Vielfalt hinsichtlich der Stoffauswahl, der zu Wort kommenden Meinungen und der in den Sendungen vertretenen Standpunkte [...]?" lautete die Fragestellung. Die Untersuchung blieb zwar hinter den Erwartungen zurück – zumal die Methode den nicht repräsentativ ausgewählten Beobachtern teilweise selbst überlassen war –, Magnus zog aus ihr jedoch einige Schlüsse.[844]

Er und Drück faßten zusammen: „Einhellig" werde der Radiothek „eine große Vielfalt und Bandbreite in der Themenwahl, in den vermittelten Informationen und den angewandten Darbietungsformen" bescheinigt. Alles sei „der Zielgruppe angemessen". Hilfreiche „praktische Hinweise" würden gegeben, das könne freilich „noch häufiger" geschehen. Bei vielen Sendungen werde „auf die Vielseitigkeit der Informationen, Meinungen und Standpunkte verwiesen". Allerdings seien auch Mängel beklagt worden:

> „Kritisiert wird – wiederum einhellig –, daß nach der Analyse von Problemen [...] keine Lösungsmöglichkeiten aufgezeigt werden. [...] Mit der alleinigen Darstellung von Problemsituationen würde ein Gefühl der Resignation [...] artikuliert; es entstünde der Eindruck, es gebe überall nur ‚Ärger'. Gegenstand der Kritik ist auch die Beobachtung, daß Gegenpositionen zu den in der jeweiligen Sendung vertretenen Auffassungen zu selten gebracht würden, gelegentlich auch fehlen und da, wo sie dargestellt seien, relativiert, abgeschwächt würden. Es wird nach Diskussionen, nach Konfrontationen zwischen den Konfliktpartnern verlangt."

3. Reaktionen der Hörer

Der Deutsche Bundesjugendring registrierte ein überraschendes Verhalten vieler Angehöriger der Zielgruppe, sobald der Jugendfunk zu hören war. „Ich kann mich sehr gut entsinnen, daß Sendungen wie die Radiothek ganz gezielt gemeinsam gehört wurden!" betont der damalige Geschäftsführer des Jugendrings, Erik Bettermann.

> „Ich komme aus dem Rhein-Erft-Kreis, [...] und dort in den Jugendzentren hieß es dann am frühen Abend: Alles, was wir gerade noch gemacht haben, lassen wir liegen – wir hören jetzt Radiothek! [...] Ob das nun Pfadfinder waren oder evangelische Jugend oder katholische Jugend oder sonstwas: Gruppen hörten Radiothek!"[845]

In bemerkenswertem Umfang stammt freilich die erhaltene Hörerpost aus den Jahren 1974 bis 1980 von Absendern, die nicht mehr zur Zielgruppe der Jugendschiene gehörten. Nur

---

[841] Vgl. dazu unten Abschnitt V. 2.
[842] *Notiz für Herrn v. Sell. Betr: Programmbeobachtung ‚Radiothek'* vom 18.10.1979, WDR Hist. Arch., unverz. Best. des Intendanten von Sell, Akte *WDR Allgemeine Programmangelegenheiten – RADIOTHEK – Vorgänge um die „6.12.79-Sendung", die Absetzung der Live-Wort-Beiträge etc. – 24.602*. Die Kürzel unter dem Papier deuten auf eine Autorenschaft Uwe Magnus' und Helmut Drücks hin.
[843] Schreiben Magnus' an die Beobachterin Christa G. aus Köln vom 27.6.1979, WDR Hist. Arch., unverz. Best. des Intendanten von Sell, *WDR Allgemeine Programmangelegenheiten – RADIOTHEK – UNTER-Allgemeinakte der Allgemeinakte 1 a – 24.602 – 261*.
[844] Vgl. Notiz *Betr.: Programmbeobachtung Radiothek* a.a.O. sowie Schreiben Magnus' an von Sell vom 27.7.1979, WDR Hist. Arch. ebda.
[845] Interview mit Erik Bettermann im Juni 2007.

wenige allerdings äußerten fundamentale Kritik an der Existenz der Radiothek, wie es Heinz H. aus Leverkusen tat:

> „Selbstverständlich haben auch Minderheiten das Recht auf Berücksichtigung ihrer Wünsche. Aber an allen sieben Tagen der Woche zwei Stunden lang und immer gleichbleibend zur Hauptempfangszeit, noch dazu in Stereo, was doch angeblich so kostspielig ist, daß es noch immer nicht für das erste Programm eingeführt werden konnte; das halte ich doch für eine maßlos übertrieben tiefe Verbeugung vor einem begrenzten Hörerkreis und für eine gegenüber der Mehrzahl der gebührenzahlenden Bürger rücksichtslose Zumutung."[846]

Die Zahl der Briefe und Postkarten schwankte stark von einer Sendung zur nächsten: „Zwischen einigen wenigen Zuschriften und einigen Tausend Zuschriften etwa bei der Hitparade"[847], wie Ulrich Teiner 1975 einen Hörer wissen ließ.
Der Löwenanteil der Hörerpost war allerdings von höchst prosaischem Charakter: Die Absender baten um weitere Informationen zum Inhalt einer Sendung, um weiteres Material[848] oder auch um ein Manuskript. Letzterer Bitte konnten die Redakteure nur in einem Bruchteil der Fälle nachkommen. „Normalerweise bestehen unsere Sendungen aus Originalton-Beiträgen, die dann extra abgeschrieben werden müßten, wozu wir finanziell nicht in der Lage sind"[849], erläuterte Helga Kirchner dem AStA der TH Aachen 1975.

a) Begrenzte Responsivität: Themenvorschläge der Hörer und die Resonanz unter den Redakteuren

Beim Blick in die Hörerpost fallen zunächst zahlreiche Anfragen auf, in denen die Redaktion ersucht wurde, das eine oder andere Thema aufzugreifen. „Zu der Zielgruppe hin war doch ein gut unter Strom befindliches Kommunikationsverhältnis"[850], urteilt Friedrich-Wilhelm von Sell. Wie Wolfgang Schmitz beobachtete und wie sich besonders während der Debatten um die Weiterexistenz der Radiothek 1980 zeigte, gab es offenbar in der Tat

> „eine sehr enge Bindung zwischen denen, die das Programm gemacht haben und [...] zunehmend mehr Gruppen im Lande, die an allen möglichen Stellen aktiv waren, sodaß es auch nie lange dauerte, wenn irgendwo was im Busch war, bis irgendjemand ans Telefon ging und uns gesagt hat: ‚Hört mal, Leute, da gibt's irgendwie großen Ärger – macht doch mal was!'"[851]

Die nordrhein-westfälischen Jungdemokraten organisierten am 2. August 1977 unter dem Titel „Besucht die Radiothek" eine Informationsfahrt für Jugendliche zur Radiothek-Redaktion: „Wer also schon immer mal sehen wollte, wo diese schlimme, unausgewogene, tendenziöse Sendung von wem gemacht wird, der sollte mitkommen in den fünften Stock des WDR-Hauses in Köln."[852] Helga Kirchner erklärt das Interesse politisch aktiver Jugendlicher aus der Themenwahl:

> „Es gab diese Jugendzentrumsbewegung, die in der Radiothek einen ganz verläßlichen Partner hatte; es gab auch andere Projekte. Wir sind auch bei großen Festivals oder irgendwelchen Initiativen dabeigewesen; ich glaube, die zählten zu unserer treuen Hörerschaft, und das über ei-

---

[846] Zuschrift vom 4.7.1974, WDR Hist. Arch. 10470.
[847] Schreiben Teiners an Detlef K. am 22.10.1975, WDR Hist. Arch. 10473.
[848] Häufig stammten diese Zuschriften von Studenten oder auch von Lehrern.
[849] Schreiben Helga Kirchners an den AStA der TH Aachen vom 6.5.1975, WDR Hist. Arch. 10472.
[850] Interview mit Friedrich-Wilhelm von Sell im August 2005.
[851] Interview mit Wolfgang Schmitz im Juli 2003.
[852] Notiz in der Zeitschrift *DJD aktuell. Informationsorgan des Landesverbandes NRW der Deutschen Jungdemokraten* 7 (1977), Sondernummer Juli, S. 4.

nen langen Zeitraum. Es gab natürlich auch die Jugendorganisationen der großen Verbände, die in uns sozusagen ihr natürliches Gegenüber im Radio sahen [...], wir ließen sie zu Wort kommen. Und auf anderen Foren hatten sie eigentlich keine Möglichkeit, sich zu artikulieren. Das ist ja auch bei Lichte besehen ein vernünftiger Ansatz für so ein Programm. Heute sieht man das sicher anders [...], aber das hat was damit zu tun, daß die Bereitschaft von jungen Leuten, sich überhaupt in Organisationen und Verbänden zu engagieren und da mitzuwirken, deutlich abgenommen hat."[853]

Damit stellt sich die Radiothek abermals als typische Sendung ihrer Zeit dar. Wolfgang Schmitz bestätigt:

„Diese Aufbruchstimmung [...], in der viele junge Leute waren, die Hoffnung darauf, an vielen Stellen – ob in der Schule, in der Lehrlingsausbildung – demokratischere oder partnerschaftlichere Verhältnisse herzustellen, das hat ja doch damals sehr stark getragen und Rückenwind gegeben, und in dem Sinne war das *community*! Und natürlich haben sich eben viele Hörerinnen und Hörer damals mit der Radiothek identifiziert und haben das wirklich als *ihre Sendung* angesehen. Und wenn es dann immer mal wieder Gerüchte gab, daß da dran gedreht und geschraubt werden sollte, gab's natürlich auch prompt Reaktionen. Ich will nicht ausschließen, daß wir auch manchmal unsere Freunde im Land informiert haben, in unserem jugendlichen Leichtsinn."[854]

Vor dem Hintergrund dieser Äußerungen überrascht es freilich, in welch geringem Maße die Redaktion Themenvorschläge auch der „linken" Hörerschaft umgesetzt hat: Von einer Einwirkung der Hörer im Sinne eines „bottom up"-Modells[855] kann zwar bei der grundsätzlichen Idee des Radiothek-Konzeptes die Rede sein, bei der Themenwahl aber kaum. Die Redakteure sind bei letzterer augenscheinlich ähnlich vorgegangen wie unzählige andere Hörfunkredaktionen auch: Sie entwickelten selbst Ideen oder griffen Angebote ihrer Autoren auf. Erst während der eigentlichen Herstellung des Beitrages kamen offenbar Angehörige der Zielgruppe unmittelbar ins Spiel, auch über eine bloße Funktion als Interviewpartner und „O-Ton-Geber" hinaus. Der Eindruck verfestigt sich, daß die Radiothek nur in recht seltenen Fällen ein *responsiv* reagierendes Organ der Jugendszene war. Es kann keine Rede davon sein, daß sie briefliche Hinweise auf brisante Themen, aus denen sich angriffslustige Beiträge hätten entwickeln lassen, begierig aufgenommen hätte.

In den Zuschriften meldeten sich Einzelpersonen, aber auch kleine oder größere Gruppen und Organisationen zu Wort. So wies beispielsweise der Vorstand der Landesarbeitsgemeinschaft jugendeigener Zeitungen *Junge Presse Hessen* 1976 auf eine anstehende „Konferenz zur Pressefreiheit der jugendeigen[en] Zeitungen" hin – es hatten sich Konflikte um Schülerzeitungen entsponnen, die den Radikalenerlaß hatten behandeln wollen; der Verband legte einen dazugehörigen Solidaritätsaufruf bei und bat die Redaktion, diesen unterschrieben zurückzusenden. Ulrich Teiner lehnte unter anderem mit der Begründung ab, ihm falle es „schwer, eine Sache zu unterschreiben, deren Berechtigung ich nicht bezweifeln kann und will, über die ich mir aber aufgrund mangelnder Kenntnis über die Verhältnisse und Umstände, die Sie beschreiben, selbst kein fundiertes Urteil erlauben kann."[856] Als Gudrun Z. aus Castrop-Rauxel 1977 vorschlug, eine von den Jusos initiierte Podiumsdiskussion zur Kooperativen Schule aufzuzeichnen und zu senden, begründete Helga

---

[853] Interview mit Helga Kirchner im August 2004.
[854] Interview mit Wolfgang Schmitz im Juli 2003. Solche „Informationsaktivitäten" lassen die Akten allerdings nicht erkennen.
[855] Vgl. dazu Ulrich von Alemann, Parteien und Medien, in: Oskar W. Gabriel u. a. (Hg.), Parteiendemokratie in Deutschland, Bonn 1997 (Schriftenreihe der Bundeszentrale für politische Bildung 338), S. 478-494, hier: S. 489-491.
[856] Zuschrift vom 24.6.1976, Antwort Teiners vom 27.7.1976, WDR Hist. Arch. 10473.

Kirchner ihre Ablehnung damit, daß die Redaktion bereits Sendungen zum Thema plane.[857] Gegenüber Michael S. aus Köln, der sich 1976 beklagte, der WDR behandle zu selten die Frage, weshalb Unternehmen „ungerne" Auszubildende einstellten, erläuterte Teiner, dieses Thema komme in der Radiothek des öfteren vor.[858] Dirk B. aus Billerbeck, der 1979 zu einen Beitrag über Klitorisbeschneidung anregte, erhielt zur Antwort, daß Thema keineswegs „unwichtig und unerheblich" sei, daß aber andere Fragen für die Zielgruppe „relevanter und wichtiger" seien.[859] Zwei Angehörige der Zeugen Jehovas erklärten sich bereit, eine Sendung der Reihe *Hörer machen Programm* zum Thema „Jugend und Religion" vorzubereiten; Teiner äußerte Bedenken:

> „Ich glaube [...] nicht, daß es sinnvoll ist, dieses Thema mit einer Gruppe zu bestreiten, die dazu eine bestimmte und bei allen Teilnehmern weithin übereinstimmende Meinung hat. Das Thema ist so komplex, daß ihm nur eine Diskussion gerecht werden kann, die das Thema von verschiedenen und unterschiedlichen Gesichtspunkten her angeht."[860]

Vorsichtiges Interesse bekundete die Redaktion hingegen an der Initiative zur Gründung einer Gefangenenhilfsorganisation *Humanity!*, die auf vielerlei Art und Weise die Resozialisierung junger Inhaftierter erleichtern wollte; Jürgen Keimer bat um nähere Informationen, aber eine Behandlung des Themas ist weder in den Sendeunterlagen dokumentiert, noch in Korrespondenz oder Themenvorschauen.[861]

In wenigen Fällen ging die Redaktion tatsächlich auf Vorschläge ein. Wolfgang R. aus Neckargemünd stellte der WDR-Intendanz sein Projekt *Jugend im Aufbruch* vor, mit dem er nichtbehinderte Jugendliche anregen wollte, Brieffreundschaften mit behinderten Altersgenossen zu knüpfen. Keimer kündigte an, daß sich die Autorin Kathrin Voss mit R. in Verbindung setzen werde.[862] Der daraus resultierende Beitrag ist nicht dokumentiert; das gilt auch für ein Thema, das Joachim B. aus Recklinghausen anregte: die „Oberstufenreform und ihre Verwirklichung" zu behandeln, denn viele Fächerkombinationen kämen aufgrund von Fachlehrermangel nicht zustande; darüber hinaus würden viele Kräfte aus der Unter- und Mittelstufe abgezogen. Helga Kirchner antwortete, die Radiothek habe zwar öfters über Probleme der gymnasialen Oberstufe berichtet; sie schloß jedoch eine erneute Behandlung des Themas nicht aus und schlug vor, die Materie demnächst einmal mit B. zu besprechen.[863] Andreas Z. aus Recklinghausen wiederum beklagte erzieherische Maßnahmen in seinem Internat in Geseke, „von denen man annehmen möchte, daß sie einmal in der Kaiserzeit praktiziert worden sind"; und er regte an, darüber zu berichten. Die Redakteurin bekundete Interesse und kündigte an, daß sich die Redaktion oder der mit dem Thema beschäftigte Autor zu gegebener Zeit mit Z. in Verbindung setzen werde.[864]

Dokumentiert ist das positive Resultat bezüglich einer Zuschrift des Studenten Andreas H. aus Grevenbroich. H. erläuterte, er sei Mitglied einer „Initiativgruppe" an der Universität Düsseldorf, und er wolle die Redaktion

---

[857] Undatierte Zuschrift, Antwort Kirchners vom 14.4.1977, WDR Hist. Arch. 10474.
[858] Zuschrift vom 29.1.1976, Antwort Teiners vom 10.3.1976, WDR Hist. Arch. 10473.
[859] Zuschrift vom 10.1.1979, Antwort Teiners vom 25.1.1979, WDR Hist. Arch. 10477.
[860] Schreiben Teiners an Kurt W. und Werner S. aus Düsseldorf vom 30.8.1979, WDR Hist. Arch. 10468.
[861] Zuschrift von Siegfried Horst E. aus Frankenthal/Pfalz vom 25.7.1978 an den WDR, Antwort Keimers vom 8.8.1978, WDR Hist. Arch. 10477.
[862] Undatierte Zuschrift aus dem Juli 1978, Antwort Keimers vom 7.8.1978, WDR Hist. Arch. ebda.
[863] Zuschrift vom 19.6.1976, Antwort Kirchners vom 1.7.1976, WDR Hist. Arch. 10473.
[864] Zuschrift vom 12.2.1976, Antwort Kirchners vom 4.3.1976, WDR Hist. Arch. ebda.

„auf einen abstrusen Aspekt der momentanen Bildungspolitik in NRW aufmerksam machen. Wir haben sogenanntes ‚nicht genehmigungspflichtiges' Lehrmaterial analysiert, das an den Berufsschulen und Fachhochschulen (zumindest) im Raum Düsseldorf verwendet wird. Es handelt sich um die ‚Düsseldorfer Programme (Politik): Abweichendes Verhalten. Bearbeitung von H. Frickhöfer'– erschienen im Dähmlow-Verlag 1977 (Nr. 2003). In teilweise höchst gefährlichen Suggestivfragen und Lösungsvorgaben wird dort versucht, bei den Schülern mittels der Eruierung einer Dichotomie von ‚man'-Verhalten qua ‚konformem' Verhalten gegenüber ‚abweichendem' Verhalten eine Typologisierung von Verhaltensformen zu manifestieren. Die sprachliche Organisation des Fragebogens entspricht der rigiden Syntax formal-logischer Systeme, in denen die Frage nach der Wahrheit und/oder Objektivität gesellschaftlicher Interaktion nur mit ‚Ja' oder ‚Nein' oder mit ‚Wahr' oder ‚Falsch' oder wie hier mit ‚Konform' oder ‚Abweichend' beantwortet werden kann. [...] Indem dieses Lehrmaterial die Genehmigungspflicht unterläuft, versucht es antidemokratische Thesen und Argumente zu propagieren."[865]

Helga Kirchner zeigte sich interessiert und bat um weitere Informationen. „Wenn es zutreffen sollte, daß die von Ihnen zitierte Schrift antidemokratische Thesen und Argumente propagiert und über Berufsschulen und Fachhochschulen Eingang in die Ausbildung junger Leute findet, dann – in der Tat – müßte man sich damit einmal beschäftigen." Resultat der daran anschließenden Überlegungen war der Wortbeitrag *Erziehung zur Anpassung* vom 28. Juli 1978.[866]

Die Regel freilich war, daß die Redaktion auch affine Anregungen fast durchweg abschlägig beschied, obwohl sie durchaus Anlaß eines kritischen Beitrages hätten sein können. So erhielt 1976 die Bochumer Initiative *Weg mit dem Berufsverbot* eine Absage – sie hatte auf den Fall einer Lehramtsanwärterin hingewiesen, die wegen einer Mitgliedschaft in DKP und MSB Spartakus nicht eingestellt wurde.[867] Gerd K. aus Heiligenhaus wiederum wandte sich an die Redaktion und berichtete über einen Streit am örtlichen Gymnasium: Dort seien die Verhältnisse zwischen Schülern und Lehrern offenbar zerrüttet, und K. argwöhnte, die lokale CDU decke den Schuldirektor. Die Jusos planten, einen Arbeitskreis zu gründen. „Bitte nehmen Sie sich der Sache an, es geht ums Überleben des Heiligenhauser Gymnasiums." Teiner bekundete in seiner Antwort zwar Verständnis.

„Wenn ich Ihnen trotzdem mitteilen muß, daß wir auf diesen Fall nicht eingehen können, muß ich Sie auch um Verständnis für unsere Situation bitten. Uns erreichen fast täglich solche oder ähnliche Briefe mit der Bitte, über den geschilderten Vorfall zu berichten. Dies ist uns aber nur in ganz wenigen exemplarischen Fällen möglich."[868]

Man kann der Redaktion Impulsivität und sozialpolitische Aggressivität insofern nicht nachsagen.
Ein an sich typisches Radiothek-Thema schlug auch der Leiter eines Caritas-Wohnheims in Gladbeck vor: Er bereite „mit den 36 Teilnehmern des Förderungslehrganges" eine Protestaktion gegen „die beabsichtigte Schließung der künftigen Lehrgänge" vor, denn im kommenden Berufsvorbereitungsjahr ende die finanzielle Förderung. Darüber hinaus sei die hauseigene Lehrwerkstatt in ihrer Existenz gefährdet. Teiners ablehnende Antwort ähnelte derjenigen an K. aus Heiligenhaus.[869]

---

[865] Zuschrift vom 27.6.1977, die Antwort Kirchners stammte vom 7.7.1977, WDR Hist. Arch. 10475.
[866] *Erziehung zur Anpassung* (28.7.1978), WDR Hist. Arch. 10535; vgl. zu diesem Beitrag oben Abschnitt III. 3. a) α).
[867] Schreiben Teiners vom 24.11.1976, WDR Hist. Arch. 10474.
[868] Zuschrift vom 11.3.1977, Antwort Teiners vom 16.3.1977, WDR Hist. Arch. ebda.
[869] Zuschrift vom 4.3.1977, Antwort Teiners vom 16.3.1977, WDR Hist. Arch. ebda.

Kollegiaten des Kasseler Hessenkolleg berichteten über Planungen eines Streiks, mit dem sie das Stundenkontingent für das Fach Wirtschaft/Soziales sicherstellen und darüber hinaus erreichen wollten, daß dieser Stoff künftig nicht durch einen pädagogisch unerfahrenen Unternehmer vermittelt werde. Dieses – wenn man die Radiothek insgesamt betrachtet, durchaus passende – Thema lehnte Teiner abermals mit der Begründung ab, man könne allenfalls darauf eingehen, wenn der Fall exemplarische Bedeutung habe.[870] Die Fachschaft Elektrotechnik der Bochumer Ruhr-Universität klagte über eine neue Prüfungsordnung, die sich nur dann umsetzen lasse, wenn das Angebot an Wahlpflichtveranstaltungen erweitert werde; man habe bereits einen Brief an das Düsseldorfer Wissenschaftsministerium geschrieben, wolle nun aber „an die breite Öffentlichkeit [...] treten". Jürgen Keimer bedauerte:

> „Leider geht es uns mit unserer Sendezeit gelegentlich so, daß viel mehr wichtige Probleme anstehen, als wir bearbeiten können; besonders gilt das für den Freitag, den wir für Themen aus Schule und Hochschule reserviert haben. Die sicher wichtigen Probleme der Fachschaft Elektrotechnik mußten deshalb unter den Tisch fallen. Hoffentlich haben Sie Verständnis!"[871]

Auch der AStA des Bielefelder Westfalen-Kolleg hatte keinen Erfolg mit seiner Bitte um Unterstützung eines geplanten Streiks, mit dem auf den Lehrermangel am Kolleg und auf Probleme des Zweiten Bildungsweges aufmerksam gemacht werden sollte. Helga Kirchner lehnte „aus programmtechnischen Gründen" ab und begründete dies mit dem Hinweis, daß der Zweite Bildungsweg in Kürze Thema eines Beitrages sein werde.[872] Einem anonymen Absender, der eine Dokumentation über das Referendariat an nordrhein-westfälischen Grund- und Hauptschulen angelegt hatte, konnte die Redakteurin immerhin antworten, daß sie gemeinsam mit zwei Kollegen gerade „Vorüberlegungen zu einem Beitrag über das Thema Vorbereitungsdienst" anstelle; das Material könne bei den Recherchen helfen.[873]
Keinen Raum sah die Redaktion für einen Bericht über die 40%ige Erhöhung der Preise in der Mensa der Universität Dortmund, auf die Günter W. aufmerksam machte, indem er zugleich auf eine geplante Aktionswoche gegen die Preiserhöhung hinwies.[874] Auch Hannelore R. aus Rheine hatte keinen Erfolg, als sie den Abriß von Schulgebäuden in der an sich unter Schulraummangel leidenden Stadt beklagte; für Neubauten fehle das Geld, denn es werde statt dessen in neue Einkaufszentren investiert. Helga Kirchner antwortete, unlängst habe die Radiothek einen ähnlichen Vorgang in Bonn behandelt.[875]
Über ein brisanteres Ereignis, nämlich die merkliche Diskriminierung von Ausländern in einer Eisdiele in Solingen-Ohligs, berichtete Maria T. aus Düsseldorf; Ulrich Teiner antwortete, der Vorfall sei „außerordentlich bedauerlich und [...] sicher kein Einzelfall". Er blieb dennoch vorsichtig:

> „Ob diese Handlungsweise mit gesetzlichen Vorschriften in Einklang zu bringen ist, kann ich als Nicht-Jurist nicht beurteilen. Ich sehe dennoch keine Möglichkeit, diesen Einzelfall innerhalb der RADIOTHEK zu veröffentlichen. Sie wissen aber sicher, [...] daß wir immer wieder um Verständnis für die Situation ausländischer Arbeitnehmer werben."[876]

---

[870] Antwort Teiners auf die Zuschrift vom 16.6.1977, WDR Hist. Arch. 10475.
[871] Wegen Urlaubs verzögerte Antwort Keimers vom 24.8.1978 auf die Zuschrift vom 26.6.1978, WDR Hist. Arch. 10477.
[872] Zuschrift vom 29.2.1976, Antwort Kirchners vom 15.3.1976, WDR Hist. Arch. 10473.
[873] Anonyme undatierte Zuschrift, Antwort Kirchners vom 26.1.1978 an die Kontaktadresse Richard S. in Ascheberg, WDR Hist. Arch. 10475.
[874] Zuschrift vom 2.5.1976, ablehnende Antwort Kirchners vom 5.7.1976, WDR Hist. Arch. 10473.
[875] Zuschrift vom 9.4.1976, Antwort Kirchners vom 26.5.1976, WDR Hist. Arch. ebda.
[876] Antwort Teiners vom 14.7.1976 auf die Zuschrift vom 15.6.1976, WDR Hist. Arch. ebda.

Erfolglos blieb auch die große Mehrzahl der Jugendzentrumsinitiativen, die sich mit ihrem Anliegen an die Redaktion wandten. „Sie wissen, daß RADIOTHEK sich ziemlich oft mit Jugendzentrumsinitiativen beschäftigt" begründete Lothar Fend seine Ablehnung gegenüber dem Verein *Jugendtreff e.V.* aus Duisburg-Rheinhausen, der in seinem Bemühen um ein selbstverwaltetes Jugendzentrum auf den Widerstand der Stadt stieß. „Auch deshalb erreicht uns fast täglich eine Zahl von Briefen, in denen solche Initiativen um Berichterstattung ihrer speziellen Probleme in der RADIOTHEK bitten [...]. Leider können wir nicht alle diese Wünsche erfüllen."[877] Bernhard B. aus Hamm, der über ein ähnliches Problem einer Initiative und über Pläne für eine Demonstration berichtete, mußte von Teiner erfahren, daß die Radiothek nur über exemplarische Fälle berichten könne – „da wir sonst unser ganzes Programm mit Jugendzentrumsproblemen füllen würden, was eher zu Desinteresse als zu Interesse bei den Hörern führen würde".[878] Fend antwortete dem *Jugendring Aldekerk* in ähnlichem Sinne und fügte hinzu: „Irgendwie müßte man der ständigen Krise auch schon neue Aspekte abgewinnen können."[879] Selbst das Jugendfreizeitzentrum Soest-Lühringsen, das über eine Gegenkampagne in der Lokalpresse klagte, konnte den Redakteur zunächst lediglich dazu bewegen, das eingesandte Material bei der Vorbereitung eines Beitrags über Freizeitprobleme Jugendlicher auf dem Lande zu „berücksichtigen".[880] Längere Überlegungen stellte die Redaktion über den Vorschlag des Hörers Michael Z. an, der sich über die Zustände in der dortigen Vergnügungsindustrie beklagt hatte:

> „bei uns in bielefeld gibt es einen typen, günther eickhoff, dem so ziemlich alles gehört, was ‚in' ist. [...] es geht mir um die tatsache, daß so ein mann die möglichkeit hat, völlig willkürlich junge leute zu sortieren. und es geht mir um die leute, die drin sitzen, die stolz sind, daß sie so gekleidet sind und daß sie sich so benehmen, wie herr eickhoff es gerne sieht. zuletzt wäre da noch das problem der türsteher, die die wünsche ihres chefs korrekt ausführen. dieses problem [...] wird es in anderen städten ebenfalls geben – aber könnte man es nicht mal am beispiel bielefeld durchspielen?!"

Lothar Fend räumte in seiner Antwort ein, dieses Problem sei zweifellos kein Einzelfall.

> „Nur frage ich mich, ob es sinnvoll ist, irgendwelchen Leuten Einstellungen vorzuhalten, die man selbst für falsch hält. Wem wird damit geholfen? Den Jugendlichen, die an der Tür zur Diskothek abgewiesen werden? Mir scheint es deshalb sinnvoller, über Alternativen nachzudenken zum jetzigen Freizeitangebot in den Städten und auf dem Land. Sie wissen [...], daß wir über eine dieser Alternativen, die Jugendzentren, ziemlich häufig berichten, um Erfahrungen mit solchen Einrichtungen weiter zu vermitteln. Mir scheint, daß solche Sendungen eher dem Ziel dienen, das Sie offenbar mit Ihrem Themenvorschlag auch im Auge hatten: ein möglichst großes Freizeitangebot für alle zu schaffen!"[881]

Auch Protestinitiativen aus der Umwelt- und Friedensbewegung konnten mit ihrem Bemühen kaum Erfolge verzeichnen. Teiner antwortete 1977 Manfred H. aus Münster, die Planungen für die umstrittene Uran-Anreicherungsanlage in Gronau stellten kein „spezifisches

---

[877] Schreiben Fends vom 17.3.1976, WDR Hist. Arch. ebda.
[878] Antwort Teiners vom 6.10.1976 auf die Zuschrift vom 18.9.1976, WDR Hist. Arch. 10474.
[879] Antwort Fends vom 5.11.1975 an Joachim I. aus Kerken auf die Zuschrift vom 15.4.1975, WDR Hist. Arch. 10473. – Ähnliche Absagen waren diejenige Backmanns an das Jugendzentrum Lengerich vom 24.2.1977 (WDR Hist. Arch. 10474), diejenige Keimers an Karl-Heinz S. aus Eschweiler vom 16.11.1978 (WDR Hist. Arch. 10477) und diejenige Fends an eine Initiative im Kölner Severinsviertel vom 5.11.1975 (WDR Hist. Arch. 10473).
[880] Zuschrift vom 21.5.1975, durch ein Büroversehen verspätete Antwort Fends vom 4.11.1975, WDR Hist. Arch. 10473.
[881] Undatierte Zuschrift (Schreibweise übernommen), Antwort Fends vom 11.11.1975, WDR Hist. Arch. 10473.

Zielgruppenthema" dar.[882] Frank S. aus Hagen illustrierte mit umfangreichem Material eine anstehende Anti-Atomkraft-Aktion, die von den Medien kaum beachtet, teilweise gar „abgeblockt" werde – Heidi Schöder mußte ihn vertrösten, daß vorerst kein Beitrag über das Thema Kernenergie geplant sei.[883]

Die *Internationale Friedensbewegung Gruppe Duisburg* stellte sich mit einem Informationsblatt vor und lud zur Berichterstattung ein. „Wir von der RADIOTHEK-Redaktion finden Eure Initiative interessant und wichtig", antwortete Keimer, „ob wir Euch in einer Sendung vorstellen können, wissen wir allerdings noch nicht." Dies liege auch darin begründet, „daß wir in den vergangenen Monaten ziemlich oft über Probleme wie Zivildienst und Friedensarbeit berichtet haben".[884] Entschieden geriet die Absage an Jürgen S., der berichtete, daß er gemeinsam mit einer Gruppe im rheinischen Geldern „unter schwierigsten (!) Bedingungen eine antimilitaristische Zeitung" namens *dent* herstelle. „Wir planen nun die Einrichtung eines Initiativ-Zeitschriften-Verlages, der sich als Sammelbecken verschiedener, parteipolitisch unabhängiger Zeitungen verstehen soll". Nun sei die Gruppe um Kontaktaufnahme zu anderen derartigen Zeitschriften bemüht. „Wir wissen, daß die Radiothek viele kritische Menschen erreicht, und wären Euch echt dankbar, wenn Ihr unser Anliegen mal in einer Eurer Sendungen ansprechen würdet." Die Redaktion sah sich außerstande, „so einen Aufruf in unserer Sendung durchzugeben".[885] Auch Christian M. und Friedrich R. aus Kamen, die sich über Schikanen gegen Kriegsdienstverweigerer während des Anerkennungsverfahrens beklagten und damit an sich ein typisches Radiothek-Thema anrissen, erhielten eine Absage.[886]

Erst recht kam die Redaktion Bitten um individuelle Hilfe kaum nach. „Uns erreichen [sic] allein in der RADIOTHEK täglich eine Vielzahl von Briefen, darunter auch eine ganze Reihe von Briefen, in denen wir um irgendwelche Hilfen gebeten werden", erläuterte Ulrich Teiner Michael A. aus Siegburg.

> „Wir sind aber nur einige Leute, und dazu da, Sendungen zu machen, wenn wir in all diesen Fällen helfen wollten, müßten wir unsere eigentliche Aufgabe, Sendungen zu machen, aufgeben, ganz abgesehen davon, daß wir für diese vielen Bitten meist auch nicht die richtigen Voraussetzungen haben."[887]

Vergleichsweise geringe Probleme bereiten mochte da die Anfrage des Hörers Detlev B. aus Bonn-Bad Godesberg, der darum bat, seine Such-Annonce nach einem Studienplatztauschpartner in Köln in der Sendung bekanntzugeben. Heidi Schöder verwies B. an Hilfsangebote des Bonner RCDS.[888] Udo S. aus Essen wiederum zählte zu den zahlreichen Strafgefangenen, die sich in oft sehr langen handgeschriebenen Briefen an die Redaktion wandten und sich über Einzelheiten ihres Verfahrens oder auch die Behandlung in der Haft beklagten. Teiner lehnte die Bitte ab, diesen Fall zu thematisieren: „Wie Sie der [...] Anklageschrift sicher selbst entnommen haben, steht hier Aussage gegen Aussage, und es kann nicht Aufgabe des WDR sein, in ein schwebendes Verfahren einzugreifen."[889]

Helfen, wenn auch nicht in Form eines Sendebeitrags, konnte die Redaktion hingegen dem Erzieher Stephan R. aus Hamburg; R. betreute einen jugendlichen Häftling, dessen Entlas-

---

[882] Antwort Teiners vom 2.12.1977 auf die Zuschrift vom 26.11.1977, WDR Hist. Arch. 10475.
[883] Antwort Schöders vom 1.3.1977 auf die Zuschrift vom 16.2.1977, WDR Hist. Arch. 10474.
[884] Antwort Keimers vom 20.2.1978 auf die Zuschrift vom 11.2.1978, WDR Hist. Arch. 10475.
[885] Zuschrift vom 17.7.1978, Antwort Schöders vom 10.8.1978, WDR Hist. Arch. 10477.
[886] Schreiben Schöders vom 15.11.1978, WDR Hist. Arch. ebda.
[887] Schreiben Teiners vom 22.3.1978, WDR Hist. Arch. ebda.
[888] Zuschrift vom 24.9.1975, Antwort Schöders vom 6.10.1975, WDR Hist. Arch. 10473.
[889] Antwort Teiners vom 20.8.1975 auf die Zuschrift vom 10.7.1975, WDR Hist. Arch. ebda.

sung bevorstand und der eine Ausbildungsstelle als Kfz-Mechaniker suchte, vorzugsweise in Essen. Helga Kirchner leitete die Anfrage an die Arbeitsgruppe Strafvollzug der Humanistischen Union, Ortsverein Essen, weiter. Die Union erklärte sich bereit, bei der Lehrstellensuche zu helfen; sie empfahl außerdem, die Bewährungshilfe einzuschalten. Die Redakteurin stellte daraufhin einen Kontakt zu R. her und leitete einen Monat später auch die Adressen dreier Firmen weiter, die das Essener Arbeitsamt der Union als potentielle Ausbildungsbetriebe genannt hatte.[890]

Hilflos mußte eine Radioredaktion in manchen Fragen der Lebenshilfe reagieren. Holger A. aus Bremen bat um Rat, wie er ein Mädchen, das er „sehr lieb" habe, „am besten von der Straße" holen könne. „Vielleicht können Sie mir Unterlagen schicken oder einige Adressen vermitteln, wo [sic] man sich am besten wenden kann." Heidi Schöder schrieb sofort zurück:

> „Leider können wir in Ihrem Fall keinen geeigneten Rat geben, weil uns die näheren Umstände nicht bekannt und wir auch keine Experten in dieser Angelegenheit sind. Am naheliegendsten erscheint uns noch folgender Weg: Setzen Sie sich doch mit dem für Ihren Wohnbereich bzw. den Wohnbezirk Ihrer Freunden zuständigen Jugendpfleger oder Sozialarbeiter in Verbindung und ersuchen ihn um Rat und Hilfe. Eine weitere Möglichkeit wären gegebenenfalls Sozialdienste der Kirchen."[891]

Auch auf die Bitte des Familienvaters Karl S. aus Goslar ging die Redaktion zunächst ein. „Da unsere Tochter von Zuhause weggelaufen ist", schrieb S., „und die Radiothek ihre Lieblingssendung ist, möchten wir Sie bitten, diesen Aufruf vorzulesen. Wir sehen darin die einzige Möglichkeit, mit unserer Tochter in Verbindung zu treten." Es folgte ein Aufruf an die Tochter, nach Hause zurückzukehren oder zumindest Kontakt mit den Eltern aufzunehmen. Das Blatt trägt den Vermerk der Redaktion „Einwohnermeldeamt 05321 7041" mit dem Zusatz „nicht gemeldet"; der gesamte Text ist mit demselben Kugelschreiber komplett durchgestrichen, der Aufruf wurde also offenbar nach einer ergebnislosen Recherche bei den Meldebehörden nicht gesendet.[892]

Hilfe war hingegen möglich im kuriosen Fall der Schülerin Barbara S. aus Dortmund; sie bat gemeinsam mit einer Freundin um einen Mitschnitt des Beitrages über Tanzschulen vom 19. September 1974, an dem sie offenbar ein Interviewpartner fasziniert hatte: „Wir hegen nämlich den Verdacht, daß es ein irrer Bekannter von uns aus der Tanzstunde ist, den wir unbedingt wiedersehen wollen. Da wir eine Art leichte Spionage und Detektei betreiben, ist es für uns von großer, ungeahnter Wichtigkeit, dieses Manuskript, oder was immer es ist, zu bekommen." Die Redaktionssekretärin wußte Rat: Zwar existiere kein Manuskript, und eine Bandkopie der Sendung sei aus Kostengründen nicht herstellbar, erläuterte Heidi Schöder. Aber: „Wenn es Euch so wichtig ist, das Band zu hören, dann kommt doch einfach bei uns vorbei. Hier finden wir auf jeden Fall eine Möglichkeit, Euch das Band vorzuführen."[893]

b) Hörerreaktionen auf Parteinahme in der Radiothek

Mitunter verbanden die Hörer ihre Anfragen mit einem kurzen Lob zur betreffenden Radiothek-Ausgabe oder zur Sendereihe im allgemeinen. Die Zahl kritischer Zuschriften ist

---

[890] Vgl. die Zuschrift vom 2.7.1976 und den darauffolgenden Schriftwechsel, WDR Hist. Arch. 10474.
[891] Antwort Schöders vom 12.8.1975 auf die Zuschrift vom 10.8.1975, WDR Hist. Arch. 10473.
[892] Zuschrift vom 29.10.1975 mit Vermerken, WDR Hist. Arch. ebda. – Goslar liegt weit außerhalb des WDR-Sendegebietes.
[893] Antwort Schöders vom 7.11.1974 auf die Zuschrift vom 24.9.1974, WDR Hist. Arch. 10472.

klein – aus den bereits in der Einleitung angedeuteten Gründen –, ihre Absender nahmen allerdings meist kein Blatt vor den Mund. Das begann bereits mit Klagen über den Radiothek-Vorspann: Er sei ein treuer Hörer des zweiten Programms, betonte der Mittdreißiger Herbert B. aus Meerbusch – allerdings nur bis 19.05 Uhr. „Wir ärgern uns jeden Abend, sobald die Erkennungsmelodie ertönt."[894] Und Hans-Jürgen M. aus Großkönigsdorf schrieb: „Ich empfinde den Vorspann als penetrant, er verursacht bei mir (und auch bei anderen Familienmitgliedern) ablehnende Reaktionen und vielleicht auch körperliches Unbehagen. Das mag an den dicht aufeinander folgenden Glissandi liegen, die ich als Geschmiere empfinde."[895] Die Kritik setzte sich fort beim Inhalt der Wortbeiträge: „Als ich zufällig Ihre ‚Radiothek' eingeschaltet habe, glaubte ich, einen kommunistischen Hetzsender eingeschaltet zu haben", ereiferte sich Josef S. aus Leverkusen. „Wird etwas von den 50 Millionen, die das undemokratische Deutschland zur kommunistischen Wühlarbeit herüberpumpt, auch für den WDR abgezweigt?"[896] Andere Hörer beklagten die Verwendung des Kürzels „BRD" – auch in Fällen, in denen es nachweislich nicht vorgekommen war.[897] Aufmerksamer zugehört hatte Matthias K. aus Bornheim, als er sich in den ersten Januartagen 1974 an die Schreibmaschine setzte und unter Vermeidung von Großbuchstaben seine Eindrücke zusammenfaßte: An der „politisierung" der neuen Jugendschiene störe er sich. Denn:

> „da werden uns zum hundertsten mal banalitäten über politische songs (am 3.1.) oder gar über den numerus clausus vorgesetzt, die zu der jeweils gespielten musik natürlich passen wie die faust aufs auge. peinlich wird es sicher für dich, lieber wdr, wenn man das unbehagen der musikredakteure über ihre politisch salbadernden kollegen während der sendung förmlich spüren kann. [...] ich möchte den politisch ach so bewußten und kritischen menschen, die uns wohl mit ihren anschauungen infizieren wollen, den guten rat geben: führt euch doch wenigstens nicht so kindisch auf, daß bereits nach fünf minuten keine halbwegs erwachsene person eure in jeder hinsicht recht primitiven ‚beiträge' mehr ernstnimmt."[898]

Und Fritz G. aus Hilden beklagte sich noch vier Jahre später: „Die Sendung ist einfach zu billig und ohne etwas Niveau. [...] Ich möchte wirklich gerne wissen, warum Sie diese miese Sendung wie ein Heiligtum behandeln."[899]
Der genannte Matthias K. seinerseits rechnete Meinungsäußerungen in den O-Tönen in vollem Ausmaß den Redakteuren zu:

> „geradezu ungeheuerlich mutet die äußerung eines jugendlichen an (am 4.1.), schüler mit guten noten, die zum medizinstudium zugelassen würden, ergäben oft schlechte mediziner, was die praxis anbelangt. über diese meinung wäre normalerweise kein weiteres wort zu verlieren, denn sie ist nur dümmlich-naiv; beschämend ist es aber, wenn sie von einem politischen redakteur in einer sendung verwendet wird, die erklärtermaßen informieren und aufklären soll."[900]

Häufig warfen die Absender der Redaktion vor, unsauber recherchiert zu haben – was Ulrich Teiner 1977 zu einer Klarstellung veranlaßte:

---

[894] Undatierte Zuschrift, WDR Hist. Arch. 10475.
[895] Zuschrift vom 1.5.1974, WDR Hist. Arch. 10470.
[896] Zuschrift vom 10.8.1978, WDR Hist. Arch. 10477.
[897] Zuschrift Franz Josef H.s aus Bergisch Gladbach vom 19.1.1978, Antwort Teiners vom 9.2.1978, WDR Hist. Arch. 10450.
[898] Zuschrift vom 5.1.1974, WDR Hist. Arch. 10469; dortige Schreibweise übernommen.
[899] Zuschrift vom 18.1.1978, WDR Hist. Arch. 10475.
[900] Zuschrift von Matthias K. aus Bornheim vom 5.1.1974, WDR Hist. Arch. 10469; dortige Schreibweise übernommen.

> „Dies ist genau die Ebene, auf der man bisher die Sendungen zu treffen versucht hat, wenn man nicht offen zugeben wollte, daß einem die ‚Richtung' nicht paßte. Bisher ist uns in vier Jahren RADIOTHEK noch kein gravierender Recherchefehler nachgewiesen worden. Das soll nicht bedeuten, daß wir uns für unfehlbar halten, aber wer solche Behauptungen aufstellt, sollte den Beweis dafür antreten."[901]

Die Zielgruppe selbst reagierte auf die Sendung im ganzen offenbar zwiespältig. Einen Beobachter wie den Realschüler Paul K. aus Stommelerbusch überraschte das keineswegs: „In meiner Klasse 10 [...] haben wir über Ihre Sendung ‚Radiothek' gesprochen. Wie nicht anders zu erwarten war, waren einige von Ihrer Reihe begeistert, andere weniger."[902] Auch die Klasse 10 b der Realschule Wesseling – die sich 1976 im Deutschunterricht intensiver mit der Radiothek beschäftigt und dabei besonders die Wahl und Behandlung einzelner Themen, die politische Orientierung und die Funktion der Musik untersucht hatte – äußerte gleichermaßen Lob und Kritik:

> „Wir haben festgestellt, daß ‚Radiothek' Themen behandelt, die im Alltag der Jugendlichen vorzufinden sind. [...] ‚Radiothek' wird oft als linksgerichtete Informationsquelle bezeichnet. Wir [...] sind der Meinung, daß ‚Radiothek' nicht in eine politische Richtung hin informiert. – Manchmal jedoch werden die Themen einseitig behandelt, das wurde besonders deutlich in der Sendung vom 10.10.75. In dieser Sendung wurde über die Schließung eines Rehabilitationszentrum[s] berichtet. Der Bericht war zu einseitig, da man den Betroffenen mehr Zeit ließ, ihre Probleme zu erklären und die positiven Seiten des Zentrums zu erläutern. Die für die Schließung Verantwortlichen kamen kaum zu Wort. Der Hörer kann sich zwar eine eigene Meinung bilden, er wird aber durch die einseitige Information manipuliert. [...] Die Musik [...] bietet den Zuhörern eine Entspannungsphase."[903]

Schärfer formulierte es die Redaktion der Schülerzeitung *Z* aus Braunfels 1975:

> „Glauben Sie nicht, daß Sie die Jugendlichen manipulieren? [...] Woher wollen Sie wissen, daß die Beiträge, die Sie bringen, die Jugendlichen interessieren? Vielleicht wollen sie nicht mit der Realität konfrontiert werden? Sie wollen vielleicht etwas ganz anderes hören, damit sie ihre Sorgen vergessen? [...] Wie stehen Sie zu dem Problem, daß man eine solche Sendung zum Zwecke politischer Beeinflussung benutzen kann? Sie sind ja schon etliche Male zur Zielscheibe von rechts geworden."[904]

Drei Studenten der Kirchlichen Hochschule Bethel bemängelten im Februar 1974 den Umfang und die Gestaltung der Wortbeiträge.[905] Ulrich und Doris S. aus Bergkamen, ein Student und eine Auszubildende, machten zwei Monate später ihrem Ärger Luft:

> „Wir haben selten eine Sendung gehört, die so mies war. Haben Sie den Wortbeitrag eigentlich aus der DDR übernommen, oder war das eine Eigenproduktion? Der Unterschied war nämlich nicht zu erkennen, denn bei den Kommunisten wird genauso agitiert und polemisiert wie in dieser Sendung. Außerdem scheint Faschismus ein zu viel gebrauchtes Modewort bei Ihnen geworden zu sein. Wir möchten Sie bitten, nicht mehr solche Sendungen zu bringen, die so unreflektiert über bestimmte Probleme berichten. Bringen Sie lieber mehr Musik!"[906]

Die 14jährige Gymnasiastin Marianne K. aus Herzogenrath konstatierte zum Jahresende 1974 zwar, die Radiothek habe sich inzwischen verändert; sie wünschte sich jedoch im

---

[901] Antwortbrief Teiners an Dirk B. aus Dortmund vom 21.11.1977, WDR Hist. Arch. 10475.
[902] Zuschrift vom 7.2.1977, WDR Hist. Arch. 10474.
[903] Zuschrift vom 15.3.1976, WDR Hist. Arch. 10473.
[904] Zuschrift vom 25.10.1975, WDR Hist. Arch. ebda.
[905] Zuschrift vom 11.2.1974, WDR Hist. Arch. 10469.
[906] Zuschrift vom 11.4.1974, WDR Hist. Arch. 10468.

musikalischen Bereich mehr „Dixieland- und Swingjazz" sowie einen Abend mit „Klassik" und klagte über die Wortbeiträge:

> „Wenn man hört, was Sie an Problemen und Problemchen der Jugendlichen aus der Schublade kramen, muß man automatisch denken: ‚Mein Gott, was hat es Deutschlands Jugend schwer.' Von den Vorzügen und Freuden der Jugendzeit haben Sie anscheinend gar keine Ahnung. Ich meine, daß vor allen Dingen um die Lehrlinge viel Wind gemacht wird."[907]

Lob hingegen kam von einer 38köpfigen Studentengruppe in einem Wohnheim in Münster:

> „Neben der guten Mischung von Musik sind vor allen Dingen die Wortbeiträge über Probleme und Belange der Jugendlichen sehr interessant und informativ, nicht einseitig, sondern kritisch hinterfragt. So wird der Jugendliche nicht hinter das Licht geführt (‚verarscht'), indem er nur die eine Seite der Medaille kennenlernt, sondern ihm die andere Seite genauso vor Augen geführt wird."[908]

Das *Soziokulturelle Zentrum Altstadtschmiede e. V.* in Recklinghausen übersandte 1977 gar 111 Unterschriften: „Mit unserer Unterschrift wenden wir uns gegen eine weitergehende Beschneidung der Arbeitsmöglichkeiten, um den Charakter dieser jugendpolitischen Kultur- und Musiksendung nicht zu verfälschen."[909] Der Hauptschullehrer Peter Z. aus dem norddeutschen Brümsen nannte die Radiothek „enorm abwechslungsreich und jedesmal hochaktuell, so daß ich fast jeden Abend ‚Radiothek' höre. Ich habe sogar meinen Schülern [...] empfohlen, ‚Radiothek' zu hören."[910] Auch der Berufsschullehrer Hans B. aus Duisburg-Ruhrort hatte seine Schüler auf die Sendung aufmerksam gemacht: „Ich halte die RADIOTHEK für eine konstruktive Zumutung, konstruktive Herausforderung."[911] „Man könnte einige der Beiträge recht gut als Diskussionsgrundlage für den Unterricht benutzen", lobte die Hauptschul-Lehramtsanwärterin Marlies K. aus Meschede, „oft besser als Schulfunk."[912]

c) Hörerpost zur Verständlichkeit der Wortbeiträge

Mit der Machart der Wortstrecken kamen allerdings zunächst nicht alle Hörer zurecht. Stephan B. aus Düsseldorf bemängelte, was er zuvor in *Panoptikum* gehört habe, sei „besser als die meisten Wortbeiträge der Radiothek" gewesen.[913] Joachim W. aus Mönchengladbach bereitete 1974 ein Seminar vor, in dem er Lehrlinge über die Radiothek informieren wollte, er zeigte sich jedoch etwas ratlos: „Bisher ist es uns, trotz häufigem Hören [sic] Ihrer Sendung, nicht gelungen, eine Problemstruktur oder Ablauffolge zu erkennen. Vielleicht könnten Sie uns auch Ihre Absicht mitteilen, die Sie mit dieser Programmänderung, d. h. ein spezielles Jugendmagazin zu senden, verfolgten."[914] Hansjörg B. aus Dortmund erkundigte sich, ob die Radiothek mit den „Wortbeiträgen nur bestimmte Fachgruppen an-

---

[907] Zuschrift vom 16.12.1974, WDR Hist. Arch. 10472.
[908] Zuschrift aus dem „Block B des Studentenheims am Wasserweg in Münster" vom 25.4.1977, WDR Hist. Arch. 10475.
[909] Zuschrift vom 7.2.1977, WDR Hist. Arch. 10474. – Aus Recklinghausen erhielt die Redaktion kurz darauf eine Solidaritätserklärung des Juso-Stadtverbandes: Zuschrift vom 1.5.1977, WDR Hist. Arch. 10475.
[910] Zuschrift vom 20.3.1974, WDR Hist. Arch. 10468.
[911] Zuschrift vom 27.7.1975, WDR Hist. Arch. 10448.
[912] Zuschrift vom 26.2.1975, WDR Hist. Arch. 10472.
[913] Zuschrift vom 12.8.1974; Teiner antwortete am 5.9.1974, WDR Hist. Arch. 10472.
[914] Undatierte Zuschrift, erledigt laut Notiz vom 25.7.1974, WDR Hist. Arch. 10470.

sprechen" wolle, „denn die unheimliche Unmenge an Fremd- und Fachvokabeln dürfte ja für den ‚normalen' Jugendlichen nur schwer verständlich sein"[915]. Auch Marion F. aus Dortmund beklagte sich, die Beiträge sprächen „nur Studenten und Gymnasiasten"[916] an. Georg M. aus Selm wiederum warf der Redaktion vor, in einer Sendereihe über Selbstmörder durch den Gebrauch von Fremdwörtern wie „Suizid" die Probleme verharmlost zu haben. Helga Kirchner erläuterte:

> „Wenn bei Ihnen [...] der Eindruck entstanden ist, wir betreiben einen verschleiernden Sprachgebrauch, so mag das daran gelegen haben, daß die Begriffsanwendung nicht sorgfältig genug motiviert wurde – eine Kritik, die wir beherzigen werden. Daß nicht jedes Fremdwort, welches von einem Interviewpartner verwendet wird, erklärt werden kann, will man vermeiden, oberlehrerhaft zu wirken, ist Ihnen gewiß verständlich."[917]

Gerade bezüglich der Behandlung von Themen aus dem Hochschulbereich zeigte sich die Redakteurin allerdings selbstkritisch – anläßlich der Sendung *Vorm Examen zum Gericht*[918] im August 1977:

> „Obwohl der Streit zwischen Examenskandidaten und Prüfungsamt ein recht sinnfälliges Beispiel war, schienen mir die Ursachen und Bedingungen des Konflikts [...] ziemlich komplex und ihre Darstellung in der Sendung teilweise schon sehr stark vereinfacht bzw. lückenhaft – und trotz alledem noch immer schwer verständlich. Eine Bestätigung dieser Auffassung erfuhr ich noch während der Sendung, als ein etwa 20jähriger Hörer – Nichtstudent – anrief und sich darüber beklagte, daß der Beitrag von Nichteingeweihten nur unter großen Mühen begriffen werden konnte, ein Hörer übrigens, der der Radiothek durchaus freundlich gegenübersteht und die Mehrzahl der Beiträge schätzt. Seine Äußerung hat mich ziemlich ratlos gemacht, denn ich sehe in der Tat sehr oft kaum mehr die Möglichkeit, eine noch schlichtere Darstellung hochschulpolitischer Sachverhalte zu erzielen, es sei denn auf Kosten der Sachgerechtigkeit. So betrachtet, bringt mich Ihr Urteil in einen Zwiespalt."[919]

Diesen Zwiespalt müsse man wohl letztlich „ertragen", resümierte Helga Kirchner. Immerhin bestehe eine wichtige Aufgabe dieser Beiträge darin, Vorurteile gegenüber Studenten abzubauen.

> „Ich will in diesem Zusammenhang nicht verhehlen, daß nach meiner Auffassung dabei auch von den Studenten selbst Barrieren errichtet werden, etwa durch Wortwahl und Sprachgebrauch [...]. Ihr Zuspruch bestärkt mich in der Bemühung, Hochschulthemen so zu präsentieren, daß möglichst klar zu Tage tritt, in welcher Weise auch die nichtstudentischen Zuhörer von ihnen betroffen sind."[920]

d) Hörerpost zum Konzept der Musikstrecken

Die Zuschriften zu den Musikstrecken der Radiothek sind nur zu einem Bruchteil im Archivbestand der Redaktion erhalten geblieben – Mal Sondock wiederum bestätigte 2007, einige Kisten mit Hörerpost zur *Discothek im WDR* lagerten nach wie vor in seinem Keller.[921] Viele dieser Zuschriften dürften ähnlich ausgefallen sein wie der mit zwei Herzen

---

[915] Zuschrift vom 7.4.1975, WDR Hist. Arch. 10472.
[916] Zuschrift vom 11.2.1975, WDR Hist. Arch. ebda.
[917] Schreiben Kirchners vom 21.1.1976, WDR Hist. Arch. 10473.
[918] *Vorm Examen zum Gericht – Kölner Lehrerstudenten im Streit mit ihrem Prüfungsamt* (5.8.1977), WDR Hist. Arch. 10524; vgl. zu dieser Sendung oben Abschnitt III. 3. g) γ).
[919] Schreiben Kirchners vom 15.8.1977 an den Hörer Michael G. aus Köln, WDR Hist. Arch. 10475.
[920] Schreiben Kirchners vom 24.8.1977 an den Hörer Wolfgang P. aus Köln, WDR Hist. Arch. 10475.
[921] Interview mit Mal Sondock im April 2007.

verzierte Brief der 13jährigen Monika S., die vor ihrem Umzug nach Unterlüss bei Celle in Nordrhein-Westfalen gewohnt hatte:

> „Mir gefiel diese Sendung auf Anhieb, weil sie [...] die neuesten Songs aufweisen konnte und alle in Englisch waren. Ich beschloß nun, jeden Mittwochabend um 19.00 den WDR anzuschalten. Ich sagte alle Verabredungen ab. Es gingen sogar einige Rendezvous drauf, aber das war mir egal. In der Schule konnte ich dann am nächsten Morgen immer schön mitreden, wenn's um die neuesten Hits ging."

Monika beklagte sich, die Radiothek – die sie auch an den übrigen Tagen schätzte – sei an ihrem neuen Wohnort in der Lüneburger Heide trotz aller Bemühungen nicht mehr zu hören.

> „Hier gibt's zwar auch einige gute Sender, den NDR zum Beispiel, aber der ist doch nur 'ne kleine Mücke gegen Euch. Vom WDR kann sich sowieso jeder Sender eine Scheibe von [sic] abschneiden. Der NDR bringt doch dauernd nur Oma-Arien, aber für ein 13jähriges Mädchen, das gerne mal ABBA, Smokie, Sweet oder BCR hören will, hat der nichts übrig. Deswegen habe ich nun eine ganz große Bitte an Euch: Könnt Ihr mir schreiben, wie ich es doch noch versuchen kann, Euch reinzukriegen!?! Es muß ja nicht dauernd sein, wenn es wenigstens am Mittwoch wäre. Es liegt mir sehr viel daran, die Discothek zu hören, denn hier kommt man sich wirklich vor wie hinterm Mond."[922]

Zuschriften aus den ersten Wochen des Jahres 1974 zeugen allerdings von einem zwiespältigen Echo auf die gerade umgestaltete Hitparadensendung. Der neunjährige Dirk bekundete in einem handgeschriebenen Brief an Sondock („Lieber Mal"), 1973 regelmäßig die *Discothek im WDR* gehört zu haben. Aber:

> „1974 ist Deine Sendung miserabel. Dauernd dieses Gequassel von Georg. Fast nie kommst Du zu Worte. Ich hörte mir gerne Deine Sendung an, weil immer so schön wüste Musik kam. [...] Du solltest mal diesen Georg von der Sendung lassen und wieder die ersten zehn aus Deiner Hitparade spielen."[923]

Das war nur eine von vielen Beschwerden dieser Art – die nach wenigen Monaten wohl einen Anstoß zur Neugestaltung der *Discothek im WDR* gaben.[924]
Das Moderationsverhalten Sondocks und seiner Kollegen war etlichen Hörern ein Dorn im Auge. Günter S. aus Willich wandte sich persönlich an die Wortmoderatorin der Sendung vom 7. April 1974 und legte seinem Brief ein langes Stück Klebeband bei: „Da ich nun leider zu der Minderheit der Zuhörer (12% Tonbandzuhörer lt. Ansager) gehöre, bitte ich Sie, liebe Ansagerin, den unten aufgeklebten Streifen abzuziehen und ihrem Mitsprecher über das bewußte und leider selten stillstehende Organ in der unteren Gesichtshälfte zu kleben."[925]

e) Einzelne Sendungen in der Kritik

Unter der erhaltenen Hörerpost zur Radiothek, die etwa zehn Aktenordner füllt, befinden sich zahlreiche Zuschriften, die auf Sendungen eingingen, wie sie oben im Abschnitt über

---

[922] Zuschrift vom 16.11.1977, WDR Hist. Arch 10475.
[923] Undatierte Zuschrift, WDR Hist. Arch. 10468. – Besagter „Georg", vermutlich ein Wortmoderator, läßt sich heute nicht mehr genau identifizieren; auch Mal Sondock selbst erinnerte sich nicht genau.
[924] Vgl. zu dieser Umgestaltung oben Abschnitt II. 4. b).
[925] Zuschrift vom 8.4.1974, WDR Hist. Arch. 10468. – Wer am 7.4.1974 moderiert hat, läßt heute sich nicht mehr feststellen.

die Inhalte der Radiothek-Wortbeiträge erwähnt sind. Daher liegt es nahe, sie kurz zur Sprache zu bringen, zumal die Antwortbriefe der Redakteure deren Selbstverständnis und Arbeitsweise weiter erhellen.[926]

Sendungen aus dem Themenbereich Politik und Zeitgeschichte wurde zunächst vorgeworfen, einseitig linke Interviewpartner zu bevorzugen: dies geschah 1975 anläßlich der Beiträge zum Landtagswahlkampf.[927] Martin W. aus Münster klagte, im Rahmen der Sendung über Plebiszite sei versteckt für die Kooperative Schule geworben worden; Redakteurin Helga Kirchner nannte dies eine „unbewiesene und böswillige Behauptung".[928] Der Bericht über Waffen-SS und HIAG bewegte Sebastian W. aus Essen zu der Klage, es würden „immer nur die Greueltaten dieser deutschen Einheiten den Leuten vor Augen geführt". Er verwies auf den Einsatz der Atombombe, auf Tieffliegerangriffe sowie Flächenbombardements des Zweiten Weltkrieges und meinte: „Die Alliierten haben fast noch schrecklichere Greueltaten zustande gebracht." „Sie haben mit Ihren Angaben sicherlich recht", bekannte Nora Schattauer.

> „Nur: Kann man dabei vergessen, daß es die Deutschen waren, die den Krieg mit einem Überfall auf Polen begonnen haben? Kann man die schrecklichen Greueltaten vergessen, die die deutschen Truppen und Einheiten der SS, SA, Gestapo usw. im Ausland vollbracht haben? Ich meine, was die Grausamkeiten eines Krieges angeht, kann man nicht aufrechnen. Gerade deshalb halte ich es auch für meine Pflicht, über derlei Greueltaten zu berichten, gleichgültig wer immer sie begangen hat."[929]

Zu den Beiträgen über die Arbeitswelt erhielt die Redaktion Zuschriften, deren Absender wie beispielsweise Ernst-Michael H. aus Bad Pyrmont übermäßige „Werbung" für gewerkschaftliche Positionen beklagten. Ulrich Teiner antwortete, die betreffende Sendung sei keineswegs einseitig gewesen; sie habe Jugendlichen Hinweise für den Übergang von der Schule ins Berufsleben geben wollen. „In diesem Zusammenhang ist darauf hingewiesen worden, welche Funktion im Betrieb die Gewerkschaften haben und inwieweit sie geeignet sind, dem Auszubildenden bei seiner Ausbildung nützlich zu sein." In derselben Serie sei auch auf Unterstützungsmöglichkeiten durch Berufsberatung, Arbeitsämter, Handwerkskammern sowie Industrie- und Handelskammern hingewiesen worden.[930] Mit anderen Sendungen erntete die Redaktion Lob nicht nur von den Gewerkschaften, die wie die IG Bergbau und Energie von einer „leicht verständliche[n] und überzeugend[en]" Darstellung sprachen[931], sondern auch vom Fachverband Reproduktionstechnik[932] oder dem Bundesverband Junger Unternehmer[933].

---

[926] Ungewöhnlich zahlreiche interessierte Zuschriften erhielt die Redaktion darüber hinaus u. a. zur Sendereihe *Geschichte der Comics*, zu Sendungen über Lehrstellenknappheit, zu Berichten über Jugendzentren, zu Sendungen über die Gefahren der Alkoholabhängigkeit (hier meldeten sich besonders Ärzte und Betroffene), zu Sendungen über den Zweiten Bildungsweg und schließlich zu einem Bericht aus Südafrika am 30.6.1974. Häufig meldeten sich ferner Gefängnisinsassen auf Berichte hin, die sich mit Problemen der Straf- und Untersuchungshaft beschäftigten. Vgl. WDR Hist. Arch. 10468, 10469, 10470.
[927] Beispiel ist die Zuschrift von Hans-Martin S. aus Mülheim/Ruhr vom 13.6.1975, WDR Hist. Arch. 10472.
[928] Zuschrift vom 19.2.1978, Antwort Kirchners vom 5.4.1976, WDR Hist. Arch. 10477. W. bezog sich auf den oben behandelten Beitrag *Volksbegehren Kooperative Schule* (19.2.1978), WDR Hist. Arch. 10530; vgl. zu dieser Sendung oben Abschnitt III. 3. a) α).
[929] Zuschrift vom 19.4.1978, Antwort Schattauers vom 26.4.1978, WDR Hist. Arch. 10477. W. kritisierte sich auf den oben in Abschnitt III. 3. b) ε) erwähnten Beitrag „*Wenn die Leibstandarte ficht, jeder Feind zusammenbricht". Waffen-SS damals – und heute?* (17.4.1978), WDR-Schallarchiv 5075234.
[930] Zuschrift vom 31.3.1977, Antwort Teiners vom 18.4.1977, WDR Hist. Arch. 10474.
[931] Zuschrift der Bezirksleitung Niederrhein, Moers, vom 2.2.1977, WDR Hist. Arch. 10474. Sie bezog sich auf die oben in Abschnitt III. 3. f) β) behandelte Radiothek vom 1.2.1977 (WDR Hist. Arch. 10518), die sich allerdings übermäßig gewerkschaftsfreundlich verhielt.

Walter H. aus Meschede wiederum reagierte auf die erläuternde Sendung *Woher kommt die Wirtschaftskrise?* im Oktober 1977[934] gereizt und setzte sich noch am selben Abend an die Schreibmaschine: Die Sendung habe das östliche Wirtschaftssystem zu positiv dargestellt.

> „Für wie dumm verkaufen Sie eigentlich ein System, in dem solch dumme Äußerungen immerhin in einer öffentlich-rechtlichen Sendeanstalt möglich sind? [...] Ist Ihre Radiothek nicht zu sehr politisch? Und dies immer nur mit Reformen und Forderungen, Forderungen und Rechten durchsetzt?"

Teiner entgegnete, die Redaktion habe „streng darauf geachtet", die Moderation frei von Wertungen zu halten, „um dem Hörer zu ermöglichen, sich ohne jede Beeinflussung selbst ein Bild zu machen".[935]

Der Betriebswirt Rainer H. aus Neuss-Norf wiederum beklagte Einseitigkeit und mangelnde Sachkenntnis der Autorin in der Sendung *Gewinne – Investitionen – Arbeitsplätze*[936]: Unternehmen müßten rationell arbeiten, um international konkurrenzfähig zu sein – das erfahre er bei seiner Arbeit in einem Bankhaus. „Ein Unternehmen, das sehr gute Gewinne macht, zahlt auch gute Gehälter." Teiner antwortete:

> „Ziel unserer Sendung war es, aufzuzeigen, daß nicht jeder Gewinn Investitionen im gleichen Betrieb zur Folge hat und daß nicht jede Investition zur Sicherung oder der Schaffung von Arbeitsplätzen beiträgt. [...] Im übrigen hat sich die Sendung nicht dagegen ausgesprochen, daß die Unternehmen Gewinne machen, sondern: Es sollte darauf geachtet werden, daß diese Gewinne im Interesse der Arbeitnehmer dieses Betriebes verwandt werden. Es ist natürlich sehr schön für Sie, wenn Sie bei guter Gewinnlage eine bessere Gehaltslage bekommen. Das spricht aber nicht gegen die Argumente unserer Sendung. Gerade im Bereich der Banken und Versicherungen [...] häufen sich allerdings jetzt Rationalisierungsinvestitionen, durch die schon so manche Arbeitskraft in den Büros durch Maschinen ersetzt wurde. Ich hoffe sehr, dass Ihnen und Ihren Kollegen das nicht passieren wird."[937]

Claudia S. aus Krefeld wandte sich „i. A. der Floristen-Fachklasse (Oberstufe) der Mädchenschule Girmesgath", an die Redaktion, legte 34 Unterschriften ihrer Mitschülerinnen und sieben weitere von Blumengeschäftsinhabern bei und bemängelte, im Bericht über die Arbeit von Floristinnen seien zwar „die kleinen Unannehmlichkeiten unseres Berufes" sehr betont worden seien, nicht hingegen „die vielen Gestaltungsmöglichkeiten". „Sie versäumten, Näheres über Pflanzenpflege, Kundenbedienung und das Verschicken von Blumen und Pflanzen, sowie Arrangements durch Fleurop oder Teleflor zu berichten." Lothar Fend warb in seiner Antwort um Verständnis:

> „Sie haben sicher recht, wenn Sie meinen, die Mädchen hätten ‚nicht umfangreich genug erzählt'. Aber bedenken Sie bitte auch, daß gerade zwanzig Minuten für die Selbstdarstellung zur Verfügung standen. Aus diesem Grund konnten wir auch kein ganzes Bild von der Wirklichkeit zweier Floristinnen zeichnen. Wir haben uns deshalb bewußt auf einen uns wesentlich erscheinenden Aspekt beschränkt. ‚Wir müssen auch mal auf eigenen Füßen stehen', so hieß der Titel der Sendung. Es ging also nicht in erster Linie um den Beruf oder die Lehre der Floristin, sondern den privaten Bereich [...]. Trotz dieser Beschränkung auf einen Gesichtspunkt sind die von Ihnen vermißten Aspekte durchaus nicht ganz vernachlässigt worden. Über den

---

[932] Zuschrift vom 25.1.1974, WDR Hist. Arch. 10469. Es ging um einen nicht mehr dokumentierten Bericht über das Berufsgrundschuljahr am 22.1.1974, der auch von vielen anderen Hörern gelobt wurde.
[933] Zuschrift an den Autor Hubert Maessen vom 12.5.1976, WDR Hist. Arch. 10509.
[934] Dies war die oben in Abschnitt III. 3. f) α) behandelte Radiothek vom 6.10.1977, WDR Hist. Arch. 10526.
[935] Zuschrift vom 6.10.1977, Teiners Antwort vom 25.10.1977, WDR Hist. Arch. 10475.
[936] Dies war die oben in Abschnitt III. 3. f) α) behandelte Radiothek vom 30.5.1978, WDR Hist. Arch. 10533.
[937] Zuschrift vom 30.5.1978, Antwort Teiners vom 1.6.1978, WDR Hist. Arch. 10477.

Beruf der Floristen ist berichtet worden, und die beiden Lehrlinge haben durchaus nicht nur Unangenehmes hervorgehoben."[938]

Auf die Klage des Hageners Helmut S., in einer Sendung über Schichtarbeit sei vor allem das Überstundenproblem nicht recht zur Sprache gekommen, bekannte Fend:

> „Sie haben mich in Ihrem sehr interessanten Brief, in dem Sie eindrucksvoll Ihre Erfahrungen mit dem Schichtdienst und den damit verbundenen Problemen geschildert haben, auf Aspekte des Themas hingewiesen, die wir in unserer Sendung sicher nicht genügend berücksichtigen."[939]

Zu Sendungen des Themenbereichs Innere Sicherheit und Terrorismus enthalten die Akten lobende Zuschriften. Die Sendewoche zum Terrorismus veranlaßte Ulrich B. aus Bielefeld, von einem eigenen Erlebnis zu berichten, das nur wenige Tage zurücklag. Er sei als Autofahrer in eine Polizeikontrolle geraten – und dort hätten ihm die Polizisten sinngemäß bedeutet: „Wenn Sie nicht stehengeblieben wären, hätten wir geschossen. [...] Sie sind von der Hauptstr. abgewichen. [...] Früher ging das noch mit dem Vertrauen – aber heute ist Vertrauen nicht mehr anzuwenden, heute wird geschossen." Teiner gab in seiner Antwort zu bedenken, daß B. sich nach diesem Erlebnis durchaus an eine Polizeidienststelle hätte wenden können.

> „Daß es bei der Fahndung der letzten Wochen leicht zu Kurzschlußreaktionen kommen kann, liegt bei der allgemeinen Nervosität auf der Hand. [...] Auf der anderen Seite muß man natürlich auch die besonderen Belastungen sehen, die diese Woche[n] für den einzelnen Polizisten mit sich gebracht haben – ob das nun dauernde Überstunden oder auch übermäßiger Psycho-Stress seien."[940]

Die Pressestelle der Bereitschaftspolizei Nordrhein-Westfalen in Wuppertal wiederum zeigte sich von einem Bericht über die Ausbildung bei der Schutzpolizei positiv überrascht:

> „Die sicherlich verständliche Skepsis unsererseits und eine zunächst befürchtete negative Aussage über dieses Thema entschwand mit jedem Beitrag mehr und kehrte sich schließlich um in Anerkennung über so viel unerwartete Objektivität in der Berichterstattung. Sie haben gezeigt, dass bei aller sicherlich notwendigen Kritik an staatlichen Institutionen die positiven Aspekte nicht übersehen werden, auch nicht in der Radiothek. Wir haben etwas dazu gelernt, und wir danken Ihnen."[941]

Auf ein kontroverses Echo stießen Sendungen des Themenbereichs Schule, Hochschule und Bildungswesen. Der Bericht über den Streit um Abitur-Gruppenprüfungen weckte Interesse.[942] Die Landesvereinigung der Lehramtsanwärter in Nordrhein-Westfalen lobte die

---

[938] Zuschrift vom 3.7.1975, Antwort Fends vom 22.8.1975, WDR Hist. Arch. 10473. Der Briefwechsel bezog sich auf die oben in Abschnitt III. 3. f) γ) behandelte Sendung „Wir müssen auch mal auf eigenen Füßen stehen". Zwei Floristinnen-Lehrlinge berichten über ihren Alltag (27.5.1975), WDR Hist. Arch. 10497.
[939] Zuschrift vom 9.9.1976, Antwort Fends vom 9.10.1976, WDR Hist. Arch. 10474.
[940] Zuschrift vom 29.10.1977, Antwort Teiners vom 14.11.1977, WDR Hist. Arch. 10475. Der Briefwechsel bezog sich auf die oben in Abschnitt III. 3. b) ζ) behandelte Sendung Terrorismus – mit der Fahndung befaßt, von der Fahndung betroffen (28.10.1977), WDR-Schallarchiv 5075199.
[941] Zuschrift vom 21.11.1978, WDR Hist. Arch. 10477. Sie bezog sich auf die Sendung Von der Schulbank auf die Schulbank – Ausbildung bei der Polizei (5.9.1978), WDR Hist. Arch. 10537.
[942] WDR Hist. Arch. 10475; vgl. die Anmerkung oben in Abschnitt III. 3. g) β) zu dieser Sendung vom 26.8.1977, WDR Hist. Arch. 10536.

Sendung über Probleme der Referendare in ihrer Ausbildung.[943] Und Wolfhard L. aus Krefeld freute sich über eine Sendung zur Tätigkeit des Verbands der deutschen Studentenschaften (VDS):

> „Die beeindruckende Objektivität des Beitrags über den vds und besonders die vollständig lückenlose Information zu diesem Thema haben mich derart begeistert, daß ich Sie unter Angabe der Verantwortlichen um – wegen der Dringlichkeit der Sache – baldmöglichste Zusendung des Manuskripts [...] bitten möchte. [...] P. S. Was stört daran, daß jemand stolz auf seine Mitgliedschaft in einer demokratischen Partei ist, der er aus rationaler Überzeugung angehört? Vielleicht das Fehlen des ‚richtigen' = marxistischen Bewußtseins."[944]

Acht Betreuerinnen aus einer Kindertagesstätte in Düsseldorf allerdings reagierten erbost auf den Bericht über ein Modellprojekt in Frankfurt (Main): „Wir fragen Sie: Wir kommen Sie dazu, nur Modellversuche vorzustellen – und dabei die anderen, die herkömmlichen Kindertagesstätten so ‚mies' zu machen??" Teiner suchte zu erklären:

> „Es lag uns selbstverständlich fern, die Arbeit der vielen Mitarbeiter in ‚herkömmlichen' Kindertagsstätten in irgendeiner Weise zu diskriminieren. Nachdem ich den Beitrag soeben noch einmal abgehört habe, glaube ich auch nicht, daß der Beitrag dies getan hat. Es ging in diesem Beispiel in erster Linie um die Auseinandersetzung in Frankfurt."

Die Sendung habe sich nicht gegen die konventionellen Kindertagesstätten ausgesprochen, sondern die Vorzüge des Modells hervorgehoben. „Im Mittelpunkt stand also der Bericht über den Modellversuch, die Sendung beabsichtigte darüber hinaus keineswegs ein Bild zu geben von den ‚üblichen' Kindertagesstätten oder gar eine Auseinandersetzung mit ihnen."[945]

Gerd P. aus Lowick beklagte die Einseitigkeit eines Berichts über Burschenschaften[946]; leise kritisch verhielt sich auch die Studentenverbindung Tuiskonia Halle zu Bochum.[947] Der 21jährige Mülheimer Fachoberschüler Friedrich J. wiederum nahm gegenüber der Sendung *Hürden vor dem Studium* kein Blatt vor den Mund: „So wie Sie argumentieren, kann man alles durch den Dreck ziehen. [...] Wieso soll man nicht prüfen, wie die Leistungen sind. [...] Tatsache ist, daß wir in einer Gesellschaft mit Leistungsprinzip leben und daß man nach dem Studium etwas können muß." Zahlreiche Schüler, so J. weiter, entschieden sich im Vorfeld des Abiturs für „leichte" Fächer, um den nicht am Numerus clausus zu scheitern. „Wenn diese dann Sprachen studieren, müssen sie natürlich Konseuenzen für ihr vorhergegangenes Verhalten ziehen. Zu Recht. Dann müssen sie halt mehr Semester studieren." Ulrich Teiner gab in seiner Antwort zu bedenken, daß trotz aller Wahlmöglichkeiten ein Abitur ohne Fremdsprachenfächer gar nicht möglich sei – daß Abiturienten also durchaus über gewisse Kenntisse verfügten. „Ihr Verständnis, daß den in der Sendung vorgestellten Sprachstudenten nur die wohlverdiente Strafe zuteil wird, kann ich nicht teilen." In der Sendung sei es jedoch um die Frage gegangen, ob den Eingangstests der Hochschulen womöglich eine Auslesefunktion zukomme:

---

[943] Zuschrift vom 11.8.1979; sie bezog sich auf die oben in Abschnitt III. 3. g) β) behandelte Sendung „*Einerseits fühle ich mich auf der Seite der Schüler – anderseits muß ich die Institution Schule vertreten.*" Über Lehrer im Referendariat (10.8.1979), WDR Hist. Arch. 10548.
[944] Undatierte Zuschrift, WDR Hist. Arch. 10470.
[945] Zuschrift vom 1.6.1978, Antwort Teiners vom 18.7.1978, WDR Hist. Arch. 10477.
[946] Zuschrift vom 14.1.1975, WDR Hist. Arch. 10472.
[947] Undatierte Zuschrift, wahrscheinlich August 1974, WDR Hist. Arch. 10470.

> „Diese, von Hochschullehrerseite nicht widerlegte zweite Funktion wurde in der Moderation problematisiert, indem u. a. auf die Gepflogenheiten einiger Hochschulen verwiesen wurde, wo solche Tests einzig der Ermittlung des Leistungsbildes dienen, und auch indem auf die durch viele Untersuchungen bestätigte Fragwürdigkeit punktueller Leistungsmessung hingewiesen wurde. Daraus nun den Schluß zu ziehen, in dieser Sendung sei das Leistungsprinzip generell in Frage gestellt worden, ist eine unzulässige Verkürzung."[948]

Auch Gisela R. aus Düsseldorf war unzufrieden. Sie wandte sich gegen einen Bericht über Lehramtsstudenten im Examen:

> „Diese ‚Lehrer-Studenten', die sich in der Sendung so unqualifiziert äußerten, sind als Lehrer völlig ungeeignet. [...] Natürlich ist der Schuldige der prüfende Professor! Sie kann nicht alles wissen, er fragte nur nach dem, was sie nicht wußte. [...] Schlimm ist es ohnehin in deutschen Schulen – mit solchen ‚Lehrern' kann es nicht besser werden. Was sollte eigentlich diese Sendung? Ich bitte um Aufklärung und Antwort!

Helga Kirchner erläuterte, die Sendung sei kein „Sachbericht über die Examensphase in einem Lehrerstudium" gewesen.

> „Vielmehr ging es darum, in einer Art Momentaufnahme so etwas wie ein Psychogramm dieser für die berufliche Zukunft von Lehrerstudenten so entscheidenden Zeit zu erstellen. Es sollten die Nöte, Sorgen und Ängste zweier junger Menschen gezeigt werden, subjektiv erlebt und ebenso subjektiv dem Reporter ins Mikrofon gesprochen. Es ging darum zu zeigen, welche Umstände und Bedingungen hier und jetzt diesen entscheidenden Studienabschnitt für viele junge Leute belasten, Umstände und Bedingungen, die nicht sie zu vertreten haben. Also zum Beispiel das Problem der ungewissen beruflichen Zukunft. [...] Oder welche Konsequenzen hat es, daß Noten nicht mehr nur über Rangplätze, sondern über Existenzen entscheiden. [...] Auf die Fragwürdigkeit und Bedenklichkeit solcher Belastungen, nicht der Prüfungen als solcher – wohlverstanden – aufmerksam zu machen, war eben auch ein Anliegen dieser Sendung."[949]

Zahlreiche Zuschriften erhielt die Redaktion zu Beiträgen aus dem Themenfeld Familie – zwischenmenschliche Beziehungen – Sexualität. Eine Sendung im Rahmen der sonntäglichen *Open Box* zur Homosexualität fand ein sehr positives Echo – und das auch von Seiten Heterosexueller. Reinhard S. aus Wuppertal nannte den Beitrag „irre gut"; es meldeten sich allerdings auch Hörer, die unter ihrer Homosexualität litten und offensichtlich psychologischer Hilfe bedurften.[950] Zur Serie *Sexuelles Verhalten junger Leute* erreichten die Redaktion Dutzende lobender Briefe und Postkarten.[951] Die 14jährige Angelika T. aus Kempen erkundigte sich nach Möglichkeiten, die Pille zu erhalten; sie könne mit ihrer Mutter nicht darüber reden, und auch mit ihren Ärzten nicht, „weil diese viele meiner Verwandten kennen." Angelika nannte eine Kontaktadresse für die Antwort und erläuterte: „Sie können den Brief an meine Freundin schicken, da ich meine Mutter durch einen Brief beunruhigen könnte."[952] Nachdenklich äußerte sich die 22jährige Studentin Gabriele P. aus Münster nach der Wiederholung dieser Serie 1976 – denn ihrer Meinung nach seien einige wichtige Themen nicht zur Sprache gekommen.

---

[948] Zuschrift vom 30.9.1977, Antwort Teiners vom 25.10.1977, WDR Hist. Arch. 10475. Der Briefwechsel bezog sich auf die oben in Abschnitt in Abschnitt III. 3. g) β) behandelte Sendung *Hürden vor dem Studium* (30.9.1977), WDR Hist. Arch. 10525.
[949] Zuschrift vom 16.1.1978, Antwort Kirchners vom 5.4.1978, WDR Hist. Arch. 10477. Der Briefwechsel bezog sich auf die oben in Abschnitt III. 3. g) δ) behandelte Sendung *Ein Glücksspiel ist das Examen, und was danach kommt, ist ungewiß – eine Reportage über Lehrerstudenten im Examen* (13.1.1978), WDR Hist. Arch. 10529.
[950] Alle genannten Zuschriften zur betreffenden *Open Box* in: WDR Hist. Arch. 10470.
[951] WDR Hist. Arch. ebda. Zu dieser Serie vgl. oben Abschnitt III. 3. h) β).
[952] WDR Hist. Arch. ebda.

„Ich befürchte, daß die Sendereihe nicht über ‚Biologiebuch'-Informationen hinauskommt. [...] Ich erwarte von einer Sendereihe, die das Sexualverhalten junger Leute thematisieren will, den Versuch, die Sexualität in die gesamte Persönlichkeitsentwicklung des jungen Menschen zu integrieren. Mir ist wichtig, daß junge Leute nicht nur Hilfe gegen unerwünschte Schwangerschaften, sondern auch bei ihren erziehungs-, umwelt- und altersgemäßen Kommunikationsschwierigkeiten finden. [...] Wie lerne ich (wir), meine Bedürfnisse zu erkennen, mit ihnen umzugehen, meine Interessen zu organisieren, mich mitzuteilen? Wie werde ich partnerschaftsfähig?"

Helga Kirchner erläuterte, bei der Wiederholung der Reihe sei die 1974 produzierte Auftaktsendung „zu grundsätzlichen Fragen des Sexualverhaltens Jugendlicher" aus technischen Gründen entfallen.

„Die ausdrückliche Absicht bei der Konzeption dieser Reihe bestand darin – und wir meinen, daß das auch wichtig und legitim ist – , Informationsdefizite abzubauen, die zum Teil auch Ängste, Tabuierungen und Vorurteile verursachen. Ihr Brief hat mich trotzdem nachdenklich gestimmt, und ich überlege im Augenblick, inwieweit im Rahmen unserer Sendereihe RADIOTHEK Ihren Forderungen entsprochen werden kann."[953]

Eine Konsequenz in dieser Hinsicht mag die 1978 ausgestrahlte zweiteilige Serie *Verlassen und verlassen werden* gewesen sein.[954]
Mit ihrem Bericht über Unterhaltsklagen von Kindern gegen ihre Eltern erntete die Redaktion bei Manfred K. aus Bissendorf allerdings herbe Kritik:

„Ich kann nur allen Jugendlichen empfehlen, besonders wenn die [sic] leicht anarchistisch angehaucht sind, die mit ihren Eltern Streit haben, weil sie Geld für die eigene Wohnung wollen, ihre ‚Alten' kurzerhand umzubringen. Denn dann erben die das Haus der Eltern und bekommen ein stattliche Waisenrente. [...] Bei dieser Gelegenheit möchte ich dem Autor wünschen, daß ihn seine fast volljährigen Kinder auch mal umbringen, damit sie eine eigene Wohnung kriegen und ihre Persönlichkeit frei entfalten können. [...] Natürlich bin ich nicht dafür, daß Kinder ihre Eltern töten. Aber wenn man Ihren Beitrag hört, möchte man meinen, daß Mord hier die letzte Möglichkeit sei, seiner Eltern Herr zu werden! Ich selbst bin Realschüler und werde in 377 Tagen volljährig. [...] Ich finde, die Radiothek sollte die Jugendlichen nicht zur Rebellion gegen ihre Eltern aufrufen, sondern sich für eine offene Aussprache zwischen den Generationen einsetzen."

Teiner verwahrte sich in seinem Antwortbrief gegen die Vorwürfe:

„Es ging in dieser Sendung nicht darum, daß Kinder ihrer Eltern Herr werden, sondern darum, wie Kinder zu ihrem Recht kommen, wenn es ihnen von den Eltern verweigert wird. Mit ein bißchen Verständnis kommt man eben erwiesenermaßen sehr oft und in den meisten Fällen, aber leider nicht immer aus. Es kann nicht im entferntesten davon die Rede sein, daß RADIOTHEK die Jugendlichen zur Rebellion gegen die Eltern aufruft, nur weil sie sie über ihre Rechte für den Fall eines Konfliktes aufklärt."[955]

Auf ein lebhaftes Echo stießen einige Ausgaben der *Radiothek am Draht* 1979. Zur Debütsendung über Verhütungsmittel hagelte es Kritik: Sie sei „eine einzige Lobhudelei auf die Pille" gewesen, Moderatoren und Experten im Studio hätten sich überfordert gezeigt; man frage sich, „wie Sie es überhaupt verantworten können, Kindern und Jugendlichen solche

---

[953] Zuschrift vom 29.5.1976, Antwort Kirchners vom 1.7.1976, WDR Hist. Arch. 10473.
[954] Zu dieser Serie vgl. oben Abschnitt III. 3. h) β).
[955] Zuschrift vom 9.3.1977, Antwort Teiners vom 4.4.1977, WDR Hist. Arch. 10474. Es ging um die oben in Abschnitt III. 3. h) erwähnte Sendung *A Family Affair* (9.3.1977), WDR Hist. Arch. 10519.

Angebote zu machen, was als logische Konsequenz Neugier und Verführung mit sich zieht". Ulrich Teiner begründete in seiner Antwort die Themenwahl:

> „Die Neugierde und die Fragen vieler Jugendlicher stehen [...] leider in keinem Verhältnis zu den Möglichkeiten, Antworten zu finden. Wir als Zielgruppensendung für Jugendliche fühlen uns u. a. auch verpflichtet, über solche Fragen und Bedürfnisse [...] zu unterrichten und Hilfestellung zu bieten bei der eigenen Entscheidungsfindung. [...] Es kann keine Rede davon sein, daß wir zum Geschlechtsverkehr ab 15 aufgefordert haben."[956]

Lebhaften Zuspruch hingegen fand die *Radiothek am Draht* über Beziehungsprobleme *Ich weiß keinen, mit dem ich reden kann*, zwei Monate später. Bemerkenswert ist die Korrespondenz zu dieser Sendung in zweierlei Hinsicht: zum einen insoweit, als sich zahlreiche Hörer an die Redaktion wandten, die unter Beziehungs- und Kontaktproblemen litten und auf der Suche nach persönlicher Hilfe waren. Und zum anderen insofern, als sich Nora Schattauer, die Redakteurin der Sendung, in auffallendem Maße Mühe gab, auf die Absender einzugehen, ihnen Mut zuzusprechen oder auch praktische Hilfe zu leisten. In mehreren Fällen füllten ihre Antworten mehr als eine engbeschriebene Schreibmaschinenseite.
Stephanie O. aus Wesel bezeichnete die Sendung als eine der gelungensten Radiothek-Ausgaben seit langem: „Irgendwie fand ich die ganze Atmosphäre toll. Die Music [sic] war spitze, die Leute Ulf Posé und Nora Schattauer kannte man auch schon von anderen Sendungen, und die vertrauten Stimmen gaben einem wirklich Vertrauen und Mut!" Posé habe die Anrufer „unheimlich gut verstanden", lobte die Absenderin und regte an, derartige Sendungen öfter ins Programm zu nehmen.

> „Man fühlt sich als Jugendlicher nicht so unverstanden und kommt mal ganz persönlich zu Wort. [...] Und dann bekommt man auch noch eine Antwort und das Beste an der Sache ist, daß man erfährt, daß es auch noch andere Jugendliche mit den gleichen Problemen gibt. [...] Weiter so!!!"[957]

Claudia S. aus Mönchengladbach lobte das Einfühlungsvermögen: „Klasse ist, daß Ihr Euch immer mit Leuten befaßt, die Probleme haben, und daß Ihr versucht, innerhalb von 10 Minuten (ich meine die Gesprächszeit am Telefon) eine Lösung zu suchen, also, daß Ihr Euch praktisch in die Menschen reindenkt."[958] Zahlreiche Hörer baten um die Adresse von Michael T. aus Köln, der sich als Anrufer an der Sendung beteiligt und darum gebeten hatte, seine Anschrift an andere Jugendliche weiterzugeben, die an Briefkontakten interessiert seien. Nora Schattauer folgte den Bitten und wandte sich an T.:

> „Hoffentlich bedauerst du nicht inzwischen, bei uns angerufen zu haben mit Deinen Problemen. Ich fand es schön zu merken, daß Du nachdenklich wurdest. Andere Jugendliche haben sich gemeldet und wollen mit Dir zu tun haben. Die Kopien von Jochens Schreiben aus Duisburg und Utes aus Köln schicke ich mit. Außerdem die Adresse von Belinda. Sie hat uns einen sehr persönlichen Brief geschrieben, den ich ohne ihr Einverständnis nicht weitergeben will. [...] Wie sie schreibt, wird sie von ihrer Mutter stark kontrolliert, aber sie möchte gerne mit Dir in Kontakt kommen. Ich würde mich freuen, wenn Du mit Jochen, Ute und Belinda irgendeine Art von Beziehung aufnehmen kannst. Und außerdem fände ich es schön, bei Gelegenheit zu erfahren von Dir, was sich aus diesem Kontakt ergeben hat."[959]

---

[956] Briefwechsel mit Teiners Antwort vom 7.5.1979 in: WDR Hist. Arch. 10455. Es ging um die oben in Abschnitt III. 3. h) β) beschriebene Sendung *Mein Freund will mit mir schlafen, aber ich weiß nicht so recht* (22.4.1979), WDR Hist. Arch. 10451.
[957] Zuschrift vom 25.6.1979, WDR Hist. Arch. 10455.
[958] Zuschrift vom 22.6.1979, WDR Hist. Arch. ebda.
[959] Schreiben Nora Schattauers an Michael T. vom 28.6.1979, WDR Hist. Arch. ebda.

Ute L. aus Köln erklärte sich die Kontaktschwierigkeiten mit zwischenmenschlichen Spezifika: Wenn man allein in eine Diskothek gehe und nur darauf warte, angesprochen zu werden,

> „könnte man wahrscheinlich den ganzen Abend sitzend verbringen. [...] Ich glaube, es liegt einfach an der Entwicklung. Wir (ich meine jetzt unsere Nation) haben uns einen gewissen Wohlstand erarbeitet. Wir sind selbständig und können uns viel leisten. Wir brauchen keine anderen mehr."[960]

Nora Schattauer versuchte zu helfen:

> „Kontakt bekommen hängt von der eigenen Initiative ab, zum Beispiel andere in der Disko auffordern. Und dann machst Du die Erfahrung, daß es Spaß bringt, selbst Leute aussuchen zu können. Oder die Erfahrung, daß Andere nur darauf gewartet haben, angesprochen oder angelacht zu werden."[961]

Zur Sendung selbst äußerte sich L. – wie auch einige andere Hörer – kritisch:

> „Die Ausführung ist nicht schlecht, aber man merkt doch, daß es Ihnen sehr schwer fällt, korrekt und ausreichend auf die Probleme einzugehen. Es ist ja auch sehr schwer, auf einen Menschen einzugehen, den man eben nur am Draht hat. [...] Sie sollten auf keinen Fall die Zuhörer vertrösten, da sich die Betroffenen sonst abgeschoben fühlen können."[962]

Schärfer formulierte es der 32jährige Peter D. aus Hagen:

> „Ihre Redaktion versucht sich in Lebenshilfe und bleibt dennoch, oder gerade irgendwo stecken. [...] Nur selten kommt ein Problem, das der Anrufer hat, klar heraus. [...] Die Folge, die Drei (die Moderatoren plus Psychologe) reden auf den Ratsuchenden ein, der nun wiederum fast verstummt und sich willig Dinge suggerieren läßt [...]. Man hat sowieso das Gefühl, wenn das Gespräch nichts mehr hergibt, dann versucht man eben das Problem mittels Suggestion zu ‚lösen'! Ja, man hört förmlich die Betroffenheit, aber auch die Hilflosigkeit der ‚Ratgeber'[...]. Die Absicht war sicher eine Gute, eine Sendung zu machen für Hilfesuchende, doch deren Verwirklichung tut sich schwer und wird sich immer schwertun. Sicher ist es schwer, den Mißerfolg einer Sendung einzugestehen, doch ärger wäre es, Sie würden so weiter machen. So gesehen haben Sie dann das Niveau von ‚Bravo' und deren Anverwandte[n]. Anfügen will ich noch, dass man bei der Radiothek sowieso immer das Gefühl haben muss, die Welt bestehe nur aus Problemen."[963]

Auch der 24jährige Theologiestudent Horst P. aus Dortmund hatte die Schwierigkeiten wahrgenommen:

> „Dadurch, daß das [Thema] aber so viele Varianten hat, konntet Ihr auf die einzelnen Anrufer gar nicht genau genug eingehen oder deren Problem gar beim nächsten Anrufer weiter erörtern. Meine Frage wäre also, ob es nicht sinnvoll wäre, bei einer ähnlichen Aktion das Problem stärker einzugrenzen oder sogar die Zielgruppe genauer zu definieren. [...] Ich hatte das Gefühl, daß Ihr darauf zuwenig vorbereitet wart, sonst hättet Ihr eventuell mehr allgemeine Tips geben können, auch wenn die genauen Umstände nicht bekannt waren."[964]

Einigen Kritikpunkten mochte sich Nora Schattauer keineswegs verschließen:

---

[960] Zuschrift vom 24.6.1979, WDR Hist. Arch. ebda.
[961] Schreiben Nora Schattauers vom 28.6.1979, WDR Hist. Arch. ebda.
[962] Zuschrift vom 24.6.1979, WDR Hist. Arch. ebda.
[963] Zuschrift vom 25.6.1979, WDR Hist. Arch. ebda.
[964] Zuschrift vom 24.6.1979, WDR Hist. Arch. ebda.

"Meine Redaktionskollegen und ich sind mit dem Ergebnis der bisherigen Anrufsendungen durchaus nicht zufrieden. Zum Teil kann man erhebliche Kritik an den Beratern/Psychologen äußern, an den Moderatoren, vor allem aber an der globalen, ungezielten Themenstellung, die vielleicht auch zu schnell Erwartungen weckte, wir könnten die Probleme lösen. [...] Trotzdem sehen wir die bisherigen Sendungen nicht als Mißerfolg an. Es stimmt doch: Das drüber reden hilft auch schon, von ähnlichen Problemen bei anderen Hören kann Impulse geben für die eigene Problemlösung."[965]

Zustimmung erntete die Redaktion mit einigen Sendungen über Randgruppenprobleme sowie zu Themen der Gleichberechtigung beider Geschlechter. Siegfried G. aus Hilfrath beklagte lediglich, das wichtige Thema der Frauenemanzipation sei ausgerechnet an einem Samstagabend zur Sprache gekommen – „wo doch die meisten Menschen ausgehen" und die Hörerzahlen folglich gering seien.[966] Ein bemerkenswertes Echo fand 1977 der Bericht über Kinder im Krankenhaus; Rolf I. aus Datteln zitierte sinngemäß: „'Kinder besitzen keine Traktoren, mit denen sie nach Bonn fahren könnten', doch glücklicherweise gibt es einige ‚große Kinder', die sich in ihren Sendungen weder durch Schläge, noch durch Schokolade den Mund stopfen lassen. Mein Kompliment zu Ihrem Beitrag!"[967] Die Sendung *Alte in der Gesellschaft* im Januar 1974 begeisterte Rudolf V. aus Bochum:

„Die in der Radiothek heute abend ausgestrahlten entlarvenden Aussagen über die Stellung der alten Leute in der Gesellschaft verdienen eine breitere Basis der Veröffentlichung. [...] Solche Sendungen helfen nachdenken über unsere augenblickliche gesellschaftliche Situation. Einer Gesellschaft, die [...] Jugend und Leistungsstärke zur Ideologie macht, sollte öffentlich der Spiegel vorgehalten werden."[968]

Der Bericht über Körperbehinderte *Bitte kein Mitleid!*[969] fand das Lob von Torsten-Christian L. aus Menden, der sich nach Adressen Betroffener erkundigte, um Briefkontakt aufzunehmen: „Ich war von diesem Beitrag so erschrocken, daß es so was überhaupt noch in unserer heutigen Gesellschaft gibt."[970] Hans-Joachim G. aus Westenger bekannte 1974, ein Beitrag über Epileptiker habe ihn „unwahrscheinlich fasziniert. Ich habe gemerkt, daß Sie sich mit diesem Problem sehr beschäftigt haben."[971]
Walter K. aus Bonn wiederum bekundete, einen Bericht über Sinti und Roma mit Interesse gehört zu haben, und er lobte die Absicht, Vorurteile abbauen zu helfen. Einzig die Betroffenen zu diesen Vorurteilen zu befragen, sei jedoch zu oberflächlich. „Sondern man sollte klären, wie und warum sie entstanden sind und dazu beide Seiten hören."[972]
Auf Kritik von zwei Seiten stieß 1979 das Hörbild über Punks und ihre Musikkultur.[973] Friedhelm S. aus Aachen beklagte eine „quasi Verherrlichung von Aggressivität und Brutalität", die einen unheilvollen Reiz auf „dafür anfällige Jugendliche" ausüben könne. Ulrich Teiner betonte in seinem Antwortbrief, es sei jedoch nicht darum gegangen,

---

[965] Schreiben Nora Schattauers vom 10.7.1979 an Peter D. aus Hagen, WDR Hist. Arch. ebda.
[966] Zuschrift vom 6.4.1974 zur Sendung vom selben Abend, WDR Hist. Arch. 10468. – Zu dieser Sendung erreichten die Redaktion auch zahlreiche Anfragen wegen einer Literaturliste.
[967] Zuschrift vom 2.6.1974, WDR Hist. Arch. 10470. Sie bezog sich auf die oben in Abschnitt III. 3. d) ε) behandelte Sendung vom selben Tage, WDR Hist. Arch. 10486.
[968] Zuschrift vom 27.1.1974, WDR Hist. Arch. 10469.
[969] Radiothek vom 19.12.1979: „Bitte kein Mitleid!" Wie Behinderte in der Öffentlichkeit oft dargestellt werden und was sie selber dem entgegensetzen, WDR-Schallarchiv 5095833.
[970] Zuschrift vom 19.12.1979, WDR Hist. Arch. 10478.
[971] Zuschrift vom 27.7.1974, WDR Hist. Arch. 10470.
[972] Zuschrift vom 10.3.1974, WDR Hist. Arch. 10468.
[973] Vgl. zu dieser Sendung oben Abschnitt III. 3. d) ε).

„bestimmte Verhaltensweisen als gut oder schlecht hinzustellen, vielmehr sollte das Hörbild […] die Gefühls- und Gedankenwelt von Jugendlichen in gespielten Szenen darstellen, die sich mit Punk beschäftigen oder sich sogar durch diese Art von Musik in ihrem eigenen Lebensgefühl verstanden und bestätigt fühlen. […] Das Hörspiel sollte auch zum Nachdenken über diese Realität anregen, und vielleicht ist ja auch die Entrüstung über aggressive Sprache und sinnlose Brutalität ein erster Schritt, der dazu führt, [zu erkennen,] wie es zu Aggressionen und Brutalität kommen kann."

Durch die „schnodderig-schicken Bemerkungen" der Moderatorenfigur im Hörbild habe „der zynische Mechanismus verdeutlicht werden" sollen, „mit dem der Musikmarkt Unzufriedenheit und Apathie eines Teils der Jugend aufgreift, sich anbiedert, die Symptome dieser Hilflosigkeit noch verstärkt, aber in der Tat keinen Ausweg anbietet; auch nicht anbieten will, weil es nur auf den Plattenumsatz ankommt".[974] Gänzlich andere Kritik äußerte der Künstler Gerd B., ein Angehöriger der Punk-Szene in Hagen:

„Punk Rock hat mit Brutalität nichts zu tun, wohl aber etwas mit Gefühlen – und erst nichts mit Eurem WDR Radithek [sic] Opportunismus, kritisch motiviert Juso, Judo, Junge Union… bla bla, bla bla. Verstehen tut Ihr, wollt aber, daß andere es nicht tun. […] Leute wie der Manipulationsredaktionsrechthaber sind gefährlicher als die Spießer, die hinterm Fernsehen hocken, ansonsten aber wegsehen. Erwarte Antwort, oder schafft Ihr das auch nicht."

Teiner nahm die Kritik offenbar achselzuckend zur Kenntnis: „Die Aussage unseres Hörspiels […] war um vieles differenzierter, als Ihre Kritik unterstellt. […]"[975]
Die 20jährige Corinna S. aus Düsseldorf wiederum störte sich an dem kritischen Beitrag zu *Sinn und Unsinn der Schuhmode*[976]: Sie pochte auf die Freiheit der Käuferinnen, sich für einen bestimmten Schuh zu entscheiden – gleichgültig, ob er gesundheitsschädlich sei. „Der Gipfel des Unglaublichen war […] die Frage, warum denn die Hersteller solches Schuhwerk überhaupt produzieren, wo da die soziale Verantwortlichkeit der Unternehmer bleibe." Bereits zwanzig Jahre zuvor sei über gesundheitsschädliches Schuhwerk geklagt worden.

„Die Frauen, die schon damals diese Schuhe getragen haben, laufen noch heute ganz gut auf ihren angeblich so deformierten Füßen. […] Wenn Sie allerdings jedem verbieten wollen, sich möglicherweise selbst zu schaden, dann setzen Sie sich doch konsequenterweise auch dafür ein, daß das Rauchen, der Alkoholgenuß, der Genuß von gespritztem Obst und Gemüse und, um die Sammlung zu vervollständigen, auch das Einatmen von verschmutzter Luft verboten werden."

Teiner betonte in seiner Antwort, die Frage, weshalb Stöckelschuhe produziert würden, habe weder eine Verurteilung noch ein Verbot beinhaltet, sondern sie habe zum Denken anregen wollen. Die Redaktion habe ja durchaus darauf verzichtet, solche Frauen zu Wort kommen zu lassen, die das Tragen von Stöckelschuhen von sich aus ablehnten. Die Redakteure seien selbst überrascht gewesen, daß die befragten Frauen „nahezu einhellig" Probleme beim Laufen mit diesen Schuhen hatten.

„Ich bin schon ein bißchen verwundert, wie schnell Sie über die Aussagen und Erfahrungen von Ärzten hinweggehen. Außerdem sollte man nicht übersehen, daß viele mit ihren Kranken-

---

[974] Zuschrift vom 23.1.1979, Antwort Teiners vom 21.1.1979, WDR Hist. Arch. 10477.
[975] Undatierte Zuschrift (zwischen 28.12.1978 und 4.1.1979), Antwort Teiners vom 5.1.1979, WDR Hist. Arch. ebda.
[976] Vgl. zu diesem Beitrag vom 1.8.1978 oben Abschnitt III. 3. e) δ). Zuschrift vom 3.8.1978, Antwort Teiners vom 31.8.1978, WDR Hist. Arch. ebda.

versicherungsbeiträgen die Behandlung von Schuh-Schäden mitbezahlen, übrigens genauso wie bei Raucher- und Alkoholschäden."

Zu Sendungen über die Bundeswehr finden sich gleichermaßen lobende und kritische Zuschriften. Die Pressestelle des Deutschen Bundeswehr-Verbandes stellte während der Bundeswehr-Sendewoche 1975 fest, die in ihr enthaltenen Berichte könnten konstruktiv „zu einer kritischen Auseinandersetzung mit der Bundeswehr in der Öffentlichkeit" beitragen. „Beiträge wie diese sind geeignet, Vorurteile beiderseits abzubauen und die Integration der Streitkräfte in die Gesellschaft unseres Landes zu fördern." Den Präsentationsstil könne man „durchaus mit dem Prädikat ‚dufte' versehen".[977]

Franz G. aus Hürth hingegen beklagte sich im Jahr darauf, im Zuge der Sendung über *Vertrauensleute in der Bundeswehr* sei deren „Posten [...] in einem recht unvorteilhaften Licht" erschienen. Er selbst sei während seiner Bundeswehrzeit zweimal Vertrauensmann gewesen und habe dabei „sehr viel angenehmere Erfahrungen gemacht, die ich Ihnen gerne bereit wäre zu schildern". Lothar Fend widersprach in seinem Antwortbrief dem Eindruck eines „unvorteilhaften Lichtes":

> „Im Gegenteil: Die Wichtigkeit und Bedeutung der Funktion ist, so meine ich, genügend herausgehoben worden. Auch die Möglichkeit sinnvoller Zusammenarbeit mit Vorgesetzten ist nicht bestritten worden. Allerdings, und an diesem Punkt setzte die Kritik des Autors an, legen manche Formulierungen über die Aufgaben des Vertrauensmannes die Vermutung nahe, daß seine Wirksamkeit eher vom guten Willen vor allem auch der Vorgesetzten abhängt – und nicht so sehr von verbrieften Rechten."[978]

Einige Sendungen zu Problemen in Ländern der Dritten Welt und zur Situation ethnischer Randgruppen im Ausland stießen auf großes Interesse. So baten zahlreiche Hörer 1974 um ein Manuskript des Berichtes über die Entwicklungshilfe für Brasilien.[979] Auf eine Sendung über die Probleme der indianischen Einwohner Nordamerikas erhielt die Redaktion bemerkenswert viele Zuschriften: „Ich finde es wirklich dufte, daß Ihr nochmal auf das Indianerproblem zurückgekommen seid!" lobte Petra Q. aus Nienburg/Weser, und Petra A. aus Dortmund betonte: „Ich [...] wünsche mir nichts sehnlicheres, als ihnen mit allen mir zur Verfügung stehenden Mitteln zu helfen."[980]

Wenige Wochen später erregte ein Bericht über die Pinochet-Diktatur in Chile allerdings den Widerspruch des Journalisten Günter K. aus Eschweiler: Die Sendung sei nicht geeignet gewesen, „den Ruf des WDR, objektiv und parteiunabhängig zu sein, zu stärken". K. klagte in seinem Brief an die Hörfunkdirektion, die Berichte über Folterungen hätten sich einzig auf Aussagen Betroffener gestützt, „Situationsschilderungen unabhängiger Stellen (Rotes Kreuz, UN, oder neutraler Staaten) fehlten gänzlich". Einschätzungen von Bundestagsabgeordneten und von Vertretern der Industrie seien „nur auszugsweise" zitiert worden. „Man merkte die Absicht und war verstimmt. [...] Insgesamt büßte daher diese Sendung wegen ihres Mangels an Objektivität einen Teil ihres berechtigten Anspruchs ein." Ulrich Lux erläuterte Hörfunkdirektor Jenke daraufhin, es sei nicht darum gegangen, „eine allumfassende Würdigung der Ereignisse im September 1973 vorzunehmen". Wohl sei Anlaß des Beitrags das Erscheinen des „Schwarzbuch Chile" im Kölner Pahl-Rugenstein-

---

[977] Hörerbrief an Lothar Fend vom 23.9.1975, WDR Hist. Arch. 13001. Zur Sendewoche vgl. Abschnitt II. 3. e) ι).
[978] Zuschrift vom 12.10.1976, Antwort Fends vom 19.10.1976, WDR Hist. Arch. 10474. Der Briefwechsel bezog sich auf die oben in Abschnitt III. 3. e) ι) beschriebene Sendung *Vertrauensleute in der Bundeswehr* (12.10.1976), WDR Hist. Arch. 10514.
[979] Zuschriften in: WDR Hist. Arch. 10470. Zur betreffenden Sendung vom 31.3.1974 vgl. oben Abschnitt III. 3. c) γ).
[980] Beide Zuschriften vom 14.2.1974, WDR Hist. Arch. 10469.

Verlag gewesen. Die Redaktion habe auch „keinen Zweifel daran gelassen, daß die Kritik des ‚Schwarzbuchs Chile' an den Vorgängen in diesem Land von einem engagiert ‚linken' Standpunkt aus erfolgt, wir sahen allerdings keinen Anlaß, den grundsätzlichen Wahrheitsgehalt der Dokumentation in Zweifel zu ziehen." Die von K. vermißten unabhängigen Quellen seien durchaus berücksichtigt worden, „allerdings scheint es mir nicht erforderlich, in jedem Falle [...] diese Quellen umfangreich zusätzlich auch innerhalb der Sendung auszuwerten". Lux rief Pinochets Drohungen an die Adresse der Opposition ins Gedächtnis und betonte: „Unter diesen Umständen kann ich Ausgewogenheit nicht so verstehen, daß ich die Beseitigung eines ‚menschlichen Sozialismus' in der Tschechoslowakei beweine, in Chile aber gutzuheißen hätte."[981]

Auch zu einigen Sendungen mit ungewöhnlichen Themen erhielt die Redaktion Hörerpost. Ulrich Lux und Joachim Sonderhoff ernteten mit ihrer *Open Box* zum *Rundfunk in Amerika* herbe Kritik: Von „Selbstbeweihräucherung" war die Rede.[982] Georg H. aus Aachen wiederum erklärte die satirische Silvestersendung des Jahres 1976 *Ein ausgewogenes Programm* für „unwahrscheinlich gut"; Dietrich Backmann dankte für das Lob und fügte hinzu, diese Sendung habe zeigen sollen, „wie das Programm aussehen würde, sobald RADIOTHEK in Privateigentum überführt worden wäre".[983]

Clemens J. aus Paderborn allerdings nannte Ulrich Teiners Kommentar zur *Gewissensprüfung für Kriegsdienstverweigerer*[984] „eine Unverschämtheit".

> „Es ist für mich nicht erstaunlich, daß Sie die Gelegenheit wahrnahmen, um [...] die Staatsanwaltschaften, die CDU/CSU und andere Andersdenkende für gestiegene Selbstmordraten und für die Jugendarbeitslosigkeit verantwortlich zu machen. Weiter rücken Sie uns Studenten allgemein in die Nähe von sog. Studenten der Uni Göttingen, den ‚Meskaleros'. Sie haben keine Ahnung von dem, was Sie sagen, wenn Sie behaupten, man könne mit diesen Linksextremen diskutieren. Politiker der CDU, die an der Uni sprechen wollten im Rahmen des demokratischen Dialogs des RCDS, wurden hinausgeprügelt. [...] Die Gruppen, die Sie in Schutz nehmen, sind diejenigen, die für Schlägereien in Brokdorf, Rathausbesetzung in Bonn usw. usw. verantwortlich sind – der KBW, MSB Spartakus, KPD ML u. v. a. [...] Zu guter Letzt vergleichen Sie Nico Hübner mit den bundesdeutschen Wehrdienstverweigerern. [...] Bei Nico Hübner geht es darum, daß er sich auf das Potsdamer Abkommen beruft, das der DDR verbietet, einen Berliner Einwohner zum Militärdienst heranzuziehen [...]. Im Fall Hübner geht es um Rechtsbruch, in der Bundesrepublik Deutschland um Wehrgerechtigkeit."[985]

Teiner verteidigte sich gegen die Vorwürfe im Duktus einer Gegendarstellung:

> „Der Zusammenhang aller Dinge, die ich in meinem Kommentar angesprochen habe, besteht darin, daß sie allesamt auf viele Jugendliche so wirken, als ob sie in dieser Gesellschaft pau-

---

[981] Zuschrift vom 12.4.1976, Schreiben Lux' an Jenke vom 9.5.1974, Jenke nahm die Sendung anschließend in seiner Antwort an K. in Schutz, WDR Hist. Arch. 10450.
[982] WDR Hist. Arch. 10472. Zur Sendung selbst vgl. oben Abschnitt III. 3. e) ε).
[983] Zuschrift vom 31.12.1976, Antwort Backmanns vom 24.2.1977, WDR Hist. Arch. 10474. Der Briefwechsel bezog sich auf die oben in Abschnitt III. 3. k) erwähnte Sendung vom 31.12.1976, WDR Hist. Arch. 10515.
[984] Vgl. zu diesem Beitrag vom 13.4.1978 oben Abschnitt III. 3. e) ι).
[985] Zuschrift vom 13.4.1978, WDR Hist. Arch. 10477. – Der 23jährige Ost-Berliner Nico Hübner hatte einen Antrag auf Ausreise in die Bundesrepublik gestellt und sich im März 1978 der Ladung zur NVA-Musterung widersetzt. Das West-Berliner Büro der *Gesellschaft für Menschenrechte* machte den Fall in der Bundesrepublik bekannt. Auf Betreiben Erich Honeckers und des MfS wurde Hübner im Juli 1978 in einem vom MfS gesteuerten, nichtöffentlichen Prozeß zu einer fünfjährigen Freiheitsstrafe verurteilt; 1979 wurde er in den Westen abgeschoben. Vgl. die Angaben im Internet-Projekt *Damals in der DDR* des WDR und MDR, abgerufen am 18.9.2007 unter http://www.mdr.de/damals-in-der-ddr/lexikon/1781371-hintergrund-1781141.html. Ulrich Teiner hatte in seinem Kommentar bereits darauf angespielt.

senlos benachteiligt, in ihren Rechten beschnitten und um ihre Zukunft betrogen werden. [...] Was daran ‚unverschämt' ist, ist mir nicht klar.

Es ist falsch, wenn Sie behaupten, ich hätte die CDU, Staatsanwaltschaften oder ‚andere Andersdenkende' für gestiegene Selbstmordraten und Jugendarbeitslosigkeit verantwortlich gemacht. Ich habe vielmehr unbestreitbare Tatsachen aufgezählt; beschrieben, wie sie auf viele junge Leute wirken, und dafür plädiert, daß man dieser Entwicklung nicht länger tatenlos zuschauen könne, weil ich ihre Folgen fürchte.

Es ist falsch, wenn Sie behaupten, ich hätte Studenten allgemein in die Nähe von ‚Mescaleros' gerückt. Wenn aber stimmt, was der Berliner Wissenschaftssenator Glotz behauptet [...], daß nämlich mindestens 20% der Studenten denken wie der Mescalero, kann man sich dieses Problem nicht dadurch vom Halse schaffen, daß man diese Gruppe – wie Sie das tun – schlicht als ‚sog. Studenten' apostrophiert. [...]

Es ist falsch, wenn Sie behaupten, ich hätte chaotische, gewalttätige Gruppen in Schutz genommen. Das Gegenteil ist richtig. Ich habe mich gewehrt dagegen, junge Leute, die für eine stärkere Realisierung unserer Verfassungsgrundsätze eintreten, mit diesen Chaoten in einen Topf zu werfen. Daß es im Falle Nico Hübner juristisch um einen anderen Sachverhalt geht als bei unseren Wehrdienstverweigerern, ist auch mir bekannt. Ich habe in meinem Kommentar auch nichts gegenteiliges behauptet, ich habe nur dafür plädiert, einen Wehrdienstverweigerer, der ein Grundrecht unserer Verfassung wahrnimmt, wenigstens zunächst einmal ernstzunehmen."[986]

Kontroverse Reaktionen provozierte die Sondersendung, in der die Radiothek vier Stunden lang das Konzert Wolf Biermanns aus der Kölner Sporthalle im November 1976 übertrug.[987] „Selbst dagegen hat es Proteste gegeben!" ereifert sich Teiner rückblickend.

„Wir konnten machen, was wir wollten! Es wurde protestiert! Die einen sagten: Na, ist doch toll, daß der Biermann wenigstens bei uns frei singen und sagen darf, was er in der DDR nicht darf – nein, das war dann manchen auch schon wieder zuviel! Ich finde, dafür hätte man uns eigentlich gratulieren können, daß wir das gemacht haben."[988]

Die Mehrzahl der Briefeschreiber äußerte sich positiv; die Kritiker griffen jedoch zu scharfen Formulierungen. „Anstatt Schlager spielen zu lassen, gaben Sie fast den ganzen Abend einem Kommunisten das Wort, der nach russischer Methode Jugendliche durch äußere Beeinflussung zum Kommunismus verführte"[989], ereiferte sich Tobias C. aus Plettenberg. Werner D. beklagte sich,

„daß Sie einem sehr gefährlichen kommunistischen Propagandisten namens Wolf Biermann vier Stunden lang die Möglichkeit geben, seine nur durch gelegentliche, säuselnde kritische Bemerkungen garnierte[n] Lobeshymnen auf die ‚DDR' und den kommunistischen Sozialismus zu verbreiten!"[990]

Und Günter B. führte aus:

„Meine Empörung richtet sich im einzelnen: 1) gegen die Person des [...] Sprechers der IG Metall, der sich in seinen Einleitungssätzen zu dem folgenden ‚Liedervortrag' fast überschlug, wenn er seine Zuhörer im Saal und an den Empfangsgeräten animieren wollte, die ‚Roten' tatkräftig im Kampf gegen ihre Unterdrückung zu unterstützen. [...] 2) gegen die von den Verantwortlichen in Ihrem Haus bei der Auswahl der Themen, Texte und Sprecher (Interpreten) bewiesene Arg- und Verantwortungslosigkeit. Haben die betreffenden Leute das Ergebnis der

---

[986] Antwort Teiners an Clemens J. vom 2.5.1978, WDR Hist. Arch. 10477.
[987] Vgl. zu dieser Sendung oben Abschnitt III. 3. c) α).
[988] Interview mit Ulrich Teiner im Februar 2005. – Zur damaligen Debatte um Wolf Biermann vgl. Neubert a.a.O., S. 328 f.
[989] Zuschrift vom 15.11.1976, WDR Hist. Arch. 10516.
[990] Zuschrift von Werner D. aus Plettenberg vom 14.11.1976, WDR Hist. Arch. ebda.

Bundestagswahl 1976 vergessen? Hier hat sich doch bewiesen, daß eine überwältigende Mehrheit aller Wähler sich für diese unsere demokratische Bundesrepublik entschieden hat. [...] 3) gegen die infamen Anwürfe (‚Schwarzes Pack' usw.), die der hochgejubelte, entweder naive oder aber super-schlitzohrige ‚DDR-Barde' Biermann allen Nicht-Proleten entgegenschleuderte!"[991]

„Der kalte Krieg war noch nicht vorbei!" erinnert Dietrich Backmann; und er erklärt achselzuckend die erbosten Reaktionen: „Ein Kommunist war Kommunist – auch wenn er Biermann hieß!"[992] Ulrich Teiner seinerseits reagierte auf die Beschwerden der Hörer mit einem standardisierten Antwortbrief:

> „Wir waren und sind der Meinung, daß der seit über zehn Jahren erste Auftritt eines unzweifelhaft bedeutenden Liedermachers und Dichters aus der DDR Grund genug ist, dieses Ereignis im Rahmen der RADIOTHEK zu dokumentieren. Die überaus starke Reaktion in der Presse – ganz unabhängig vom politischen Standort des jeweiligen Blattes – zeigt, daß unsere Kollegen [...] dieses Ereignis durchweg ebenso einschätzten. [...] Zweifellos ist Wolf Biermann ein kommunistischer Liedermacher und Dichter. [...] Er hat bei seinem Konzert in Köln auch nicht mit Kritik an der Bundesrepublik gespart, wenn auch der Hauptgegenstand seiner kritischen Auseinandersetzung zweifellos die DDR gewesen ist. Wir sind aber der Meinung, daß es zu den Stärken unserer Gesellschaftsordnung gehört, daß sie [...] es sich erlauben kann, einem Mann die Gelegenheit zu solch offener und öffentlicher Kritik zu geben, der in seinem eigenen Land seit zwölf Jahren Auftrittsverbot hat und nun sogar von diesem Land ausgebürgert wurde. [...] Aus dem Charakter einer Live-Übertragung ergibt sich auch, daß sich der WDR selbstverständlich nicht mit allem, was an diesem Abend gesagt wurde, identifiziert."[993]

Offenbar begriff ein Teil der Kritiker nicht, daß zwischen dem Liedermacher und der SED-Spitze ein Konflikt aufgebrochen war: „Daß das Radio sich hier für Propagandamittel aus dem Osten zur Verfügung stellt", mokierte sich W., ein Hörer aus Dortmund, „grenzt langsam an Zumutung, was einem da geboten wird. Am besten geben Sie sich schon als DDR-Sender aus."[994] Im Falle der DDR-Regimekritiker Gerulf Pannach und Christian Kunert kritisierte Rainer H. aus Neuss die Übertragung des Konzerts aus West-Berlin im November 1978[995]: „Kann Radiothek nicht mal etwas anderes als die Verherrlichung des Sozialismus bieten?" Teiner widersprach diesem Eindruck und fügte hinzu:

> „Ich bin der Meinung, daß es dieses Land [gemeint ist die Bundesrepublik, M. K.] auszeichnet, daß Sänger wie Pannach und Kunert, die in der DDR eingesperrt und dann ausgewiesen wurden, bei uns auftreten können, und zwar auch dann, wenn sie dabei Kritik an der Bundesrepublik üben. [...] Ich vermag ferner nicht einzusehen, worin die von Ihnen genannte ‚Verherrlichung des Sozialismus' bestehen soll, wenn wir ein Programm mit Liedermachern bringen, die aus einem Land, das sich als sozialistisch versteht, ausgewiesen wurden."[996]

Daß der Bericht über das Ost-Berliner Festival des politischen Liedes im Februar 1978 Kritik aus der politischen Szene hervorrief, konnte allerdings kaum überraschen. Verwaltungsratsmitglied Willy Weyer (FDP) wandte sich an den Intendanten und erläuterte, der parlamentarische Geschäftsführer der liberalen Bundestagsfraktion habe sich bei ihm mit den Worten beschwert: „Mir war anschließend der Abend verdorben, weil ich der Auffassung bin, daß das, was in dieser Sendung uns vorgesetzt wird, die Grenze des Zumutbaren über-

---

[991] Zuschrift vom 17.11.1976, WDR Hist. Arch. ebda.
[992] Interview mit Dietrich Backmann im Juli 2004.
[993] Schreiben Teiners vom 8.12.1976, WDR Hist. Arch. 10516.
[994] Undatierte Zuschrift, vermutlich November 1976, WDR Hist. Arch. ebda.
[995] Zu dieser Sendung vgl. oben Abschnitt III. 3. c) α).
[996] Zuschrift vom 20.11.1978, Antwort Teiners vom 1.12.1978, WDR Hist. Arch. 10477.

schreitet." Es sei „FDJ- und DKP-Gruppen" ein zu breites Forum geboten worden. „Wenn die Kritik des Herrn Windelen am Westdeutschen Rundfunk in Richtung Rotfunk wohl auch überzogen war, Anlässe für diese Kritik könnte man haufenweise anführen", fügte Weyer hinzu.[997] Wie oben beschrieben, waren die Vorwürfe nicht ganz aus der Luft gegriffen. Von Sell besprach die Angelegenheit mit Hörfunkdirektor Jenke und erinnerte Weyer dann an die Machart des Beitrags:

> „Der Berichterstatter stellt diese Gruppen vor, läßt ihre Mitglieder über Absichten und Ziele zu Wort kommen, bringt einzelne charakteristische Ausschnitte aus den Liedern und kommentiert diese kritisch, so z. B. wenn er zum Ausdruck bringt, daß folkloristische Musik von den Kommunisten als ein Mittel betrachtet wird, um ‚Parolen unter's Volk bringen zu können', wenn er darauf hinweist, daß die ‚Befreiung' des chilenischen KP-Vorsitzenden Corvalhan gefeiert wird, ohne daß dabei erwähnt wird, daß dies im Austausch mit dem Dissidenten Bukowski geschah oder wenn er ein Lied über ‚die Genossin Kalaschnikoff' kritisch mit den Worten kommentiert, daß den Verfassern des Songs ‚jedes Mittel recht ist'."

Nach Manfred Jenkes Auffassung sei der Beitrag „keineswegs unkritisch" ausgefallen. Zweck sei gewesen, „Hörer in der Bundesrepublik darüber zu informieren, was gegenwärtig in der DDR geschieht und welche Rolle dabei die sog. Singe-Bewegung spielt"[998].

Kritik aus einer im weitesten Sinne politisch linken Position taucht in der Hörerpost recht selten auf. Horst W. aus Refrath vermißte 1976 im Bericht über die Bundesprüfstelle für jugendgefährdende Schriften den Hinweis auf Fälle „politischer Zensur" gegen linke Literatur. Helga Kirchner widersprach in ihrem Antwortbrief: „Eine politische Zensur, wie Sie sie unterstellt haben, findet durch die Bundesprüfstelle nicht statt."[999]
Uwe P. aus Essen reagierte verärgert auf eine *Discothek im WDR*, deren Juroren ihre „Freunde von der Schülerunion in Duisburg" gegrüßt hätten, und sprach von „parteipolitische[r] Schleichwerbung".[1000] Klaus H. aus Hattingen störte sich an den Veranstaltungshinweisen auf Rockkonzerte, in diesem Falle des *Great Music Circus* am 28. September 1974 in der Dortmunder Westfallenhalle – bei dem das Publikum gegen einen überraschend abgesagten Auftritt des Gitarristen und Sängers Rory Gallagher protestiert und sich daraufhin mit Übergriffen der Ordnungskräfte konfrontiert gesehen habe: Sofern die Radiothek auf derartige Konzerte hinweise, solle sie, so H., „auch mal die sich häufenden zweifelhaften Geschäftsmethoden dieser Veranstalter unter die Lupe nehmen".[1001] Und Heinz-Hartmut K. aus Essen kritisierte 1974 einen Bericht über die Aktion „Schüler im Chefsessel":

---

[997] Schreiben Weyers vom 30.3.1977, WDR Hist. Arch., unverz. Best. des Intendanten von Sell, *WDR Allgemeine Programmangelegenheiten – RADIOTHEK – 23-31 – 24.602* (Nr. 253). Weyer bezog sich auf die oben in Abschnitt III. 3. c) α) beschriebene Sendung vom 16.2.1978, WDR-Schallarchiv 5071621.
[998] Schreiben von Sells an Weyer vom 4.4.1977, WDR Hist. Arch., unverz. Best. des Intendanten von Sell, *WDR Allgemeine Programmangelegenheiten – RADIOTHEK – 23-31 – 24.602* (Nr. 253).
[999] Zuschrift vom 18.12.1976, Antwort Kirchners vom 4.1.1977, WDR Hist. Arch. 10474. Der Briefwechsel bezog sich auf die oben in Abschnitt III. 3. h) δ) erwähnte Sendung *Schutz vor Schmutz – braucht die Jugend die Bundesprüfstelle?* (17.12.1976), WDR Hist. Arch. 10515.
[1000] Zuschrift an den Intendanten vom 13.12.1975, Teiner erläuterte daraufhin von Bismarck, es habe sich in der Tat lediglich um den Gruß eines Zuhörers an seine Freunde gehandelt; WDR Hist. Arch. 10450.
[1001] Zuschrift vom 2.10.1974 – Bereits am 25.8.1974 hatte sich die Radiothek mit den Geschäftsgebaren der Veranstalter von Rockkonzerten befaßt: in der oben in Abschnitt III. 3. e) δ) erwähnten Sendung *Allman Brothers: $ 650.000 – Eric Clapton: $ 250.000 – ein heißer Sommer für das amerikanische Rock Business*, WDR Hist. Arch. 10488. Am 12.12.1974 griff sie ein ähnliches Thema auf: „*Jimme* [sic] *Money" – ökonomische Fakten in der Schallplattenwirtschaft* (12.12.1974), WDR-Schallarchiv 5090070. Vgl. dazu gleichfalls oben III. 3. e) δ).

„Ich gratuliere zu dem Mist, den Sie da aufgegabelt haben. Etwas Reaktionäreres konnten Sie wohl nicht senden? [...] Der WDR sollte die Schüler in seinen Beiträgen über die Probleme der Arbeiter und Lehrlinge informieren, dann ergibt sich das Bild vom Unternehmer von selbst, und zwar das wirkliche Bild!"[1002]

[1002] Zuschrift vom 30.3.1974, WDR Hist. Arch. 10468.

V. Die Radiothek in der zeitgenössischen Diskussion

Die bemerkenswerte Reichweite der Radiothek bei ihrer Zielgruppe, der erbitterte Protest in etlichen Hörerbriefen, die engagierte Zustimmung in vielen anderen Zuschriften – dies waren Begleiterscheinungen dessen, daß die Sendung bereits nach kurzer Zeit die Aufmerksamkeit politischer Akteure und Beobachter erregte. Der journalistisch notorisch unbequeme öffentlich-rechtliche Rundfunk war einigen von ihnen seit seiner Gründung nach dem zweiten Weltkrieg als „vergleichsweise atavistisches Relikt der Besatzungszeit"[1003] ein Dorn im Auge gewesen. „Die Parteien waren vom ersten Tage an zur Stelle"[1004], notierte 1981 der Publizist Peter von Zahn.[1005]

In besonderem Maße rückte die Präsentation solcher Auffassungen ins Fadenkreuz, die von etablierten Positionen im politischen Spektrum abwichen.[1006] Und so mußten sich gerade an einer Jugendsendung, die sich nur wenige Jahre nach dem Abebben der Protestbewegung von 1968 Partei für ihre Zielgruppe ergriff, – wie auch anderenorts in der Bundesrepublik[1007] – die Geister scheiden.

1. Konfliktlinien

„Es war damals eine sehr hysterische Zeit"[1008], erinnert Klaus Klenke – und er hebt damit hervor, in welcher Weise die gesellschaftlichen Debatten zu vielen Themen geführt wurden, wie sie auch die Radiothek beschäftigten: Die Gemüter erhitzten sich an der Diskussion um den Schwangerschaftsabbruch, um die Senkung der Volljährigkeitsgrenze, um das Verhalten gegenüber den Diktaturen im Ostblock und in der Dritten Welt, um den in dieser Ausprägung neuartigen RAF-Terrorismus, um den gesellschaftlichen und kulturellen Wandel nach 1967/68 und um vieles mehr.[1009]

[1003] Wolfgang Jacobmeyer, Politischer Kommentar und Rundfunkpolitik. Zur Geschichte des NWDR 1945-1951, in: VfZ 21 (1973), S. 358-387, überarbeitet wiederabgedruckt bei Winfried B. Lerg/Rolf Steininger (Hg.), Rundfunk und Politik 1923 bis 1973, Berlin [W.] 1975 (Rundfunkforschung Bd. 3), S. 311-340, hier: S. 322.
[1004] Peter von Zahn, Nicht der Rundfunk ergreift Partei – die Partei ergreift den Rundfunk, in: RuF 29 (1981), S. 284-287, hier: S. 286.
[1005] Vgl. die Darstellung des politischen Drucks auf den NWDR in den fünfziger Jahren bei Jacobmeyer a.a.O., S. 322-329: Dabei wurde der Verwaltungsrat instrumentalisiert. – Die Gängelung des Saarländischen Rundfunks ist ein weiteres Beispiel dessen, wie westdeutsche Medienpolitiker in der Nachkriegszeit vorgingen, vgl. Heribert Schwan, Der Rundfunk als Instrument der Politik im Saarland 1945-1955, Berlin [W.] 1974, S. 61-65, 119-127. Außerdem vgl. Winfried B. Lerg, Wie ausgewogen müssen unsere Hörfunk- und Fernsehprogramme sein?, in: *Der Journalist* 22 (1972), H. 10, S. 26-27, hier: S. 27; Rolf Steininger, Rundfunkpolitik im ersten Kabinett Adenauer, in: VfZ 21 (1973), S. 388-434, wiederabgedruckt bei dems./Lerg (Hg.), Rundfunk und Politik, a.a.O., S. 341-384, hier: S. 342; Norbert Schneider, Parteieneinfluß im Rundfunk, in: Jörg Aufermann u. a. (Hg.), Fernsehen und Hörfunk für die Demokratie. Ein Handbuch über den Rundfunk in der Bundesrepublik Deutschland, Opladen 1979, S. 116-126, hier: S. 119; Zit. nach N. N., Regierungsstunde, in: RuF 2 (1949), H. 5/6, S. 90-91, hier: S. 90. Zur Kontroverse um den BR vgl. Hermann Meyn, Der Vormarsch der Parteien im Rundfunk. Der Bayerische Rundfunk als Beispiel, in: RuF 17 (1969), S. 230-239, hier: S. 232 f. – Auch das Presseamt der Bundesregierung verfocht den Anspruch, „den Gesprächsfaden zum Bürger nicht abreißen zu lassen"; zit. nach Wolfgang Bergsdorf, Information und Kommunikation als Regierungsleistung, in: Klaus Stern u. a. (Hg.), Rundfunk und Fernsehen – Informationsrecht, Informationspflicht und Informationsstil, München 1987 (Schriftenreihe des Instituts für Rundfunkrecht an der Universität zu Köln 44), S. 5-14, hier: S. 7.
[1006] Vgl. N. Schneider a.a.O., S. 121.
[1007] Vgl. die Darstellungen im Themenheft *Jugendfunk – Pickel im Programmgesicht* der Zeitschrift *Medium* 8 (1978), H. 10.
[1008] Interview mit Klaus Klenke im Mai 2007.
[1009] Vgl. Backes/Jesse a.a.O., S. 156, 207. Zum Verhalten der elektronischen Medien insbesondere während des Herbstes 1977 vgl. Goetz a.a.O., S. 35 f.

Die Journalisten ihrerseits verhielten sich kritischer als etwa in der Zeit des „regierungskonforme[n] Konsensjournalismus"[1010] der fünfziger Jahre; sie waren unbequem geworden: „Sie fühlen sich nun in der Rolle eines Anwalts der Öffentlichkeit oder einer bestimmten Partei. Mehr als die Hälfte ihrer Fragen stellen sie in der Erwartung, daß der Politiker eine Begründung für etwas geben solle, wofür er verantwortlich ist."[1011] Gerade Mitarbeiter der öffentlich-rechtlichen Rundfunkanstalten schufen sich aus den oben angedeuteten Gründen mit dieser Arbeitsauffassung keineswegs nur Freunde.
Die politischen Akteure konzentrierten sich zum einen darauf, über den Verwaltungsrat die Besetzung leitender Positionen zu beeinflussen. Spektakuläres Beispiel war 1960 die Abwahl des WDR-Intendanten Hanns Hartmann gewesen.[1012] Zum anderen inszenierten die Parteien in der Öffentlichkeit Kritik an einzelnen Sendungen:

> „Dabei nutzten die Politiker – gleich welcher Couleur – häufig (scheinbare oder tatsächliche) journalistische Fehlleistungen oder (scheinbare oder tatsächliche) finanzielle Inkorrektheiten, um ihre strategischen Ziele im Gewand einer Sachkritik verfolgen zu können. [...] Es gehörte dann zur Aufgabe der Intendanten und Direktoren, sich diesem politischen Druck zu stellen, ohne dabei die Kreativität ihrer Mitarbeiter zu lähmen oder die Qualität der Programme in Frage zu stellen. Sie mußten den Balanceakt zwischen dem Eingeständnis von tatsächlich vorhandenen Mängeln und der Verteidigung der Autonomie des Rundfunks gegenüber Machtansprüchen aller Art vollziehen."[1013]

Im WDR trafen die politischen Akteure auf Redakteure, deren politische Vorlieben das gesamte demokratische Spektrum repräsentierten. „Der WDR ist ja infolge seiner Größe immer ein Laden, in dem es eine Fülle von Firmen unter einem Dach gibt, die in anderen Medienbereichen unabhängig voneinander existieren würden. Und deren Journalismusverständnis wenig miteinander zu tun hat"[1014], erklärt der einstige Pressechef Michael Schmid-Ospach. An der Spitze des Hörfunks stand mit Fritz Brühl ein Direktor, der diese Gegensätze offenbar gelassen und tolerant ausbalancierte. „Ein ganz hervorragender Humanist"[1015], lobte Joachim Sonderhoff. „Das war ein sehr interessanter, sehr gebildeter Mann", bestätigt Brühls damaliger Referent Klaus Klenke.

> „Humanistische Union war der Hintergrund, Goethe-Gesellschaft – ein sehr distinguierter Gentleman, im wahrsten Sinne des Wortes. [...] Fritz Brühl war ein renommierter Journalist, war einer, der den Konjunktiv noch in allen Formen bilden konnte, und er hatte eine sehr eigenwillige Sprache. [...] Ein Mann, der auch alles möglich gemacht hat, was Demokratisierungsprozesse innerhalb des WDR betraf – er hat sie nicht gefördert, aber er hat sie auch nicht verhindert! Weil er eine sehr liberale Grundhaltung hatte."[1016]

[1010] Christina von Hodenberg, Die Journalisten und der Aufbruch zur kritischen Öffentlichkeit, in: Herbert (Hg.), Wandlungsprozesse in Westdeutschland, a.a.O., S. 278-311, hier: S. 297.
[1011] Johannes Schwitalla, Textsortenwandel in den Medien nach 1945 in der Bundesrepublik Deutschland. Ein Überblick, in: Biere/Henne (Hg.), Sprache in den Medien nach 1945, a.a.O., S. 1-29, hier: S. 15.
[1012] Vgl. Klaus Katz, Die WDR-Intendanten 1956-1985, in: ders. u.a. (Hg.), Am Puls der Zeit, a.a.O., S. 34-45, hier: S. 36, sowie Rüdiger Hoffmann, Rundfunkorganisation und Rundfunkfreiheit. Die Entwicklung von Organisations- und Machtstrukturen im Westdeutschen Rundfunk Köln und das Selbstverständnis der Programmmacher, Berlin (W.) 1975 (Rundfunkforschung 1), S. 119.
[1013] Brigitte Knott-Wolf, Der WDR im Spannungsfeld der politischen Parteien, in: Katz u.a. (Hg.), Am Puls der Zeit, a.a.O., S. 297-307, hier: S. 307.
[1014] Interview mit Michael Schmid-Ospach im April 2007.
[1015] Interview mit Joachim Sonderhoff im Juli 2005.
[1016] Interview mit Klaus Klenke im Mai 2007.

„Eine sehr liberale Grundhaltung": Fritz Brühl (hier 1955 als neuer Chefredakteur des NWDR Köln) leitete den WDR-Hörfunk von 1960 bis 1974.

In Brühls Direktion reichte das politische Spektrum von den aufmüpfigen *Panoptikum*-Mitarbeitern bis hinüber zum christdemokratischen[1017] Chefredakteur Paul Botta. Folglich kam auch Kritik an Sendungen des WDR – je nach deren Ausrichtung – mal aus dem einen, mal aus dem anderen politischen Lager.

a) Zu den Begriffen der „Objektivität" und „Ausgewogenheit"

Formal erfreuten sich die Redakteure großer Freiheit. Grenzen setzte ihren Tätigkeiten lediglich das WDR-Gesetz, dessen einschlägiger § 4 im Sommer 1974 in jene Form gebracht worden war, wie sie bis über den Sendeschluß der Radiothek 1980 hinaus gültig bleiben sollte. Demnach durften die Sendungen nicht gegen die verfassungsmäßige Ordnung verstoßen und mußten „die weltanschaulichen, wissenschaftlichen und künstlerischen Richtungen [...] berücksichtigen". Achtung vor den „sittlichen und religiösen Überzeugungen der Bevölkerung" war geboten. Die Nachrichten mußten „allgemein, objektiv und unabhängig" abgefaßt werden. Weiter sah sich der WDR verpflichtet, die „internationale Verständigung" zu fördern und „zur sozialen Gerechtigkeit [zu] mahnen". Er dürfe „nicht einseitig einer politischen Partei oder Gruppe, einer Interessengemeinschaft, einem Bekenntnis oder einer Weltanschauung dienen."[1018] Die Kritik an Sendungen wie der Radiothek vermißte unter anderem die Achtung vor den genannten Überzeugungen der Bevölkerung; sie pochte jedoch noch häufiger auf die Gebote der Objektivität[1019] und der Ausgewogenheit.

[1017] Interview mit Manfred Jenke im August 2005.
[1018] § 4 WDRG ist zitiert nach der Facsimile-Wiedergabe des Gesetz- und Verordnungsblatts bei Bierbach a.a.O. – Zu dieser Vorschrift auch Heinz-Dietrich Fischer (Hg.), Rundfunkintendanten – Kommunikatoren oder Manager? Rechtsstellung, Selbstverständnis und publizistischer Status der Leiter öffentlich-rechtlicher Rundfunkanstalten in der Bundesrepublik Deutschland, Bochum 1979 (Bochumer Studien zur Publizistik- und Kommunikationswissenschaft Bd. 20), S. 224.
[1019] Dazu Siegfried J. Schmidt/Siegfried Weischenberg, Mediengattungen, Berichterstattungsmuster, Darstellungsformen, in: Klaus Merten u.a. (Hg.), Die Wirklichkeit der Medien. Eine Einführung in die Kommunikationswissenschaft, Opladen 1994, S. 212-236, hier: S. 225-230 (direkte Zitate dort entnommen): Über die Problematik des Objektivitäts-

Die Forderung nach „Ausgewogenheit"[1020] – sie betraf das „Verhältnis der Aussagen zueinander" – rührte von den Rundfunkurteilen des BVerfG aus den sechziger Jahren her, welche die Staatsferne des Rundfunks hervorgehoben, einseitige Einflußnahme gesellschaftlicher Gruppen untersagt und „ein Mindestmaß von [sic] inhaltlicher Ausgewogenheit"[1021] gefordert hatten. „Da die Entscheidungen des Bundesverfassungsgerichts unmittelbare Rechtswirkung entfalten, mußte man sich davor hüten, [...] Beschwerden allzu leicht zu nehmen"[1022], wußte Rundfunkjurist und WDR-Intendant Friedrich-Wilhelm von Sell. Viele Verfechter dieser Beschwerden pflegten Ausgewogenheit auch von einzelnen Sendungen im WDR-Programm zu fordern – nicht zuletzt natürlich von der Radiothek. Ihre Kontrahenten hingegen – zu denen auch von Sell zählte[1023] – wollten die Meßlatte der Ausgewogenheit lediglich ans Gesamtprogramm angelegt sehen.[1024]
In der Praxis hatte sich freilich bald herausgestellt, daß die Vertreter unterschiedlicher Positionen höchst spezifische Vorstellungen dessen entwickelten, was ausgewogen sei und was nicht: Sie äußerten erfahrungsgemäß keinerlei Bedenken, solange ihre jeweilige Auffassung über Gebühr in einer Sendung berücksichtigt wurde. Viele Journalisten fürchteten darüber hinaus, daß man es auch aus Angst vor Beschwerden mit dem Ausgewogenheitsanspruch übertreiben könne: „Ich warte auf den Tag", bemerkte Fernsehredakteur Dagobert Lindlau 1980 bissig, „an dem wir der Ausgewogenheit zuliebe bei einem Bericht über die Hitlerschen KZ's einen alten Nazi vor die Kamera holen müssen, der dann feststellt, die Konzentrationslager hätten schließlich auch ihr Gutes gehabt."[1025]
Was Achtung vor den „sittlichen und religiösen Überzeugungen der Bevölkerung" beinhaltete, faßte das WDR-Justitiariat im Februar 1980 zusammen[1026]; dennoch deutet die Korrespondenz nach dem Ende der Radiothek darauf hin, daß diese Frage bis in die achtziger Jahre hinein umstritten blieb. Ingo Fessmann, der den genannten Aktenvermerk verfaßte, erinnerte zunächst daran, daß während der Gesetzesberatungen zum § 4 im Jahre 1954 ur-

---

begriffs – „das Verhältnis zwischen Aussagen und Ereignis" – war sich die Medienwissenschaft seit langem klar. Objektivität ließ sich praktisch umreißen als „eine intersubjektive Vereinbarung über die Art der Wirklichkeitskonstruktion, die vom System Journalismus erwartet werden kann" und zugleich als eine analoge Vereinbarung zwischen Kommunikatoren und Rezipienten. Nicht „Wahrheitsideale" lagen diesen Vereinbarungen zugrunde, sondern „Nützlichkeit" und „Glaubwürdigkeit". Gegner warfen dem nach Objektivität strebenden Journalismus vor, oberflächlich zu arbeiten: So wollte der „interpretative" Journalismus genauer die Hintergründe eines Sachverhalts erkunden. Der „Präzisionsjournalismus" seinerseits wollte Objektivitätsmaßstäbe aus der empirischen Sozialforschung gewinnen. Der „Neue Journalismus" hingegen bejahte subjektive Darstellungen. Der „investigative" Journalismus wiederum erklärte den Berichterstatter zum „Detektiv". Anklänge besonders an die erste und die dritte Spielart waren in der Radiothek häufiger zu bemerken.
[1020] Zu diesem Begriff vgl. N. Schneider a.a.O., S. 121. – Daß die Akzeptanz des Begriffs in der Medienwissenschaft begrenzt war, offenbart die Bemerkung Lergs a.a.O., S. 27, es handle sich um ein „pseudoegalitäres Modewort".
[1021] Die als „erstes Fernsehurteil" bekanntgewordene Entscheidung vom 28.2.1961 findet sich in BVerfGE 12, S. 205-264 (Nr. 23); vgl. S. 262 f.: Einfluß in den Gremien stand danach „alle[n] gesellschaftliche[n] Gruppen" zu. Für das Gesamtprogramm war „ein Mindestmaß von inhaltlicher Ausgewogenheit, Sachlichkeit und gegenseitiger Achtung" zu gewährleisten. – Zu den Rundfunkurteilen vgl. Reinhart Ricker, Die Kompetenzen der Rundfunkräte im Programmbereich, München 1987, S. 6.
[1022] Friedrich Wilhelm von Sell, Mehr Öffentlichkeit! Erinnerungen, Springe 2006, S. 158 f.
[1023] Vgl. ebda., S. 159.
[1024] Vgl. Wolfgang Hoffmann-Riem, Redaktionsstatute im Rundfunk, Baden-Baden 1972, S. 111. Kritik an Unausgewogenheit war hinsichtlich einzelner Sendungen ungleich leichter zu inszenieren als hinsichtlich des Gesamtprogramms, vgl. Jacobmeyer a.a.O., S. 343.
[1025] Zit. nach Schmidt/Weischenberg a.a.O., S. 227. Zu Streitigkeiten in anderen Sendern vgl. Bernhard Wördehoff, Journalismus zwischen Profession und Proporz, in: RuF 29 (1981), S. 275-278, sowie Heribert Schatz u. a., Fernsehen und Demokratie. Eine Inhaltsanalyse der Fernsehnachrichtensendungen von ARD und ZDF vom Frühjahr 1977, Opladen 1981, S. 10.
[1026] Vermerk *Auslegung von § 4 Abs. 1 Satz 3 WDR-Gesetz* vom 14.2.1980, WDR Hist. Arch., unverz. Best. des Intendanten von Sell, Akte *WDR Radiothek ausschließlich Sendung v. 30.12.80 Abschluß-Sendung (Kündigung Lux) 1 – 24.602 – 258*; direktes Zitat dort entnommen.

sprünglich von „Gefühlen" der Bevölkerung die Rede gewesen sei[1027]; dann erläuterte er, daß es sich bei „Überzeugungen" hingegen um „durch eigene Prüfung und Erfahrung gewonnene Gewißheiten" handle, die schwerer als Gefühle zu verletzen seien. Sittliche Überzeugungen seien also „die von der Bevölkerung allgemein und dabei als feststehend anerkannten moralischen Anschauungen", religiöse Überzeugungen solche „im Zusammenhang mit Bekenntnissen entwickelte bzw. vorhandene Haltungen / Standpunkte / Regelungen [...], die zu den Glaubens-Essentialien zählen". Wenn nun gefordert werde, die Überzeugungen zu „achten", so bedeute dies einerseits nicht, „ihnen müsse ‚Rechnung getragen' oder sie müßten gar ‚gefördert' werden". Andererseits laufe es aber auch nicht darauf hinaus, daß die Überzeugungen lediglich „‚nicht verletzt' oder ‚nicht beeinträchtigt' werden" dürften. Das Gesetz enthalte

> „eine Art Minimum-Schutz [...]. Diese Überzeugungen dürfen nicht herabgewürdigt, nicht verächtlich gemacht, nicht derart attackiert oder angegangen werden, daß einerseits dem Angriff kein Wille/keine Bereitschaft zur ernsthaften Auseinandersetzung zugrundeliegt und andererseits die angegriffene Überzeugung als solche verworfen [...] werden soll. In der Vorschrift ist also eine besondere Ausformung des Toleranzgebots zu sehen."

Fessmann formulierte Leitlinien für die Entscheidung, ob ein Gesetzesverstoß vorgefallen sei; er verwies auf die Möglichkeit, daß eine „reine Bloßstellung" durch die „Kunstfreiheit des Art. 5 GG" gedeckt sein könne. „Provokation" sei nämlich „ein anerkannt künstlerisches Ausdrucksmittel"; als Persiflage oder dramaturgisches Mittel sei die Bloßstellung somit zulässig. „Um dies zu ermitteln, kommt es darauf an, ob dem ‚Angriff' irgendein künstlerisches Konzept zugrundelag oder jedenfalls erkennbar ist, daß hier eine künstlerische Form wesentliches Ausdruckselement war." Diese Überlegungen sollten im Februar 1980 und dann noch einmal im Frühjahr 1981 bezüglich der Radiothek Bedeutung erlangen.[1028]

b) Zum Kräftespiel der Gremien, Intendanten und Hörfunkdirektoren im WDR

Zur Einflußnahme nutzten einige politische Akteure häufig die drei Aufsichtsgremien des WDR[1029] – wenn auch die Annahme fehlgeht, daß die jeweiligen Vertreter überdurchschnittliche Parteidisziplin an den Tag gelegt hätten – von einem „Marionettenverhalten" konnte nicht die Rede sein.[1030] „Politik wirkte auf den ö[ffentlich]-r[echtlichen] Rundfunk

---

[1027] Das trifft zu, vgl. den Gesetzentwurf vom 12.1.1954, LT-Drucks. 1414/2, im Facsimile wiedergegeben bei Bierbach, Der neue WDR, a.a.O., S. 238-255, hier: S. 239. Dem Entwurf zufolge sollten dem Sender im § 4 WDRG „Kristallisationspunkte mitgegeben werden, von denen aus immer erneut die Verästelungen des konkreten Programms ihren Ausgang nehmen sollen". Die Vorschrift solle die „Unparteilichkeit" des WDR „garantieren", was freilich nicht mit „wertneutraler Haltung" und auch nicht mit „Wahllosigkeit" zu verwechseln sei. Vgl. die Begründung ebda., S. 252. Zur Debatte um die Begriffe „Überzeugung" und „Gefühl" im zuständigen Landtags-Unterausschuß im Frühjahr 1954 vgl. ebda., S. 313, 316, 320, 330.
[1028] Und zwar geschah dies im Zuge der Debatten über die Sendungen vom 6.12.1979 und vom 30.12.1980, vgl dazu unten.
[1029] Generell zu diesem Verhalten in ARD-Gremien, besonders vor Intendantenwahlen: Klaus von Beyme, Die politische Klasse im Parteienstaat, Frankfurt (M.) 1993, S. 78. Noch in den achtziger Jahren gab es in Gremiensitzungen im DLF Vorstöße, die – gleich den Angriffen auf den NWDR 30 Jahre zuvor – nicht recht zu westlichen Vorstellungen medialer Betätigung in der parlamentarischen Demokratie passen; vgl. Capellan a.a.O., S. 330 f., 351-363. Ferner Koczian a.a.O., S. 31.
[1030] Vgl. Hans Bausch, Rundfunkpolitik nach 1945. Zweiter Teil: 1963-1980, München 1980 (Rundfunk in Deutschland 4), S. 766. – Zum Verhalten der Gremien ferner August Seeling, Durch die Brille des Rundfunkratsvorsitzenden gesehen, in: Först (Hg.), Aus Köln in die Welt, a.a.O., S. 539-576, hier: S. 557 f., sowie N.N., Weder schwarz, noch blau, noch rot... Gespräch mit Heinrich Windelen, in: *Aktueller Medien-Dienst* 2/1976 v. 16.1.1976, S. 7-10, hier: S. 10. ACDP, Pressedokumentation 14/1 WDR; Klaus Berg, Klassischer Rundfunkauftrag und Gremienverantwortung,

eher osmotisch als unmittelbar", resümiert der Publizist Hans Janke. „Meistens jedenfalls."[1031]

Von Sell sah allerdings 1979 durchaus Gefahren: „Rundfunkrat, Verwaltungsrat und Intendant bilden in der Besonderheit ihres Zusammenwirkens das, was man – etwas kompliziert – als anstaltsautonomen Kontrollzusammenhang bezeichnen kann." Und der könne nur funktionieren, wenn sich alle Akteure regelkonform verhielten. Indessen beobachte man nun „Tendenzen, die Zuständigkeiten auszuweiten":

> „Diese Tendenz mag ehrenwerte Gründe haben, ist aber darum nicht weniger problematisch. Wenn Räte mit Kontroll-, Aufsichts- und Zustimmungsfunktion in die Gestaltungssphäre eindringen (ohne hierfür Verantwortung zu tragen, weil diese nun einmal rechtlich beim *Intendanten* liegt), dann kann dies u. U. schwere Störungen des Prinzips von check und balance zur Folge haben. [...] Beim WDR gab und gibt es insoweit jedoch bisher noch keine nennenswerten Probleme."[1032]

Manfred Jenke hatte bereits Jahre zuvor zentrale Fragen nach der „Funktion" der Gremien aufgeworfen:

> „Sind sie ,Transmissionsriemen' für Einflußnahme [...]? Oder wirken sie lediglich als Mißbrauchsaufsicht bei Verletzungen der Programmgrundsätze? [...] Verstehen die Gremienmitglieder sich als Interessenvertreter der Anstalten in ihren jeweiligen Gruppen oder umgekehrt als Interessenvertreter der Gruppen gegenüber den Anstalten?"[1033]

Jenke beließ es bei diesen Fragen; die Antworten dürften, soweit es den Streit um die Radiothek betrifft, mitunter auf ein „Sowohl-als-auch" hinauslaufen. Als Hebel, um in einer öffentlich-rechtlichen Rundfunkanstalt Interessen geltend zu machen, taugten die Gremien durchaus. „Man kann natürlich Redaktionen dadurch verunsichern, daß man Sendungen in den Aufsichtsgremien vorführen läßt", betont Erik Bettermann, der heutige Intendant der Deutschen Welle – der in den siebziger Jahren im ZDF-Fernsehrat saß. „Dieses Instrument ist im ZDF sehr weidlich genutzt worden – von anderen, nicht von mir. Damit können Sie Redakteure in hohem Maße verunsichern!"[1034] Horst Dahlhaus, einst Mitglied im WDR-Programmbeirat, kritisiert rückblickend: „Ich hab mich ja immer darüber gewundert, daß unter der Spitzmarke ,Gesellschaftspolitische Gruppierungen' so brutal Politik gemacht wurde! Aber das wurde natürlich nie offen gesagt".[1035]

So sammelte von Sell Erfahrungen mit selbstbewußten politischen Akteuren: „Im Sinne eines ,Backe-Backe-Eierkuchen' konnten Sie mit den Gremien nicht umgehen!", resümiert er. Denn: „Mit allen Tricks der Politik", sei dort gearbeitet worden. „Das waren ja überwiegend Leute, die aus der Politik kamen und mit allen Wassern gewaschen waren."[1036]

---

in: *Media Perspektiven* 12/1987, S. 737-744, hier: S. 738. Schließlich Manfred Jenkes Papier *Der Rundfunk und die gesellschaftlich relevanten Gruppen* vom 21.8.1974, WDR Hist. Arch. 11430. – Zu Kompetenzen und Personalien des Verwaltungsrates vgl. Ansgar Diller/Brigitte Knott-Wolf, Das WDR-Gesetz von 1954 in Theorie und Praxis, in: Katz u.a. (Hg.), Am Puls der Zeit, a.a.O., S. 284-297, hier: S. 287, 289 f.
[1031] Elektronische Post Jankes vom 18.2.2008.
[1032] Friedrich-Wilhelm von Sell, Westdeutscher Rundfunk, in: Heinz-Dietrich Fischer (Hg.), Rundfunk-Intendanten – Kommunikatoren oder Manager? Rechtsstellung, Selbstverständnis und publizistischer Status der Leiter öffentlich-rechtlicher Rundfunkanstalten in der Bundesrepublik Deutschland, Bochum 1979 (Bochumer Studien zur Publizistik- und Kommunikationswissenschaft 20), S. 209-223 (künftig: „WDR"), hier: S. 217; direkte Zitate dort entnommen.
[1033] *Der Rundfunk und die gesellschaftlich relevanten Gruppen*, a.a.O.
[1034] Interview mit Erik Bettermann im Juni 2007.
[1035] Interview mit Horst Dahlhaus im Oktober 2007. Aufschlüsse über das Selbstverständnis der Gremienmitglieder gibt der Text Wilhelm Fritz': Die Gremien. Arbeit im Dienste der Rundfunkfreiheit, in: *ARD-Jahrbuch* 13 (1981), S. 16-25, hier: S. 23.
[1036] Interview mit Friedrich Wilhelm von Sell im August 2005.

Aus Sicht Heinrich Windelens verfügten die Intendanten allerdings nur über geringe Möglichkeiten, ihre Wünsche gegen die Programmmitarbeiter durchzusetzen. „Der Intendant hatte ja aufs Programm keinen Einfluß!"[1037]

Eine besondere Debatte entzündete sich um die Freiheit der Programmarbeit: Es ging um die Frage, ob jeder Redakteur in einem ARD-Funkhaus das Grundrecht der Presse- und Meinungsfreiheit (Art. 5 GG) für seine individuellen Beiträge zum Programm in Anspruch nehmen konnte. „Das war ein fundamentaler Streit!"[1038] betont Friedrich-Wilhelm von Sell. Der vom NDR beauftragte Gutachter Wolfgang Hoffmann-Riem kam 1972 zu dem Schluß, daß die Programmmacher in technischer Hinsicht über weite Möglichkeiten verfügten, ihre persönliche Meinung zu publizieren, und daß dies vom Grundgesetz auch gedeckt sei. Dies sei jedoch keineswegs

> „verfassungsrechtlich durch ein Individualgrundrecht der Programm-Mitarbeiter auf Verbreitung ihrer eigenen Meinungen im Rundfunk verstärkt worden. Anderenfalls wäre den Programm-Mitarbeitern die einmalige Macht verliehen, sich selbst als ‚gesellschaftlich relevante Kräfte' zu etablieren und gleichzeitig über die zu verbreitenden Meinungsinhalte zu bestimmen. [...] Die Rundfunkanstalt könnte ihre mediale Funktion nicht mehr erfüllen, da sie gehindert wäre [...], die Ausgewogenheit des Programms zu garantieren."[1039]

Ein Programmmitarbeiter sei in einer öffentlich-rechtlichen Anstalt tätig, um deren „mediale Funktion erfüllen zu helfen, nicht aber, um seine individuelle Entfaltungsfreiheit mit Hilfe des Rundfunks auszuüben". Träger des Grundrechtes nach Art. 5 GG sei nicht der einzelne Mitarbeiter, sondern die Anstalt als ganze. Allerdings wies Hoffmann-Riem den Programmmitarbeitern durchaus die Aufgabe zu, sich „als sachnahe und sachverständige Wächter der Rundfunkfreiheit" gegen Versuche ungerechtfertigter Einflußnahme aufs Programm zu engagieren. Das letzte Wort bei der Entscheidung über Programminhalte freilich habe nach wie vor der Intendant.[1040] „Rechtswidrig wäre insofern die im Statut der Redakteure des WDR vom Juni 1972 vorgesehene Regelung, nach der der Intendant ‚seine Entscheidungskompetenz nicht gegen die Mehrheit der betroffenen Programm-Mitarbeiter einsetzen' darf."[1041]

Dieses Gutachten skizzierte damit die von der Mehrheit der Rundfunkjuristen verfochtene Auffassung. Auch WDR-Intendant von Sell neigte ihr zu: Die Unabhängigkeit im Sinne des Art. 5 GG bedeute

> „die Unabhängigkeit des Programms – nicht im eigenen Interesse der Programmmacher, sondern als Voraussetzung für eine freie Programmgestaltung, die den Bürger frei von Gruppeninteressen umfassend und vielfältig, orientiert an den Geboten von Objektivität und Neutralität – was keinen Ausschluß oder Verbot von Subjektivem, von Meinungen bedeutet – informieren soll"[1042].

Redakteure öffentlich-rechtlicher Rundfunkanstalten waren demnach „Treuhänder der Gesellschaft", die durch ihre Anstellung keineswegs ein „politisches Mandat" erhalten hatten.

> „Jeder Redakteur muß, ebenso wie der Bundeskanzler und wie jeder Beamte, das Ganze im Blick haben. Der Rundfunk darf keine vierte Gewalt im Staate werden. Eine der bedeutendsten

---

[1037] Interview mit Heinrich Windelen im Mai 2007.
[1038] Interview mit Friedrich-Wilhelm von Sell im August 2005.
[1039] Wolfgang Hoffmann-Riem, Redaktionsstatute im Rundfunk, Baden-Baden 1972, S. 109.
[1040] Vgl. ebda., S. 103-105.
[1041] Ebda., S. 114 Anm. 31.
[1042] Sell, WDR, S. 212.

Pflichten des Rundfunks ist seine Integrationspflicht, indem er durch die Vielfalt seiner Informationen und Meinungen in unserer immer kommunikationsgestörteren Gesellschaft Identifikationsmöglichkeiten für den Einzelnen befördert."[1043]

„Meine etwas rigorose Definition des Rundfunkauftrages", erläutert von Sell heute, „ging ja fundamental davon aus: Der Rundfunk gehört der Allgemeinheit! Er gehört *nicht* den Redakteuren!"[1044] Manfred Jenke teilt diese Ansicht. Er verweist auf die Gefahr, daß ein durch Art. 5 GG in vollem Umfang geschützter Redakteur durchaus zum Werkzeug politischer Interessen hätte werden können: „Es gibt nichts, wogegen ich so allergisch bin, wie Instrumentalisierung des Rundfunks!" Aus Jenkes Sicht unterliegen Programmitarbeiter in öffentlich-rechtlichen Anstalten besonderen Verpflichtungen:

> „Ich bin der Meinung, wer im öffentlich-rechtlichen Rundfunk tätig ist, soll auch dazu veranlaßt werden, das, was er tut, hinreichend sachlich zu begründen. Ich gehöre *nicht* zu denen, die sagen: Einmal installiert, und schon kann ich tun und lassen, was ich will. Das widerspricht einfach meinem Gefühl von öffentlich-rechtlichem Rundfunk. [...] Aber der Freiheitsbegriff vieler [Redakteure] lief dem zuwider: Wir sind hier installiert, und wir dürfen hier tun und lassen, was wir wollen."[1045]

Jenke sammelte 1973 noch vor seinem Wechsel vom NDR nach Köln erste Erfahrungen mit dem Verhältnis zwischen der Intendanz, den WDR-Gremien und jenen unbequemen Mitarbeitern, die sich über den Redakteursausschuß[1046] artikulierten. Der designierte Hörfunkdirektor absolvierte vor seiner Berufung die turnusmäßige Besprechung mit dem Ausschuß – er sah sich dabei jedoch mit geradezu skurrilen Überlegungen konfrontiert:

> „Ein mehrstündiges Gespräch über meine Vorstellungen als Programmdirektor. Im Redakteursausschuß saßen dabei unter anderem Gerda Hollunder, Marianne Lienau, Helga Märthesheimer, [Ulrich] Wickert, [Michael] Stoffregen-Büller, Ansgar Skriver – an die erinnere ich mich. Und am Ende dieses Gesprächs haben die freundlich genickt, und ich hab gesagt, ich warte jetzt mal so lange draußen, bis Sie zu Ihrem Entschluß gekommen sind. [...] Und ich wartete und wartete, und keiner kam, schließlich klopfte ich wieder an die Tür und fragte: Ja, was ist denn nun? ‚Ja', sagte eine der Damen, ‚wir haben beschlossen, daß wir keine Stellungnahme abgeben.' Ich sage: Wieso? Wir reden hier Stunden um Stunden, und Sie können sich zu keiner Stellungnahme entschließen? – Ja, das müssen Sie so verstehen: Wenn wir dem Intendanten sagen, wir sind gegen Sie, dann schlägt er Sie nicht vor. Das werden wir also nicht tun. Wenn wir aber sagen: Wir sind *für* Sie, dann schlägt der [Intendant] Sie vor und teilt das dem Verwaltungsrat mit – und dann ist *der* dagegen! Also haben wir uns entschlossen, daß wir sagen: Wir geben keine Stellungnahme ab!' – Das war meine erste Berührung mit den... schwierigen inneren Meinungsprozessen im Westdeutschen Rundfunk. Ich war so was nicht gewohnt – in Hamburg wurde Klartext geredet! [...] Für mich war das eine Berührung mit einer total fremden Welt."[1047]

[1043] Ebda., S. 220.
[1044] Interview mit Friedrich-Wilhelm von Sell im August 2005.
[1045] Interview mit Manfred Jenke im August 2005.
[1046] Zur Arbeit der Redakteursausschüsse in ARD-Anstalten vgl. Dietrich Schwarzkopf, Auf der Suche nach der Gegenmacht. Antiautoritäre Modelle der Rundfunkverfassung, in: Estermann/Lersch (Hg.), Buch, Buchhandel und Rundfunk, a.a.O., S. 69-82, hier: S. 69 f.; Rüdiger Nebe, Der Saarländische Rundfunk 1955-1978. Analysen zu Rundfunkpolitik und Programmgestaltung, Diss. München 1981, S. 164 f.; Stephan Rechlin, Rundfunk und Machtwechsel. Der Südwestfunk in den Jahren 1965-1977. Eine Institutionsgeschichte in rundfunkpolitischen Fallbeispielen, Baden-Baden 1999 (Südwestfunk Schriftenreihe Rundfunkgeschichte 8), S. 322-327; Tilman Bendikowski, Mitarbeitervertretungen, in: Katz u.a. (Hg.), Am Puls der Zeit, a.a.O., S. 337-343, hier: S. 342; sowie Rüdiger Hoffmanns Referat auf einer WDR-Klausurtagung in Unkel, wiedergegeben in: Westdeutscher Rundfunk (Hg.), Der Programmauftrag des Westdeutschen Rundfunks und seine Verwirklichung im Spannungsfeld zwischen den Erwartungen von Staat, Parteien und Öffentlichkeit und dem Selbstverständnis der Programmitarbeiter, Köln 1975, S. 49.
[1047] Ebda.

Die anschließenden Gespräche mit den Verwaltungsratsmitgliedern hat Jenke als „eher grotesk, oberflächlich und nichtssagend"[1048] in Erinnerung. Mit dem Programmbeirat sammelte der neue Hörfunkdirektor gleichfalls Erfahrungen, mit denen er im NDR nicht konfrontiert gewesen war. Auf einer WDR-Tagung in Unkel faßte er 1975 zusammen:

> „Der Unterschied [...] liegt darin, daß im Hamburger Programmbeirat eine ganz klare parteipolitisch erkennbare und inzwischen auch organisierte Konfrontation stattfindet. In dem Kölner Programmbeirat findet sie deshalb nicht statt, weil, wie ich vermute, in dem Kölner Programmbeirat die CDU ein so entscheidendes Übergewicht hat, – vielleicht nicht vom Parteibuch her, aber von der Gesamtmentalität der Mitglieder – daß es in diesem Programmbeirat keine parteipolitische Konfrontation zu geben braucht, d. h. keine der beiden Seiten [...] ist gezwungen, sich parteipolitisch [...] zu organisieren."[1049]

c) Zum Selbstverständnis der Hörfunkmitarbeiter

Jenkes Referent Klaus Klenke war mit den Mentalitäten und Vorstellungen der Abteilungsleiter und Redakteure wohlvertraut – er hatte sie wenige Jahre zuvor eingehend untersucht.[1050] Er war dabei auf durchaus konventionelle Berufsideale gestoßen, in deren Zentrum vor allem Wahrheitstreue, handwerkliches Können, Objektivitätsstreben und demokratische Verwurzelung standen.[1051] Doch Klenkes Befragungen förderten auch zutage, daß etliche Redakteure sich unwohl zu fühlen begonnen hatten: Zwar erkannten sie die Notwendigkeit hierarchischer Strukturen an, um einen regelmäßigen Sendebetrieb zu gewährleisten; sie störten sich jedoch am Handeln ihrer Abteilungsleiter: „Man hat das Gefühl, dass diese Leute Anweisungen produzieren, um ihr Dasein zu rechtfertigen", erfuhr Klenke von einem Interviewpartner. Und ein anderer nannte die Verhältnisse „paternalistisch-autoritär. Mit paternalistisch will ich sagen: mehr als patriarchalisch. Oder anders ausgedrückt: Es ist das Haus der greisen Oberhäupter."[1052] Gegenüber der Zeit um 1960 habe sich vieles verändert: „Damals waren die Programmacher die Piloten, der Rest das Bodenpersonal. Heute scheint sich dieses Verhältnis verkehrt zu haben."[1053]

Andere Äußerungen deuten darauf hin, daß man Druck aus den Gremien in einigen Redaktionen sehr wohl wahrnahm. An sich, so betonte Helmut Drück, erwarteten viele Redakteure nicht zuletzt von den Gremien, daß diese die Anstalt gegen ungerechtfertigte Angriffe Externer in Schutz nahmen; sie sähen sich jedoch häufig enttäuscht.[1054] So machte Rüdiger Hoffmann 1975 seinem Unmut Luft:

> „Der Ärger, sprich die formelle *oder informelle* Intervention eines Politikers, kann noch so unbegründet sein; ehe sich dies herausgestellt hat, müssen in der Rundfunkhierarchie von unten nach oben Stellungnahmen, Erklärungen und Dokumentationen des Sachverhalts erstellt werden. Das kostet Zeit und bedeutet Mehrbelastung des Dienstbetriebes. Diese Erfahrungen werden im Laufe der Zeit verinnerlicht und produzieren dann jene typische journalistische Kon-

---

[1048] Ebda.
[1049] Zit. nach Ursula von Welser, Zusammenfassung der Diskussion vom 21. Juni, in: Westdeutscher Rundfunk (Hg.), Der Programmauftrag..., a.a.O., S. 118-132, hier: S. 120.
[1050] Klenke a.a.O.
[1051] Vgl. ebda., S. 111-114.
[1052] Ebda., S. 122, 128.
[1053] Ebda., S. 123. – Zum Selbstverständnis der Hörfunkmitarbeiter in den fünfziger Jahren vgl. Jacobmeyer a.a.O., S. 317 f.
[1054] Helmut Drück, Alle reden von Ausgewogenheit. Zwischenbilanz der Tagung, in: Westdeutscher Rundfunk (Hg.), Der Programmauftrag..., a.a.O., S. 99-117, hier: S. 113.

fliktvermeidungsstrategie, die auch als vorweggenommene Selbstzensur bezeichnet werden kann."¹⁰⁵⁵

Die bemerkenswerte Aufmüpfigkeit vieler WDR-Redakteure führt Manfred Jenke unter anderem darauf zurück, daß sich in dem – 1955 von den Verfechtern seiner Ausgliederung aus dem NWDR an sich als „katholisch-konservativ" gedachten – WDR zahlreiche liberale, „rheinische Katholiken" zusammengefunden hätten. „Und da hab ich noch 'ne ganze Menge kennengelernt, die sehr progressive Katholiken waren!" Gerade oberhalb der Redakteursebene habe er diese Mitarbeiter angetroffen:

> „Nach innen haben die gesagt: ‚Dem Geist der Zeit, 1968, folgend, sind wir ja liberal! Eigentlich sind wir gar keine Katholiken! Und sind auch keine CDU-Leute.' Und da sie sowieso keine Führungseigenschaften hatten, haben sie versucht, sich mit allen ihren Mitarbeitern besonders gut zu stellen. Was dann dazu führte, daß unter den Mitarbeitern subversive und antiautoritäre Tendenzen gewaltig ins Kraut schossen! Und insofern war der WDR im Vergleich zu dem wohlorganisierten, liberal-sozialdemokratisch auf der Linie von Helmut Schmidt liegenden NDR eine anarchistisch-antiautoritäre Kolonie! [...] Gut, [...] es gab im NDR auch Peter Merseburger – das war aber alles rational durchreflektiert. Während es im WDR emotional-antiautoritär war."¹⁰⁵⁶

d) Debatten um den öffentlich-rechtlichen Rundfunk

Uwe Rosenbaum skizziert die Wege, auf denen sich politischer Druck auf die Radiothek im Sender unmittelbar bemerkbar machte:

> „Ein Kanal: einzelne Gruppierungen im Rundfunkrat. Insbesondere die Kirchen, die CDU-Mitglieder. [...] Dann sicher auch eher konservative Jugendverbände, die ihre Felle wegschwimmen sahen, konservative Einrichtungen, Sozialeinrichtungen usw., die Mittelstandsvereinigung der CDU war ein ganz wichtiges Forum, das den WDR insgesamt auf dem Kieker hatte, aber die Radiothek insbesondere, und dann natürlich [...] inszenierte Hörerkampagnen, Brief-Kampagnen. [...] Man wußte manchmal nicht, wo kommen die Geschosse jetzt her?"¹⁰⁵⁷

Der Christdemokrat Karl Hugo Pruys beklagte „eine überwiegend nach linken Kategorien ausgerichtete, infolgedessen einseitige Dauerberieselung vor allem in den Hörfunkprogrammen" und legte nach: „In der Tat ist zu fragen, ob der neomarxistische Erziehungsfunk [...] sich mit der öffentlich-rechtlich verfaßten Unabhängigkeit des Rundfunks noch vereinbaren läßt." ¹⁰⁵⁸ Heinrich Windelen hieb im Verwaltungsrat in dieselbe Kerbe. Anläßlich einer Rede vor Vertriebenen in Recklinghausen prägte er in einem Wortspiel den Begriff des „Westdeutschen Rot-Funks".¹⁰⁵⁹ Er erklärt dies rückblickend wörtlich als einen „Lapsus":

> „Ich hatte dort im Manuskript stehen: ‚Wir wollen gewiß keinen Schwarzfunk, aber wir lassen uns auch einen Rotfunk nicht gefallen.' Und ich hab dann nicht ganz wortgetreu gesagt: ‚Wir

---

¹⁰⁵⁵ Hoffmann a.a.O., S. 113. Kursivdruck von mir.
¹⁰⁵⁶ Interview mit Manfred Jenke im August 2005. – Auf Unstimmigkeiten zwischen Hörfunkdirektion und Programmbereichsebene deutet die Kontroverse Uwe Rosenbaums und Heinz Linnerz' im November 1979 hin, vgl. dazu unten Abschnitt VI. 2.
¹⁰⁵⁷ Interview mit Uwe Rosenbaum im Januar 2008.
¹⁰⁵⁸ Vgl. Karl Hugo Pruys, Der WDR im Meinungsstreit. In Ruhe über Ausgewogenheit diskutieren, in: Deutschland-Union-Dienst 29 (1975), Nr. 75, S. 4-5, ACDP, Pressedokumentation 14/1 WDR.
¹⁰⁵⁹ Vgl. H.-W. H., Windelen: Der WDR ist ein „Rotfunk". CDU fordert Änderungen nach der Landtagswahl, in: NRZ vom 24.2.1975, sowie dens., Windelens Wort vom „Rot-Funk" löste beim WDR Proteste aus. Verwaltungsrat will den CDU-Politiker zur Rede stellen., in: NRZ vom 25.2.1975.

wollen gewiß keinen Schwarzfunk, aber wir lassen uns auch *den* Rotfunk nicht gefallen!' ‚Den', das kann nur der WDR gewesen sein, bei ‚einem' blieb das offen – das hatte ich eigentlich sagen wollen."[1060]

Der Begriff taugte zur Kampfparole in einer aufgeheizten Zeit – auch wenn Windelen seinen Vorwurf nach einer Weile relativierte.[1061]
Vom Rundfunk nahmen viele politische Akteure an, daß er infolge seiner seit den sechziger Jahren merklich angewachsenen Hörer- und Zuschauerzahlen ein wertvolles Instrument der Bewußtseinsbildung darstelle. Angriffe gegen den WDR bezogen sich „nicht nur auf politische Sendungen, sondern häufig auch auf kulturelle und fiktionale Programme, die experimentell und innovativ angelegt waren, nicht selten aber von der Öffentlichkeit und den politischen Parteien nur vor dem Hintergrund eines kruden Rechts/Links-Schemas beurteilt wurden".[1062] Klaus Klenke freilich erinnert sich, daß ihn alldies nicht sehr beunruhigt habe; denn der Druck sei zwar „enorm", aber auch „nicht sehr subtil" gewesen:

> „Es war ein etwas aufgeregter Druck: ‚Rotfunk! Kampagne! Alles Kommunisten!' Oder so was. Das war relativ leicht auszuhalten, weil das nach meiner Auffassung nicht sehr intelligent gemacht war. [...] Die CDU hat in Nordrhein-Westfalen keine wirkliche Rolle gespielt; die haben Randale gemacht, haben sich aufgeregt und so weiter, die hatten auch innen natürlich ihre Vasallen, [WDR-Fernsehchefredakteur] Theo M. Loch zum Beispiel [...]. Aber der WDR hat das eigentlich sehr gut gemeistert – wenn man das so betrachtet im Vergleich zu anderen Sendern."[1063]

Besonders im Vorfeld von Land- oder Bundestagswahlen machten Kritiker wie der nordrhein-westfälische CDU-Vorsitzende Heinrich Köppler oder Heinrich Windelen mobil:

> „Es löste schon immer einige Reaktionen im WDR aus, wenn es hieß: Windelen hat wieder ein Band angefordert. Wenn ich das Band einer Sendung angefordert hatte, dann hieß es: Da kommt der bestimmt im Verwaltungsrat drauf zurück! Da fingen schon die ersten Überlegungen an: Wie können wir das abwehren?"

Freilich: Windelen selbst sah sich in der eigenen Partei nur von wenigen unterstützt.

> „Auf Heinrich Köppler konnte ich mich verlassen. Aber die anderen, auch die Mitglieder des Rundfunkrates, die hielten sich zurück. Ist doch ganz klar, warum! Einmal fünf Minuten im Rundfunk oder im Fernsehen, das ersetzt zehn öffentliche Veranstaltungen! [...] Damit will sich doch keiner verkrachen! Nein, das hatten die nicht gern. Die sagten: ‚Ja, Du hast ja nicht unrecht – aber muß das sein?' Ich sagte: Das muß sein, tut mir leid!"[1064]

Die Mittelstandsvereinigung der rheinischen CDU brachte die Vorwürfe während des Landtagswahlkampfes 1975 auf den Punkt: in ihrer Broschüre *Welle mit Schlagseite*. „Das Sein, so Karl Marx, bestimmt das Bewußtsein. Das Bewußtsein einiger WDR-Größen scheint das der Besitzer einer Kanone zu sein, die ins ‚spätbürgerliche' Umfeld schießen kann, ja schießen muß"[1065], hieß es dort. Seit geraumer Zeit verletzte der WDR „in vielen Sendungen des Hörfunks und Fernsehens nicht nur das ihm auferlegte Gebot der Ausge-

---

[1060] Interview mit Heinrich Windelen im Mai 2007.
[1061] Vgl. Gerd Fischer, WDR – etwas weniger Rotfunk, in: *Neue Rhein-Zeitung* vom 6.11.1975. Dazu auch N.N., „Ist der WDR ein ‚Rotfunk'?" in: *Funk-Report* 18/1975 (10.10.1975).
[1062] Vgl. zu diesen Debatten Diller/Knott-Wolf a.a.O., S. 299-301; direktes Zitat der S. 300 entnommen.
[1063] Interview mit Klaus Klenke im Mai 2007.
[1064] Interview mit Heinrich Windelen im Mai 2007.
[1065] Mittelstandsvereinigung der CDU des Rheinlandes (Hg.), Welle mit Schlagseite, Düsseldorf 1975, S. 40.

wogenheit und parteipolitischen Neutralität", klagte der Vorsitzende der Vereinigung, Hansheinz Hauser; er fuhr fort:

> „Es verdichtete sich auch der Eindruck, daß die Soziale Marktwirtschaft, das freie Unternehmertum in diesem Land und andere wesentliche Strukturelemente der freiheitlich demokratischen Ordnung von Teilen der WDR-Mitarbeiterschaft einseitig und polemisch herabgesetzt werden. Wir vermissen in den Sendungen eine angemessene Verdeutlichung der positiven Aspekte unserer Staatsform. [...] Desgleichen sollen in dieser Anstalt des öffentlichen Rechts extremistische Zirkel keine Gelegenheit haben, Planungen und Sendungen einseitig zu beeinflussen [...]."[1066]

Man wolle mit dieser Broschüre „zeigen, daß Linke einschließlich offen die Systemveränderung propagierender Autoren schwerpunktmäßig Sendereihen, bestimmte Abteilungen des Funkhauses oder einflußreiche Positionen besetzt haben"[1067]. Der Hörfunk geriet besonders in die Schußlinie.[1068] Zusammenfassend urteilte Heinrich Köppler, der WDR verstehe sich „öffentlich als ein Kampfinstrument der SPD/FDP-Landesregierung"[1069].
Windelen distanzierte sich allerdings später von dieser Schrift. Der Verwaltungsrat seinerseits wies im April 1975 die „Rotfunk"-Vorwürfe ebenso zurück wie jeden Versuch, den WDR zu einem Thema des Wahlkampfs zu machen. Die Thesen der Meinungsforscherin Elisabeth Noelle-Neumann vom Einfluß der elektronischen Medien auf den knappen Ausgang der Bundestagswahl 1976[1070] – welche die Wissenschaftlerin später freilich in Teilen wieder relativierte[1071] und die im übrigen das Vermögen des einzelnen unterschätzten, sich dem Gruppendruck zu widersetzen[1072] – ließen die Debatte allerdings bald wieder aufflammen.[1073]
Einflußreicher als *Welle mit Schlagseite* war womöglich ein vertrauliches Papier, das der rundfunkpolitische Referent der CDU-Bundesgeschäftsstelle, Wolfgang Fischer, erstellte.[1074] Die Überlegungen gelangten an die Öffentlichkeit – am 11. August 1978 berichtete die Presse[1075], fünf Tage später publizierte die *Funk-Korrespondenz* das Dokument im Wortlaut[1076].
Fischer warnte in seinen Ausführungen, *Westdeutsche Allgemeine Zeitung* und WDR könnten mit ihren Publikationen die Ergebnisse der anstehenden NRW-Landtagswahl sowie der Bundestagswahl 1980 entscheidend beeinflussen. Sender und Zeitung stünden von jeher der SPD nahe, die sich in jüngerer Zeit überdies bemüht habe, ihre Einwirkungsmöglichkeiten noch zu erweitern. An die Stelle des christdemokratischen Pressechefs Josef Rick sei mit Michael Schmid-Ospach ein Sozialdemokrat getreten: „Eine verlorene Position."

[1066] Ebda., S. 3.
[1067] Ebda., S. 5.
[1068] Ebda., S. 38, 42. – Zu den Angriffen in dieser Broschüre gegen die Radiothek vgl. unten Abschnitt V. 3. a).
[1069] Zit. nach der Agenturmeldung DPA 285 ad cw pn vom 16.4.1975, ACDP, Pressedokumentation 14/1 WDR.
[1070] Sie gründeten auf der Theorie der „Schweigespirale", welche die Forscherin erstmals 1975 skizziert hatte, vgl. Elisabeth Noelle-Neumann, Die Schweigespirale. Was ist eigentlich öffentliche Meinung?, in: *Bild der Wissenschaft* 12 (1975), H. 1, S. 64-68. Sowie dies., Die Schweigespirale, München/Zürich 1980.
[1071] Vgl. N.N., Der CDU geschadet. Zum Referenten-Papier über Aktionen beim WDR, in: FkKorr 33/1978.
[1072] Vgl. Uwe Sander/Reinhard Vollbrecht, Wirkungen der Medien im Spiegel der Forschung. Ein Überblick über Theorien, Konzepte und Entwicklungen der Medienforschung, in: Susanne Hiegemann/Wolfgang H. Swoboda (Hg.), Handbuch der Medienpädagogik. Theorieansätze, Traditionen, Praxisfelder, Forschungsperspektiven, Opladen 1994, S. 361-385, hier: S. 369.
[1073] Vgl. Bausch a.a.O., S. 768.
[1074] Das Papier als Fotokopie des maschinengeschriebenen Originals in: ACDP, Pressedokumentation 14/1 WDR.
[1075] N.N., Die Taktik der Eroberer, in: *Wirtschaftswoche* 33 /1978 vom 11.8.1978, S. 26-28.
[1076] Unter dem Titel *„Strategie"-Papier der CDU zum WDR*, FkKorr 33/1978, Dokumentations-Anhang. Alle Zitate dort entnommen.

Zwar sei Justitiar Günter Herrmann „der CDU zuzurechnen", er verfüge jedoch „selbstverständlich" über keinerlei Einfluß auf das Programm. Ähnliches gelte für den neuberufenen Verwaltungsdirektor Friedrich Bösel (CDU), denn dieser sei zwar stellvertretender Intendant, zuständig jedoch nur für Fragen, die nicht das Programm beträfen. „Eine Einschränkung", entrüstete sich der Medienreferent, „die in der ARD ohne Beispiel ist."
Im Hörfunk, so Fischer weiter, suchten die Sozialdemokraten vor allem die Besetzung leitender Stellen zu beeinflussen. Nach dem „absehbaren Weggang" Chefredakteur Paul Bottas werde nicht nur die von Manfred Jenke (SPD) bestimmte Direktionsebene, sondern auch die Chefredaktion der christdemokratischen Einwirkung entzogen sein. Von Landfunk, Sportredaktion und Landesstudio Düsseldorf abgesehen, gelte dies auch für die einzelnen Redaktionen. Überdies sei unter den Programmitarbeitern die Erkenntnis gereift, daß „Sympathie für oder gar Mitgliedschaft in der CDU negative Auswirkungen auf die redaktionellen Arbeitschancen und damit auf die Aufstiegschancen" zeitige.
Hinter den personellen Weichenstellungen stehe eine „Langfriststrategie der SPD", die nämlich auf eine Entmachtung der Aufsichtsgremien zugunsten „internalisierte[r] Aufsicht durch Mitarbeiter" des Senders setze. Der Referent warnte, die „Linkslastigkeit des WDR" habe sich nach Amtsantritt des Intendanten von Sell „eher verstärkt und politisch verschärft". Er widersprach insoweit auch den optimistischeren Äußerungen christdemokratischer Gremienmitglieder. Es gehe der SPD darum, den WDR „regierbar" zu machen – indem sowohl christdemokratischer Einfluß gemindert als auch „das ‚kritische Potential' links von [sic] der SPD [...] zerschlagen" werden solle.
Als Gegenmaßnahme schlug Fischer vor, die von den CDU-Gremienmitgliedern bislang verfochtene, in seinen Augen jedoch zum Scheitern verurteilte „Taktik der ‚kalmierenden Kooperation'" durch eine „Taktik der öffentlichkeitsunterstützten Konfliktbereitschaft" zu ersetzen. Diese verspreche Erfolg, da die WDR-Leitungsebene „geradezu mimosenhaft und allergisch auf öffentliche Kritik" reagiere. Änderungen im Sinne der CDU seien ohnehin „nur durch einen harten Kurs der Konfrontation zu erwarten".
In einer ersten Phase dieses Vorgehens sollte eine „Verunsicherung der linkslastigen Führung und des überwiegenden Redaktionspotentials" angestrebt werden – „mit dem Ziel, daß sich beide unter ‚ständiger Kontrolle' fühlen und dadurch zu besonderer Vorsicht gegenüber der CDU angehalten sind". In der Öffentlichkeit sei die „Eroberungstaktik des öffentlich-rechtlichen Rundfunks durch SPD/FDP im Verein mit dem DGB" darzustellen. Weiterhin empfahl Fischer: „Das erkennbare Unbehagen der Bevölkerung an der gegenwärtigen Programmstruktur vor allem des Fernsehens sollte als Folge der Linkslastigkeit charakterisiert werden". Er riet in dieser Hinsicht zu einer Kooperation „mit den CDU-nahen Zeitungen". Die Presse müsse im ganzen „stärker als bisher kontinuierlich auf konkrete Fälle von Linkslastigkeit hingewiesen werden". Und:

> „Die privaten Alternativen zum öffentlich-rechtlichen Rundfunk/Fernsehen müssen stärker und konkreter deutlich gemacht werden. Dabei muß [...] klar werden, daß es sich hierbei um konkrete Möglichkeiten handelt, die von der CDU politisch nicht nur unterstützt, sondern aktiv gefördert werden. Dies um einmal das etablierte System zu verunsichern, zum anderen, um auch den Rundfunk- und Fernsehmitarbeitern alternative Ausweichmöglichkeiten aufzuzeigen, um dem ‚goldenen Polit-Gefängnis' zu entfliehen. Dies scheint vor allem zur Aktivierung liberaler Redakteure wichtig."

Fischer war offenherzig genug, an keiner Stelle die (Schein-)Argumente von angeblichem inhaltlichem Facettenreichtum und Programmvielfalt in einem privatwirtschaftlich organisierten Rundfunksystem ins Feld zu führen. Eine abfällige Bemerkung über Bundeskanzler

Schmidts Anregung eines fernsehfreien Tages ließ erkennen, daß Fischer eventuelle negative Auswirkungen übermäßigen Konsums audiovisueller Medien auf geistige Regsamkeit und Sozialverhalten der Menschen höchst gleichgültig waren. Das Papier argumentierte aus rein macchiavellistischer Perspektive.

Als Fischers Anregungen der Öffentlichkeit bekanntgeworden waren, erhitzten sich die Gemüter. Ungeklärt blieb, ob das Papier auf Geheiß des Parteivorsitzenden Helmut Kohl entstand.[1077] Der als scharfzüngig bekannte CDU-Generalsekretär Heiner Geißler bedauerte in Fernschreiben an WAZ und WDR umgehend den Inhalt und betonte, Fischer sei nicht im Auftrag der Parteizentrale tätig gewesen. Friedrich-Wilhelm von Sell nahm Geißlers Erklärung zum Anlaß festzustellen, daß „die Studie nicht die öffentliche Meinung der CDU darstelle"; folglich halte er auch das „Vertrauensverhältnis zu den CDU-Mitgliedern in den Aufsichtsgremien" für „ungestört". Allerdings kritisierte der Intendant, „daß die Studie gewissermaßen unterstelle, ein Journalist, der einer politischen Partei angehöre, könne keine faire und sachgerechte journalistische Arbeit leisten".[1078] Die *Funk-Korrespondenz* brachte in ihrer kritischen Wertung die Möglichkeit ins Gespräch, daß das Papier vom Konrad-Adenauer-Haus eben doch kalkuliert der Öffentlichkeit zugänglich gemacht worden sein könnte –

> „damit der öffentlich-rechtliche Rundfunk möglichst endgültig als reine Proporz-Apparatur desavouiert sein möge und der kommerzielle Rundfunk als der im Vergleich dazu einzige auch von den Parteien freie sich darstelle [...]. Aber so viel selbstmörderischen Einfallsreichtum wird man keiner Partei so mir nichts dir nichts zutrauen dürfen."

Die Rundfunkpolitik der späteren Bundesregierung Kohl freilich läßt diese zynische Vermutung nicht als völlig haltlos erscheinen. Die CSU-Parteizeitung *Bayernkurier* ging denn auch auf Distanz zu Geißler und bekundete, unklug sei einzig die Forderung, daß die CDU Einfluß in WDR und WAZ gewinnen müsse, um Mehrheiten bei künftigen Wahlen zu sichern. Es gehe Fischer in Wahrheit lediglich darum, Ausgewogenheit herzustellen. „Die Studie ist – ausgenommen ein einziger Satz – eine glänzende Arbeit, der Wort für Wort zuzustimmen ist."[1079]

Doch fürs erste hatten Fischers Gedankenspiele keine konkreten politischen Schritte zur Folge. WDR-Verwaltungsratsmitglied Konrad Grundmann (CDU) hielt sie für „weltfremd".[1080] Die Entscheidung, ob und inwiefern die Akteure in den Leitungsebenen der ARD-Sender das Papier womöglich als leise Drohung empfanden, läßt sich hier nicht treffen.

Die Radiothek sollte sich im Rahmen der Debatte um das WDR-Programm rasch zu einem der wichtigen Konfliktpunkte entwickeln. Sie befaßte sich mit brisanten Themen, sie nahm die Perspektive der jungen Generation ein, sie war im stark frequentierten zweiten Programm plaziert – an ihr erhitzten sich die Gemüter konservativer Kritiker, aber auch linker

---

[1077] Zum Streit um das Papier vgl. das Presseecho: N.N., Journalisten: Angriff auf Pressefreiheit. CDU gibt Studie über WDR und WAZ als persönliche Meinung eines Referenten aus, in: SZ vom 12.8.1978; N.N., Unruhe in der Union über interne WDR-Studie, in: *Münchner Merkur* vom 14.8.1978; Peter Weigert, CDU distanziert sich von WDR-Papier. Geißler spricht von „Arbeit ohne Auftrag", in: *Die Welt* vom 17.8.1978.
[1078] Vgl. zur den Reaktion Geißlers N.N., Der CDU geschadet, a.a.O.; direkte Zitate dort entnommen. Von Sells Interview mit dem *Mittagsmagazin* im WDR-Hörfunk in der Dokumentation des Bundespresseamtes: BPA-Nachrichtenabt. Ref. II R 2 – Rundf.-Ausw. Deutschland – WDR II/11.8.78/14.10/Fra – Mittagsmagazin. ACDP, Pressedokumentation 14/9.
[1079] Franz Drechsler, Konfrontation in der Öffentlichkeit. Linkslastiges personelles Übergewicht im WDR, in: *Bayernkurier* vom 26.8.1978.
[1080] Vgl. N.N., Medien-Studie „weltfremd", in: FR vom 30.8.1978.

Beobachter, die dem WDR vorwarfen, sich gegen christdemokratische Angriffe nicht recht zur Wehr zu setzen. „Ich hatte den Eindruck", kommentiert Michael Schmid-Ospach nicht zu Unrecht, „daß es weniger um 'ne Sendung ging als um einen Glaubenskrieg."[1081]

2. Der Optimismus versiegt: Zum Wandel jugendlichen Lebensgefühls zwischen 1974 und 1980

Dieser Glaubenskrieg entspann sich parallel zu Entwicklungen in der Jugendszene, die in den frühen siebziger Jahren wohl niemand vorhergesehen hatte. In entscheidendem Maße wandelten sich nämlich zwischen 1975 und 1980 das Lebensgefühl, die Mentalität und die Zukunftserwartungen bundesdeutscher Jugendlicher und junger Erwachsener. „Jugend ist [...] zum Sozialfall einer Politik geworden, die auf Krisenvermeidung, Abdeckung künftiger Risiken und Bestandswahrung aus ist"[1082], stellte der Fünfte Jugendbericht 1980 resigniert fest.

Alles deutet jedoch darauf hin, daß nur wenige Akteure, die sich in den Streit um die Radiothek einschalteten, tatsächlich näheres Interesse an diesen mentalen Umwälzungen mitbrachten – ein nennenswertes Bemühen um Rezeption der damals aktuellen wissenschaftlichen Erkenntnisse ist bei den meisten nicht erkennbar – sieht man einmal von vulgärsoziologischen Thesen ab. Die erwähnten Studien *Hörfunk und jüngere Generation* sowie *Jugend in Berlin (West)* sind die einzigen Untersuchungen, auf die in den Debatten über die Radiothek ausdrücklich Bezug genommen wurde. Dabei registrierte die Forschung beunruhigt, in welchem Maße sich Jugendliche aus der Mehrheitskultur absetzten:

> „Diese Fluchtwege sind ein beredter Beweis dafür, wie wenig sich Hunderttausende von Jugendlichen mit der Gesellschaft identifizieren können, in der sie leben. Die oft verwendete Floskel von der ‚Staatsverdrossenheit' erfaßt nur die Oberfläche des Problems. In Wirklichkeit trennen diese Jugendliche schon Welten von den Wertvorstellungen und Lebenserfahrungen der älteren Generation."[1083]

a) Stimmungswandel

Viele Jugendliche gingen nicht als isolierte Einzelne auf Distanz, sondern es hatte sich eine neue Subkultur entwickelt. Bereits die erste Hälfte der siebziger Jahre war von einer „Ausdifferenzierung des alternativen Spektrums" gekennzeichnet gewesen – in deren Verlauf sich in der jugendlichen Szene zahlreiche gegenkulturelle Lebensformen und Milieus herausbildeten. Die Jahre 1975 bis 1980 brachten nun neue Trends der „Mobilisierung, organisatorische[r] Vernetzung und Ideologisierung".[1084]

Dieser Wandel vollzog sich allerdings nicht mehr unter den Vorzeichen einer optimistischen Grundstimmung, wie sie um 1970 geherrscht hatte, im Gegenteil. Die Ölkrise vom Herbst 1973 hatte in der Bundesrepublik eine Welle der Ernüchterung ausgelöst – was noch verstärkt wurde durch die Erkenntnis, daß sich zahlreiche sozialliberale Reformprojekte der Ära Brandt aus Kostengründen und angesichts politischer Widerstände nicht wür-

---

[1081] Interview mit Michael Schmid-Ospach im April 2007.
[1082] Fünfter Jugendbericht, Bonn 1980, S. 23, zit. nach Fischer, Jugend 81, S. 88. Vgl. auch Ursula Hoffmann-Lange, Art. Jugend und Politik, in: Uwe Andersen/Wichard Woyke (Hg.), Handwörterbuch des politischen Systems der Bundesrepublik Deutschland, Bonn 1992, S. 221-225, hier: S. 222 f.
[1083] Hartmut und Thilo Castner, Jugend zwischen Überfluß und Mangel, in: APuZ 21/1980, S. 3-21 (künftig: „Überfluß und Mangel"); hier: S. 6.
[1084] Vgl. Brand/Büsser/Rucht a.a.O., S. 173 f.; direkte Zitate dort entnommen.

den verwirklichen lassen. Die Zeit visionären Denkens schien vorbei – ab 1975 war von den politischen Akteuren zunehmend Krisenmanagement gefordert. Reformeuphorie, Fortschrittsglaube und Optimismus waren verflogen – gerade auch unter Jugendlichen.[1085]
Denn ihre schulische und berufliche Perspektive verdüsterte sich zusehends.[1086] Details offenbarte die Shell-Studie 1981: 11% der Befragten erklärten, sie seien derzeit arbeitslos, weitere 10% sahen „diesen Fixpunkt vor sich"; immerhin 25% hielten es für möglich, daß sie künftig einmal arbeitslos werden könnten.[1087] Schon 1977 hatten lediglich 41% der von den Shell-Forschern Befragten ihre beruflichen Zukunftschancen für mindestens gut befunden, schon 44% nannten sie nurmehr „mittelmäßig".[1088] Die Forscher warnten: „Die Gefährdungen einer Berufsausbildung und die Jugendarbeitslosigkeit der letzten Jahre dürften einen großen Beitrag an der Verunsicherung und am Pessimismus bei Jugendlichen haben."[1089]

b) Jugendprotest, Resignation und neue soziale Bewegungen

Unter einer jugendlichen Minderheit begann sich eine als „zweite Kultur" bezeichnete gegenkulturelle Szene auszubilden.[1090] Im Anschluß an den TUNIX-Kongreß, den vor allem die seit 1976 an Universitäten aktiven Sponti-Gruppen an der TU Berlin 1978 initiierten, nahmen Beobachter einen neuen Typus wahr: den „Aussteiger".

> „Die heutige Generation lebt in dem Bewußtsein, daß alles umsonst war, und daß die Studentenbewegung letztlich nichts erreicht hat. Das Motto des TUNIX-Treffens in West-Berlin im Januar 1978 ‚Komm mit, sprach der Esel, etwas Besseres als den Tod werden wir überall finden' bedeutet nur für die wenigsten, dass die Bundesrepublik die Hochburg eines ‚Neuen Faschismus' ist, sondern daß in dieser Republik absolut keine Veränderung mehr möglich ist und sämtliche Perspektiven verschüttet worden sind."[1091]

Zwei unterschiedliche Reaktionsweisen machten die Forscher aus: 85% der jungen Generation zögen sich in die private Sphäre zurück, suchten Befriedigung im Konsum, signalisierten politisches Desinteresse. 15% wiederum distanzierten sich von der Gesellschaft und ihren Wertvorstellungen.[1092]
Sie fanden zu den neuen sozialen Bewegungen, die sich in diesen Jahren herausbildeten; in Gruppen, die sich laut offizieller Wahrnehmung von den Werten und „Prämissen der industriellen Wachstumsgesellschaft" abzukehren begannen.[1093] Zu diesem Spektrum zählten

---

[1085] Vgl. Fischer, Jugend 81, S. 90; Brand/Büsser/Rucht a.a.O., S. 75-83; Heer a.a.O.; S. 123; Artur Fischer u.a., Jugendliche und Erwachsene 85, a.a.O., S. 100; Wolfgang Glatzer u.a., Recent Social Trends in West Germany 1960-1990, Frankfurt (M.) u.a. 1992 (Comparative Charting of Social Change), S. 47-49.
[1086] Vgl. Blücher/Schöppner a.a.O., S. 21, sowie Detlef Riemer, Einführung in die Jugendstudie 1979, in: Ilsemann (Hg.), Jugend zwischen Anpassung und Ausstieg, a.a.O., S. 19-27, hier: S. 22.
[1087] Vgl. Fischer, Jugend 81, S. 199; direktes Zitat dort entnommen.
[1088] Vgl. Blücher/Schöppner a.a.O., S. 103; direktes Zitat dort entnommen.
[1089] Fischer, Jugend 81, S. 273 f., vgl. auch ebda., S. 267.
[1090] Vgl. Brand/Büsser/Rucht a.a.O., S. 174-176, direktes Zitat der S. 241 entnommen; sowie Dieter Baacke, „Jugend zwischen Anarchismus und Apathie?", in: Ilsemann (Hg.), Jugend zwischen Anpassung und Ausstieg, a.a.O., S. 105-130 (künftig: „Anarchismus und Apathie") hier: S. 110.
[1091] Zum TUNIX-Kongreß vgl. Tilman Fichter/Siegward Lönnendonker, Von der APO nach TUNIX, in: Claus Richter (Hg.), Die überflüssige Generation. Jugend zwischen Apathie und Aggression, Königstein 1979, S. 132-150, hier: S. 142; direktes Zitat dort entnommen. Dazu auch Brand/Büsser/Rucht a.a.O., S. 196.
[1092] Vgl. Lorig a.a.O., S. 42, sowie Bundesministerium für Jugend, Familie und Gesundheit, Zur alternativen Kultur in der Bundesrepublik Deutschland, in: APuZ 39/1981, S. 3-15 (künftig: „BMJ a.a.O."), hier: S. 11.
[1093] Vgl. Brand/Büsser/Rucht a.a.O., S. 243-250; direktes Zitat der S. 249 entnommen. Sowie Lothar Ballusek, Zum Exodus Jugendlicher, in: APuZ 30/1979, S. 3-21 (künftig: „Exodus"), hier: S. 5.

die schon vor 1970 gegründeten Bürgerinitiativen[1094]; außerdem die sogenannten „Bürgerrechtsbewegungen", die sich gegen die Einschränkung bürgerlicher Rechte engagierten; ferner Friedensbewegung, Dritte-Welt-Initiativen, Frauen-, Jugendzentrums-, Landkommunen- und Homosexuellenbewegung, schließlich eine Neue Linke, die sich in der Nachfolge von Studentenbewegung und APO sah. Jugendliche und junge Erwachsene beteiligten sich in überdurchschnittlichem Maße an diesen Initiativen.[1095]

1979 begannen sich die Trends in der Altersgruppe zu beschleunigen: Zukunftsängste und Protestbereitschaft, aber auch ein durch die strukturelle Arbeitslosigkeit erzeugtes Gefühl, überflüssig zu sein, griffen um sich. „Wir beobachten heute, wie Jugendliche deprimiert reagieren", erläuterte ein Sprecher der Deutschen Jugendfeuerwehr, „wenn sie erfahren müssen, daß ihnen die Gesellschaft vieles schuldig bleibt, daß sie zum Beispiel gar nicht so erwünscht sind und so nötig gebraucht werden, wie es ihnen immer wieder eröffnet wird."[1096]

Ein Teil der gegenkulturellen Szene begann sich zu radikalisieren. 1980 eskalierte in Zürich der Streit um ein autonomes Jugendzentrum zu einer regelrechten Jugendrevolte.[1097] Und auch anderenorts brachen sich Proteste Bahn:

> „In Freiburg sind es schwere Auseinandersetzungen um die Räumung des Dreisamecks; in Bremen und Hannover entzünden sich die Krawalle an öffentlichen Rekrutengelöbnissen; in Berlin dann, im Dezember 1980, eskalieren die Kämpfe um Hausbesetzungen zu blutigen Straßenschlachten. [...] Eine Welle von Hausbesetzungen überrollt die Bundesrepublik."[1098]

In seiner am Verhalten der Punks ablesbaren Illusionslosigkeit unterschied sich der neue Protest der Jahre 1980/81 zutiefst vom Lebensgefühl der Blumenkinder, aber auch „vom aufklärerischen Impetus der 68er Bewegung"[1099]. Die Shell-Studie 1981 stellte fest, daß der einst propagierte Marsch durch die Institutionen nicht mehr von Interesse war:

> „Die Institutionen sind versteinert, übermächtig organisiert. Veränderungen sind nicht erwünscht. Welchen Sinn macht da noch ein ‚Marsch durch die Institutionen'? Statt dessen die Losung, leitmotivisch: ‚Aussteigen' – der Marsch aus der Institution. Oder noch kennzeichnender für die Lage: der Marsch in die selbstgeschaffenen Institutionen. Die Jugendszene der 80er Jahre kennt eine eigene Infrastruktur [...]. Jugendzentren in eigener Regie, alternative Handwerksbetriebe, entfaltete Kneipenkultur, Wohngemeinschaften als Stützen im Wohnbereich, subkulturelle Läden, besetzte Häuser, Protest-Hüttendörfer [...], Musikkultur, alternative Stadt- und Szenenblätter, autonome Vereine [...]. Die Phantasie, zur Zeit der Studentenbewegung zumeist noch aufs Bestehende, Offizielle fixiert, bindet sich nun ans Alternative."[1100]

c) Postmaterialismus – Wertewandel

Im weiteren Verlauf stellte sich freilich heraus, daß auch unter den 15% zur Abkapselung tendierenden Jugendlichen die Mehrzahl keinen *geschlossenen* gegenkulturellen Lebensentwurf verfolgte.

[1094] Vgl. Brand/Büsser/Rucht a.a.O., S. 86, 93, 95 f., 99 f.
[1095] Vgl. BMZ a.a.O., S. 4-6.
[1096] Deutscher Bundestag, Bericht der Enquête-Kommission „Jugendprotest im demokratischen Staat" a.a.O., S. 13.
[1097] Vgl. Brand/Büsser/Rucht a.a.O., S. 198-200, 203.
[1098] Ebda., S. 200.
[1099] Brand/Büsser/Rucht a.a.O., S. 202.
[1100] Fischer, Jugend 81, S. 91.

> „Der konventionelle Lebensbogen wird eher durchlöchert als zerschlagen. [...] Einzelne und gezielte Ablehnungen verknüpfen sich über umgreifende Auffassungen vom Leben und von der Gesellschaft zu einem gegenkulturellen Spektrum, das als ganzes kaum gelebt wird."[1101]

Immerhin begann sich gerade unter Jugendlichen und jungen Erwachsenen ein Lebensgefühl auszubreiten, das Jugendforscher als „Postmaterialismus" bezeichneten: ein neues Denken nämlich, das

> „Hochschätzung der Persönlichkeit und Selbstverwirklichung, verstärktes Mitspracherecht in Betrieb, Gemeinde, Politik, in der Gestaltung gesellschaftlicher Verhältnisse, dann im intellektuell-ästhetischen Bereich: Betonung einer dem Menschen dienenden, schönen Umwelt, freie Meinungsäußerung, die Hochschätzung von Ideen, geistigen Gehalten gegenüber Geld und anderen materiellen Werten"

für wichtig hielt – und das sich entschieden abgrenzte vom „materialistischen" Denken vornehmlich der älteren Generation, demzufolge wiederum „Sicherheit betonende Werte wie starke Verteidigung, Ordnung und Ruhe, Kampf gegen Verbrechen, dann aber vor allem wirtschaftliches Wachstum, Kampf gegen steigende Preise, [...] eine stabile Wirtschaft" wichtig waren.[1102] Der Sozialwissenschaftler Ronald Inglehart, der sich bei der Erforschung dieser Materie besonders hervortat, stellte fest, daß sich Postmaterialismus zwar in der gesamten westlichen Welt breitgemacht hatte, daß die Strömung jedoch in der Bundesrepublik besonders stark ausgeprägt war und in puncto Aktivität und Intensität einzig von derjenigen in den Niederlanden übertroffen wurde.

Freilich offenbarten Ingleharts Untersuchungen, daß sich – auf die Gesamtgesellschaft bezogen – keineswegs ein erdrutschartiger Wandel vollzog. Die umfangreichen internationalen Erhebungen förderten zutage, daß zwischen 1970 und 1986 lediglich 19% der jungen Erwachsenen in der Bundesrepublik zu postmaterialistischen Einstellungen tendierten, unter Jugendlichen waren es 26%.[1103] 1973 zeigten diese postmaterialistisch orientierten Bundesbürger im Vergleich zu Postmaterialisten anderer westlicher Länder ihrerseits besondere Charakteristika: Sie wiesen der Meinungsfreiheit und dem Streben nach einer „weniger unpersönliche[n] Gesellschaft" große Bedeutung zu; relativ unwichtig waren ihnen Wirtschaftswachstum und Preisstabilität[1104] – das spricht für gefestigte postmaterielle Überzeugungen im Vergleich zum Befund in anderen Ländern.

Allerdings: Auch die Forscher der Shell-Studie 1977 stellten fest, daß von einer Umorientierung *auf breiter Front* keineswegs die Rede sein konnte. Denn bundesdeutsche Jugendliche und junge Erwachsene sahen immer noch zu 88% Zuverlässigkeit und Pünktlichkeit als etwas Positives an, gefolgt von Gemeinsinn (87%), Eigentum (84%), Leistungsorientierung (80%), ehelicher Treue und Höflichkeit gegenüber Älteren (jeweils 78%). Lediglich die Sicherheit in Glaubensfragen (41%) und die Nationalfahne (35%) waren der Zielgruppe vergleichsweise unwichtig.[1105]

[1101] Ebda., S. 270.
[1102] Vgl. Hornstein, Jugendprobleme, S. 16; direkte Zitate dort entnommen.
[1103] Vgl. Ronald Inglehart, Kultureller Umbruch. Wertewandel in der westlichen Welt, Frankfurt (M.)/New York 1989, S. 103, 114, 122.
[1104] Vgl. Inglehart a.a.O., S. 177; direktes Zitat dort entnommen.
[1105] Vgl. Blücher/Schöppner a.a.O., S. 6, 17.

d) Politisches (Des-)Interesse

In großem Ausmaß allerdings begann sich unter Jugendlichen und jungen Erwachsenen politisches Desinteresse auszubreiten – jedenfalls bezogen auf deren etablierte Formen und Angebote: 1977 bekundeten gegenüber den Forschern der Shell-Studie 52%, gar nicht oder „kaum" interessiert an Politik zu sein, weitere 35% „etwas".[1106] Demokratie bedeutete für die große Mehrheit „fast ausschließlich eine Betonung individueller Grund- und Freiheitsrechte und gleichzeitig die Erzeugung wirtschaftlichen Wohlstandes sowie sozialer Dienstleistungen"[1107]. Laut Shell-Studie 1977 erklärten 75% der befragten Jugendlichen, sie hätten an der Staatsform der bundesdeutschen Demokratie zumindest „einiges" auszusetzen, nur 12% waren rundherum zufrieden.[1108]

Doch in einem Vergleich von 22 westlichen Ländern lag die Bundesrepublik an drittletzter Stelle, als die Bevölkerung gefragt wurde, ob sie für einen revolutionären Wandel der Verhältnisse plädiere: gerade einmal 3% sprachen sich dafür aus, nur in Nordirland und Norwegen waren es noch weniger. Im Gegenzug votierten 38% für eine Verteidigung der Gesellschaftsordnung gegen alle „subversiven Kräfte"; dies taten in den USA und Großbritannien nur 22 bis 23%, in Kanada 21%, in Frankreich 19%.[1109] Folgt man zumindest diesen Zahlen, dann war Bonn weit davon entfernt, Weimar zu werden; und so schloß denn auch die Bundestags-Enquête 1983:

> „Nicht die pluralistische Demokratie, das Mehrheitsprinzip und die Notwendigkeit des Kompromisses werden abgelehnt, sondern – wie es Jugendliche empfinden – die Undurchschaubarkeit der politischen Entscheidungswege, der Mangel an tatsächlichen Mitbestimmungsmöglichkeiten der Bürger, der starke Einfluß wirtschaftlicher Interessen, die Unfähigkeit zu zukunftsgerichtetem Handeln."[1110]

Bereits 1975 hatten Forscher die künftige Bereitschaft Jugendlicher zu politischem Engagement vorsichtig beurteilt und gewarnt: „Solange der institutionelle Rahmen politischen Handelns so eng gesteckt ist, daß man allenfalls von politischer Beteiligung sprechen kann, verwundert es nicht, wenn Jugendliche keinen Bezug zur politischen Realität gewinnen können."[1111]

e) Folgerungen bezüglich der Radiothek-Hörerschaft

Zum Ende des Jahrzehnts hin war also nicht mehr zu übersehen, wie sehr sich das Denken der Zielgruppe seit 1973/74 verändert hatte – und damit auch ihre Ansprüche an den Hörfunk. Die Ergebnisse einer Umfrage der Medienkommission von ARD und ZDF, die 1984 stattfand[1112], lassen auf ein sinkendes Interesse an Themen aus Politik, Wirtschaft und Gesellschaft schließen. Der Status des Radios als Informationsquelle schien sich gegenüber 1976 nicht grundlegend gewandelt zu haben; und dank seines Musikangebotes bewegte der

---

[1106] Vgl. ebda., S. 77; direkte Zitate dort entnommen. Die Konrad-Adenauer-Stiftung ermittelte 1979 ähnliche Werte, vgl. Lorig a.a.O., S. 42.
[1107] Lorig a.a.O., S. 42.
[1108] Vgl. Blücher/Schöppner a.a.O., S. 80.
[1109] Vgl. Inglehart a.a.O., S. 56.
[1110] Deutscher Bundestag, Jugendprotest im demokratischen Staat a.a.O., S. 19. Ähnlich rückblickend Thränhardt a.a.O., S. 254.
[1111] Zuschlag a.a.O., S. 66.
[1112] Vgl. die Wiedergabe der Ergebnisse bei Heinz Bonfadelli, Jugend und Medien. Befunde zum Freizeitverhalten und zur Mediennutzung der 12- bis 29jährigen in der Bundesrepublik Deutschland (1), in: *Media Perspektiven* 1/1986, S. 1-21, hier: S. 5 f., 10, 15, 18 f.; direkte Zitate den S. 5 und 10 entnommen.

Hörfunk immer noch 72% der Befragten dazu, täglich einzuschalten. „Die auditiven Medien können als die eigentlichen Jugendmedien bezeichnet werden" – und unter ihnen lag das Radio nach wie vor an der Spitze.
Wenn sich jedoch die Zielgruppe der Radiothek von einem Engagement in etablierten Sphären zurückzuziehen begann, wenn lediglich jeder sechste Jugendliche und junge Erwachsene Interesse an einer kritischen Betrachtung gesellschaftlicher Mißstände zeigte, so war absehbar, daß der WDR-Jugendsendung nach und nach wesentliche Teile ihres Publikums verlorengehen würden.[1113] Gegen Ende des Jahrzehnts mußten sich sogar die der Radiothek wohlgesonnenen Verantwortlichen im Kölner Funkhaus die Frage stellen, unter welchen Umständen eine Sendung dieser Machart auch nach 1980 noch ähnliche Resonanz bei der Zielgruppe erreichen konnte wie zur Zeit der großen Erfolge 1976.

3. Die Gegner der Sendung und ihre Argumente

Politisch motivierte Streitigkeiten um den Inhalt von Sendungen oder Beiträgen in ARD-Programmen waren von jeher engagiert ausgetragen worden – im Falle der Radiothek aber scheinen sich die Kontrahenten besonders unnachgiebig verhalten zu haben. Das mag zu einem Teil darin begründet liegen, daß es die Kritiker hier mit einer Sendung für das junge Publikum zu tun hatten. „Jugendliche sind eine harte Probe für das eigene Demokratieverständnis"[1114], wußte BR-Fernsehredakteur Hanns Helmut Böck.
Jugendsendungen waren notorisch unbequem, nicht nur in den Augen externer politischer Akteure. „Es war ein experimenteller Rundfunk!"[1115] urteilt Erik Bettermann. „Ich hatte so ein bißchen die Anfänge der Radiothek aus der Entfernung verfolgt [...] und fand das einfach klasse", erinnert sich Wolfgang Schmitz. Aber er betont, daß ihm und den anderen Radiothek-Redakteuren funkhausintern „eine Mischung aus Mißtrauen und Vorbehalten" entgegengeschlagen sei: „Weil da [in den Jugendfunk-Redaktionen] Leute saßen, die sich an manche Spielregeln des damals auch noch eher beschlipsten und beanzugten Journalismus nicht hielten – also die jungen Wilden gewissermaßen."[1116] Manfred Jenke möchte das Verhalten der älteren Beobachter gegenüber der Radiothek nicht über einen Kamm scheren:

> „Die *Groß*vätergeneration, also beispielsweise Bismarck – die sah das locker. Bismarck fand das wahrscheinlich sogar ganz spannend. Während die Vätergeneration ihre eigenen Probleme und Ängste mit ihren Kindern darin widergespiegelt sah. Und plötzlich dachte: Also, wenn unsere Kinder *so* mit uns reden würden, das würden wir aber gar nicht gut finden."[1117]

Daß 1975 sämtliche Redakteure der WDR-Jugendreihe parteilos waren[1118], half wenig. „Wir kriegten von keinem Hilfe", winkte Joachim Sonderhoff ab. „Sogar SPD-Leute, die

---

[1113] Entgegen dem Optimismus Hendrik Bussieks, Erwartungen ans Radio für junge Leute. Thesen aus verordneter Entfernung, in: *Medium* 8 (1978), H. 10, S. 2.
[1114] Böck a.a.O., S. 12. – Hermann A. Griesser, Rundfunk als Grabenkampf, in: *Die Welt* v. 1.11.78, ist ein Beispiel jener Kritik, die sich nicht nur gegen die Radiothek richtete, sondern gegen sämtliche ARD-Jugendsendungen dieser Art.
[1115] Interview mit Erik Bettermann im Juni 2007.
[1116] Interview mit Wolfgang Schmitz im Juli 2003.
[1117] Interview mit Manfred Jenke im August 2005. – Die erwähnte Karin Junker war ab 1979 stellvertretendes Mitglied des WDR-Rundfunkrates, vgl. die einschlägigen Angaben im *ARD-Jahrbuch* 1979 ff.
[1118] Vgl. Ursula von Welser, Zusammenfassung der Diskussion vom 20. Juni, in: Westdeutscher Rundfunk (Hg.), Der Programmauftrag..., a.a.O., S. 74-98, hier: S. 85.

abends von Bonn nach Hause fuhren, die wollten das nicht hören. Die wollten [...] Musik – aber die wollten keine Beiträge hören. Das Interesse *der* Leute war gleich Null!"[1119]

a) Beispiele der Kritik

Der in den Akten dokumentierte Disput betraf in erster Linie Sendungen der Jahre 1974/75 und 1979/80; die Jahre 1976 bis 1978 scheint demgegenüber eine *relative* Ruhe gekennzeichnet zu haben[1120]. Im folgenden kommen deshalb lediglich diejenigen Debatten um die Radiothek zur Sprache, die sich auf Grundlage der Akten nachzeichnen lassen.
Bereits die Ausgabe vom 3. Januar 1974 provozierte Protest: Moderator Tom Schroeder hatte im Rahmen einer Buchrezension eine Passage aus dem Gedichtband *Texte zur Lage* von Addi und Ludwig Schmidt[1121] zitiert: „diebstahl / ich stahl / du stahl / er stahl / kruppstahl". Die christdemokratische Broschüre *Welle mit Schlagseite* schäumte: „Soviel zur Einstimmung auf die leichte Brise aus dem Kölner Funkhaus, wie sie fast täglich weht"[1122]. Johann-Ludwig Dorthans beklagte in der Zeitschrift *Arbeitgeber* „besorgniserregende Praktiken von Redakteuren des Westdeutschen Rundfunks" und verwies auf den Radiothek-Bericht über Lehrlingsstreiks im Februar 1974, in dessen Verlauf der Vertreter der Arbeitgeberseite nur auf einen Teil der gewerkschaftlichen Argumente antworten konnte.[1123] Der CDU-Landtagsabgeordnete Peter Giesen aus Garzweiler bemängelte gegenüber Intendant von Bismarck, die Radiothek vom 16. Januar 1975[1124] habe sich mit einer Homosexuellen-Initiative befaßt, deren Angehörige sich als „schwul" bezeichnet hätten; der Moderator habe „die Anschrift der Gruppe durchgesagt und die Zusendung von einschlägigen Informationsmaterial in Aussicht gestellt mit dem Hinweis darauf, daß man sich deswegen an den WDR wenden könne". Giesen bekundete die Erwartung, vom Intendanten bald über den „Verlauf der Sendung und gegebenenfalls über Ihre Stellungnahme" informiert zu werden. Gretel Rieber verteidigte das Verhalten des Moderators Tom Schroeder mit dem Hinweis, daß „wir in der Sendung keine Agitation betreiben, sondern helfen wollten, über das Problem Homosexualität und die sich daraus ergebenden Konflikte mit den Heterosexuellen aufzuklären".[1125]
Der *Rheinische Merkur* dokumentierte auf der Grundlage einer Materialsammlung des Mediendienstes *tele-control* zahlreiche Details aus Radiothek-Sendungen: Alle hätten „eindeutig systemverändernden oder klassenkämpferisch-radikalsozialistischen Charakter" aufgewiesen.[1126] Im Februar 1976 legte die Zeitung nach und berichtete kritisch über die Gewerkschafts-Sendewoche im Monat zuvor: Sie erhob Vorwürfe gegen den verantwortli-

---

[1119] Interview mit Joachim Sonderhoff im August 2005.
[1120] Darauf deuten auch die Äußerungen nicht namentlich genannter Redaktionsmitglieder gegenüber der Zeitschrift *Medium* aus dem Jahre 1978 hin, vgl. Imme de Haen, Jucken gehört zum Konzept. Stichworte zu einem unübersichtlichen Programmfeld: Jugendsendungen im Hörfunk, in: *Medium* 8 (1978), H. 10, S. 3-8, hier: S. 6.
[1121] Vgl. die Quellenangabe und Erläuterung in Schroeders Schreiben an Teiner vom 19.4.1975, WDR Hist. Arch. 10450.
[1122] Welle mit Schlagseite, a.a.O., S. 26.
[1123] Johann-Ludwig Dorthans, Funk/Fernsehen. Zweierlei Maß, in: *Arbeitgeber* 9/26 (1974), S. 328-329, hier: S. 329.
[1124] Gemeint war der Beitrag *Initiativgruppe Homosexualität Bielefeld* (16.1.1975), WDR Hist. Arch. 10493, vgl. zu dieser Sendung auch Abschnitt III. 3. d) δ).
[1125] Schreiben Peter Giesens an Klaus von Bismarck vom 12.2.1975, Schreiben Gretel Riebers an Ulrich Teiner vom 21.2.1975, WDR Hist. Arch. 10450.
[1126] N.N., Agitprop im Kölner Funkhaus. Systemveränderung und Klassenkampf werden von Mitarbeitern des WDR großgeschrieben, in: *Rheinischer Merkur* v. 4.4.1975; direkte Zitate dort entnommen.

chen Redakteur Ulrich Lux: „Er und alle anderen kommentierten, statt ein- oder überzuleiten; indoktrinierten und appellierten, statt zu informieren."[1127]
Der *Medienspiegel des Instituts der deutschen Wirtschaft* argumentierte 1978, es seien „vor allem die jugendlichen Zuhörer selbst, die dem Magazin in jüngster Zeit Einseitigkeit und Linkslastigkeit im Wortprogramm vorwerfen"[1128]. Eine arbeitgeberfeindliche Haltung legte dieser Artikel der Radiothek nicht nur bei Sendungen zur Last, die das Verhältnis zwischen Unternehmern und Gewerkschaften behandelten, sondern auch im Falle von Ratgeberbeiträgen über *Mogelpackungen, Käuferfallen, kundenfeindliche Garantiebestimmungen*[1129].

b) Folgen der musikalischen Klangfarben für die Resonanz der Wortbeiträge

Berücksichtigt man die Musikfarben der Radiothek und den damaligen Streit zwischen den Generationen um die Rock- und Popmusik, dann spricht vieles dafür, daß die Musikstrecken mittelbar dazu beitrugen, die Kritik an den Wortbeiträgen noch zu verstärken. Rockmusik besaß in den siebziger Jahren durchaus die Kraft, zu provozieren: „Rock-Musik ist ein Phänomen der Gegenkultur"[1130], konstatierte der Musikpublizist Helmut Salzinger. Noch 1984 stellte Josef Eckhardt in einer Untersuchung für die WDR-Medienforschung fest, daß die Beliebtheit dieser Musik bereits unter 30- bis 40jährigen im Vergleich zu jüngeren Altersgruppen drastisch zurückgehe.[1131]
„Die Leute hat nicht nur das Wort geärgert bei der Radiothek", erklärt Manfred Jenke, „sondern es hat die Leute auch geärgert, daß sie da eine Musik hören mußten, die sie gar nicht hören wollten. Nämlich die aktuellste – und da waren eben 50 Prozent Schrott."[1132]
Friedrich-Wilhelm von Sell hat die Musik der Radiothek als „laut und drastisch"[1133] in Erinnerung. Die Vermutung liegt nahe, daß ältere Kritiker der Sendung sich an einem unliebsamen Wortbeitrag um so mehr stoßen mochten, wenn dieser Beitrag eben nicht von sinfonischer oder Operettenmusik eingerahmt war, sondern von Suzi Quatro und *Backman Turner Overdrive*.

c) Warum so scharfe Kritik? Erklärungsversuche der Zeitzeugen

„Jedenfalls ging das schon ziemlich bald nach der Eröffnung dieser Reihe los, daß Beschwerden kamen", beharrt Heinrich Windelen, „daß Fragen kamen wegen ihrer sehr drastischen Einseitigkeit. [...] Sie kamen aus den Reihen der Zuhörer, die meistens nach mehreren Sendungen der Meinung waren, das sei in dieser Einseitigkeit nicht mit den Programmrichtlinien vereinbar."[1134]
Tom Schroeder bekundet, ihn habe die Kritik nicht aus der Ruhe gebracht: „Ich kannte den Stunk schon. Ich hab das auch nicht so ernst genommen. Zum Teil hat man die Leute, die

---

[1127] N.N., Klassenkampf per Ätherwellen. Dokumentation einer Woche „Radiothek im Westdeutschen Rundfunk", in: *Rheinischer Merkur* vom 20.2.1976.
[1128] Klaus-Peter Mende, Ohne Kurskorrektur. „Radiothek" mit altem Konzept, in: *Medienspiegel des Instituts der deutschen Wirtschaft* 35/1978 (28.8.1978), S. 2-3, hier: S. 2.
[1129] Gemeint war der Beitrag *Mogelpackungen, Käuferfallen, kundenfeindliche Garantiebedingungen* (18.4.1978 – Autor war Klaus Schmidt, Redakteur am Mikrofon Wolfgang Schmitz), WDR Hist. Arch. 10544.
[1130] Salzinger a.a.O., S. 41.
[1131] Vgl. Jenke, Medien für Menschen. Texte 1963-1993, Köln 1993 (Beiträge zur Kultur und Politik der Medien 1); künftig: „Medien für Menschen", S. 66.
[1132] Interview mit Manfred Jenke im August 2005. – Jenke unterscheidet hier zu Recht zwischen den damals aktuellen Beispielen aus der Popmusik und anderen, die ein qualitativ höheres Niveau erreichten.
[1133] Interview mit Friedrich-Wilhelm von Sell im August 2005.
[1134] Interview mit Heinrich Windelen im Mai 2007.

da Zoff gemacht haben, nicht ernst genommen; zum Teil hat man sie verachtet."[1135] „Herr Windelen als der frühere Vertriebenenminister hat die Angriffe mit größter Maßlosigkeit [vorgetragen]", befindet Michael Schmid-Ospach. „Der war so fanatisch wie auf der anderen Seite mancher Radiothek-Beitrag."[1136] Windelen seinerseits empfand die Beiträge als

> „in bestimmter Richtung einseitig überspitzt. Pro gab's ja kaum, es war ja fast ausschließlich contra. [...] Man wünscht, daß das Thema von mehreren Seiten aus betrachtet wird, nicht in einer bestimmten Tendenz [...]. Aber die Tendenz *war* eben eindeutig einseitig. Sie spiegelte nicht die den öffentlich-rechtlichen Anstalten aufgetragene Pluralität wider."[1137]

Manfred Jenke erklärt sich diese Kritik aber auch aus der grundsätzlichen Themenwahl der Radiothek-Redaktion und aus der intensiven Behandlung der Themen. Er geht heute davon aus,

> „daß um diese Stunde die Leute nicht mit Betroffenheitsproblemen konfrontiert werden wollten. Die waren sauer, mit Problemen anderer Menschen behelligt zu werden. [...] Man wollte nicht die *Fülle* an Informationen, und man wollte vor allem nicht behelligt werden mit Information aus einer Welt, die nicht die eigene war."

Die Kritik kam dabei keineswegs nur von Seiten christdemokratischer Akteure, sondern auch vom sozialdemokratischen Ministerpräsidenten:

> „Zum Beispiel hat Heinz Kühn mal zu mir gesagt, er freue sich ja immer, wenn *Falken* und Gewerkschaftsjugend darin vorkämen, aber das sei ja nur ein Teilaspekt der Jugend. Es gebe doch so viele andere Jugendaktivitäten, und wenn wir uns mehr um die kümmerten, würden wir doch Angriffsflächen vermeiden. Da wurden die Mandolinenorchester im Ruhrgebiet zitiert, da wurde gesagt: Macht doch mal was über die unpolitischen Jugendlichen! Das waren gutgemeinte Ratschläge, die ich aber ehrlich gesagt als absurd empfand, weil ich mir auch vorstellte: Soll ich jetzt zur Redaktion gehen und soll den Herren Teiner und Schmitz sagen: Nun macht mal was über Mandolinenorchester? Dazu wär' ich mir wirklich zu blöde vorgekommen. Das war auch nicht meine Aufgabe."[1138]

Bei aller Kritik konnte der Verwaltungsrat bis ins Jahr 1980 hinein keinen Verstoß der Radiothek-Redaktion gegen Regeln des WDRG oder andere Vorschriften feststellen.[1139] So verteidigen auch die damaligen Redakteure rückblickend zumindest teilweise ihr Vorgehen. Dietrich Backmann verweist auf Kritik, die der Radiothek wegen solcher Beiträge entgegenschlug, welche die Demokratisierung Spaniens und Portugals wohlwollend betrachteten; er hält dagegen:

[1135] Interview mit Tom Schroeder im September 2007.
[1136] Interview mit Michael Schmid-Ospach im April 2007. – Zu einer Verstimmung zwischen Windelen und von Sell vgl. Jörk Böhnk, Intendanten-Schelte der Windelen-Kritik. Sell gegen ein „falsches historisches Verständnis", in: *Bonner Rundschau* v. 2.2.1977.
[1137] Interview mit Heinrich Windelen im Mai 2007.
[1138] Interview mit Manfred Jenke im August 2005. – Kühns Anregungen fielen anläßlich der Verwaltungsratssitzung vom 14.3.1977, vgl. das Protokoll in: WDR Hist. Arch., unverz. Best. des Intendanten von Sell, Akte *WDR Allgemeine Programmangelegenheiten – RADIOTHEK – 1-22 – 24.602*; zu dieser Sitzung unten Abschnitt V. 8. c). Immerhin strahlte die Radiothek zum Ende des Jahres hin einen gänzlich neutralen Beitrag zu einem verwandten Thema aus: *An die Uniform gewöhnt man sich. Bericht über junge Musikanten in Spielmannszügen*, WDR-Schallarchiv 5095784 (Einspielband). Sendetermin war vermutlich der im Schallarchiv und auch in der redaktionellen Wochenplanung (WDR Hist. Arch. 10445) angegebene 14.12.1977; in die Sendeakte 10528 ist für diesen Tag zwar der zweite Teil eines Berichtes über jugendliche Selbstmörder eingelegt, in solchen Fällen erscheinen die Angaben in Planungspapieren und auf Bandkartons jedoch wahrscheinlicher – denn ein erledigtes Manuskript ist im hektischen Redaktionsalltag rasch einmal falsch eingeordnet.
[1139] Vgl. Ulrich Teiners Entwurf für ein Schreiben der Hörfunkdirektion an die *Neue Westfälische*, Bielefeld, vom 6.2.1980, WDR Hist. Arch. 10461.

> „Wir waren doch verpflichtet auf die freiheitlich-demokratische Grundordnung, und Demokratisierungsprozesse konnte man doch nur begrüßen! Aber es gab eben viele Leute, denen es mit Franco gut gegangen war. – Und daß der Strauß-Besuch in Chile bei Herrn Pinochet uns nicht so begeisterte, ähnlich die argentinische Diktatur, wo danach die Fußball-Weltmeisterschaft stattfand... Aber da haben wir schlicht das Beharrungsvermögen mancher – ich sage jetzt bewußt reaktionärer – Kräfte nicht verstanden. Das waren die, die uns auf die freiheitlich-demokratische Grundordnung mit der Nase stupsten! Und dann *kam* irgendwo Demokratisierung, und dann sollte es *auch* nicht recht sein!"[1140]

Auf Bedenken gegenüber Beiträgen, die Menschenrechtsverletzungen in der DDR stiefmütterlich behandelten, antwortet Backmann: „Vielleicht waren wir ein bißchen blauäugig, aber einäugig nicht." Auch Helga Kirchner und Ulrich Teiner verwahren sich gegen den Vorwurf der durchgehenden Einseitigkeit. „Natürlich kamen die Lehrlinge mehr zu Wort als die Arbeitgeber", erläutert Teiner. „Wenn Sie sagen: Es ist nicht ausgewogen – nein, das war es in der Tat nicht. Das sollte es auch nicht sein, es war ja eine parteiische Sendung, eine Zielgruppensendung."[1141] Auf Kritik mußte die Redaktion allerdings auch gefaßt sein, wenn sie im Herbst 1977 auf den RAF-Terrorismus einging, ohne die staatlichen Reaktionen uneingeschränkt zu bejahen[1142]. „Das haben manche als Provokation empfunden", erinnert sich Teiner, „klar, das kann ich sogar verstehen." Sein Redakteurskollege Jürgen Keimer hält sowohl die damalige Kritik an der Jugendreihe als auch das Lob ihrer Anhänger für überzogen:

> „Ich glaube, wir sind von Gegnern angegriffen worden für Sachen, die wir eigentlich gar nicht getan haben, und ähnlich sind wir von Befürwortern für Sachen gelobt worden, die wir auch nicht getan haben. Das sind so Imagefragen, daß dann bestimmte Vorstellungen auf einmal in der Welt sind. Es hat vielleicht auch dann eine oder zwei Sendungen gegeben, die dem genau entsprochen haben – aber das war gar nicht der Schnitt der gesamten Sendereihe"

Dabei möchte Keimer die Radiothek nicht über Gebühr in Schutz genommen wissen:

> „Ich meine, man hätte sich auch die engagierten Sendungen unter Umständen formal, journalistisch noch mal genau angucken müssen und sagen müssen: Wären wir nicht wirkungsvoller, wenn wir jetzt auch noch zwei oder drei Gegenstimmen reinholen oder so. [...] Angreifbar macht man sich ja inhaltlich eigentlich ja nicht dadurch, daß man jetzt platt was Falsches sagt, sondern daß man den Eindruck erweckt: Die haben die Gegenseite nicht gehört."[1143]

Letzterer Eindruck verfestigte sich rasch – auch unter den Angehörigen anderer WDR-Redaktionen.[1144]
Wohl klang nach Wolfgang Schmitz' Erinnerung in Äußerungen von WDR-Vertretern durchaus auch „Stolz" an.

> „Weil natürlich die Arbeit der Radiothek zumindest in den ersten Jahren dem WDR auch sehr viel Lob eingebracht hat. Wie das heute auch noch ist, neigen ja die öffentlich-rechtlichen Anstalten dazu, eher als etwas schwerfällig zu gelten, als etwas verstaubt zu gelten und ärmel-

---

[1140] Interview mit Dietrich Backmann im Juli 2004.
[1141] Interview mit Ulrich Teiner im Februar 2005.
[1142] Hartmut von Hentig sammelte 1977 bedrückende Erfahrungen, als er die staatliche Antwort auf den Terrorismus im Detail kritisierte, vgl. Hartmut von Hentig, Wir werden nie wieder in den alten Republiken leben. Zu den Angriffen auf sogenannte Sympathisanten der Terroristen – 1977, in: ders., Die entmutigte Republik. Politische Aufsätze, München 1980, S. 176-188. – Zur Sendewoche *Terrorismus* vgl. oben Abschnitt III. 3. b) ζ). – Mit Heinrich Windelen zollte allerdings ein notorischer Kritiker der Radiothek für dieses Projekt Lob, vgl. unten Abschnitt V. 7. c).
[1143] Interview mit Jürgen Keimer im Oktober 2005.
[1144] Vgl. dazu auch de Haen a.a.O., S. 6.

schonerisch in ihren Programmüberlegungen. Und daß damals so 'ne wilde Truppe sich jeden Abend zwei Stunden im Radio austoben durfte, das hat uns ja durchaus Pluspunkte gebracht!"[1145]

Auch Uwe Rosenbaum bekennt, die Redaktion „interessant" gefunden zu haben:

„Das waren alles für mich jedenfalls außerordentlich zugängliche Redakteure, die 'ne sehr dezidierte Vorstellung davon hatten, wie man mit diesem jungen Publikum umgehen sollte und welche Themen einfach dranwaren – das waren alles, ich sag mal, ideologisch einwandfreie, aufgerauhte, wache, streckenweise widerborstige Kollegen, [...] die alle sehr ordentliche Ansichten hatten! Überhaupt keine Frage! Aber das waren Ansichten, die dem ‚schwarzen' Köln nicht paßten!"[1146]

Und so machten etliche WDR-Redakteure aus ihrer Abneigung gegen die Radiothek keinen Hehl: „Man muß diese ganze Redaktion auswechseln", zitiert Manfred Jenke den Tenor dieser Kritik.

„'Die sind ja so verstockt, mit denen kann man ja überhaupt nicht vernünftig arbeiten! Die sind ja alle ideologisch verbohrt.' Diese Debatte lief – das muß man leider sagen – bis weit in die politische Abteilung des Hörfunks. Carola Stern [...] hat einmal sich dazu verstiegen[, zu sagen]: ‚Was die in der Radiothek machen, ist ja Kinderkommunismus!' Für die Sozialdemokraten in der politischen Redaktion – Volker Mauersberger, Uli Blank, Wilhelm Papenhoff in Bonn – war die Radiothek ein rotes Tuch, es waren unbelehrbare Jungkommunisten."[1147]

Mauersberger betont allerdings, daß er die Reihe weit milder beurteilt habe als seine beiden Kollegen.[1148] Aber: „Wie man solche Sendungen machen konnte, das war im ganzen Hause schwer zu vermitteln!", betont Ulrich Teiner. „Wir wurden betrachtet, als ob wir eine wahnsinnige Chaotentruppe wären, die sich nicht im geringsten um die Belange des Hauses kümmert – was überhaupt nicht stimmte. [...] Auch die eher linken Redakteure in der Politik haben gesagt: ‚Das ist Kinderkram!'"[1149] „In den Augen mancher waren wir die Schmuddelkinder"[1150], nickt Helga Kirchner. Uwe Rosenbaum bestätigt, daß Teiner selbst zwar unter Redakteurskollegen im Haus stets hohe Achtung genossen habe. „Und sein Urteil galt auch was. Aber er hatte eben unter sich [nach Ansicht vieler anderer Redakteure] einen Stall von nur Verrückten!"[1151]

Teiner wirft die Frage auf, ob der Widerstand womöglich auch im Unmut über die große Beachtung begründet liegen könnte, welche die Radiothek in der politischen Szene fand:

„Vielleicht haben sie sich auch gegrämt, weil sie viele Jahre dachten, *sie* seien die eigentlichen Meinungsmacher im WDR – sie machen heute einen Kommentar, und dann werden da morgen in Bonn die Konsequenzen draus gezogen. Und jetzt reden auf einmal die Leute nur noch über die Radiothek! Und niemand mehr über den großartigen Kommentar, den A gestern wieder gemacht hat. Das sind jetzt alles meine Meinungen, das werden die bestreiten, aber ich sehe das so."[1152]

[1145] Interview mit Wolfgang Schmitz im Juli 2003.
[1146] Interview mit Uwe Rosenbaum im Januar 2008.
[1147] Interview mit Manfred Jenke im August 2005.
[1148] Interview mit Volker Mauersberger im Dezember 2009.
[1149] Interview mit Ulrich Teiner im Februar 2005.
[1150] Interview mit Helga Kirchner im August 2004.
[1151] Interview mit Uwe Rosenbaum im Januar 2008.
[1152] Interview mit Ulrich Teiner im Februar 2005.

Rosenbaum bestätigt, die Kommentar-Redakteure hätten sich mit einer gänzlich fremden Vorstellung von Radio konfrontiert gesehen:

> „Die klassische Politik fühlte sich hochbedroht. [...] Die merkten, daß sie da langsam abgeräumt wurden! Und sie wurden auch in ihrer – ich sag mal – journalistischen Grundhaltung nicht ernstgenommen durch die Radiothek-Leute. Es wurde gesagt: Der O-Ton ist doch viel interessanter als dieses Papier-Abgesonderte!"[1153]

Jenke erklärt die Kritik an den jungen Redakteuren unter anderem mit einem Verweis auf den Untergang der ersten deutschen Demokratie, der zu dieser Zeit erst viereinhalb Jahrzehnte zurücklag:

> „Es haben enorm viele Menschen Angst vor diesen jungen Leuten gehabt, die sich da [im Studio und in Interviews] artikulierten. Das heißt, ein Teil des Widerwillens gegen die Radiothek [...] war: ,Vielleicht wird Bonn doch Weimar! [...] Vielleicht werden wir mit diesen jungen Leuten' – und Rudi Dutschkes Gespenst schwebte ja noch über allem – ,vielleicht werden wir da furchtbare Überraschungen erleben!' [...] Die haben Angst gehabt! Die haben Angst gehabt vor diesen '68 militanten, '74 kritischen jungen Leuten [...]."[1154]

Von Sell hält diese Erklärung für „etwas hochgegriffen, aber nicht abwegig"[1155]. Hans Janke beurteilt sie als „plausibel. Es gab Angstaffekte und den Neid, den Argwohn der Alten gegenüber den Jungen."[1156] Walter Bajohr hingegen winkt ab: „Angst hatte vor der Radiothek keiner! Es war schlicht und ergreifend in großen Teilen 'n politisches Ärgernis."[1157] Auch Josef Eckhardt möchte den insoweit „ängstigenden Faktor" der Radiothek nicht überbewertet wissen.[1158] Heinrich Windelen wiederum hegt den Verdacht, daß die Radiothek dem Intendanten und dem Hörfunkdirektor mit der Zeit „unangenehm" geworden sei:

> „Wenn sie auch möglicherweise die Tendenz durchaus befürwortet hätten, so hielten sie aber wahrscheinlich eine dezentere Darstellung für wirkungsvoller. Ich glaube, daß auch sie den Eindruck hatten, daß die Radiothek zu dick aufgetragen sei. Zu penetrant. Mit dem Ergebnis, daß die Sendung dann das Gegenteil dessen bewirken könne, was sie wollte. [...] Ich würde sagen, sie wirkte in den Kreisen, die man gewinnen *wollte*, in der Tat eher negativ. […] Holzhammer wirkt auf die Dauer nicht."[1159]

Der Hörfunkdirektor seinerseits weist darauf hin, daß er bei seinem Amtsantritt 1974 vollendete Tatsachen vorfand; auf die Planungen der Jahre 1972/73 hatte er in der Tat keinen Einfluß nehmen können. Jenke fühlt sich bis heute mißverstanden in seinem Entschluß, die Radiothek-Redaktion jedoch gerade nicht umbesetzt, ihr im Gegenteil lange Zeit den Rücken gestärkt zu haben.

> „Ich hatte überhaupt keinen Anlaß, dieser Redaktion übel zu wollen! Die haben nicht alles so gemacht, wie ich es gern gehabt hätte; aber der Fehler lag nicht in dem, was sie gemacht haben, sondern in dem, was man ihnen *gesagt* hat, daß sie's machen sollten! Nämlich eine Jugendsendung in WDR 2 am Abend von 19 bis 21 Uhr. Das war der 1973 in seinen Folgen nicht absehbare Grundfehler!"

[1153] Interview mit Uwe Rosenbaum im Januar 2008.
[1154] Interview mit Manfred Jenke im August 2005.
[1155] Interview mit Friedrich-Wilhelm von Sell im August 2005.
[1156] Elektronische Post Jankes vom 18.2.2008.
[1157] Interview mit Walter Bajohr im April 2008.
[1158] Interview mit Josef Eckhardt im Juni 2007.
[1159] Interview mit Heinrich Windelen im Mai 2007.

1973 konnte in der Tat keiner der Verantwortlichen ahnen, daß die Radiothek bereits ein gutes Jahr später zum Gegenstand eines Beobachtungsverfahrens werden sollte, das die Fachjournalisten der Mediendienste als „bisher einmalig in der Geschichte des öffentlich-rechtlichen Rundfunks in der Bundesrepublik"[1160] empfanden.

4. Jens Feddersen und die Radiothek: der erste große Streit 1974/75

a) Eine Kommission tritt zusammen

Es war der WDR-Programmbeirat, in dessen Reihen sich im Sommer 1974 erster ernsthafter Widerstand gegen die Radiothek formierte. Anfang September unterrichtete Manfred Jenke die Redaktion, daß das Gremium plane, die Sendereihe durch eine vierköpfige Kommission systematisch untersuchen zu lassen: am 28. August war dieser Beschluß in der Tat einstimmig gefaßt worden[1161]. „Ich habe diese Absicht begrüßt", kommentierte der Hörfunkdirektor, „zugleich aber davor gewarnt, das Bild der Sendereihe von einzelnen Beiträgen her beurteilen zu wollen. Vielmehr müsse man die Gesamtkonzeption und die Absichten der Redaktion in die Bewertung mit einbeziehen."
Jenke schlug Teiner vor, das Selbstverständnis der Redaktion und darüber hinaus didaktische Überlegungen in einem besonderen Papier festzuhalten. Er hob besonders den „aufklärerischen Prozeß" hervor, auf den die Sendung abzielen müsse:

> „die Bewußtmachung demokratischer Rechte, Verhaltensweisen und Erkenntniskriterien der Wirklichkeit. Dieser Punkt ist deshalb sehr wichtig, weil das konsequente Eintreten für demokratische Rechte nicht verwechselt werden darf mit dem Kampf gegen diese Rechte. Hierzu würde ich eine klare Absichtserklärung der Redaktion für sehr wichtig halten."

Jenke regte einen regelmäßigen Erfahrungsaustausch mit Jugendredakteuren des SWF und NDR an; er stellte zur Diskussion, daß „die Lehrlings-, Gastarbeiter-, Entwicklungshilfeproblematik etwas überstrapaziert" sei, und ergänzte:

> „Der Medien-, Unterhaltungs- und Freizeitindustrieaspekt der Radiothek erscheint mir wichtig. Vielleicht sollte man anstelle der Auseinandersetzung mit wenig relevanten Produkten der Subkultur stärker (kritisch) an die ‚repräsentativen' Darbietungen der Medien (Film, Fernsehen, Buch) herangehen."[1162]

Während die Redaktion auf Jenkes Anregungen reagierte und ihre *Anmerkungen zum Selbstverständnis* niederlegte[1163], nahmen vier Mitglieder des Programmbeirates ihre Beobachtertätigkeit auf: Den faktischen Vorsitz der Kommission führte Jens Feddersen, sozialdemokratischer Chefredakteur der *Neuen Ruhr-Zeitung*; als Gremienmitglied hatte ihn die Düsseldorfer Landesregierung benannt. Peter Rinsche vertrat Handwerk, Handel und Freie Berufe; Clemens Herbermann repräsentierte die Rheinische und Westfälische Heimat- und Kulturpflege. Hinzu gesellte sich Horst Dahlhaus, Direktor der Bundeszentrale für politische Bildung, der im Programmbeirat Erwachsenenbildung, politische Bildung,

---

[1160] *Fernseh-Dienst* 32/1975 vom 15.7.1975, WDR Hist. Arch 13001 (Kopie).
[1161] Vgl. den *Bericht des Vorsitzenden des Programmbeirats über ‚Radiothek' in der Sitzung des Rundfunkrats des WDR am Freitag, den 17. Oktober 1975 in Köln*, WDR Hist. Arch. D 2113.
[1162] Schreiben Jenkes an Teiner vom 2.9.1974, WDR Hist. Arch. 10444.
[1163] Zu den *Anmerkungen zum Selbstverständnis der Redaktion RADIOTHEK* vgl. oben Abschnitt II. 1.

Bibliotheken und Museen vertrat.[1164] Angehörige der Radiothek-Zielgruppe zählten nicht zu den Mitgliedern.

„Ein klares Nein": NRZ-Chefredakteur Jens Feddersen stellte sich im ersten großen Streit um die Radiothek an die Spitze der Kritiker.

Peter Rinsche betont, daß es intensiver Nachfragen der vier Beobachter bedurft habe, um die Redaktion zu bewegen, die von Jenke angeregten *Anmerkungen zum Selbstverständnis* zu formulieren:

> „Als wir das erste Mal zusammenkamen und danach fragten – da war da Tabula rasa! Nichts! [...] Auf Vorschlag von Jenke haben wir das in das erste Gespräch hereingebracht und die Redaktion, die das erst nicht wollte – ich will nicht sagen: gezwungen, aber doch mit heftiger Argumentation dahingebracht, sich schriftlich festzulegen; das wollte Herr Teiner eigentlich überhaupt nicht! [...] Wär' doch überflüssig – sie wüßten doch, was sie täten! Und wir haben dann gesagt: Ja, da haben wir doch nix von! Wir sollen ja jetzt ein Schema zur Beurteilung finden."[1165]

„Uns vorzuwerfen, dass wir das [Selbstverständnispapier] nicht hatten, ist völlig abwegig", hält Teiner dagegen. „Keine Redaktion hatte damals ein solches Papier. Als es uns abverlangt wurde, haben wir es gemacht. Das zeigt ja wohl hinreichend, dass wir sehr wohl eine Vorstellung hatten von dem, was wir machten. Und wenn ich mir das Papier heute anschaue, finde ich es immer noch ziemlich gut."[1166]
Die vier Beobachter stützten sich in erster Linie auf Transkripte der Wortbeiträge aus der Zeit vom 24. Februar bis 25. April 1975.[1167] „Wir haben endlos Nachschriften, Texte von

---

[1164] Vgl. die Angaben zum WDR-Programmbeirat im *ARD-Jahrbuch* 1975, S. 212. – Dahlhaus' Erinnerung (Interview im Oktober 2007) zufolge bildete sich die Kommission „auf Zuruf", indem die schärfsten Kritiker und der engagierteste Befürworter der Radiothek zusammenkamen.
[1165] Interview mit Peter Rinsche im Februar 2008.
[1166] Elektronische Post Teiners vom 18.6.2009.
[1167] Enthalten sind diese Transkripte im Historischen Archiv des WDR in zwei archivalisch noch unverzeichneten Akten der Hörfunkdirektion, die beide unter der Nr. R 351 verzeichnet sind: *Kritik – Radiothek. Mitschriften und allg. Schriftverkehr 6.3.-31.3.1975* sowie *Kritik – Radiothek. Mitschriften und allg. Schriftverkehr 1.4.-31.4.1975* [sic].

Sendungen lesen müssen!" winkt Horst Dahlhaus ab. „Über Wochen! Keine besonders lustige Arbeit."[1168] „Was [...] ja immer noch was anderes ist, als wenn man sich einen Tonbandmitschnitt anhört"[1169], gibt Helga Kirchner zu bedenken.
Aufzeichnungen über die Besprechungen zwischen Radiothek-Redaktion und der Kommission lassen erkennen, daß zwischen beiden Seiten von Beginn an kein ungetrübtes Verhältnis herrschte. Folgt man einer undatierten Notiz über das erste Treffen[1170], dann hielt Jens Feddersen von Beginn an mit seiner Kritik nicht hinter dem Berg: Er wolle

> „nicht verhehlen, dass einige Mitglieder des Programmbeirates und ich selbst den Eindruck hatten: na – ist dies nicht doch eine sehr starke Einseitigkeit' (gesprächsweise aufgetauchter Verdacht) Der ‚vorherrschende Eindruck (ist), sage ich offen und pointiert, daß hier in erster Linie eine Art Bekenntnisjournalismus und nicht der Recherchenjournalismus betrieben wird.' Man solle ‚Hintergründe und Informationen total und sachgerecht ausrecherchieren und gegenteilige Ansichten zu Wort kommen lassen (Betroffene, Beschuldigte)'. Hat den Eindruck, daß ‚die journalistische Sorgfaltspflicht nicht in dem notwendigen Umfang praktiziert wird.' Es sei ‚einseitige Darstellung' zu finden. ‚ES KOMMT AUF DEN ROTEN FADEN DIESER SENDUNG AN, DER UNS SORGEN BEREITET!'."

Rinsche sprang Feddersen bei: „Betroffene haben keine Chance, sich zu erklären, zu Beschuldigungen Stellung zu nehmen." Hörfunkdirektor Jenke erinnerte demgegenüber, daß man sich in den Wortbeiträgen der Radiothek der gebotenen Kürze wegen auf „Teilaspekte eines Themas" beschränken müsse und „Vollständigkeit nicht wird erwarten können". Horst Dahlhaus seinerseits hatte in der Tat einen Schwachpunkt der Radiothek-Konzeption ausgemacht: „Wie stellen Sie die Interessen Ihrer Zielgruppe fest?" Eine Antwort enthält die Gesprächsnotiz nicht.
Dahlhaus erinnert sich der Gespräche zwischen Beobachtern und Redakteuren heute mit gemischten Gefühlen: „Ich glaube nicht, daß man das konstruktiv nennen kann. Denn bei einer solch kritischen Einstellung [der Kommissionsmehrheit] sind natürlich die Redakteure zunächst einmal in Verteidigungshaltung gegangen!" Er habe dennoch versucht, auf einen Kompromiß hinzuwirken[1171] – offenbar ohne greifbaren Erfolg. Peter Rinsche wiederum hat die Diskussionen als „außerordentlich unerfreulich" in Erinnerung: „Wir sind immer wieder auf die [Redakteure] zugegangen – die haben gemauert, wie sie konnten! Also, daß die von selber was gesagt hätten, ohne daß wir gefragt, gefragt, gefragt und noch mal gefragt hätten, passierte nicht!" Rinsche wirft den Redakteuren bis heute vor, sich in den Gesprächen kompromißunwillig gezeigt zu haben – mit Ausnahme Helga Kirchners:

> „Die nahm Argumente auf und versuchte auch in den Diskussionen, auf unsere Argumente einzugehen – hatte aber von ihren Mitstreitern her keine Chance, sie wurde abgebügelt! Sie war eigentlich an *Gesprächen*, auch an strittigen Gesprächen interessiert. Also, wenn's denn möglich gewesen wäre – aber das war natürlich absolut undenkbar –, hätte ich mich gern mal

---

[1168] Interview mit Horst Dahlhaus im Oktober 2007.
[1169] Interview mit Helga Kirchner im August 2004. – Am 20. März stellte der Programmbeirat klar, „daß die Sendung ‚Radiothek' bis einschließlich 25. April 1975 abgeschrieben werden muß" (so Klaus Klenke in einem Schreiben an Ulrich Teiner vom 4.4.1975, WDR Hist. Arch., unverzeichnete Akte der Hörfunkdirektion *Kritik – Radiothek. Mitschriften und allg. Schriftverkehr 1.4.-31.4.1975* [sic]). – Erst in der Programmbeiratssitzung vom 3.12.1975 gab der Vorsitzende auf eine Anregung von Bismarcks hin zu bedenken, ob man bei künftigen Untersuchungen noch einmal von einer Redaktion verlangen könne, in diesem großen Umfang Sendungen zu transkribieren (vgl. das Protokoll der Sitzung, WDR Hist. Arch. 13001).
[1170] *Worte des Vorsitzenden Jens Feddersen auf der ersten Tagung Programmbeiratskommission und Redaktion Radiothek*, namentlich nicht gekennzeichnet und undatiert, WDR Hist. Arch. 10448; die Urheberschaft ist unklar, das Papier muß nicht zwangsläufig aus der Redaktion stammen, denn dort pflegte man in maschinenschriftlichen Texten den Titel ‚Radiothek' in Großbuchstaben zu schreiben.
[1171] Interview mit Horst Dahlhaus im Oktober 2007.

mit der abgesetzt und zwei Flaschen Wein getrunken, um zu sagen: Sagen Sie mal, wie kann denn so was sein? Wir leben doch im gleichen Staat! Aber das war ja überhaupt nicht erwünscht, die hätten sie ja gekreuzigt, wenn sie so was gemacht hätte – und Teiner sorgte für 'ne einheitliche Linie: Es wird nicht diskutiert."[1172]

Ulrich Teiner widerspricht dieser Darstellung:

„Wem glaubt Herr Rinsche eigentlich weismachen zu können, dass Herr Jenke die Arbeit der Radiothek-Redaktion, aber auch meine Arbeit als Redaktionsleiter über mehr als sechs Jahre gegen alle möglichen Angriffe – auch die von Herrn Rinsche – mit großem Aufwand und Engagement verteidigt hätte, wenn ich der Tölpel gewesen wäre, als den Herr Rinsche mich hinzustellen versucht? Ich erinnere mich an eine Krisensitzung kurz vor Ende der Radiothek, Teilnehmer: die WDR-Hierarchie mit Intendant von Sell, Hörfunkdirektor Jenke, Kultur-Hauptabteilungsleiter Dr. Linnerz, sein Stellvertreter Dr. Greiner und ich von der Radiothek. In dieser Runde sagte Herr von Sell sinngemäß: Er sei inhaltlich zwar selten mit mir einer Meinung, er könne aber sagen, dass ich meine Standpunkte immer in der Sache rational und in der Form fair vertreten habe. Ich weiß nicht, ob der Intendant je die Gelegenheit hatte, das auch über die Arbeit von Herrn Rinsche im Programmbeirat sagen zu können."[1173]

Anläßlich einer Besprechung mit den Redakteuren Anfang Mai 1975[1174] äußerte sich die Programmbeiratskommission zunächst über einzelne Sendungen positiv: Sie lobte die „Serie Wahlkampfporträts", Rinsche hob weiterhin die Beiträge „Berufe mit Pfiff" (8. April 1975), „Alkoholismus-Therapie" (9. April) und „Auslands-Ferienjobs" (10. April) hervor; Herbermann hatte die Sendung über „Jugendarbeitslosigkeit und Jugendkriminalität" (15. April) gefallen, an der Rinsche allerdings bemängelte, die Unternehmerseite sei mit ihren Ansichten zu kurz gekommen[1175]. Gleiches gelte, so Rinsche weiter, für Sendungen über Fragen der Berufsausbildung. Zur „Serie über die Geschichte der deutschen Jugendbewegungen" bemängelte Dahlhaus, man hätte den Gruppen weitere Möglichkeiten zur Selbstdarstellung einräumen müssen. Alle vier Kommissionsmitglieder äußerten Bedenken gegenüber dem Bericht über die *Deutsche Jugend des Ostens* vom 30. März[1176]. Rinsche seinerseits kritisierte besonders scharf die Beiträge Samuel Schirmbecks aus Portugal[1177], da dieser voreingenommen agiere und sich „einer Sprache bediene, die auch im Neuen Deutschland zu lesen sei".

b) Die Ergebnisse der Beobachtung

Lobende Äußerungen traten in den Hintergrund, als die Kommission im Juli 1975 ihre Ergebnisse präsentierte. Feddersen, Rinsche und Herbermann äußerten sich in einem Mehrheitsvotum, während Dahlhaus seine abweichende Auffassung überraschend – und zur Entgeisterung der anderen drei Beobachter – in einem Minderheitsvotum darlegte.[1178] Die

---

[1172] Interview mit Peter Rinsche im Februar 2008.
[1173] Elektronische Post Teiners vom 18.6.2009.
[1174] *Gedächtnisprotokoll der Redaktion RADIOTHEK über die Sitzung mit Vertretern des Programmbeirates am 2.5.75*, WDR Hist. Arch. 10444.
[1175] Zur später abweichenden Beurteilung des Beitrags durch Herbermann, Rinsche und Feddersen vgl. unten: Rinsche setzte sich offenbar durch. Zum Inhalt des Beitrages vgl. oben Abschnitt III. 3. f) ζ): Rinsches Kritik kann hier nicht recht überzeugen.
[1176] *Geschichte der deutschen Jugendbewegungen seit 1945, 3. Teil* (30.3.1975), WDR-Schallarchiv 5090110 und Hist. Arch. 10447; vgl. zu dieser Sendung oben Abschnitt III. 3. d) α).
[1177] Zu diesen Beiträgen vgl. oben Abschnitt III. 3. c) γ).
[1178] WDR Hist. Arch. 10444. Der Mediendienst *Funk-Report* publizierte beide Voten im Heft 12/1975 am 18.7.1975, S. I-II, unter dem Titel ‚Radiothek'-Urteile von unterschiedlicher Qualität. – Dahlhaus' Erinnerung (Interview im Oktober 2007) zufolge konzipierte Feddersen das Mehrheitsvotum federführend.

Kommissionsmehrheit zählte zunächst „Kriterien" auf, die „als Arbeits-Hilfe" benutzt worden seien:

> „1. Wo und wann ist unsauber und fehlerhaft recherchiert worden?
> 2. Die generelle Sachgerechtigkeit: war es angemessen?
> 3. Die Chancengleichheit (wurde nur eine Seite gehört?)
> 4. Welche Position wurde bezogen – legitime Lebenshilfe oder irrige Information?
> 5. Wurden Themen vernachlässigt, wurden Themen überakzentuiert oder wurden falsche Themen gewählt?"

„Nur etwa ein Drittel der Sendungen genügt den Ansprüchen, die sich die Redaktion selbst gestellt hat" fuhren die drei Beobachter fort, „Hintergrund und Information [...] zu liefern, zum Frieden und zur sozialen Gerechtigkeit zu mahnen und Erkenntnis und Kriterien [sic] der Wirklichkeit herbeizuführen." Neben den Portraits der Landtagskandidaten lobten sie „Sendungen zum Problem der Weiterbildung von Arbeitern sowie die Sendungen über Ausländer-Kinder, Jugendaustausch mit der DDR, Junge Union und Jungsozialisten". „40 Prozent" der Beiträge jedoch böten Anlaß zur Kritik:

> „Im Vordergrund stehen dabei die außenpolitischen Sendungen (insbesondere die Portugal-Sendungen) sowie die Sendungen über schulische und betriebliche Ausbildung und Studenten-Fragen. [...] Das Bild, das der Hörer gewinnt, ist ein Zerrbild der Wirklichkeit [...]. Eine unverhältnismäßig große Zahl von Sendungen genügt in Themenauswahl und Themendarstellung den Ansprüchen objektiver Information in keiner Weise. Dies gilt besonders für die Sendungen von 2.3.1975 über die Landjugend und vom 30.3.1975 über die DJO. Diese Beiträge zeichnen sich negativ in der Regel durch eine erschreckende Einseitigkeit aus. Es werden vorgefaßte Meinungen durch angebliche Tatsachen belegt, etwa nach dem Motto: Wir lassen uns unsere Meinung nicht durch Recherchen kaputt machen."[1179]

Die drei Beobachter empfahlen, „dann und wann in einer Sendung zu einem Thema zwei konträre Beiträge von zwei entgegengesetzten Standpunkten zu gestalten, ohne dem Zuhörer eine fertige endgültige Meinung zu liefern". Sie bemängelten, daß die Moderatoren zu selten „kritische Relativierung" betrieben.
In einem weiteren Papier[1180] wiesen sie darauf hin, daß „für viele junge Hörer die ‚Radiothek' eine Art Monopolcharakter" aufweise; dies aber gebiete „ein besonderes Maß an Objektivität, Fairneß und journalistischer Präzision". Allerdings: „Diese drei Kriterien [...] können nur teilweise als gegeben angesehen werden. In einer Vielzahl von Sendungen ist nicht diesen Kriterien gemäß gearbeitet worden." Abschließend regten sie an, „die Arbeit der ‚Radiothek'-Redaktion auf die Einhaltung der drei genannten Kriterien zu verpflichten. Objektivität, Fairneß und Präzision müssen in Zukunft Maßstab der Arbeit der ‚Radiothek'-Redaktion sein."
Horst Dahlhaus bestritt in seinem Minderheitsvotum die These vom „Monopolcharakter" der Sendung. Er räumte ein, daß die Radiothek zwar eine besondere Rolle für ihre Zielgruppe spiele und daß dies „eine große journalistische Verantwortung" für die Redaktion bedeute.

[1179] Dieser letzte Satz führte bald zur Verwirrung unter Beobachtern, die ihn falsch zitierten; noch 1980 hielt ihn Hans-Walter Rother, Späte Einsicht, in: Medienspiegel des Instituts der deutschen Wirtschaft Nr. 5 vom 4.2.1980, S. 2, für eine „Reaktion eines ‚Radiothek'-Redakteurs vor dem Programmbeirat", die „stellvertretend für die verbissene Grundhaltung einer Redaktion" stehe, „die allzuhäufig übersah, welche Verantwortung ihr bei der Information ihrer jugendlichen Zielgruppe zukommt". Ulrich Teiner entwarf für das WDR-Justitiariat eine Gegendarstellung, die am 7.2.1980 abgesandt wurde: „Richtig ist, daß kein RADIOTHEK-Redakteur vor dem Programmbeirat oder anderswo weder wörtlich noch sinngemäß eine solche Erklärung abgegeben hat." WDR Hist. Arch. 10461.
[1180] WDR Hist. Arch. 10444.

„Andererseits können aber bei der Beurteilung keine anderen Bewertungskriterien angewendet werden als die [...] für alle Programm-Mitarbeiter geltenden Verpflichtungen. [...] Daß die Redaktion den von außen und sich selbst gesetzten Auflagen im großen und ganzen gerecht geworden ist, beweist eine große Anzahl von gut gestalteten Sendungen, die zielgruppengerecht und sachgemäß Informationen und Orientierungshilfe vermittelt haben. Das gilt insbesondere für die Beiträge zu den Landtagswahlen, zu sozial- und kulturpolitischen Problemen, über gesellschaftliche Randgruppen, zu medienkritischen Themen sowie für die meisten Sendungen über Jugendorganisationen."

Eine Anzahl Sendungen „aus den Bereichen der Außen- und Bildungspolitik" kritisierte Dahlhaus gleichwohl. Er warf die Frage auf,

„ob [...] nicht auch etwa eine positivere Haltung zum Kompromiß und eine stärkere Ermutigung zum Engagement in den demokratischen Institutionen vermittelt werden müssten. Es ist nichts dagegen einzuwenden, daß sich die Redaktion besonders für die Rechte der Zielgruppe ihrer Sendung einsetzen möchte. Aber zur Förderung von Konfliktfähigkeit und Konfliktbereitschaft wäre künftig eine breitere Darstellung der Konfliktfelder zu empfehlen."

Im Gegensatz zu seinen drei Kollegen verschwieg Dahlhaus nicht, daß sich „einige Mitglieder des Ausschusses [...] bei der Beurteilung einiger der in der ‚Radiothek' behandelten Themen überfordert" gefühlt hätten; er nannte die Bereiche Science Fiction, Musikszene in der DDR und Kleinverlage. „Angesichts der Bandbreite der [...] Themenfelder sollte geprüft werden, ob die Redaktion – was den Sachverstand für diese vielfältigen und weiten Themenbereiche angeht – hinreichend interdisziplinär zusammengesetzt und mit Sachmitteln ausgestattet ist", schloß Dahlhaus seinen Bericht.
„Mein Minderheitenvotum ist ja nun auch keine runde Reinwaschung der Radiothek!" betont er heute. „Sondern ich melde durchaus auch ein bißchen Kritik an. Und ich fand, daß die Redaktion und die Sendungen selbst manchmal schon zuwenig Bereitschaft erkennen ließen dazu, daß man in einer demokratischen Gesellschaft ja auch manchmal Kompromisse machen kann!"[1181]

In der Programmbeiratssitzung vom 8. Juli 1975, in der beide Voten vorgestellt wurden, fand das Mehrheitsvotum breite Zustimmung. Hörfunkdirektor Jenke bemängelte freilich, es werde in diesem Votum „weniger Beratung als Kritik geübt". Schließlich beschloß das Gremium, eine Presseerklärung über die Sitzung herauszugeben, in der zunächst die Arbeitsweise der Beobachtungskommission skizziert wurde, bevor es hieß:

„Nach der Aussprache kam der Programmbeirat zu dem Schluß, daß die herausragende Stellung der Sendung ein besonderes Maß an Objektivität, Fairneß und journalistischer Präzision erfordere; diese Voraussetzungen können im Beobachtungszeitraum nur teilweise als gegeben angesehen werden. Der Programmbeirat empfiehlt dem Intendanten, die Redaktion ‚Radiothek' in Zukunft besonders auf die Einhaltung dieser Kriterien zu verpflichten. Die Sendung soll weitergeführt werden."[1182]

Einem Mitglied des Programmbeirats fiel es zu, das Vorgehen des Gremiums zu begründen – in einer Rede vor dem Rundfunkrat[1183]: „Weder nach Auswahl, Arbeitsmethode noch

---

[1181] Interview mit Horst Dahlhaus im Oktober 2007.
[1182] Vgl. Protokoll der Programmbeiratssitzung vom 8.7.1975, WDR Hist. Arch., unverz. Best. der Hörfunkdirektion, Akte *1.05 – 113*; direkte Zitate dort entnommen.
[1183] *Bericht des Vorsitzenden des Programmbeirats über ‚Radiothek' in der Sitzung des Rundfunkrats des WDR am Freitag, den 17. Oktober 1975 in Köln*, WDR Hist. Arch. D 2113; vgl. Protokoll der Rundfunkratssitzung, AdRR. –

Beschlußfassung hat der Programmbeirat in dieser Sache etwas Neues getan. Neu ist allein die Reaktion in der Öffentlichkeit und im ‚WDR'-Haus." Der Berichterstatter verteidigte die Entscheidung, eine Radiosendung aufgrund von Transkripten zu beurteilen: „weil die Redakteure von ‚Radiothek' die Richtigkeit von Zitaten [...] bestritten". Er beklagte, es habe mehrfach Versuche von externer Seite gegeben, die Kommission zu beeinflussen; er nannte den Evangelischen Pressedienst und die *Funk-Korrespondenz*. „Niemand konnte aber die zu der Beurteilung führenden Arbeitsmethoden ehrlichen Herzens als unsachgemäß und unsachlich bezeichnen", erklärte der Vortragende. „Meines Erachtens gibt es keinen Journalisten und keine interessierte Gruppe, die mehr Übersicht, Fleiß, Engagement und Distanz aufgebracht hat als der Beobachterkreis des Programmbeirats." Er resümierte, am 8. Juli habe das Gremium beide Voten der Beobachterkommission in Jenkes Gegenwart beraten und schließlich dem Mehrheitsvotum „weitgehend" zugestimmt. Auf das Minderheitsvotum ging er nicht näher ein. Der Vortragende habe „doch gelegentlich *unvollständig* berichtet", bemängelt Dahlhaus aus der Rückschau. „Und das fand ich nicht sehr fair!"[1184]

c) Reaktionen auf das Votum des Programmbeirates

Die Redaktion antwortete auf das Mehrheitsvotum am 11. Juli in Form einer ausführlichen Stellungnahme, die über die Hörfunkdirektion auch dem Intendanten zuging.[1185] Der Monopolcharakter der Radiothek, hieß es dort einleitend, sei „durch nichts belegt"; im übrigen stelle sich die Frage, für welche Sendungen der vom Programmbeirat gegenüber der Jugendreihe erhobene besondere Objektivitätsanspruch denn im Umkehrschluß *nicht* gelte. Die Erklärung des Gremiums verschweige weiterhin, daß die Redaktion „sich selbstverständlich zur Einhaltung allgemein gültiger journalistischer Grundsätze vepflichtet" fühle und dies auch in den Besprechungen mit der Kommission betont habe. Besonders scharf kritisierten die Redakteure sodann das Vorgehen der Kommissionsmehrheit:

> „Die Redaktion ist [...] nicht der Meinung, daß es [...] – wie es im Mehrheitsvotum heißt – zu ‚fruchtbaren Diskussionen' zwischen der Redaktion und der Kommission des Programmbeirates gekommen ist. [...] Der Verlauf der Diskussionen und das Verhalten der Mehrheit der Mitglieder der Kommission nach Abschluß des Prüfungsverfahrens haben ergeben, daß sehr wohl ein ‚Tribunal' stattgefunden hat und daß das Ergebnis des ‚Tribunals' dem Programmbeirat zugeleitet worden ist, ohne daß der Redaktion die Möglichkeit einer schriftlichen Stellungnahme gegeben wurde. Die RADIOTHEK-Redaktion mußte schon in der ersten gemeinsamen Kommissionssitzung zu dem Eindruck kommen, daß es der Mehrheit der Kommission darum ging, ein bereits vor Aufnahme der Untersuchung vorhandenes Urteil mit Beweiskraft zu versehen."

Die Redaktion bemängelte an den fünf von der Kommission als „Arbeits-Hilfe" deklarierten Kriterien sowie an deren „Anwendung", sie zeugten teilweise von Befangenheit:

> „Statt der sachlichen Frage: Wo ist recherchiert worden?, formuliert die Kommission voreingenommen: ‚Wo und wann ist unsauber und fehlerhaft recherchiert worden?' Statt der sachlichen Frage: wer wurde gehört?, formuliert die Kommission voreingenommen: ‚Wurde nur eine Seite gehört?' Die Frage: ‚Welche Position wurde bezogen – legitime Lebenshilfe oder irri-

---

Dazu auch Peter Bellon, „Radiothek" nun auch auf der Tagesordnung des WDR-Rundfunkrats, in: FkKorr 42/1975 (15.10.1975).
[1184] Interview mit Horst Dahlhaus im Oktober 2007.
[1185] *Stellungnahme der Redaktion RADIOTHEK zur Erklärung des Programmbeirats (8.7.75)* vom 11.7.1975, WDR Hist. Arch. 10444.

ge Information?', enthält eine unzulässige Verkürzung, so als sei ausschließlich Lebenshilfe eine legitime journalistische Aufgabe."

Bezüglich der Beiträge beklagten die Redakteure, die Einseitigkeit sei nicht schlüssig nachgewiesen, andere Sendungen zu denselben Themenbereichen seien darüber hinaus „unterschlagen" worden. Zu den im Mehrheitsvotum genannten Bruchteilen und Prozentwerten seien keinerlei Kriterien angegeben.

> „Die Zahlen sind umso weniger überzeugend, als nach dieser Rechnung gut ein Viertel der Sendungen überhaupt nicht bewertet wurden [sic]. [...] Die RADIOTHEK-Sendung vom 15.4.75 wird in dem Mehrheitsvotum als Beleg für die ‚einseitige Tendenz' der Sendungen zum Thema Ausbildung angeführt. In unserer zweiten Diskussion mit der Kommission war diese Sendung hingegen von einem Mitglied der Kommission, das die Mehrheitsmeinung vertritt, als besonders gut bezeichnet worden, weil sie konkrete Lebenshilfe geboten habe."

Abschließend kritisierte die Redaktion, eine „politische Wertung" der Radiothek fehle im Mehrheitsvotum völlig; die Kommissionsmehrheit habe die Sendung „vielmehr einseitig nach journalistisch-handwerklichen Kriterien beurteilt".

> „Indem sie ihre Kritik auf angebliche Mängel der journalistischen Arbeitsweise beschränkt, muß der Eindruck entstehen, als werde von der Kommissionsmehrheit die politische und inhaltliche Auseinandersetzung mit der Konzeption einer mißliebigen Sendung gescheut und versucht, über nicht definierbare Qualitätskriterien ein Wohlverhalten der Redaktion in inhaltlichen Fragen zu erreichen. Wir halten zwar die von der Kommissionsmehrheit genannten Kriterien ‚Objektivität, Fairneß und journalistische Präzision' für wichtig, glauben aber, daß sie einer Zielgruppensendung wie der RADIOTHEK allein nicht gerecht werden."

Rückblickend nennt Helga Kirchner das Mehrheitsvotum ein „Vernichtungsurteil [...] – von dem ich eigentlich heute noch überzeugt bin, daß es schon vorher festgestanden hat"[1186]. Horst Dahlhaus mag dem nicht so recht widersprechen:

> „Ich habe darüber nachgedacht und muß sagen, daß ich befürchten muß, daß diese Beobachtung zutrifft. Denn [...] die Sendung war ja schon vorher im Fokus! Und daß deshalb die Haltung ‚Das geht so nicht!' eigentlich nur noch mal in der Kommission verdichtet, bestätigt werden mußte. Und deshalb glaube ich, daß [...] einige vorher schon wußten, worauf das hinauslaufen sollte. Indizien sind die langen kritischen begleitenden Äußerungen, auch vorher! Die sagten: Jetzt müssen wir eine Kommission einsetzen, und die soll den Sack zubinden! Nicht so expressis verbis – aber in der Einstellung."[1187]

Aus Ulrich Teiners Sicht war dieses Votum

> „ein haarsträubendes Ergebnis, das dem völligen Unverständnis des Herrn Feddersen für diese Art von Sendung entsprach und mit der Sendung nichts zu tun hatte. Ich würde heute sagen – das hab ich ihm [Feddersen] damals auch gesagt, deswegen kann ich das wiederholen: Meinungsstark und faktenschwach [...]. Der lebte von seinen Vorurteilen."[1188]

Der damalige Verwaltungsdirektor Friedrich-Wilhelm von Sell war mit dem Mehrheitsvotum nicht glücklich: „Das hatte etwas Inquisitorisches, und ich fand das nicht hilfreich."[1189]

[1186] Interview mit Helga Kirchner im August 2004.
[1187] Interview mit Horst Dahlhaus im Oktober 2007.
[1188] Interview mit Ulrich Teiner im Februar 2005.
[1189] Interview mit Friedrich-Wilhelm von Sell im August 2005.

Manfred Jenke konnte sich drei Jahrzehnte später kaum noch dieser Vorgänge entsinnen – „daß ich mich an diese Sache nicht erinnere, zeigt eigentlich, wie wenig sie mich damals beeindruckt hat"[1190]. Am 10. Juli 1975 leitete er dem Intendanten eine *Stellungnahme des Hörfunkdirektors zum Bericht der ‚Radiothek'-Kommission in der Sitzung des Programmbeirates am 8.7.1975*[1191] zu. Aus Jenkes Sicht hatte sich die Einrichtung einer Kommission als Beobachtungs- und Beratungsinstrument zwar grundsätzlich bewährt.

> „[Die] Arbeitsergebnisse der Kommission zeigen aber sehr deutlich, daß auch unter den Kommissionsmitgliedern [...] [über] Arbeitsweise und Zielsetzung einer Sendung wie ‚Radiothek' sehr unterschiedliche Auffassungen bestehen, und dies muß auch von den Programmverantwortlichen berücksichtigt werden. [...] Ich hätte mir z. B. eine Aussage der Kommission zum Selbstverständnis-Papier der Redaktion gewünscht. Erscheinen die dort vertretenen Ansichten und Ziele dem Programmbeirat richtig und der Unterstützung wert? Falls die Kommission dies bejaht [handschr. Zusatz unleserlich, M. K.], wäre ich für eine Unterstreichung dieser Absichten und Ziele dankbar gewesen!"

Darüber hinaus vermißte auch Jenke in den Erklärungen der Kommission eine Aussage darüber, ob „die von ihr genannten Kriterien ‚Objektivität, Fairneß und Präzision' von der Redaktion geteilt werden oder nicht". Die Kommission ihrerseits habe sich nicht an den von Jenke vorgeschlagenen Kriterien orientiert; „für zukünftige Fälle empfiehlt sich eine genauere Formulierung des Auftrages an eine Kommission". Der Hörfunkdirektor schloß, er habe „für den Fall der Veröffentlichung [...] empfohlen, eine grundsätzliche Bejahung der Sendereihe anzufügen, um das Mißverständnis zu vermeiden, die ‚Radiothek' solle eingestellt oder reduziert werden".

Jenke beriet das Ergebnis mit der Redaktion; am 15. Juli schaltete sich von Bismarck in die Diskussionen ein. „Auch im Hinblick auf den Charakter als Zielgruppensendung müssen die vom Programmbeirat erhobenen Forderungen ‚Objektivität, Fairness und Präzision' beachtet werden", stellten alle Beteiligten fest. „Der Intendant ist der Meinung, daß die Redaktion der RADIOTHEK – trotz berechtigter Kritik an einzelnen Sendungen – den gesetzten Zielen im Rahmen der gesetzlichen Verpflichtungen des Westdeutschen Rundfunks im großen und ganzen gerecht geworden ist." Freilich unterstreiche er

> „den in der Kommission gegebenen Hinweis, daß die Sendung auch eine positivere Haltung zum Kompromiß und eine stärkere Ermutigung zum Engagement in den demokratischen Institutionen vermitteln und die Fähigkeit zur Bewältigung von Konflikten durch eine breitere Darstellung von Konfliktfeldern fördern sollte".[1192]

Bereits im Herbst 1974 hatte von Bismarck sich von einem Charakteristikum der Radiothek distanziert, das er als „Penetranz" bezeichnete: „Wenn ich nach dem Einschalten mir die restlichen 80% selber sagen kann." Dies sei bei der Jugendsendung häufig der Fall. „Ich verhehle Ihnen nicht, daß hier doch die Versuchung einer Penetranz nicht ausreichend gestoppt ist, und ich bin nicht bereit, für Penetranz auf die Barrikaden zu gehen (im Ge-

---

[1190] Interview mit Manfred Jenke im August 2005.
[1191] WDR Hist. Arch. 10448. – Kommissionsmitglied Rinsche erklärte in einem Schreiben an den Redakteursausschuß vom 3.10.1975, die Kommission habe die *Anmerkungen zum Selbstverständnis* in der Besprechung vom 25.11.1974 explizit akzeptiert; und Dahlhaus betonte am 7.10.1975 gleichfalls gegenüber dem Redakteursausschuß, er habe in seinem Minderheitsvotum „ausdrücklich auf das Selbstverständnispapier der Redaktion abgehoben und meine, daß es im Interesse der Sache besser gewesen wäre, wenn Sie das nicht unterschlagen hätten". Beide Schreiben in: WDR Hist. Arch. 01423.
[1192] Die Pressestelle verbreitete über dieses Gespräch die *WDR-Information* 70/1975 vom 18.7.1975, WDR Hist. Arch. 13001.

samtinteresse des Hauses) – dann zwingen Sie mich zu Eingriffen, die ich vermeiden möchte."[1193]
Aus Sicht der Öffentlichkeit hatten sich Intendant und Hörfunkdirektor im Juli 1975 jedoch klar auf die Seite der Redaktion geschlagen.[1194]

d) Die Debatte kommt in Gang

Auf die Einlassungen von Bismarcks reagierte der Programmbeirat gereizt. Einer DPA-Meldung vom 4. September 1975 zufolge wurde dem Intendanten von Gremienmitgliedern hinter vorgehaltener Hand „eine ‚pflaumenweiche' haltung [...]" vorgeworfen". Gremienmitglieder hätten weiter geäußert, der Programmbeirat könne erwarten, „dass sein einmuetiges votum in der programmgestaltung ‚auch befolgt' werde."[1195]
Von Bismarck erläuterte daraufhin den Direktoren, er habe die Programmbeiratsmitglieder noch einmal wissen lassen, daß dem Gremium nur eine beratende Funktion zufalle.[1196] WDR-Pressechef Josef Rick mühte sich derweil um Schadensbegrenzung: „Programmbeirat und Intendant bedauern, daß sie in der Öffentlichkeit in ihrer Haltung gegeneinander ausgespielt worden sind."[1197] Manfred Jenke wiederum wandte sich unmittelbar an DPA und monierte, eine Quellenangabe zur angeblichen Kritik der Programmbeiratsmitglieder am Intendanten habe in der Agenturmeldung gefehlt. Ihn beschäftige nun die „prinzipielle Frage, ob eine derart persönlich gehaltene, an der Grenze der Denunziation sich bewegende Kritik von dpa unter Berufung auf ominöse ‚Kreise' wiedergegeben werden sollte".[1198]
Der Disput hatte dennoch bereits politische Akteure in Bonn aufgeschreckt. Der CDU-Bundestagsabgeordnete Carl-Dieter Spranger verwies gegenüber von Bismarck darauf, daß sich *Frankfurter Allgemeine* und *Die Welt* in den ersten Septembertagen „mit dem skandalösen Verhalten der Verantwortlichen" bezüglich der Radiothek befaßt hätten. „Hier wird seitens der Verantwortlichen verfassungsfeindliches Sendematerial abgedeckt [sic] und das Geld der Steuerzahler für unvertretbare Sendungen verschleudert. Ich bin erschüttert darüber, daß der Intendant die Redaktion ‚Radiothek' in Schutz nimmt."[1199] Von Bismarck widersprach in seiner Antwort Sprangers Annahme, daß die Kritik des Programmbeirates keine Berücksichtigung gefunden habe; vielmehr habe ein „ebenso kritisch wie offen geführtes Gespräch zwischen der Redaktion ‚Radiothek', dem Hörfunkdirektor" und ihm selbst stattgefunden.[1200]
Auch die sozialdemokratische Seite regte sich. Die nordrhein-westfälischen Jungsozialisten meldeten sich mit einer Solidaritätskampagne zu Wort: „Eine Viertelmillion Computerkarten zur Situation und zum Inhalt der populären Jugendsendung sollen von den Jugendlichen an Rhein und Ruhr ausgefüllt und an den Juso-Landesvorstand zurückgesandt wer-

---

[1193] Vgl. die undatierte und nicht namentlich gekennzeichnete Aktennotiz *Äusserungen des Intendanten zur Bildung einer Programmbeiratskommission ‚Radiothek'*, WDR Hist. Arch. 10448; direkte Zitate dort entnommen.
[1194] Vgl. Michael Föster, WDR-Chefs Bismarck und Jenke stehen zur Sendung „Radiothek". Massive Kritik des Programmbeirats wurde abgeschmettert, in: WAZ 165 v. 21.7.1975, sowie N.N., Schützenhilfe für „Radiothek", in: *Bonner Rundschau* vom 21.7.1975.
[1195] DPA-Meldung 028pol vom 4.9.1975, als Fernschreiben in WDR Hist. Arch. 13001 (Kleinschreibung übernommen). – Auf diese Meldung stützte sich Halgard Huygen, Der Streit um die „Radiothek", in: *Der Journalist* 11/1975, S. 32-34. Das Wort von der „pflaumenweichen" Haltung schrieb der *Spiegel* Feddersen zu, vgl. N.N., N.N., Trojanischer Teppich, in: *Der Spiegel* 41/75 vom 6.10.75, S. 196-197, hier: S. 197.
[1196] Vgl. Protokoll der Direktorensitzung vom 17.9.1975, WDR Hist. Arch. 13001.
[1197] Pressemitteilung *WDR-Information* 78/1975 vom 8.9.1975.
[1198] Schreiben Jenkes an DPA-Chefredakteur Hans Benirschke vom 11.9.1975, WDR Hist. Arch. 13001.
[1199] Schreiben Sprangers an von Bismarck vom 10.9.1975, WDR Hist. Arch. ebda.
[1200] Schreiben von Bismarcks an Spranger vom 25.9.1975, WDR Hist. Arch. ebda.

den", berichtete der *Funk-Report*.[1201] Der SPD-Bundestagsabgeordnete Björn Engholm warnte gemeinsam mit Horst Dahlhaus auf einer Pressekonferenz in Bonn „vor einer Gängelung kritischer und aufklärender Jugendsendungen". Engholm und Dahlhaus erklärten einhellig, die Vertreter des Mehrheitsvotums hätten voreingenommen geurteilt. Der Programmbeirat insgesamt zeige in seinem Verhalten die „Schwäche mancher Kontrollgremien, die nicht mehr in der Lage seien, den Attacken der Konservativen auf einzelne Sendungen zu widerstehen". Den Streit um die Radiothek sahen die beiden als „nur eine Spitze des Eisbergs", denn Fernsehsendungen wie *Direkt*, *Rappelkiste*, *Elfeinhalb* und *Musikladen* seien gleichfalls ins Kreuzfeuer geraten. „In allen Fällen sei es weniger um hilfreiche Hinweise zur Verbesserung der Programminhalte, sondern vielmehr um die gezielte Einebnung unbequemer Meinungen gegangen."[1202]

Horst Dahlhaus sah sich in der nächsten Sitzung des Programmbeirats scharfen Angriffen ausgesetzt. „Das Stichwort hieß natürlich ‚Nestbeschmutzer'!" schmunzelt er rückblickend. „Ist doch ganz klar! Aber wissen Sie, das war ja nun auch eine Chuzpe, wenn die gemeint haben, sie könnten das [Minderheitsvotum] totschweigen. Da hab ich natürlich dann andere Wege gesucht, um das etwas mehr publik zu machen. Eine Art Notwehr." Dahlhaus bestätigte während der Sitzung die vom *Funk-Report* verbreiteten Inhalte, wollte seine Kritik allerdings auch auf sein eigenes Verhalten bezogen wissen.[1203] Manfred Jenke sprang ihm bei und befand, Dahlhaus' und Engholms Äußerungen seien „nicht so weit von der Wahrheit entfernt, wie es in der heutigen Diskussion behauptet wurde".[1204]

Auch die Deutsche Journalisten-Union schlug sich auf die Seite der Jugendredaktion:

> „Der Bezirksvorstand der dju Köln/Bonn verurteilt die parteipolitische Kampagne, die sich zur Zeit auf Kollegen der WDR-Redaktion ‚Radiothek' konzentriert. Er verurteilt die Bedenkenlosigkeit, mit der sich Publizisten wie Jens Feddersen an dem medienpolitischen Feldzug gegen die öffentlich rechtlichen Anstalten beteiligen. [...] Kritischer Journalismus [...] gehört zum demokratischen Staat, den es zu verteidigen gilt: die Rundfunkfreiheit ist unteilbar."[1205]

Und ein späterer stellvertretender Ministerpräsident Nordrhein-Westfalens meldete sich als Vorsitzender des „Entwicklungspolitischen Arbeitskreises der Arbeitsgemeinschaft der Evangelischen Jugend und des Bundes der Deutschen Katholischen Jugend" zu Wort: Michael Vesper aus Bielefeld lobte die Sendungen zur Dritten Welt und bekannte: „Mit Zorn verfolge ich seit einiger Zeit die offensichtlich organisierte Hetzkampagne gegen Ihre Sendung ‚Radiothek'. Eines der letzten und besten kritischen Programme der bundesdeutschen Radio- und Fernsehlandschaft soll mundtot gemacht werden."[1206]

[1201] N.N., Jusos starten Computer-Kampagne für RADIOTHEK, in: *Funk-Report* 18/1975 (10.10.1975). – Über diese Aktion berichtete auch ein mit H.A.G. zeichnender Autor: Jungsozialisten. Aktion Radiothek, in: *Rheinischer Merkur* 40/1975 (3.10.1975). Die Zahlenangabe des Funk-Report war höchstwahrscheinlich nicht korrekt, vgl. N.N., Das Echo der Zielgruppe war überaus positiv. Umfrage der Jungsozialisten in Nordrhein-Westfalen über „Radiothek" des WDR, in: FR v. 25.6.1976: Demzufolge waren 25.000 Karten versandt worden, der Rücklauf betrug 6.231. 95,2% votierten für die Beibehaltung der Radiothek. 85,1% verneinten, daß die Sendung einseitig beeinflußt sei. 81,1% fanden die Themen interessant, 63,3% hörten die Sendung wöchentlich mindestens zweimal, 52% diskutierten das Gehörte „mit Freunden". 62,9% der Rücksender waren Schüler/Studenten, 23,1% Angestellte, 12,6% Arbeiter. – In den einschlägigen Archiven des WDR und der Friedrich-Ebert-Stiftung ist die Aktion nicht dokumentiert.
[1202] N.N., SPD-MdB Engholm und WDR-Programmbeiratsmitglied Dahlhaus fordern verstärkten Schutz von Jugendsendungen, in: *funk-report* 19/1975 (24.10.1975).
[1203] Interview mit Horst Dahlhaus im Oktober 2007.
[1204] Protokoll der 127. Sitzung des WDR-Programmbeirats vom 3.12.1976, WDR Hist. Arch. 13001.
[1205] Schreiben der Deutschen Journalisten-Union Bez. Köln/Bonn an von Bismarck vom 2.10.1975, WDR Hist. Arch. 01423.
[1206] Schreiben Vespers an den WDR vom 25.10.1975, WDR Hist. Arch. 13001. – Vesper hat der Verwendung des Zitats und der Nennung seines vollen Namens mit elektronischer Post vom 12.8.2007 zugestimmt.

e) Das Echo in der Presse

Es konnte kaum verwundern, daß die Wogen des Streits um die Arbeit des Programmbeirates auch in den Zeitungen hochschlugen. „Massiver ist ein Vorwurf des Gremiums selten formuliert worden", kommentierte die *Kölnische Rundschau* das Mehrheitsvotum.[1207] „Den Fall Radiothek hat die Öffentlichkeit bisher weitgehend ignoriert, obwohl er exemplarisch die Frage aufwirft, ob unser öffentlich-rechtliches Rundfunksystem überhaupt funktionsfähig ist", entrüstete sich die *Welt*[1208]; und die *Frankfurter Allgemeine* argwöhnte, die Gremien des WDR vermöchten den Sender offenbar nicht mehr recht zu kontrollieren.[1209] Die SPD-nahe *Westdeutsche Allgemeine Zeitung* drückte es unter Verweis auf die Angriffe gegen *s-f-beat* und *Direkt* anders aus: „Die Kölner Radiothek-Redakteure sind noch einmal davongekommen."[1210] „Wie die Fülle der Kritik in der Vergangenheit belegt hat", ereiferte sich der CDU-freundliche Mediendienst *tele-control*, „diente die Musik weitgehend als Transportmittel zur Verbreitung einseitiger politischer Meinung sozialistischer Observanz."[1211]

Doch auch die Parteigänger der Radiothek meldeten sich zu Wort: Der *Funk-Report* warf der Programmbeiratsmehrheit vor, ihr Urteil habe bereits festgestanden, noch ehe die Kommission die erste Sendung unter die Lupe genommen habe. Das Mehrheitsvotum belasse es bei „nicht belegten Verdächtigungen und journalistischen Allgemeinplätzen" und sei eine „unabgewogene Wertung der ‚Radiothek'". Inhaltlich könne man das Gutachten nicht kritisieren, denn: „Wo kein Inhalt, da auch keine Kritik". Dahlhaus immerhin habe in seinem Votum Pro und Contra abgewogen, das Selbstverständnispapier der Redaktion erwähnt und klargestellt, daß sich auch die Redaktion selbst der Unzulänglichkeiten einer Live-Sendung bewußt sei.[1212]

Auch die SPD-nahe *Funk-Korrespondenz* sparte nicht mit Kritik: „Die Oberflächlichkeit des Mehrheitsvotums und die völlige Vernachlässigung einer Diskussion der Ausführungen von Dahlhaus ließ sich für die Öffentlichkeit in dem kargen Kommuniqué, das der Programmbeirat am 9. Juli dann über die Pressestelle des WDR verbreiten ließ, nur erahnen". Darüber hinaus habe sich Pressechef Rick unkorrekt verhalten, als er das Ersuchen der Redaktion, auch das Minderheitsvotum zu veröffentlichen, zurückgewiesen habe.[1213]

Der Medienkritiker Hans Janke nannte die Radiothek „ein wichtiges Stück alternativer Vermittlung im Hörfunk. [...] Konzept und tägliche Präsentation der Sendung sollten *offensiv* verteidigt werden!"[1214] Janke nahm die Radiothek auch in der Zeitschrift *Hörzu* in Schutz gegen die Vorwürfe Feddersens. Unter dem Titel *Pro und contra „Radiothek"* hatte dieser dort seine Bedenken formuliert und hinzugefügt:

> „Anregen – ja! Anstöße geben – ja! Mißstände aufdecken – ja! Kritik – selbstverständlich! Das alles ist der tägliche Stoff journalistischer Arbeit. Aber ein klares ‚Nein' zu allen Versuchen,

---

[1207] E. Gravenstein, Massive Kritik an der Jugendsendung „Radiothek", in: *Kölnische Rundschau* vom 10.7.75.
[1208] Enno von Löwenstern, Die unverbesserliche Radiothek, in: *Die Welt* v. 28.8.1975, S. 6.
[1209] Lothar Bewerunge, Ein Zerrbild aus Köln. Muß die Kritik an der ‚Radiothek' des Westdeutschen Rundfunks im Sand verlaufen?, in: FAZ v. 3.9.1975.
[1210] N.N., Hörer nehmen „Radiothek" ins Kreuzverhör, in: WAZ v. 9.8.1975.
[1211] N.N., „Radiothek"-Struktur, in: *tele-control* Nr. 14 v. 28.7.1975, S. 2.
[1212] Jürgen Itzfeldt, ‚Radiothek' – ein Gut- und ein Schlechtachten, in: *Funk-Report* 12/1975 (18.7.1975) S. 22-23.
[1213] N.N., Vorgefaßte Meinung bestätigt? Zum ‚Urteil' des WDR-Programmbeirats in Sachen ‚Radiothek', in: *Funk-Korrespondenz* Nr. 29 v. 16.7.1975 S. 7-9
[1214] Hans Janke, Radikal dem Paragraphen 4 (WDR-Gesetz) verpflichtet. Die „Radiothek": Täglich ein Stück alternatives Radio, das es zu verteidigen gilt, in: KuR 33/1975 (14.5.1975), S. 4-6, hier: S. 6; Kursivdruck übernommen.

jungen Menschen täglich einzuhämmern, daß sie eigentlich auf die Barrikaden zu gehen hätten."[1215]

Und dem *Spiegel* zufolge wurde Feddersen gegenüber WDR-Fernsehdirektor Werner Höfer noch deutlicher: „Ihr braucht doch immer Geld, verkauft die ‚Radiothek' doch an die DDR, da paßt sie hin!"[1216]

Zwar dementierte Höfer auf einer Direktorensitzung im Januar 1976 ausdrücklich, daß dieses Wort Feddersens ihm gegenüber gefallen sei.[1217] Die Radiothek-Redaktion sah dennoch keine Möglichkeit mehr, mit dem NRZ-Chefredakteur zu einem abschließenden Gespräch über die Programmbeirats-Untersuchung zusammenzutreffen[1218]; sie rief den Redakteursausschuß an:

> „Wir meinen, daß die Polemiken und Diffamierungen, wie sie von Jens Feddersen über die RADIOTHEK-Redakteure (Mitarbeiter des Westdeutschen Rundfunks) veröffentlicht worden sind, die Frage nahelegen, ob solche Äußerungen zu vereinbaren sind mit einer verantwortungsvollen Ausübung des Amtes, das Jens Feddersen im Programmbeirat eben dieser Rundfunkanstalt innehat."[1219]

Intendant von Bismarck erhielt eine Kopie dieses Schreibens, verbunden mit der Frage, „ob Sie geeignete Möglichkeiten sehen, Mitarbeiter des Hauses vor solchen und ähnlichen Verleumdungen und vor deren negativen beruflichen und persönlichen Folgen zu schützen".[1220] Aus Sicht des Personalrats betonte Peter König, gegen Kritik in anderen Medien an Sendungen des WDR sei zwar nichts einzuwenden. „Der Personalrat hält es jedoch für bedenklich, wenn nicht gar unzulässig, wenn sich Mitarbeiter von Organen des WDR in einer anderen Funktion – sei es als Politiker oder Journalist öffentlich in aggressiver Form gegen den WDR und seine Sendungen äußern." Den Gremienmitgliedern oblägen auch eine „Treuepflicht" gegenüber dem Sender und eine „Schutzfunktion gegenüber den Mitarbeitern".[1221]

Manfred Jenke erklärt Feddersens erbitterte Attacken rückblickend, indem er Fernsehdirektor Werner Höfer ins Spiel bringt:

> „Meine Erinnerung ist nur, daß ich diesen Vorgang empfunden habe als ein Ablenkungsmanöver des Fernsehdirektors, um auf das Haupt des Hörfunkdirektors richtig feurige Kohlen zu sammeln. Daß nämlich der mit Höfer sehr befreundete Jens Feddersen von Höfer den Tip bekommen hatte: Es soll nicht immer aufs Fernsehen gehen, laß es nun auch mal aufs Radio gehen. Und daß Feddersen dann deshalb diesen ganzen Krawall anzettelte."[1222]

[1215] Pro und contra „Radiothek", in: *Hörzu* 41/1975, S. 51.
[1216] Zit. nach N.N., Trojanischer Teppich, a.a.O., S. 197.
[1217] Vgl. den Auszug aus dem Protokoll über die erweiterte Direktorensitzung vom 21.1.1976, WDR Hist. Arch. 10448. – Jenke hatte am 15.12.1975 bei Feddersen brieflich nachgefragt, ob dieser die Äußerung wirklich getätigt habe, WDR Hist. Arch. 10448. Eine Antwort auf das Schreiben ist nicht dokumentiert.
[1218] Schreiben Teiners an Jenke vom 14.10.1975, WDR Hist. Arch., unverz. Best. der Hörfunkdirektion, Akte mit der Bezeichnung R 351 – Kritik – Radiothek 1.9.-28.10.1975.
[1219] Schreiben der Radiothek-Redaktion an den Redakteursausschuß (Alfred Weber) vom 18.11.1975, WDR Hist. Arch. 01406. - Volker Canaris antwortete am 3.12.1975 für den Ausschuß, daß dieser den Intendanten auf das Verhalten Feddersens ansprechen werde, WDR Hist. Arch. 01423.
[1220] WDR Hist. Arch. 13001.
[1221] Schreiben des Personalrats an von Bismarck vom 15.12.1975, WDR Hist. Arch. ebda.
[1222] Interview mit Manfred Jenke im August 2005.

Daß bei Überlegungen über die Intendantennachfolge Klaus von Bismarcks zu dieser Zeit – dem *Spiegel* zufolge – auch der Name Jens Feddersen gefallen sein soll[1223], könnte dessen Verhalten gleichfalls zu erklären helfen.

Peter Rinsche hingegen hegt gegenüber Jenkes Interpretation ebenso Zweifel wie gegenüber dieser Sachdarstellung des *Spiegel*; über die Diskussion einer Feddersen-Kandidatur ist ihm nichts bekannt geworden: „Kann ich mir auch nicht vorstellen. Denn Feddersen [...] war im WDR ja bekannt, und [...] er hat sich im Programmbeirat nun mehrfach deutlich und klar geäußert. Der war ja von vornherein nicht akzeptiert!" Rinsche erinnert sich überdies eines Gesprächs mit Feddersen im Herbst 1975:

> „Da sagt der mir: ,Wissen Sie was, Herr Rinsche? Nach diesem *Spiegel*-Artikel [...] kommt Werner Höfer auf mich zu und sagt: Mensch, da haben Sie aber 'nen schönen Bericht im Spiegel gehabt, ne? Da freuen Sie sich mal drüber!' Soviel zur persönlichen Freundschaft zwischen Jens Feddersen und Werner Höfer!"

Die Redaktion selbst erhielt von ihren Hörern in diesen Monaten zahlreiche unterstützende oder ermutigende Zuschriften, die mitunter den Charakter von Fanpost annahmen.[1224] In einer Ausgabe der Reihe *Funkhaus Wallrafplatz*, die im August 1975 fragte, ob es einen *Maulkorb für die Radiothek* gebe, äußerten sich fünf der neun in die Sendung durchgestellten Anrufer „uneingeschränkt" positiv; drei immerhin beklagten die politische Einseitigkeit, ein weiterer wünschte sich Beiträge, die auch die Pflichten Jugendlicher hervorhöben.[1225]

Fürs erste jedoch ebbte die Debatte um die Radiothek zwischen Intendanz, Hörfunkdirektion und WDR-Gremien in den Folgemonaten ab. Im November 1975 stellte Feddersen klar, daß die Radiothek nunmehr „der Beobachtung des Programmbeirats wie jede andere WDR-Sendung" unterliege. Eine Absetzung der Reihe sei in den Beratungen des Gremiums niemals ernsthaft erwogen worden.[1226]

5. Die Haltung der Intendanten

Klaus von Bismarcks Verhalten während der ersten großen Debatte um die Radiothek 1975 ist ein Zeugnis seiner liberalen Einstellung gegenüber streitbaren Inhalten des Programms. Dabei lief ein Intendant des WDR grundsätzlich große Gefahr, ins Kreuzfeuer politischer Kritik zu geraten. Denn er war nicht nur juristisch für Programminhalte einer ARD-Station verantwortlich.[1227] „Wenn, wie oft gesagt wird, Bundestagswahlen an Rhein und Ruhr entschieden würden und dieser Sender nicht unbeträchtlichen Einfluß auf das Ergebnis habe", erläutert von Bismarcks Nachfolger Friedrich-Wilhelm von Sell rückblickend, „dann wird klar, in welch prekäre Situation die Programmverantwortlichen in Köln – und an ihrer Spitze der mit starken Vollmachten ausgestattete Intendant – geraten können."[1228]

[1223] N.N., Trojanischer Teppich, a.a.O., S. 197.
[1224] Vgl. die Korrespondenz in WDR Hist. Arch. 10448, 10472, 10473.
[1225] Vgl. die nicht namentlich gekennzeichnete *Auswertung der Sendung ,Funkhaus Wallrafplatz'. Höreranrufe zum Thema ,Maulkorb für die Radiothek?'. Sendung: 11. August 1975, von 21.07 bis 22.30 Uhr*, WDR Hist. Arch. 10448.
[1226] Vgl. den Auszug aus dem Protokoll über die Sitzung des Programmbeirates vom 11.11.1975, WDR Hist. Arch. 13001.
[1227] Vgl. Heinz-Dietrich Fischer, Der Rundfunkintendant – Skizzen des Statuswandels und Konturen aktueller Funktionsbestimmung, in: ders., (Hg.), Rundfunkintendanten, a.a.O., S. 1-60, künftig: „Rundfunkintendant"; hier: S. 22 f.
[1228] Sell, Mehr Öffentlichkeit, S. 142.

a) Klaus von Bismarck

Klaus von Bismarck – aus Pommern stammender Urgroßneffe des „Eisernen Kanzlers" – war selbst eine Zeitlang in der Jugendarbeit aktiv gewesen: an der Spitze des Jugendamts im Landkreis Herford 1945. Im Auftrag der britischen Besatzungsmacht formulierte er Ideen für einen Neuanfang der Erziehungsarbeit nach der nationalsozialistischen Barbarei. „Zu meiner Überraschung galt ich im Herbst 1945 plötzlich als ein Experte in Jugendfragen. Unter Blinden konnte seinerzeit ein Einäugiger König werden."[1229] Bald darauf leitete von Bismarck den Jugendhof Vlotho, eine Fortbildungsstätte für Mitarbeiter von Jugendorganisationen, die sich durch Idealismus sowie große weltanschauliche und politische Toleranz auszeichnete. Zwischen 1949 und 1961 stand er an der Spitze des Sozialamtes der Evangelischen Kirche in Villigst, das besonders junge Industriearbeiter im Ruhrgebiet betreute.

Ab 1953 war von Bismarck Mitglied des NWDR-Verwaltungsrates; er arbeitete darüber hinaus als freier Autor für mehrere Rundfunkanstalten zu Themen der Arbeitswelt und der christlichen Sozialethik. 1960 lehnte er das Angebot ab, Präsident des Deutschen Evangelischen Kirchentages zu werden, und entschied sich, für die Intendantenposition im WDR zu kandidieren. Am 17. Dezember 1960 wurde er einstimmig gewählt.[1230] „Was mich [...] bewogen hat", erläuterte von Bismarck rückblickend, „war die Überzeugung, bei der treuhänderischen Verwaltung dieses Instruments [Rundfunk, M. K.] in einer Weise verantwortlich mitwirken zu können, die auf lange Sicht zur Stärkung des demokratischen Bewußtseins in der Bevölkerung beitragen würde."[1231]

Die Mitarbeiter des WDR erlebte der neue Intendant als aufgeschlossen. Von Bismarck seinerseits zeigte sich offen und interessiert: „Ich nutzte jede Gesprächsmöglichkeit auf den Fluren, in der Kantine und im langsam fahrenden Paternoster, um die Mitarbeiter kennenzulernen. [...] Bis zum Ende meiner Amtszeit fand ich die Mischung aus unterschiedlichsten Persönlichkeiten im WDR faszinierend."[1232] Aus Sicht der Radiothek-Redaktion erläutert Ulrich Teiner, daß sich von Bismarck in den Streit um die Reihe „nicht sehr eingemischt" habe.[1233] Im ganzen jedoch verschaffte es dem Intendanten „oft Genugtuung", die „nicht genehmen und aufmüpfigen" Redakteure zu verteidigen:

> „Ich weigerte mich grundsätzlich, einen Mitarbeiter auf ewig zu verdammen oder gar zu entlassen, der engagiert und verantwortlich einen ‚Bock geschossen' hatte. Es zahlte sich für die Qualität der Programme aus, das Risiko einzugehen, solchen Mitarbeitern die Zügel relativ lang zu lassen. Mit opportunistischen Leisetretern dagegen hatte ich nicht viel im Sinn."[1234]

Von Bismarck war überzeugt, daß die „eigenwilligen Journalisten und sensiblen Intellektuellen" des WDR nur dann auf Anordnungen eines Intendanten reagieren würden, wenn dieser zuvor ihr Vertrauen erworben hatte.

[1229] Klaus von Bismarck, Aufbruch aus Pommern. Erinnerungen und Perspektiven, München/Zürich 1992, S. 181.
[1230] Vgl. zur Biographie von Bismarcks: Katz, Die WDR-Intendanten 1956-1985, in: ders. u.a. (Hg.), Am Puls der Zeit, a.a.O. S. 34-45, künftig: „Intendanten"; hier: S. 36 f., sowie Bismarck, Aufbruch aus Pommern, S. 180 f., 193-195, 247, 249-253.
[1231] Klaus von Bismarck, Ein Rückblick auf zwölf Jahre Intendantentätigkeit, in: Först (Hg.), Aus Köln in die Welt, a.a.O., S. 577-593, künftig: „Rückblick", hier: S. 578.
[1232] Bismarck, Aufbruch aus Pommern, S. 258.
[1233] Interview mit Ulrich Teiner im Februar 2005.
[1234] Bismarck, Aufbruch aus Pommern, S. 259. – Ähnlich äußerte sich der Intendant 1963 in einem Vortrag: vgl. Klaus von Bismarck, Die nationalen Aufgaben von Rundfunk und Fernsehen. Eine Vorlesung des ARD-Vorsitzenden vor Studenten des Instituts für Publizistik an der Universität Münster, gehalten am 9. Mai 1963, Köln 1963, S. 23.

„Dieses Vertrauen gewinnt er nach meiner Erfahrung nur, indem er seinen Journalisten den Raum gibt, ihr journalistisches Engagement mit Phantasie, Risikobereitschaft und Freude am Experiment zu verbinden. Davon ist auch das Profil eines Senders weitgehend abhängig."[1235]

Otto Tomek, der als Redakteur für Neue Musik über ein Jahrzehnt hinweg zu den experimentierfreudigsten Mitarbeitern des WDR zählte, bestätigt, daß es nicht bei theoretischen Überlegungen blieb: „Klaus von Bismarck war ein idealer Intendant, der sich wirklich hinter alle Bemühungen gestellt hat, etwas Neues zu machen."[1236]

„Die innere Rundfunkfreiheit ist nur bei einem
überzeugenden Pluralismus zu wahren" –
Klaus von Bismarck, WDR-Intendant 1960-1976

Auch in den unruhigen sechziger Jahren verhielt sich der WDR-Intendant gelassen, denn er billigte Jugendlichen ausdrücklich zu, idealistische Zukunftsvisionen zu vertreten:

„Ohne solche Visionen [...] läßt sich nichts in der Welt verändern. [...] Das gilt auch, wenn solche Utopien sich später oft als allzu idealistisch erweisen. Solche ‚Aufbrüche' der Jugend in der Vergangenheit und Gegenwart verstehe ich als Notsignale. Sie werden häufig von der älteren Generation nicht verstanden, die sich oft durch Äußerlichkeiten von einer ernsthaften Auseinandersetzung abschrecken läßt, ohne danach zu fragen, was diese Notsignale ausgelöst hat. Ich halte es mit der Sartreschen Aussage, nach der ‚jede engagierte Jugend zugleich idealistisch und radikal ist'."[1237]

Einmischungsversuche der politischen Parteien in Personalien und Programme der Rundfunkanstalten beobachtete von Bismarck mit großem Widerwillen.[1238] Er nahm gegenüber keiner dieser Parteien ein Blatt vor den Mund und schuf sich spätestens 1974 auch im sozialdemokratischen Lager Feinde – mit einer Rede zum 25jährigen Bestehen des EPD-

---

[1235] Ebda., S. 261, 265 f.
[1236] Interview mit Otto Tomek im November 2002.
[1237] Ebda., S. 193 f.
[1238] Vgl. ebda., S. 268, sowie Katz, Intendanten, S. 40.

Mediendienstes *Kirche und Rundfunk*, die zu halten ihn Michael Schmid-Ospach angeregt hatte.[1239]

Von Bismarck befaßte sich in diesem Vortrag mit einem Disput, der in den zurückliegenden Jahren in zahlreichen ARD-Funkhäusern aufgebrochen war, nämlich einer Debatte darum, ob es Aufgabe des Journalismus sei, über die Betrachtung der politischen und gesellschaftlichen Realität hinaus auch auf die Beseitigung von Mißständen zu drängen. Gerade in den Kulturredaktionen, so beobachtete der Intendant, arbeiteten zahlreiche Programmmacher, die diese Frage entschieden bejahten – die sich also keineswegs mehr mit einer Kulturberichterstattung im engen Sinne begnügen wollten. Von Bismarck bemängelte jedoch, „manche" von ihnen hätten „in der Tat die ihnen anvertrauten publizistischen Instrumente dazu benutzt, eine antiparlamentarische Systemveränderung zu betreiben"; und er legte den jeweiligen Vorgesetzten zur Last, dies durch eine allzu liberale Gesinnung erst ermöglicht zu haben.

Es sei aber nach rechts *und* links „äußerste Wachsamkeit gegenüber einer schleichenden Tendenz geboten, die eine gewaltsame Veränderung unserer gegenwärtigen parlamentarisch-politischen Ordnung in ein totalitäres System zum Ziel hat". Der Intendant hielt diese „Wachsamkeit" für um so wichtiger, als man den Usurpationstendenzen der politischen Parteien gegenüber dem öffentlich-rechtlichen Rundfunk nur dann entgegentreten könne, wenn sich die Redakteure ihrer Verantwortung bei der „Abwehr der Extremen" stellten. Von Bismarck bejahte ausdrücklich die Notwendigkeit, diese „Extremen" nicht in den „Untergrund" zu drängen, sondern sich ihnen „in öffentlicher Diskussion" zu stellen. Dazu bedürfe es in den Funkhäusern jedoch einer gefestigten Haltung – im Bewußtsein dessen, „daß ein idealistischer Liberalismus, der mit Selbstgefälligkeit oder Naivität auf ‚progressiv' eingestimmt ist, nicht ausreicht, um mit den eindeutig ‚Extremen' fertig zu werden, die auf dem langen Marsch durch die Institutionen auch Redaktionen im Rundfunk besetzen wollen".

„Mit dieser Rede hat von Bismarck eine wirkliche Abrechnung mit der Linken des WDR vollzogen", kommentiert Schmid-Ospach, „die ihm viele im Sender sehr übelgenommen haben."[1240] Heinrich Windelen freilich betont, daß von Bismarcks Vortrag nur geringe Wirkung hinterlassen habe: „Er wurde dann so zusammengeprügelt, daß er gleich kleine Brötchen backte."[1241] Zwar hatte von Bismarck in seinem Vortrag auch die „Politisierung" der Aufsichtsgremien bemängelt und sich damit die Ansicht vieler WDR-Redakteure zueigen gemacht; dies übersahen die Kritiker der Rede jedoch offenbar.

Peter Rinsche knüpft an Heinrich Windelens Äußerung an und charakterisiert von Bismarck: „Das war ein grundehrlicher Mensch, der sich zum Teil gar nicht *vorstellen* konnte, was da [in den Redaktionen, M. K.] passierte!" 1975 habe der Intendant gegenüber der Radiothek-Redaktion über keinerlei rechte Handhabe mehr verfügt, wie er Rinsche in einem Gespräch in West-Berlin anvertraut habe:

> „Wir gingen zu zweit über die Funkausstellung, [...] haben uns unterhalten. Natürlich über die Radiothek, schwerpunktmäßig. Da sagt er: ‚Was soll ich machen? Ich kann keinem kündigen. Ich kann sie nicht mal richtig versetzen! Was soll ich tun?? Ich kann nichts tun!' Da hab ich gesagt [...]: Weiß ich, daß Sie das nicht können! Aber Sie können die nach Hause schicken und auf Steuerzahlerkosten bis an ihr Lebensende mit vollem Gehalt weiter laufen lassen. Das wär'

[1239] Wiedergegeben bei Klaus von Bismarck, Kultur und Politik im Rundfunk. Überlegungen zu aktuellen Konflikten, in: KuR 12/1974 (16.2.1974); alle Zitate im folgenden hiernach.
[1240] Interview mit Michael Schmid-Ospach im April 2007.
[1241] Interview mit Heinrich Windelen im Mai 2007. – Zu den Reaktionen auch N.N., Die Schlagseite des WDR, in: *Aktueller Fernsehdienst* Nr. 14-15/1975 (11.4.1975), S. 1-2; ACDP, Pressedokumentation 14/1 WDR.

weniger schlimm, als wenn sie den Unfug anrichten, den sie da anrichten. Zeitlang Pause, [...] dann sagte er nach 'ner Weile: ‚Sie mögen recht haben, aber dazu ist es jetzt zu spät für mich.' Er kam überhaupt nicht mehr durch."[1242]

Der Intendant selbst wandte sich engagiert gegen simples Proporzdenken, wie es unter vielen politischen Akteuren grassierte:

> „Ich weigerte mich jedenfalls, nach dem Prinzip einer schematischen Ausgewogenheit vorzugehen, die nach dem Muster ‚Zwei-links-zwei-rechts-eins-fallenlassen' gestrickt war. [...] Es gibt meines Erachtens nur wenige verbindliche und zweifelsfreie Kriterien für das, was Programmqualität ist. [...] Für mich steht aber bis heute außer Zweifel, daß die Chancen für ein qualitativ hochwertiges Programm am ehesten gegeben sind, wenn der Sender seinen Journalisten und Machern ein kreatives und freies Arbeiten ermöglicht."[1243]

In einem internen Entwurf[1244] für die WDR-Klausurtagung in Unkel am Rhein 1975 klagte von Bismarck, daß der Wettlauf der Parteien um den Einfluß im Rundfunk ein bislang ungekanntes Ausmaß angenommen habe. Darüber hinaus aber bemängelte er eine gewisse Einseitigkeit in mehreren Sendungen – hier nannte er ausdrücklich die Radiothek. Dabei gestand von Bismarck den Journalisten durchaus das Recht zu, ihre Hörer etwa dadurch herauszufordern, daß sie auch einmal die Sichtweise einer Minderheit der Bevölkerung verträten. Allerdings plädierte er für ein ausgewogenes Gesamtprogramm. Von Patentlösungen freilich hielt er wenig:

> „Es muß mehr Verständnis der Programmitarbeiter für den ständig von ihnen vorzunehmenden Prozeß einer Güterabwägung zwischen dem Gebot der Ausgewogenheit des Programms und dem Grundsatz der individuellen Meinungsfreiheit geweckt werden. [...] Ich rede also gewiß keiner Neutralisierung des Programms in dem Sinne das Wort, daß es kaum noch von persönlicher Meinung geprägte Beiträge geben dürfe. Aber ich bin wohl der Meinung, daß die vermittelnde Rolle des öffentlich-rechtlichen Rundfunks heute wieder stärker betont werden muß. [...] Die innere Rundfunkfreiheit ist nur bei einem überzeugenden Pluralismus zu wahren."

In einem Diskussionsbeitrag forderte von Bismarck, die Redakteure müßten sich zu ihrem „Treuhänderamt" bekennen und bewußt gegen ihre „ideologischen und utopischen Blindheiten" angehen.[1245] Er beklagte in seinem Schlußwort jedoch eine „Allergie von Programmitarbeitern gegen Kritik überhaupt" und stellte die Frage, ob man ihnen nicht manchmal zu Recht „Arroganz" vorwerfe.

> „Warum können manche Mitarbeiter es so schwer annehmen, wenn ihnen durch ein gewähltes demokratisches Gegenüber oder durch die Rezipienten selbst Kritik vorgehalten wird? Was liegt hier eigentlich in der Tiefe vor, wenn wir hier oft so allergisch und – wie ich finde – unsachlich reagieren?"[1246]

Zugleich erläuterte von Bismarck seine Einstellung zu streitbaren Formen des Journalismus:

[1242] Interview mit Peter Rinsche im Februar 2008.
[1243] Ebda., S. 277.
[1244] *Manuskript zum Thema (verkürzt gehalten im Rahmen der Klausur-Tagung am 20. Juni in Unkel) Der Programmauftrag des Westdeutschen Rundfunks und seine Verwirklichung im Spannungsfeld zwischen den Erwartungen von Staat, Parteien und Öffenlichkeit und dem Selbstverständnis der Programmitarbeiter*, WDR Hist. Arch. 10448.
[1245] Helmut Drück, Alle reden von Ausgewogenheit. Zwischenbilanz der Tagung, in: Westdeutscher Rundfunk (Hg.), Der Programmauftrag..., a.a.O., S. 99-117, hier: S. 104.
[1246] In: Westdeutscher Rundfunk (Hg.), Der Programmauftrag..., a.a.O., S. 145.

„Wenn sich jemand wie Carola Stern für Amnesty-International in unseren Programmen einsetzt oder Herr [Theo M.] Loch für Europa oder Klaus von Bismarck für ein besseres Verhältnis zu Polen, so ist diese Form von Bekenntnis-Journalismus vollkommen legitim. Bedenklich wird es nach meiner Auffassung da, wo eine bestimmte Ideologie aufmarschiert, die in ihrer letzten Konsequenz auch mit Lenin-Zitaten belegt werden könnte. Dort geht Bekenntnis-Journalismus in reine Agitation über."[1247]

b) Friedrich-Wilhelm von Sell

Klaus von Bismarcks Amtszeit endete im März 1976.[1248] „Ich war nach fünfzehn Jahren Intendant des WDR überhaupt nicht gierig auf irgendeine neue offizielle Funktion."[1249] An seine Stelle trat der bisherige Verwaltungsdirektor des Senders, Friedrich-Wilhelm von Sell. Von Sell hatte sich im Oktober 1975 im Verwaltungsrat mit 4:3 Stimmen gegen Dieter Stolte durchgesetzt; der Rundfunkrat bestätigte die Wahl mit 11:9 Stimmen.[1250] „Meiner Kandidatur kam zugute, daß ich vergleichsweise unbekannt war. Ich galt als ‚der Pragmatiker', mit einschlägiger beruflicher Vita, mit dem man sich nicht so leicht abarbeiten konnte."[1251]
Auch von der Person des neuen WDR-Intendanten führten Linien bis zurück in das wilhelminische Kaiserreich: Von Sells Vater war Adjutant des Reichskanzlers Theobald von Bethmann Hollweg gewesen, er selbst Patensohn Kaiser Wilhelms II. 1926 in Berlin geboren, hatte Friedrich-Wilhelm von Sell die juristische Laufbahn eingeschlagen und war 1955 Justitiar des SFB geworden. Von 1962 bis 1971 bekleidete er dieselbe Position beim DLF und war außerdem dessen Verwaltungsdirektor. 1971 wurde er Verwaltungsdirektor des WDR. Im Vorfeld der Bundestagswahl 1969 war von Sell in die SPD eingetreten, was ihm bald den auf den Jagdflieger Manfred von Richthofen gemünzten Spitznamen „Roter Baron" einbrachte. Doch die sozialdemokratische Betriebsgruppe im WDR hatte bereits 1971 erfahren müssen, daß von Sell außer seiner Mitgliedschaft nur wenig an die Partei band – es blieb bei einer einzigen, von der Betriebsgruppe angeregten Besprechung: „Daß ich mich dort nie wieder blicken ließ, war für mich eine Frage der dienstlichen Hygiene." Auch dem SPD-Freundeskreis im WDR hielt sich von Sell aus Überzeugung fern.[1252]
Heinrich Windelen bescheinigte dem designierten Intendanten in einem Zeitungsinterview 1975 große Sachkenntnis.[1253] Viele WDR-Mitarbeiter allerdings reagierten zunächst verunsichert. Der neue Intendant nahm die Vorbehalte sofort wahr:

„Also, die hatten irgendwo den Verlust des Vaters Bismarck zu verkraften oder – wie Freud sagen würde – zu sublimieren. Und das ist intellektuell nicht gelungen. Plötzlich kam ein Technokrat, der scharf dachte, sie scharf in die Pflicht nahm und sein Amt anders definierte. Und damit haben sie erst mal große Probleme gehabt."[1254]

[1247] Ebda., S. 143.
[1248] Vgl. Katz, Intendanten, S. 39.
[1249] Bismarck, Aufbruch aus Pommern, S. 303 f.
[1250] Vgl. Katz, Intendanten, S. 42. – Zum Vorspiel der Wahl vgl. Helmut Breuer, Riemer will Sell als WDR-Intendanten. Auch der westfälische CDU-Chef Windelen macht sich für den Verwaltungsdirektor stark, in: *Rheinische Post* vom 13.10.1975.
[1251] Sell, Mehr Öffentlichkeit, S. 145 f.
[1252] Vgl. Sell, Mehr Öffentlichkeit, S. 141.
[1253] Vgl. N.N., Wie steht's nun mit dem WDR? Windelen sieht Teilerfolg bei Programm-Gestaltung – Verhältnis zum neuen Intendanten – Kritik an Radiothek, in: *Aachener Volkszeitung* vom 18.12.1975. – Bereits im Vorfeld der Wahl hatte sich Windelen gegen den Willen Köpplers für von Sell starkgemacht, vgl. Helmut Breuer, Riemer will Sell als WDR-Intendanten. Auch der westfälische CDU-Chef Windelen macht sich für den Verwaltungsdirektor stark, in: *Rheinische Post* vom 13.10.1975.
[1254] Interview mit Friedrich-Wilhelm von Sell im August 2005.

„Schutzobjekte sind zunächst einmal die Bürger" –
Friedrich-Wilhelm von Sell, WDR-Intendant 1976-1985

„Wenn Sie mich nach der Anmutung fragen", faßt Klaus Klenke jedoch zusammen,

> „dann galt von Bismarck – wie ich finde, teilweise zu Unrecht – als positives Leitbild eines liberalen Journalisten. In Wirklichkeit war der auch manchmal verdammt repressiv! Und von Sell – auch völlig zu Unrecht – als eiskalter Technokrat, der alle Journalisten haßt. [...] Dabei konnte auch von Bismarck austeilen – das geschah nur anders. Von Bismarck war in seinen Direktorensitzungen – rustikal! Von Sell war ein Florettfechter – aber er konnte die Schnitte genau setzen."[1255]

Von Sell sah sich als „in letzter Instanz verantwortlich für den gesamten Sender", er achtete jedoch darauf, sich nicht zu sehr in Angelegenheiten der Direktionen einzumischen. „Anfangs wachte noch jeder eifersüchtig über die Unantastbarkeit seiner Souveränität", beobachtete er. „In der Zeit hatte ich manchmal den Eindruck, der Sender sei ein Konzern, unter dessen Dach sich assoziierte Firmen zusammengeschlossen hätten."[1256] Um die Kommunikation zu erleichtern, entwarf der Intendant den Plan, innerhalb der vier Chefredaktionen jeweils eine Hierarchieebene auszusparen. „Fatalerweise hatte ich in diesem Zusammenhang das Wort ‚Beherrschung' (gemeint war die der Kommunikationsstrukturen nach oben wie nach unten) fallen lassen. Damit war ich nun endgültig als Betonkopf und Technokrat entlarvt."[1257] „Dieses Wort hat ihm viel, viel Ärger bereitet", bestätigt Radiothek-Redakteur Dietrich Backmann, „es gab mittlere Aufstände."[1258] Während einer Debatte in der Vollversammlung der Fernsehmitarbeiter meldete sich Redakteur Ulrich Wickert zu Wort: „Herr von Sell, Sie machen uns Angst!"[1259]
Vom Begriff der „Ausgewogenheit" distanzierte sich von Sell ausdrücklich. In einem Referat im Rahmen der *Bitburger Gespräche* im Januar 1977[1260] sprach er statt dessen von

---

[1255] Interview mit Klaus Klenke im Mai 2007.
[1256] Vgl. Sell, Mehr Öffentlichkeit, S. 149 f.; direkte Zitate dort entnommen.
[1257] Vgl. ebda., S. 156; direkte Zitate dort entnommen.
[1258] Interview mit Dietrich Backmann im Juli 2005.
[1259] Vgl. Sell, Mehr Öffentlichkeit, S. 156; direkte Zitate dort entnommen.
[1260] *Wie wird der Bürger vor einseitiger Meinungsvermittlung geschützt?*, gehalten am 14.1.1977 und in gekürzter Form publiziert als *WDR-Information* 5/77 am 18.1.1977; alle Zitate hiernach.

„Allseitigkeit" – im Gegensatz zur Einseitigkeit –, er hielt sie jedoch für „eine fragwürdige Forderung". Im gleichen Atemzuge betonte er, daß auch „objektive Nachrichtenvermittlung" die Bedürfnisse der Hörer und Zuschauer nur zu einem Teil befriedigen könne. Der Intendant forderte vielmehr, daß ein informiertes Publikum mit einer großen Zahl „einseitige[r] und als solche erkennbare[r] Meinungen" konfrontiert werden müsse. „Breit genug angelegt" müsse dieses Spektrum sein. Erst dann könne ein Hörer oder Zuschauer sich selbst eine fundierte eigene Meinung bilden. Kommentare und subjektive Darstellungen konnten von Sell zufolge die Information zwar nicht ersetzen, aber sie stellten eine notwendige Ergänzung dar.

Als „eine der unangenehmsten Konfrontationen"[1261] seiner gut neunjährigen Amtszeit erlebte der Intendant den Zwist um die Radiothek. „Sie hatte eine sehr spezielle Ausrichtung und erfreute ein demgemäß ebenso spezielles Hörerpublikum, das man vielleicht treffender als ‚Gemeinde' bezeichnen sollte", umschreibt er rückblickend den Charakter der Reihe.

> „Die Sendung beschäftigte sich linkskritisch, für gewöhnlich in aggressiver Manier, mit sozialen und politischen Mißständen [...]. Dagegen wäre per se nichts einzuwenden gewesen, allerdings waren die Wortbeiträge, wenngleich journalistisch unanfechtbar, zumeist hochpolemisch. [...] Unter der eher liberalen Hand meines Vorgängers Klaus von Bismarck war die ‚Radiothek' zu einem ‚selbststeuernden System' geworden, ihre Kritiker sahen sich schnell in eine ‚Rechtsaußen-Ecke' gedrängt."[1262]

Der Intendant selbst war und ist streitbaren Spielarten des Journalismus wohl an sich durchaus zugetan. Er hebt hervor,

> „daß sich Journalismus ohnehin aus der Distanz heraus a priori kritisch verhalten *muß*! Wäre er affirmativ und würde er nur beschreibend ans Werk gehen, wäre er weithin überflüssig und könnte in der Literatur seinen Platz haben, aber nicht im Journalismus! Und das wird rechts der Mitte selten verstanden."[1263]

Auch zu Zielgruppensendungen für Jugendliche habe er 1974 grundsätzlich „kritisch positiv" gestanden, erläutert von Sell.

> „Ich bin und war der Meinung, Zielgruppen[sendungen] sind – wenn sie zu keiner Exklusivkommunikation führen, wie im Fall der Radiothek – notwendig, und zwar [...], weil sich in der Zielgruppenorientierung eine gewisse, sonst schwer zu erzielende Klarheit von Standpunkten wiederfindet. Also, die Zielgruppe zwingt ja dazu, sich bis zu einem gewissen Grade auf sie einzulassen und damit auch sich etwas holzschnittartiger auszudrücken, als wenn man nur allgemein und für alle [sendet]. [...] Das finde ich gut! Das, was ich für problematisch halte, taucht in meiner Radiothek-Argumentation auf: daß gewisse Redaktionen des WDR oder gewisse Teile im Programm des WDR gelegentlich unter [...] Wirklichkeitsverlusten zu leiden schienen."

Der Intendant erklärt diese „Wirklichkeitsverluste" auch aus „einer gewissen Selbstherrlichkeit", welche die damaligen WDR-Redaktionen bei der Definition ihres Programmauftrages und ihrer journalistischen Vorgehensweise an den Tag gelegt hätten.

> „Diese Selbstbestimmung, der der WDR – jetzt sag ich's mal im positiven Sinne – mit Trotz und Charakter nachgegangen ist, stellt das exakte Gegenteil dessen dar, was die Quotenanpassung unserer Zeit ist. Diese Selbstbestimmung beruht darauf, daß man glaubt, man sähe die

---

[1261] Sell, Mehr Öffentlichkeit, S. 157.
[1262] Ebda., S. 157 f.
[1263] Interview mit Friedrich-Wilhelm von Sell im August 2005; auch die folgenden Zitate ebda.

> Dinge richtig und müsse sie aus dieser richtigen Sicht auch so ins Programm übernehmen. Mit diesem approach sind immer gewisse Wirklichkeitsverluste verbunden, [...] sie müssen nur in Grenzen gehalten werden!"

Sobald nämlich eine Zielgruppensendung ins „Bekenntnishafte" abgleite, habe sie ihre Legitimation in einem öffentlich-rechtlichen Programm verloren, denn:

> „Es gibt, finde ich, eigentlich nur ein Bekenntnis im öffentlich-rechtlichen Rundfunk: nämlich sich am Prinzip der Objektivität und der Qualität zu orientieren und seinen Blick umfassend zu halten, [...] um der Allgemeinheit alles an die Hand zu geben, damit sie sich in dieser komplexen Welt zurechtfinden können."

„Als reine Insiderveranstaltung", erläutert von Sell in seiner Autobiographie, habe die Radiothek jedoch „allein der Selbstvergewisserung von Redakteuren und deren Klientel" gedient.

> „Aufgrund der einseitigen Aufbereitung ihrer Beiträge und extrem aggressiven Zwischenmusiken war die Sendung dazu angelegt, mißliebige [sic] Zuhörer schlichtweg zu verprellen. Hinzu kam, daß es den zuständigen Redakteuren darum hätte gehen sollen, gesellschaftliche Mißstände und soziale Probleme gerade jenem Milieu zu vermitteln, das nicht unmittelbar von ihnen affiziert oder aber sogar deren Urheber war."[1264]

Man könne darüber streiten, ob dem Rundfunk „eine sozialpolitische oder gar sozialpädagogische Aufgabe" zufalle. Wenn man jedoch davon ausgehe, daß ein öffentlich-rechtliches Programm der Gesellschaft „über ihre eigenen Verhältnisse, über ihre Verfaßtheit Auskunft [...] geben" müsse, dann könne dies nur funktionieren, wenn man die Allgemeinheit tatsächlich erreiche – und nicht nur eine begrenzte Zielgruppe.[1265]
Unter diesen Umständen waren Kommunikationsschwierigkeiten zwischen Intendanz und Radiothek-Redaktion programmiert. „Also, da waren zum Teil auch neurotische Verhältnisse!" erinnert sich von Sell. „Wie auf Eiern lief man da – und ich kann auf Eiern überhaupt nicht laufen. Das gebe ich zu – für diese Generation und für diese Population war ich sicher ein handfestes Problem!" Aber er setzt hinzu:

> „Ich glaube, die ganze Firma Teiner-plus hatte ein bißchen was Verschwiemeltes, ein bißchen was ideologisch in sich Verkrochenes. Auch in ihrer Unoffenheit – sie haben ja mit mir nicht geredet! Wenn sie denn glaubten, ich wäre ihr Staatsfeind Nummer eins innerhalb des Hauses – hätten sie mich ja mal ansprechen müssen. Hätten sagen müssen: Herr von Sell, wir würden gerne mit Ihnen mal ein Gespräch führen! Und das hat nicht stattgefunden. Ich habe niemals irgendein Signal in dieser Richtung von der Radiothek bekommen, [...] die hatten sich eingebuddelt."[1266]

Michael Schmid-Ospach teilte diese Eindrücke bezüglich des Verhaltens der Redaktion:

> „Ich glaube, man hat sich so eingesponnen, daß das Lebensschicksal gar nicht mehr war, offen durch die Welt zu gehen als Redakteur – und Mißstände zu suchen und anzuprangern und so

---

[1264] Sell, Mehr Öffentlichkeit, S. 159.
[1265] Vgl. ebda., S. 159; direkte Zitate dort entnommen. – Von Sell verfocht diese Auffassung bereits während der Vorbereitungen zu einer Besprechung mit der Radiothek-Redaktion im Sommer 1979, vgl. die Notiz *Auszug Piltz-Vermerk zum August-Termin* vom 1.8.1979, WDR Hist. Arch., unverz. Best. des Intendanten von Sell, Akte *WDR Allgemeine Programmangelegenheiten – RADIOTHEK – Vorgänge um die „6.12.79-Sendung", die Absetzung der Live-Wort-Beiträge etc. – 24.602*.
[1266] Interview mit Friedrich-Wilhelm von Sell im August 2005.

weiter. Sondern es fand eine Auto-Stigmatisierung statt. Also, ich weiß nicht, ob diese Form, sich zu verrennen, nicht schon eine Form von Viktimologie ist."[1267]

Ulrich Teiner weist indessen von Sells Vorwurf mangelnder Dialogbereitschaft der Redaktion zurück:

„Das stellt den Sachverhalt auf den Kopf. Was immer aus der Intendanz an schriftlichen Stellungnahmen auf meinen Tisch kam, ließ nach Art und Stil nie auch nur einen Hauch von Dialogbereitschaft von dieser Seite spüren. Im Übrigen: Keine Macht der Welt kann einen Intendanten des WDR hindern, von sich aus ein solches Gespräch anzubieten oder nötigenfalls auch anzuordnen."[1268]

Offenbar bekundeten beide Seiten den Wunsch, ein Gespräch zu führen – das dann auch für den Nachmittag des 2. August 1979 angesetzt wurde.[1269] Von Sells Mitarbeiter Stephan Piltz regte in einem internen Vermerk an, den Gesprächsablauf zweckmäßigerweise folgendermaßen zu lenken: „Wie fühlt sich die Redaktion selber, wie sieht sie sich, [...] was sind die derzeitigen programmlichen Schwerpunkte, Ideen, Erfahrungen der letzten Zeit und für die weitere Zukunft? [...] Eindrücke, Erwartungen des Intendanten". In letzterer Hinsicht enthielt Piltz' Vermerk den Hinweis, daß ein Intendant zwangsläufig als Vertreter des *gesamten* Senders eine andere Perspektive auf die Jugendreihe einnehmen müsse als die Redaktion. Die Programmgrundsätze des § 4 WDRG seien jedoch die unumstößliche gemeinsame Basis. „Das Etikett ‚Radiothek'", so Piltz weiter, „steht oft als ‚Weiß-Bescheid-Auslöser' für Negativ-Verständigungen in Publikumskreisen über das Gesamtprogramm des WDR, Hörfunk wie Fernsehen." Schließlich nannte das Papier „Konsequenzen": Es müsse angestrebt werden, nach außen zu verdeutlichen, daß die Radiothek gerade nicht repräsentativ für das Gesamtprogramm des WDR sei, daß sie darüber hinaus „nicht (mehr) ist, wie im Vorurteil dargestellt". Nach innen solle klargestellt werden, daß die Redaktion eine „besondere Verantwortung für das Gesamtangebot des WDR" trage, „weil Radiothek vielfach für das Ganze herhalten muß". Daneben trage sie eine „besondere Verantwortung für die Zielgruppe (vergl. Selbstverständnis-Papier)".

Wie weit der Intendant auf die Anregungen seines Mitarbeiters einging, läßt sich heute nicht mehr erkunden. Piltz hatte allerdings bei seiner Annahme, daß beide Seiten eine je eigene Perspektive einnähmen, offenbar gelinde untertrieben. „Herr von Sell hatte – *meine ich* – von der Radiothek keine gute Meinung und war auch voreingenommen", formuliert Jürgen Keimer bedächtig, wenn er sich des Gesprächs erinnert.

„Ich hatte den Eindruck, daß er meinte, wir seien alles wilde Revolutionäre. [...] Mir hat er die Frage gestellt, was ich denn so mache. ‚Ja, donnerstags Kultursendungen...' – ‚Aber eigentlich wollen Sie doch lieber was anderes machen?' [...] Ich weiß nicht mehr, ob das seine wörtliche Formulierung war – aber ich erinnere mich noch sehr, daß ich dachte: Wie kommt er darauf? [...] Ich war eigentlich mehr verblüfft als betrübt; ich dachte: Komisch, warum denkt er das alles?"[1270]

[1267] Interview mit Michael Schmid-Ospach im April 2007.
[1268] Elektronische Post Teiners vom 16.11.2007; Hervorhebung übernommen.
[1269] Vgl. dazu Piltz' Vermerk *Betr: ‚Radiothek'-Gespräch am 2. August 1979, 16.00 Uhr, Große Budengasse, Zimmer 425*, WDR Hist. Arch., unverz. Best. des Intendanten von Sell, *WDR Allgemeine Programmangelegenheiten – RADIOTHEK – UNTER-Allgemeinakte der Allgemeinakte 1 a – 24.602 – 261*. Dort ist u.a. vom Wunsch beider Seiten nach einem Gespräch die Rede. Auf Seiten der Redaktion nahmen offenbar Helga Kirchner, Heidi Schöder, Ulrich Teiner, Jürgen Keimer und Dietrich Backmann teil.
[1270] Interview mit Jürgen Keimer im Oktober 2005.

Keimers Kollegin Helga Kirchner erklärt die Kluft zunächst aus einer grundsätzlichen Erfahrung:

> „Die Intendanten sind Programmachern immer ziemlich fern. Das liegt an der Größe des Unternehmens, und in diesem Fall lag es auch daran, daß das Jugendprogramm nicht eines der wichtigsten Programme für einen Intendanten sein kann. – Herr von Bismarck war jemand, der gerne durchs Haus ging und den Kontakt mit seinen Mitarbeitern suchte; Herr von Sell war eher jemand, der fern war. Also, für uns war er immer ‚Vierscheibenhaus'. Und in der betrieblichen Kommunikation hatte er ein Image, das ihn zu einer [...] eher distanzierten Figur machte. Ob das von ihm intendiert war, ist eine ganz andere Frage. Ich hab ihn später darauf angesprochen: Das ist ihm, glaube ich, nicht so bewußt gewesen. – Er tauchte bei uns zu einem Zeitpunkt auf, als im Grunde die ganze Sache schon auf ihren Höhepunkt zutrieb und wir das Gefühl hatten, wir geraten unter die Räder in einem Machtkampf zwischen den politischen Kräften draußen – und einem inneren Machtkampf zwischen dem Programmdirektor und dem Intendanten. Wie da die Rollen tatsächlich verteilt sind, vermag ich nicht zu urteilen – [...] aber wir hatten schon das Gefühl, wir sind da die Objekte."

Das von Keimer beschriebene Zusammentreffen hat auch Helga Kirchner „in lebendiger Erinnerung":

> „Ein denkwürdiges Konferenzgespräch mit Herrn von Sell [im WDR-Gebäude] in der [Großen] Budengasse, [...] da haben wir eigentlich überhaupt keine gemeinsame Kommunikationsplattform gefunden. Wir sprachen unterschiedliche Sprachen, der Intendant trat uns sehr kühl, sehr abweisend entgegen – wir hatten nicht den Eindruck, daß wir wirklich zu den gern gesehenen Redakteurinnen und Redakteuren dieses Hauses gehörten. Wie gesagt, ob das *intendiert* war, ist 'ne ganz andere Frage! Aber die Wirkung ist damals entstanden – da ist keiner von uns frohgemut rausgegangen. Das war nicht schön. Und da wir ihn alle nicht anders kannten, mußten wir das also auch für das ganze Intendantenbild nehmen."[1271]

Rückblickend bescheinigt Backmann von Sell, ein hervorragender Intendant gewesen zu sein. „Was ich allerdings auch erst heute weiß. Aus meiner damaligen Sicht war er Hierarch. Und Hierarchen waren alle böse Menschen. [...] Dabei hat er uns sehr den Rücken freigehalten! Auch wenn wir das damals gar nicht gemerkt haben..."[1272]

Von Sell stellte sich in der Tat gerade in den Gremien vor die Redaktion: In einer Rundfunkratssitzung nahm er sie beispielsweise gegen den Vorwurf in Schutz, den Begriff „Berufsverbote" unkritisch verwandt zu haben.[1273] Auf einer Klausurtagung des Rundfunkrats bemängelte er, daß Gremienmitglieder Kritik an Sendungen des WDR nicht etwa „im Rahmen des anstaltsautonomen Kontrollzusammenhangs" äußerten, sondern öffentlich.[1274] Während der Programmsitzung Hörfunk am 3. April 1979 hob er die „Schutzfunktion nach außen" hervor. Diese freilich könne er so recht nur wahrnehmen,

> „soweit das Programm mindestens vom Ansatz her unter Beachtung von Verfassung und Gesetz (Art. 5 GG, § 4 WDR-Gesetz) in Arbeit genommen wird. Hierüber muß ein allgemein betrieblicher Konsens vorliegen. Schwierig wird die Schutzfunktion nach außen, wenn Bekenntnisjournalismus in Rede steht oder von einem politisch vorgeprägten, z. B. klerikalen oder neomarxistischen Ansatz [...] Programm gemacht wird. Die Redakteure müßten lernen zu erkennen, daß meine Schutzfunktion in solchen Fällen nicht in Anspruch genommen werden kann. [...] Der Intendant fußt auf einem demokratischen Mandat, dessen Kern darin besteht, die

---

[1271] Interview mit Helga Kirchner im August 2004.
[1272] Interview mit Dietrich Backmann im Juli 2005.
[1273] Vgl. das Sitzungsprotokoll vom 20.12.1976, AdRR. – Vgl. dazu außerdem Abschnitt V. 7. c) und VI. 5. e).
[1274] Vgl. das Protokoll *Grundlegende Fragen im Hinblick auf Programmstruktur und Programminhalte* vom 28.2.1977, AdRR.

Erfüllung des Programmauftrages zu befördern und zu sichern. Schutzobjekte sind zunächst einmal die Bürger."[1275]

Friedrich-Wilhelm von Sell wurde 1981 als WDR-Intendant wiedergewählt und nahm das Amt bis Juni 1985 wahr.[1276] Zwischen ihm und den WDR-Mitarbeitern brach das Eis erst während seiner zweiten Amtszeit, als er sich einer öffentlichen, politisch motivierten Kampagne erwehren mußte.[1277] Zu dieser Zeit allerdings war der Streit um die Radiothek bereits Geschichte.

6. Hörfunkdirektor Manfred Jenke und die Radiothek

So wenig die Redakteure der Radiothek in Kontakt zu den Intendanten von Bismarck und von Sell kamen, so intensiv gestaltete sich ihre Zusammenarbeit mit dem unmittelbaren Vorgesetzten, Hörfunkdirektor Manfred Jenke. Dieser war bis zum Jahresende 1973 Leiter der HA Information im NDR gewesen[1278] und kam 1974 zum WDR. „Es wurden [...] total überzogene Erwartungen in mich geweckt. Als der Heilsbringer wurde ich gesehen. Es wurde gesagt: Wenn der kommt, wird alles anders!"[1279]

Grundideen formulierte Jenke im April 1974 in einem DPA-Interview[1280]: Er betonte, daß eine Zeit finanzieller Einschränkungen heraufdämmere; er verwahrte sich gegen den Vorwurf, der WDR sei „linkslastig". Der Hörfunkdirektor verwies ferner auf die Regeln des § 4 WDRG:

> „Das sind Gebote, ja Forderungen an unser Programm, denen wir positiv entsprechen müssen und die zugleich ausschließen, daß wir militärische Aktionen glorifizieren, soziale Ungerechtigkeiten billigen, die Einschränkung demokratischer Freiheiten hinnehmen und unbequeme Erkenntnisse verschweigen. Wer uns in diesen Punkten ‚Linkslastigkeit' vorwirft, verkennt unseren gesetzlichen Auftrag."

In einem Schreiben an die leitenden Redakteure umriß Jenke darüber hinaus Punkte, wie sie für die Radiothek besonders von Interesse sein mußten: Er wies dem Hörfunkprogramm „über die pressetypischen, journalistischen Funktionen hinaus noch andere Aufgaben" zu – nämlich ein „Forum für unmittelbare Konfrontation und Artikulation relevanter Meinungen" und „Podium für die Selbstdarstellung bestimmter publizistisch unterrepräsentierter Gruppen und Kräfte" zu sein und auch „Orientierungshilfe und Vermittlung von Denkanstößen für Zielgruppen" zu bieten – in letzterer Hinsicht erwähnte er ausdrücklich die Radiothek.

> „Auf die Gefahr hin, mich Ihnen gegenüber dem Verdacht auszusetzen, den Rundfunk neu erfinden zu wollen, möchte ich daran erinnern, daß diese Sendungen sich der Meßbarkeit an rein journalistischen Kategorien entziehen. Die im journalistischen Bereich geltenden Maßstäbe für

---

[1275] Aktennotiz von Sells: *Bemerkungen zu Programmfragen und zu Programmverhalten. Vorgetragen am 3. April 1979 in der Programmsitzung Hörfunk*, WDR Hist. Arch., unverz. Best. des Intendanten von Sell, Akte *WDR Allgemeine Programmangelegenheiten – RADIOTHEK – 1-22 – 24.602*.
[1276] Vgl. Katz, Intendanten, S. 44.
[1277] Vgl. Sell, Mehr Öffentlichkeit, S. 180 f.
[1278] Vgl. Diller/Knott-Wolf a.a.O., S. 304.
[1279] Ebda.
[1280] DPA-Informationen MM XVIII/1974 (15.4.1974); direkte Zitate dort entnommen. Zu finanziellen Aspekten vgl. Wankell a.a.O., S. 70; Friedrich Bösel, Grundzüge der Finanzgeschichte, in: Först (Hg.), Nach fünfundzwanzig Jahren, a.a.O., S. 311-369, hier: S. 320-324; sowie Ansgar Diller u.a., Rundfunkpolitische Entscheidungen, in: Katz u.a. (Hg.), Am Puls der Zeit, a.a.O., S. 269-308, hier: S. 279-282.

Fairneß, das Bemühen um Objektivität und Chancengleichheit auf dem Meinungsmarkt lassen sich keineswegs an alle diese Sendungen anlegen. Anderseits deckt der Grundsatz der Kunstfreiheit und der Freiheit von Forschung und Lehre nur einen Teilbereich unserer Sendungen ab. Dazwischen liegt ein Feld von informierenden Darbietungen, das jedenfalls dann gefährdet ist, wenn einerseits nach journalistischen, anderseits nach künstlerischen Gesichtspunkten gemessen wird. Für heute möchte ich Sie lediglich darum bitten, Ihre gedankliche Aufmerksamkeit dieser Frage zuzuwenden."[1281]

„Es gibt nichts, wogegen ich so allergisch bin wie Instrumentalisierung des Rundfunks" – Manfred Jenke leitete den WDR-Hörfunk von 1974 bis 1993.

Auch in Publikationen warf Jenke die Frage auf, „wie diejenigen, die das Medium ‚machen', ihre Arbeit und sich selbst definieren" – denn dies sei „[mit]entscheidend für die kommunikative Qualität eines Mediums (und das heißt: für seine gesellschaftliche, politische Bewertung)". Ein Medium könne in erster Linie kommerzielle oder auch politische Zwecke verfolgen.

„Beide Zwecke sind legal in unserer Gesellschaftsordnung, aber sind sie auch legitim im wohlverstandenen Interesse einer Demokratie, die sich nicht nur als formales System von Machtteilung und Machtwechsel versteht, sondern als ein Prozeß, der zu mehr Freiheit, mehr Gerechtigkeit und mehr Menschlichkeit in der Gesellschaft führen sollte?"

Folglich hob der WDR-Hörfunkdirektor die aufklärerische Funktion der Massenmedien hervor und richtete seinen Blick auf das Publikum:

„Wie weit sind wir uns noch dessen bewußt, daß die Menschen [...] Subjekte sind, welche, eigener Gedanken und Gefühle fähig, dazu ermutigt und ermuntert werden sollten, ihre eigenen kommunikativen Fähigkeiten zu nutzen und zu verbessern, um anhand der von uns gegebenen Anregungen im publizistischen, aber auch im künstlerischen Bereich untereinander intensiver zu kommunizieren? Welche Hilfe bieten ihnen dazu unserer Medien an? Medien, die doch in ihren besten Produkten nicht mit der Absicht gemacht werden, bestimmte Meinungen aufzunö-

---

[1281] Schreiben Jenkes an Ulrich Gembardt, Ludwig Dohmen, Dieter Thoma u.a. vom 16.4.1974, WDR Hist. Arch. 10343. – Zu dem hier angesprochenen Spannungsverhältnis zwischen Art. 5 GG und § 4 I WDRG vgl. oben Abschnitt V. 1.

tigen, bestimmtes Verhalten für verbindlich zu erklären, sondern die ihrem Publikum zunächst einmal Material zu eigener Urteilsbildung vorlegen sollen [...], um sodann Entscheidungskriterien und Handlungswissen zu vermitteln [...]."[1282]

„Es muß möglich sein", insistierte Jenke 1976, „in den Rundfunkanstalten ein kritisches Potential an parteipolitisch nicht festgelegtem Journalismus zu erhalten, dessen Reaktion auf bestimmte Vorgänge und Entwicklungen eben nicht im voraus ‚machbar' oder auch nur kalkulierbar ist."[1283] Gesellschaftliche Kontrolle eines Senders sei nicht zu verwechseln mit „parteipolitische[r] Verfügungsmacht".

> „Die Rundfunkgesetze der 50er und 60er Jahre wollten keine Parteienkontrolle, sondern eine gesamtgesellschaftliche Aufsicht über den Rundfunk, und zwar durch Persönlichkeiten, die ‚an Aufträge und Weisungen nicht gebunden sind'. [...] Es kommt [...] darauf an, diejenigen Kräfte in den Parteien zu stärken, die ein sachkundiges und verantwortungsbewußtes Verhältnis den Medien gegenüber nachweisen können – die also die Medien nicht unter machtpolitischen und PR-Gesichtspunkten sehen."

Zum Teil machte er für Einflußversuche der politischen Akteure allerdings auch die Journalisten selbst verantwortlich: „Geben immer mehr Journalisten ihre Unabhängigkeit dadurch auf, daß sie zu Parteigängern werden, darf man sich nicht wundern, wenn die Parteien in einen Wettlauf um die meisten Anhänger in den Medien eintreten."[1284]
Der einstige Referent Klaus Klenke hat den Hörfunkdirektor als hellwache, rührige Führungskraft in Erinnerung, die sich häufig in Überlegungen auf unteren Direktionsebenen einschaltete:

> „Sie müssen sich das so vorstellen, daß *Impulse* von Jenke kamen – unentwegt kamen neue Impulse. Dann wurden sie breit diskutiert – und abgelehnt oder angenommen. Jenke hat niemals gekämpft, wenn etwas abgelehnt wurde! [...] Er war einer, der sagte: ‚Gut, wenn Ihr das so seht...' – er hat auch Sachen *angenommen*! Er war immer aktiv in solchen Prozessen beteiligt. Schon bei seinem Naturell geht das gar nicht anders. Ich halte das rückblickend für produktiv! Wir haben eine Menge neuer Sachen ausprobiert. Für die damaligen Verhältnisse war das erstaunlich!"[1285]

Jenkes Führungsstil mochte von Zeit zu Zeit eine patriarchalische Note gewinnen, häufiger setzte er jedoch auf Kooperation, brachte Mitarbeiter zum Dialog an einen Tisch. „Er war ein großes Kommunikationstalent", lobt Uwe Rosenbaum, Klenkes Nachfolger als Direktionsreferent, „offen, zugänglich auch im Streit."[1286] Dabei konnte der Hörfunkdirektor freilich auch taktieren. „Jenke war ein Meister im Nebelkerzenwerfen!" erinnert sich Klenke. „Wenn er das übertrieb, hatte das keine Wirkung mehr. [...] Aber: Er war ein toller *Manager*!"[1287]
Zwischen Jenke und Intendant von Bismarck bestand offenbar ein enges dienstliches Verhältnis. „Vorzüglich" nennt es Rosenbaum.

[1282] Vgl. Manfred Jenke, Medien und Märkte, in: Hanno Beth (Hg.), Feder-Lese. Publizistik zwischen Distanz und Engagement, Berlin [W.] 1983, S. 89-99, zit. nach Jenke, Medien für Menschen, S. 91 f.; direkte Zitate dort entnommen.
[1283] Manfred Jenke, Journalistischer Auftrag und gesellschaftliche Kontrolle, in: ders., Medien für Menschen, S. 166 f.
[1284] Vgl. ebda., S. 170; direkte Zitate dort entnommen.
[1285] Interview mit Klaus Klenke im Mai 2007.
[1286] Interview mit Uwe Rosenbaum im Januar 2008. Ähnlich Ulrich Pätzold, In Verantwortung für alle, in: Katz u.a. (Hg.), Am Puls der Zeit, a.a.O., S. 51-56, künftig: „In Verantwortung"; hier: S. 54 f.
[1287] Interview mit Klaus Klenke im Mai 2007.

> „Bismarck hatte Jenke geholt; Bismarck hatte ein untrügliches Gespür für neue Qualität und hatte nach Brühl mit Jenke einen hervorragenden Griff [getan]. Und wußte auch, daß Jenke dieses Haus drinnen wie draußen auf das Exzellenteste vertrat. [...] Und insofern war zwischen den beiden auch in vielen Dingen ein enormes Einvernehmen. Es kam dazu, daß die unaufgeregte Art Bismarcks für Jenke sehr nützlich war."

Dies wandelte sich mit dem Amtsantritt von Sells. „Das war schon schwierig!" urteilt Rosenbaum und begründet:

> „Da waren zwei Solisten, wo der eine sagte: Ich bin der Intendant, und der andere sagte: Ich bin aber doch noch 'n bißchen klüger als Du! [...] Oder von Sell sagte: Zu dem und dem Thema gibt es drei wichtige Argumente, und Jenke sagte dann: Es gibt drei Argumente, aber zu jedem Argument gibt es sieben Unter-Spiegelstriche! Und was immer von Sell lostrat – Jenke konnte sagen: Das hatte ich Ihnen bereits am Soundsovielten mit 27 Unterstrichen geschickt. Oder er trat es tatsächlich mal los und hatte nach 'nem halben Tag ein siebenseitiges Papier von Jenke dazu! Und so rutschte von Sell von einer Kränkung in die andere."[1288]

Die Folge war eine gestörte Kommunikation. „Wir haben sehr wenig über die Interna der Hörfunkdirektion gesprochen", bekundet von Sell. „Herr Jenke hat zu keiner Zeit zu Fragen dieser Art meinen Rat eingeholt – die Hörfunkdirektion war eigentlich 'ne eigene Firma! [...] Mit dem Fernsehen war das viel leichter." Zugleich unterschieden sich von Sell und Jenke in ihrer Arbeitsweise. „Von Sell war ein Herrenreiter. Jenke war der große Kommunikator"[1289], skizziert Rosenbaum. Von Sell selbst erläutert:

> „Herr Jenke berichtete mir einmal, er habe jetzt zwei Tage oder drei Tage mit der Radiothek-Redaktion beraten. Und wollte dazu eigentlich eine Art Zustimmung von mir abfordern, wie intensiv er sich mit diesem Problem befasse. Dafür hatte ich gar kein Verständnis. Ich finde, man soll den Dialog pflegen, man soll offen und kommunikativ bleiben, aber man soll auch entscheiden! Und dazu braucht man keine drei Tage. Zumal man sich dann auch in eine Nähe zu den Redakteuren begibt, die einem die Leitungsfunktion – die ja auch eine kritische ist – schwerer macht! [...] Aber Jenke hat das anders gesehen, seine Prinzipien der Kommunikation innerhalb der Direktion waren andere; und das hatte ich zu respektieren."[1290]

Klaus Klenke befindet: „Jenke konnte man nicht packen!" Und er teilt im ganzen von Sells Eindruck einer nicht reibungslosen Kommunikation: „Ich glaube, die haben häufig Hase und Igel gespielt. Was von Sell genervt hat! [...] Das waren zwei Giganten! Zwei Kopf-Giganten hatten da miteinander zu tun. Beide gehörten derselben Partei an, beide waren sozusagen gemeinsam dem politischen Druck ausgesetzt." Und beiden unterstellt Klenke legitime Machtansprüche:

> „Jenke auch! Ich bin überzeugt, daß Jenke nicht als Hörfunkdirektor dorthin gekommen ist, um irgendwo als Hörfunkdirektor zu enden. Das weiß ich nicht von ihm persönlich! Aber der wäre auch ein guter Intendant gewesen – mit Sicherheit! Und daß da so 'ne Art von Konkurrenz entsteht, insbesondere wenn Verträge verlängert werden müssen, das halte ich für normal."[1291]

„Aber von Sell konnte von Jenke nicht lassen", resümiert Rosenbaum, „denn er war einfach der beste Hörfunkdirektor in der ARD!"[1292]

[1288] Interview mit Uwe Rosenbaum im Januar 2008.
[1289] Ebda.
[1290] Interview mit Friedrich-Wilhelm von Sell im August 2005.
[1291] Interview mit Klaus Klenke im Mai 2007.
[1292] Interview mit Uwe Rosenbaum im Januar 2008.

Das Verhältnis zu den WDR-Gremien wiederum sah Jenke realistisch: Er könne „das Jammern" über die Spannungen zwischen Politikern und Journalisten „nur auf einen Irrtum über die Natur beider Professionen zurückführen".[1293] Die Mehrzahl politischer Akteure beurteile Massenmedien danach,

> „ob und wo ihnen Gelegenheit zu (vermeintlich) positiver Selbstdarstellung […] gegeben wird […]. Das stelle ich frei von Aggressivität und ohne Larmoyanz fest. Wir haben es mit Menschen zu tun, die allesamt persönliche Interessen haben und nicht selten Empfindlichkeiten und Schwächen zeigen."[1294]

Wichtig sei jedoch, daß sich ein Aufsichtsgremium aus „eigenverantwortlich denkende[n] und handelnde[n] Persönlichkeiten"[1295] zusammensetze; hier traf sich Jenke also mit den Ansichten der beiden Intendanten von Bismarck und von Sell. Ausgewogenheit sei nicht allein eine Frage von Rechts und Links, sondern einer großen Vielfalt weltanschaulicher, wissenschaftlicher und künstlerischer Denkrichtungen – gerade auch solcher, die in der öffentlichen Debatte zuwenig Gehör fänden. Allerdings wolle das WDRG gerade „keinen wertfrei neutralen Rundfunk", sondern einen Rundfunk, der sich der internationalen Verständigung, der sozialen Gerechtigkeit und den demokratischen Freiheiten, schließlich der Wahrheit verpflichtet sehe.[1296]

> „Viele unserer Kritiker erwarten und befürworten offenbar einen Typ des Rundfunkjournalisten, dem das Bewußtsein, sich jederzeit ausgewogen zu äußern und für jeden etwas zu bieten, fortwährend aus den blauen Augen leuchtet. Und weil ihnen dieser Typ zu selten begegnet, ziehen sie daraus die Konsequenz: Da es zu wenig in sich neutrale Rundfunkjournalisten gibt, muß es eben mehr Parteigänger geben, damit auf diese Weise ein proportionales Gleichgewicht geschaffen wird. Dem ist entgegenzuhalten, daß die Programmgrundsätze […] die Anstalt […] eben gerade nicht auf farblose Wertneutralität und andererseits schon gar nicht auf Parteilichkeit verpflichten, sondern […] auf gewisse gesellschaftspolitisch wünschenswerte Aufgaben und Ziele."[1297]

Den WDR-Gremien bescheinigte Jenke 1976, sie seien „eben erst dabei, ihr Selbstverständnis zu definieren und zu entwickeln. Viele Gremienmitglieder haben offensichtlich Probleme mit einem Identitäts- und Loyalitätskonflikt": Sie seien nämlich „fasziniert von der fremdartigen und komplexen neuen Welt" eines Funkhauses und stolz, „sich dieser Welt zugehörig zu fühlen", sie scheuten jedoch andererseits

> „vor allzu unbefangen gestellten Lernfragen zurück. Nicht selten stellt ein Gremienmitglied Fragen zum Programm erst dann, wenn sein persönlicher, beruflicher oder politischer Erfahrungsbereich durch eine Sendung berührt wird. Das aber läßt bei Programm-Mitarbeitern bereits den Verdacht auf unzulässige […] Einfluß- und Kontrollversuche aufkommen und führt zu ausweichenden, unvollständigen Antworten, was wiederum Mißtrauen auf Seiten des Gremienmitglieds erzeugt."

[1293] Vgl. Jenke, Journalistischer Auftrag und gesellschaftliche Kontrolle a.a.O., S. 159; direkte Zitate dort entnommen.
[1294] Jenke, Medien und Märkte, a.a.O., S. 97.
[1295] Manfred Jenke, Alle Macht den (Rundfunk-)Räten?, in: *Monat* 23 (1971), H. 270, S. 38-44, zit. nach Jenke, Medien für Menschen, S. 221-230, hier: S. 227.
[1296] Vgl. *WDR-Information* vom 16.4.1975 über Jenkes Vortrag bei der Eröffnung der Ausstellung *50 Jahre WDR* in Wuppertal am 12.4.1975, WDR Hist. Arch. 11430.
[1297] Jenke, Journalistischer Auftrag und gesellschaftliche Kontrolle a.a.O., S. 164.

Verantwortlich dafür seien auch Leitungsebenen vieler Sender, die versäumt hätten, „ihre Gremienmitglieder durch qualifizierte Sachinformationen unabhängig von Einflüsterungen und frei von Mißtrauen zu machen".[1298]
Uwe Rosenbaum bescheinigt Jenke im Kontakt mit den Gremien große Souveränität:

> „Er hat die Leute einfach mit Argumenten und Dokumentationen *vollgekübelt*! Ein herrliches Prinzip im Umgang mit den Gremien! [...] Auch etwas, was ich gelernt habe bei ihm: daß man die Gremien pampert ohne Unterlaß. Also: Nicht Verknappung der Information, nicht Verweigerung der Information, sondern *Über*-Information! [...] Er hat immer demonstriert: Ich laß' mir hier in die Karten gucken!"

Gerade die Radiothek habe der Hörfunkdirektor lange Zeit unermüdlich verteidigt:

> „Er hat große Kämpfe im Rundfunkrat geführt! Und wir haben Tonnen von Begründungen geschrieben für Sendungen! Meine Güte – was hab ich eine Zeit verbracht mit Teiner über den Begründungen für den Rundfunkrat, warum 'ne Sendung *so* war und 'ne andere Sendung *so* war und 'ne dritte noch mal ganz anders war!"[1299]

Ein halbes Jahr nach der Programmreform von 1974 zog Jenke bezüglich der Hörerresonanz ein positives Fazit; und auch die Radiothek fand seine Zustimmung[1300]. „Er fand das 'ne tolle Geschichte", bestätigt Klaus Klenke. „Er hat oft mit ihnen [den Radiothek-Redakteuren, M. K.] zusammengesessen, ein paar Leute hat er sehr geschätzt – [...] das war Teiner, das war Frau Kirchner zum Beispiel – er hat mit denen kontinuierlich geredet, seine Methode war eigentlich: durch Reden auch zu überzeugen!"[1301]
Die wohlwollende Einstellung des Hörfunkdirektors zur Radiothek begann sich allerdings im Herbst 1977 zu verdüstern. Am Abend des 5. September – anläßlich der Entführung des Arbeitgeberpräsidenten Hanns Martin Schleyer – mußte Jenke nämlich erleben, daß der WDR erst geraume Zeit nach dem Ereignis eine lückenlose Berichterstattung begann – während der SWF längst begonnen hatte, vom Kölner Tatort mit einem Korrespondenten zu berichten. Selbst Radiothek-Redakteur Jürgen Keimer erinnert sich, an diesem Abend in der Senderegie mit einem Ohr das aktuelle Programm der Konkurrenz aus Baden-Baden gehört zu haben.[1302] „Würde solch eine Entführung heute in Köln stattfinden, wäre der Westdeutsche Rundfunk mit Übertragungswagen eine Viertelstunde später vor Ort", erläutert Jenke.

> „Damals fand aber von 19 bis 21 Uhr die Radiothek statt, und [...] weil jeder das wußte, war im Funkhaus niemand, der auf so eine Situation hätte reagieren können. Man war irgendwo ein Kölsch trinken gegangen, [...] und die, die [um 23.30 Uhr die aktuellen] *Berichte von heute* machten, erschienen erst gegen neun Uhr im Funkhaus. [...] Es war also niemand da, der etwas hätte veranlassen können. [...] Das war die größte Blamage, die der WDR auf diesem Gebiet, wie ich finde, je erlebt hat."[1303]

[1298] Vgl. Jenke, Journalistischer Auftrag und gesellschaftliche Kontrolle a.a.O., S. 164 f.; direkte Zitate dort entnommen.
[1299] Interview mit Uwe Rosenbaum im Januar 2008.
[1300] Jenke bekräftigte das Fazit in der Rundfunkratssitzung am 17.10.1975, vgl. seinen vorbereitenden *Bericht über den Stand der Hörfunkreform* vom 6.10.1975 und das Sitzungsprotokoll vom 17.10., AdRR.
[1301] Interview mit Klaus Klenke im Mai 2007. – Den letzteren Punkt bestätigen zahlreiche Archivalien.
[1302] Interview mit Jürgen Keimer im Oktober 2005.
[1303] Interview mit Manfred Jenke im August 2005. Unklar ist allerdings, wann die gegen 17.30 Uhr vorgefallene Entführung erstmals im WDR-Programm erwähnt wurde; immerhin brachte NDR/WDR 1 von 18.30 bis 19.00 Uhr die aktuelle Sendung *Echo des Tages*. Nach Angaben der Leiterin des Historischen WDR-Archivs, Petra Witting-Nöthen (elektronische Post vom 13.9.2009), kam das *Echo* allerdings an diesem Abend vom NDR. – Klenkes Äußerung im Interview im Mai 2007 zufolge hatte Jenke die Idee einer durchgehend aktuellen Welle bereits nach der RAF-Aktion

„Die hätten an dem Abend *sofort* das Programm abbrechen und eine Sondersendung machen müssen", nickt Rosenbaum, „aber die hatten ja nicht mal Reporter, die sie hätten hinschicken können! Das Haus war gar nicht organisiert!"[1304] Jenke sah sich zwei Tage darauf in einer Programmsitzung mit schweren Vorwürfen konfrontiert[1305]; und dies bewegte ihn zu einem Entschluß: „Ein Medium, das ‚rund um die Uhr' sendet, setzt sich dem Anspruch aus, 24 Stunden am Tag aufnahme- und abgabebereit für die wichtigsten Nachrichten und Service-Informationen zu sein."[1306] Diese Funktion konnte im WDR-Hörfunk am ehesten das zweite Programm wahrnehmen. Mit den Ideen der Programmreform von 1974 – denen zufolge dieses Programm abends zwischen der Gesamtheit der Hörer und der jugendlichen Zielgruppe „sozusagen changieren"[1307] sollte – ließ sich das nach Jenkes Auffassung allerdings nicht mehr vereinen.

Vorerst aber blieben diese Überlegungen Gedankenmodelle. Manfred Jenke entwickelte sie vermutlich im Stillen weiter. Nach außen trat er weiterhin für die Radiothek ein – bis hinein in den Winter 1979/80.

7. Relative Ruhe vor dem Sturm: die Jahre 1976 bis 1978

Die Kontroverse des Sommers 1975 war hitzig verlaufen – sie blieb aber Episode. Gemessen an den Ereignissen davor trat in den Jahren 1976 bis 1978 relative Ruhe ein. In ihrer 999. Sendung am 24. September 1976 strahlte die Radiothek Mario Angelos satirischen *Funkhausreport I* aus[1308]; das Moderationsmanuskript ließ den launigen Hinweis folgen, die Redaktion fasse „die Feierlichkeiten zur 1.999. Sendung für den 21. Juni 1979 ins Auge".[1309] 1978 war es Intendant von Sell selbst, der anregte[1310], die Radiothek-Redaktion könne sich durchaus an den WDR-Aktivitäten auf der Düsseldorfer Messe *HiFi '78* beteiligen.[1311] Die *Aachener Nachrichten* konstatierten mit Recht, um die „laut Umfrage [...] beliebteste Jugendsendung" sei es stiller geworden. „Die Rotfunk-Diskussion ist noch nicht vorbei", äußerte Ulrich Teiner gegenüber der Zeitung. „Doch wir haben keine Kollisionen mehr mit den Gremien. Man hat sich mittlerweile mit der ‚Radiothek' abgefunden, daß es so etwas geben muß."[1312]

---

gegen die deutsche Botschaft in Stockholm 1975 in die Debatte gebracht. Auch Chefredakteur Dieter Thoma habe diese Vorstellung bereits vor 1977 verfochten.
[1304] Interview mit Uwe Rosenbaum im Januar 2008.
[1305] Interview mit Manfred Jenke im August 2005.
[1306] Manfred Jenke, Radio – Fortsetzung der Renaissance?, in: Westdeutscher Rundfunk (Hg.), ARD – im Gespräch, Köln 1979, S. 151-165, zit. nach Jenke, Medien für Menschen, a.a.O., S. 141-150, hier: S. 147. – 1980 erläuterte der Hörfunkdirektor diese Ideen erneut: vgl. Jenke, Gegenwart und Zukunft, S. 93 f.
[1307] Interview mit Manfred Jenke im August 2005.
[1308] *Funkhausreport I*, WDR-Schallarchiv a.a.O. Vgl. zu diesem Beitrag Abschnitt III. 3. k).
[1309] WDR Hist. Arch. 10513.
[1310] Schreiben von Sells an Jenke vom 3.4.1978, WDR Hist. Arch. 10536.
[1311] Vgl. dazu die *WDR-Information* 71/1978 vom 26.5.1978 sowie das Programmheft der Messe, WDR Hist. Arch. D 2113: *Der WDR auf der HIFI 78 – Von Wakasugi und Carrell bis Carmen Thomas und Udo Jürgens*: Die Radiothek stellte am 20.8.1978 „unbekannte Liedermacher, Liedersänger und Musikgruppen aus NRW" vor, tags darauf hieß das Thema „Jugendpressekonferenz". Koordiniert wurden die Aktivitäten von Joachim Sonderhoff.
[1312] Gerd Pasch, Radiothek nicht umstritten. Umfangreichste und beliebteste Jugendsendung des Hörfunks, in: *Aachener Nachrichten* vom 14.8.1978. Pasch war zeitweise auch als Radiothek-Autor tätig, vgl. die Sendungen *Hier fühle ich mich wie zuhause – ein Gottesdienstversuch in Mönchengladbach* (4.2.1979), *Freizeitpädagogik – ein neuer Beruf* (8.6.1979), *„Plötzlich weiß ich, wo ich hingehöre." In selbst renovierten Klassenzimmern lernen Schüler lieber* (18.5.1979), WDR Hist. Arch. a.a.O.; zu den genannten Sendungen vgl. oben Abschnitt III. 3.

Auch Stephan Piltz bilanzierte 1979 aus Sicht der Intendanz[1313], im Rahmen einer *Funkhaus-Wallrafplatz*-Sendung von der *HiFi '78* habe sich herausgestellt, daß die „Zustimmung zur Sendung [...] erheblich" gestiegen sei. In der Tat hatte sich niemand anders als Heinrich Windelen 1977 am Rande der Debatten im Verwaltungsrat positiv zur Terrorismus-Sendewoche der Radiothek geäußert.[1314] „Nach einer Phase der Kritik vermehrte Akzeptanz bei Gremienmitgliedern und dem Publikum", notierte Piltz. Dies lasse sich allerdings nur aufrechterhalten, wenn die Sendung ihre „Zielgruppen" nicht mehr „in der Isolation, im Ghetto" aufsuche, sondern sie auch „als Mitglieder einer Gesellschaft" anspreche und so helfe, daß sich Zielgruppe und Mehrheitsgesellschaft aufeinander zu bewegten.

Gänzlich verstummt war die Kritik freilich nicht. Sechs Wochen nach der genannten Düsseldorfer Messe nahm die Kölner CDU einmal mehr Anstoß an der Sendereihe: „Da würden ,Sendungen gegen Eltern, Jugend und Unternehmer' gemacht, werde Geschichte verfälscht, stelle ,das Vaterland sich nicht mehr in einer schönen Form' dar."[1315] Und der christdemokratische Bundestagsabgeordnete Carl-Dieter Spranger zählte zur „linke[n] Politpropaganda in Rundfunk und Fernsehen" auch die Radiothek.[1316]

Bereits 1977 waren im Programmbeirat erneute Klagen lautgeworden, daß im Falle der Jugendreihe nicht erkennbar sei, „ob und wie die Vorschläge [des Gremiums] im Hause verarbeitet worden" seien.[1317] Die Archivalien zeigen, daß sich an einer Handvoll Sendungen langwierige Debatten entzündeten.[1318] „Es ging doch so weit", entrüstet sich Ulrich Teiner, „daß eine andere Sendung des WDR [das Magazin *Blinklichter*, M. K.] über Fahrpreiserhöhungen der KVB berichtet hat – das wurde zur Kenntnis genommen, und dann war das gut. Dann hat die Radiothek das auch getan – schon gab es wieder Theater!"

a) Zweierlei Maß angelegt? Die Kritik an einem Bericht über die Kölner Verkehrsbetriebe

Die von Teiner erwähnte Debatte betraf die Sendungen vom 18. und 19. August 1975.[1319] Hans-Jürgen Schlamp nahm dort die angekündigten 50%igen Fahrpreiserhöhungen der Kölner Verkehrsbetriebe (KVB) zum Anlaß, sich mit kommunaler Verkehrspolitik im ganzen zu beschäftigen.

Der Bericht enthielt wie gewohnt zahlreiche O-Töne; und bereits im ersten dieser Einspiele erklärte ein Fahrgast, er werde künftig im einen oder anderen Falle „schwarzfahren" müssen, da er sich die teureren Fahrkarten nicht mehr werde leisten können. Schlamp erinnerte,

---

[1313] Vermerk vom 9.5.1979, WDR Hist. Arch., unverz. Best. des Intendanten von Sell, *WDR Allgemeine Programmangelegenheiten – RADIOTHEK – UNTER-Allgemeinakte der Allgemeinakte 1 a – 24.602 – 261*.
[1314] Vgl. Protokoll der erweiterten Direktorensitzung vom 2.12.1977, WDR Hist. Arch. ebda.
[1315] Winfried Honert, Rundfunk Konkurrenz verschrieben. CDU-Kreispartei diskutierte WDR, in: KStA vom 7./8.10.1978.
[1316] Vgl. Sprangers Schreiben an von Sell vom 12.5.1977, WDR Hist. Arch. 10450.
[1317] Vgl. Auszug aus dem Protokoll der Programmbeiratssitzung vom 8.3.1977, WDR Hist. Arch., unverz. Best. des Intendanten von Sell, *WDR Allgemeine Programmangelegenheiten – RADIOTHEK – UNTER-Allgemeinakte der Allgemeinakte 1 a – 24.602 – 261*; direkte Zitate dort entnommen.
[1318] Nicht dokumentiert: die Sendung vom 9.11.1976 zur Ausbildungssituation im Einzelhandel, gegen die sich der Einzelhandelsverband Wuppertal am 10.11. mit einem langen Protestschreiben an das Programmbeiratsmitglied Rinsche wandte, worauf Teiner in einem Schreiben an Jenke vom 16.12. antwortete, WDR Hist. Arch. 10450. Ferner: die Sendung vom 16.12.1976, die sich mit den Fernsehvorlieben von Arbeitnehmern befaßte und gegen die sich Jenke in einem Schreiben vom 21.12. an Redakteur Lux wandte; Lux reagierte tags darauf in seinem Antwortschreiben „einigermaßen bestürzt", WDR Hist. Arch. 10450.
[1319] Sie sind dokumentiert in einem Transkript, das offenbar im Auftrag der Kölner Verkehrsbetriebe hergestellt wurde und einem Schreiben der Stadtwerke Köln vom 3.9.1975 an den WDR-Verwaltungsratsvorsitzenden Wilhelm Lenz beilag, WDR Hist. Arch., unverz. Best. der Hörfunkdirektion, Akte *R 351 – Kritik – Radiothek 1.9.-28.10.1975*; alle Zitate aus der Sendung im folgenden hiernach. Da die Korrektheit des Transkriptes von keiner Seite angezweifelt wurde, kann man sich darauf stützen.

1969 sei es der Hannoveraner Initiative „Roter Punkt" gelungen, ähnliche Anhebungen der Fahrpreise rückgängig zu machen – ein solcher Erfolg sei allerdings nun nicht in Sicht. KVB-Vorstandssprecher Josef Prinz begründete in einem kurzen O-Ton die geplanten Fahrpreiserhöhungen mit Kostensteigerungen: Nach seinen Berechnungen decke der Fahrpreis die Kosten nur zur Hälfte. Schlamp zweifelte die Zahlen nicht an; er betonte jedoch, Maßnahmen gegen die Fahrpreiserhöhungen seien denkbar – und auch Maßnahmen gegen eine aus seiner Sicht im ganzen verfehlte, den Individualverkehr über Gebühr fördernde Verkehrspolitik.

Schlamp wandte sich nun den KVB zu und untersuchte verschiedene Vorwürfe mangelhaften Managements, denen sich das Unternehmen und die Kommune ausgesetzt sahen. „Halten wir fest: Zumindest große Teile des Verlustes der Kölner Verkehrs-Betriebe sind überhaupt nicht bei der Personenbeförderung entstanden", befand der Autor, „jeder Fahrgast zahlt für die Versäumnisse der Stadt Köln." Prinz versuchte im Detail eine Gegenrechnung darzulegen, Schlamp relativierte diesen O-Ton jedoch gleich im Anschluß und argwöhnte, das Defizit der öffentlichen Verkehrsbetriebe sei womöglich geringer, als es offiziell angegeben werde.

Der zweite Teil der Reihe begann erneut mit O-Tönen gegen die Preiserhöhung protestierender Fahrgäste. Die Kommune, so hieß es unter anderem, habe „schon so oft bei privaten Unternehmen dazugebuttert", daß man durchaus Subventionen für den öffentlichen Nahverkehr erwarten könne. Schlamp referierte sodann gewerkschaftliche Forderungen nach einem politischen Umsteuern zuungunsten des Individualverkehrs. Er zog in Zweifel, ob ehrgeizige Projekte wie Magnetschwebebahnen oder Kabinentaxis das innerstädtische Verkehrsproblem lösen könnten; darin traf er sich mit Josef Prinz, der in einem O-Ton die Finanzierbarkeit derartiger Modelle in Zweifel zog. Schlamp kam auf den Verdacht zurück, daß ein funktionierender öffentlicher Verkehr lediglich Mittel zum Zweck eines störungsfreien Individualverkehrs sei; Bundesverkehrsminister Gscheidle bestätigte die Annahme. Der Autor nutzte jedoch die Gelegenheit nicht, diesen O-Ton mit aggressiven Formulierungen abzunehmen. Schlamp ließ abschließend den Vertreter der Aktion „Roter Punkt" zu Wort kommen, der betonte, daß „die breite Mehrzahl der Bevölkerung" ihren Unmut kundtun müsse. Die Gewerkschaften seien zur Unterstützung aufgerufen: „Das ist der Angelpunkt solcher Aktion[en], daß es gelingt, die organisierte Arbeiterklasse an diesen Aktionen zu beteiligen, denn sie ist ja auch der maßgeblich betroffene Teil."

Die Stadtwerke Köln reagierten auf diese beiden Sendungen zunächst mit einem Protestbrief an den WDR-Verwaltungsratsvorsitzenden Wilhelm Lenz (CDU): Die Radiothek habe es an sachlicher Information mangeln lassen und statt dessen „auf die Möglichkeit von Protestdemonstrationen hingewiesen, nach unserer Auffassung sogar zur Beteiligung aufgerufen".[1320] Der interviewte Josef Prinz meldete sich kurz darauf selbst zu Wort: Er klagte, daß Schlamp nur kurze Ausschnitte des 45minütigen Interviews verwandt und diese dabei aus dem Zusammenhang gerissen habe. „Das Verhalten der Redaktion von ‚Radiothek' entspricht sicher nicht der Fairneß, der [sic] sich Journalisten zu bedienen haben."[1321] Schlamp setzte sich in einem Schreiben an die Hörfunkdirektion gegen die Vorwürfe zur Wehr: Das Interview habe nur 25 Minuten gedauert; Prinz sei bekannt gewesen, daß lediglich Ausschnitte verwandt werden sollten. Der Radiothek-Autor fuhr fort:

[1320] Schreiben vom 3.9.1975, WDR Hist. Arch. ebda.
[1321] Schreiben Josef Prinz' an Wilhelm Lenz vom 22.9.1975, WDR Hist. Arch. 10450.

„In der Sendung ‚Blinklichter' (und in Kurz-Form auch in der Sendung ‚Quintessenz') hat sich ein Mitarbeiter der Verkehrsredaktion mit demselben Thema befaßt und ist – unabhängig von meinen Recherchen – zu grundsätzlich demselben Ergebnis gekommen. In der Sendung ‚Blinklichter' war auch Herr Prinz als Studiogast. Dort hat er inhaltlich das gleiche gesagt wie in der von ihm kritisierten ‚Radiothek'-Sendung, zum Teil mit Zahlen, die für sein Unternehmen noch ungünstiger waren. Nach der Sendung hat Herr Prinz dann angedeutet, daß ihm seine Aussagen möglicherweise Ärger bereiten könnten. Und dort scheint mir auch der eigentliche Grund zu suchen [sic] für die immerhin mit bemerkenswerter Verspätung angebrachten Pauschalvorwürfe."[1322]

Teiner ergänzte, Prinz sei mehrfach darauf hingewiesen worden, daß nur Ausschnitte des Gesprächs Verwendung finden könnten; er habe dies ohne jeden Einwand zur Kenntnis genommen.[1323]

Hörfunkdirektor Jenke stärkte nun der Redaktion den Rücken: Berücksichtige man den Wortlaut der Sendung, dann lasse sich „zweifelsfrei verneinen, daß zur Beteiligung an Protestdemonstrationen aufgerufen wurde". Der Beitrag habe sogar unter Verweis auf Erfahrungen in Hannover auf die „Aussichts- und Erfolglosigkeit solcher Demonstrationen" hingewiesen und dies mit einem O-Ton aus Hannover untermauert. „Nach dem jetzigen Stand der Nachprüfung besteht kein Anlaß, der Redaktion ‚Radiothek' eine Verletzung der im WDR geltenden Regelungen und Arbeitsprinzipien vorzuwerfen."[1324]

Der Verwaltungsrat nahm sich des Falles an.[1325] Ein Mitglied erklärte es für „unangemessen", Prinz' Stellungnahmen „stark zu verkürzen" und andererseits dem Sprecher der Initiative „Roter Punkt" „Gelegenheit zu geben, seinen Standpunkt sehr ausführlich vorzutragen". Der Streit wurde an den Programmbeirat überwiesen. Er verlief offenbar im Sande. Wie *Blinklicher* und *Quintessenz* damals berichteten, läßt sich heute nicht mehr feststellen, denn die Beiträge sind im Archiv nicht dokumentiert.

Zweifellos hatte Schlamp einen streitbaren Bericht erstattet; er mußte sich vorhalten lassen, in zwei Fällen die Äußerungen Prinz' regelrecht „abgebügelt" zu haben. Auch das zeitliche Mißverhältnis, in dem die kurzen Äußerungen des KVB-Vorsitzenden zu denjenigen eines Gewerkschaftsvertreters und des „Roter-Punkt"-Sprechers standen, zählte zu den Schwachpunkten des Beitrags. Der Aufruf zur Demonstration kam jedoch nicht vom Autor selbst, sondern von einem Interviewpartner – dessen Äußerungen freilich nicht nennenswert relativiert wurden.

Schlamps Kritik richtete sich allerdings in geringerem Maße gegen die KVB als vielmehr gegen die kommunale Verkehrspolitik an sich. Mit dem strukturellen Finanzdefizit der KVB hatte er ein zentrales Problem des öffentlichen Nahverkehrs benannt; Prinz' Angriffe müssen insofern auf den ersten Blick verwundern, als eine Kritik an dieser notorischen Unterfinanzierung durchaus im Interesse der Verkehrsbetriebe gelegen haben dürfte. Seine Einlassungen im genannten Gespräch nach der *Blinklichter*-Sendung deuten aber darauf hin, daß der KVB-Vorsitzende Rücksicht auf Akteure der kommunalen Verkehrspolitik zu

---

[1322] Schreiben Schlamps an Jenke vom 1.10.1975, WDR Hist. Arch. ebda.
[1323] Schreiben Teiners an Jenke vom 2.10.1975, WDR Hist. Arch., unverz. Best. der Hörfunkdirektion, Akte *R 351 – Kritik – Radiothek 1.9.-28.10.1975*.
[1324] Vgl. Jenkes *Stellungnahme zu Beanstandungen der Stadtwerke Köln und der KVB gegenüber Herrn Dr. Lenz mit Schreiben vom 3.9. und 22.9.1975* vom 2.10.1975, WDR Hist. Arch. ebda.; direkte Zitate dort entnommen. – In ähnlichem Sinne äußerte sich Jenke auch in einem Vermerk vom 10.9.1975, WDR Hist. Arch., unverz. Best. der Hörfunkdirektion, Akte *1.05 – 113*.
[1325] Vgl. Klaus Peter Beuth, Schwere Vorwürfe der KVB gegen „Radiothek". WDR-Verwaltungsrat beschäftigt sich mit Jugendmagazin, in: *Kölnische Rundschau* vom 9.10.75, sowie N.N., Im Kreuzfeuer der (Partei-)Kritik. Nun befaßt sich auch der WDR-Rundfunkrat mit der heftig umstrittenen „Radiothek", in: FR vom 16.10.75.

nehmen bestrebt war. Offenbar wehrte er sich dagegen, daß grundsätzliche Interessendivergenzen zwischen Kommune und Verkehrsbetrieben offen benannt worden waren.

b) Eine Sendung zum Streit um die Kündigung eines Redakteurs beim Kölner Stadt-Anzeiger

Ein halbes Jahr später entspann sich eine neue Debatte. Moderator Wolfgang Schmitz hatte über einen Streit berichtet, den die Kündigung Peter Kleinerts, eines mißliebigen Redakteurs des *Kölner Stadt-Anzeiger*, provoziert hatte.[1326]
Kleinert habe, so erläuterte Schmitz, in einem Film für das Westdeutsche Fernsehen im Februar 1976 die These verfochten, daß viele Massenmedien in Beiträgen über Wirtschaftskriminalität weniger scharf mit den Tätern ins Gericht gingen, als wenn sie über andere Formen der Kriminalität berichteten. Die Journalistin Ursula Jung untermauerte dies durch belastende Aussagen: Ihre Zeitungsredaktion habe es abgeblockt, als sie 1973 über gesundheitsgefährdende Arbeitsbedingungen bei der Firma Dynamit Nobel in Troisdorf habe berichten wollen. Schmitz ergänzte, nach Ausstrahlung des Films sei in einem Protestschreiben des Zeitungsverlages DuMont Schauberg, unter dessen Dach der *Stadt-Anzeiger* residierte, klargestellt worden, daß es sich bei Ursula Jung um eine Mitarbeiterin des Blattes handele. Kleinert seinerseits sei das Arbeitsverhältnis postwendend gekündigt worden.
Sowohl Kleinert als auch der Verlag hätten Interviewanfragen der Radiothek unter Hinweis auf das schwebende juristische Verfahren abgelehnt, berichtete Schmitz. „Trotzdem ist die Frage: Hat es in diesem Fall Nachrichtenunterdrückung gegeben? Ist die Kündigung zu rechtfertigen, oder wie ist sie zu beurteilen, durchaus von öffentlichem Interesse. [...] Wir haben uns bemüht, mit anderen Zeugen der Vorfälle von 1973 zu sprechen." Ursula Jung sowie Vertreter der Troisdorfer DKP und CDU kamen zu Wort.
„Nach den Aussagen, die wir jetzt gesammelt haben", bilanzierte Schmitz, „scheint sich der Vorwurf, dass nicht korrekt berichtet worden ist [...] durchaus zu verstärken." Einiges deute aber darauf hin, daß Kleinert nicht seine Proteste dagegen zum eigentlichen Verhängnis geworden seien, sondern vielmehr seine jahrelange Parteinahme im Streit um die innere Pressefreiheit und mehrfache Konflikte, die er „als engagierter Gewerkschafter mit seinem Verlag" ausgefochten habe. Der NRW-Vorsitzende der IG Druck und Papier verglich die Schwierigkeiten der Journalisten insofern im O-Ton mit denjenigen bundesdeutscher Korrespondenten in der DDR.
Schmitz ergänzte, der Betriebsrat des Verlages habe der Kündigung „nicht widersprochen – im Ergebnis sieben gegen fünf"; er habe „also diese Kündigung zumindest passieren lassen, und das macht einen ja stutzig, wenn die eigenen Kollegen da nicht bei der Stange bleiben". Schmitz fügte hinzu:

> „Und um noch einen Satz Meinung dazu zu sagen: Es hat sich bei mir zumindest der Eindruck doch sehr verstärkt, dass es in diesem Falle der Berichterstattung über Gesundheitsgefährdungen von Arbeitern in Troisdorf bei der Firma Dynamit Nobel beim Stadtanzeiger zumindest Versuche gegeben hat, die Wahrheit entweder gar nicht oder nur verzögert ans Licht zu bringen, also in einem Fall von öffentlichem Interesse eben nicht angemessen zu berichten."

[1326] Radiothek vom 9.3.1976, WDR Hist. Arch. 10507 (Transkript); alle Zitate hiernach. – Im Jahr darauf setzte sich die Radiothek abermals kritisch mit der Presselandschaft auseinander: in der zweiteiligen Serie *Und willst Du auch mein Leser sein, so stell ich doch die Zeitung ein* (11. und 18.1.1977), WDR Hist. Arch. 10517 (Transkripte).

Der Beitrag schloß mit einem Zitat aus dem Redaktionsstatut des *Kölner Stadt-Anzeiger*: Dort wurden Unabhängigkeit und soziale Verantwortung journalistischer Arbeit des Blattes hervorgehoben.

Drei Tage später wandte sich der Betriebsrat des DuMont-Schauberg-Verlages mit einem Protestschreiben an die Radiothek-Redaktion.[1327] Kleinerts gewerkschaftliches Engagement habe sich beschränkt „auf einen Privatkrieg zwischen ihm und dem Herausgeber des KStA, dessen Höhepunkt in der anstehenden Auseinandersetzung gipfelte [sic]". Dies habe der Beitrag verschwiegen. Den Streit um die Kündigung habe die Radiothek „manipuliert" dargestellt, „keinem der beschuldigten Redakteure und keinem Mitglied des Betriebsrates" sei Gelegenheit gegeben worden, sich zu rechtfertigen. Und weiter:

> „Ihre Behauptung, die mangelnde Unterstützung für Kleinert im Betrieb sei nur darin zu begründen, weil [sic] die Kollegen um ihre Arbeitsplätze bangen, ist ebenso absurd wie unverschämt. Das gewerkschaftliche und politische Bewußtsein unserer Kolleginnen und Kollegen ist hier stärker, als Sie sich das sicherlich in einer öffentlich-rechtlichen Anstalt vorstellen können."

Der Redaktionsbeirat des *Kölner Stadt-Anzeiger* teilte fünf Tage später die giftige Kritik[1328]: Die Radiothek habe den Fall „völlig einseitig" geschildert. Die Lokalredaktion Troisdorf habe keinerlei unliebsame Fakten über Dynamit Nobel verschleiert.

> „Daß Herr Kleinert durch sein Verhalten das Vertrauen seiner Kollegen verlor, wurde in der Sendung verschwiegen. Der ‚Radiothek'-Beitrag beschränkte sich darauf, bereits einmal erhobene, haltlose Behauptungen ungeprüft zu wiederholen. Ein solches Verhalten ist unfair und journalistisch verantwortungslos."

Der Verlagsbetriebsrat ließ am 24. März ein Gegendarstellungsbegehren folgen:

> „Falsch ist, daß der Betriebsrat die Kündigung Peter Kleinert mit 7 gegen 5 Stimmen habe passieren lassen. Richtig ist, daß der Betriebsrat beschlossen hat, der Kündigung nicht zu widersprechen. Diesem Verfahren stimmten 7 Mitglieder des Betriebsrates zu, fünf Betriebsräte enthielten sich der Stimme."[1329]

Einer undatierten und nicht namentlich gekennzeichneten Notiz der Redaktion[1330] zufolge hat die Radiothek diese Gegendarstellung am 6. April 1976 ausgestrahlt. Damit endete der Streit.

c) Heinrich Windelen protestiert

Im Herbst des Jahres 1976 sah sich die Radiothek-Redaktion mit Protesten Heinrich Windelens konfrontiert. Der CDU-Politiker wandte sich gegen den Beitrag *Volksfront*, der die Kooperation linksliberaler und sozialistischer Schüler- und Studentengruppen beschrieben hatte – dabei waren die Gegenargumente christdemokratischer Sprecher zu kurz gekom-

---

[1327] Schreiben vom 12.3.1976, WDR Hist. Arch. ebda.
[1328] Schreiben vom 17.3.1976 an die Radiothek-Redaktion, WDR Hist. Arch 01406. – Teiner antwortete Redaktionsbeirat und Verlagsbetriebsrat am 24.3.1976 und verwahrte sich gegen die Vorwürfe, WDR Hist. Arch. 10507.
[1329] Schreiben des DuMont-Schauberg-Betriebsrates an das WDR-Justitiariat vom 24.3.1976, WDR Hist. Arch. 10507. – Der Betriebsrat korrigierte damit ein erstes Gegendarstellungsbegehren vom 16.3.1976, welches das Justitiariat am 22.3. aufgrund juristischer Mängel zurückgewiesen hatte, WDR Hist. Arch. ebda.
[1330] Vermerk *Radiothek-Sendung 6.4.1976*, WDR Hist. Arch. ebda.

men.[1331] Windelen klagte, die Probleme von Volksfrontbündnissen seien verharmlost, historisch unsauber geschildert worden; man habe ihnen fälschlicherweise demokratischen Charakter unterstellt. „Der mit der Geschichte wenig vertraute Hörer – und das sind sicher sehr viele – kann also gar nicht verstehen, weshalb die CDU und offiziell ja auch die SPD und FDP gegen Volksfrontbündnisse sind", kritisierte Windelen und schloß:

> „Lieber Herr Jenke, mir fehlt die Zeit, um diese Sendung wirklich gründlich zu analysieren. [...] Wir haben uns nun wirklich in allen Gremien oft genug über die Radiothek unterhalten. Geändert hat sich offenbar nichts. Das kann man nicht mit einem Achselzucken abtun, da Radiothek [...] sehr viele junge Menschen anspricht."[1332]

Ulrich Teiner verteidigte das Vorgehen in einem detaillierten Schreiben an den Hörfunkdirektor[1333] – der seinerseits im Antwortbrief an Windelen dessen Eindruck widersprach: Die Debatten in den Gremien hätten immerhin bewirkt, daß das Selbstverständnispapier der Radiothek-Redaktion formuliert worden sei – das die Beobachterkommission des Programmbeirates auch akzeptiert habe. Darüber hinaus nannte Jenke die Untersuchung *Hörfunk und jüngere Generation* als weitere Konsequenz der Gremiendiskussionen. Man könne also nicht behaupten, daß diese Debatten folgenlos geblieben seien.[1334] Heinrich Windelen ließ es damit zunächst bewenden.

Doch im Januar 1977 meldete er sich erneut zu Wort. Stein des Anstoßes waren die Beiträge *Vertrauensleute in der Bundeswehr* vom 12. Oktober und 23. November 1976.[1335] Windelen wandte sich an den Intendanten und bemängelte, die Radiothek habe Interviewpartner einseitig ausgewählt und keine Vorgesetzten der Soldaten befragt. „Angebliche Vertrauensleute kamen anonym zu Wort, die überwiegend Argumente vertraten, wie sie auch von den Kommunisten vorgebracht werden." Der Interviewpartner in der Sendung vom 23. November, der Vertrauensmann Gajdosch, habe sich der Aktion „Mehr Rechte für Vertrauensmänner" der SDAJ engagiert; die Redaktion habe diesen Zusammenhang jedoch verschwiegen und Gajdoschs Engagement damit verharmlost. Zum Abschluß der Sendung habe sie in Form eines Hinweises auf eine Fete der Arbeiterjugend in Krefeld „für Veranstaltungen der SDAJ und ihrer Zeitschrift ‚Elan' geworben".[1336]

Von Sell wandte sich an den Hörfunkdirektor und hielt mit seiner Meinung nicht hinter dem Berg:

> „Ich habe mir das Manuskript der Sendung ‚Vertrauensleute in der Bundeswehr' [...] einmal zur Brust genommen und dabei einen solchen Mangel an Information, an journalistischen Grundgeboten festgestellt, daß weder Sie noch ich nach dem Gesetz ohne weiteres auf Dauer die Verantwortung übernehmen können."

Der Intendant vermißte in diesem Beitrag zahlreiche Detail- und Hintergrundinformationen über das politische Engagement Gajdoschs. Von Sell bemängelte, der Beitrag habe die Arbeit eines Vertrauensmanns in der Bundeswehr irrigerweise mit derjenigen eines Vertrauensmanns in einem Wirtschaftsbetrieb gleichgesetzt. Der in der Sendung beschriebene Konflikt habe sich nicht im Zuge typischer Tätigkeiten des Interviewpartners entsponnen,

---

[1331] *Volksfront* (27.8.1976), WDR Hist. Arch. 10512. Vgl. zu dieser Sendung oben Abschnitt III. 3. a) β): Windelens Kritik war insofern keineswegs aus der Luft gegriffen.
[1332] Schreiben Windelens an Jenke vom 1.12.1976, WDR Hist. Arch. 10450.
[1333] Schreiben Teiners an Jenke vom 6.12.1976, WDR Hist. Arch. ebda.
[1334] Schreiben Jenkes an Windelen vom 22.12.1976, WDR Hist. Arch. ebda.
[1335] *Vertrauensleute in der Bundeswehr* (12.10.1976), WDR Hist. Arch. 10514 (Transkript). Zu dieser Sendung vgl. oben Abschnitt III. 3. e) ι). Die Sendung vom 23.11.1976 ist nicht dokumentiert.
[1336] Vgl. Schreiben Windelens an von Sell vom 12.1.1977, WDR Hist. Arch. 10450; direkte Zitate dort entnommen.

sondern er sei bereits in der Wahl eines den Vorgesetzten nicht genehmen Vertrauensmannes angelegt gewesen. Mit der erfolglosen Interviewanfrage beim Verteidigungsministerium sei die Redaktion den Grundsatz, beide Seiten zu hören, zwar formal nachgekommen. Sie habe jedoch versäumt, die Sichtweise der Vorgesetzten und des Ministeriums zu referieren. Der Moderator der Sendung wiederum sei „qua Identifikation" zum Kommentator geworden, denn er habe

> „nirgendwo klärend eingegriffen, allein die Themenauswahl und Themendarstellung durch die Betroffenen lassen vermuten, daß er ein persönliches Interesse an dem Bekanntwerden dieses Falles hat, er selbst vertritt keinen separaten Standpunkt, vermittelt auch nicht [...] die exemplarische Bedeutung des ‚Falles'".

Es sei „naiv" und verstärke die „Rechtsunkundigkeit jugendlicher Hörer", wenn man die Bundeswehr angreife, sobald sie nur ihr Disziplinarrecht wahrnehme. Damit verletze der Moderator seine Pflicht, zu informieren. Von Sell warb abschließend um Verständnis dafür, daß er „die hohen Einschaltquoten allein schwerlich als Rechtfertigung" dieses Verhaltens akzeptieren könne.

> „Ich möchte nach meinen Eindrücken der letzten Monate [...] folgendes hinzufügen: Ich habe bisher (ohne Ausnahme) nach außen stets das Kreuz der Verteidigung von RADIOTHEK auf mich genommen (in Bitburg habe ich zur Konzeption der Sendung und Redaktion positiv Stellung genommen [...]). Dies kann und darf – worin Sie und ich seit eh' und je ebenso auch wie der Redakteursausschuß und ich unmißverständlich übereinstimmen – nicht dazu führen, daß ich nach innen in meiner Kritik behindert bin, im Gegenteil."

Der Intendant erinnerte, er könne eine Sendung gegen externe Kritik nur verteidigen, wenn der Kurs, den die Redaktion steuere, inhaltlich vertretbar sei.[1337]
Jenke antwortete, er nehme die Frage der Verantwortung „sehr ernst". Von Sell sei bekannt, daß Jenke „auch das letzte Mittel der Absetzung einer Sendung" grundsätzlich nicht scheue. Der Hörfunkdirektor legte seinem Schreiben eine ausführliche Stellungnahme der Redaktion bei, in der diese sich gegen von Sells Vorwürfe verteidigte. Insbesondere nahm sie den Moderator in Schutz. Getreu den in „unserer sogenannten Selbstverständnissendung vom 30.11.75" erläuterten Prinzipien habe der bewußt vermieden, die in den O-Tönen geäußerte Kritik abzublocken. Abschließend verwies die Redaktion darauf, daß ihr bislang keine Stellungnahme aus dem Verteidigungsministerium zugegangen sei – und dort seien beide Sendungen über die Vertrauensleute sicherlich zur Kenntnis genommen worden.
Jenke ergänzte, er habe diese Einlassungen noch einmal mit den Redakteuren erörtert. Dabei seien von den letzteren

> „ – verständlicherweise – Fragen nach der Bereitschaft des Hörfunkdirektors wie auch des Intendanten gestellt worden, die schwierige journalistische Arbeit gerade auf diesem Gebiet angemessen zu schützen. Ich konnte in diesem Zusammenhang auf Ihre Verteidigung der Radiothek anläßlich der Bitburger Tagung aufmerksam machen. Wir müssen uns aber darüber klar sein, daß die in weiten Teilen des deutschen Rundfunks anzutreffende Gleichgültigkeit, Resignation und gelegentlich auch zynische Abwertung der eigenen Arbeit nicht zuletzt darin ihre Ursache findet, daß Mitarbeiter in der ‚Drecklinie' des Programms sich von ihren Vorgesetzten

---

[1337] Vgl. Schreiben von Sells an Jenke vom 17.1.1977, WDR Hist. Arch., unverz. Best. des Intendanten von Sell, Akte *WDR Allgemeine Programmangelegenheiten – RADIOTHEK – 23-31 – 24.602 – 253*; direkte Zitate dort entnommen. – Von Sell bezog sich auf sein Referat bei den *Bitburger Gesprächen* am 14.1.1977 (*Wie wird der Bürger vor einseitiger Meinungsvermittlung geschützt?*, a.a.O.), in dem er subjektiven Meinungsäußerungen neben der um Objektivität bemühten Information stets Berechtigung zuerkannt hatte. Zu diesem Referat vgl. oben Abschnitt V. 5. b).

nicht mehr voll verstanden und nicht mehr nachdrücklich geschützt fühlen. Wir sind uns gewiß darüber einig, daß auch Kritik nach innen nach dem Grundsatz der Verhältnismäßigkeit der Mittel betrieben werden sollte, den wir unseren Mitarbeitern bei der Kritik nach außen immer wieder empfehlen."[1338]

In hohem Maße nahm Jenke die Redaktion also gegen von Sells intern vorgebrachte Kritik in Schutz. Heinrich Windelen betrachtete seine Vorwürfe jedoch keineswegs als ausgeräumt. Er verwies auf zeitliche Parallelen der SDAJ-Vertrauensleute-Kampagne zur Behandlung des Themas in der Radiothek. Wenn die Redaktion bestreite, für eine Veranstaltung der Arbeiterjugend „geworben" zu haben, so sage sie die Unwahrheit.[1339] Zu den Akten der Intendanz gelangte auch eine handschriftliche Notiz der WDR-Politikredakteurin Carola Stern zu den beiden Sendungen über Vertrauensleute bei der Bundeswehr:

„Ich halte das ganze Unternehmen für eine im Sinn der DKP außerordentlich gelungene Propagandaaktion, und zwar mit allen Verschleierungen, die in solchen Fällen üblich sind. [...] Bestätigen wird es Ihnen m. E. auch jeder, der sich wissenschaftlich mit kommunistischer Agitation beschäftigt hat. Ein solches Gutachten [Zusatz Sterns am unteren Blattrand: vielleicht von jemand aus der Friedrich-Ebert-Stiftung] würde die weitere Diskussion erheblich verkürzen und Briefwechsel über Formalitäten beenden."[1340]

Teiner reagierte auf Windelens neuerliche Kritik mit der Bemerkung in einem Schreiben an die Hörfunkdirektion, der CDU-Politiker bringe keinerlei neue Argumente vor. Die Redaktion habe auf die SDAJ-Veranstaltung lediglich hingewiesen, keineswegs für sie geworben.

„Ich meine, daß hier der Punkt erreicht ist, wo auch eine Redaktion von einem Bundestagsabgeordneten und Verwaltungsratsmitglied erwarten und verlangen kann, daß er Argumente, die seinen kritischen Anmerkungen entgegengebracht werden, wenigstens zur Kenntnis nimmt, anstatt seine alten Behauptungen einfach zu wiederholen und die Redaktion gar der Lüge zu bezichtigen."[1341]

Der Intendant stellte sich in seiner Antwort an Windelen hinter den Hörfunkdirektor und verwies außerdem auf die Stellungnahme der Redaktion – ihr stärkte er den Rücken.

„Im übrigen glaube ich erkennen zu können, daß die vielfältigen Anregungen und kritischen Meinungsäußerungen, die Gespräche des Hörfunkdirektors mit der Redaktion sowie die Ergebnisse der Meinungsbefragung ‚Hörfunk und jüngere Generation' sich positiv auf die Gestaltung der Radiothek-Beiträge in jüngster Zeit ausgewirkt haben."[1342]

d) Streit mit der Bild-Zeitung: „Wen erschlägt die Schlagzeile?"

Von der Öffentlichkeit praktisch unbeachtet blieb ein Konflikt der Radiothek-Redaktion ausgerechnet mit der größten Boulevardzeitung der Bundesrepublik, mit deren Praktiken

---

[1338] Schreiben Jenkes an von Sell vom 31.1.1977, WDR Hist. Arch. ebda.
[1339] Schreiben Windelens an von Sell vom 21.4.1977, WDR Hist. Arch. 10450.
[1340] Notiz Carola Sterns: *Vertrauensleute in der Bundeswehr Teil I u. II* vom 20.4.1977, WDR Hist. Arch., unverz. Best. des Intendanten von Sell, Akte *WDR Allgemeine Programmangelegenheiten – RADIOTHEK – 23-31 – 24.602 – 253*. Es geht aus dem Text nicht klar hervor, ob Stern mit „Unternehmen" die Kampagne der SDAJ oder die Berichte der Radiothek meint.
[1341] Schreiben Teiners an Jenke vom 15.7.1977, WDR Hist. Arch. ebda.
[1342] Schreiben von Sells an Windelen vom 28.7.1977, WDR Hist. Arch. ebda

sich die Jugendsendung am 11. Juli 1977 in dem Beitrag *Wen erschlägt die Schlagzeile?*[1343] auseinandergesetzt hatte.

Die Rechtsabteilung des Springer-Verlages protestierte: Die Sendung habe „zahllose Unwahrheiten" enthalten, „die nicht nur einen Gegendarstellungsanspruch, sondern auch Unterlassungs- und Widerrufsansprüche begründet machen". Im anliegenden Gegendarstellungsbegehren widersprach der Verlag Angaben zur Gehaltshöhe eines *Bild*-Mitarbeiters; er verwahrte sich sodann gegen den Vorwurf, eine zugkräftige Überschrift gebe bei *Bild* den Kurs für die folglich unsauberen Recherchen vor. Anschließend widersprach er der Schilderung, *Bild* habe für einen Bericht über Teenagerprostitution in Hamburg Zeugenaussagen mit Geld erkauft; und schließlich stellte er Details zum Rechtsstreit des entlassenen *Bild*-Mitarbeiters, der in der Radiothek zu Wort gekommen war, gegen den Verlag klar.[1344]

Ulrich Teiner erinnert sich dieser Begebenheit; die Fehler des Beitrages hätten sich jedoch auf diese wenigen Punkte beschränkt. „Wunderbar – da verlesen wir die Gegendarstellung, und anschließend senden wir alles noch mal, denn alles andere ist ja richtig. So haben wir's gemacht – mit Einverständnis des Direktors."[1345] Das WDR-Justitiariat bestätigte dem Springer-Verlag, die Gegendarstellung werde am 25. Juli ausgestrahlt[1346]; von Sell wurde informiert und hielt in einem undatierten Vermerk fest:

> „Es soll nach Verlesen der Gegendarstellung von ‚Bild' die fragl. Radiothek-Sendung unter Weglassung der beanstandeten Passagen, die 1/6 ausmachen, noch einmal ausgestrahlt werden, weil auf diese sich die Gegendarstellung nicht erstreckt und diese ‚eindrucksvolle Sendung' damit quasi von ‚Bild' inhaltl. zugestanden wird." [1347]

In einer zweiten Notiz vom 25. Juli ergänzte er: „Eine Berichtigung durch die Redaktion würde mE auch mehr als eine Gegendarstellung den Eindruck erwecken, man habe nicht richtig recherchiert."[1348]

Erst eineinhalb Jahre später strahlte die Radiothek-Redaktion eine Sendung aus, nach der von Sell nicht mehr bereit war, sich weiterhin hinter die Jugendreihe zu stellen. Trotz aller Kritik hatte die Existenz der Radiothek fünf Jahre lang niemals zur Diskussion gestanden. Im Frühjahr 1979 aber begann sich das Klima entscheidend zu wandeln. Die neuerliche Debatte entzündete sich an Äußerungen der Redaktion zu einem Reizthema der siebziger Jahre: dem Radikalenerlaß.

[1343] *Wen erschlägt die Schlagzeile? Über die Methoden der Boulevardpresse* (25.7.1977), WDR-Schallarchiv 5095851 (Einspielband); zu dieser Sendung vgl. oben Abschnitt III. 3. e) δ).
[1344] Schreiben der Axel-Springer-Verlag-AG an Intendanz und Justitiariat des WDR vom 21.7.1977, WDR Hist. Arch., unverz. Best. des Intendanten von Sell, *WDR Allgemeine Programmangelegenheiten – RADIOTHEK – 1-22 – 24.602 – 254*.
[1345] Interview mit Ulrich Teiner im Februar 2005. Die Sendung ist in der einschlägigen Wochenplanung der Redaktion verzeichnet, WDR Hist. Arch. 10445.
[1346] WDR Hist. Arch., unverz. Best. des Intendanten von Sell, *WDR Allgemeine Programmangelegenheiten – RADIOTHEK – 1-22 – 24.602 – 254*.
[1347] Maschinengeschriebene Notiz mit der Paraphe von Sells, WDR Hist. Arch. ebda.
[1348] Maschinengeschriebene Notiz, offenbar vom 25.7.1977, mit der Paraphe von Sells, WDR Hist. Arch. ebda.

8. Frühjahr 1979: eine erste Grundsatzdiskussion

a) Vorgeschichte: Zur Verwendung des Begriffs „Berufsverbote" im WDR-Hörfunkprogramm

Schon zwischen 1975 und 1977 hatten sich im WDR terminologische Debatten bezüglich des Radikalenerlasses entsponnen. Manfred Jenke hatte 1975 Kulturchef Heinz Linnerz darauf hingewiesen, daß „Reizworte" wie „Baader-Meinhof-Bande", „Freisetzung von Arbeitskräften" und auch „Berufsverbot" außerhalb von Meinungsbeiträgen „nicht gedankenlos und unreflektiert" zu verwenden seien – sondern es sei „bei der redaktionellen Bearbeitung von Manuskripten die Frage zu stellen, ob die Verwendung solcher Begriffe dem tatsächlichen Sachverhalt entspricht".[1349] Auf Heinz Kühns Anregung hatte der Verwaltungsrat dem Intendanten empfohlen, „Begriffe wie ‚Berufsverbot' künftig im Programm des WDR zu vermeiden", da es sich bei diesem Terminus „eindeutig um einen polemischen Begriff" handle.[1350] Von Bismarck hatte „Sprachregelung[en]" allerdings abgelehnt, da „verordnete Sprache [...] eine Sache von Diktaturen (rechten und linken), deshalb für ein freiheitlich-demokratisches System abzulehnen" sei. Ein „Übereinkommen" sei nur „hausintern auf der Basis von Aussprachen" zu erzielen, „aber nicht als Weisung und schon gar nicht auf Druck von außen".[1351]
Auch ein Mitglied des Verwaltungsrates erklärte eine „Sprachregelung" für „problematisch".[1352] Heinrich Windelen beklagte aber die Verwendung des Wortes „Berufsverbote" während der Radikalenerlaß-Sendewoche der Radiothek im Mai 1976 und drohte, im Wiederholungsfalle „auf einer formellen Weisung des Verwaltungsrates [zu] bestehen"[1353]; Teiner erläuterte daraufhin, der Begriff sei entweder von Interviewpartnern benutzt oder aber während der „gesamten Woche zum Thema Ministerpräsidentenerlaß immer nur dann angewandt worden, wenn eine Ablehnung oder Entlassung durch den Staat auf ein faktisches Berufsverbot hinauslief, d. h., wenn für den Betroffenen keine berufliche Ausweichmöglichkeit bestand".[1354] Der Einwand des Redaktionsleiters traf in den dokumentierten Sendungen weitgehend zu; freilich war „faktisches Berufsverbot" ein dehnbarer Begriff, und so mochte man darüber streiten, ob ein Moderationssatz wie „Hier liegen die Zahlen der Berufsverbote und Überprüfungen heute schon höher"[1355] Windelens Vorwürfen wirklich standhielt. Dies galt auch für den Beitrag Günter Nennings, der den Beschluß mit „offiziell Radikalenerlaß, wahrheitsgetreu aber: Berufsverbote" umschrieben hatte[1356]; hier handelte es sich allerdings um einen Kommentar.
Wie mit dem Begriff „Berufsverbot" umzugehen sei, faßte Hörfunkdirektor Jenke schließlich im Februar 1979 zusammen: Es sei „seit Jahren geltende Praxis im WDR", das Wort

---

[1349] Schreiben Jenkes an Linnerz vom 5.8.1975, WDR Hist. Arch. 10450.
[1350] Vgl. Auszug aus dem Protokoll der Verwaltungsratssitzung vom 16.6.1975, WDR Hist. Arch., unverz. Best. des Intendanten von Sell, *WDR Allgemeine Programmangelegenheiten – RADIOTHEK – UNTER-Allgemeinakte der Allgemeinakte 1 a – 24.602 – 261*.
[1351] *Information zur Sitzung des Verwaltungsrats am 6.10.1975 zum Beratungsgegenstand „Das Wort als Waffe"* vom 25.9.1975, WDR Hist. Arch. ebda.; direkte Zitate dort entnommen. Von Bismarck ging in diesem Papier auch auf die Verwendung von Begriffen wie „Baader-Meinhof-Bande", „BRD" und „Terror" ein.
[1352] Vgl. Auszug aus dem Protokoll der Verwaltungsratssitzung vom 3.11.1975, WDR Hist. Arch. ebda.; direkte Zitate dort entnommen.
[1353] Schreiben Windelens an von Sell vom 10.11.1976, WDR Hist. Arch. 10450.
[1354] Vgl. Schreiben Teiners an Jenke vom 12.11.1976, WDR Hist. Arch. ebda; direkte Zitate dort entnommen. – Zu den Beiträgen der Sendewoche vgl. oben Abschnitt III. 3. b) δ).
[1355] Aus der Moderation zum Beitrag *Ist die Freiheit in Gefahr?* (9.5.1976), WDR-Schallarchiv a.a.O.
[1356] *Urteile aus dem Ausland – Mit deutscher Gründlichkeit – Der Radikalenerlaß* (10.5.1976), WDR-Schallarchiv a.a.O.

„nur dort unrelativiert zu verwenden, wo es sich um Aussagen Dritter, Bezeichnungen von Vereinigungen (‚Komitee...') oder Veranstaltungen (‚Demonstration gegen...') [oder um] subjektive Meinungsäußerungen" handele.

> „Überall dort, wo es sich um Texte handelt, die einer besonderen Objektivitätsverpflichtung unterliegen, also zum Beispiel in Nachrichten, An- und Absagen bei Pressetexten und in Erklärungen, die für den WDR abgegeben werden (zum Beispiel in Antworten auf Hörerbriefe) sollte das Schlagwort ‚Berufsverbot' in seinem Sachzusammenhang verdeutlicht werden: nämlich als eine Maßnahme, die dazu dienen soll, solchen Bewerbern den Zugang zum öffentlichen Dienst zu verwehren, welche die dafür geltenden Einstellungsvoraussetzungen nicht mitbringen. Eine Sprachregelung hierfür kann und soll es im WDR nicht geben."[1357]

b) Landtagsdebatte um die Radiothek

Die Sendewoche zum Radikalenerlaß hatte ein Nachspiel in der parlamentarischen Sphäre. Auf Initiative des Rundfunkratsmitglieds Peter Giesen (CDU) nämlich befaßte sich am 2. Februar 1977 der nordrhein-westfälische Landtag in einer Fragestunde mit der Radiothek.[1358]

Giesen beklagte in der Mündlichen Anfrage 138, die Redaktion habe während der Sendewoche den Begriff „Berufsverbote [...] in direkter Übernahme des Sprachgebrauchs extremistischer Gruppen zum Dauerthema" gemacht und darüber hinaus „in einer Fülle einseitiger Beiträge eine Gesamtkampagne gegen die Freihaltung des öffentlichen Dienstes von Gegnern der Verfassungsordnung geführt". In der offenbar hitzig geführten Debatte verlas Giesen Teile der oben zitierten Autorentexte – „Es gibt sie wieder..." – und forderte die Landesregierung auf, hierzu Stellung zu beziehen.

Ministerpräsident Kühn verwies in seiner Antwort auf die gängige Praxis, daß die Regierung einer Entscheidung der WDR-Gremien, ob die Programmgrundsätze verletzt seien, keinesfalls vorgreife. Die Autorentexte zu bewerten, stehe ihr grundsätzlich nicht zu. Kühn räumte ein, daß auch er mit ihnen nicht einverstanden sei; er verwies jedoch auf die Nachwirkungen, die der Radikalenerlaß im gesamten geistigen Klima der Bundesrepublik hinterlassen habe. Erst unter Berücksichtigung dessen könne man die Meinungsäußerungen Fends und seiner Kollegen bewerten. Und: „Ich habe Bedenken dagegen, daß man solchen Meinungen administrativ und mit disziplinären Maßnahmen begegnet. Ich wünsche eine Diskussionsauseinandersetzung." Er lehne es ab, zu jeder Sendung, die nach seiner Meinung unvertretbare Auffassungen enthalte, „Briefe an Rundfunkleitungen, an Intendanzen oder an Chefredaktionen zu schreiben". Für ihn sei „nicht die Frage, ob ich mich hinstelle und sage, daß ich etwas billige, oder nicht, [...] sondern die Frage ist: Wie erreicht man [...], daß eben Meinung und Gegenmeinung einander gegenübergestellt werden." Dies sei nur über Debatten in den WDR-Gremien möglich. Für Pluralität im Programm sorgen müsse letztlich die Leitungsebene des Senders.

Die Opposition klagte, Kühn vernachlässige seine Fürsorgepflicht gegenüber den Beamten, die in der Radiothek angegriffen worden seien – so erkundigte sich der CDU-Abgeordnete Elfring, ob Kühn „auch künftig die Beamten unseres Landes im Regen stehen" lasse, sobald sie „vom WDR diffamiert" würden. Der Angesprochene betonte, er gehe davon aus, daß sich Beamte grundsätzlich pflichtgemäß verhielten.

[1357] Schreiben Jenkes an Linnerz u.a. vom 7.2.1979, WDR Hist. Arch. 10451.
[1358] Vgl. das Plenarprotokoll 8/39 vom 2.2.1977, in: Plenarprotokolle des Landtags Nordrhein-Westfalen, 8. Wahlperiode, Bd. 3, 36.-48. Sitzung (16.12.1976-2.6.1977), S. 2127-2131; alle weiteren Zitate hiernach.

> „Ich gehe aber auch davon aus, daß es [...] dabei zu Praktiken kommt, die man kritisieren kann. Beamte sind keine Engel [...]. Und da müssen sie sich der Kritik stellen. Und wenn ich diese Kritik auch nicht für berechtigt halte in der Form, in der sie ausgeübt wird, werde ich die Kritik nicht mit disziplinären [sic] Interventionen beantworten."

Die Radiothek-Redaktion wandte sich im März 1977 an den Ministerpräsidenten und dankte ihm für sein Verhalten in der Debatte. Bezüglich der von Kühn erwähnten „extremistischen Meinungen" betonten die Redakteure allerdings, daß in der im Landtag besprochenen Sendewoche „ausschließlich verfassungskonforme Positionen bezogen worden" seien. „Wir leugnen nicht, daß wir unsere Sendungen kritisch und engagiert gestalten; dieses sollte nicht mit mangelnder Verfassungstreue verwechselt werden."[1359] Die Zeitung *Die Welt* hingegen zeigte sich mit dem Resultat der Debatte unzufrieden. Doch schon Klaus von Bismarck habe es nicht gewagt, die Redaktion in die Schranken zu weisen, kommentierte Enno von Löwenstein. „Dennoch ist es erschütternd, daß der Ministerpräsident von Nordrhein-Westfalen angesichts einer derartigen Hetze, die so offenkundig das Rundfunkgesetz verletzt, nicht wenigstens eindeutig für die Beamten eintritt, die sich nicht selbst gegen diesen öffentlich-rechtlichen Unflat wehren können."[1360]

Das Bemühen, hinsichtlich der Sendewoche formell einen Verstoß gegen die Programmrichtlinien feststellen zu lassen, scheiterte im Verwaltungsrat; dort wurde erklärt, der Begriff müsse „als Ausdruck einer Meinung toleriert werden". Aber: „Er dürfe [...] nicht als gängiger und erlaubter Begriff und dazu in polemischer Form durchgehend in einer Sendung verwendet werden, wie dies bei der ‚Radiothek' geschehen sei." Ein Mitglied des Rates bekannte, es beobachte die Sendereihe ob ihrer großen Hörerresonanz grundsätzlich

> „mit Sorge und frage sich, ob nicht dem einseitigen Profil durch anders akzentuierte Beiträge Korrekturen hinzugefügt werden könnten. [...] Die Sendungen seien gut gemacht, aber er frage sich, ob es Sendefolgen geben dürfe, die insgesamt einseitig ausgerichtet sind. Er hält es für erforderlich, daß innerhalb der Reihe ‚Radiothek' ein breiteres Spektrum an Meinungen angeboten wird, als dies bisher geschieht."[1361]

Intendant von Sell betonte, der WDR nehme Kritik am Programm sehr ernst; er verwies allerdings auch auf „das hohe Maß an Anerkennung [...], das dem Programm gezollt werde". Der Verwaltungsrat forderte die Leitung des Senders schließlich einstimmig auf, dafür zu sorgen, daß in der Radiothek „eine breitbändigere politische Information stattfindet".[1362]

c) Die Radiothek vom 19. Februar 1979 – eine Sendung mit ungeahnten Folgen

Im Februar 1979 berichtete die Radiothek-Redaktion über die Entlassung einer Postangestellten aufgrund ihrer KBW-Mitgliedschaft.[1363] In der Sitzung des Verwaltungsrates im Monat darauf wurde die Sendung kritisiert und darum gebeten, den Wortbeitrag zu transkribieren.[1364] Friedrich-Wilhelm von Sell wandte sich an Manfred Jenke: „Bei Durchsicht der Moderation muß ich feststellen, daß ein eindeutiger Verstoß gegen die klare Anord-

---

[1359] Schreiben der Radiothek-Redaktion an Heinz Kühn vom 10.3.1977, WDR Hist. Arch. 10450.
[1360] Enno von Löwenstern, Die Radiothek und die Nazispitzel, in: *Die Welt* vom 4.2.1977.
[1361] Zur zurückhaltenden Reaktion Jenkes auf Kühns Anregungen vgl. oben Abschnitt V. 3. c).
[1362] Vgl. Protokoll der Verwaltungsratssitzung vom 14.3.1977, WDR Hist. Arch., unverz. Best. des Intendanten von Sell, Akte *WDR Allgemeine Programmangelegenheiten – RADIOTHEK – 1-22 – 24.602*.
[1363] *Radikale unerwünscht bei der Post?* (19.2.1979), WDR-Schallarchiv a.a.O.; zu dieser Sendung vgl. Abschnitt III. 3. b) δ).
[1364] Vgl. Protokoll der Verwaltungsratssitzung vom 19.3.1979, WDR Hist. Arch., unverz. Best. des Intendanten von Sell, Akte *WDR Allgemeine Programmangelegenheiten – RADIOTHEK – 1-22 – 24.602*.

nung (nehme ich doch an?[1365]) von Ihnen vorliegt, den Begriff ‚Berufsverbot' redaktionell, d. h. auch in der Moderation etc. nicht zu verwenden." Der Intendant bat außerdem um Auskunft, „wie Sie die redaktionelle Formel bewerten, ‚wir wollen den Fall nicht in jedem Für und Wider darstellen, sondern...'. Was für ein Redaktions- und Programmkonzept liegt hier vor[,] und wie beurteilen Sie es?"[1366] Jenke reichte diese Anfrage an Programmgruppenleiter Franz Greiner und Ulrich Teiner weiter; und dabei wurde deutlich, daß der Hörfunkdirektor jetzt nur noch bedingt bereit war, die Radiothek gegen Angriffe zu decken: Er kritisierte, daß die Auffassung der Bundespost ungenügend berücksichtigt worden sei.

> „Insofern erscheint mir die einschränkende Bemerkung von Frau Schattauer (‚Wir wollen den Fall nicht in jedem Für und Wider darstellen') nur dann gerechtfertigt, wenn das Grundsatzproblem, um das es hier geht, an anderer Stelle der ‚Radiothek'-Sendungen zeitlich benachbart abgehandelt worden ist oder werden soll. Es kann aber nicht im Sinne unserer Pflicht zur wahrheitsgemäßen Darstellung sein, wenn wesentliche Aspekte eines Sachverhaltes oder Vorganges durch solche Bemerkungen einfach ausgeklammert werden."

Jenke vermißte vor allem Angaben dazu, inwieweit die Postangestellte tatsächlich sensible Bereiche des Fernmeldenetzes hätte beeinflussen können. Er schloß mit einer grundsätzlichen Überlegung:

> „Zusammenfassend möchte ich sagen, daß diese Sendung die Grenzen sehr deutlich macht, welche der Darstellung derart komplexer Sachverhalte in der Sendeform der ‚Radiothek' gezogen sind. Ich möchte Sie bitten, mit Ihren Mitarbeitern in eine sehr gründliche Erörterung darüber einzutreten, wie auch in solchen Sendungen meine Forderung verwirklicht werden kann, bei der Darstellung eines Konfliktes nicht nur die Auffassung des einen Betroffenen, sondern die Breite des Konfliktfeldes deutlich zu machen."[1367]

Dem Intendanten gegenüber erklärte der Hörfunkdirektor Nora Schattauers Satz von den Berufsverboten, die es offiziell gar nicht gebe, für „mißverständlich formuliert, wohl aber innerhalb der von mir gesetzten Richtlinie für zulässig". Moderationen, so Jenke weiter, seien „ihrer Natur nach [...] (ebenso wie Kommentare und Fragen in Interviews) meinungsgebundene Beiträge". Diese Auffassung quittierte von Sell mit einer deutlichen Randbemerkung auf dem Brief: „Nein!"[1368] In seiner Antwort erläuterte er:

> „Die Moderation ist in jedem Fall Äußerung der Redaktion. Sie muß voll der Redaktion und damit dem WDR zugeschrieben werden. Wenn in der fraglichen Sendung der Moderator also den Begriff ‚Berufsverbot' verwendet hat, hat er damit unzweifelhaft gegen meine Anordnung verstoßen, wonach ‚der Gebrauch des Wortes BERUFSVERBOT im Programm offiziell gar nicht mehr möglich gehalten' wird. (Siehe Ihr Schreiben an die Programmitarbeiter vom 07.02.1979.) Keinesfalls können also Moderationen sich dahin exkulpieren, daß sie als sogenannte meinungsgebundene Beiträge – eine ohnehin schwer handhabbare Kategorie – unter gelockerter Verantwortung der Redaktion figurieren oder auch möglicherweise außerhalb derselben."

Von Sell sah ausdrücklich „keine Möglichkeit einer differenzierten Betrachtung. [...] Die Sache vom 19.02.1979 kann *nicht* durchgehen."[1369]

[1365] Diese Annahme untermauert den Befund einer gestörten Kommunikation zwischen Intendanz und Hörfunkdirektion.
[1366] Schreiben von Sells an Jenke vom 6.4.1979, WDR Hist. Arch. 10451.
[1367] Schreiben Jenkes an Franz Greiner und Ulrich Teiner vom 9.4.1979, WDR Hist. Arch. ebda.
[1368] Schreiben Jenkes an von Sell vom 9.4. 1979 mit dessen Randbemerkungen, WDR Hist. Arch., unverz. Best. des Intendanten von Sell, Akte *WDR Allgemeine Programmangelegenheiten – RADIOTHEK – 1-22 – 24.602*.
[1369] Schreiben von Sells an Jenke vom 17.4.1979, WDR Hist. Arch. 10451; kursiv gesetztes Wort im Original gesperrt.

Franz Greiner wandte ein, es gebe seitens des Intendanten bislang kein förmliches Verbot einer Verwendung des Wortes „Berufsverbote". Die Sendung kritisierte er differenziert: „Ich bin der Auffassung, daß die Moderatorin in der Sendung vom 19.2. durch ihre Positionsnahme den Charakter der Sendung als eines Erfahrungsberichts verdunkelt hat."[1370] Ulrich Teiner erläuterte, die Moderatorin habe den Terminus „Berufsverbote" dreimal benutzt: zur „Problematisierung des Begriffs", als Zitat der Jungen Union, schließlich in Form einer „subjektive[n] Meinungsäußerung". Die einseitige Darstellung des Falles an sich sei gerechtfertigt gewesen, denn Thema sei gerade nicht „die politische und juristische Problematik der sog. Berufsverbote" gewesen –

> „dann hätte selbstverständlich auch die Post gehört werden müssen, dann hätte auch die Verfahrenslage breiter dargestellt werden müssen – es ging vielmehr in dieser Sendung darum, an einem Beispiel aufzuzeigen, welche persönlichen Auswirkungen eine solche Kündigung auf eine Betroffene hat. [...] Dazu kann logischerweise nur die Betroffene selbst relevante Aussagen machen."

In anderen Sendungen habe die Redaktion bereits verdeutlicht, „daß die Gesamtproblematik des Radikalenerlasses sehr viel umfangreicher und komplizierter ist, als es darzustellen diese Sendung die Absicht hatte".[1371]

Der Hörfunkdirektor sprang ihm noch einmal bei. Jenke bat Teiner, einige Argumente zusammenzustellen, und prophezeite unter Hinweis auf einen kritischen Artikel der *Aachener Volkszeitung*,

> „daß wir es in der bevorstehenden Sitzung der Gremien mit einer neuen Welle von Kritik an der Radiothek zu tun bekommen, die vor allem deshalb argumentativ schwierig zu bewältigen sein wird, weil die Zielrichtung auf eine breite Übereinstimmung von CDU, SPD und FDP hinausläuft, indem der Radiothek vorgeworfen wird, sie mache sich zum Fürsprecher bzw. Verlautbarungsorgan extremer Randgruppen".

Dem könne man entgegenhalten, so Jenke, daß die Sendung „bei der Darstellung von Konflikten" sehr wohl beide Seiten zu Wort kommen lasse. Außerdem sei darauf hinzuweisen, daß die Radiothek „hinsichtlich der politischen Bildung ihrer Hörer nicht blutleere ‚Institutionenkunde'" betreibe, sondern anhand von Konflikten „politische Entscheidungsprozesse und Möglichkeiten politischen Mitwirkens" verdeutliche. Den Vorwurf der Indoktrination müsse sich die Sendung nicht gefallen lassen,

> „sofern und solange sie ihren Hörern Vorgänge offen darlegt, die normalerweise nur in Nachrichten, Einzelreportagen und Kommentaren behandelt werden. Als Methode der Radiothek sollte gelten, daß ein Sachverhalt a) breiter, b) vorurteilsfreier, c) für junge Hörer verständlicher dargelegt wird."[1372]

Der Programmbeirat befaßte sich mit *Radikale unerwünscht bei der Post?* neun Tage später. Jens Feddersen bemängelte, der Beitrag habe „ausschließlich" Sympathien für die Betroffene wecken wollen; die Radiothek verstoße mehr als zuvor gegen die vom Gremium „aufgestellten Prämissen". Jenke und von Sell schlossen sich der Kritik teilweise an; der Intendant ersuchte den Programmbeirat allerdings, die Debatte nicht an die Öffentlichkeit

---

[1370] Schreiben Greiners an Jenke vom 24.4.1979, WDR Hist. Arch. ebda.
[1371] Vgl. Schreiben Teiners an Greiner vom 10.4.1979, das Greiner am selben Tage an Jenke weiterreichte, wobei er sich auf die Seite der Redaktion schlug, WDR Hist. Arch. ebda. – Die Wochenplanungen der Redaktion (WDR Hist. Arch. 10445) vermerken neben der genannten Sendewoche für den 23.10.1978 das Thema *Ein Ende der Berufsverbote?*; die Sendung ist allerdings nicht dokumentiert.
[1372] Schreiben Jenkes an Teiner vom 17.4.1979, WDR Hist. Arch. 10451.

geraten zu lassen, denn dort sei gerade ein Streit um die Fernsehreihe *Stadt, Transport und Industrie* entbrannt.[1373] In der Notiz über eine Besprechung mit Jenke hielt von Sell vier Tage später fest: „Es wird eine zweite Sendung gemacht, die fair und plural angelegt ist. [...] Herr Ulrich Teiner bekommt einen sehr deutlichen Brief mit Abmahnungscharakter, auf den er auch sich akzeptierend äußern muß."[1374]
Dieses Schreiben reichte der Hörfunkdirektor am 3. Mai 1979 an den Redaktionsleiter und an Franz Greiner weiter – und hier ließ Jenke erstmals erkennen, daß langfristig die Existenz der Sendung auf dem Spiel stand: *Noch* werde nicht diskutiert, ob der attraktive Sendeplatz beibehalten werden solle. „Intendant und Hörfunkdirektor stimmen darin überein, daß im Rahmen der WDR-Hörfunkprogramme eine spezifisch zielgruppenbezogene Ansprache junger Menschen sinnvoll und wünschenswert erscheint." Zu *Radikale unerwünscht bei der Post?* wiederholte Jenke jedoch seine Kritik und fügte hinzu, es sei ungenügend gezeigt geworden, „wie sehr Frau Kling-Goltermann bereits zum Objekt von Strategien Dritter geworden ist". Dies müsse in einer weiteren Sendung verdeutlicht werden. Jenke stimmte Greiner dahingehend zu, daß der Intendant den Gebrauch des Wortes „Berufsverbot" nicht förmlich untersagt habe. Er wandte sich jedoch sowohl dagegen, im Programm „allein die offiziellen Mitteilungen und Verlautbarungen der politisch-gesellschaftlich repräsentativen Kräfte und Gruppen zu thematisieren", als auch dagegen, „Äußerungen und Stellungnahmen einzelner Betroffener allein für sich genommen an unsere Hörer weiterzugeben". Die Sendungen müßten Aussagen beider Seiten in einen Kontext der Fakten und unterschiedlichen Meinungen stellen und besonders jungen Hörern dadurch die eigene Urteilsbildung ermöglichen. „Die Sendung vom 19.2. hat weithin gegen diese Maßstäbe und Gebote verstoßen. [...] Ich bitte Sie", schloß der Hörfunkdirektor, „mir durch Bestätigung dieses Schreibens mitzuteilen, daß auch Sie diese Auffassung teilen und der zukünftigen Programmarbeit der Redaktion zugrunde legen werden."[1375]
Teiner beharrte in seinem Antwortschreiben, im Programm müsse weiterhin „jene Möglichkeit der erzählenden Selbstdarstellung" möglich sein, „in der es gar nicht darum geht, eine Kontroverse zu schildern, sondern vielmehr die Auswirkungen von bestimmten Ereignissen auf die subjektive Befindlichkeit von einzelnen Personen oder Personengruppen".[1376] Greiner wiederum bestätigte Jenke zwar den Erhalt des Briefes – aber: „Leider ist es mir aus rechtlichen und Gewissens-Gründen nicht möglich, das von Ihnen gewünschte Einverständnis mit dieser Eingangsbestätigung zu verbinden."[1377]
In diesem Frühjahr begannen also auch innerhalb des WDR-Hörfunks Gräben aufzubrechen – mit der gewohnten Unterstützung der Direktion konnte die Redaktion nun nicht mehr rechnen. Der Verwaltungsrat fand im September klare Worte[1378]: Der Wortbeitrag vom 19. Februar 1979 habe „dem Programmauftrag einer öffentlich-rechtlichen Rundfunkanstalt nicht entsprochen und damit dem Ansehen des WDR geschadet".

[1373] Vgl. Protokoll der 150. Programmbeiratssitzung vom 26.4.1979, WDR Hist. Arch., unverz. Best. des Intendanten von Sell, Akte *WDR Allgemeine Programmangelegenheiten – RADIOTHEK – 1-22 – 24.602.*; direkte Zitate dort entnommen.
[1374] Vermerk von Sells vom 30.4.1979, WDR Hist. Arch. ebda. – Die erwähnte „zweite Sendung" ist nicht dokumentiert: Möglicherweise handelte es sich um den für den 21.5.1979 geplanten Beitrag „*Hinter die Fichte geführt...*" *Wenn einer in die Fahndung kommt, dann kann er was erleben*, vgl. die einschlägige Wochenplanung, WDR Hist. Arch. 10445.
[1375] Schreiben Jenkes an Greiner und Teiner vom 3.5.1979, WDR Hist. Arch. 10451.
[1376] Schreiben Teiners an Jenke vom 9.5.1979, WDR Hist. Arch. ebda.
[1377] Schreiben Greiners an Jenke vom 9.5.1979, WDR Hist. Arch. ebda.
[1378] Vgl. Protokoll der Verwaltungsratssitzung vom 10.9.1979, WDR Hist. Arch., unverz. Best. des Intendanten von Sell, Akte *WDR Allgemeine Programmangelegenheiten – RADIOTHEK – 1-22 – 24.602*; direkte Zitate dort entnommen.

Es bedurfte jedoch dreier weiterer Sendungen im Herbst 1979, um die Axt an die Wurzel zu legen.

Zusammenfassung – der Streit um die Radiothek zwischen 1974 und 1979

Es läßt sich in den Archivalien nicht erkunden, wann erstmals Kritik maßgeblicher medialer oder politischer Akteure an der Radiothek laut wurde. Die Initiativen im Programmbeirat aber zeigen, daß sich schon im Sommer 1974 nennenswerter Widerstand formierte. Die grundsätzlichen Konfliktlinien in den Gremien lagen bereits seit den fünfziger Jahren zutage; die Radiothek trug lediglich dazu bei, bekannte Debatten von neuem anzufachen. Ein Generationenkonflikt, den die seit den sechziger Jahren andauernde Demokratisierungsdebatte überlagerte, heizte den Streit um die Radiothek noch an.
Betrachtet man die größte Bonner und Düsseldorfer Regierungspartei SPD, so fällt auf, daß der Graben mitten hindurch verlief: Mit dem NRZ-Chefredakteur Jens Feddersen hatte sich ein Vertreter des rechten SPD-Flügels an die Spitze der Kritiker gesetzt. Jusos und linke Sozialdemokraten wiederum machten aus ihrer Sympathie für die Radiothek keinen Hehl. Mit Intendant Friedrich-Wilhelm von Sell und Hörfunkdirektor Manfred Jenke spielten zwei Sozialdemokraten eine wichtige Rolle. Beide wahrten ungeachtet ihrer Mitgliedschaft – soweit aus den Archivalien ersichtlich – merkliche Distanz zu Vertretern der Partei in den Gremien. Beide sahen sich bei ihrem jeweiligen Amtsantritt vor vollendete Tatsachen gestellt: Die Radiothek war ein Kind jener Epoche, in der Klaus von Bismarck und Fritz Brühl die Weichen im WDR-Hörfunk gestellt hatten. Manfred Jenke pflegte den Dialog mit der Redaktion; er verteidigte die Sendung bis 1979, schuf Freiräume. Friedrich-Wilhelm von Sell wiederum wurde zu einer Zeit Intendant, in der die Radiothek bereits zu einem zentralen Gegenstand der „Rotfunk"-Debatte geworden war. Auch er verteidigte die Sendung in bemerkenswertem Maße nach außen hin und gegen Anwürfe in den Gremien. Senderintern stellte von Sell jedoch klar, daß er von besonders streitbaren Spezifika der Jugendsendung alles andere als begeistert war. Der Intendant akzeptierte, daß eine Zielgruppensendung mitunter polarisieren mußte; die Radiothek aber ging nach seinem Dafürhalten zu weit: Sie verstieß damit gegen von Sells – und auch Jenkes – Vorstellungen von Journalismus im öffentlich-rechtlichen Rundfunk. Und nach beider Auffassung erschwerte sie es den Anhängern des öffentlich-rechtlichen Systems, sich gegen die Initiativen zur Einrichtung kommerzieller Konkurrenzstationen zur Wehr zu setzen. Intendant und Hörfunkdirektor steuerten im Streit um die Radiothek bis Anfang 1980 einen je eigenen Mittelweg; Jenke zeigte stärkere, von Sell ungleich schwächere Sympathien für die Arbeit der Redaktion.
Diese wiederum hatte sich spätestens 1975 ebenso auf ihre Position versteift, wie es umgekehrt ihre Gegner getan hatten. Und so fachte bereits eine einzelne umstrittene Sendung zum Radikalenerlaß 1979 den Disput mehr denn je an. Der Streit um die Radiothek sollte von diesem Zeitpunkt an nicht mehr zur Ruhe kommen – und mit von Sell und Jenke begannen nun zwei Akteure von der Redaktion abzurücken, auf deren öffentliche Fürsprache sie in hohem Maße angewiesen war.

VI. Dem Ende entgegen: die letzten 13 Monate

1. Nikolaustag 1979: Ein *Amoklauf* und seine Konsequenzen

Es war der zweite Teil einer Nachlese zur Frankfurter Buchmesse, der im Dezember 1979 Anstoß erregte wie keine Radiothek-Sendung zuvor. „Wenn die Bücher, die wir jetzt [...] vorstellen wollen, genau so fetzig sind wie die Musik von Winfried Trenkler, dann werden in den nächsten Tagen viele Briefe bei der Radiothek eingehen", bemerkte Wortmoderator Jörg Armbruster einleitend in Anspielung auf den vorangegangenen Musikteil.[1379] Armbruster hatte – unfreiwillig – ein wahres Wort gesprochen.

a) Zwei umstrittene Sendungen des Herbstes 1979

Schon seit einer Weile war die Sendereihe erneut ins Blickfeld gerückt: An dem Bericht über die Gelsenkirchener SDAJ-Veranstaltung „Rock gegen Rechts"[1380] und an der Diskussion *Keine Arbeit – nix zu machen?*[1381] entzündete sich die Kritik. Friedrich-Wilhelm von Sell formulierte seine Bedenken lediglich intern gegenüber Manfred Jenke[1382], sie gerieten jedoch um so deutlicher: „Die beiden Sendungen [...] sind in vielfacher Hinsicht mangelhaft und mit dem Qualitätsanspruch unseres Programms und dessen Standing nicht vereinbar."

Der Intendant kritisierte am Bericht über „Rock gegen Rechts", es werde „an keiner Stelle" deutlich, „daß es dem Moderator um die rationale Aufarbeitung" des Rechtsextremismus gegangen sei. Vielmehr würden die Jugendlichen lediglich „in ihren undifferenzierten Gefühlslagen" bestärkt; die Funktion des Moderators erschöpfe sich in „der Verstärkung unqualifizierter zufälliger Äußerungen". Von Sell betonte, wenn eine Redaktion sich aber damit begnüge, „das Mikrofon hinzuhalten" und dies „vielleicht sogar zum Gestaltungsprinzip" erhebe, so müsse sie „sich zurechnen lassen, was auf diese Weise – also ohne Korrektur, Relativierung, Einordnung – über den Sender geht". Die aggressiven Äußerungen der jugendlichen Interviewpartner würden, „wenn noch dazu Relevanz oder mindestens Quantität der diese Aussagen tragenden Gruppen verschwiegen wird, [...] zur Aussage der Redaktion". Der Intendant erklärte es zu einem „Grundgebot gerade einer solchen Sendereihe", daß sie auf gesellschaftliche Integration hinwirke; hier jedoch sei „Abgrenzung betrieben" worden, und dies sei weder juristisch noch politisch oder sozial zu verantworten. An der Diskussion *Keine Arbeit – nix zu machen?* bemängelte von Sell, man sei dort „unkritisch und gleichzeitig großspurig vorgegangen"; denn in keiner Weise seien scheinbare Traumberufe „wie KFZ-Schlosser und Großhandelskaufmann hinterfragt" worden.

> „In dem Sinn etwa: KFZ-Schlosser = Mitwirkung an der Stabilisierung einer umweltschädlichen Automobilgesellschaft? [...] Wie kann ein Großhandelskaufmann bei doch sozialkritischer Betrachtung ein ,Traumberuf' sein? Ein Beruf, der ebenfalls völlig vom bestehenden Wirtschaftssystem ausgeht. Nirgendwo ist die Rede davon, daß gerade diejenigen ,Traumberufe' von künftiger Arbeitslosigkeit bedroht sind, an denen eine sich wandelnde Gesellschaft

---

[1379] *Literatur für gute und miese Zeiten* (6.12.1979), WDR-Schallarchiv a.a.O.; zu dieser Sendung vgl. Abschnitt III. 3. e) α).
[1380] *Aktion gegen Rechts* (13.11.1979), WDR Hist. Arch. a.a.O.; vgl. oben Abschnitt III. 3. b) ε).
[1381] *Keine Arbeit – nix zu machen?* (14.10.1979), WDR Hist. Arch. a.a.O.; zur Sendung vgl. Abschnitt III. 3. f) ζ).
[1382] Schreiben von Sells an Jenke vom 10.12.1979, WDR Hist. Arch. 10457; Zitate im folgenden hiernach.

nämlich kein Interesse mehr hat oder in denen das Angebot an Arbeitskräften die Nachfrage bei weiten übersteigt."

Von Sell warf der Diskussionsleitung mangelnde Fairness gegenüber dem am Gespräch beteiligten Sprecher des Arbeitsamtes vor und beklagte überdies, die „Tendenz der Sendung" im ganzen sei „deutlich auf Bestärkung in der Hoffnungslosigkeit gerichtet" gewesen. Bissig fügte er hinzu:

„Autonomie des einzelnen könnte ja zu Gruppenunabhängigkeit führen und zu der Befähigung, in diesem oder in künftigen Wirtschaftssystemen zu bestehen! Apropos Wirtschaftssystem: Ist die Jugendarbeitslosigkeit in den sozialistischen Ländern unbekannt? [...] Von der Unterbeschäftigung gar nicht zu reden!"

Der Intendant vermißte anerkennende Worte gegenüber „denen, die derzeit durch ihre Arbeitskraft mithelfen, die Arbeitslosenversicherung zu finanzieren – und dies keineswegs durchweg in ‚Traumberufen'". Es habe niemals eine Zeit gegeben, so von Sell weiter, in der letztere „risikolos in unbegrenzter Zahl zur Verfügung" gestanden hätten – darüber müßten sich „die Macher derartiger Sendungen" im klaren sein. „Oder denken sie", ergänzte er eingedenk der zahlreichen arbeitsrechtlichen Prozesse gegen den WDR süffisant, „gar an die permanent durch die Arbeitsgerichte vermehrbaren Stellen für Redakteure in öffentlich-rechtlichen Rundfunkanstalten?"
Der Intendant faßte zusammen: Die Radiothek habe funkhausintern allen Kredit verspielt. Er erwarte nun organisatorische, personelle und konzeptionelle Maßnahmen, „um diese Sendung oder eine Sendung dieser Art bei Einhaltung unserer ‚Spielregeln' 1980 fortzuführen". Die Reihe schade dem Ansehen des WDR. „Eine Redaktion, die dies nicht erkennt, obwohl sicher viele zig-Stunden mit ihr über gerade diese Probleme gesprochen worden ist, kann sicher so wie bisher nicht gegen alle Kritik in Schutz genommen werden, wie ich dies – im Gegensatz zu anderen! – immer wieder getan habe."

Ulrich Teiner verteidigte die beiden Sendungen in einem Antwortschreiben an Heinz Linnerz: Die Initiative „Rock gegen rechts" spiegele „die politischen Auffassungen und Ängste einer durchaus nicht kleinen Gruppe von politisch engagierten jungen Leuten"; und um Dokumentation dessen sei es der Redaktion gegangen. Der Moderator habe die Äußerungen lediglich „unkommentiert hingenommen", nicht aber verstärkt. Es sei im übrigen „tägliche Praxis" im WDR, „daß Meinungen nicht nachkommentiert werden [...], wenn es sich um Politiker oder Vertreter des öffentlichen Lebens handelt". Teiner bestätigte, eine Aufgabe der Radiothek sei, auf gesellschaftliche Integration hinzuwirken; dies erfordere jedoch, Jugendliche in den „Kommunikationszusammenhang der Gesellschaft" einzubeziehen.

„Man kann nicht junge Leute zur Integration gewinnen, wenn ihnen tagtäglich im öffentlichen Leben ein Bild totaler Polarisierung vorgeführt wird. Das Verhalten dieser Jugendlichen ist das Ergebnis eines politischen Tagesgeschäftes, das sie als ständigen Machtkampf ohne inhaltliche Perspektive und Möglichkeit zur Beteiligung oder gar Identifikation erleben. Integration kann so lange nicht stattfinden, wie sich dieses nicht ändert."

Die Diskussion *Keine Arbeit – nix zu machen?* habe entgegen den Eindrücken des Intendanten ein „denkbar breit[es]" Meinungsspektrum geboten: von Stimmen Jugendlicher bis hin zu denjenigen der kommunalen und Landesverwaltung. Den Vorwurf mangelnder

Fairness wies Teiner zurück. Den Mißerfolg bisheriger Maßnahmen gegen die Jugendarbeitslosigkeit festzustellen, sei zentrale Aufgabe einer derartigen Zielgruppensendung.[1383] Aber auch ein wohlwollender Beobachter beurteilte die beiden umstrittenen Sendungen kritisch: „Beim ‚Rock gegen rechts' geht die Berichterstattung voll auf in bloß Atmosphärischem", befand der Publizist Hans Janke.

> „Irgendwelche nicht näher bezeichnete Veranstalter des Politkonzerts äußern ziemlich ungenaue, ziemlich großspurige, ziemlich törichte politische Ansichten ‚gegen rechts', und, holla, kein Moderator widerspricht ihnen, irgendwelche Jugendlichen äußern sich irgendwie diffuskritisch zu dieser Veranstaltung, und der Moderator nimmt den Salat nur auf, einen Kontrast von politisch guten Absichten und mangelhafter Verwirklichung festzustellen. Aus, der Rest ist Stimmung. Information? Kein Stück."[1384]

In der Intendanz scheinen zu dieser Zeit Zweifel am Konzept der Zielgruppensendung gewachsen zu sein, wie es noch 1975 allgemein akzeptiert gewesen war. Stephan Piltz wandte sich in einem Vermerk[1385] gegen die Auffassung, daß die Radiothek, wenn sie sich für die Rechte ihrer Hörer einsetze, zugleich Partei für letztere ergreifen müsse. Es könne lediglich bedeuten, „die Rechte dieser Gruppe bekanntzumachen" – und zwar auch solchen Hörern, die nicht zur Zielgruppe gehörten. „Das ist der springende Punkt", kommentierte Piltz: „Sich ‚für Rechte einsetzen', bedeutet ja zwangsläufig, um deren Anerkennung bei denen zu werben, die sie mißachten oder verletzen, nicht aber bei denen, denen sie zustehn. Für diese genügt ja die Aufklärung über diese Rechte." Daneben habe die Radiothek beispielsweise in der Terrorismus-Sendewoche selbst gezeigt, daß sie durchaus integrativ arbeiten und einen weiteren Hörerkreis ansprechen könne – sofern sie von einer zu starren Zielgruppenphilosophie Abstand nehme.

Kulturchef Heinz Linnerz sah die Dinge anders: Sofern die Sendereihe weiterhin helfen solle, die jugendliche Zielgruppe in die Gesellschaft zu integrieren, müsse sie sich durchaus „mehr als andere Sendungen in unserem Programm auf die Spezifika dieser Zielgruppe einlassen [...]. Sie setzt sich damit zugleich in besonderem Maße den Mißverständnissen von Randhörern aus." Bezüglich der Themenbehandlung betonte Linnerz, er halte es „nicht für fair, von einer Einzelsendung der Radiothek etwas zu verlangen, was auch sonst von einer Einzelsendung nicht verlangt wird: daß sie alle Aspekte eines Themas berücksichtigt, und zwar ungeachtet des Programmumfelds."[1386]

b) Die Sendung „Literatur für gute und miese Zeiten" und ihre Nachwirkungen

Die Sendung *Literatur für gute und miese Zeiten* am Nikolaustag nun brachte offenbar das Faß zum Überlaufen. Die *Aachener Volkszeitung* schäumte:

> „Offensichtlich im Zusammenhang mit der bekannten Radiothek-Meinung zum Abtreibungsparagraphen durfte ein von krankhafter Phantasie Geplagter bekennen, er möchte ‚die Vorsitzende eines katholischen Frauenvereins schwängern oder einen Gartenschlauch vergewaltigen'. Auch hier fehlte das Wort des Moderators, des ‚Mäßigers', der sich gemäß dem öffent-

---

[1383] Schreiben Teiners an Linnerz vom 19.12.1979, WDR Hist. Arch. 10459.
[1384] Janke, Mehr Respekt für die Arbeit der anderen!, a.a.O.
[1385] Vermerk vom 1.8.1979, WDR Hist. Arch., unverz. Best. des Intendanten von Sell, Akte *WDR Allgemeine Programmangelegenheiten – RADIOTHEK – Vorgänge um die „6.12.79-Sendung", die Absetzung der Live-Wort-Beiträge etc. – 24.602*; direkte Zitate dort entnommen.
[1386] Schreiben Linnerz' an Jenke vom 21.12.1979, WDR Hist. Arch. 10457.

lich-rechtlichen Auftrag diese und andere beleidigende Ausdrücke (‚Furz vor dem Bundestag')
hätte verbitten müssen."[1387]

„Auf die Spezifika dieser Zielgruppe einlassen" – Heinz Linnerz
leitete von 1967 bis 1989 als Nachfolger Walter Dirks' die
WDR-Hauptabteilung bzw. den Programmbereich Kultur; dort
wurde die Radiothek-Redaktion 1978 eingegliedert.

Mehrere Hörer aus Essen wandten sich an den Intendanten. „Unter anderem wurde das Gedicht eines Nachwuchs-Autors vorgelesen, in dem etwa folgende Verse vorkamen", empörte sich Baldur H.:

„'Ich möchte die Vorsitzende eines katholischen Frauenvereins schwängern oder sie mit dem Gartenschlauch vergewaltigen.' Für mich ist es unbegreiflich, daß in einer Sendung des WDR ein derart mieses, menschenverachtendes und intolerantes Geschreibsel zum Vortrag kommt."[1388]

Ulrich Teiner stellte gegenüber Manfred Jenke den Zitierfehler richtig und verteidigte die Sendung:

„Diese – andere – Formulierung läßt über einen rein sexuellen Bezug hinaus m. E. den Versuch des Autors erkennen, auf seine Art und Weise deutlich zu machen, Verfechter des Abtreibungsverbotes könnten die Angelegenheit in einem anderen Licht sehen, wenn sie selber von einer ungewollten Schwangerschaft betroffen sind. Die ersatzweise Vergewaltigung eines Gartenschlauchs sehe ich als Angriff des Autors gegen eine ‚Kleinbürgerlichkeit', die er im ‚Schrebergartenverein' verkörpert sieht. Nun mag ich gerne zugestehen, daß man über diese Bilder und diese Sprache sehr geteilter Meinung sein kann, sie sind allerdings einigermaßen typisch für dieses Genre ‚Alternativpoesie', das dokumentiert werden sollte."

Teiner nahm Waldhoff gegen den Vorwurf der Menschenverachtung und Intoleranz in Schutz. „Vielmehr scheint mir das Gedicht ein ‚Sich-von-der-Seele-schreiben' dessen zu

---

[1387] Konrad Simons, Ärger mit dem Schulfunk. Vorwürfe gegen den WDR – Kränkung Andersdenkender, in: *Aachener Volkszeitung* vom 28.12.1979.
[1388] Zuschrift vom 11.12.1979. Ursel S. formulierte eine ähnliche Beschwerde am 8.12., Franz G. am 21.12.; Elisabeth P. legte am 12.12. eine Liste mit 27 Unterschriften vor. WDR Hist. Arch. 10461: Alle verwandten das nicht korrekte Zitat Baldur H.s.

sein, was den Autor in der Gesellschaft, in der er lebt, bedrückt und nachdenklich macht."[1389]

Doch der Redaktionsleiter fand damit keinen Anklang. Manfred Jenke erklärte Waldhoffs Lesung gegenüber Heinz Linnerz für deplaziert.[1390] Rundfunkratsmitglied Peter Giesen meldete sich zu Wort: „Ich sehe in dem Beitrag nicht nur eine geschmacklose Entgleisung, sondern eine unerhörte Beleidigung katholischer Frauen."[1391] Der Verwaltungsrat verurteilte die Ausstrahlung des Gedichtes „auf das Schärfste", da es sittliche und religiöse Überzeugungen der Bevölkerung mißachte.

> „Außerdem sei mit dieser Sendung dem Ansehen des öffentlich-rechtlichen Rundfunks geschadet worden unter anderem deshalb, weil die in der Auseinandersetzung um ein privates Fernsehen von den öffentlich-rechtlichen Rundfunkanstalten eingebrachte Argumentation einer stärkeren sittlichen Gefährdung bei einer Ausweitung des Medienmarktes nunmehr im eigenen Bereich festzustellen sei."[1392]

Eine Woche später wurde in einer Sitzung des Programmbeirates die „Literaturauswahl einseitig orientierter Autoren" beklagt. In Waldhoffs Gedicht werde „in Form von Agitation die Aufhebung gesellschaftlicher Grundwerte angestrebt". Es sei bedauerlich, „daß die Redaktion durch derartige unqualifizierte Einzelproduktionen ihre Sendereihe in Frage stelle. Der Intendant wird gebeten, alle Anstrengungen zu unternehmen, daß die Sendung ‚Radiothek' von der Redaktion nicht selbst ruiniert wird." Einstimmig stellte das Gremium bei einer Enthaltung fest, daß die Ausstrahlung des Gedichtes gegen die Programmgrundsätze des WDR verstoßen habe.
„In vielen Bereichen der jungen Generation", so äußerten Gremienmitglieder weiter, werde „in breitem Ausmaß eine Umwertung von Vorstellungen vorgenommen, [...] verbunden mit andersartigem sozialem Engagement, verbunden auch mit eigenständigem Handeln, das sich nicht allein orientiert [sic] an staatlichen obrigkeitlichen Regeln und deren Akzeptanz in Frage stelle". Deshalb dürfe die Radiothek gerade nicht ersatzlos aus dem Programm gestrichen werden.

> „Vielmehr müsse dieses gesellschaftliche Phänomen stärker aufgenommen werden, und zwar nicht in Sendungen auf diese Gruppe hin, durch ‚Kästchen'-Sendungen also, sondern nach intensiver Befassung mit diesem Problem müßten ‚therapeutische' Maßnahmen von einer wesentlich breiteren Ebene aus erdacht werden. [...] Die Radiothek habe dieses generelle Problem nicht aufgegriffen. Sie habe keine wirkliche Hilfe angeboten, sondern auf ein Echo reflektiert, das den Wert ihres eigenen Tuns unterstreichen sollte."

Man bedauere, daß sich die Dinge um die Sendung dergestalt entwickelt hätten. Die Programmbeiratsmitglieder verwiesen auf ihr kritisches Votum im Anschluß an die Arbeit der Beobachterkommission 1975: „Hätte man auf den damaligen Rat des Programmbeirats gehört, wäre Schaden vom WDR abgewendet worden. Die Redaktion habe mit ‚Radiothek' eine große Chance vertan." Denn sie habe sich über Gebühr mit Teilen der Zielgruppe identifiziert. „Für die Zukunft müsse gesichert werden, daß bei aller notwendigen Identifi-

---

[1389] Schreiben Teiners an Jenke vom 27.12.1979, WDR Hist. Arch. 10461.
[1390] Schreiben Jenkes an Linnerz vom 28.12.1979, WDR Hist. Arch. ebda. – In ähnlichem Sinne antwortete Jenke am 3.1.1980 der Hörerin Elisabeth P., WDR Hist. Arch. ebda.
[1391] Schreiben Giesens an von Sell vom 14.1.1980, WDR Hist. Arch., unverz. Best. des Intendanten von Sell, Akte *WDR Allgemeine Programmangelegenheiten – RADIOTHEK – Vorgänge um die „6.12.79-Sendung", die Absetzung der Live-Wort-Beiträge etc. – 24.602*.
[1392] Protokoll der Verwaltungsratssitzung vom 21.1.1980, WDR Hist. Arch. ebda.

kation mit der Jugend in den Sendungen Indoktrination vermieden und Dialogfähigkeit eingeübt werde."

Intendant von Sell erklärte in derselben Sitzung wörtlich, die Radiothek habe „gute und große Zeiten gehabt". Allerdings sei „die von der Redaktion erstellte Konzeption [...] nur in nebensächlichen Passagen erfüllt worden."[1393] Nach eigenen Angaben mußte sich der Intendant in den Gremiensitzungen vorwerfen lassen, „daß ich es versäumt hätte, dem verantwortlichen Redakteur der Sendung vom 6.12.1979 fristlos zu kündigen".[1394]

Hans Janke störte sich daran, daß *Amoklauf* „unkritisch wiedergegeben" worden sei – statt es „in einen literarischen und möglichst auch gesellschaftlichen Zusammenhang" hineinzuversetzen. Er attestierte somit dem Moderator Versagen. Denn: „Es gibt viele Beispiele dafür, daß Texte, die viel obszöner sind, im *WDR* gesendet werden konnten – in einem kritischen Kontext, welcher der Information und Auseinandersetzung diente, was niemand beanstandet hat."[1395]

Das WDR-Justitiariat begann, die Möglichkeit einer fristlosen Kündigung zu untersuchen, und wandte sich an den Hörfunkdirektor mit der Frage, ob sich Ulrich Lux als verantwortlicher Redakteur der „geschmacklichen wie rechtlichen [...] Problematik" des Gedichtes bewußt gewesen sei, ob er Folgerungen „im Sinne von ‚Abwehrmaßnahmen'" gezogen habe, ob er Rücksprache mit Vorgesetzten hätte nehmen oder auch aufgrund von Erfahrungen aus der Vergangenheit hätte sensibilisiert sein müssen.[1396] Heinz Linnerz erläuterte, Lux habe das Einspielband der Sendung vorher gekannt, nicht aber die Moderation.

> „Der verantwortliche Redakteur war sich der Problematik des infragestehenden Gedichts zwar bewußt, doch hat er sie offenbar nicht für gravierend im Sinne einer Verletzung von § 4 WDR-Gesetz gehalten. Dafür sind zwei Gründe anzuführen: erstens verstand der Redakteur das [...] Gedicht-Zitat nach eigener Aussage als Dokumentation eines typischen Produkts der Gattung Lyrik, wie es heute von sogenannten Alternativ-Verlagen gedruckt und veröffentlicht wird. Zweitens geht es hier sicher auch um eine Generationenfrage. Was das ist: ‚sittliche und religiöse Überzeugungen', und wo ihre Verletzung beginnt, wird heute zwischen den Generationen äußerst unterschiedlich gewertet. Wer Kinder in diesem Alter hat, weiß das."[1397]

„Zweifelsfrei muß der verantwortliche Redakteur dieser Sendung ein Abmahnungsschreiben erhalten"[1398], kommentierte Jenke gegenüber dem Justitiariat. Eine fristlose Kündigung jedoch, so stellte Justitiar Günter Herrmann fest, sei rechtlich von vornherein nicht durchsetzbar gewesen.[1399] Darüber hinaus erläuterte er dem Intendanten, juristisch lasse sich die Annahme vertreten, daß die Ausstrahlung des Waldhoff-Gedichtes weder die religiösen noch die sittlichen Überzeugungen der Bevölkerung mißachte. Wohl hielt Herrmann den

---

[1393] Protokoll der Programmbeiratssitzung vom 28.1.1980, WDR Hist. Arch. ebda.

[1394] Schreiben von Sells an Dieter Haak, den Vorsitzenden der SPD-Landtagsfraktion in Düsseldorf, vom 29.1.1980, WDR Hist. Arch. ebda. – Manfred Jenke hatte zur Frage einer fristlosen Kündigung bereits am 28.1.1980 gegenüber Justitiar Günter Herrmann bekundet, die einschlägige Frist habe mit der „Bewertung der Sendung durch Intendant und Hörfunkdirektor am 3.1. begonnen"; Jenke faßte in diesem Schreiben auch den Ablauf der Diskussion zusammen, WDR Hist. Arch. 10461.

[1395] Janke, „... den Gebrauchswert differenzieren", a.a.O., S. 7.

[1396] Vgl. Schreiben des WDR-Justitiariats an Jenke vom 11.2.1980, WDR Hist. Arch. 10465; direkte Zitate dort entnommen.

[1397] Schreiben Linnerz' an Jenke vom 13.2.1980, WDR Hist. Arch. ebda.

[1398] Schreiben Jenkes an das WDR-Justitiariat vom 18.2.1980, WDR Hist. Arch. ebda. – Zum Inhalt dieser Abmahnung und ihren rechtlichen Mängeln vgl. unten Abschnitt VI. 6. d).

[1399] Vgl. Herrmanns Schreiben an Sell vom 22.2.1980, WDR Hist. Arch., unverz. Best. des Intendanten von Sell, Akte *WDR Allgemeine Programmangelegenheiten – RADIOTHEK – Vorgänge um die „6.12.79-Sendung", die Absetzung der Live-Wort-Beiträge etc. – 24.602*. Verwaltungsdirektor Friedrich Bösel hatte sich gegenüber Jenke am 11.2. dafür ausgesprochen, alle noch möglichen disziplinarischen Maßnahmen einzuleiten, vgl. das Schreiben in WDR Hist. Arch. 10461.

Text für „eindeutig geschmacklos" und betonte, er verstoße „außerdem gegen die im Hörfunk des WDR selbstgewählten journalistisch-programmlichen Grundsätze".[1400]
So warf der WDR-Verwaltungsrat der Radiothek-Redaktion in der Sitzung am 20. Februar 1980 erstmals förmlich eine Verletzung der Programmgrundsätze des § 4 WDRG vor.[1401] Inzwischen hatten allerdings die Radiothek-Redakteure für eine handfeste Überraschung gesorgt: Sie hatten allesamt ihre Redaktionsverantwortung niedergelegt.[1402]

2. Jahreswende 1979/80: Die Redaktion tritt zurück

Über die Gründe dieser Entscheidung kann man aus heutiger Sicht nur spekulieren; manches spricht jedoch dafür, daß die Debatten der letzten Dezemberwochen lediglich den Auslöser darstellten.[1403] Die langandauernden Konflikte dürften Wirkungen hinterlassen haben; und gerade im November 1979 war Dietrich Backmann mit dem Projekt einer O-Ton-Satire über den Unions-Kanzlerkandidaten Franz Josef Strauß auf den Widerstand seiner Vorgesetzten gestoßen. Uwe Rosenbaum hielt in einem Vermerk für den Hörfunkdirektor[1404] fest, daß Kulturchef Linnerz in Absprache mit Jenke entscheiden wolle, ob Backmanns Beitrag gesendet werden könne. Rosenbaum selbst erklärte die Satire rundheraus für „unsendbar". Der Kulturchef teilte drei Tage später seine Meinung. „Ich sehe mich [...] außerstande, Ihrem Vorhaben zuzustimmen", ließ Heinz Linnerz Dietrich Backmann wissen.

> „Der kommende Wahlkampf steht im Zeichen der Personalisierung durch Schmidt und Strauß. Wegen der umstrittenen Figur des CDU/CSU-Kanzlerkandidaten muß befürchtet werden, daß er in einem bisher nicht gekannten Ausmaß ins Emotionale abgleitet. Wenn irgendwer, dann sind es die vielgelästerten öffentlich-rechtlichen Medien, die dem Sog zu widerstehen haben: also Argument und Analyse statt Emotion, rationale Auseinandersetzung mit den politischen Sachaussagen statt Beschäftigung mit Personen und Affären."[1405]

Auch unter Kollegen stieß Backmanns Idee auf offene Bedenken. „Je mehr ich über das Sylvester-Vorhaben der ‚Radiothek' nachdenke [...], umso nachdenklicher werde ich dabei", bekannte Wolfgang Pahde von der Programmgruppe Unterhaltung-Hörfunk. „Wir

---

[1400] Schreiben Herrmanns an von Sell vom 15.2.1980, WDR Hist. Arch., unverz. Best. des Intendanten von Sell, Akte *WDR Radiothek ausschließlich Sendung v. 30.12.80 Abschluß-Sendung (Kündigung Lux) 1 – 24.602 – 258.*
[1401] Vgl. Mitteilung des Programmbeiratsvorsitzenden Klinger in der Sitzung vom 13.3.1980, WDR Hist. Arch., unverz. Best. des Intendanten von Sell, Akte *WDR Allgemeine Programmangelegenheiten – RADIOTHEK – Vorgänge um die „6.12.79-Sendung", die Absetzung der Live-Wort-Beiträge etc. – 24.602.*
[1402] Vgl. Schreiben Greiners an Jenke und Linnerz vom 29.12.1979, WDR Hist. Arch. 10458.
[1403] In den Akten der Intendanz findet sich an einer von Uwe Magnus verfaßten *Notiz für Herrn v. Sell* vom 18.10.1979 ein nicht namentlich gekennzeichneter, maschinegeschriebener Vermerk: „RADIOTHEK: Evtl. Unterstellung unter Chefredaktion?". WDR Hist. Arch., unverz. Best. des Intendanten von Sell, Akte *WDR Allgemeine Programmangelegenheiten – RADIOTHEK – Vorgänge um die „6.12.79-Sendung", die Absetzung der Live-Wort-Beiträge etc. – 24.602.* Es deutet aber nichts darauf hin, daß dieser Gedanke weiter verfolgt wurde.
[1404] Vermerk vom 14.11.1979, WDR Hist. Arch., unverz. Best. der Hörfunkdirektion, Akte *1.05 – 113.*
[1405] Schreiben Linnerz' an Backmann vom 17.11.1979, WDR Hist. Arch. 10462. – Backmanns geplanter Beitrag tauchte in den am 24.10.1979 abgefaßten Programmplanungen für den Silvestertag 1979 auf: *Ein Strauß voll blumiger Reden. Von und mit Franz Josef*, WDR Hist. Arch., unverz. Best. der Hörfunkdirektion, Akte *1.05 – 113.* Jenkes Referent Kawohl vermerkte auf diesem Blatt, Linnerz werde „die Sache auf jeden Fall im Auge" behalten, und fügte hinzu: „Ich auch." – Linnerz und Backmann räumten im Januar 1980 einige Mißverständnisse aus, die im Zuge der offenbar engagierten Debatte um die Sendung aufgekommen waren, vgl. die Schreiben vom 14. und 21.1.1980, WDR Hist. Arch., ebda.

haben [...] die Befürchtung, daß der zu erwartende ‚Knaller' bewirkt, daß im Wahljahr 1980 unsere kabarettistischen Aktivitäten unter Einschränkungen zu leiden haben."[1406]
Zwischen Linnerz und der Redaktion scheinen sich überraschende Spannungen ergeben zu haben. Helga Kirchner wandte sich an den Kulturchef und äußerte

> „Besorgnis darüber [...], welches Ausmaß die Meinungsverschiedenheiten zwischen Dietrich Backmann und Ihnen über das Silvesterprogramm angenommen haben. [...] In den fast sechs Jahren seit Bestehen der RADIOTHEK ist dies [...] das erste Mal, daß ein Programmbeitrag im Stadium der Planung durch den Eingriff eines übergeordneten Programmverantwortlichen gestoppt worden ist. Daher wirft der Konflikt zwischen Herrn Backmann und Ihnen die nach unserer Auffassung über den aktuellen Anlaß hinausgehende Frage auf, ob Sie als Programmbereichsleiter ein anderes Verständnis Ihrer Arbeit zugrunde legen. Sollte dies der Fall sein, so wäre die gesamte Redaktion davon betroffen."[1407]

Jenke hatte bereits im Oktober vor einer „Kumulation der Nadelstiche" gegen Franz Josef Strauß gewarnt und stärkte Linnerz nun den Rücken. Backmanns Satire wurde abgesetzt.[1408]
Kurz vor Silvester erhielten Heinz Linnerz und Manfred Jenke dann ein überraschendes Schreiben Franz Greiners: Die Redakteure der Radiothek hätten ihn gebeten, „die Programmverantwortung für die laufenden Sendungen der Radiothek (Wort) zu übernehmen, [...] beunruhigt durch das Schreiben des Herrn Intendanten an Herrn Jenke vom 10. Dezember [...]." Greiner erläuterte, er habe eingewilligt, dabei aber darauf hingewiesen, daß er sich streng an den vom Intendanten in dessen Schreiben vom 10. Dezember entwickelten Kriterien orientieren müsse. „Die anwesenden Redakteure haben diesen Verfahrensmodus akzeptiert, nicht zuletzt um auf diese Weise ihre Loyalität mit der Leitung des Hauses zu bekunden."[1409]
Jenke erläuterte die Angelegenheit von Sell im Januar 1980: Die Radiothek-Mitarbeiter hätten „ihre Funktion als ‚verantwortlicher Redakteur' zur Disposition des Hörfunkdirektors" gestellt. Er werte dies „als einen Loyalitätsbeweis der Redaktion Ihnen und mir gegenüber".[1410]
Zur Begründung vermutet Helga Kirchner heute, die Redakteure seien derart verunsichert gewesen, wie sie mit der massiven Kritik an ihrer Sendung umgehen sollten, daß sie sich zu diesem Schritt entschlossen. Von einer Kurzschlußreaktion sprechen möchte sie nicht unbedingt.

[1406] Schreiben Pahdes an Linnerz vom 19.11.1979, WDR Hist. Arch. 10462.

[1407] Schreiben Kirchners an Linnerz vom 28.11.1979, WDR Hist. Arch. ebda.

[1408] Vgl. die Datenübersicht zum Gang der Ereignisse in: WDR Hist. Arch. ebda.

[1409] Schreiben Greiners an Linnerz und Jenke vom 29.12.1979, WDR Hist. Arch. 10458.

[1410] Schreiben Jenkes an von Sell vom 7.1.1980, WDR Hist. Arch. 10457. – Die Aufgaben eines verantwortlichen Redakteurs waren im Mai 1974 in einer Dienstanweisung von Bismarcks geregelt worden. Jede Sendung mußte abgenommen werden, und dies oblag dem verantwortlichen Redakteur: Er mußte sie abhören und auf ihre Gesetzes- und Regelkonformität prüfen. In Zweifelsfällen mußte er seinen Abteilungsleiter oder Hauptabteilungsleiter, ggf. auch den Programmdirektor oder Intendanten einschalten. Sofern es sich um eine Live-Sendung gehe, waren die Redakteure zu besonderer Vorsicht gehalten; sie mußten schon während der Vorbereitung möglichen Gefahren entgegenwirken und während der Sendung „sich an der Produktionsstätte aufhalten" oder aber – „mit besonderer Genehmigung des Programmdirektors" – unmittelbar erreichbar sein, um rasch eingreifen zu können. Zit. nach der *Dienstanweisung des Intendanten zur Regelung der Programmverantwortung (WDR-Programmanweisung) vom 7. März 1974*, publiziert in: KuR 47/1974 (13.7.1974). Vgl. dazu außerdem die beiden Rundschreiben von Bismarcks an die Programmitarbeiter vom 1.5. und 19.6.1974, WDR Hist. Arch. 13092. – RFFU, Personalrat und Redakteursversammlung reagierten zurückhaltend auf die Anweisung: Sie sahen die Gefahr, „daß Rundfunkgesetz usw. restriktiv ausgelegt und benutzt werden", sie mahnten Mitspracherechte der Redaktionsebene bei der Benennung verantwortlicher Redakteure an; und vor allem vermißten sie einen umfassenden Rechtsschutz durch den WDR in Streitfällen. Vgl. den Kommentar in: FkKorr 28/1974 (10.7.1974).

„Das kann man ex post immer ganz schnell sagen; wahrscheinlich hat es auch den Anschein, als sei das eine Kurzschlußreaktion gewesen. Ich denke, wenn man als Kollektiv ein relativ hohes Maß an Übereinstimmung hat in bestimmten Fragen, funktioniert es schon mal so, daß man der Ansicht ist, es bleibt uns jetzt keine andere Wahl, nur dieses zu tun – und dann ist es halt geschehen."[1411]

Ulrich Teiner mißt diesem Schritt der Redakteure aus heutiger Sicht große Bedeutung zu: „In *so* einer Situation die Verantwortlichkeiten zu wechseln, wo alles unter einem solchen Druck steht, das war, glaube ich, [...] der erste Todesstoß! Das ist, wie wenn Sie im Fluß die Pferde wechseln. Dann schwimmt Ihnen der Wagen weg."[1412]

3. Januar 1980: „Maulkorb vom Funkbaron"[1413]? Die Radiothek unter schärferer Kontrolle

Es ist fraglich, ob der nun – als Vorgesetzter Teiners – verantwortliche Redakteur Franz Greiner zur Jahreswende 1979/80 ahnte, welch turbulente Wochen ihm bevorstanden. Mitte Januar 1980 nahmen *Express* und *Frankfurter Rundschau* den Fortfall der Radiothek-Wortbeiträge von Silvester und Neujahr zum Anlaß, über die künftige Gestalt der Sendung zu spekulieren.[1414] Was zu dieser Zeit noch aus der Luft gegriffen scheinen mochte, wurde nur Tage später Realität: Der Vorspann der Ausgabe vom 22. Januar war kaum verklungen, da informierte eine von Haussprecher Lothar Dombrowski verlesene redaktionelle Mitteilung die Hörer darüber, daß die Radiothek ab sofort bis auf weiteres als reine Musiksendung ausgestrahlt werde.[1415]

a) Das Aus für die spontanen Live-Wortmoderationen

Dieser Schritt ging zurück auf eine Besprechung zwischen Friedrich-Wilhelm von Sell und Manfred Jenke fünf Tage zuvor. „Ab sofort", so legten beide fest, werde es „keine Live-Sendungen mehr" auf dem Sendeplatz der Radiothek geben, „um so dem verantwortlichen Redakteur (Dr. Greiner bzw. dessen Stellvertreter) die verantwortliche Abnahme jeder Sendung zu ermöglichen. [...] Nur die Musikteile also werden künftig live moderiert." Zugleich stellten Intendant und Hörfunkdirektor ein „Brainstorming" in Aussicht, bei dem unter Leitung Jenkes „mit allen Programmbereichsleitern und der Leitung der Radiothek" in Anwesenheit von Sells ermittelt werden solle, „ob die/eine ‚Radiothek- bzw. Jugend-Sendung' künftig im Programm sein kann und soll". Schon jetzt wurden „inhaltliche ‚Unverzichtbarkeiten'" einer derartigen Sendung festgelegt:

> „Orientierung an den Interessen der Zielgruppe, dabei – je nach Thema etc. – immer auch Hinführung auf Integration in die Gesellschaft. [...] In der Summe müssen alle Sendungen nach Thema und Machart alle Gruppen von Jugendlichen erreichen und für sie interessant sein; dabei sollen sie sich immer auch am allgemeinen Interesse der anderen Hörer orientieren."

[1411] Interview mit Helga Kirchner im August 2004.
[1412] Interview mit Ulrich Teiner im Februar 2005.
[1413] Zeitgenössische Schlagzeile in der Presse: Hans Wüllenweber, Maulkorb vom Funkbaron. Ein Jugendmagazin beim WDR wurde sprachlos. Nach „Rock gegen rechts" gab es „Zoff" beim Intendanten, in: *Stuttgarter Nachrichten* vom 28.1.1980.
[1414] Vgl. Schreiben Teiners an Linnerz vom 15.1.1980, WDR Hist. Arch. 10457.
[1415] Vgl. Schreiben Teiners an Stephan Piltz vom 25.1.1980, WDR Hist. Arch. ebda.

Dies war der noch wenige Jahre zuvor von der Redaktion und auch von Jenke selbst für unmöglich befundene Spagat. Hörfunkdirektor und Intendant fügten hinzu, daß diese Prinzipien ab sofort gölten; und sie fuhren schweres Geschütz auf:

> „Der Hörfunkdirektor wird auch unter Bezugnahme auf die vorliegenden Beschwerden und Kontroversen die geänderte Fortführung der Radiothek klären. Sollte die Radiothek-Redaktion hierfür nicht bereitstehen, wird programmlich die Sendung vorerst als reine Musik-Sendung weitergeführt [...]."[1416]

Zehn Tage später legte Jenke die neue Verfahrensweise fest: Die künftigen Wortmoderationen sollten „in der Regel anhand eines vom verantwortlichen Redakteur abgenommenen Manuskripts gesprochen werden". Wenn sich „aus zwingenden Gründen" kein Manuskript herstellen lasse, müsse der verantwortliche Redakteur während der Sendung im Studio anwesend sein.[1417] Teiner hielt – einer Gesprächsnotiz Linnerz' zufolge – wenig von der neuen Regelung: Der Manuskriptzwang einschließlich Abnahme sei „der konkreten Studio-Situation nicht angemessen". Es sei hingegen „denkbar [...], vorproduzierte Sendungen anzubieten, die beim Hörer nicht [!] den Eindruck von ,live' erwecken".[1418]

Für die Jugendsendung bedeutete von Sells und Jenkes Entschluß eine Zäsur. Es hatte zwar schon häufig Sendungen ohne live hergestellte Wortbeiträge gegeben – nun aber war die inhaltliche Ausrichtung der Wortstrecken direkt betroffen: in Gestalt einer potentiellen dauernden Kontrolle.
Die WDR-Pressestelle sah sich genötigt, in einem Fernschreiben Spekulationen entgegenzutreten:

> „in heute erschienenen einzelnen berichten wird der eindruck erweckt, es gehe bei der gegenwaertigen wdr-internen diskussion um die konzeption der wortsendungen der sendereihe ,radiothek' darum, kritischen journalismus zu beeintraechtigen. dies ist abwegig. ziel ist, die einhaltung der gesetzlichen bestimmungen und jouralistischen prinzipien [...] sicherzustellen. der wdr haelt an der aufgabe einer sendung fuer alle jugendlichen fest, die auch fuer randgruppen der jugend eine integrierende funktion wahrnehmen soll."[1419]

Manfred Jenke hatte unterdessen nach einer Besprechung mit den Programmgruppenleitern und Redakteuren entschieden, daß das Wortprogramm der Radiothek wiederaufgenommen, jedoch „auf solche Tage" beschränkt werden solle, „welche nur wenige Live-Anteile enthalten haben, die nunmehr auch vorproduziert werden". Die Redaktion werde in den kommenden Tagen „Konzeptionen für neue Sendeformen und erweiterte Sendeinhalte erarbeiten", ließ er von Sell wissen.[1420] Teiner, Linnerz und Greiner verdeutlichte Jenke, daß es nun an der Zeit sei, „einen neuen Anfang zu suchen". Er warf dazu grundsätzliche Fragen auf:

[1416] *Besprechungsnotiz v. Sell/M. Jenke betr. Radiothek, 17.1.80*, WDR Hist. Arch. ebda. – Die WDR-Pressestelle informierte über die Planungen „auf Anfrage", vgl. die Presseerklärung vom 22.1.1980, WDR Hist. Arch. ebda.
[1417] Vgl. Schreiben Jenkes an Linnerz vom 28.1.1980, WDR Hist. Arch. ebda.; direkte Zitate dort entnommen.
[1418] Vgl. Linnerz' *NOTIZ über ein Telefongespräch mit Herrn Teiner am 29.1.1980 gegen 14.00 Uhr*, WDR Hist. Arch. ebda.; direkte Zitate dort entnommen.
[1419] Fernschreiben der WDR-Pressestelle 4800/1 vom 23.1.1980, WDR Hist. Arch. 10457. – Ulrich Teiner bemängelte in einem Schreiben an Pressechef Michael Schmid-Ospach vom 24.1.1980 die Formulierung „ziel ist, die einhaltung...". Man könne daraus, so Teiner, den Umkehrschluß ziehen, daß der Redaktion bisher laufend gesetzliche Bestimmungen und journalistische Prinzipien verletzt hat, was man doch im Ernst nicht behaupten kann. Ich unterstelle nicht, daß dies Ihre Absicht war, aber ließen sich solche möglichen Mißverständnisse durch vorherige Abstimmung nicht ausschließen?" WDR Hist. Arch. 10457.
[1420] Vgl. Schreiben Jenkes an von Sell vom 21.1.1980, WDR Hist. Arch. ebda.; direkte Zitate dort entnommen.

> „Will die Redaktion vollständig zusammenbleiben? [...] Welche Gründe sprechen dagegen/dafür, daß die Redaktion sich weiter als ‚Jugend'-Redaktion versteht? [...] Welche Gründe sprechen dafür, der Redaktion insgesamt einen anders/weiter gefaßten Programmauftrag zu geben? [...] Wie steht die Redaktion der Auffassung des Hörfunkdirektors gegenüber, den bisherigen Programmplatz im WDR 2 für Sendungen mit breiter angelegtem Publikum zu verwenden? [...] Sieht die Redaktion Möglichkeiten, die im Arbeitspapier ‚Radiothek' definierten Programmziele auf unterschiedlichen Programmplätzen/in den verschiedenen Programmen zu realisieren? Oder erscheint ihr dies nur auf WDR 2 von 19.05 Uhr bis 21.00 Uhr möglich? Ich möchte Sie bitten, diesen Fragen in den nächsten Tagen sehr intensiv nachzugehen."[1421]

Zwar ergänzte Jenke Greiner gegenüber, der Intendant wolle die Radiothek weiterhin im Programm sehen, „weil er nach wie vor die im Grundsatzpapier der ‚Radiothek' formulierten Ziele als einen wichtigen Bestandteil unserer Programmarbeit ansieht".[1422] Doch de facto stand die Existenz der Sendung in der Chefetage des Hörfunks erstmals offen zur Disposition.

Teiner plädierte auf Jenkes Anfrage hin dafür, eine Zielgruppensendung für Jugendliche auf der Grundlage des Selbstverständnispapiers fortzuführen. Allerdings:

> „Diese Weiterführung ist unter den Auflagen der Besprechungsnotiz des Intendanten vom 18.1.80 nicht mehr möglich. Die dort formulierten Auflagen und Grundsätze lassen sich mit den bisherigen Arbeitsgrundlagen der Redaktion nicht vereinbaren. Die Redaktion schlägt deshalb [...] ein Konzept für eine neue Sendung im neu strukturierten WDR 2-Abendprogramm vor."

Dieser Entwurf ist nicht erhalten. Im übrigen wandte sich Teiner gegen die Idee wechselnder Sendeplätze und Programme, da dies den Hörern keine „Identifikationsmöglichkeit" biete.[1423]

Während die Redaktion ihr Wortprogramm bereits am 23. Januar mit der Wiederholung eines bereits zuvor ausgestrahlten Beitrages wiederaufnahm, machte Franz Greiner gegenüber Manfred Jenke seiner Entrüstung Luft:

> „Die von der Leitung des Hauses [...] geforderte Maßnahme (Verzicht auf Live-Moderation) stellt in meinen Augen eine die Grundsätze der Gleichheit und Gerechtigkeit verletzende Behandlung der Redakteure der RADIOTHEK dar, zu deren Durchführung ich mich aus Gewissensgründen außer Stande sehe. Ich bitte Sie, den Gehorsam eines konservativen römischen Katholiken gegenüber seinem Gewissen zu respektieren."

Greiner regte Schritte an, „die sowohl im Haus wie in der Öffentlichkeit dem Eindruck der Disziplinierung der RADIOTHEK-Redakteure entgegenwirken" sollten: „Für die Dauer des Live-Verbots der RADIOTHEK sollte diese Maßnahme auf alle vergleichbaren live moderierten Sendungen der Programmgruppe Familie und Gesellschaft, einschließlich ‚Hallo Ü-Wagen', ausgeweitet werden. Ich zähle dabei auf die Solidarität der Kollegen." Abschließend schlug er „ein Moratorium für die Sendung RADIOTHEK-WORT auf die Dauer von 7 Monaten" vor, „in welcher Zeit neue Programmkonzeptionen zu entwickeln und zu erproben sind".[1424]

[1421] Schreiben Jenkes an Greiner, Linnerz und Teiner vom 21.1.1980, WDR Hist. Arch. ebda.
[1422] Schreiben Jenkes an Greiner vom 21.1.1980, WDR Hist. Arch. ebda.; direkte Zitate dort entnommen. Jenke bat zugleich um Klärung, inwieweit Vorproduktionen möglich seien, und regte auch die Vorproduktion bisher live geführter Gespräche an. „Ich stelle diese Fragen deshalb, weil ich eine etwa pauschal abgegebene Erklärung, die ‚Radiothek' sei unter den vom Intendanten gesetzten Bedingungen nicht weiterführbar, unter keinen Umständen akzeptieren kann."
[1423] Vgl. Schreiben Teiners an Jenke vom 25.1.1980, WDR Hist. Arch. 10457; direkte Zitate dort entnommen.
[1424] Vgl. Schreiben Greiners an Jenke vom 24.1.1980, WDR Hist. Arch. ebda.; direkte Zitate dort entnommen.

„Ich zähle dabei auf die Solidarität der Kollegen" –
Programmgruppenleiter Franz Greiner war ab 1978
Vorgesetzter der Radiothek-Redaktion und setzte sich
engagiert für sie ein.

Jenke ging auf diese Anregung in der Korrespondenz nicht ein. Er beauftragte Linnerz und die Redaktion, inhaltliche und personelle Ideen für die nächste Zukunft zu erarbeiten – und ließ erkennen,

> „daß die Alternative einer reinen Musiksendung nach wie vor als letzte Möglichkeit bleibt, sofern es nicht gelingt, eine für die Wortbeiträge akzeptable Konzeption zu finden. Wenn ich der Redaktion – ungeachtet meiner Kritik an Einzelsendungen – das volle Vertrauen ausgesprochen habe, so im Hinblick darauf, daß ich ihr wie Ihnen und Herrn Dr. Greiner zutraue, eine überzeugende Konzeption zu entwickeln. Sollten Sie sich dazu nicht in der Lage sehen, erbitte ich möglichst umgehend Ihre Nachricht, damit ich neue Überlegungen zum Sendeplatz, zu den personellen und sachlichen Kapazitäten einleiten kann."[1425]

Die Redaktion reagierte, indem sie eine detaillierte Themenvorschau für die Zeit vom 18. Februar bis 18. Mai 1980 vorlegte. Die Themenwahl unterschied sich allerdings nicht sonderlich von derjenigen der Vorjahre: Es ging um die Gesamtschule ebenso wie um die Schwangerschaft Minderjähriger, die Kooperation zwischen Betriebsräten und Jugendvertretungen oder auch um Pablo Picassos Gemälde *Guernica* als Unterrichtsgegenstand; es gab einen Rückblick auf den Kapp-Putsch, eine Bilanz des Störfalls im US-Atomkraftwerk Harrisburg, eine Reportage über „Krach in Jugendheimen" ebenso wie eine Vorschau auf die nordrhein-westfälische Landtagswahl.[1426] Über diesen Zeitraum hinaus sind derlei Papiere nicht erhalten; nichts deutet jedoch darauf hin, daß das „Live-Verbot" noch einmal modifiziert oder gar aufgehoben wurde. Joachim Sonderhoff bestätigte diese Annahme: „Ich weiß noch, daß alle Beiträge vorher produziert wurden. Live wurde also fast gar nichts mehr gemacht."[1427]

[1425] Schreiben Jenkes an Linnerz vom 30.1.1980, WDR Hist. Arch. ebda..
[1426] Vgl. die Übersicht ebda.
[1427] Interview mit Joachim Sonderhoff im August 2005.

Manfred Jenke entwarf nun einen dreistufigen Maßnahmeplan: „Kurzfristig" sollte sichergestellt werden, daß sich die Radiothek-Redaktion den Programmleitlinien gemäß verhielt, ihr Themenspektrum ausweitete und enger mit anderen Programmbereichen zusammenarbeitete. „Mittelfristig" wünschte er sich vor allem eine „breitere Akzeptanz der Sendung". „Langfristig" plante er eine „neue Definition von Programmplätzen" im Rahmen einer 1981 anstehenden Programmstrukturreform.[1428]
Intendant von Sell informierte die Mitglieder der WDR-Aufsichtsgremien über die neue Verfahrensweise; die Themenvorschau bezeichnete er als „tragfähige Grundlage für die Weiterführung".[1429] Manfred Jenke stellte fest[1430], das neue Redaktionskonzept weise „Lücken im Bereich der aktuellen (live) Berichterstattung" auf, die freilich „unter den gegebenen Umständen offen bleiben" müßten. Er faßte zusammen, nach Erörterungen in den Gremien sowie Gesprächen zwischen den maßgeblichen Ebenen des Hörfunks stehe fest, daß es weiterhin Sendungen für junge Hörer nach dem „Wort/Musik-Modell" der Radiothek geben solle. Die Sendungen sollten die Zielgruppe ansprechen, aber auch älteren Hörern zugänglich sein. Für Moderationen aus dem Studio wiederholte Jenke seine schon am 28. Januar gegenüber Linnerz aufgestellten Regeln – das bedeutete Manuskriptzwang. Jede *Radiothek am Draht* war ebenso wie „Live-Schaltungen von anderen Aufnahmeorten in die laufende Sendung" vom Programmgruppenleiter im Voraus zu genehmigen. „Ein Beweis des Mißtrauens, wie man ihn deutlicher nicht erbringen kann"[1431], kommentiert Helga Kirchner diese Verfahrensweisen.
Während die Gremien zustimmten[1432], erhoben die Redakteure des Senders Protest:

> „Die Redakteursversammlung fordert den Intendanten und den Hörfunkdirektor auf, die Sendung ‚Radiothek' auf der Grundlage der seit 1974 im Einvernehmen mit dem Programmbeirat des WDR akzeptierten Konzeption wieder auszustrahlen. Die Redakteursversammlung ist der Auffassung, dass vor einer abschließenden Diskussion einer Hörfunk-Struktur-Reform kein Grund vorliegt, die Arbeit der Redaktion Radiothek mit neuen konzeptionellen Auflagen zu belegen. Dazu gehört auch das Verbot von Live-Sendungen. Bereits getroffene Auflagen müssen zurückgenommen werden."[1433]

Die WDR-Mitarbeiter standen mit ihrem Unmut nicht allein. Der Redakteursausschuß von Radio Bremen wandte sich an von Sell und erklärte, er sei „empört über Ihre Angriffe gegen die WDR-Hörfunk-Jugendsendung ‚Radiothek'"; die Sendung sei „unbestritten die erfolgreichste Jugendsendung im öffentlich-rechtlichen Hörfunk unserer Republik".[1434] Der Bezirksvorstand Ostwestfalen-Lippe der DJU protestierte in einem offenen Brief; und die SPD-Landtagsfraktion gab in einem Fernschreiben zu bedenken,

---

[1428] Vgl. den Vermerk Jenkes *Besprechungspunkte RADIOTHEK/27.2.1980*, WDR Hist. Arch., unverz. Best. des Intendanten von Sell, *WDR Allgemeine Programmangelegenheiten – RADIOTHEK – UNTER-Allgemeinakte der Allgemeinakte 1 a – 24.602 – 261*; direkte Zitate dort entnommen.
[1429] Schreiben von Sells vom 28.2.1980 an die Mitglieder von Verwaltungs-, Rundfunk- und Programmbeirat, WDR Hist. Arch. D 1770. Tags zuvor hatte der Intendant dies auch in einem Schreiben an den Hörfunkdirektor betont, vgl. WDR Hist. Arch., unverz. Best. des Intendanten von Sell, *WDR Allgemeine Programmangelegenheiten – RADIOTHEK – UNTER-Allgemeinakte der Allgemeinakte 1 a – 24.602 – 261*.
[1430] Notiz Jenkes vom 14.2.1980, WDR Hist. Arch. 10457.
[1431] Interview mit Helga Kirchner im August 2004.
[1432] Vgl. Pressemitteilung des WDR vom 29.1.1980 sowie die Notiz Jenkes vom 14.2.1980, WDR Hist. Arch. 10457.
[1433] Zit. nach dem Fernschreiben der WDR-Pressestelle an DPA Köln vom 30.1.1980; die außerordentliche Redakteursversammlung hatte am 28.1. stattgefunden. WDR Hist. Arch. D 1770.
[1434] Schreiben des RB-Redakteursausschusses an von Sell vom 7.2.1980, WDR Hist. Arch., unverz. Best. des Intendanten von Sell, Akte *WDR Allgemeine Programmangelegenheiten – RADIOTHEK – Absetzung der Live-Wort-Beiträge L-Z – 24.602*.

> „eine solche sendung koenne nicht stets den ästhetischen bedürfnissen einiger erwachsener entsprechen. die kritiker der sendung sollten auch bedenken, dass sich ein schnell und kess in einer life[sic]-sendung dahingesagtes wort um vieles schwerwiegender darbiete, wenn man es später gedruckt und mit voller innerer bereitschaft zur moralischen empörung nachlese."[1435]

Zwölf sozialdemokratische Bundestagsabgeordnete – unter ihnen Heide Simonis, Norbert Gansel und Peter Conradi – protestierten in einem Schreiben an den WDR:

> „Seitdem Christdemokraten in akribischer Form systematisch Rundfunk- und Fernsehsendungen nach parteipolitisch unliebsamen Beiträgen durchforsten und dies dann beim Intendanten anmahnen, wird in Ihrer Anstalt zunehmend ängstlich geglättet, kleinlaut angepaßt und bisweilen auch rücksichtslos abgesetzt."[1436]

Die nordrhein-westfälischen Jungdemokraten sprachen von einem „opportunistischen Kniefall gegenüber den Angriffen der Unionsparteien auf das öffentlich-rechtliche Rundfunksystem"[1437]; und ihr Vorsitzender Martin Budich wandte sich an Friedrich-Wilhelm von Sell:

> „Während meines nunmehr 10-jährigen politischen Engagements habe ich noch nie so viel Empörung unter Jugendlichen gehört, wie dies z. Zt. in Bezug auf Ihre Maulkorbverfügung gegen die ‚Radiothek' der Fall ist. [...] Selbst wenn diese Jugendsendung so unausgewogen wäre, könnte damit nicht annähernd soviel Schaden angerichtet werden, wie dies durch Ihre Entscheidung [handschriftliche Randbemerkung auf dem Brief, evtl. von Hand des Intendanten: „nein, sondern durch deren unsachliche (unkundige) und opportunistisch/gehässige Ausschlachtung!!"] der Fall ist. Jugendliche, die nicht mehr bereit sind, sich zu engagieren, müssen sich in ihrer Meinung bestätigt fühlen, daß ‚die da oben' ja doch machen, was sie wollen, daß Kritik mundtot gemacht wird usw. Ich kann mir für einen Sozialdemokraten kaum eine gehässigere Strafe ausdenken, wie [sic] das Lob, das Ihnen die Junge Union Rheinland im Brief vom 7. d. M., von Herrn Prangenberg, gezollt hat."[1438]

In der Tat hatte die JU in jenem Schreiben von Sell ihre Zustimmung bekundet:

> „Die [...] Änderung der Konzeption der ‚Radiothek' bestätigt die seit langem von der Jungen Union Rheinland geübte Kritik an der journalistischen Qualität dieser Sendereihe. Wir würden es sehr begrüßen, wenn Sie bei der dringend notwendigen Neukonzeption die Erfahrung und den Sachverstand der politischen Jugendverbände und der im Landesjugendring zusammengeschlossenen Jugendverbände nutzen würden."[1439]

Die christdemokratische Jugendorganisation hatte mit separater Post auch Jungdemokraten und Jusos angeregt, sich an derlei Beratungen zu beteiligen.[1440] Die SPD-Nachwuchspolitiker allerdings reagierten in einer Pressemitteilung „mit großer empoerung"[1441]; und für die Jungdemokraten antwortete Budich knapp: „Nichts liegt mir ferner,

---

[1435] Pressemitteilung der SPD-Fraktion in nordrhein-westfälischen Landtag vom 5.2.1980, WDR Hist. Arch. 10461.
[1436] Zuschrift vom 25.1.1980, WDR Hist. Arch., unverz. Best. des Intendanten von Sell, Akte *WDR Allgemeine Programmangelegenheiten – RADIOTHEK – Absetzung der Live-Wort-Beiträge L-Z – 24.602*.
[1437] Pressemitteilung der Jungdemokraten NRW vom 23.1.1980 unter dem Titel *Jungdemokraten: Wird Radiothek trügerischem Wahlkampffrieden geopfert?*, WDR Hist. Arch., unverz. Best. des Intendanten von Sell, Akte *WDR Allgemeine Programmangelegenheiten – RADIOTHEK – Absetzung der Live-Wort-Beiträge A-K – 24.602*.
[1438] Schreiben Budichs an von Sell vom 22.2.1980, WDR Hist. Arch. ebda.
[1439] Schreiben der Jungen Union Rheinland an von Sell vom 7.2.1980, WDR Hist. Arch. ebda.
[1440] Vgl. Schreiben der JU vom 7.2.1980, wiedergegeben in: Jungsozialisten in der SPD (Hg.), WDR. Rotfunk – Totfunk. Dokumentation zur Radiothek, Düsseldorf o. J. [1980], S. 25.
[1441] Pressemitteilung der Jusos NRW vom 1.3.1980, in: Ebda., S. 26.

als ausgerechnet mit der Jungen Union gemeinsam etwas in Sachen Radiothek zu unternehmen."[1442]

Das WDR-Studio Düsseldorf hatte die Intendanz in einem Fernschreiben zuvor auf Anschuldigungen der Jusos hingewiesen: Diese hätten hervorgehoben, daß dem Ende der Live-Beiträge ein Gespräch von Sells mit dem CDU-Landesvorsitzenden Heinrich Köppler um einige Tage vorausgegangen sei. „bei den jusos bestehe der verdacht, dass die radiothek im vorfeld der landtagswahl der cdu ‚zum opfer dargeboten' worden sei."[1443] Manfred Jenke wandte sich an den Juso-Landesvorstand:

> „Die Leichtfertigkeit, mit der Sie unsere Entscheidung als Gefälligkeit gegenüber der CDU denunzieren, zeigt mir, daß Ihre Zuschrift – ebenso wie die vieler anderer protestierender Gruppen und Personen – entweder auf totaler Unkenntnis in der Sache beruht, oder der Inhalt des öffentlichen Rundfunkauftrages Ihnen fremd ist. Vermutlich haben wir es mit einer Mischung aus beidem zu tun."[1444]

Friedrich-Wilhelm von Sell wiederum erhielt einen Brief des FDP-Generalsekretärs Günter Verheugen, der gleichzeitig über den Pressedienst *freie demokratische korrespondenz* verbreitet wurde[1445]: Verheugen wies darin besorgt auf die große Zahl „jugendlicher Aussteiger" und Suchtkranker hin, und auch auf das Problem, daß

> „unsere Institutionen – Elternhaus, Schule, Kirche, Verbände, Parteien usw. – die Jugend kaum noch erreichen – und der Staat schon gar nicht, ihm laufen die jungen Leute weg. Soweit ich es beurteilen kann, war ‚Radiothek' in der bisherigen Form eines der ganz wenigen Instrumente, mit denen die jungen Leute überhaupt noch angesprochen werden konnten. [...] Der Rundfunk hat auch eine Integrationsaufgabe. [...] Der Verlust einer Sendung mit dieser Zielsetzung [...] wäre ein weiteres Indiz dafür, daß die Kluft zwischen den Generationen immer größer wird."

Beim „Angriff auf die Rundfunkfreiheit", den die CDU derzeit unternehme, gehe es um mehr als um die Radiothek: „Der Rundfunk als eine Heimstatt des kritischen Geistes insgesamt steht unter Beschuß."

Von Sell verwies in seiner Antwort darauf, daß nicht nur er selbst, sondern auch der Programmbeirat Anstoß an der Sendereihe genommen habe; dies spreche angesichts der heterogenen Zusammensetzung des Gremiums gegen die Annahme einer potentiell integrativen Funktion der Radiothek. Der Intendant wandte sich „entschieden" gegen die Annahme, er habe Rücksicht „auf Vorgänge außerhalb des WDR, insbesondere im parteipolitischen Raum vor Wahlen" genommen; und er betonte, es werde weiterhin „kritische, an die Adresse der Jugend gerichtete Sendungen" geben. Diese werde er auch öffentlich verteidigen, „sofern sie sich an den Bestimmungen des WDR-Gesetzes und an den allgemeinen Grundsätzen journalistischer Arbeit orientieren".[1446]

[1442] Schreiben Budichs an die Junge Union Rheinland vom 15.2.1980, WDR Hist. Arch., unverz. Best. des Intendanten von Sell, Akte *WDR Allgemeine Programmangelegenheiten – RADIOTHEK – Absetzung der Live-Wort-Beiträge L-Z – 24.602*.
[1443] Fernschreiben des WDR-Studios Düsseldorf, Falk vom Hofe, an die Intendanz u.a. vom 25.1.1980, WDR Hist. Arch. ebda.
[1444] Schreiben Jenkes an den Landesvorstand der Jusos NRW vom 29.1.1980, WDR Hist. Arch. ebda.
[1445] Unter der Überschrift *Verheugen zur „Radiothek" – Kluft zwischen den Generationen darf nicht größer werden*, in: *freie demokratische korrespondenz* 30/1980 (1.2.1980). – Das Schreiben gelangte zu den Akten der Intendanz: WDR Hist. Arch., unverz. Best. des Intendanten von Sell, Akte *WDR Allgemeine Programmangelegenheiten – RADIOTHEK – Absetzung der Live-Wort-Beiträge L-Z – 24.602*. Alle Zitate nach dem Schriftstück in der Akte.
[1446] Schreiben von Sells an Verheugen vom 14.3.1980, WDR Hist. Arch. 10460.

Auch weniger prominente Fürsprecher meldeten sich zu Wort. Der Paderborner Stadtdirektor bekundete in einem Schreiben an von Sell, daß die Zusammenarbeit im Vorfeld der *Radiothek unterwegs* vom 13. Januar 1980 „kollegial und sachlich geklappt" habe.

> „Sicherlich mußte die Stadt Paderborn bei der Sendung bissige Kritik hinnehmen, die zum Teil berechtigt war und aus dem Munde der Betroffenen selbst kam. Aber einerseits muß eine Jugendsendung einfach sozialkritisch angelegt sein, um ihr Publikum zu finden, andererseits muß ich feststellen, daß überall dort, wo gehobelt wird, Späne fallen. Deshalb sollte aber im journalistischen Bereich nicht das Hobeln aufgegeben werden."[1447]

Die Äußerungen der Presse gerieten gleichfalls überwiegend kritisch. Immerhin hatten die Zeitungsjournalisten gerade erst von Angriffen Kurt Biedenkopfs gegen den WDR Kenntnis genommen. Auf einer Landesversammlung der CDU in Köln im Dezember hatte Biedenkopf den Anspruch erhoben, daß der Sender ein realistisches Bild Nordrhein-Westfalens zeichnen müsse. „Es geht uns darum, ob in einer Sendung wie Radiothek Arbeitnehmer als Ausgebeutete, Betriebsräte als nützliche Idioten, Unternehmer als Ausbeuter und Lehrer als staatlich bezahlte Anpasser von Kindern dargestellt werden können." Die Rede hatte bundesweit Staub aufgewirbelt.[1448]

„Die ‚Radiothek' an der Leine", titelte nun die *Neue Rhein-Zeitung*.[1449] Die Zeitschrift *die feder* sprach von einem „Bauernopfer an die CDU" und erinnerte: „Peinlicher Ausrutscher am Rande: In seinem Plädoyer für ein bürgernahes Live-Programm nannte Jenke ausgerechnet die gerade gekappte Radiothek unter den vorbildlichen Sendungen."[1450] Rupert Neudeck schilderte im *Deutschen Allgemeinen Sonntagsblatt*, „wie eine Live-Sendung ihr Leben aushaucht", und skizzierte ein düsteres Szenario:

> „Überall warten Funkverwalter darauf, die riskanten Live-Programme abzuschaffen, die sie noch nicht ganz in ihrer ängstlichen Hand haben. In diesem Zusammenhang ist auch bereits das Zauberwort gefallen, das damals bei der Abschnürung der *direkt*-Jugendsendung beim ZDF auch schon fiel: Die Sendung sollte ‚die Integration der Jugendlichen in die Gesellschaft zum Ziel haben'. Doch welch fataler Widersinn: Genau dazu trug die *Radiothek* hervorragend bei, *indem* sie Konflikte austrug, sozialen Zoff nicht nur herunterspielte, sondern aussprach und heraus-schrie, die Bambules nicht verschwieg."[1451]

Die *Süddeutsche Zeitung* argwöhnte, Friedrich-Wilhelm von Sell habe mit Rücksicht auf seine Chancen bei der für März 1981 anstehenden Intendantenwahl dem von Heinrich Köppler und Kurt Biedenkopf ausgehenden „CDU-Gewitter" nachgegeben; das Blatt schrieb über die Radiothek-Redakteure: „Sie können sich des Eindrucks jedenfalls nicht erwehren, daß für den Intendanten das Wort Integration in Wahrheit für Begriffe wie Harmonie, Konfliktfreiheit und Ausgewogenheit steht. ‚Wenn dies das Konzept der Zukunft sein sollte', sagt ein Redakteur, ‚dann ohne uns'."[1452] Und der *Spiegel* erläuterte:

[1447] Schreiben der Stadt Paderborn, Stadtdirektor, an von Sell vom 8.2.1980, WDR Hist. Arch., unverz. Best. des Intendanten von Sell, Akte *WDR Allgemeine Programmangelegenheiten – RADIOTHEK – Absetzung der Live-Wort-Beiträge L-Z – 24.602*.
[1448] Vgl. „WDR an Haupt und Gliedern reformieren". Kurt H. Biedenkopf zur medienpolitischen Auseinandersetzung in NRW, in: *Westfälisches Monatsblatt* 35 (1980), Nr. 1; direktes Zitat dort entnommen.
[1449] Gerd Fischer, Die ‚Radiothek' an der Leine, in: *Neue Rhein-Zeitung* vom 24.1.1980.
[1450] Ines Heinze, Bauernopfer an die CDU. Live-Sendeverbot für die „Radiothek". WDR-Intendant v. Sell reagiert „funksensibel", in: *die feder* 3/1980, S. 14-16, hier: S. 15. Eine Quelle besagten Plädoyers ist nicht angegeben.
[1451] Rupert Neudeck, Wie eine Live-Sendung ihr Leben aushaucht. WDR II Radiothek: Aus der Sicht eines Parteiischen, in: *Deutsches Allgemeines Sonntagsblatt* vom 17.2.1980; Kursivdruck übernommen.
[1452] Stefan Klein, Mit Musik die Kritiker besänftigen. Unter dem Eindruck eines anhaltenden CDU-Gewitters entschließt sich WDR-Intendant Sell zur abrupten Änderung einer umstrittenen Sendung, in: SZ vom 24.1.1980.

„'Radiothek' ist kein Ruhe-, sondern ein Nadelkissen. Sie stichelt in der Subkultur, der Haschszene, den Hinterhöfen, den Puffs und dem Katalog bürgerlicher Vorurteile. [...] Allein thematisch ist die ‚Radiothek' ein permanentes Ärgernis. [...] Ein starkes Stück in der Ära kleinmütiger Proporzianer."[1453]

„Eine Sendung so problematischer Prominenz mußte – wie die Dinge liegen – immerzu *ausgehalten* werden", bestätigte Hans Janke. „Ihre Existenz war allemal nur gestundet."[1454] „Offenbar stört in einer veränderten Medienlandschaft", ergänzte der *Spiegel*, „daß die ‚Radiothek' mit ihrer kunstlosen menschenfreundlichen Livehaftigkeit [sic] einen Restposten aus jener Ära darstellt, in der der öffentlich-rechtliche Rundfunk sich noch nicht am politischen Gängelband kurzhalten ließ."[1455] Und die *Funk-Korrespondenz* prophezeite: „Nach den konzipierten 90 Tagen wird man sich wohl zur Manöverkritik zusammensetzen, 90 weitere Tage werden sich voraussichtlich anschließen – und so weiter, bis das Jahr zu Ende ist. Dann wird sicherlich vieles anders werden."[1456] Rupert Neudeck erinnerte, bereits 1976 sei im Umkreis des SFB versucht worden, „den beliebten Magazinen die Live-Form zu nehmen, brisante Interviews vorzuproduzieren. Damals erschien eine solche Einschränkung als absurd, heute (morgen) kann sie praktiziert werden." Insofern gehe „der Konfliktfall der ‚Radiothek' [...] in seiner Bedeutung weit über den WDR hinaus, weil es um die genuine Radioform der Live-Sendung geht, die für das Radio noch um vieles unverzichtbarer ist als für das Fernsehen."[1457]

b) Das Echo unter den Hörern

Als die Mitarbeiter des Intendanten nach vier Wochen die Zuschriften an den WDR durchsahen und Bilanz zogen, zählten sie 6.215 Meinungsäußerungen – der überwiegende Teil der Absender hatte freilich vorformulierte Formblätter oder -postkarten benutzt oder sich an Unterschriftenaktionen beteiligt.[1458] Etliche Unterschriftenlisten dieser Art hatten den WDR erreicht. Gegen das „Live-Verbot" protestierten Rechtsanwälte, Jugendsozialarbeiter, Lehrer ebenso wie *Falken*, Landjugend und Theaterinitiativen, aber auch evangelische Studentengemeinden, die Evangelische Schülerarbeit Westfalen und der Kulturdezernent der Stadt Bochum.[1459] „Kommunikationslage ist katastrophal", faßte Stephan Piltz am 20. Februar zusammen; er hielt jedoch fest: „Was [dem WDR] vorgeworfen wird: Willkür, autoritäres Verhalten, Mißachtung Andersdenkender, Willfährigkeit gegenüber Druck prägt als Verhaltensmuster die große Mehrzahl der Proteste."[1460]

[1453] N.N., Trojanische Musik. Das Hörfunk-Magazin „Radiothek" ist erneut ins Kreuzfeuer der Kritik geraten, in: *Der Spiegel* 6/1980 (4.2.1980), S. 213-215, hier: S. 214 f..
[1454] Janke, Mehr Respekt für die Arbeit der anderen, a.a.O.
[1455] N.N., Trojanische Musik, a.a.O.
[1456] Klaus Keller, Arrangiert – bis auf Weiteres? Konsens unter den Verantwortlichen über WDR-Jugendsendung „Radiothek", in: FkKorr 10/1980 (5.3.1980).
[1457] Rupert Neudeck, Hauchen Live-Sendungen ihr Leben aus? Die Redakteure der „Radiothek" beim WDR wollen vorläufig schweigen, in: *Stuttgarter Zeitung* vom 26.1.1980. – Zum angesprochenen Konflikt, soweit er die SFB-Jugendsendung *s-f-beat* betraf, vgl. Imme de Haen, Jucken gehört zum Konzept. Stichworte zu einem unübersichtlichen Programmfeld: Jugendsendungen im Hörfunk, in: *Medium* 8 (1978), Heft 10, S. 3-8.
[1458] Vgl. die kurze Aufstellung: WDR Hist. Arch., unverz. Best. des Intendanten von Sell, Akte *WDR Allgemeine Programmangelegenheiten – RADIOTHEK – Absetzung der Live-Wort-Beiträge A-K – 24.602*.
[1459] Enthalten sind die Unterschriftenlisten und Zuschriften in: WDR Hist. Arch. ebda. und ferner unverz. Best. des Intendanten von Sell, Akte *WDR Allgemeine Programmangelegenheiten – RADIOTHEK – Absetzung der Live-Wort-Beiträge L-Z – 24.602*. Alle Zitate aus Zuschriften im folgenden hiernach.
[1460] Vermerk Betr.: *Radiothek* vom 20.2.1980, WDR Hist. Arch., unverz. Best. des Intendanten von Sell, *WDR Allgemeine Programmangelegenheiten – RADIOTHEK – UNTER-Allgemeinakte der Allgemeinakte 1 a – 24.602 – 261*.

Aber es gab auch differenzierte Äußerungen. Wolfgang B. aus Bielefeld gab zu, kein regelmäßiger Hörer zu sein und „sehr oft beim Wortteil abgeschaltet" zu haben,

> „weil er mich nicht interessierte oder einfach schlecht (für meine Begriffe) gemacht war, dennoch überwiegen positive Eindrücke! Ich bin den verantwortlichen Redakteuren und Mitarbeitern vor allem für die Darstellung von Problemen sogen. ‚Randgruppen' wie Alkohol- oder Drogenabhängiger und Berichte aus der Arbeitswelt dankbar."

Ähnlich äußerte sich einige Monate später Kurt R. aus Bielefeld: Er sei gerade mit bildungspolitischen Berichten in der Radiothek häufig nicht einverstanden gewesen. Dennoch warb er für die Reihe:

> „Denn schlimmer noch als unbeliebte oder – wie ich meine – falsche politische Ansichten zu hören, finde ich die Vorstellung, daß es nunmehr kein solches authentisches Forum für die Interessen einer Generation zur wichtigsten Sendezeit mehr geben sollte. Die Konsumbedürfnisse älterer Autofahrer in allen Ehren – das Vertrauen in die öffentliche Artikulierbarkeit von existentiellen Interessen der jüngeren Generation ist der höhere Wert."[1461]

Der evangelische Pfarrer Hartmut D. zeigte sich „betroffen" von den Maßnahmen. Er verwies auf die integrativen Potentiale der Sendung:

> „Aus meiner Arbeit in einer Gemeinde im nördlichen Ruhrgebiet weiß ich, daß die Radiothek bei den Jugendlichen, bei Auszubildenden, bei Jugendlichen, die arbeitslos sind und/oder am Ausflippen sind, ankommt. Daß die Radiothek in ihrer bisherigen, spontanen Form eine der ganz wenigen Sendungen ist, wo gerade diese Zielgruppe von Jugendlichen sich angesprochen und ernst genommen wissen [sic]."[1462]

Ähnlich argumentierte Angelika B. aus Hürth unter Verweis auf ihre Erfahrungen „in der offenen Jugendarbeit":

> „Diese Gruppe von größtenteils unkritischen und politisch nicht bewußten Jugendlichen nehmen [sic] gerade die aktuellen spontanen Wortbeiträge, die neben der Musik angeboten werden, als Informationsquelle und Anregung an. Durch die Tatsache, daß diese Wortbeiträge jugendgemäß dargeboten werden und von der Struktur der Lebensweise und Spontaneität der Jugendlichen entsprechen, ist es möglich, thematische Diskussionen zu führen, die ansonsten nur schwer zustande kämen."[1463]

Iris A. aus Halle/Westf. schrieb an Intendanz und Radiothek-Redaktion: „Ihre Entscheidung zeigt, daß Sie die jugendlichen Zuhörer nicht für fähig halten, dargebotene Meinungen differenziert wahrzunehmen."[1464] Und eine Gruppe von Medienwissenschaftlern, Medienpädagogen und Publizisten, zu der auch Siegfried Weischenberg und Arno Klönne gehörten, verfaßte einen offenen Brief an den WDR, der in dem Satz gipfelte: „Dieser Akt der Zensur ist für uns unerträglich."[1465]

Uwe Magnus legte der Intendanz eine „'Schnellschuß-Analyse' der umfangreichen Post" vor und befand, daß die Absender der Protestbriefe nur „in ganz wenigen Ausnahmen" von nichtdemokratischen Standpunkten her argumentierten. Allerdings würden

---

[1461] Zuschrift vom 25.10.1980 an den WDR-Rundfunkrat, WDR Hist. Arch., unverz. Best. der Hörfunkdirektion, Akte *Absetzung Radiothek 1981*.
[1462] Zuschrift vom 31.1.1980, WDR Hist. Arch., unverz. Best. des Intendanten von Sell, *WDR Allgemeine Programmangelegenheiten – RADIOTHEK – Absetzung der Live-Wort-Beiträge A-K – 24.602*.
[1463] Zuschrift vom 27.1.1980, WDR Hist. Arch. ebda.
[1464] Zuschrift vom 28.1.1980, WDR Hist. Arch. ebda.
[1465] WDR Hist. Arch. ebda.

„in außerordentlich zahlreichen Fällen Vorwürfe erhoben, die an die eigene Adresse zu richten wären. Da herrschen weitverbreitete Unkenntnisse in der Sache, Unverständnis und Intoleranz. Da [...] wird pauschale Schelte geübt für Maßnahmen, nach deren Begründung nicht im mindesten gefragt wird."

Der Anteil „abwägende[r], maßvoll argumentierende[r], fragende[r] und anregende[r] Zuschriften" betrage „etwa 25-30%".[1466]

Der Hörfunkdirektor entwarf einen Formbrief, um den Kritikern zu antworten. Er erläuterte dort die hausintern abgesprochene Vorgehensweise bei künftigen Radiothek-Sendungen. „Bei den nunmehr rund achttausend Hörerinnen und Hörern, die dem WDR zum Thema ‚Radiothek' geschrieben haben", fuhr Jenke fort, „handelt es sich überwiegend um die Beteiligten an 30 Unterschriftensammlungen, die von verschiedenen Gruppen, aber auch von einzelnen eingeleitet wurden; rund sechshundert Zuschriften dagegen sind individuell geschrieben worden." Er habe „volles Verständnis" für die Proteste der Hörer. „Dies rechtfertigt aber nicht die in der Öffentlichkeit vielfach erhobenen Vorwürfe wie den der Zensur oder die Unterstellung, der WDR nehme angesichts des Wahlkampfes übertriebene Rücksichten."[1467]

Die Proteste ebbten bald ab – sie zogen sich jedoch in dieser abgeschwächten Form noch über Monate hin. 52 Studenten aus dem Seminar *Jugend – Narzißmus, Krise und Veränderung* der Gesamthochschule Duisburg richteten einen offenen Brief an die Hörfunkdirektion. Sie kritisierten, daß Jenke die Proteste von Angehörigen der „Jugendlobby" in ihrer Aussagekraft zu Unrecht abgewertet habe:

„Sie, Herr Jenke, glauben sich darauf stützen zu können, daß ‚nur' 600 Briefe einzeln geschrieben seien, der Rest sei das Ergebnis von 30 Unterschriftensammlungen. Mit einer solchen Argumentation sprechen Sie jedem organisiert auftretenden Hörerprotest die Legitimation ab! Wir wollen keinen Kommerzfunk und wehren uns auch dagegen, daß kritische Beiträge abgeschoben oder in ungünstigere Sendezeiten verlegt werden. [...] Wir sind für die Fortführung der Radiothek in der ursprünglichen Form!"[1468]

Zwei Zuschriften[1469] allerdings äußerten sich positiv: „Ist es möglich? Fünf-nach-sieben – ohne Wortbeiträge?" schrieb Ulla L. aus Köln an den WDR. „Ich kann das Glück kaum fassen! Wenn ich leidenschaftliche ‚Nichtfernseherin' von getaner Arbeit nach Hause komme, muß ich mir nicht mehr die Aufforderungen zur Arbeitsverweigerung anhören, bevor ich auf SWF 3 umschalte? Herrliche Zeiten! Albrecht sei Dank!". Und Norbert S. aus Köln lobte gemeinsam mit zwei Mitunterzeichnern, die neuen Maßnahmen könnten ein erster Schritt sein, „den WDR wieder auf die sachliche, informative und unterhaltende Art zurückzuführen, die dieser Sender einmal hatte".

[1466] Vgl. Magnus' *Notiz für Herrn Dr. Drück und Herrn Piltz* vom 20.1.1980, WDR Hist. Arch., unverz. Best. des Intendanten von Sell, Akte *WDR Allgemeine Programmangelegenheiten – RADIOTHEK – Vorgänge um die „6.12.79-Sendung", die Absetzung der Live-Wort-Beiträge etc. – 24.602;* direkte Zitate dort entnommen.
[1467] Undatierter Formbrief No. 2 Jenkes, WDR Hist. Arch., unverz. Best. des Intendanten von Sell, Akte *WDR Allgemeine Programmangelegenheiten – RADIOTHEK – Absetzung der Live-Wort-Beiträge A-K – 24.602;* direkte Zitate dort entnommen.
[1468] Zit. nach der gekürzten Wiedergabe des Briefes bei N.N., Zukunft der Radiothek. Aufforderung an den WDR-Direktor, in: *Die Neue* vom 1.6.1980.
[1469] WDR Hist. Arch., unverz. Best. des Intendanten von Sell, Akte *WDR Allgemeine Programmangelegenheiten – RADIOTHEK – Absetzung der Live-Wort-Beiträge L-Z – 24.602.* Mit „Albrecht sei Dank" spielte Ulla L. auf die Angriffe des niedersächsischen Ministerpräsidenten Ernst Albrecht (CDU) gegen den NDR an.

4. „Die schneiden uns die Zunge raus!"[1470] – Anhänger der Sendung machen mobil

Die Freunde der Jugendsendung protestierten jedoch nicht nur in Form von Unterschriftenlisten und Hörerpost. Für den 2. Februar 1980 rief eine Reihe von Organisationen zu einer Solidaritätsdemonstration in Köln auf, nur einen Steinwurf entfernt vom Vierscheibenhaus, dem Sitz der WDR-Intendanz.[1471] Das Motto lautete: „Kein Maulkorb für die Radiothek!" „Eine Zensur dieser beliebten Sendung bedeutet einen weiteren Abbau des Rechts auf freie Meinungsäußerung und verstärkt den Einfluß etablierter Parteien, insbesondere der CDU auf die öffentlich rechtlichen Medien in unerträglichem Maße", klagten die *Grünen* auf einem undatierten Flugblatt.[1472] Sie betonten, der „Eingriff in die Arbeit der Redakteure" richte sich

> „vor allem gegen die Jugendlichen, die in zahlreichen Initiativen, Jugendzentren, Umweltschutzgruppen begonnen haben zu arbeiten. Durch die Absetzung der Wortbeiträge wird ihnen eine weitere für diese Gruppen ohnehin gering vorhandene Möglichkeit genommen, ihre Arbeit unzensiert darzustellen und für viele Jugendliche motivierend zu wirken."

Die der Gewerkschaft RFFU nahestehende[1473] Initiative „Rettet die Rundfunkfreiheit im WDR" verbreitete den Demonstrationsaufruf in Form von Zeitungsannoncen im *Wochenspiegel* und im *Kölner Stadt-Anzeiger*[1474]:

> „In den letzten Monaten zeigte sich eine gefährliche Richtung in den Medien. Gerade im WDR werden kritische Sendungen immer wieder abgesetzt. Die kritischen Wortbeiträge der Radiothek sind seit dem 22.1.80 abgesetzt. Damit gibt es im Sendegebiet des WDR nun auch keine kritische Jugendsendung mehr! Was bleibt, ist Musikberieselung!"

Auch die *tageszeitung* rief in einem Flugblatt zur Teilnahme auf: „Nach den Entscheidungen dieser Woche entlassen wir die lieben Kolleginnen und Kollegen der Radiothek nicht aus der Verantwortung: Wir wollen ihnen helfen, ein gerades Kreuz zu behalten!"[1475] Der Duisburger Liedermacher Frank Baier zählte zu den prominenten Vertretern der Protestszene, die sich auf dieser Veranstaltung engagierten:

> „Da gab's gar keine Frage, es *nicht* zu tun! [...] Diese ganzen Themen, die in den anderen Sendungen überhaupt nicht angesprochen wurden, hatten Platz in der Radiothek. [...] Nora Schattauer zum Beispiel – alle kannten sie! Wir wußten immer: Die Frau *macht* das Thema! Und der Wolfgang Schmitz, der *macht* das Thema! [...] Das waren Leute des Vertrauens! Ganz klar, [...] das waren ganz, ganz wichtige Leute; und ich glaube auch, *weil* das um Vertrauen ging, standen wir so hinter ihnen und wollten sie auch schützen."[1476]

Das Studio Düsseldorf machte die Kölner Zentrale drei Tage vor der Demonstration auf die Initiative aufmerksam.[1477] Jenkes Frage, „ob und wie darüber in der RADIOTHEK berichtet werden sollte"[1478], verneinten Teiner und Linnerz jedoch entschieden. Der Kulturchef

---

[1470] Aus dem *Radiothek-Lied* des Duisburger Liedermachers Frank Baier, zit. nach Mitteilung Baiers, elektronische Post vom 6.6.2005. Vgl. dazu diesen Abschnitt weiter unten.
[1471] Details der Veranstaltung notierten die nordrhein-westfälischen Jungsozialisten in ihrer undatierten Broschüre *WDR Rotfunk-Todfunk. Dokumentation zur Radiothek.* Sammlung Frank Baier.
[1472] Ein Originalexemplar in: WDR Hist. Arch. D 1770; alle Zitate hiernach
[1473] Vgl. Diller/Knott-Wolf a.a.O., S. 305.
[1474] Vgl. WDR Hist. Arch. D 1770; Zitat hiernach.
[1475] Flugblatt der *tageszeitung*, verantwortet von Michael Sontheimer. Sammlung Frank Baier.
[1476] Interview mit Frank Baier im Oktober 2005.
[1477] Fernschreiben Christa Cloppenburgs, WDR-Studio Düsseldorf, vom 30.1.1980, WDR Hist. Arch. 10457.
[1478] Schreiben Jenkes an Linnerz, Greiner und Teiner vom 31.1.1980, WDR Hist. Arch. ebda.

regte an, „nach dem Abschluß der bis zum 13. Februar terminierten Zwischenphase eine informierende Stellungnahme ‚In eigener Sache', eventuell durch den Redaktionsgruppenleiter, im Programm der RADIOTHEK abzugeben".[1479] Jenke reagierte vorsichtig; man solle insofern die für den 20. Februar anberaumte Verwaltungsratssitzung abwarten. „Bitte nichts übereilen, es ist schon genug Porzellan zerteppert worden."[1480]

„Kein Maulkorb für die Radiothek" – Demonstranten auf dem Kölner Offenbachplatz am 2. Februar 1980; in der Bildmitte mit Mikrofon der Radiothek-Mitarbeiter Christian Berg

So berichteten lediglich Presse, Mediendienste und die Veranstalter selbst über die Demonstration. Die Kundgebung, so erinnert sich Frank Baier, sei jedoch „wunderbar" über die Bühne gegangen.

> „Wir hatten keine Mails, wir hatten keine Handys, wir hatten gar nix – trotzdem, das lief so was von geschmiert, wenn solche Sachen anstanden. Und der Offenbachplatz, ich erinnere mich, war voll. Da stand dann 'n Lastwagenanhänger, und mehr brauchten wir gar nicht. Da lief, glaub' ich, hinten 220 Volt über'n Generator, sodaß die Verstärkeranlage funktionierte, das kannten wir von den Demos in Vemer und in Kalkar und wo auch immer, [...] und dann war's das!"[1481]

Dem CDU-nahen Mediendienst *tele-control* zufolge war der weitläufige Offenbachplatz allerdings nur zum Teil besetzt: Das Blatt bezifferte die Teilnehmerzahl auf 300.[1482] Frank Baier selbst trug ein Lied vor, das in der Abschlußsendung der Radiothek elf Monate später noch eine Rolle spielen sollte:

[1479] Schreiben Linnerz' an Jenke vom 1.2.1980, WDR Hist. Arch. ebda.
[1480] Schreiben Jenkes an Linnerz vom 4.2.1980, WDR Hist. Arch. ebda.
[1481] Interview mit Frank Baier im Oktober 2005.
[1482] Vgl. N.N., Stopp für Indoktrination und Klassenkampf. „Radiothek" soll neues Konzept erhalten, in: *tele-control* Nr. 5/6 vom 9.2.1980, S. 5. Aus den in der Juso-Dokumentation enthaltenen Fotos lassen sich in dieser Hinsicht keine Schlüsse ziehen.

„Chaos auf der Autobahn – Stockung in der Stadt
Neben mir kurbelt 'n Typ das Fenster runter: ‚Kerl, ey, wat war denn dat?
Hazze auch WDR 2 drauf, hörzze Radiothek?
Ich glaub dat gibt 'n Bürgerkrieg, der Wortbeitrag fällt weg.'

(Refrain:)
Radiothek im WDR, die Sendung, die gehört uns!
Dat heißt dir und mir und Pit von nebenan, Heidi Hinz und Uli Kunz.
Und wat wir hören wollen – wat wir zu sagen ham,
braucht noch lang nich ihr Geschmack zu sein, Herr Intendant!
Dat merken Sie sich, Mann!

Unten geht die Klingel – Päule läuft im Kreis –
Achim is am Telefon: ‚Mensch, weißt du, wat dat heißt?
Die schneiden uns die Zunge raus!
Hau'n uns die Schere in den Kopp!
Der Wortbeitrag muss bleiben – dat gibt 'n Riesenzoff!'

Wir wollen ‚Live' behalten – denn ‚Live' heißt ‚freies Wort'.
Live mit Wolfgang, Achim, Nora und Tom – im Studio und vor Ort.
Blech wird genug gesendet – verschleiert und getarnt.
Radiothek sagt mal, wat Sache is – damit se alle wat von ham:

Dat muss doch auch wat Späßken bringen – willze dich nur grämen.
Für eure Radiothek im WDR – braucht ihr euch nich für schämen!
Nehmt die Sellers, wie se kommen – doch nimmt man euch auf den Arm
dann zeigt auch ma wat Sache is – bizze alle wat von ham!

(Refrain:)
Radiothek im WDR...

Wenn der Hübner uns beschneidet – von Sell uns 'nen Maulkorb hängt
Und der Loch die Filme einfach kippt – und die Rundfunkfreiheit ‚lenkt'!
Die Chefs lassen jetzt die Hosen runter – es geht um ihren warmen Arsch.
Man bläst zur Intendanten-Wahl: ‚Im Gleichschritt los! Marsch, Marsch!'

Hier wird ein Lied verstümmelt – dort stopft man dir die Fress`
Hübner schneidet ganze Strophen raus, und ‚Scheiß drauf, Marion S.'
Redakteure holt er zu sich rein – wäscht ihnen das Gehirn
und spielt sich als Gewissen auf!
Himmel, Arsch und Zwirn!

(Refrain:)
Radiothek im WDR..."[1483]

Die Demonstration in Köln blieb nicht die einzige Veranstaltung ihrer Art. Für den 6. März organisierte eine Initiative „Solidarität mit der Radiothek" unter dem Titel *Rettet Radiothek*

[1483] *Radiothek-Lied*, zit. nach Mitteilung Baiers, elektronische Post vom 6.6.2005; dortige Schreibweise übernommen. Das Lied erschien bald darauf auf der Baier-LP *Auf der Schwarzen Liste*, Pläne 88349. Mit „Wolfgang, Achim, Nora und Tom" waren die Moderatoren Schmitz, Sonderhoff, Schattauer und Schroeder gemeint. „Sellers" bezog sich auf von Sell, „der Loch" auf WDR-Fernseh-Chefredakter Theo M. Loch, „der Hübner" auf den WDR-Fernsehdirektor. „Scheiß drauf, Marion S." zitierte aus Baiers 1976 erschienenem Lied *Karriere der Marion S.*, das den Leidensweg eines Mädchens skizzierte, das nach Vernachlässigung durch die Eltern und Unterbringung im Heim in die kriminelle Szene abrutscht und sich zuletzt im Frauengefängnis wiederfindet. Elektronische Post Frank Baiers vom 5.10.2007. – Zur Abschlußsendung der Radiothek vgl. Abschnitt VI. 6.

live! eine Podiumsdiskussion im bekannten Gelsenkirchener Jugendzentrum *Pappschachtel*, als deren Moderator der Kabarettist Henning Venske angekündigt war.[1484] Die Essener „Stadtzeitung" *Klartext* wies auf eine ähnliche Veranstaltung im Duisburger Jugendzentrum *Eschhaus* hin; sie kritisierte die Entscheidungen der WDR-Leitungsebene, warf allerdings auch den Radiothek-Redakteuren vor, mit der Rückgabe der Redaktionsverantwortung „einer Sündenbockpolitik nur Vorschub" geleistet zu haben.[1485] Eine Kluft begann sich aufzutun zwischen den Redakteuren und den Anhängern der Radiothek. Redakteur Jürgen Keimer bescheinigt letzteren rückblickend eine selektive Wahrnehmung:

> „Die Anhänger haben, glaube ich, eine Sendung verteidigt, die es so eben *auch* nicht gab! Es war ja nicht so sehr eine Sendung nur für die Anliegen von der und der Klientel. Bei allem, was ich selbstkritisch sagen würde, war die Sendung ja doch sehr viel journalistischer, als diese engagierte Anhängerschaft es vielleicht verstanden hat. Oder glauben wollte."[1486]

Noch im Juni 1980 allerdings berichtete die Presse über eine Initiative der SPD-Rundfunkratsmitglieder zur Weiterführung der Reihe.[1487] Doch längst wurden in der Direktion die Weichen für eine Programmreform zum Jahresbeginn 1981 gestellt – und dabei spielte eine Zielgruppensendung für Jugendliche bald keine Rolle mehr.

5. „Der Biß war raus" – das Jahr 1980: die Abwicklung

a) Radiothek im WDR-Fernsehen

„Ich glaube nicht, daß Radiothek wieder so werden wird, wie sie einmal war", lautete Dietrich Backmanns Fazit nach vier Wochen vorproduzierter Radiothek-Wortbeiträge. Der Redakteur äußerte sich in der Jugendsendung *Is was!* des WDR-Fernsehens, die sich am 28. Februar 1980 mit dem Streit um die Hörfunkreihe beschäftigte und dazu neben Backmann und Ulrich Teiner auch Jens Feddersen zum Gespräch eingeladen hatte.[1488]
Teiner erläuterte in dieser Diskussion zunächst ausführlich das Zielgruppenkonzept; er verteidigte den hohen Grad an Aufmerksamkeit, den „Minderheiten" in der Radiothek genössen. Der Programmbeiratsvorsitzende Hans-Jürgen Klinger rechtfertigte kurz das Vorgehen der Gremien gegenüber der Radiothek. Anschließend faßte Feddersen seine bekannten Kritikpunkte gegenüber der Jugendsendung zusammen. Der WDR sei „der liberalste Sender [...], den wir in Westeuropa haben. Weil Liberalität in etlichen Sendungen [...] zur Zügellosigkeit ausgeufert ist." Die gegenwärtige Diskussion um die Radiothek sei „wahnsinnig verzerrt", denn wenn die Begriffe „Druck und Zensur und Maulkorb" benutzt würden, so gehe dies an der Realität vorbei.
„Die Sendung hinterläßt einen schalen Nachgeschmack", urteilte die *Süddeutsche Zeitung* über die Inhalte der *Is was!*-Diskussion.

> „Sie bestätigt den Eindruck, daß hier Leute das Grab einer über sechs Jahre erfolgreichen [...] Sendung schaufeln, die Toleranz immer nur von anderen fordert [wahrscheinlich wollte der Autor hier schreiben: „fordern", M. K.], selbst aber, Feddersen ist das beste Beispiel, nicht da-

---

[1484] Vgl. das undatierte A2-Plakat mit dem Veranstaltungshinweis. Sammlung Frank Baier.
[1485] N.N., Maulkorb für Radiothek. Säuberungswelle geht weiter, in: *Klartext. Stadtzeitung für Essen*, Februar 1980.
[1486] Interview mit Jürgen Keimer im Oktober 2005.
[1487] N.N., SPD-Plan soll die Radiothek retten, in: WAZ vom 2.6.1980.
[1488] Vgl. das Transkript der *Is-was!*-Diskussion in: WDR Hist. Arch. 10460; alle direkten Zitate dort entnommen.

zu bereit sind. Und die übersehen, daß es neben der Radiothek im WDR-Hörfunk eben keine Alternativen für die Zielgruppe gibt. Wahrscheinlich wissen sie es aber viel zu genau."[1489]

b) Manfred Jenke rückt ab

Die Redakteure schienen zum Zeitpunkt der Fernsehdiskussion noch die Hoffnung zu hegen, wichtige Charakteristika der Reihe für künftige Projekte zu bewahren. Gegenüber dem Verwaltungsrat ließen von Sell und Jenke im März auch erkennen, daß geplant sei, für 1981 „eine neue Konzeption für eine Jugendsendung"[1490] zu entwickeln. Zwei Wochen später allerdings meldete die Fachpresse eine entschlossene Kursänderung des Hörfunkdirektors:

„In einer für viele überraschenden Eindeutigkeit wandte sich Jenke vor Journalisten in Köln am Montag, 31.3., gegen die bisherige Konzeption der ‚Radiothek', die sich seiner Meinung nach zu ausschließlich an Jugendliche gewandt habe. Mit dieser ‚zielgruppenspezifischen Verengung' habe man das ‚Programm ein Stück der verbandspolitischen Lobby' ausgeliefert. Heute müsse man erkennen, daß die Idee der Zielgruppen-Sendungen überhaupt weitgehend gescheitert sei, da sie viele andere Hörer ausschließe. Der WDR aber habe überwiegend ein Programm für alle Hörer zu machen."

Michael Schmid-Ospach habe immerhin im Anschluß betont, daß die WDR-interne Debatte über die Zukunft des Jugendprogramms noch nicht abgeschlossen sei.[1491] „Jetzt hat der Hörfunkdirektor gesprochen, die abschließende Meinungsbildung des Intendanten ist noch abzuwarten", habe er den Journalisten erklärt, erinnert sich der damalige Pressechef heute; und er fügt hinzu, er sei von Jenkes Vorstoß völlig überrascht gewesen. „Der Hörfunkdirektor [...] glaubte sich sicher im Schulterschluß mit dem Intendanten und hat gedacht: Der ist froh, wenn ich ihm das abnehme." Schmid-Ospach selbst habe die Dinge allerdings anders betrachtet:

„Wenn der Intendant die Radiothek einstellen wollte, hätte er's, glaube ich, selbst getan – so hab ich von Sell eingeschätzt. Oder er hätte mir mindestens ein Signal gegeben: ‚Der Hörfunkdirektor wird in Kürze das Ende der Radiothek öffentlich mitteilen.' Das hat er aber nicht getan [...], und auch der Hörfunkdirektor hat mir vor der Pressekonferenz nichts von dem Stück Dynamit mitgeteilt, mit dem er da hantierte." [1492]

Freilich hatte WDR-Sprecher Friedrich-Wilhelm Behmenburg schon Wochen zuvor durchblicken lassen, daß die Hörfunkprogramme „insgesamt geprüft werden" sollten. „Dabei könne ‚zum Beispiel auch die Radiothek' gestrichen werden [...]." Die *Westdeutsche Allgemeine* konfrontierte die Radiothek-Redakteure mit dieser Aussage, erhielt jedoch keine Antwort.[1493]

Von den Plänen des Direktors erfuhren die Redakteure nach Ulrich Teiners Bekunden erst aus der Presse und reagierten „äußerst befremdet". Teiner räumte ein, daß sich Jenke be-

---

[1489] Arnold Hohmann, Ein schaler Nachgeschmack bleibt. Live-Diskussion um die „Radiothek" im WDR, in: SZ vom 3.3.1980.
[1490] Protokoll der Verwaltungsratssitzung vom 17.3.1980, WDR Hist. Arch., unverz. Best. des Intendanten von Sell, *WDR Allgemeine Programmangelegenheiten – RADIOTHEK – UNTER-Allgemeinakte der Allgemeinakte 1 a – 24.602 – 261*.
[1491] H. Sch., WDR-Hörfunkdirektor: „Zielgruppenkonzept bei Jugendsendungen gescheitert". Hörfunk-Reform soll „Masse des Publikums" gewinnen, in: KuR 25/1980 (2.4.1980), S. 7; direkte Zitate dort entnommen.
[1492] Interview mit Michael Schmid-Ospach im April 2007.
[1493] Vgl. Gundrun Kratz-Norbisrath, Radiothek mit Live-Sendungen mindestens bis 1981 gesichert. Neues Konzept nach dem Streit mit dem Intendanten, in: WAZ vom 1.3.1980; direkte Zitate dort entnommen.

reits intern in diesem Sinne geäußert habe; die Debatte sei jedoch noch im Gange. Sollte der Hörfunkdirektor nun vollendete Tatsachen schaffen wollen, „so könnte ich dies [...] nur als eine öffentliche Disqualifizierung unserer Arbeit verstehen". Der Redaktionsleiter widersprach Jenkes Feststellung eines mangelnden Erfolges bei der Zielgruppe. Teiner schloß, er hoffe, Jenkes öffentliche Äußerungen lediglich mißverstanden zu haben.[1494] Der Hörfunkdirektor mußte ihn hier jedoch enttäuschen. Jenke bestätigte zwar, daß die Arbeit der Radiothek-Redaktion „ungeachtet der Kritik in Einzelfällen [...] dem bei der Programmreform 1973/74 erteilten Auftrag entsprach und sich sehr weitgehend dessen Erfüllung angenähert hat". Er selbst habe die Redaktion bis zum Jahresende 1979 denn auch unterstützt. Aber: Er trete nunmehr dafür ein, die Abendsendungen auf WDR 2 auch älteren Hörern zu öffnen. Selbst ihre eigentliche Zielgruppe habe die Radiothek „nicht im wünschenswerten Umfang" erreicht – da sie zu spät am Tage ausgestrahlt werde, da sie aufgrund ihrer Machart viele Hörer zum Umschalten auf SWF 3 veranlaßt habe, da sie sich zu sehr den „von mir als jugendpolitische Lobby bezeichneten Gruppen" angenähert habe, und da „insgesamt WDR 2 für diese Sendung der falsche Platz" sei. Jenke schloß unmißverständlich:

> „Nehmen Sie es mir bitte ab, daß ich über viele Jahre eine Sendereihe öffentlich vertreten und verteidigt habe, von der ich es lieber gesehen hätte, wenn sie zu einer anderen Zeit in einem anderen Programm in einer anderen Form gesendet worden wäre. Hätte sich ein breiterer Erfolg eingestellt, so wäre ich darüber – mit Ihnen – durchaus zufrieden gewesen. So aber kommt unvermeidlich der Zeitpunkt, wo sich [...] die Frage stellt, ob und wann eine grundsätzliche Strukturentscheidung fällig ist. [...] Also kommt es darauf an, etwas Anderes, Neues zu machen."[1495]

Der Hörfunkdirektor hatte mit seinem Hinweis auf die Reichweitenprobleme der Radiothek den Finger in eine brennende Wunde gelegt. Wohl bilanzierte er in einer Publikation, daß WDR 2 zwischen 1974 und 1979 seine Reichweite um 50% gesteigert habe: von 30% „Hörer pro Tag" auf 46% – während der Durchschnitt der WDR-Programme nur um 25% zugelegt hatte.[1496] Doch intern zeichnete Jenke ein dunkleres Bild. Daß die offiziellen Zahlen nämlich kein Grund waren, sich zufrieden zurückzulehnen, verdeutlicht ein Vermerk aus dem Spätsommer 1980[1497]: Zwar konnte der Hörfunkdirektor für den Regierungsbezirk Münster noch 65,9% Hörer pro Tag für den WDR verzeichnen – was auf eine relativ geringe Attraktivität der Programme NDR 2 und NDR 3 hindeutet.[1498] Im Regierungsbezirk

---

[1494] Vgl. Schreiben Teiners an Jenke vom 2.4.1980, WDR Hist. Arch. 10457; direkte Zitate dort entnommen. – Das Echo auf Beiträge über Jugendverbände zeigt, daß die Radiothek von diesen Verbänden gleichermaßen gelobt wie kritisiert wurde.
[1495] Schreiben Jenkes an Teiner vom 3.4.1980, WDR Hist. Arch. 10457. – In einem Leserbrief an den *Spiegel* wies Jenke am 15.4. darauf hin, daß SWF 3 im Regierungsbezirk Köln zur Sendezeit der Radiothek fast doppelt so viele Angehörige der Zielgruppe erreiche wie WDR 2. WDR Hist. Arch., unverz. Best. des Intendanten von Sell, Akte *WDR Allgemeine Programmangelegenheiten – RADIOTHEK – Vorgänge um die „6.12.79-Sendung", die Absetzung der Live-Wort-Beiträge etc. – 24.602.*
[1496] Vgl. Jenke, Gegenwart und Zukunft, S. 95.
[1497] *Stellungnahme zur Weiterführung von Jugendsendungen im Hörfunkprogramm des WDR* vom 2.9.1980, WDR Hist. Arch., unverz. Best. des Intendanten von Sell, Akte *WDR Allgemeine Programmangelegenheiten – RADIOTHEK – Vorgänge um die „6.12.79-Sendung", die Absetzung der Live-Wort-Beiträge etc. – 24.602*; direkte Zitate dort entnommen. – Bereits im Rahmen eines Treffens sämtlicher Jugendfunkredaktionen des ARD-Hörfunks im März 1979 in München war zur Sprache gekommen, daß zahlreiche Wortthemen „nur den politisch schon überdurchschnittlich interessierten jungen Hörer" erreichten – was sich besonders dort negativ auf die Reichweite auswirke, wo zur gleichen Zeit attraktive Musikprogramme benachbarter Sender zu empfangen seien. Vgl. das Protokoll der *Konferenz der Hörfunk-Redakteure für Jugendprogramme in der ARD am 26.3.1979 und 27.3.1979 in München*, WDR Hist. Arch. 10451.
[1498] Das erste Programm verantworteten WDR und NDR bis 1981 gemeinsam.

Köln waren es jedoch nur 47%. Radio Luxemburg erreichte hier 33,7% und der SWF 25,6%. Jenke betonte, daß viele Hörer endgültig abzuwandern drohten, indem sie ihre Gewohnheiten bei der Programmwahl grundsätzlich änderten. WDR 2 speziell habe „durch spezialisierte, zielgruppenbezogene Angebote [...] eher Hörer verloren als gewonnen"[1499], ließ Jenke auch offiziell verlauten.

Alarmierend nämlich waren die Zahlen bezüglich einer abendlichen Zielgruppensendung für Jugendliche[1500]: Zum einen hörten 1978/79 nur noch 11,4% der Zielgruppe zwischen 19.00 und 21.00 Uhr Radio, bereits 25,6% sahen lieber fern. Zum anderen verlor WDR 2 gegenüber dem SWF unter jüngeren Hörern gerade während der beiden Radiothek-Stunden an Boden, wie der Hörfunkdirektor anhand der prozentualen Viertelstundenreichweiten im Regierungsbezirk Köln demonstrierte:

	WDR 2	SWF
18.30-18.45 Uhr	4,5	5,2
18.45-19.00 Uhr	3,6	5,2
19.00-19.15 Uhr	2,4	4,7
19.15-19.30 Uhr	2,4	4,7
19.30-19.45 Uhr	0,5	4,2
19.45-20.00 Uhr	2,3	2,3
20.00-20.15 Uhr	1,8	2,2
20.15-20.30 Uhr	1,8	1,7
20.30-20.45 Uhr	2,3	1,7
20.45-21.00 Uhr	1,4	1,7
21.00-21.15 Uhr	1,0	1,9
21.15-21.30 Uhr	0,0	0,8

Auch wenn Jenke hier offensichtlich alle drei SWF-Programme zusammenrechnete und die Nutzung aller erfaßten Sender um 19.00 Uhr und im Falle des SWF auch um 19.45 Uhr – auffallenderweise *vor* dem notorischen „*Tagesschau*-Knick" – jeweils merklich sank, wogen die *relativen* Verluste für WDR 2 besonders stark: mit Beginn der Radiothek und (!) des SWF-*Pop-Shop* um 19.05 Uhr, erschreckend dann um 19.30 Uhr (Beginn des Radiothek-Wortbeitrages). Das zwischenzeitliche Aufholen zwischen 19.45 und 20.00 Uhr ist möglicherweise mit externen Faktoren zu erklären, vielleicht aber noch mehr mit einem Rückgang der absoluten Hörerzahl: Unter diesen Umständen hätte es sich ausgewirkt, daß *relativ* viele WDR-2-Hörer als „Einschalthörer" dem Wortprogramm der Radiothek treu geblieben sein könnten. Der Vorsprung für das Kölner Programm zwischen 20.30 und 20.45 Uhr könnte auf das Musikprogramm der Radiothek zurückzuführen sein – wobei allerdings das Zugpferd *Discothek im WDR* zu dieser Zeit bereits zuende war. Ab 20.45 Uhr könnte sich das Verhalten älterer Teile der Zielgruppe als Nutzer der Programme SWF 1 und 2 niederschlagen – sodaß man zu WDR 2 auch noch die Hörer von NDR/WDR 1 und WDR 3 sowie der sog. Gastarbeiterprogramme hinzuzählen müßte, um beide Seiten vergleichen zu können. Zahlreiche jüngere Angehörige der Radiothek-Zielgruppe lagen zu dieser Zeit bereits in ihren Betten – unter anderem daraus dürfte sich der deutliche Einbruch bei WDR 2 gegen 20.45 Uhr erklären.

Jenke schloß aus diesen Zahlen, daß man versuchen müsse, die Hörer ab 1981 mit neuartigen Vermittlungsformen und attraktiven Inhalten zurückzugewinnen. „WDR 2 muß grund-

---

[1499] Jenke, Gegenwart und Zukunft, S. 98.
[1500] Vgl. den erwähnten Vermerk Jenkes vom 2.9.1980, a.a.O. – Zur typischen Verteilung der Gesamthörerzahlen über den Tag vgl. Bessler a.a.O., S. 311.

sätzlich immer für alle Hörer interessant und akzeptabel sein"[1501]. Gegenüber der Zeitschrift *Medium* erläuterte er seine Beweggründe: Er hob nicht auf den „Ärger" ab, der „bei einer solchen Sendung unvermeidlich" sei. Sondern er verwies darauf, daß es Absicht des WDR gewesen sei, eine Jugendsendung für die *gesamte* Zielgruppe zu schaffen – damit bezog er sich also *gerade* auf den Programmauftrag. Aber:

> „Ich glaube nicht, daß wir es geschafft haben, diese Sendung zu einem Programm zu machen, das wirklich von der Mehrheit der jungen Leute als ihr Programm empfunden wurde. Wäre uns das nämlich gelungen, hätten wir nicht die feststellbare und nachweisbare hohe Abwanderung jugendlicher Hörer zu benachbarten Sendern."

Die Höreräußerungen gegen die Einstellung der Radiothek-Live-Sendungen seien zwar „eine bemerkenswerte Welle des Protestes. Aber 8000 Zuschriften sind nicht repräsentativ für das, was die Jugend Nordrhein-Westfalens über die *Radiothek* denkt". Gemeinsam mit von Sell wünsche er sich Jugendsendungen, an denen auch ältere Hörer Interesse gewinnen könnten – denn der gesetzliche Auftrag verpflichte ein gebührenfinanziertes Programm, an alle Hörergruppen zu denken.

> „Integration heißt ja nicht Anpassung, sondern es heißt gegenseitiges Kennenlernen, Sich-gegenseitig-Anhören, sich gegenseitig mit den beiderseits bedrängenden Fragen beschäftigen. Dies wäre das Ziel gewesen, nicht Vereinnahmung junger Leute für gesellschaftliche Verhältnisse, wie sie nun einmal sind."

Die Radiothek allerdings habe jene Integration nicht leisten können. Ein Ausschluß breiter Hörerschichten aus dem zweiten Programm lasse sich nur verantworten, wenn die beiden anderen Programme diesen Hörern zu dieser Zeit Alternativen böten; davon könne freilich keine Rede sein.

> „Und so muß sich eine ganze Reihe Hörer durch dieses Zielgruppenkonzept zunächst mal von uns schlecht oder gar nicht bedient fühlen. Natürlich hätte man den Versuch unternehmen können, auch diese Hörer mit in das Publikum der Radiothek einzubeziehen. Aber dies wäre ein Kompromiß, von dem ich glaube, daß die Redaktion mit ihm am allerwenigsten glücklich gewesen wäre. Deshalb betreibe ich diesen Kompromiß von mir aus nicht, sondern ich fände es ehrlicher, wenn wir Zielgruppensendungen für Jugendliche zu anderen Tageszeiten oder – besser noch – in anders strukturierten Programmen anbieten."[1502]

„Meine Überzeugung war in der Tat: Diese Jugendfixierung aus dem Programm muß weg"[1503], faßt Jenke rückblickend zusammen. Uwe Rosenbaum hält die Idee für pragmatisch-sinnvoll: „Im Grunde ist die Radiothek nicht ein ideologisches Opfer der Politik geworden – sondern sie ist ein ideologisches Opfer des *Konsums* geworden!"[1504]
Ob es allerdings unmöglich gewesen wäre, in einer über weite Strecken live produzierten Sendung wie der Radiothek auf aktuelle Ereignisse zu reagieren – wie es Jenke darüber hinaus forderte –, darüber läßt sich trefflich spekulieren. Immerhin wäre denkbar gewesen,

---

[1501] So Jenke in einer *Stellungnahme zur Weiterführung von Jugendsendungen im Hörfunkprogramm des WDR* vom 2.9.1980, WDR Hist. Arch., unverz. Best. des Intendanten von Sell, Akte *WDR Allgemeine Programmangelegenheiten – RADIOTHEK – Vorgänge um die „6.12.79-Sendung", die Absetzung der Live-Wort-Beiträge etc. – 24.602.*
[1502] Vgl. Janke, „...den Gebrauchswert differenzieren.", a.a.O., S. 2 f.; direkte Zitate dort entnommen. – Bereits am 28.2.1977 hatte Jenke auf einer Klausurtagung des Rundfunkrats in Altenberg erläutert, das zweite Programm sei als „Begleitprogramm" konzipiert, Zielgruppen und „speziell Interessierte" würden in den anderen beiden Programmen bedient, vgl. das Sitzungsprotokoll *Grundlegende Fragen im Hinblick auf Programmstruktur und Programminhalte*, AdRR.
[1503] Interview mit Manfred Jenke im August 2005.
[1504] Interview mit Uwe Rosenbaum im Januar 2008.

anders als am Abend der Entführung Hanns-Martin Schleyers für regelmäßige Unterstützung durch die Aktuelle Redaktion zu sorgen. Tom Schroeder hält denn auch das Konzept der Radiothek für flexibel genug, um kurzfristig den Sendeablauf zu ändern:

> „Das hätte man schaffen können – Du kannst bei der Musik kürzen, Du delegierst ein oder zwei Fach-Tagesredakteure, die nur für aktuelle Berichterstattung da sind – das hätte dann sicher Komplikationen gegeben, aber das hätte man lösen können! Und es saßen ja auch keine Idioten auf den Moderatorenplätzen. Jeder von uns hätte fragen können: ‚So, wir haben hier die aktuelle DPA-Meldung, was ist denn nun los, Herr Kollege Müller? Sie haben das Neueste!'"[1505]

Auch Klaus Klenke mag an Jenkes Begründung, in erster Linie habe WDR 2 zu einer durchgehend aktuellen Welle umgestaltet werden sollen, nicht recht glauben: „Ich schätze Herrn Jenke sehr, aber das nehm' ich ihm nicht ab." Klenke vermutet vielmehr, daß der Hörfunkdirektor in erster Linie auf die häufigen Angriffe gegen die Sendereihe reagiert habe:

> „Jeden Tag war schließlich Ärger wegen der Radiothek! Und irgendwann fragen Sie sich: Lohnt das noch? [...] Muß ich das eigentlich wirklich haben? Nein – muß ich nicht haben! Und was mach' ich dann, wenn ich es nicht haben muß, es aber ein *Politikum* geworden ist? Dann geschieht irgendwas! Der Gartenschlauch und die Kirche – oder: fehlende aktuelle Berichterstattung bei einem Attentat."[1506]

Jenke selbst erinnerte 1980 im genannten *Medium*-Interview, „daß es in den vergangenen Jahren gegenüber dem *WDR*-Hörfunk dreimal Beanstandungen wegen Verletzung unserer Programmgrundsätze gegeben" habe, „und zwar im Wesentlichen begründet mit der Mißachtung religiöser und sittlicher Überzeugungen". Dies sei Anlaß zur Selbstkritik. Jenke verneinte zwar entschieden, daß sich das Programm „in Richtung auf mehr Mißachtung entwickelt" habe.

> „Unser Programm ist heute eher vorsichtiger und weniger unbekümmert, als es vor zehn Jahren gewesen ist. Aber die Maßstäbe der Außenwelt und der Gremien – in diesem Falle des Programmbeirats und des Verwaltungsrats – sind schärfer geworden. Wir werden heute strenger beurteilt als vor zehn Jahren."[1507]

Friedrich-Wilhelm von Sell bekennt allerdings noch heute, er könne sich Jenkes Abrücken von der Sendereihe nicht recht erklären.[1508] Helga Kirchner wiederum verweist auf den Wandel der medienpolitischen Rahmenbedingungen zwischen 1974 und 1980:

> „Dazwischen liegen sieben Jahre nicht nur großer Kontroversen über innere Sicherheit und Reform und ich-weiß-nicht-was, sondern dazwischen sind auch sieben Jahre der höchst kontroversen Debatte um das öffentlich-rechtliche Medienmonopol vergangen [...] – das, glaube ich, muß man auf jeden Fall in Betracht ziehen. [...] Legitim ist auch, daß der Programmdirektor inzwischen seine Meinung über das Produkt ändert."

Daneben betont auch sie, wie schwierig für den WDR der Wettlauf mit SWF 3 um die Hörer geworden sei. „Und der Zeitgeist hatte sich in der Zwischenzeit geändert. Der Reform-

---

[1505] Interview mit Tom Schroeder im September 2007.
[1506] Interview mit Klaus Klenke im Mai 2007. Seine Bemerkung „Gartenschlauch und die Kirche" spielt auf den Streit um die Radiothek vom 6.12.1979 an, „Attentat" auf die Probleme bei der aktuellen Berichterstattung zur Entführung des Arbeitgeberpräsidenten Hanns-Martin Schleyer 1977. Vgl. dazu oben die Abschnitte V. 6. und VI. 1. b).
[1507] Janke, „...den Gebrauchswert differenzieren", a.a.O., S. 6.
[1508] Interview mit Friedrich-Wilhelm von Sell im August 2005.

schwung war schon längst abgeebbt – und wir [die Radiothek] waren ja im Grunde noch eine späte Frucht der 68er-Entwicklung gewesen."[1509]

c) Zur redaktionsinternen Stimmung 1980

Die Radiothek-Redakteure selbst erlebten das Jahr 1980 als eine Periode der Unsicherheit und großer Belastungen.[1510] „Ob wir zur Zeit überhaupt noch irritiert werden können, vermochte keiner [in der Redaktion] so recht zu sagen", antwortete Helga Kirchner dem Hörer Wolfgang S. aus Münster/Westf., der sich gewünscht hatte, „daß sich die Radiothek auch in Zukunft nicht durch unsachliche und unqualifizierte Kritik irritieren" lasse.[1511] „[Es war] demotivierend und demoralisierend und hat sich auch auf den Zusammenhalt und die Zusammenarbeit in der Redaktion sehr erschwerend ausgewirkt", erinnert sich die spätere Hörfunk-Chefredakteurin an die Arbeitsbedingungen des Jahres 1980.

> „Wenn man so einem großen Außendruck standhält, wenn man so streng beobachtet worden ist, so viel Aufmerksamkeit – aber nicht immer im positiven Sinne – erfahren hat, dann schweißt das ja doch zusammen. Aber die Ankündigung, daß da die Uhr tickt und die Sendung irgendwann eingestellt wird, legte einen Sprengsatz an diesen Zusammenhalt."[1512]

Es war vermutlich Ulrich Lux, der zu dieser Zeit vorschlug, ein redaktionsinternes Resümee zu ziehen:

> „Ihr lieben Lieben! Nach nunmehr 7 Jahren wird unsere schöne Redaktionsgemeinschaft zerschlagen. Ein bewe(ä)hrtes [sic] Team wird auseinandergerissen. Das haben wir nicht zu verantworten. Dennoch sollten wir – so denke ich – nach fast siebenjährigem Abwehrkampf gegen die Auflösung in aller Ruhe einmal Rechenschaft ablegen über unsere Arbeit, die Produkte, die dabei herauskommen, die Situation (innerredaktionelle und hausinterne), in der sie entstanden sind. Haben wir – in professioneller Hinsicht – Fehler gemacht, lagen wir taktisch und strategisch immer richtig. Wie sind wir miteinander umgegangen und welche Konsequenzen hatte das für unsere Arbeit."[1513]

Die Idee fand jedoch keine Resonanz. „In solch einer Situation haben Sie keinen Nerv, so was zu machen"[1514], winkt Ulrich Teiner ab. „Es gab in dieser Schlußphase so was wie eine Agonie", fügt Helga Kirchner hinzu.

> „Die Ankündigung: Das endet. Die Ungewißheit: Was wird aus mir? Die ja jeden einzelnen bewegte. [...] Um das eine oder andere Redaktionsmitglied bemühten sich Externe aus dem Haus. Andere blieben im Unklaren, was mit ihnen wird, das hat natürlich eine sehr lähmende Wirkung. Aus sich heraus konnte die Gruppe ja auch keinen großen Motivationsschub mehr entwickeln. Das sind dann keine günstigen Zeiten, um sich hinzusetzen und kritisch Gewissenserforschung zu betreiben [...]. Das kann man eigentlich erst machen, wenn man ausgeruht ist, wenn man entspannt ist, und wenn Außenbedingungen einen dazu treiben, [...] vielleicht auch einen heilsamen Druck ausüben."[1515]

[1509] Interview mit Helga Kirchner im August 2004.
[1510] Interview mit Helga Kirchner im August 2004 und mit Jürgen Keimer im Oktober 2005.
[1511] Zuschrift vom 6.4.1980, Antwortbrief Kirchners vom 23.4.1980, WDR Hist. Arch. 10456.
[1512] Interview mit Helga Kirchner im August 2004.
[1513] Undatiertes Schreiben, WDR Hist. Arch. 10454. Die Redakteure können sich heute nicht mehr an diese Idee erinnern und über die Urheberschaft allenfalls Vermutungen anstellen. Ulrich Lux erklärte jedoch auf Nachfrage: „Wenn da oben drüber stand ‚Ihr lieben Lieben', war's von mir. ‚Ihr lieben Lieben' hat niemand sonst geschrieben." (Interview im März 2006.) Diese Anrede enthält im übrigen auch ein Schreiben Lux' an Hilmar Bachor, Wolfgang Pahde und Wolfgang Kischka aus der Planungsphase der Radiothek, nämlich vom 17.5.1973, WDR Hist. Arch. 10443.
[1514] Interview mit Ulrich Teiner im Februar 2005.
[1515] Interview mit Helga Kirchner im August 2004.

Darüber hinaus allerdings scheint es um die gesamte Atmosphäre im Funkhaus zu dieser Zeit nicht zum besten gestanden zu haben. Teiner berichtete im Mai 1980 Franz Wördemann von der Zentralstelle Fortbildung Programm ARD/ZDF in Frankfurt (M.), daß in einer offenbar aus Angehörigen mehrerer Redaktionen bestehenden Arbeitsgruppe zum Thema „Wie setzen wir uns in unserem Haus mit unserem Programm besser durch?" das WDR-interne Klima mit „Partisanenmentalität, ‚mauern', Angst" umschrieben worden sei. Das „gegenseitige Vertrauensverhältnis", so die Arbeitsgruppe weiter, habe sich „auf allen Ebenen offenbar denkbar schlecht" entwickelt. Dagegen sei nur etwas zu unternehmen, wenn die Leitungsebene für Freiräume der Redakteure sorge. „Wir waren uns einig, daß dies immer seltener der Fall ist, als hindernde Faktoren werden genannt: Angst, Inkompetenz, wachsende politische Einflüsse und Abhängigkeiten." Notwendig seien die „Offenlegung von Spielregeln und Konflikten in öffentlich-rechtlichen Anstalten", die „Verbesserung des horizontalen Vertrauensverhältnisses durch Erfahrungsaustausch" und „Standfestigkeit auf beiden Seiten [...], auch gegen widerstrebende Interessen von außen".[1516]

Für die Radiothek besaßen diese Vorschläge keine Bedeutung mehr. Vieles deutet darauf hin, daß die restlichen Sendungen des Jahres 1980 professionell-korrekt, jedoch ohne außergewöhnliches Engagement erledigt wurden. „Der spontane Biß war einfach raus", erläuterte Lux. „Ich hab dann auch den Autoren bestimmter Themen, die eigentlich verabredet waren – z. B. ‚Esoterik' –, gesagt: Mach' da nicht mehr weiter mit, Ende des Jahres ist Feierabend. Sieh zu, daß Du das woanders unterkriegst."[1517]

d) Das Presseecho

Auf die Eröffnungen des Hörfunkdirektors während der Pressekonferenz im Frühjahr 1980 reagierten die Zeitungen ähnlich überrascht wie der Pressechef. Jenkes Argumente stünden „in direktem Gegensatz zu der bisher [...] verfolgten Öffentlichkeitsarbeit, die Radiothek als gelungenes Zielgruppenprogramm zu preisen und mit dem Bekanntgeben der Einschaltquoten lobende Worte zu verbinden"[1518], wunderte sich die *Frankfurter Rundschau*. Ähnlich sah es der *Funk-Report* und kommentierte resigniert: „Auch der Hinweis auf den Programmauftrag des WDR fruchtet beim Hörfunkdirektor wenig."[1519] Die *Kölnische Rundschau* schlug sich auf Jenkes Seite und führte die neuerlichen Hörerverluste bei WDR 2 darauf zurück, daß die Programmreform von 1974 „zum Teil überholt" sei und darüber hinaus „zu Fehlentwicklungen geführt" habe.

> „Ein Beispiel dafür ist die Sendung ‚Radiothek'. 1973 war das Fernsehen am Abend absolut dominierend. Von der Jugend erwartete man damals folgerichtig, daß sie am ehesten das Radio einschalten würde [...]. Mittlerweile hat sich jedoch eine allgemeine Fernsehmüdigkeit breitgemacht. Trendbeobachtungen zeigen, daß mehr Leute als früher abends wieder Radio hören wollen – Musiksendungen bevorzugt."[1520]

SDR-*Point*-Redakteur Rüdiger Becker wiederum fürchtete grundsätzlich um die Existenz von Jugendsendungen. Er setzte sich in einem engagierten Plädoyer für sie ein:

[1516] Schreiben Teiners an Wördemann vom 13.5.1980, WDR Hist. Arch. 10467.
[1517] Interview mit Ulrich Lux im März 2006.
[1518] Jutta Duhm-Heitzmann, Abschied von der „Radiothek"? Hörfunkdirektor will umstrittene Jugendsendung bei Reform der WDR-Programme streichen, in: FR vom 11.4.1980.
[1519] N.N., Jenke bezeichnet „Radiothek" als gescheitert, in: *Funk-Report* 5/1980 (25.4.1980).
[1520] Peter Bellon, Gesucht: Populäres fürs zweite Programm. Umfassende Reformpläne für den Hörfunk bringen Unruhe ins Kölner Funkhaus des WDR, in: *Kölnische Rundschau* vom 13.2.1980.

"Wenn Jugendliche sich in ihren Sendungen zu Haus fühlen sollen, müssen sie auch das Gefühl haben, so akzeptiert zu werden, wie sie nun mal sind. Und nicht, wie Erwachsene sie sich gerne wünschen. [...] Der Jugendfunk hat auch nicht die Aufgabe, Jugendliche in die Normwelt der Erwachsenen einzugliedern. Sondern er muß sich an der Diskussion darüber beteiligen können, wie diese Normenwelt so verändert werden kann, daß auch die sogenannten ‚Aussteiger' in ihr leben möchten."

Dabei sei ein Dialog der Generationen im Rahmen solcher Sendungen durchaus möglich. Becker vermißte das Interesse der „sogenannten ‚klassischen Ressorts'" – Politik, Wirtschaft, Kultur und Magazine – an Jugendthemen; und er verwies auf das Beispiel der österreichischen Reihe *Funkverbindung*:

„Ein gemeinsames Projekt der Jugend- und der Familienredaktion. Dort werden häufig Themen aus vorangegangenen Jugendsendungen noch einmal aufgegriffen, mit Beiträgen aus der Sicht der Familienredaktion ergänzt und sowohl für Jugendliche als auch für Erwachsene zur Diskussion gestellt. Solche Sendungen fehlen in den meisten Rundfunkanstalten der ARD. Sie sollten Jugendfunksendungen sinnvoll ergänzen."

Sie könnten freilich kein Ersatz für letztere sein; und so wünschte sich Becker beide Typen von Sendungen gleichermaßen.[1521]

Die nordrhein-westfälischen Jusos nahmen in einem als Todesanzeige gestalteten Flugblatt „Abschied von einer guten Jugendsendung, deren Leben erfüllt war von Güte, Verständnis und liebender Fürsorge ihrer Gegner"; sie wandten sich auf der Rückseite des Blattes gegen die kommende Programmreform: „Gesellschaftskritik, Information, Hintergründe, Zusammenhänge von Macht und Gesellschaft und Live-Gespräche mit Betroffenen werden zugunsten einer seichten Berieselung gestrichen."[1522] Ein letztes Aufbäumen vollzogen die Jusos auf ihrer Landeskonferenz am 6. Dezember 1980: Der Bezirk Niederrhein beantragte eine Entschließung, in der den sozialdemokratischen Rundfunkratsmitgliedern vorgeworfen wurde, durch ihre Zustimmung zur geplanten Programmreform der Partei geschadet zu haben.[1523] Der Kreisverband Wesel der Jungdemokraten wiederum konnte sich noch einige Wochen danach nicht mit der Programmreform abfinden: „Die Jungdemokraten NRW verurteilen die Programmstrukturänderung im WDR und die damit verbundenen Folgen", hieß es in ihrer Beschlußvorlage für die Duisburger Landesdelegiertenkonferenz im Januar 1981.[1524]

Im Sender waren die Würfel jedoch im Sommer 1980 längst gefallen. „Das II. Programm", befand WDR-Politikredakteur Ansgar Skriver bitter, „ist jetzt für einen Hörertyp bestimmt, der nicht konventionell, sondern einem ‚Begleitprogramm', einer ‚Geräuschkulisse' zuhört."[1525] Hans Janke bilanzierte, aus WDR 2 werde nun „ein Allerweltsprogramm" – im Interesse größtmöglicher quantitativer Hörerresonanz. Denn der WDR sei gehalten, „späte-

---

[1521] Vgl. Rüdiger Becker, Jugendfunk für die ganze Familie? Das Ende der ‚Radiothek': Abschied von einem Freiraum, in: KuR 31/1980 (23.4.1980), S. 1-2; direkte Zitate dort entnommen.
[1522] Das Original des Flugblatts findet sich in: WDR Hist. Arch., unverz. Best. der Hörfunkdirektion, Akte *Absetzung Radiothek 1981*. Das Blatt trägt den handschriftlichen Vermerk: „von Juso's [sic] vor der Tonhalle verteilt am 21.8."
[1523] Vgl. Antrag Nr. 3 zur außerordentlichen Landeskonferenz der Jungsozialisten NRW am 6.12.1980, WDR Hist. Arch., unverz. Best. des Intendanten von Sell, Akte *WDR Radiothek ausschließlich Sendung v. 30.12.80 Abschluß-Sendung (Kündigung Lux) 1 – 24.602 – 258*; direkte Zitate dort entnommen.
[1524] *Beschlußvorlage des Kreisverbands Wesel für die Landesdelegiertenkonferenz in DUI-Wedau am 19.-21.1.81*, Bereich I, Antrags-Nr. 7, ADL, Bestand DJD Landesverband NRW 23615.
[1525] Ansgar Skriver, Du hast Deine Zeit gehabt und fängst doch wieder an. Resumee eines Betroffenen angesichts der „Reform" des WDR-Hörfunkprogramms, in: Materialien zur Politischen Bildung, 1. Quartal 1/1981, S. 53-57, hier: S. 55.

stens bei der nächsten Gebührenerhöhungsdebatte" gegenüber externen Kritikern auf große Reichweiten verweisen zu können. Mit der Radiothek jedoch habe Jenke „eine Errungenschaft des WDR preisgegeben". Janke argwöhnte, daß der Hörfunkdirektor „die Sendung politisch nicht mehr (aus-)halten wolle, daß er den notorischen Ärger mit ihr nicht länger ertrage", auch wenn er sich niemals dahingehend geäußert habe.

> „Die ‚Radiothek' ist weg. Und dies ist ein kaum zu kompensierender Verlust. Die Mängel dieser Sendung sind hier nicht noch einmal zu beklagen, sie wären durch Qualifizierung der redaktionellen Arbeit [...] zu beheben gewesen, entscheidend ist, daß da eine Position geräumt und eine alles in allem produktiv skandalöse Sendung weggegeben wurde, deren Wert eben auch in der Tatsache steckte, daß es sie gab. Der Surplus einer Sendung stellt sich nämlich nicht immer nur an Ort und Stelle ein. Die ‚Radiothek' erweiterte den ohnehin knappen Spielraum für eine kritische Programmarbeit – zum Nutzen auch derer, die etwas weit weniger Umstrittenes (drinnen) tun und (draußen) hören."

Janke legte jedoch auch dem Intendanten das Ende der Reihe zur Last – von Sells Initiative gegen live moderierte Wortbeiträge zeuge von seiner Mitverantwortung:

> „Ich will es mal so sagen, und ich meine es weder taktisch, noch irgend versöhnlich. Der Intendant von Sell hätte sich den ‚Radiothek'-Trouble zum Jahreswechsel ersparen können, wenn er, statt Krach zu schlagen, die stille Bestattung per Reform abgewartet hätte. Die Rolle des Schurken im Stück ‚Abschaffung der Radiothek' hätte dann nur einer gehabt. So ist sie eben doppelt besetzt, was der Wirklichkeit ja auch näher kommt. Anderseits und mit vollem Zynismus: Seither ist auch ein schönes Stück Protestdynamik verzehrt, da ist so viel nicht mehr zu erwarten, und so wird der Titel irgendwann, wenn sich keiner mehr so recht erinnert, für irgendwas ganz anderes verwertet werden. So schöne Etiketten, selten erfunden, darf man ja nicht herumliegen lassen..."[1526]

e) Pläne für die Zeit „danach"

Manfred Jenke stellte gegenüber von Sell jedoch klar, daß eine Nachfolgesendung keinesfalls den Namen „Radiothek" erhalten solle – „um den WDR vor dem Vorwurf eines Etikettenschwindels zu bewahren"[1527]. Das Vorhaben des Hörfunkdirektors, „etwas Anderes, Neues zu machen", nahm im Spätsommer 1980 rasch Gestalt an. Im September ließ Jenke den Intendanten wissen, daß man sich in der Hörfunkdirektion einig über die neuen Projekte sei. In einem Vermerk umriß er das Projekt einer mit dem Arbeitstitel *Thema* versehenen täglich zweistündigen Sendung:

> „Themen aus Politik, Wirtschaft, Kultur und Gesellschaft, die von besonderem Interesse für junge Hörer sind, werden allgemeinverständlich (unter Verwendung aller journalistischen Formen [...]) aufgegriffen und in mehreren Beiträgen von insgesamt 25' behandelt. [...] Informationen und Meinungen sollten nicht nur jüngere Hörer zum Nachdenken veranlassen, sondern sollten auch von den gleichzeitig <u>mithörenden Älteren</u> als für ihre eigene Meinungsbildung [...] relevant empfunden werden."[1528]

[1526] Hans Janke, Die Rolle des Schurken ist doppelt besetzt. Der WDR verändert die Struktur seiner Hörfunkprogramme, in: KuR 46/1980 (14.6.1980), S. 4-8.
[1527] Schreiben Jenkes an von Sell vom 26.8.1980, WDR Hist. Arch., unverz. Best. des Intendanten von Sell, Akte *WDR Allgemeine Programmangelegenheiten – RADIOTHEK – Vorgänge um die „6.12.79-Sendung", die Absetzung der Live-Wort-Beiträge etc. – 24.602*. In der Tat wurde der Titel „Radiothek" seither im WDR nicht wieder verwandt.
[1528] *Stellungnahme zur Weiterführung von Jugendsendungen im Hörfunkprogramm des WDR* vom 2.9.1980, WDR Hist. Arch. ebda.; Hervorhebung übernommen.

Der Programmbeirat hatte bereits zuvor begrüßt, daß auch 1981 „eine <u>Sendung vor allem für jüngere Hörer</u>" erhalten bleibe; er erklärte, daß Jenkes neue Konzeption den Empfehlungen des Gremiums entspreche, und lobte, daß man mit der neuen Reihe auch diejenigen Jugendlichen erreichen wolle, „die sich von Aktivitäten fernhalten". Mit Unterstützung des Intendanten regten die Gremienmitglieder an, die Hörer nicht zu intensiv in die Programmgestaltung einzubeziehen, denn der professionelle Journalismus gerate ab einem bestimmten Punkt ins Hintertreffen. Von Sell ergänzte,

> „er befinde sich mit seinen Kollegen in einem intensiven Beratungsvorgang, in dem versucht werde, die Positiv-Bestandteile der ‚Radiothek' hinüberzuretten in eine Version, die auf Jugendliche im doppelten Sinne ziele: zum einen in der Darstellung wichtiger Probleme der Allgemeinheit in einer für Jugendliche verständlichen Form und zum anderen in der Behandlung spezieller Probleme von jungen Leuten, auch Minderheiten, bei der die Allgemeinheit nicht ausgespart werde"[1529].

„Warum nicht eine flotte – auch politische – Sendung, die auch bei der Jugend ankommt? Oder besonders bei der Jugend!"[1530] stimmt Heinrich Windelen rückblickend zu.

Im Rundfunkrat kam es Ende November zu einer letzten Kontroverse um die Sendereihe. Von Sell nahm die Redaktion gegen massive Anwürfe ausdrücklich in Schutz und verteidigte zugleich die Reformpläne:

> „Die ‚Radiothek'-Redaktion sei keineswegs eine ‚Gang' und habe keine journalistisch kriminelle Attitüde, sondern habe in den vergangenen 7 Jahren hervorragende Sendungen gemacht und das Programm in guter journalistischer Machart bereichert. Es handle sich hier nicht um die Liquidation einer Tätergruppe, und es werde keine Maßregelung gegenüber der Redaktion exekutiert. Es gehe vielmehr um die Optimierung einer Programmstruktur in größeren Zusammenhängen."

Der Hörfunkdirektor verteidigte abermals die Absetzung der Jugendreihe. Sämtliche Redakteure der Sendung seien im übrigen „erleichtert, daß sie in Zukunft nicht mehr unter dem Namen ‚Radiothek' arbeiten müßten, weil dieser Name mit einer zu großen Hypothek belastet sei".[1531]

In einem Formbrief erläuterte Jenke schließlich im Dezember 1980 jenen Hörern, die gegen die Einstellung der Radiothek protestierten, die endgültige Gestalt der Nachfolgesendung:

> „Die neue Sendereihe ‚WDR zwei zu eins: Thema heute' wird [...] ein tages- bzw. mittelfristig aktuelles und möglichst kontroverses Thema aus Politik, Wirtschaft, Kultur oder Gesellschaft aufgreifen. In ihr sollen die verschiedenen Hörfunkformen (Bericht, Reportage, Interview, Montage, Glosse, Hörerkontakt, O-Ton, Live-Übertragungen) Berücksichtigung finden. Im Gegensatz zu bisher soll diese Sendung jedoch auch für ältere Hörer zugänglich sein.[1532]

Die brisante Jugendreihe wurde also abgewickelt – auf einem Fernschreiben der Redaktion des SDR-*Point*, die anfragte, welche Aktivitäten für die Internationale Funkausstellung 1981 geplant seien, notierte Teiner handschriftlich: „tel. abgesagt. 6.10.80".[1533] Für den letzten Sendetag, den 30. Dezember, kündigte die WDR-Pressestelle jedoch eine Sonderausgabe an: *Das war's, Radiothek*. „Mit dabei sind vor allem Leute und Gruppen, die in

---
[1529] Protokoll der Programmbeiratssitzung vom 8.9.1980, WDR Hist. Arch. ebda.; Hervorhebung übernommen.
[1530] Interview mit Heinrich Windelen im Mai 2007.
[1531] Vgl. Protokoll der Rundfunkratssitzung vom 25.11.1980, AdRR.
[1532] Formbrief vom 3.12.1980, WDR Hist. Arch., unverz. Best. der Hörfunkdirektion, Akte *Absetzung Radiothek 1981*.
[1533] Fernschreiben der SDR-Redaktion an alle Jugendredaktionen der ARD vom 25.9.1980, WDR Hist. Arch. 10466.

den letzten sieben Jahren zum Erfolg von ‚Radiothek' beigetragen haben."[1534] Es wurde nach Friedrich-Wilhelm von Sells Worten freilich eine „Abschlußsendung, in der die Radiothek noch einmal auf alle verfügbaren Pauken schlug"[1535].

6. *Das war's, Radiothek*: die Abschlußsendung

Manfred Jenke hat den Abend des 30. Dezember 1980 in lebendiger Erinnerung:

> „Ich fuhr mit meiner Frau und meiner Tochter nach Wuppertal ins Ballett von Pina Bausch. Wir kamen gegen halb elf, elf aus der Vorstellung, ich mach' das Autoradio an und höre – da läuft ja die letzte Stunde der Radiothek aus der Mülheimer Stadthalle, und alles ist lustig und friedlich, und alles ist fröhlich, und ich freu' mich. Das war der 30. Dezember; und am 31. oder 1. Januar gehe ich ins Funkhaus, treffe Joachim Sonderhoff und sage: Na, das ist ja noch alles gut gelaufen, und das war doch 'ne schöne Sendung. Da sagt Sonderhoff: Fanden Sie? Ich sage: Was ich davon gehört habe, hat mir gut gefallen! Hm – sagt Sonderhoff, da haben Sie wohl nicht alles gehört."[1536]

Das war's, Radiothek, die Sondersendung zum Abschluß der Jugendreihe aus der Stadthalle Köln-Mülheim, ging auf eine Idee der Redaktion zurück. Ulrich Teiner hatte Heinz Linnerz im August 1980 um Zustimmung gebeten und das Konzept erläutert: Die Redaktion plane „keine abschließende Klagemauer-Sendung als vielmehr einen fröhlichen Ausklang". Eine Reihe Gäste sollte an dieser Veranstaltung teilnehmen – die zugehörige Liste mit 25 Vorschlägen führte unter anderem die Liedermacher Bettina Wegener und Wolf Biermann auf, die *Frankfurt-City-Blues-Band*, die Theatergruppen *Der Wahre Anton*, *Karl Napps Chaos Theater* und *Die 3 Tornados* sowie die Rockgruppe *Kraan*. Die Auftritte sollten jedoch „durch eine ausgedachte Dramaturgie eine Art Revue" darstellen. Teiner schlug vor, dabei einen thematischen Schwerpunkt in Gestalt einer Bilanz des Jahres 1980 zu setzen. „Warum soll nicht auch das Jugendprogramm auf seine Art dazu einen Beitrag leisten. Mein Arbeitstitel: Lacht kaputt, was Euch kaputt macht. Ein (Jahres)rückblick mit Musik."[1537]

Rasch hatte sich allerdings herausgestellt, daß diese Veranstaltung direkt übertragen werden mußte. „Mit Uli Lux bin ich mir darin einig", bekundete Rudolf Heinemann, Chef der Programmgruppe Unterhaltende Musik, „daß ein Mitschnitt dieser Radiothek-Abschlußveranstaltung in der Mülheimer Stadthalle nicht im neuen Jahr gesendet werden sollte. Auch sollten wir damit nicht in die Silvesterprogramme gehen. Daraus ergibt sich, daß wir den größten Teil der Veranstaltung live präsentieren sollten."[1538] Die organisatorischen Beweggründe leuchteten ein; offenbar teilten denn auch Hörfunkdirektion und Programmbereichsleitung diese Auffassung – ein Schritt mit Folgen.

„Jenke war anfangs furchtbar begeistert"[1539], erinnerte sich Joachim Sonderhoff. Und der Hörfunkdirektor wandte sich gegen Bedenken: „Ich weiß noch, wie Sell und andere zu mir

---

[1534] Pressemitteilung des WDR vom 11.12.1980, WDR Hist. Arch. 10462.
[1535] Sell, Mehr Öffentlichkeit, S. 160.
[1536] Interview mit Manfred Jenke im August 2005.
[1537] Schreiben Teiners an Linnerz vom 13.8.1980, WDR Hist. Arch. 10462. – Details der Sendung wurden in zahlreichen Besprechungen und Konferenzen zwischen August und Dezember 1980 geplant, vgl. die tabellarische Aufstellung durch Heinz Linnerz als Anlage zu dessen Schreiben an Manfred Jenke und Friedrich Bösel vom 27.2.1981, WDR Hist. Arch., unverz. Best. des Intendanten von Sell, Akte *WDR Radiothek ausschließlich Sendung v. 30.12.80 Abschluß-Sendung (Kündigung Lux) 1 – 24.602 – 258*.
[1538] Schreiben Heinemanns an Jenke vom 22.9.1980, WDR Hist. Arch. 10462.
[1539] Interview mit Joachim Sonderhoff im August 2005.

sagten: Muß das denn sein? Muß das denn als öffentliche Veranstaltung stattfinden? Ja, sage ich, warum soll ich denen das wegnehmen? Wenn sie es gerne machen, dann sollen sie es doch machen!"[1540]

Wohl deutet eine Besprechungsnotiz aus dem Jahre 1983 darauf hin, daß Manfred Jenke Franz Greiner und möglicherweise auch den kommissarischen Programmgruppenleiter Karl Graf Matuschka beauftragte, „sich um diese öffentliche Veranstaltung besonders zu kümmern"[1541]. Jenke bestätigte Rundfunkratsmitglied Peter Giesen 1981, daß es im Vorfeld der Radiothek-Abschlußsendung „Informations- und Kommunikationsdefizite innerhalb der Hörfunkdirektion gegeben" habe. Offensichtlich war hier trotz aller Erfahrungen mit Live-Sendungen vor Publikum organisatorisches Neuland betreten worden[1542] – unter Inkaufnahme mancher Unwägbarkeit.

Über Risiken war sich nicht nur Intendant von Sell im klaren gewesen. Graf Matuschka nahm kurz vor Weihnachten das Plakat in Augenschein, mit dem die Pressestelle auf die geplante Veranstaltung hinwies. Seine Begeisterung hielt sich in Grenzen:

> „Die beiden den Blitz der Radiothek tragenden Figuren im oberen Rand des Plakates sind durch ihre Bekleidung unschwer als Soldaten des Vietcong zu erkennen. [...] Nach meiner Meinung unterstreicht dieser Ausschnitt des Plakates das von bestimmten Kritikern der Radiothek geprägte Wort ‚Maothek'. Der Westdeutsche Rundfunk sollte Vorurteile dieser Art durch Plakate nicht unterstützen."[1543]

Zu dieser Zeit waren alle Vorbereitungen jedoch längst abgeschlossen. „Ich gehe davon aus", hatte Ulrich Lux im Oktober Tom Schroeder wissen lassen, „daß Du zusammen mit Wolfgang [Schmitz] die RADIOTHEK-Fete am 30.12.1980 als Kehraus moderierst. Es ist mir gelungen, die Sendezeit auf WDR 2 von 19.05 bis 23.30 freizuschaufeln."[1544] Gemeinsam mit Joachim Sonderhoff übernahmen Schmitz und Lux die Planung und Vorbereitung[1545]. „Ich hatte die Musikredaktion für den Abend, hab die ganzen Bands an Land gezogen"[1546], erklärte Sonderhoff. „Meine zentrale Aufgabe war dann immer, die Verträge abzuschließen und so weiter", erinnerte sich Lux, „und alle möglichen Ideen sind dann praktisch auf meinem Tisch eingelaufen."[1547] Lux verfügte als Leiter von *Radiothek unterwegs* über reichlich Erfahrung mit Projekten dieser Art und fungierte wohl auch deshalb als verantwortlicher Redakteur.

Einige Namen aus Teiners erster Liste von Vorschlägen fanden sich im Programm wieder: die *Frankfurt-City-Blues-Band*, *Der Wahre Anton*, *Karl Napps Chaos Theater*. Der Liedermacher Dieter Süverkrüp sagte seine Teilnahme ebenso zu wie der Kabarettist Hanns Dieter Hüsch; auch Frank Baier wurde eingeladen. Die Liste wuchs an – wobei jeder Auftritt mit einer Länge von 20 Minuten kalkuliert wurde. „Achim Sonderhoff sagte auf einmal: ‚Hör mal zu, da in der Südstadt, da gibt's 'nen Typen, der heißt Wolfgang Niede-

---

[1540] Interview mit Manfred Jenke im August 2005.
[1541] Aktennotiz Heinz Linnerz' vom 6.1.1983 über die „Kleine Sitzung" vom 4.1.1983, WDR Hist. Arch. 10463.
[1542] Vgl. Schreiben Jenkes vom 9.6.1981, WDR Hist. Arch., unverz. Best. des Intendanten von Sell, Akte *WDR Radiothek ausschließlich Sendung v. 30.12.80 Abschluß-Sendung (Kündigung Lux) 1 – 24.602 – 258*; direktes Zitat dort entnommen.
[1543] Schreiben Matuschkas an Schmid-Ospach vom 22.12.1980, WDR Hist. Arch. 10462.
[1544] Schreiben Lux' an Schroeder vom 15.10.1980, WDR Hist. Arch. 10467.
[1545] Interview mit Ulrich Lux im März 2006. – Wolfgang Schmitz nannte in seiner Anhörung am 16.2.1981 Details der Aufgabenverteilung, vgl. den am 20.2.1981 abgeschlossenen Vermerk des Justiziars Herrmann: *Radiothek-Sendung vom 30.12.1980*, WDR Hist. Arch., unverz. Best. des Intendanten von Sell, Akte *WDR Radiothek ausschließlich Sendung v. 30.12.80 Abschluß-Sendung (Kündigung Lux) 1 – 24.602 – 258*.
[1546] Interview mit Joachim Sonderhoff im August 2005.
[1547] Interview mit Ulrich Lux im März 2006.

cken'", erinnerte sich Lux. „'Und der macht einfach irre Musik!' [...] Kein Mensch kannte den. Aber auf Achim Sonderhoff konnte man sich verlassen."[1548] Die in den achtziger Jahren sehr erfolgreiche Kölschrock-Gruppe *BAP* kam also zu einem ihrer ersten großen Auftritte im Rundfunk.

Uneins waren Sonderhoff und seine Kollegen offenbar in der Frage, ob die gerade mit dem Deutschen Kleinkunstpreis ausgezeichneten *3 Tornados* verpflichtet werden sollten: „Ich sollte sie einladen, aber die waren mir zu teuer", begründete Sonderhoff seine damaligen Bedenken. „Die verlangten für einen Kurzauftritt 4.000 Mark."[1549] Schließlich entschied man sich jedoch für die Mitwirkung der Gruppe. Lux umriß schmunzelnd die Stimmung während der Planungen: „Jetzt ist alles am Ende – und da machen wir 'ne hübsche Beerdigung."[1550]

a) Die Sendung des 30. Dezember 1980

Die „Beerdigung" wurde streckenweise minuziös vorbereitet. Frank Baier wunderte sich über die Generalprobe:

> „Sonst macht man sie ja immer in umgekehrter Reihenfolge. Die haben aber eine Generalprobe gemacht, die genauso lief wie das, was dann abends abgelaufen ist; das heißt, wenn etwas Unvorhergesehenes passiert wäre, hätten sie ohne Probleme [die Übertragung abbrechen und ersatzweise] sofort ein Band mit dem Mitschnitt der Generalprobe starten können."[1551]

Ulrich Lux bestätigte: „Die Generalprobe lief im Funkhaus vom Band, parallel zur Sendung. Da hätte man natürlich puzzeln müssen, die Überschneidung hätte unter Umständen 'ne Minute oder so betragen."[1552] Eine Reihe Künstler wich von den abgesprochenen Inhalten jedoch in einer Weise ab, daß dieses Reserveband keine Hilfe sein konnte.

Die Stadthalle Köln-Mülheim stellte sich bereits vor Beginn der Sendung als zu klein heraus. Auf 1.500 schätzte Tom Schroeder während einer Zwischenmoderation die Zuschauerzahl.[1553] „Es ging da wirklich keine Maus mehr rein", erinnert sich Frank Baier, „die Leute hingen draußen auf den Treppen. Es war 'ne unglaubliche Stimmung – zwischen fröhlich und wütend. Es wurde viel gelacht, es wurde viel geschrien; emotional kochte dieser ganze Saal."[1554] „Es war rappelvoll!" nickt Wolfgang Schmitz. „Und wir haben Probleme gehabt, weil noch unzählige Leute draußen standen, die wir nicht mehr reinlassen durften, wegen Sicherheitsbedenken der Polizei. Das bewegte sich am Rande zu krawallähnlichen Zuständen."[1555] Schmitz' Co-Moderator Tom Schroeder hat die Stimmung während der Sendung als „unglaublich gut" in Erinnerung: „Das war keine Begräbnisfeier. Das war: ,Ihr könnt uns die Sendung nehmen, aber nicht das, was wir *meinen*!'"[1556]

[1548] Ebda.
[1549] Interview mit Joachim Sonderhoff im August 2005.
[1550] Interview mit Ulrich Lux im März 2006.
[1551] Interview mit Frank Baier im Oktober 2005.
[1552] Interview mit Ulrich Lux im März 2006. – Auch Linnerz schilderte in der Anlage *Stellungnahme zum Vorgang Radiothek-Sendung vom 30.12.1980* zu seinem Schreiben an Jenke und Bösel vom 27.2.1981 diese Vorsichtsmaßnahme, WDR Hist. Arch., unverz. Best. des Intendanten von Sell, Akte *WDR Radiothek ausschließlich Sendung v. 30.12.80 Abschluß-Sendung (Kündigung Lux) 1 – 24.602 – 258*.
[1553] Alle Zitate der Abschlußsendung im folgenden nach dem Sendemitschnitt: *Das war's – Radiothek. Eine Revue mit Rock und Kabarett, Folk und Blues, Song und Chanson live aus der Stadthalle Köln-Mülheim*, WDR-Schallarchiv 5090342.
[1554] Interview mit Frank Baier im Oktober 2005.
[1555] Interview mit Wolfgang Schmitz im Juli 2003.
[1556] Interview mit Tom Schroeder im September 2007.

Der auf zwei gegenüberliegende Bühnen verteilte Abend begann mit den Gruppen *Frankfurt-City-Blues-Band* und *Bernies Autobahn Band*, mit Rick Abao und Hanns Dieter Hüsch. Hüsch war der erste Künstler des Abends, bei dem das Publikum eine Zugabe forderte – obwohl sein Auftritt von den charakteristischen leisen oder moderaten Tönen geprägt war. Beifall ernteten zeitweise auch Schroeder und Schmitz: „Wolfgang, kennst Du eigentlich den Unterschied zwischen John Lennon und der Radiothek?" – „Nee, kenn ich nicht." – „John Lennon ist von einem Wahnsinnigen zum Schweigen gebracht worden." Schmitz schloß diesen Moderationsteil mit der Bemerkung ab: „Eins ist klar – für mich jedenfalls: Nur 'ne *Party* ist das heute abend nicht!"
Eine Stunde später allerdings begann die Veranstaltung aus dem Ruder zu laufen. *Karl Napps Chaos Theater* nahm die Situation vor der Halle zum Anlaß, zunächst über die „Bullen" an den Eingängen zu frotzeln. Und weiter:

> „Wir sind hier heute eingeladen, auf 'ner Beerdigung zu spielen, und wir erklären uns heute schon bereit, im nächsten Jahr auf der Beerdigung des Intendanten von Sell zu spielen, falls die stattfindet. [lebhafter Beifall] Deswegen bitten wir auch die Leute, die noch draußen stehen, durch die Glasfenster einzutreten, weil es besser ist als umgekehrt."

Andere, durchaus heikle Pointen fielen demgegenüber kaum mehr ins Gewicht. Wolfgang Schmitz reagierte in seiner nächsten Zwischenmoderation – und zog sich den Unmut des Publikums zu:

> „Dieses Programm [...] ist ein Live-Programm, ich... bin... sehr dafür, daß Gruppen wie das *Karl Napps Chaos Theater* die Möglichkeit haben, im Radio zu Wort zu kommen [Beifall], ich halte allerdings wenig davon, hier im Hause die Scheiben einzutreten, und ich halte auch wenig von einer Beerdigung des Intendanten, weil ich denke, daß dieses keine Mittel sind – weder in der Auseinandersetzung um ein Jugendprogramm [Pfiffe], noch überhaupt in der politischen Auseinandersetzung, und ich entschuldige mich dafür, obwohl ich die Entscheidung, die Radiothek abzusetzen, sehr mißbillige!" [vereinzelte Pfiffe, vereinzelter Beifall]

Tom Schroeder distanzierte sich gleichfalls in einer späteren Moderation an diesem Abend entschieden „von den chaotischen Dummheiten [...] von diesen Nappis". Er erntete Pfiffe und spöttisches Johlen. Auf Schmitz' Moderation war unterdessen der Auftritt des Liedermachers Walter Mossmann gefolgt:

> „Also, die *Napps* ham's *so* gesagt, der Wolfgang hat das *so* gesagt, ich möcht' das so sagen: Nachdem es der Dummheit und dem Opportunismus in den höheren und mittleren Rängen des Westdeutschen Rundfunks gelungen ist, nach *Vor Ort* – der Fernsehserie – auch die Radiothek kaputtzumachen, seh' ich überhaupt keinen Grund mehr, von diesem heruntergekommenen Journalismus in den öffentlich-rechtlichen Anstalten irgend etwas zu erwarten [Beifall] – wenn wir demokratisches Radio haben wollen, müssen wir es selber machen, daß das geht, haben die Sender der Anti-Atombewegung [...] bewiesen."[1557]

Tom Schroeder bekannte im Anschluß an Mossmanns Auftritt, wenn eine Sendereihe eingestellt werde, neigten die Betroffenen dazu, „sowohl Leben als auch Tod einer solchen Geschichte furchtbar ernst zu nehmen, und das ist verdammt richtig. Es kann aber andererseits auch zu Blähungen führen, zu Lähmungen und manchmal auch zu Selbstmitleid".

[1557] Mossmann bezog sich u.a. auf den ersten dieser Sender, das im Juni 1977 eingerichtete *Radio Verte Fessenheim* in Südbaden, das heutige *Radio Dreyeckland* in Freiburg, vgl. N.N., 25 Jahre Radio Dreyeckland – ein Blick in Geschichte und Gegenwart, abgerufen am 3.10.2009: http://www.rdl.de//index.php?option=com_content&task=view&id=280&Itemid=213.

Dieter Süverkrüps Auftritt verlief ohne Zwischenfälle – im Gegensatz zu demjenigen Frank Baiers. Dieser wich nämlich vom geplanten Programm ab. Wohl hätten Schmitz und Lux ihn bereits Wochen zuvor gewarnt, erinnert sich der Liedermacher: „'Paß ma' auf: Also, *Radiothek-Lied* läßte' weg!' Jaaa, gucken wir mal, hab ich geantwortet. Und dann haben die direkt vorher noch mal gesagt: ‚Bitte, also, das is' jetzt 'ne ganz klare Absprache!'"[1558] Ulrich Lux bestätigte:

> „Noch vor der Generalprobe ist Wolfgang Schmitz auf mich zugekommen und hat gesagt: Hör mal, Frank hat irgendwas vor. [...] Ja, und dann hab ich mit Frank und Wolfgang darüber gesprochen [...] – ich hatte den Eindruck, Frank will uns da was Gutes tun [...], aber die Sendung war nicht dafür da, uns was Gutes zu tun."[1559]

Baier ließ es sich während seines Auftritts jedoch nicht nehmen, das Publikum über die Restriktion zu informieren:

> „Ich wollte das *Radiothek-Lied* heute abend singen, es wäre wichtig gewesen, für mich nicht nur alleine, sondern auch für die Leute von der *Pappschachtel*, vom *Eschhaus* (Beifall), auch für die Leute aus der Junkerstraße oder vom Burgacker [...]. Ich bin wahnsinnig sauer. [...] Den Refrain hätten wir mit mehreren Leuten zusammen singen wollen. Wir dürfen's jetzt nicht, [Pfiffe, Buhrufe] wenn wir's getan hätten, dann wäre – das ist der Text von dem *Radiothek-Lied* – dann wäre das Reserveband von heute mittag eingefahren worden, und das wollen wir auch nicht. Statt dessen singe ich jetzt den *Traurigen-Mann-Blues*."[1560]

Diesen brach Baier jedoch nach wenigen Takten ab und verlas – ohne zu singen – auf Verlangen der Zuhörer den Refrain des *Radiothek-Liedes*; er erntete Johlen und begeisterten Beifall. „Da haben die [WDR-Redakteure vor Ort] natürlich nicht mit gerechnet", schmunzelt Baier, „ich hab' ja meine Zusage eingehalten! Ich hab's nicht *gesungen*!" Der Liedermacher schloß sein Programm mit einem abgewandelten Ernesto-„Che"-Guevara-Zitat: „Da bleibt uns nur noch eins: Macht ein, zwei, drei, viele Radiotheks – baut sie selber in Eurer Stadt!" – „Nach dem Auftritt ging natürlich hinter der Bühne der ‚Rhabarber' los"[1561], skizziert Baier die Reaktion der WDR-Mitarbeiter: „Aauuu, warn die sauer!"[1562] Moderator Schmitz hatte zuvor noch jenen Programmpunkt angekündigt, der Baiers demonstrative Eigenmächtigkeit bei weitem in den Schatten stellen sollte:

> „Zwischen Bremen, Zürich, Freiburg und Berlin gibt es eine neue Jugendbewegung, die keine Lust mehr hat, das Ende der Sauer-Trauer-Zeiten mit der Faust in der Tasche und der Hoffnung auf den Erfolg kleiner Schritte abzuwarten. Da besetzen Leute Häuser, verteidigen ihren neuen Wohnraum auch mit Gewalt, [lebhafter Beifall] andere erkämpfen ein Jugendzentrum, und auch das nicht nur mit Worten. So was ist für viele schnell einsortiert: gesetzlos, kriminell, Anarchisten, Krawallbrüder sind am Werk. Dabei wird dann kaum noch diskutiert, was diese Gesellschaft und ihre Repräsentanten beigetragen haben zur Radikalisierung und Ausgrenzung von Zweiflern und Kritikern. [Beifall] Ich zitiere: ‚Ein Sprachrohr jener Generation, die sich nicht mit den Zwängen und Mechanismen dieser Gesellschaft zufrieden gibt' – Zitat Ende – sind die *3 Tornados* aus Berlin. [Beifall] Das schrieb der Mainzer Oberbürgermeister und ne-

---

[1558] Interview mit Frank Baier im Oktober 2005.
[1559] Interview mit Ulrich Lux im März 2006.
[1560] „Junkerstraße" bezieht sich nach Baiers Erläuterungen (elektronische Post vom 5.10.2007) auf eine von „Basis-Druck-Leute[n]" und Journalisten gebildete Duisburger Wohngemeinschaft. Zu „Burgacker" schreibt Baier ebda.: „Da wohnten unsere Links-Anwälte, die wir z. B. bei Kalkar + Demos anrufen konnten bei Festnahmen." Wie oben in Abschnitt VI. 4. bereits erwähnt, handelte es sich bei *Pappschachtel* und *Eschhaus* um zwei Jugendzentren im Ruhrgebiet.
[1561] Interview mit Frank Baier im Oktober 2005.
[1562] Elektronische Post Baiers vom 6.6.2005; Schreibweise übernommen.

benbei auch Vorsitzende des ZDF-Fernsehrates Jockel Fuchs in die Urkunde zum Deutschen Kleinkunstpreis, den die *3 Tornados* für 1979 erhalten haben. Den *Tornados* gehören die nächsten 20 Minuten, es geht um Polizei und Bundeswehr, aber auch um die Bibel, die ja seit einiger Zeit mit kirchlicher Billigung auch als Comic unters Volk gebracht wird, und wenn die *Tornados* satirisch das Rätsel zu lösen versuchen, wie denn seinerzeit die Jungfrau zum Kind gekommen ist, wird's ein Comic von Heiden für Heiden, aber vielleicht nicht nur für die. Es ist jedenfalls schonungslose Unterhaltung angesagt."

Die *3 Tornados* begannen mit Verballhornungen bekannter musikalischer Vorlagen, in denen sie sich über das Vorgehen der Polizei gegen Demonstranten und gegen Homosexuelle lustig machten. Eines dieser Lieder hatten sie allerdings schon 1979 – offenbar unbeanstandet – in einer ZDF-Sendung anläßlich der Verleihung des Kleinkunstpreises gesungen.[1563] Zum Skandalon geraten sollte ihr Programmpunkt *Krippenspiel*: Es handelte sich um eine Satire auf die biblische Weihnachtsgeschichte in Gestalt eines fiktiven Dialoges zwischen Maria und Joseph:

„[...] Du, Joseph, [...] ich hab meine Tage nicht gekriegt!" – „Was?? Wie bitte?? Wer war das?" – „Ich weiß auch nicht, wie das zugegangen ist, sintemalen ich von keinem Manne weiß!" – „Wie heißt der Typ, Manne?! Dem polier' ich die Fresse!" – „Nein, Joseph, das war ganz anders. Der Heilige Geist ist mir erschienen." – „Ach ja! Der Heilige Geist! Das muß ja 'n schöner Heiliger Geist sein, der meine Verlobte hinter meinem Rücken von hinten bumst!" [Lachen, Beifall] – „Nein, Joseph, das war nicht so, wie Du denkst, mit Sex und so!" – [...] „Ach Maria, Du hast 'ne Macke! Das ist doch die letzte Ausrede! Die Story kauft Dir doch kein Schwein ab!" [Lachen, lebhafter Beifall] – „Doch, Joseph! Die kaufen sie uns ab, da war'n sogar schon 'n paar Typen da, die wollen da 'n Buch drüber schreiben!" [Lachen, lebhafter Beifall] [...] „Da gibt's aber noch einige Probleme zu lösen! Wer zum Beispiel sagt den Heiligen Drei Königen Bescheid?" – „Das ist alles abgeklärt! Die Formalitäten erledigt der Gabriel. Der sagt den Hirten persönlich Bescheid, und wenn's dann so weit ist, läßt er über der Wiege 'ne Leuchtrakete hoch. Wir müssen uns nur noch um 'ne Wohnung kümmern." – „Na, siehste! Das ist ja gerade das Problem, Du weißt ganz genau, daß die Sozialwohnungen von Nazareth alle weg sind! Und in so 'ner Scheiß-Satellitenstadt will ich auch nicht wohnen. – Aber halt, ich hab noch 'ne Idee! Ich kenn da so'n paar Freaks aus Bethlehem, die haben 'ne alternative Kneipe!" [Lachsalve] [...]"

Dietrich Backmann erinnert sich, die Sendung daheim am Radio verfolgt zu haben. Nach der Pointe um den Heiligen Geist sei ihm sofort klargewesen: „Das ist der Paragraph vier!"[1564]

Ulrich Lux erläuterte, er habe von *Krippenspiel* erst während der Generalprobe erfahren. „Da habe ich gesagt: Huppela! Was machen wir da? Weil: Kirche! Ne?" Er sei dann mit Schmitz, Sonderhoff und Nora Schattauer übereingekommen, den Auftritt der *3 Tornados* durch die oben zitierte Anmoderation einzuleiten. „Damals war gerade das Leben Jesu als Comic erschienen, herausgegeben unter Billigung des Vatikan. Also: Deklarieren wir das als eindeutige Satire, damit es niemand mißversteht." Im Nachhinein sei allerdings der Vorwurf erhoben worden, daß diese Moderation die skandalöse Wirkung des Sketchs noch verstärkt habe.[1565] Womöglich rührte diese Empörung davon her, daß die Laudatio Jockel Fuchs' zitiert und dieser damit in die Nähe der *3 Tornados* und ihres Publikums gerückt worden war.

Die Zuschauer in der Mülheimer Stadthalle hatten sich nach den Darbietungen der *3 Tornados* den weiteren Programmpunkten zugewandt: den Auftritten der Gruppen *Das Dritte*

[1563] Vgl. N.N., WDR-Redakteur fristlos gekündigt. Anlaß: letzte „Radiothek"-Sendung, in: FR vom 23.2.1981.
[1564] Interview mit Dietrich Backmann im Juli 2005.
[1565] Interview mit Ulrich Lux im März 2006.

Ohr, *Turo's Tutti* und *The Food Band*. Auch der von *Radiothek unterwegs* her bekannte *Posaunenchor Hiddenhausen III* lieferte einen mit viel Applaus bedachten kurzen Beitrag ab. Stürmischen Beifall erntete *Wolfgang Niedecken's BAP*; und das Programm endete mit Zugaben erst nach Mitternacht[1566].

Der Sendemitschnitt läßt erkennen, daß die Veranstalter die von Wolfgang Schmitz beschriebenen turbulenten Zustände offenbar schon vor Beginn der Sendung in den Griff bekamen. Gemeinsam mit WDR-Redakteur Ulrich Wickert war der damalige Bundesbildungsminister Volker Hauff als Besucher in der Stadthalle dabei: „Wir saßen alle auf dem Boden und haben uns – ich vor allem über Dieter Hüsch – über das freche Programm gefreut."[1567] Das Publikum in- und außerhalb der Halle verhielt sich während dieser viereinhalb Stunden friedlich.

b) Proteste gegen die Sendung

Regisseur Joachim Sonderhoff allerdings hatte bereits im Laufe des Abends nichts Gutes geahnt: „Ulrich Gembardt und ich haben im Zuschauerraum gesessen, ich hatte ein zweites Regiepult, um eingreifen zu können, falls irgendwas passierte. [...] Ich hab da unten in der Stadthalle gesessen und habe gezählt: [...] Achtmal mindestens Paragraph vier! Das hab ich Gembardt gesagt!"[1568]

Zwei Tage später kam es zu jener Begegnung mit Manfred Jenke, an die auch dieser sich, wie erwähnt, erinnert. Sonderhoff hielt in einem Schreiben an Lux fest:

> „Gedächtnisprotokoll zur Radiothek 30.12.80. – Am 1. Januar (Beginn der Programmreform) traf ich Herrn Jenke gegen 19.50 Uhr im Studio 35. Er sprach mich auf die Veranstaltung in der Mülheimer Stadthalle an: Da haben Sie ja eine tolle Sendung gefahren! Unglaublich präzise und in einer exzellenten Dramaturgie! Darauf ich: aber es sind einige Klöpse passiert, ein paar Leute haben die Gelegenheit ergriffen und richtig draufgeschlagen. Jenke: Sie wissen es doch, Herr Sonderhoff, solche Sachen passieren immer, damit muß man bei Livesendungen rechnen, aber noch einmal, eine tolle Show haben Sie da produziert."[1569]

Krippenspiel habe er „wirklich nicht so wahnsinnig gut" gefunden, bekannte Sonderhoff – und er erinnerte an Mahnungen des ersten WDR-Intendanten, im Programm religiöse Überzeugungen zu achten: „Der alte Hartmann hat mal gesagt zu seinen Leuten: ‚Also, Ihr könnt hier im WDR machen, was Ihr wollt. Aber vergeßt nicht: Dort steht der Dom!' Und das ist heute noch gültig."[1570]

Doch die ersten Tage des Jahres 1981 verliefen nach Manfred Jenkes Erinnerung ohne besondere Vorkommnisse. Wohl hörte Kulturchef Heinz Linnerz am Montag, dem 5. Januar, die Bänder mit dem Sendemitschnitt ab und äußerte noch am selben Tage Bedenken gegenüber Franz Greiner; er setzte zugleich die Hörfunkdirektion in Kenntnis.[1571] Die überraschte Form, in der Verwaltungsdirektor Bösel Linnerz drei Monate später auf diese Tatsachen ansprach, läßt jedoch darauf schließen, daß die Direktion daraufhin keine weiteren

---

[1566] Interview mit Frank Baier im Oktober 2005.
[1567] Elektronische Post Volker Hauffs vom 20.7.2007.
[1568] Interview mit Joachim Sonderhoff im August 2005.
[1569] Schreiben Sonderhoffs an Lux vom 10.2.1981, WDR Hist. Arch. 10463.
[1570] Interview mit Joachim Sonderhoff im August 2005. – Das Kölner WDR-Funkhaus liegt in Sichtweite des Doms.
[1571] Vgl. Schreiben Linnerz' an Bösel vom 7.4.1981 und Schreiben Bösels an von Sell vom 9.4.1981, WDR Hist. Arch., unverz. Best. des Intendanten von Sell, Akte *WDR Radiothek ausschließlich Sendung v. 30.12.80 Abschluß-Sendung (Kündigung Lux) 1 – 24.602 – 258*.

Maßnahmen ergriff – daß sich die Kritik des Kulturchefs überdies nicht einmal sonderlich im Haus herumsprach. Linnerz selbst hielt es für geboten, Lux umgehend von der redaktionellen Verantwortung für die anstehende *Radiothek unterwegs* am 11. Januar zu entbinden.[1572]

Erst am 6. Januar erhielt die Hörfunkdirektion die Unterschriftenliste einer „Initiative der Gläubigen aus der kath. Pfarre St. Jakobus" im westfälischen Ennigerloh. Knapp 50 Mitglieder bekundeten ihren Protest: „Wer gibt Ihnen eigentlich das Recht, den Glauben aller Christen so zu diffamieren und die Gefühle Ihrer Hörer derart zu verletzen?!"[1573] Der Koblenzer evangelische Superintendent Hans Warneke schloß sich einen Tag später an: „Es ist für mich unverständlich, daß eine Anstalt des Öffentlichen Rechts einen solchen Beitrag ausstrahlt."[1574]

Die Proteste häuften sich. „Solche Sendungen mit einer derart groben Mißachtung der Überzeugung von Mitmenschen und solcher Vermessenheit haben selbst die ‚Nazis' nicht fertiggebracht, obwohl diese die Abschaffung des Christentums offen auf ihre Fahnen geschrieben hatten", klagte H. L. aus Sundern.[1575] „Wir katholischen Christen, von deren Gebühren Sie schließlich auch leben, sind kein Freiwild für linke Schmierer", empörte sich Fritz K. aus Unna-Massen. „Die seit Jahren umstrittene ‚Radiothek' gehört ohne Zweifel in die miese Kategorie jener Massenmedien und sogenannter ‚Bildungspolitiker', die für die Verwilderung eines großen Teiles unserer Jugend verantwortlich gemacht werden muß."[1576]

Etliche Listen mit teilweise Hunderten Unterschriften gingen im Sender ein; auch Jugendliche beteiligten sich: „Wir empfinden dies als eine Zumutung", bekundete die 8. Klasse einer Realschule in Werl, „so wird den Jugendlichen nur die Ehrfurcht vor Gott genommen, und das ist nicht verantwortbar."[1577] Einzig Michael D. aus Soest sympathisierte mit der Radiothek: Er sei „traurig und nachdenklich", die Sendung nicht mehr hören zu können, schrieb er an die Redaktion. „Ein Flugblatt, das momentan in einer Soester Kirche ausliegt, lege ich meinem Schreiben bei mit der Bitte, daß Ihr es einmal lest und mir eine Stellungnahme abgebt."[1578]

Die Proteste kamen vor allem aus dem westfälischen ländlichen Raum, wenige stammten aus dem Ruhrgebiet, nur ein kleiner Teil aus dem Rheinland. Aus Köln allerdings meldete sich Erzbischof Joseph Kardinal Höffner zu Wort: Der nordrhein-westfälische Episkopat habe sich auf einer Zusammenkunft mit der Sendung befaßt. Höffner nannte den Sketch „eine kaum noch überbietbare Entgleisung und Verhöhnung des christlichen Glaubens [...].

[1572] Bösel wandte sich am 1.4.1981 schriftlich an Linnerz und verlangte Auskunft darüber, inwiefern dieser Lux bereits am 5.1.1981 „Vorhaltungen zum sogenannten ‚Maria und Josef-Sketch' gemacht habe, wie Lux dies in der arbeitsgerichtlichen Verhandlung vom 1.4.1981 eidesstattlich versichert habe, und wann Linnerz Jenke über diese Vorhaltungen informiert habe. WDR Hist. Arch. 10463. – Linnerz erläuterte am 7.4. seine Reaktion, WDR Hist. Arch. a.a.O. Die Frage, ob die für eine außerordentliche Kündigung (die am 20.2. ausgesprochen wurde) maßgebliche Zweiwochenfrist also bereits am 5.1. zu laufen begann, war jedoch letztlich nicht von Bedeutung, weil das letztinstanzliche Gericht die Kündigungsschutzklage aus anderen Gründen für begründet erklärte, vgl. weiter unten in diesem Abschnitt.

[1573] Undatierte Liste, Eingangsstempel der Direktion vom 6.1.1981, WDR Hist. Arch. 10479.

[1574] Schreiben Warneckes an den WDR vom 7.1.1981, WDR Hist. Arch. ebda.

[1575] Zuschrift vom 15.1.1981, WDR Hist. Arch., unverz. Best. der Hörfunkdirektion, Akte *Absetzung Radiothek 1981*; Hervorhebung übernommen.

[1576] Zuschrift vom 5.2.1981, ebda.

[1577] Undatierte Zuschrift, WDR Hist. Arch. 10479.

[1578] Zuschrift vom 18.1.1981, WDR Hist. Arch. 10479. – Eine Antwort ist nicht dokumentiert, das Flugblatt nicht erhalten.

Mit Betroffenheit haben wir zur Kenntnis genommen, mit welcher Intoleranz gegen Menschen vorgegangen wird, die es wagen, sich öffentlich zu ihrem Glauben zu bekennen."[1579]

c) Die Presse berichtet intensiv

Auch die Zeitungen nahmen die Ereignisse wahr. Das kirchliche Sonntagsblatt *Der Dom* aus Paderborn berichtete über eine Protestaktion von 1.300 Soestern in Gestalt einer Unterschriftenliste, in die sich besonders viele Jugendliche eingetragen hätten.[1580] „Noch auf dem Sterbebett blieb der Totgeweihte seinen Eigenheiten treu: Die ‚Radiothek', beliebte und verhaßte Jugendsendung im 2. WDR-Hörfunkprogramm, verschied mit einigen Paukenschlägen", beobachtete die *Kölnische Rundschau* und skizzierte Szenen am Rande der Abschlußsendung: „Unter tosendem Beifall des Jungvolks [sic] in Parka und Palästinenser-Feudel mühten sich die Roten Garden, ein Transparent anzubringen: ‚Radiothek – Unsere verdiente Kraft wird sie wieder ins Leben rufen.'"[1581] Zustimmung bekundete lediglich die *tageszeitung* – ohne freilich genauer auf den Sketch der *3 Tornados* einzugehen. Das Blatt wunderte sich, daß es nach der Sendung weder einen spontanen Demonstrationszug der Zuschauer zum Funkhaus gegeben habe, noch „wenigstens einige deutliche Worte aus dem Mund der eigentlich Betroffenen [...], denen mit der Radiothek das Forum geraubt wurde, wo sie bisher ihre Probleme und Konflikte mit Eltern, Lehrern, Meistern usw. unzensiert bringen konnten". Die Zeitung warf den Radiothek-Redakteuren vor, sie hätten während des Jahres 1980 eine „falsche Strategie" verfolgt:

> „Im letzten Jahr gab es in der Öffentlichkeit zeitweilig durchaus eine Basis, die bereit war, für die beliebte Jugendsendung auf die Barrikaden zu gehen. Damals hatten sich in verschiedenen Ruhrgebietsstädten, in Münster und Köln Initiativen zur Rettung der Radiothek gebildet. [...] Was fehlte, war die Solidarität der Kronzeugen: die Radiothekredaktion hat sich während des ganzen Konfliktes weitgehend stumm verhalten, sich zwar für Solidarität bedankt; einzelne Redakteure aber, die Vorstöße wagten, wurden zurückgepfiffen. Stattdessen wurde hinter verschlossenen Türen verhandelt, wohl in der Hoffnung, zu retten, was zu retten ist."[1582]

Ulrich Teiner hat für diese Kritik nur die Bezeichnung „reiner Schwachsinn" übrig: „Wir haben so lange, wie wir es konnten – und ich kann sagen, bis zur psychischen und physischen Erschöpfung – versucht, diese Sendung zu halten."[1583] Und Helga Kirchner ergänzt:

> „Das ist zwar gut geschrieben, aber eigentlich doch jenseits der Realität. Was soll so ein öffentlich-rechtlicher Redakteur noch kämpfen? Soll er auf die Straße gehen, auf den Wallrafplatz, ein großes Schild entfalten? Wir sind eben auch keine Revoluzzer gewesen, sondern wir waren ordentlich sozialisierte Öffentlich-Rechtliche. Wir haben von den Möglichkeiten, argumentativ aufzutreten, die man als Redakteur hat, Gebrauch gemacht nach unseren Kräften – und die waren dann auch irgendwann erschöpft!"[1584]

[1579] Schreiben Kardinal Höffners an von Sell vom 13.4.1981, WDR Hist. Arch., unverz. Best. des Intendanten von Sell, Akte *WDR Radiothek ausschließlich Sendung v. 30.12.80 Abschluß-Sendung (Kündigung Lux) 1 – 24.602 – 258*.
[1580] Dreis./Lk./kna: Soester Pfarrgemeinden starteten Aktion gegen „Radiothek"-Schlußsendung. Darf der WDR so etwas senden?, in: *Der Dom* vom 1.2.1981.
[1581] Ulrich Meyer, Abschied mit dem alten Ärger. WDR-Jugendsendung „Radiothek" meldete sich zum letzten Mal, in: *Kölnische Rundschau* vom 2.1.1981.
[1582] Achim, taz-ini Duisburg: Radiosendung abgesägt. Die Radiothek – „Das war's...", in: *die tageszeitung* vom 6.1.1981. – Die dort erwähnten „Vorstöße" sind in den Akten nicht dokumentiert – möglicherweise war damit u.a. die Beteiligung des Radiothek-Autors Christian Berg an der Solidaritätsdemonstration des 2.2.1980 gemeint, die auf den Fotos in der Dokumentation der Jusos (Rotfunk – Totfunk, a.a.O.; vgl. die Abb. oben auf S. 301) festgehalten ist.
[1583] Interview mit Ulrich Teiner im Februar 2005.
[1584] Interview mit Helga Kirchner im August 2004.

Im Januar 1981 war die Ansicht der *tageszeitung* für keinen der Beteiligten von Interesse. Manfred Jenke zufolge schaltete sich bezüglich der Abschlußsendung schließlich der Justitiar des WDR ein: „Prof. Herrmann hat mich angerufen und gesagt: Das ist ja eine Ungeheuerlichkeit! Blasphemie und Gotteslästerung! Das wird Folgen haben."[1585]

Günter Herrmann, Justitiar des WDR von 1971 bis 1985, steuerte in der Debatte nach dem Ende der Radiothek 1981 einen harten Kurs.

d) Das Nachspiel

Auch der Verwaltungsrat war aufmerksam geworden. Am 6. Februar 1981 erhielten er und der Rundfunkrat ein vollständiges Transkript der Abschlußsendung, das sie im Januar angefordert hatten; von Sell bat die Gremien um vertrauliche Behandlung des Materials.[1586] Am 23. Februar stellten die anwesenden sechs Verwaltungsratsmitglieder einstimmig fest, „daß die Sendung ‚Radiothek' vom 30.12.1980 gegen die Programmgrundsätze des § 4 WDR-Gesetz verstoßen"[1587] habe. Der Programmbeirat schloß sich dem Votum am 11. März an.[1588] Offenbar sorgte dies für Irritationen in der Leitung des Senders. Denn Justitiar Herrmann stellte gegenüber von Sell wenige Tage später klar, daß allein der Verwaltungsrat für Feststellungen von Verstößen gegen § 4 WDRG zuständig sei; und er fügte bissig hinzu: „Hierauf sollten Sie den Vorsitzenden des Programmbeirats, der ja in anderer Hinsicht für Kompetenzprobleme ein sicheres Gespür hat, hinweisen."[1589]

[1585] Interview mit Manfred Jenke im August 2005.
[1586] Schreiben von Sells vom 6.2.1981, WDR Hist. Arch., unverz. Best. des Intendanten von Sell, Akte *WDR Radiothek ausschließlich Sendung v. 30.12.80 Abschluß-Sendung (Kündigung Lux) 1 – 24.602 – 258*. Rosenbaum hatte Linnerz am 21.1. informiert, daß der Verwaltungsrat ein Transkript wünsche, WDR Hist. Arch. 10463.
[1587] Protokoll der Verwaltungsratssitzung vom 23.2.1981, WDR Hist. Arch., unverz. Best. des Intendanten von Sell, Akte *WDR Radiothek ausschließlich Sendung v. 30.12.80 Abschluß-Sendung (Kündigung Lux) 1 – 24.602 – 258*. Die WDR-Pressestelle informierte hierüber tags darauf; vgl. die Pressemitteilung in derselben Akte.
[1588] Vgl. WDR-Pressemitteilung vom 11.3.1981, WDR Hist. Arch. D 1787.
[1589] Schreiben Herrmanns an von Sell vom 15.4.1981, WDR Hist. Arch., unverz. Best. des Intendanten von Sell, Akte *WDR Radiothek ausschließlich Sendung v. 30.12.80 Abschluß-Sendung (Kündigung Lux) 1 – 24.602 – 258*. In einem am 20.2.1981 abgeschlossenen Vermerk des Titels *Radiothek-Sendung vom 30.12.1980* erklärte Herrmann allerdings,

Welche Brisanz in der blasphemischsten Pointe der *3 Tornados* gesteckt hatte, ahnte selbst die Deutsche Kommunistische Partei, die in ihrer *Info für Mitarbeiter des WDR* im April 1981 verharmlosend zitierte: „Das muß ja ein schöner heiliger Geist sein, der meine Verlobte hinter meinem Rücken bumst."[1590] Manfred Jenke wandte sich nun an Franz Greiner und bat um Nachforschungen bei Graf Matuschka, Teiner und Lux: ob es Abweichungen gegenüber den Absprachen vom August 1980 gegeben habe, ob die Betreffenden Gelegenheiten zum Eingreifen während der Sendung versäumt hätten, wie sie das Geschehen bewerteten und welche Konsequenzen zu ziehen seien.[1591] Das Augenmerk der Kritiker begann sich nun auf den verantwortlichen Redakteur Ulrich Lux zu richten.

Greiner faßte in seiner Antwort an Jenke Details der Planungsphase zusammen und ergänzte, *Karl Napps Chaos Theater* habe offen gegen die Absprachen verstoßen; allerdings seien diese Abweichungen „so punktuell" ausgefallen, daß der Einsatz des Reservebandes „nicht zwingend" erschienen sei. *Krippenspiel* wiederum habe während der Vorbereitungen in schriftlicher Form nicht zur Verfügung gestanden; Lux habe erst während der Generalprobe vom Inhalt erfahren, habe jedoch „aus Orts- und Zeitgründen nicht seine Vorgesetzten, sondern die bei der Probe anwesenden festangestellten Kollegen" konsultiert. Die Betreffenden erläuterten ihr Vorgehen in einer Anlage zu Greiners Schreiben unter dem Titel *Warum wir für Ausstrahlung des „Maria und Josef"-Stücks waren*:

> „In dem Wissen, daß die Bewertung von ‚Maria und Josef' tatsächlich eine Geschmacksfrage ist und die vermutliche Hörer-Reaktion von krassem Nein bis amüsiertem Ja reichen wird, entschieden wir uns für die Ausstrahlung und gegen die Streichung. [...] Die Auszeichnung [gemeint war der deutsche Kleinkunstpreis 1979, M. K.] bestärkte uns in der Meinung, daß auch die Ausstrahlung der Szene ‚Maria und Josef' möglich sein muß, als dokumentarischer Ausdruck dessen, wie dieses Kabarett und eben auch eine Menge Jugendlicher denken. [...] In Erinnerung an frühere Auseinandersetzungen (z. B. die Radiothek-Sendung vom 6.12.79: das ‚Gartenschlauch'-Gedicht, es war vor allem die mangelnde Präsentation des Gedichtes und eine fehlende kritische Bewertung durch den Moderator bemängelt worden) hielten wir es allerdings für nötig, in der Moderation die ‚3 Tornados' entsprechend zu charakterisieren und im oben beschriebenen Sinn ausdrücklich auf die Szene ‚Maria und Josef' hinzuweisen."

Greiner setzte in seinem genannten Schreiben hinzu, die Vorgesetzten hielten Lux' Verstoß gegen die Programmanweisung „auf Grund der Umstände [für] entschuldbar"; er selbst stellte sich vor die Redakteure und nahm auch den Hörfunkdirektor in die Verantwortung:

> „Gestatten Sie mir den Hinweis, daß dem Haus wesentliche Schwierigkeiten erspart geblieben wären, wenn die Sendung nicht live gefahren worden wäre. Ihr Einverständnis [...] wurde gegeben bei voller Kenntnis der Risiken einer [...] langen Live-Sendung im Rahmen einer öffentlichen Veranstaltung, ferner bei voller Kenntnis der mitwirkenden Gruppen [...] und bei voller Kenntnis der zumindest innerhalb der SPD bestehenden Polarisierung betreffend Weiterexistenz der RADIOTHEK; es mußte also so kommen, wie es gekommen ist. Weder Sie noch sonst ein Programmverantwortlicher hätte angesichts der besonderen Umstände dieser Sendung diese live wesentlich anders über die Bühne gebracht als die Redakteure der RADIOTHEK."[1592]

„auch der Intendant (und andere leitende Mitarbeiter des Hauses) seien zu diesen Entscheidungen aufgerufen". WDR Hist. Arch. ebda.
[1590] *O-Ton. DKP-Info für Mitarbeiter des WDR* vom April 1981, WDR Hist. Arch. ebda.
[1591] Schreiben Jenkes an Greiner vom 4.2.1981, WDR Hist. Arch. 10463.
[1592] Schreiben Greiners an Jenke vom 11.2.1981, WDR Hist. Arch. 10462.

„Wir alle wußten: Das kann schiefgehen!" räumt Uwe Rosenbaum heute mit Blick auf die Haltung der Hörfunkdirektion im Vorfeld der Sendung ein. „Aber: Man hat ein letztes Mal vertraut. [...] Wir alle haben damals so irgendwie nach dem Motto [gehandelt]: Augen zu und durch, es ist das letzte Mal."[1593] In den Akten liegt allerdings der Entwurf eines Schreibens von Hand des nicht namentlich genannten Programmbereichsleiters Kultur – also vermutlich Heinz Linnerz' – an den Hörfunkdirektor:

> „Der verantwortliche Redakteur, der sich der Problematik des Sketchs um die Geburt Christi nach eigener Aussage bewußt war, und damit auch der Gefahr einer Rechtsverletzung, hat es versäumt, seinen zuständigen Vorgesetzten über den Text und seine eigenen Zweifel zu informieren; er hat damit gegen die Dienstanweisung des Intendanten verstoßen. [...] Leider bleibt festzustellen, daß der Sketch der Drei Tornados nicht im Handstreich, sondern im allgemeinen Einverständnis über den Sender ging; er wäre uns auch dann nicht erspart geblieben, wenn irgendwann die ‚Notbremse' (Reserveband) gezogen worden wäre."[1594]

Denn auch dieses Band mit der Generalprobe hatte ja das *Krippenspiel* enthalten. Wohl wäre es technisch denkbar gewesen, den Sketch dort schlicht herauszuschneiden. Allerdings hätte das Band dadurch einige Minuten an Länge verloren; und sofern das Reserveband nicht wesentlich länger war als das Band mit der Aufzeichnung der tatsächlichen Sendung im WDR-Schallrchiv[1595], hätten die Techniker die Zeit zwischen Ende des Reservebandes und Schluß der Sendung anderweitig überbrücken müssen.

Lux war unterdessen am 13. Februar zum Verlauf der Abschlußsendung befragt worden. Er bestätigte Greiners Angabe, daß er bereits während der Generalprobe und nicht erst während der Sendung vom Inhalt des umstrittenen Sketchs erfahren habe. Lux ergänzte, daß Schmitz dem Redaktionsleiter angeboten habe, „ihn, Teiner, über die Programme der Sendung im einzelnen zu informieren. Herr Teiner habe aber nur gefragt, ob es Schwierigkeiten gegeben habe oder gebe, was Herr Schmitz verneint habe". Schließlich bezeichnete Lux „die Entscheidung, den Beitrag der Drei Tornados zu senden, auch in dieser Anhörung noch als richtig".[1596] Joachim Sonderhoffs Erinnerung zufolge stand Lux bei dieser Befragung unter Alkoholeinfluß. „Der hat sich reingeritten, furchtbar."[1597]

Verwaltungsdirektor Friedrich Bösel zog Konsequenzen und veranlaßte die förmliche Anhörung des Personalrates. Bösel wies darauf hin, daß schon Walter Mossmann während seines Auftritts „Tatbestände der formalen Beleidigung und üblen Nachrede" erfüllt habe; vor allem aber wandte er sich gegen das Programm der *3 Tornados*: Ein Lied habe „eine Aufforderung zur Gewaltanwendung gegenüber den Sicherheitsbehörden" enthalten, *Krippenspiel* selbst habe „die religiösen Überzeugungen eines nicht unbeträchtlichen Teils der Bevölkerung des Sendegebietes" verletzt, ein weiteres Lied habe „eine Aufforderung zum Schwarzfahren (§ 265a StGB)" enthalten und sei „damit nach § 111 StGB strafbar". Bösel hielt aufgrund dieser Umstände die schärfste Sanktion für gerechtfertigt – nämlich Lux' Arbeitsverhältnis fristlos zu kündigen.[1598]

[1593] Interview mit Uwe Rosenbaum im Januar 2008.
[1594] Entwurf mit handschriftlichen Korrekturen vom 16.2.1981, WDR Hist. Arch. 10462.
[1595] Die Gesamtlaufzeit dieser Bänder vom 30.12.1980 (WDR-Schallarchiv 5090342) beträgt 265 Min. und 39 Sek.
[1596] Vgl. zum Inhalt der Anhörung den erwähnten Vermerk des Justitiars: *Radiothek-Sendung vom 30.12.80*, a.a.O.; direkte Zitate dort entnommen.
[1597] Interview mit Joachim Sonderhoff im August 2005.
[1598] Vgl. Schreiben Bösels an den WDR-Personalrat vom 16.2.1981, WDR Hist. Arch. ebda. – Das Verfahren bei einer derartigen Maßnahme hatte Intendant von Sell im Vorjahr den Direktoren erläutert (Schreiben an Bösel, Herrmann, Jenke, Schmid-Ospach u.a. vom 7.7.1980, WDR Hist. Arch., unverz. Best. des Intendanten von Sell, Akte *WDR Allgemeine Programmangelegenheiten – RADIOTHEK – Vorgänge um die „6.12.79-Sendung", die Absetzung der Live-Wort-Beiträge etc. – 24.602*; Hervorhebung übernommen): Eine außerordentliche Kündigung nach § 626 BGB sei

Wählte die schärfste Sanktion:
Friedrich Bösel, WDR-Verwaltungsdirektor
1976 bis 1981

Ulrich Lux galt bereits seit den Vorgängen um Werner Waldhoffs *Amoklauf* im Winter 1979/80 als belastet. „Es wäre Ihre Aufgabe als verantwortlicher Redakteur gewesen", hatte Jenke seinerzeit in einer Abmahnung geschrieben, „schon bei der Auswahl des Gedichtes kritischer vorzugehen und ggf. nachträglich für eine kritische Bewertung zu sorgen." Der Hörfunkdirektor hatte die Anweisung folgen lassen, hinsichtlich § 4 WDRG künftig „bei Sendevorhaben, die in dieser Frage kontrovers bewertet werden könnten, mit besonderer Sorgfalt vorzugehen. Im Wiederholungsfall würden arbeitsrechtliche Maßnahmen nicht zu vermeiden sein."[1599] „Jeder im Funkhaus wußte", erläuterte Jenke in einem Schreiben an den Publizisten Walter Fabian, „daß die Wiederbeauftragung als ‚verantwortlicher Redakteur' ein außergewöhnlicher Vertrauensbeweis für Herrn Lux war".[1600]

So erhielt Lux am 20. Februar um 12.42 Uhr die von Friedrich Bösel und Personalchef Walter Odenthal als Vertreter des in Urlaub befindlichen von Sell unterzeichnete Kündigung.[1601] Verwaltungs- und Hörfunkdirektor sandten gleichzeitig Abmahnungsschreiben an Schmitz, Teiner und Linnerz. Sie warfen den beiden letzteren vor, ihre Sorgfaltspflichten im Rahmen der Abschlußsendung verletzt zu haben. Schmitz wiederum habe „die Vor-

---

binnen 14 Tagen möglich. Diese Frist beginne, sobald der Intendant, der Verwaltungsdirektor oder der Leiter der Personalabteilung „eine zuverlässige und möglichst vollständige positive Kenntnis der für die Kündigung maßgebenden Tatsachen, des sog. Kündigungssachverhalts" erlange, die eine Entscheidung ermögliche. Daraufhin ermittle der Verwaltungsdirektor den Tatbestand und konsultiere den Personalrat. Der Intendant entscheide schließlich. WDR-Mitarbeiter, die von einem möglichen Kündigungssachverhalt erführen, hätten unverzüglich ihren Vorgesetzten zu informieren, ergänzte von Sell. Linnerz dürfte am 5. Januar 1981 nicht zuletzt aufgrund letzterer Regelung gegenüber der Hörfunkdirektion die Initiative ergriffen haben.

[1599] Schreiben Jenkes an Lux vom 20.2.1980, WDR Hist. Arch., unverz. Best. des Intendanten von Sell, Akte *WDR Radiothek ausschließlich Sendung v. 30.12.80 Abschluß-Sendung (Kündigung Lux) 1 – 24.602 – 258*. Das Landesarbeitsgericht stellte allerdings 1981 fest, daß dieses Schreiben nicht die Wirksamkeit einer förmlichen Abmahnung entfaltet habe, da Jenke nur gemeinsam mit einem weiteren Bevollmächtigten zur Vertretung des WDR berechtigt gewesen sei und seinen Brief darüber hinaus nicht mit dem erforderlichen „Warneffekt" versehen habe, vgl. unten sowie Urteil des Landesarbeitsgerichts Düsseldorf, 13. Kammer in Köln, vom 31.7.1981, Gz.: 13/2 Sa 175/81, WDR Hist. Arch. ebda.

[1600] Vgl. Schreiben Jenkes an Fabian vom 10.3.1981, WDR Hist. Arch. ebda.

[1601] Vgl. Kündigungsschreiben mit Empfangsbestätigung Lux', WDR Hist. Arch. ebda.

gespräche" mit den *3 Tornados* geführt, die Generalprobe besucht; er habe aber „nicht einmal bei Ihrem Gespräch mit Herrn Teiner am Morgen des 30.12.80" einen Vorgesetzten informiert.[1602] „Der einzige, der keinen Verweis kriegte, war ich", resümierte Joachim Sonderhoff.

> „Ich war zu der Zeit nämlich in Amerika. Als ich zurückkam, wurde ich von Herrn Jenke im Beisein der RFFU verhört. Da hatte ich mir noch ein Aufnahmegerät besorgt, und das Mikrofon [...] konnte ich mir anstecken als Schmuckstück. Und ich habe [mir] gesagt: Ich schneid' das ganze Ding mit. [...] Damit mir das Wort nicht im Mund 'rumgedreht werden kann. Hätte Jenke das gewußt... Ich hab's ihm später gesagt [...], kurz vor meiner Pensionierung."[1603]

Wolfgang Schmitz setzte sich in einem Brief an Bösel und Jenke gegen die Abmahnung zur Wehr. Er wunderte sich zunächst, daß der Verweis an ihn ergangen sei, obwohl Bösel ihm im Anschluß an die Anhörung vier Tage zuvor in Aussicht gestellt habe, Schmitz werde zwar möglicherweise „ein Brief mit der Bitte um ‚sensiblere Handhabung' der Programmanweisung zugehen, keinesfalls aber seien ‚sensationelle Folgen' zu erwarten". Die tatsächlichen Folgen empfinde er, Schmitz, nun freilich als „allerdings sensationell"; und er erkundigte sich, welche neuen Erkenntnisse dafür maßgeblich seien. Zur Sache verwies er ferner darauf, daß neben ihm und Lux auch Nora Schattauer und Joachim Sonderhoff an der Beratung über *Krippenspiel* teilgenommen hätten; Jenke und Bösel könnten jedoch im Verhalten der letzteren beiden offenbar „keinen gravierenden Fehler" erkennen. „In dieser Einschätzung stimme ich mit Ihnen überein", betonte Schmitz,

> „meine aber, daß sie für mich in gleicher Weise gelten muß. Es sei denn, Sie könnten mir zu Recht vorwerfen, daß ich mich bei Durchführung eines Vorgesprächs mit den ‚Drei Tornados' anders verhalten hätte, als entweder die Übung des Hauses oder die Anweisung eines Vorgesetzten es verlangt hätten. Das aber ist nicht der Fall: weder werden üblicherweise Gruppen oder Einzelinterpreten [...] um Vorab-Nennung ihrer einzelnen Beiträge gebeten, noch hat mich ein Vorgesetzter aufgefordert, aus besonderem Grunde solche Abmachungen zu treffen. Insofern befand ich mich während der Probensituation in der gleichen Lage wie die anwesenden Kollegen."

Schmitz verwies auf sein restriktives Verhalten gegenüber Frank Baiers Idee, das *Radiothek-Lied* vorzutragen, und darauf, daß er seinen Redaktionsgruppenleiter noch vor der Sendung über den Disput mit Baier unterrichtet habe. „Sie können davon ausgehen, daß mein Verhalten unter entsprechenden Bedingungen im Falle der ‚Tornados' nicht anders gewesen wäre."[1604]

Linnerz wandte gegenüber der Abmahnung ebenfalls ein, daß es nicht üblich sei, die Details künstlerischer Darbietungen vor einer derartigen Sendung zu erkunden; er wies darauf hin, daß die Redaktion in Absprache mit ihm dennoch insgesamt drei Probentermine angesetzt habe, um die Auftritte inhaltlich überprüfen zu können. Er habe die Moderatoren „zu besonderer Wachsamkeit und evtl. korrigierendem Eingreifen aufgefordert". Bezüglich der Programmanweisung gehe er von der „Bringschuld" des verantwortlichen Redakteurs aus

---

[1602] Vgl. die Abmahnungsschreiben vom 20.2.1981, WDR Hist. Arch. ebda.
[1603] Interview mit Joachim Sonderhoff im August 2005. – Auch Nora Schattauer erhielt keine Abmahnung. Beide wurden am 25.2.1981 von Jenke in Anwesenheit des Personalratsvertreters zu den Begleitumständen von *Krippenspiel* befragt. Jenke resümierte, daß beide Lux „einen objektiv falschen Rat erteilt hätten", dafür jedoch „persönlich nicht zur Verantwortung zu ziehen" seien, vgl. zur Anhörung den mit den Namenszeichen „Km/ri" versehenen Vermerk *Radiothek-Sendung vom 30. Dezember 1980*, WDR Hist. Arch., unverz. Best. des Intendanten von Sell, Akte *WDR Radiothek ausschließlich Sendung v. 30.12.80 Abschluß-Sendung (Kündigung Lux) 1 – 24.602 – 258*.
[1604] Schreiben Schmitz' an Jenke und Bösel vom 26.2.1981, WDR Hist. Arch. ebda.

– was bedeutete, daß Linnerz sich selbst nicht für verpflichtet hielt, eigenmächtig Erkundigungen über die Inhalte einer geplanten Sendung einzuholen.[1605]

Manfred Jenke sieht die Lux-Kündigung heute als „die Reaktion des Hauses, der Hierarchie auf einen Programmdirektor, der sich scheute, irgendwelche Sanktionen gegen Redaktionsmitglieder zu ergreifen. Weil sie alle so sauer darüber waren: Die Radiothek endet straflos – das durfte nicht sein." Eine Verantwortung Teiners, so Jenke weiter, sei verneint worden: Denn der Radiothek-Redaktionsleiter sei zu dieser Zeit bereits vollauf mit den Vorbereitungen zu *Thema heute* beschäftigt gewesen.[1606]

Die Sanktion war ein Novum: die erste fristlose Kündigung gegenüber einem WDR-Hörfunkredakteur wegen einer von diesem verantworteten Sendung.[1607] Die *Funk-Korrespondenz* merkte an, alternativ sei eine Abmahnung, eine Versetzung oder eine Änderungskündigung denkbar gewesen.[1608] Die senderinterne Zeitung *WDR-print* ergänzte, nach Aussagen von Zeugen der Abschlußveranstaltung sei der „Grat der Programmverantwortung besonders schmal" gewesen, denn einige der auftretenden Gruppen hätten „zusammen mit Teilen der Saalbesucher jede redaktionelle Entscheidung als Zensur" bezeichnet. Manfred Jenke habe überdies darauf hingewiesen, daß laut Programmanweisung des Intendanten die Vorgesetzten eines verantwortlichen Redakteurs in heiklen Fällen sogar gehalten seien, von sich aus die Zügel anzuziehen – ein weiterer Lux entlastender und seine Vorgesetzten belastender Punkt.[1609] So nennt Wolfgang Schmitz den Gang der Ereignisse in den ersten Monaten des Jahres 1981 wohl zu Recht „alles in allem auch keine richtige Super-Performance dieses Hauses nach innen"[1610]. Im übrigen stellte sich alsbald heraus, daß die Sanktion gegenüber Lux weder von diesem selbst noch von seinen Kollegen widerspruchslos akzeptiert wurde.

Keine drei Stunden nach der Kündigung nämlich sahen sich Bösel, Jenke und Justitiar Herrmann bohrenden Fragen einer außerordentlichen Redakteursversammlung ausgesetzt. Die Mitarbeiter wollten wissen, weshalb man nicht der Bitte von Redakteursausschuß und Personalrat gefolgt sei, bis zum Ablauf der „zur Verfügung stehenden Fristen" am 27. Februar – also zwei Wochen nach der Anhörung Lux' – weitere Gespräche zu führen. Da die drei Direktoren hart blieben, beschloß die Versammlung einstimmig:

> „Die fristlose Kündigung des Kollegen Ulrich Lux ist – nach den uns von der Leitung des Hauses genannten Gründen – eine unangemessene Maßnahme. Die Redakteursversammlung fordert deshalb den Intendanten auf, diese Entscheidung zurückzunehmen und neu in Gespräche einzutreten."[1611]

[1605] Vgl. Schreiben Linnerz' an Bösel und Jenke und die anliegende *Stellungnahme zum Vorgang Radiothek-Sendung vom 30.12.1980* vom 27.2.1981; direkte Zitate der letzteren entnommen. WDR Hist. Arch. ebda.
[1606] Interview mit Manfred Jenke im August 2005.
[1607] Vgl. N.N., Nun beginnt die Diskussion. Die Konsequenzen nach dem Ende der „Radiothek". Der Fall „Uli Lux" und was es heißt, Programmverantwortung zu übernehmen, in: *WDR-print* vom 1.3.1981, S. 1-2, hier: S. 1. – 1977 hatte der Fernsehredakteur Ludwig Brundiers u. a. wegen einer gegenüber dem WDR illoyalen Sendung die außerordentliche Kündigung erhalten, vgl. N.N., WDR-Redakteur fristlos gekündigt. Ludwig Brundiers erhebt Einspruch, in: FR vom 28.10.1977.
[1608] N.N., WDR-Hörfunkredakteur wegen letzter „Radiothek"-Sendung gekündigt, in: FkKorr vom 25.2.1981.
[1609] Vgl. N.N., Nun beginnt die Diskussion, a.a.O., S. 2.
[1610] Interview mit Wolfgang Schmitz im Juli 2003.
[1611] Vgl. zu dieser Versammlung: N.N., WDR-Hörfunkredakteur wegen letzter „Radiothek"-Sendung gekündigt, a.a.O.; direkte Zitate hiernach. Die Besprechung schildert auch Justitiar Herrmann in seinem erwähnten Vermerk *Radiothek-Sendung vom 30.12.1980*, WDR Hist. Arch. a.a.O. – Einen Fristablauf am 27.2. nahmen die Redakteure offenbar aufgrund dessen an, daß Lux am 13.2. angehört worden war.

Die Pressestelle verbreitete diese Resolution ebenso wie die Nachricht über Kündigung und Abmahnungsschreiben noch am selben Tage.[1612] Der Redakteursausschuß bemühte sich in den folgenden Wochen noch weiter, die Spitze des WDR zu einer Rücknahme der Kündigung zu bewegen. Er warf der Leitung des Senders vor, in der Vergangenheit nur ungenügend verdeutlicht zu haben, was § 4 WDRG für die praktische Programmarbeit bedeute. Unter den Folgen habe nun Ulrich Lux zu leiden. Dabei seien für die Pannen des 30. Dezember viele Personen verantwortlich:

> „Fehleinschätzungen auf allen hierarchischen Ebenen hatten zu einer außerordentlichen Situation am 30.12.1980 geführt. Mögliche redaktionelle Fehlentscheidungen in dieser Situation sind kein hinreichender Grund, im Fall Lux eine Kündigung auszusprechen. [...] Die Leitung des Hauses muß sich darüber im klaren sein, daß die Kündigung – gerade weil sie als unangemessen bewertet wird – bei den Programm-Mitarbeitern Unverständnis, Unsicherheit und Resignation ausgelöst hat."[1613]

Lux selbst verteidigte gegenüber Jenkes Referent Uwe Rosenbaum abermals seine Entscheidung, *Krippenspiel* nicht abzusetzen:

> „Ich weise darauf hin, daß in keiner Phase dieses Sketches – außer in den auch in der Bibel benannten Bedenken Josephs – die Jungfräulichkeit Mariens ausdrücklich in Zweifel gezogen wurde. Ich bin der Meinung, daß dieser Sketch, vor allem im Zusammenhang mit der erläuternden Moderation, Denkanstöße geben kann, ob das eher glatte, widerspruchsfreie Religionsbild, das vielfach von der Amtskirche vermittelt wird, für einen großen Teil der Jugend noch überzeugend ist."[1614]

Während der Redakteur mit Unterstützung der RFFU gerichtliche Maßnahmen gegen die Kündigung anstrebte, meldeten sich die Unterstützer der Radiothek zu Wort: „Immer wieder kamen irgendwelche Leute und machten Radiothek-Veranstaltungen", nickt Frank Baier. „Dann bildeten sich auch Gruppen, und das Thema war lange, lange Zeit nicht vom Tisch!"[1615] Alsbald kursierte in der Szene unter dem Titel *Radiothek unterwegs* eine illegal gepreßte Langspielplatte mit Ausschnitten der Abschlußsendung, zum Preis von 10,- DM.[1616] Für den 3. April 1981 riefen unter anderem Jusos, Jungdemokraten, DJU, Bunte Liste und Landesschülervertretung unter dem Motto *Maul halten? Nie!* zum Besuch einer Solidaritätsveranstaltung für Lux in der Stadthalle Köln-Mülheim auf:

> „Diese Kündigung sollte nicht nur Uli Lux treffen. Abgestraft wurde nachträglich auch ein Programm, das der WDR-Hierarchie jahrelang Ärger gemacht hatte. Getroffen wurden auch kritische und mutige Redakteure. [...] Mit Zensur einzelner Sendungen, Absetzung ganzer Reihen und jetzt auch mit der Entlassung eines Redakteurs demontiert die WDR-Spitze Stück für Stück den öffentlich-rechtlichen Rundfunk. Deshalb rufen wir auf zu einem Abend gegen Ausgewogenheit, Langeweile und Stumpfsinn."

[1612] Vgl. die Pressemitteilung, WDR Hist. Arch. 1787.
[1613] *RA-Info* 4/1981 vom 2.4.1981, WDR Hist. Arch. D 1787.
[1614] Schreiben Lux' an Rosenbaum vom 11.3.1981, WDR Hist. Arch. 10463. – Bezüglich der „Bedenken Josephs" verwies Lux auf einen Bibelvers: „Joseph aber, ihr Mann, war fromm und wollte sie nicht in Schande bringen, gedachte aber, sie heimlich zu verlassen." (Matth. 1, 19; zit. nach der deutschen Übersetzung Martin Luthers, Wien 1978.)
[1615] Interview mit Frank Baier im Oktober 2005.
[1616] Archiv Frank Baier. – Vgl. Schreiben Justitiar Günter Herrmanns an die Staatsanwaltschaft Köln vom 15.4.1981 sowie das Protokoll der erweiterten WDR-Direktorensitzung vom 4.5.1981 (dort wurde erwogen, förmlich Strafanzeige zu erstatten), WDR Hist. Arch., unverz. Best. des Intendanten von Sell, Akte *WDR Radiothek ausschließlich Sendung v. 30.12.80 Abschluß-Sendung (Kündigung Lux) 1 – 24.602 – 258*; auch mehrere Redakteure und Mitarbeiter der Radiothek verfügen noch heute über ein Exemplar dieser Platte.

Als Mitwirkende angekündigt waren unter anderem Walter Mossmann, *Die 3 Tornados*, *Wolfgang Niedecken's BAP*, Frank Baier und *Das Dritte Ohr*.[1617] Der Kölner Szenezeitschrift *Stadtrevue* zufolge gelang es einem illegalen Sender namens *Radio Wahnsinn*, diese Veranstaltung etwa 150 Minuten lang über eine UKW-Frequenz im Kölner Stadtgebiet zu verbreiten.[1618] WDR-Justitiar Herrmann wandte sich deswegen und auch wegen des dortigen Verkaufs der illegalen Schallplatte an die Staatsanwaltschaft Köln, vermutete einen „Verstoß gegen § 15 Fernmeldeanlagengesetz" und regte an, „Ermittlungen im öffentlichen Interesse anzustellen, sofern dies nicht schon geschehen ist".[1619] Intern wunderte sich Herrmann, warum es der ‚'Ätherpolizei' Bundespost" nicht möglich gewesen sei, während der langen Übertragung „in der Stadthalle den Sender oder eine Zubringerapparatur ausfindig zu machen".[1620]

Die *3 Tornados* hatten sich bereits zuvor in einem offenen Brief an Verwaltungsdirektor Bösel zu Wort gemeldet – den die *tageszeitung* am 24. Februar abdruckte:

> „[...] Herr Boesel, jetzt sind wir aber böse! [...] Was kriegen Sie denn dafür, wenn Sie den Rotfunk zum Schwarzfunk machen? [...] Wir haben einfach den Eindruck, daß Sie mit ihrem Job nicht mehr klarkommen. Es reicht eben nicht, in schönen Sonntagsreden von Rundfunkfreiheit zu plaudern und auf der anderen Seite bei der erstbesten Gelegenheit einen qualifizierten Mitarbeiter einfach rauszuschmeißen! Etwas mehr Haltung wäre ja schon angebracht! Lesen Sie doch mal das Buch ‚Zivilcourage' von John F. Kennedy. Der hat dafür den Pulitzer-Preis bekommen, den Sie wohl nie kriegen, wenn Sie so weitermachen! [...]"[1621]

Distinguierter und um Verständigung bemüht reagierte der Kabarettist Hanns Dieter Hüsch – mit einer Schilderung des Szenarios am Abend der Sendung. Hüsch betonte in einem privaten Schreiben an von Sell, er wolle die geschehenen „Entgleisungen und Geschmacklosigkeiten keineswegs verniedlichen oder gar rechtfertigen". Seinem Eindruck nach hätten jedoch Redakteure, Regie und Moderatoren die „eskalierende Stimmung nicht voraussehen" können, „vielleicht vorausahnen, aber dies kann ich versichern, die Produzenten waren sichtlich enttäuscht und konsterniert über das, was sich auf der Bühne tat. (‚die Geister, die ich rief....')". Hüsch erklärte, „eigentlich" müsse der Intendant „die Mitwirkenden (mich eingeschlossen) und das Publikum fristlos entlassen, denn erst aus dem Wechselspiel zwischen Bühne und Zuschauerraum [...] entwickelten sich zusehends Schnoddrigkeiten und unfaire Aussage".[1622]

[1617] Vgl. das Flugblatt, WDR Hist. Arch. ebda.
[1618] Vgl. N.N., Freies Radio Wahnsinn: Da hör'n wir auch hin, in: *Stadtrevue* vom 14.7.1981, S. 49. – *Der Spiegel* berichtete kurz darauf über diesen Sender: N.N., „Radio Wahnsinn" contra WDR, *Der Spiegel* 16/1981 (13.4.1981), S. 218: „Zehn Kölner Amateurfunker protestieren damit gegen die Absetzung der engagierten WDR-Jugendsendung ‚Radiothek' und gegen die fristlose Kündigung des ‚Radiothek'-Redakteurs Ulrich Lux [...]." *Radio Wahnsinn* sei „einer von über 50 schwarzen Kanälen" in der Bundesrepublik. – Auch Frank Baier erinnerte sich im Interview im Oktober 2005 an die Aktivität des illegalen Senders während der Solidaritätsveranstaltung.
[1619] Schreiben Herrmanns an die Staatsanwaltschaft Köln vom 15.4.1981, WDR Hist. Arch., unverz. Best. des Intendanten von Sell, Akte *WDR Radiothek ausschließlich Sendung v. 30.12.80 Abschluß-Sendung (Kündigung Lux) 1 – 24.602 – 258*.
[1620] Schreiben Herrmanns an von Sell und Jenke vom 15.4.1981, WDR Hist. Arch. ebda.
[1621] Schreiben der *3 Tornados* an Bösel vom 21.2.1981, WDR Hist. Arch. ebda. – In einem namentlich nicht zuzuordnenden internen Vermerk des WDR (WDR Hist. Arch. ebda.) wurde zunächst darauf hingewiesen, daß die Authentizität des Briefes zu klären sei; sodann sei an eine „Replik" oder auch an eine „Anzeige" wegen Beleidigung zu denken: „Provokation ist gewollt, Reaktion unvermeidlich (?!), damit nicht der ‚mangelnde Satisfaktionsfähigkeit' in einer zweiten Welle vorgetragen werden kann?". – Zitiert wurde der Brief der *3 Tornados* u.a. bei N.N., Wer besetzt den WDR? Radiothek-Redakteur fristlos gefeuert, in: *die tageszeitung* vom 24.2.1981.
[1622] Schreiben Hüschs an von Sell vom 23.2.1981, WDR Hist. Arch., unverz. Best. des Intendanten von Sell, Akte *WDR Radiothek ausschließlich Sendung v. 30.12.80 Abschluß-Sendung (Kündigung Lux) 1 – 24.602 – 258*. Chris

Auch die politischen Akteure regten sich. Jusos und Jungdemokraten verurteilten die Kündigung[1623]. Eine Gruppe Bundestagsabgeordneter um Irmgard Adam-Schwaetzer und Ingrid Matthäus-Maier (damals gehörten beide zur FDP-Fraktion) bekundete ihre „Betroffenheit" und appellierte an von Sell, die Entscheidung rückgängig zu machen.[1624] Die RFFU richtete ein Solidaritätskonto zur finanziellen Unterstützung Lux' ein und betonte in einem Informationsblatt:

> „Die fristlose Kündigung unseres Kollegen Ulli Lux geht uns alle an. [...] Zusammen mit anderen DGB-Gewerkschaften bereiten wir eine Protestversammlung vor, in der wir über den Fall und seine Konsequenzen informieren werden. Bis dahin aber ist es notwendig, den Protest nicht abreißen zu lassen. Mit einer Unterschriftensammlung wollen wir den Intendanten erneut auffordern, die Kündigung zurückzunehmen. Beweist Eure Solidarität durch Eure Unterschrift."[1625]

In der Tat sollte es RFFU und anderen Initiativen gelingen, binnen weniger Tage mehrere Tausend Unterschriften zusammenzutragen.[1626] Auch der Redakteursausschuß des ZDF forderte in einem offenen Brief die Rücknahme der Kündigung: Die „Angst der leitenden Mitarbeiter vor dem Unmut von Parteien und Institutionen" habe in den öffentlich-rechtlichen Funkhäusern „inzwischen groteske Züge angenommen". Aus Sicht von „großen Teilen der Jugend" gölten diese Sender bereits als „Duckmäuseranstalten, die sich weit von der ihnen bei Gründung garantierten Unabhängigkeit in der Berichterstattung entfernt haben".[1627] Der Publizist Hans Janke sah es ähnlich: „Die Ahndung ist zu groß ausgefallen und als solche für einen weiteren Verlust bei jenen Jüngeren gut, für die ja die ‚Radiothek' weit über ihre tatsächliche Qualität hinaus einen Symbolwert hatte. Das wäre für mich übrigens der traurigste Effekt."[1628]

Der *Spiegel* nannte die Kündigung „eine in dieser Massivität für den deutschen Rundfunk ungewöhnliche, für den einst liberalen WDR geradezu drakonische Reaktion". Zwar sei die Kehraus-Sendung „wahrlich kein Abschlußball von Pfadfindern und Kolpingbrüdern, sondern ein Gipfeltreffen linker Lästermäuler" gewesen. Aber: „Daß eine live übertragene Abschiedsfete der ‚Radiothek' [...] politisch und geschmacklich brisant sein würde, hatten im WDR alle Beteiligten geahnt." Wohl sei Intendant von Sell, der die Sendung nicht gehört habe, zunächst unsicher gewesen, ob „die sittlichen Gefühle seiner Kindschaft" tatsächlich verletzt gewesen seien. „Erst nachdem er im Februar Urlaub genommen hatte, inszenierten Jenke, Justitiar Herrmann und Verwaltungsdirektor Bösel (WDR-Jargon: ‚Trio Infernal') die folgenschwere Strafaktion."[1629]

Der *Westdeutschen Allgemeinen* zufolge vermuteten nicht namentlich genannte WDR-Mitarbeiter, „daß Jenke damit einer Rüge durch den Verwaltungsrat [...] vorbeugen woll-

---

Hüsch-Rasche, Ehefrau und Erbin des verstorbenen Kabarettisten, hat dem Zitat des Briefes unter Nennung von Hüschs Namen auf meine schriftliche Anfrage hin im Dezember 2007 telefonisch zugestimmt.
[1623] Vgl. N.N., WDR-Hörfunkredakteur wegen letzter „Radiothek"-Sendung gekündigt, a.a.O.
[1624] Schreiben an von Sell vom 22.2.1981, WDR Hist. Arch., unverz. Best. des Intendanten von Sell, Akte *WDR Radiothek ausschließlich Sendung v. 30.12.80 Abschluß-Sendung (Kündigung Lux) 1 – 24.602 – 258.*
[1625] *Die RFFU Verband WDR informiert* vom 24.2.1981, WDR Hist. Arch. D 1787.
[1626] Ulrich Lux nannte im April 2006 die Zahl von 5.000; ähnliche Zahlen kursierten in der zeitgenössischen Presse..
[1627] Zit. nach N.N., Fall „Radiothek": Appelle an den WDR. Briefe des ZDF-Redakteursausschusses und des Medienkritikers Walter Fabian, in: KuR 15/1981 vom 28.2.1981.
[1628] Hans Janke, Gut für weiteren Verlust. Die Sanktionierungen zur Abschieds-„Radiothek" im WDR, in: KuR 15/1981 (25.2.1981).
[1629] N.N., Klötze drin, in: *Der Spiegel* 10/1981 (2.3.1981), S. 214-215, hier: S. 214 f.

te"¹⁶³⁰. Die *Stuttgarter Zeitung* wiederum wollte erfahren haben, im Sender werde gemunkelt,

> „daß der WDR-Verwaltungsdirektor Friedrich Bösel dem obersten Kontrollgremium einen Beweis seiner disziplinierenden Härte geben wollte. Die WDR-Redakteure stimmen fast alle darin überein, daß bei dieser ‚Radiothek'-Sendung nicht nur die Klugheit, sondern auch redaktionelle Pflichten sträflich vernachlässigt wurden. Niemand eigentlich will diese Sendung verteidigen. Die Art aber, wie die Hausleitung [...] agiert hat, kann nur zur Verhärtung der Fronten zwischen Verwaltung und den Redakteuren führen."

Die Zeitung bezeichnete es als „eine ziemlich verrückte Idee, einer Sendereihe, die autoritär aus dem Programm herausgenommen wurde, noch eine rauschende Abschlußfeier zu genehmigen".¹⁶³¹ Das *Westfalen-Blatt* argwöhnte hingegen, die Sanktion sei womöglich bereits als ein „erster Warnschuß" an die Nachfolgesendung der Radiothek zu verstehen.¹⁶³²

Lux selbst erläuterte rückblickend: „Das ist jetzt 'ne ganz persönliche Einschätzung, die ist durch nichts zu belegen – aber ich habe damals den Eindruck gehabt[, daß die Kritiker der Radiothek sagen wollten]: Wir haben doch immer Recht gehabt! [...] Und nun weisen wir das auch noch mal gerichtlich nach."¹⁶³³

Die Folge war ein arbeitsgerichtlicher Prozeß, der sich durch zwei Instanzen zog. Am 31. März 1981 bereits gab das Arbeitsgericht Köln Lux' Klage statt, da die Kündigung zu spät ausgesprochen worden sei. Der WDR legte Berufung ein, die das Landesarbeitsgericht jedoch am 31. Juli zurückwies. Die Kammer hielt die Kündigung zwar keineswegs für verspätet und warf dem Redakteur vor, seine Pflichten schuldhaft verletzt zu haben; sie machte jedoch Lux' Vorgesetzte für die Pannen während der Abschlußsendung mitverantwortlich und wies vor allem darauf hin, daß Lux selbst sich während der vorangegangenen 16 Beschäftigungsjahre beim WDR regelkonform verhalten habe. Jenkes warnendes Schreiben an Lux vom Februar 1980 könne aufgrund formaler Mängel juristisch nicht als Abmahnung gelten – was aber zu den Voraussetzungen einer wirksamen fristlosen Kündigung 1981 gehört hätte. „Schließlich sei U. Lux 16 Jahre beim WDR", faßte der Hörfunkdirektor tags darauf in einem Telefonat zusammen, „da könne man nicht einfach jemanden entlassen; schließlich habe beim WDR die Aufsicht nicht geklappt."¹⁶³⁴ Es sei dem Sender zuzumuten, so schloß die Kammer, den Redakteur in einem anderen Arbeitsbereich weiterzubeschäftigen.¹⁶³⁵ Ulrich Lux wurde anschließend in die Musikredaktion des zweiten Programms versetzt und arbeitete dort bis zu seiner Pensionierung.¹⁶³⁶ Strafrechtliche Sanktionsmöglichkeiten verneinte das Landgericht Köln im Oktober 1983, als es Lux und die *3*

---

¹⁶³⁰ Jutta Duhm-Heitzmann, „Radiothek" und kein Ende. WDR: Proteste gegen Redakteurs-Kündigung häufen sich, in: *WAZ* vom 24.2.1981.
¹⁶³¹ Vgl. Michael Polonius, Krach wegen Jugendsendereihe „Radiothek". Ein Redakteur vom Westdeutschen Rundfunk gefeuert, zwei weitere abgemahnt, in: *Stuttgarter Zeitung* vom 23.2.1981; direkte Zitate dort entnommen.
¹⁶³² Vgl. Günther Faupel, Erster Warnschuß für „WDR zwei zu eins"? Kündigung des „Radiothek"-Redakteurs schlägt hohe Wellen, in: *Westfalen-Blatt* vom 24.2.81
¹⁶³³ Interview mit Ulrich Lux im März 2006.
¹⁶³⁴ Zit. nach einer Notiz F.W. Behmenburgs: *Anruf von Herrn Jenke* vom 31.7.1981, WDR Hist. Arch. D 1787.
¹⁶³⁵ Vgl. zu Verlauf und Ausgang des Rechtsstreits das Urteil des Landesarbeitsgerichts Düsseldorf, 13. Kammer in Köln, vom 31.7.1981, Gz.: 13/2 Sa 175/81, WDR Hist. Arch., unverz. Best. des Intendanten von Sell, Akte *WDR Radiothek ausschließlich Sendung v. 30.12.80 Abschluß-Sendung (Kündigung Lux) 2 – 24.602*. Von Sell informierte den Verwaltungsrat mit Schreiben vom 28.9.1981 und kommentierte, die Kammer habe kein Rechtsmittel zugelassen, und der WDR habe gegen diese Entscheidung keine weiteren Schritte eingeleitet. WDR Hist. Arch. ebda.
¹⁶³⁶ Interview mit Ulrich Lux im März 2006.

Tornados freisprach: Ihnen sei kein Vorsatz einer Störung des öffentlichen Friedens nachzuweisen.[1637]
Die Wogen unter den Lesern der Zeitung *Kölnische Rundschau* waren wegen dieses Strafprozesses im Februar 1982 abermals hochgeschlagen: das Blatt druckte ein knappes Dutzend empörter Leserbriefe ab.[1638] Und den WDR erreichte nach einer Weile noch eine letzte Beschwerde gegen die Abschlußsendung aus dem württembergischen Rottweil – abgesandt am 12. November 1983.[1639]

Zusammenfassung: Die turbulente Endphase der Radiothek

Auf die Frage, wann ihnen klar geworden sei, daß die für 1981 geplante Programmreform wohl das Aus für die Radiothek bedeuten werde, antworten die Redakteure heute überwiegend, dies sei im Winter 1979/80 geschehen. In der Tat brachten drei Sendungen des Herbstes 1979 das Faß zum Überlaufen.
Dabei wiederholten sich sattsam bekannte Muster des Konfliktes. Neu aber war, daß Intendant und Hörfunkdirektor nun endgültig auf Distanz zur Redaktion gingen. Beider Kritik an den drei umstrittenen Wortbeiträgen ist kompromißlos, in einigen Punkten aber zumindest vertretbar, wenn nicht sogar überzeugend; und im Gegensatz zu derjenigen vieler anderer Akteure fiel sie differenziert aus. Die Schärfe ihrer Reaktion – in Gestalt des sogenannten Live-Verbotes – springt gleichwohl ins Auge. Man kann über ihre Motive nur spekulieren: Es müßte verwundern, wenn der monatelange politische Druck nicht über kurz oder lang Wirkung in den Leitungsebenen des WDR hinterlassen hätte.
Friedrich-Wilhelm von Sell argumentierte wie Manfred Jenke von jenem Standpunkt her, wonach ein öffentlich-rechtlicher Sender unter dem Schutz des Art. 5 GG besonderen Verpflichtungen zur integrativen Arbeit unterworfen sei. Demnach mußte auch der einzelne Redakteur eine Treuhänderfunktion wahrnehmen – war sein Verhalten also gerade nicht durch das Recht zur freien Meinungsäußerung im Sinne des Art. 5 GG gedeckt. Wie weit die Entscheidung Jenkes, von der Redaktion abzurücken, von dem Bemühen bestimmt war, in WDR 2 ein mit heutigen Worten „durchhörbares" Programm zu schaffen, wie weit er also nicht *auch* dem politischen Druck nachgab – darüber kann man nur Vermutungen anstellen. Auch das letztgenannte Motiv wäre verständlich.
In der Hörerschaft brach eine eigentümliche Kluft auf: Der WDR erhielt Tausende Protestbekundungen. Freilich darf dies nicht darüber hinwegtäuschen, daß sich hier aller Wahrscheinlichkeit nach vorwiegend ein harter Kern Engagierter äußerte. Zwar ist es aus heutiger Sicht bemerkenswert, daß in ganz Nordrhein-Westfalen Solidaritätskundgebungen zugunsten einer einzelnen Radiosendung abgehalten wurden. Doch scheinen sich hier Angehörige jener Protestszene betätigt zu haben, die nach einschlägigen Erkenntnissen der Jugendforschung nicht mehr als 15% der Altersgruppe umfaßte. Während diese Jugendlichen

---

[1637] Vgl. N.N., Zweiter Freispruch für WDR-Redakteur und Kabarettgruppe „Die Tornados". „Krippenspiel" keine vorsätzliche Störung des öffentlichen Friedens, in: KuR 79/1983 (8.10.1983). – Der Rechtsstreit war bereits vom Oberlandesgericht Köln an das Landgericht zurückverwiesen worden, vgl. das Protokoll der internen Direktorensitzung des WDR vom 25.5.1983 sowie Protokoll der Verwaltungsratssitzung vom 30.5.1983. – Die Zeitschrift *Die Feder* wußte zu berichten, man habe „in Westfalen von den Kanzeln herab die Kirchenbesucher in die Pfarrsäle bestellt, ihnen dort die umstrittene *WDR*-Sendung per Kassette vorgespielt und dann zu Protestschreiben an die Justiz und an den *WDR* aufgefordert". Vgl. N.N., „Gotteslästerung" als Straftatbestand von der Amtskirche jetzt neu entdeckt. WDR-Redakteur und „Die drei Tornados" zu Geldstrafen verurteilt, in: Feder 3/1982, S. 37.
[1638] *Kölnische Rundschau* vom 2.2.1982.
[1639] Zuschrift von German S. aus Rottweil vom 12.11.1983, WDR Hist. Arch. 10463.

und jungen Erwachsenen die Radiothek tatsächlich ihrer Wortbeiträge wegen einschalteten, kann man davon ausgehen – auch wenn hieb- und stichfeste empirische Erkenntnisse aus den Jahren 1979/80 fehlen – , daß die übrigen Hörer mehr und mehr an den Musikstrecken interessiert waren. Daß die Wortbeiträge dennoch so erzürnten Widerspruch mancher Akteure in Politik und Publizistik provozierten, wirft ein zweifelhaftes Licht auf deren Fähigkeit, Meinungspluralismus tatsächlich zuzulassen und Teilen der nachwachsenden Generation über Lippenbekenntnisse hinaus ein offenes Ohr zu schenken.

Die Radiothek-Redakteure erregten in diesen Monaten offenbar den Unmut manchen Anhängers, als sie nämlich bei ihrem Eintreten für den Fortbestand der Reihe ausschließlich jene Wege einschlugen, die auch jeder andere Redakteur in einer vergleichbaren Lage beschritten hätte – indem sie ihr Engagement auf senderinterne Debatten konzentrierten. Der von der *tageszeitung* erhobene Vorwurf mangelnden Engagements rührt offensichtlich von einer verfehlten Perzeption her: Denn bei Licht betrachtet war die Radiothek nie jene „Brandfackel", als die mancher Gegner sie verunglimpfte und mancher Anhänger sie verklärte. Michael Schmid-Ospach entwickelt einen Gedanken, der seinerzeit kaum praktikabel gewesen wäre, der gleichwohl seinen Reiz hat, wenn man nach einem Modus vivendi der Jugendreihe sucht:

> „Es wäre ja ganz ‚schrecklich' gewesen, wenn die WDR-Spitze gesagt hätte: So, jetzt lassen wir die Radiothek ein Jahr lang einfach liegen und lassen sie arbeiten. Das hätte die Radiothek ja auch nicht ausgehalten – wenn sie auf einmal nicht mehr für die einen das rote Tuch und für die anderen das Fanal der Freiheit gewesen wäre!"[1640]

Zum Eklat, den schließlich *Das war's – Radiothek* provozierte, trugen offenbar mehrere Faktoren bei: ein Schuß Leichtsinn bei den Programm-Mitarbeitern vor Ort – ein Schuß Leichtsinn aber auch in den Führungsebenen des WDR-Hörfunks, die im Vorfeld ein wenig die gebotene Umsicht hatten vermissen lassen und sich überdies aus Termingründen auf das Abenteuer einer Originalübertragung einließen – schließlich die brisante Stimmung in der Halle während der fraglichen viereinhalb Stunden und die Freude an der Provokation, mit der viele auftretende Künstler zu Werke gingen. Mochte man den *3 Tornados* bescheinigen, daß *Krippenspiel* einige amüsante und im Grunde harmlose Akzente setzte – jene Pointe, die den Unmut vor allem provozierte, läßt sich mit guten Grund als blasphemisch und deplaziert bezeichnen. Daß die Proteste gegen die Abschlußsendung den *3 Tornados* zu unerwarteter Popularität verhalfen[1641], zählt zu den kuriosen, aus der Rückschau gleichwohl kaum überraschenden Randerscheinungen dieses Eklats.

Die fristlose Kündigung gegenüber Lux erscheint in der Tat als überharte Maßnahme. Das Verhalten der WDR-Führungsebenen in den ersten Monaten des Jahres 1981 war keineswegs über jeden Zweifel erhaben. Denn die Hörfunkdirektion reagierte nicht auf die früh geäußerten Bedenken des Kulturchefs Linnerz – sie hielt dessen Einlassungen offenbar für so unbeachtlich, daß nicht einmal Verwaltungsdirektor Bösel alsbald davon erfuhr. Erst die massiven externen Proteste brachten den Stein ins Rollen. Die Vertreter des Intendanten ließen im Februar 1981 wiederum das nötige Augenmaß vermissen: Linnerz hatte Lux im Januar kurzentschlossen, aber geräuschlos einer heiklen Aufgabe – der Verantwortung für die anstehende *Radiothek unterwegs* – entbunden. Bösel und Odenthal hingegen begnügten sich nicht damit, sondern wählten die schärfste Sanktion. Über ihre Motive läßt sich wiederum nur spekulieren – es drängt sich jedoch der Verdacht auf, daß es sich bei der Kündi-

---

[1640] Interview mit Michael Schmid-Ospach im April 2007.
[1641] Manfred Jenke berichtete über dahingehende Äußerungen Holger Klotzbachs, eines späteren Mitgliedes der *3 Tornados*, ihm gegenüber im Interview im August 2005.

gung um einen Kotau vor externem Druck, im Falle des Verwaltungsdirektors möglicherweise auch um eine demonstrative Entscheidung handelte. Das Landesarbeitsgericht als zweite Instanz in diesem Streit begründete sein Urteil mit durchaus stichhaltigen Argumenten, indem es die Pannen des 30. Dezember 1980 nicht nur Lux selbst, sondern auch seinen Vorgesetzten zur Last legte.

Schluß

In den Büros und auf den Fluren der WDR-Leitungsebene muß während der ersten Januartage 1981 – legt man die ersten Reaktionen auf die Radiothek-Abschlußsendung zugrunde – eine ungewohnte Gelassenheit geherrscht haben. „Man hatte die Nase gestrichen voll von der Radiothek", erinnert sich Klaus Klenke, „man war froh, dieses lästige Insekt wegzuhaben!"[1642] Nun galt es, den Blick nach vorn zu richten.
„Die (letzte) Sendung der ‚Radiothek' am 30.12.1980 hat nach Auffassung des Hörfunkdirektors, die ich teile, noch einmal alle Gründe und Erwägungen bestätigt, die zu dem Entschluß führten, diese Sendereihe in der bisherigen Form nicht weiterzuführen", schrieb denn auch Friedrich-Wilhelm von Sell an den Verwaltungsratsvorsitzenden Konrad Grundmann.

> „Nach meiner Auffassung ist mit der Sendung vom 30.12. der Schlußstrich unter ein Kapitel Programmarbeit gezogen worden, in dem meine Mitarbeiter und ich bemüht waren, gegenüber bestimmten Gruppierungen und Kräften letzte Gesprächsmöglichkeiten aufrechtzuerhalten. Wir haben dabei jedoch erkennen müssen, daß ein Bemühen um Zusammenarbeit bei fairer Anerkennung unterschiedlicher Positionen von gewissen Mitarbeitern als Schwäche, Nachgiebig- oder Nachlässigkeit ausgelegt wird."[1643]

Einzig Mal Sondock war mit der Reform zunächst nicht glücklich: „Ich bin geschoben worden auf acht Uhr abends. [...] Und ich durfte nicht mal den Namen *Discothek im WDR* mitnehmen!" *Mal Sondocks Hitparade* lautete der neue Titel des nun einstündigen Angebotes. „Ich hab geweint und gekämpft", erinnerte sich Sondock – bis ihm aufgegangen sei: „Moment, Sekunde, mein Freund! Jetzt bist Du nicht mehr der Discjockey von *Discothek im WDR*, jetzt ist das Deine Sendung mit Deinem Namen! Das wird Deinem Namen viel mehr Profil verleihen, als eine *Discothek im WDR* es je tun könnte."[1644]
Mit dieser Vermutung lag Sondock richtig, wie die Erinnerungen etlicher damaliger Hörer bis heute belegen. Das publikumsträchtigste Element der Radiothek hatte die Programmreform überlebt – und auch dies wird bewirkt haben, daß der Großteil der jungen Zielgruppe die neue Struktur des zweiten Programms am Abend ohne sonderliche Unmutsbekundungen akzeptierte.

Die Radiothek im Rückblick

Das siebenjährige Projekt war Geschichte – und nichts deutet darauf hin, daß ihm außerhalb der treuesten Hörerkreise viele Tränen nachgeweint worden wären. Die Redakteure sahen sich in neue Projekte eingebunden, die sie voll in Anspruch nahmen – mochten sie *Thema heute* heißen oder *Budengasse – Kultur live mit Musik*. Die freiberuflichen Autoren mußten darauf bedacht sein, ihre Beiträge anderswo zu plazieren. Für Reminiszenzen hatte in diesen Kreisen niemand Zeit.
Faßt man den Disput um die Radiothek zusammen, so klingt das Urteil zwar banal, es drängt sich gleichwohl auf: Auf eine streitbare, mit mancherlei Schwächen behaftete Sendereihe, die aber auch unleugbare Stärken aufwies, reagierten Kritiker mit teils berechtig-

---

[1642] Interview mit Klaus Klenke im Mai 2007.
[1643] Schreiben von Sells an Grundmann vom 21.1.1981, WDR Hist. Arch., unverz. Best. des Intendanten von Sell, Akte *WDR Radiothek ausschließlich Sendung v. 30.12.80 Abschluß-Sendung (Kündigung Lux) 1 – 24.602 – 258*.
[1644] Interview mit Mal Sondock im April 2007.

ten Vorwürfen, darüber hinaus aber mit einer nicht ganz zu rechtfertigenden Überempfindlichkeit, die offenbar durch tiefsitzende Vorurteile noch verstärkt wurde. „Wer über die heutige Jugend authentische Auskunft geben soll", bekannte Hartmut von Hentig 1974, „der müßte entweder mit ihr leben oder sie systematisch erforschen."[1645] Viele Gegner der Radiothek hatten wohl an beidem nicht das rechte Interesse. Mancher Anhänger wiederum scheint ersteres so übertrieben zu haben, daß ihm bald die notwendige Distanz fehlte. Beiden Parteien des Konfliktes jedoch hätte Gelassenheit in diesen Jahren gut angestanden: Der Inhalt einer täglich zweistündigen Radiosendung war ihr hitziges Engagement wohl nicht recht wert.

Die Sendereihe 1980/81 kurzerhand abzusetzen bedeutete, das Kind mit dem Bade auszuschütten. Denn die Radiothek stellte mit denjenigen Beiträgen, denen man ein gutes Zeugnis ausstellen muß, in ihrer Zeit sicherlich eine Chance für den Hörfunk dar. Zahlreiche Gespräche, Reportagen und Features konnten den Horizont erweitern, Denkanstöße vermitteln. Und: Viele Hörer wurden dabei mit Sendeformen konfrontiert, die sie an anderer Stelle – beispielsweise in einer abendlichen Feature-Nische des dritten Programms – niemals wahrgenommen hätten. Umrahmt von einer Musikstrecke Dave Colmans oder im Anschluß an die *Discothek im WDR* mochte es diesen Formaten möglich sein, unter der beachtlichen Hörerschaft den einen oder anderen neuen Interessenten zu gewinnen, vielleicht in einigen Fällen mit der Zeit sogar den Keim künftiger neuer Hör-Vorlieben zu legen. Und schließlich: Wer samstags die *Schlagerrallye* einschaltete, der wurde zwischen den Platten-Neuvorstellungen plötzlich mit einer Rätselfrage konfrontiert, wie am 8. März 1975: Ein kurzer, recht aufwendig gestalteter Beitrag mit historischen O-Tönen suchte nach dem Namen der einstigen Sekretärin Kurt Schumachers und späteren Bundestagspräsidentin Annemarie Renger.[1646] Gleichermaßen forderte und vermittelte das Rätsel zeitgeschichtliches Wissen – und dies umrahmt von einer Hitparade. Viele Wortstrecken der Radiothek vermochten bildend zu unterhalten und unterhaltend zu bilden.

Natürlich kann keine Rede davon sein, daß bei einer Fortführung dieser Ideen über 1980 hinaus das Interesse an den anspruchsvollen Wortprogrammen des WDR lawinenartig angewachsen wäre; überdies begannen sich die Hörgewohnheiten langsam, aber stetig zu verändern. Es wäre aber sinnvoll gewesen, durch eine derart attraktive Plazierung wie im Rahmen der Radiothek gerade das junge, das nachwachsende Publikum noch für ein paar Jahre auf die Existenz derartiger Sendeformen aufmerksam zu machen – die schließlich von jeher zu den besonderen Stärken des gebührenfinanzierten Radios in der Bundesrepublik zählen. Die emotionale Note, die sich heute in Internet-Foren bemerkbar macht, deren Teilnehmer nach privaten Mitschnitten längst vergangener Sendungen des ARD-Hörfunks suchen[1647], zeugt vom Wert, die derlei Formate für einzelne Hörer haben können. Die Gruppe der Interessenten ist zwar klein; doch darf man dem aufmerksamen Zu-Hörer eines feingliedrigen Features als einzelnem Nutzer eines Angebotes durchaus einen höheren Stellenwert zumessen als dem Nebenbei-Hörer eines auf reine Zerstreuung angelegten, als solches mitunter austauschbaren Musik-Tagesbegleitprogramms.

Die Mängel zahlreicher Radiothek-Sendungen sind ausführlich zur Sprache gekommen – man muß vielen Gegnern der Sendereihe freilich bescheinigen, daß sie sich offenbar nur

---

[1645] Hentig, Zum Konflikt der Generationen – 1974, a.a.O., S. 245.
[1646] Radiothek vom 8.3.1975, WDR-Schallarchiv 5090181. – Weitere Rätselthemen finden sich in den Wochenplanungen der Redaktion, WDR Hist. Arch. 10444 und 10445.
[1647] Beispiel ist das sog. *Dampfradio-Forum*, abgerufen am 3.10.2007 unter http://www.desktop-fotos.com/forum/index.html.

recht selten der Mühe unterzogen, überhaupt die Details im notwendigen Maße zu betrachten. Dabei hätten sie hier zahlreiche Anlässe zur Kritik finden können: daß etwa die Beiträge zu Themen der Arbeitswelt zumeist über Gebühr einseitig gerieten. Daß Berichte über autoritär regierte Staaten in Ostblock und Dritter Welt beim offenen Ansprechen von Menschenrechtsverletzungen häufig zweierlei Maß anlegten, abhängig davon, ob es sich um eine rechte oder linke Diktatur handelte. Daß die Probleme der Dritten Welt mitunter zu holzschnittartig erklärt wurden. Daß Verteidiger des gesellschaftlichen oder politischen Status quo in den Sendungen selten das letzte Wort behielten. Daß die bewußt zurückhaltende Einbindung von Experten-O-Tönen Beiträge etwas oberflächlich geraten ließ. Kritische Äußerungen, die Details der Sendungen in angemessener Form berücksichtigten, stammten jedoch in den meisten Fällen aus der Intendanz oder der Hörfunkdirektion, auch aus Presse und Publizistik. Was das dem Aktenbestand zu entnehmende Verhalten kritischer Gremienmitglieder und externer Akteure anbelangt, stellten Horst Dahlhaus' Anmerkungen aus dem Jahre 1975 eine der wenigen Ausnahmen dar.

Die heißen gesellschaftlichen Debatten in der Bundesrepublik lagen beim Sendestart der Radiothek nur wenige Jahre zurück, teils dauerten sie noch an – und so war es kein Wunder, daß sich eine engagiert, manchmal ungestüm agierende Redaktion einer ebenso engagierten Gegnerschaft gegenübersah, die mitunter mit reflexartiger Kritik reagierte, Pauschalurteile fällte und in mindestens einem Falle – dem Bericht zur Preispolitik der Kölner Verkehrsbetriebe 1976 – wahrscheinlich sogar zweierlei Maß anlegte. Jens Feddersens Einlassungen im Vorfeld der Beobachtung durch die Programmbeirats-Kommission 1975 sind das deutlichste aktenkundige Indiz, daß Akteure der WDR-internen Debatte die Radiothek tatsächlich vorurteilsbelastet betrachteten; doch die jahrelangen Dispute lassen erkennen, daß die Serie vielen ihrer Gegner zum roten Tuch geworden war – sodaß diese den Beiträgen voreingenommen begegneten. In anderen Fällen legten die Kritiker eine selektive Wahrnehmung an den Tag: So entrüsteten sie sich 1975 zwar über einen kritischen Beitrag zur *Deutschen Jugend des Ostens* – daß die Radiothek aber 1979 ausführlich über die Probleme junger Spätaussiedler informierte, auf ihre deutsche Staatsangehörigkeit hinwies und um Verständnis für ihre Anliegen und Sorgen warb, kam in den dokumentierten Äußerungen kritischer Beobachter niemals zur Sprache.

Daß man die Gegner der Sendung freilich nicht über einen Leisten schlagen kann, beweist Heinrich Windelens Lob der Terrorismus-Sendewoche von 1977. Doch zahlreiche Beobachter mußten sich im Nachhinein Worte der Bundestags-Enquête-Kommission *Jugendprotest im demokratischen Staat* ins Stammbuch schreiben lassen; die Abgeordneten bezeichneten nämlich 1983 auch auf Seiten der tonangebenden Akteure in Politik und Gesellschaft

> „Bereitschaft zum Zuhören [als] eine wichtige Voraussetzung für die kritische Überprüfung des eigenen Verhaltens und der daraus folgenden Veränderungen. [...] Das erfreulichste Ergebnis [...] war, daß – bis auf wenige Ausnahmen – auch die protestierenden Jugendlichen zum Gespräch bereit waren. Es liegt an den verantwortlich Handelnden in Politik, Wirtschaft und Gesellschaft, diese Bereitschaft positiv aufzunehmen."[1648]

Viele Gegner der Radiothek müssen sich darüber hinaus vorwerfen lassen, daß ihren Äußerungen einfältige Vorstellungen von der Wirkung medialer Angebote zugrundelagen – Vorstellungen, die von der Wissenschaft längst widerlegt worden waren: daß nämlich junge Hörer ungeprüft jene Meinungen übernommen hätten, welche die Radiothek-Mitarbeiter

---

[1648] Deutscher Bundestag, Jugendprotest im demokratischen Staat a.a.O., S. 49.

und ihre Interviewpartner am Mikrofon vertraten. Die Verfechter jener „Allmachts-These" übersahen, daß die Jugendlichen der siebziger Jahre durchaus „ein selektives Verhalten in der Auswahl von Medienangeboten, in der Wahrnehmung und Erinnerung" an den Tag legten. Auch die Hörer der Radiothek waren „eingebunden [...] in Netzwerke von Sozial- und Kommunikationsbeziehungen, die die Wirkung der Medien stark begrenzen und abfedern".[1649] Freilich erlag auch der eine oder andere Rundfunkmitarbeiter der Versuchung, einen zu engen Wirkungszusammenhang anzunehmen zwischen den medial vermittelten Botschaften und dem Denken der Hörer.[1650]

Zur erwähnten Gelassenheit in der Auseinandersetzung um die Jugendreihe hätte es beitragen können, wenn die Kontrahenten beispielsweise den dynamisch-transaktionalen Ansatz Werner Frühs und Klaus Schönbachs berücksichtigt hätten, der maßgebliche Faktoren ins Kalkül zog: den Einfluß der Umwelt auf die Meinungsbildung des Hörers, ferner dessen grundsätzliche Fähigkeiten und Kenntnisse, seine Gewohnheiten bei der Mediennutzung, schließlich die Bedeutung vor und nach einer bestimmten Sendung aufgenommener weiterer Inhalte und den Fluß der Informationen im Beitrag selbst.[1651]

Von der gern unterstellten „Monopolstellung" der Radiothek, was den gesamten Medienkonsum und auch das Radio-Hörverhalten der Zielgruppe anging, konnte nur in begrenztem Maße die Rede sein: Sie sprach die jugendliche Zielgruppe an und vermittelte besondere Informationen, wie sie in anderen Sendungen nicht zur Sprache kamen; und so wandten kritische Jugendliche dieser Serie ihre besondere Aufmerksamkeit zu. Darauf aber, daß sich die Zielgruppe bevorzugt über die Radiothek informiert und die anderen Angebote des WDR-Hörfunks – allen voran Nachrichtendienste, *Morgenmagazin* und *Mittagsmagazin* – kaum wahrgenommen hätte, deutet nichts hin. Dieser Umstand nimmt auch zeitgenössischer Kritik an den thematischen Schwerpunkten der Reihe ein gut Teil Überzeugungskraft: Die Sendung verhielt sich häufig in ihrer Themensetzung und in der Behandlung ihrer Themen lediglich komplementär zu anderen Informationsangeboten im Radio.

Als Grund für eine Absetzung der Radiothek taugte der Hinweis auf die Sendeinhalte also schon 1980 nur in begrenztem Maße. Ein stichhaltigeres Argument dafür, die Serie in der vorherigen Form nicht weiterzuführen, sind aus heutiger Sicht Manfred Jenkes Verweise auf die sinkende Reichweite beim Publikum – wenngleich einer solchen Argumentation 1980 noch nicht ein solch hoher Wert zugemessen wurde wie im 21. Jahrhundert. An diesem Punkt bringt Josef Eckhardt die Musik ins Spiel: Die musikalische Stilistik der Radiothek habe nicht einmal vermocht, alle 14- bis 29jährigen anzusprechen, von der Mehrzahl älterer Hörer ganz zu schweigen.

> „Wenn man sich jetzt die damalige Radiohörerschaft vor Augen führt, dann kann man davon ausgehen, daß all das, was in Radiothek als Musik geboten wurde, für die Mehrheit insgesamt nicht das Passende war. [...] Das spricht dafür, daß Radiothek auch nie höhere Reichweiten erreicht hat, weil bekanntlich vor allem die Musik – das haben wir damals schon in der Forschung feststellen und aussagen können – die Präferenzen für Radioprogramme begründet.

[1649] Vgl. zur dort sogenannten „Allmachts-These": Sander/Vollbrecht a.a.O., S. 364; direkte Zitate dort entnommen. Ferner Hans-Jürgen Weiß, Öffentliche Streitfragen und massenmediale Auseinandersetzungen. Ein Ansatz zur Analyse der inhaltlichen Dimension im Agenda-Setting-Prozeß, in: Max Kaase/Winfried Schulz (Hg.), Massenkommunikation. Theorien, Methoden, Befunde, Opladen 1989 (Sonderheft der Kölner Zeitschrift für Soziologie und Sozialpsychologie), S. 473-489, hier: S. 473.
[1650] Vgl. die oben zitierten Erinnerungen Jürgen Keimers im Interview im Oktober 2005.
[1651] Vgl. zu diesem Modell Werner Früh/Klaus Schönbach, Der dynamisch-transaktionale Ansatz. Ein neues Paradigma der Medienwirkungsforschung, in: *Publizistik* 27 (1982), S. 74-88.

> Und wenn man eine Musik bringt, die die Hörer nicht so gerne mögen, dann ist das einfach danebengesendet."[1652]

Musikmoderator Roger Handt hingegen verteidigt seine Programme und die seiner Kollegen:

> „Ich glaube eher, daß manchmal die *Wortbeiträge* am Hörer vorbeigesendet worden sind. Ich kann mich erinnern, daß in meiner Sendung mal irgendwas drin war, so ähnlich wie ‚Die Entwicklung der Schule in China in den fünziger Jahren'. Das hat keinen Menschen in Deutschland in den Siebzigern interessiert, um ehrlich zu sein. Und ich glaube, *das* war wirklich am Hörer vorbeiproduziert. Ich glaub' sowieso auch im Nachhinein, wenn die Radiothek eine reine Musiksendung gewesen wäre, dann wäre sie länger gelaufen! Was ja zu beweisen wäre, denn der angebliche Eklat kam ja nicht durch die Musik, sondern durchs Wort."[1653]

Horst Dahlhaus nimmt denn auch den Hörfunkdirektor mit dessen Befund, die Radiothek sei „die richtige Sendung am falschen Platz"[1654] gewesen, rückblickend beim Wort; er wirft die Frage auf, warum die Radiothek nicht auf einen Sendeplatz im ersten oder dritten Programm verlegt worden sei: „Das wäre doch das Nächstliegende gewesen. [...] In einem Hörfunkangebot mit drei Programmen [...] soll nicht eine Zielgruppensendung für junge Menschen möglich sein? Das ist doch lachhaft!"[1655]

Nur bedingt überzeugen kann Jenkes Argument, die Radiothek habe der Umgestaltung des zweiten Programms zu einer durchgehend aktuellen Welle im Wege gestanden. Wie oben beschrieben, wäre es sicherlich denkbar gewesen, im Rahmen der bis 1979/80 über weite Strecken live abgewickelten Jugendschiene auch kurzfristig auf überraschende Ereignisse zu reagieren.

Bei dieser Überlegung muß man sich allerdings ins Gedächtnis zurückrufen, daß das 1973 entwickelte Sendekonzept – so erfolgreich es noch Mitte der siebziger Jahre gewesen war – 1980 offenbar auf sinkendes Interesse der Zielgruppe stieß. Mehr und mehr Jugendliche und junge Erwachsene wandten sich Radioangeboten zu, die Unterhaltung und Zerstreuung statt problembeladener Information boten – die Reichweiten des Jahres 1979 sprechen eine deutliche Sprache. Medienforscher Eckhardt nickt:

> „Jeder sucht den bequemsten Weg: ein Radioprogramm, das aktuelle Musik, im Plauderton kommentiert, und natürlich auch einige wichtige Informationen liefert. Das war schon damals beliebter als ein Programm, das so schwermütig und schwerfällig daherkam. [...] Letztlich war die Radiothek keine Leidenschaft des Publikums. Es war etwas, was eher den redaktionellen Kreis befriedigte, zumindest war das mein Eindruck aus meiner eingeschränkten Sicht. [...] Es war eher etwas, was den revolutionär nur angehauchten, nicht wirklich revolutionären Intellekt ansprach. Das war aber nicht das, was die Menschen im Radio haben wollten, schon damals wie heute."[1656]

Wenn nach den Erkenntnissen der Jugendforschung mehr als drei Viertel der Jüngeren einen Rückzug ins Private angetreten hatten, so mußten die Verantwortlichen über kurz oder lang zu dem Schluß kommen, daß die nach den Vorgaben von 1973 hergestellten Wortbeiträge der Radiothek an den Wünschen auch der meisten jungen Hörer vorbeiliefen. Klaus

---

[1652] Interview mit Josef Eckhardt im Juni 2007.
[1653] Interview mit Roger Handt im Februar 2008. Womöglich bezieht sich Handt auf die für den 19. und 26.3.1978 geplante zweiteilige Reihe *Dritte Welt im Unterricht verschiedener Schulformen am Beispiel China* (vgl. die Wochenvorschauen in WDR Hist. Arch. 10444).
[1654] Interview mit Manfred Jenke im August 2005.
[1655] Interview mit Horst Dahlhaus im Oktober 2007.
[1656] Interview mit Josef Eckhardt im Juni 2007.

Klenke bestätigt: „Ich bin nicht sicher, ob dieses Konzept wirklich weiter getragen hätte!"[1657] Eine über 1980 hinaus weitergeführte tägliche Jugendschiene hätte sorgfältig umgestaltet werden müssen, wie Wolfgang Schmitz andeutet:

> „Es hätte im Zweifel so, wie es war, nicht so lange Chancen gehabt, weil der Radiomarkt sich dynamisch entwickelt [...], es haben sich natürlich im Laufe der Jahre Hörgewohnheiten verändert; es hat sich auch das Lebensgefühl verändert. Das heißt: Dies war ein Programm, das völlig passend war für die siebziger Jahre. Hätte man nicht irgendwann die Rote Karte gezeigt bekommen, hätte man natürlich überlegen müssen: Was bedeutet der Ansatz, so Radio zu machen, für die Bedingungen der achtziger Jahre?"

Mit einem schlichten Revirement – immerhin hatten zahlreiche Radiothek-Mitarbeiter 1980 längst das 30. Lebensjahr überschritten – wäre es sicherlich nicht getan gewesen. Schmitz deutet eine mögliche Marschrichtung für die achtziger Jahre an:

> „Wenn man sich manche alten Sachen anhört: Wir haben ja gepredigt bis zum Gehtnichtmehr! Wir waren ja wirklich auch als Missionare unterwegs. Das ist eine Haltung, die heute nicht mehr funktionieren würde! [...] Jede Generation muß da ihre Formen finden; das hat damals funktioniert [...], aber heute würden Sie damit nach Hause geschickt."[1658]

„WDR zwei zu eins: Thema heute"

Kurioserweise gelang es der auch für ältere Hörer gedachten Nachfolgereihe der Radiothek noch schneller als der Jugendreihe selbst sieben Jahre zuvor, die Beobachter in der Presse zu überraschen, wenn auch in entgegengesetztem Sinne: „'Zwei zu eins – Thema heute' [...] gab sich an den ersten Tagen ausgesprochen brav", spotteten die *Westfälischen Nachrichten* aus Münster. „Einige Hörer sollen sich sogar gefragt haben, ob sie nicht auf den Arm genommen werden sollten – so groß war der Unterschied zu früher."[1659] Die *Süddeutsche Zeitung* diagnostizierte „ein Konzept von verheerendem Pluralismus": An die Stelle aufmüpfiger Jugendlicher trete nun „ein linientreuer Reporter, der den Betroffenen mit Gefühlsduseleien gewünschte Antworten entlockt". Ein „Gefühl des Mitleids" stelle sich ein „bei dem totgeborenen Versuch, familien-freundlich-fröhlich, kritisch-progressiv, kolonialhändlerisch-musikalisch sein zu wollen und bei dem Proporz bis in die Noten nur noch fade zu sein".[1660] Auch Manfred Jenke räumt ein, *Thema heute* sei „natürlich auch keine Offenbarung und kein Donnerschlag" gewesen. „Sondern sie war so, wie so eine Sendung eben nur sein konnte: unsensationell, unspektakulär – also, wenn man Böses will, kann man sagen: es war eben ein Fall von WDR-2-Routine."[1661]

Helga Kirchner und Ulrich Teiner zählten zur *Thema-heute*-Redaktion. Sie durchlebten die ersten Monate des Jahres 1981 mit gemischten Gefühlen, wie Helga Kirchner erläutert. Denn:

> „Das war nun der ‚größte' Gefallen, den man einem, der zur Konkursmasse gehörte, tun konnte – es war wirklich eine schwere Hypothek, an der wir auch noch eine ganze Weile getragen haben. Psychologisch ist das ja schwierig: Sie werden von den Sympathisanten, den Freunden des alten Projektes natürlich übel beschimpft oder kritisch beäugt, ob Sie denn jetzt Verrat an

---

[1657] Interview mit Klaus Klenke im Mai 2007.
[1658] Interview mit Wolfgang Schmitz im Juli 2003.
[1659] Bernhard Gervink, Nicht nur das Pausenzeichen ist neu. Über manche Finesse ist man sich auch im WDR noch nicht klar, in: *Westfälische Nachrichten* vom 8.1.1981. – Das Titelelement *Zwei zu eins* erklärt sich nach Lothar Fends Erinnerung aus dem Prinzip: „Zwei Stunden – ein Thema" (Interview im November 2005).
[1660] Elke Gürlich, Proporz bis in die Noten. Die alten „Radiothek"-Zeiten im WDR sind vorbei, in: SZ vom 9.1.1981.
[1661] Interview mit Manfred Jenke im August 2005.

der Idee oder an dem Projekt begehen. Und von anderen fühlen Sie sich auch wieder kritisch verfolgt, ob Sie es denn schaffen, das Neue, das unverwechselbar anders ist, in die Welt zu setzen. Es war sehr ungemütlich!"[1662]

Der WDR-Hörfunk und die junge Hörergruppe ab 1981

Die Meinungen der Zeitzeugen zur Programmreform von 1981 gehen, was das Angebot für junge Hörer betrifft, heute auseinander. „Also, wenn bei den Hörfunkwellen des WDR die Radiothek das einzige war, was die Jugend angesprochen hat, dann würde ich sagen: Armer WDR, damals!" winkt Michael Schmid-Ospach ab; „*Morgenmagazin, Mittagsmagazin* – das haben doch junge Leute damals wie verrückt gehört! [...] Es ist auch, denke ich, ungerecht gegenüber den vielen Journalisten des WDR, so zu tun, als sei der einzige Hort freien und engagierten Journalismus die Radiothek gewesen!"[1663] Helga Kirchner wiederum hält den *ersatzlosen* Wegfall einer täglich zweistündigen Jugendschiene für einen Fehler in programmstrategischer Hinsicht:

> „Also, daß Sendungen mal aufhören und was Neues entsteht, ist was Normales. Aber eine ganze Gruppe von Hörern sich selbst oder dem normalen Medienmarkt zu überlassen, zu sagen: Na gut, das Thema Jugend kommt überall vor! – und damit das aufzugeben, was an Gewohnheit statuiert worden ist durch eine langjährige Sendepraxis – das hat dem WDR-Hörfunk enorm geschadet."[1664]

„Da haben wir was verschenkt"[1665], stimmt Wolfgang Schmitz zu. Josef Eckhardt wiederum wägt mit Blick auf das Jahr 1981 ab:

> „Es war kein strategischer Fehler, dieses Angebot einzustellen; es war allerdings ein großer Fehler, der Zielgruppe kein neues Angebot zu machen. – Auf der anderen Seite war die Radiothek nie so richtig das Identifikationsobjekt der jüngeren Generation. Der Verlust kann also nicht so groß gewesen sein."[1666]

„Aber: Es hatte die Folge, daß der WDR – dadurch, daß er mit einem Schlag seine Aktivitäten für junge Leute eingestellt hat – auch den Kontakt zum jungen Publikum verloren hat", gibt Schmitz zu bedenken. „Die haben uns irgendwann nicht mal mehr *zugetraut*, daß wir junges Programm machen können."[1667]
Und so wäre es 1980 sinnvoll gewesen, die Radiothek noch für eine Weile auf dem angestammten Sendeplatz zu belassen, sie weiterhin – der Wiederauffindbarkeit zuliebe unter dem bekannten Titel – als Jugendsendung anzulegen, massenattraktive Elemente wie die *Discothek im WDR* unter dem Dach der Radiothek weiterzuführen, die Wortstrecken jedoch zu reformieren: etwa in ihrer Dramaturgie und vor allem in der parteilichen Herangehensweise an die Themen sowie in vielen Details – beispielsweise was den von Wolfgang Schmitz als „Predigen" umschriebenen Akzent mancher Moderation betraf. Unmut in der Presse und unter manchen Anhängern der Sendung über die Beibehaltung des Namens „Radiothek" hätte sich vermutlich bald gelegt.

[1662] Interview mit Helga Kirchner im August 2004. – Im Rundfunkrat war schon am 25.11.1980 mit Blick auf *Thema heute* von einer „Scheinlösung" die Rede gewesen, da die Sendung von Radiothek-Redakteuren verantwortet werde, vgl. das Sitzungsprotokoll, AdRR. Zum Echo auf die Sendung vgl. Wirtschaftliche Gesellschaft für Westfalen und Lippe (Hg.), Die Macht am Rhein. Eine Analyse von Hörfunksendungen des WDR, o. O. 1983, S. 5.
[1663] Interview mit Michael Schmid-Ospach im April 2007.
[1664] Interview mit Helga Kirchner im August 2004.
[1665] Interview mit Wolfgang Schmitz im Juli 2003.
[1666] Interview mit Josef Eckhardt im Juni 2007.
[1667] Interview mit Wolfgang Schmitz im Juli 2003.

Peter Rinsche kann die Kritik Kirchners und Schmitz' am ersatzlosen Wegfall der Radiothek nachvollziehen.

> „Und ich würde auch meinen, daß man da vom WDR aus eine Chance verspielt hat. Nämlich eine Chance, in einer immer komplexer werdenden Welt wenigstens Erklärungen zu liefern für Verhaltensmuster, die der eine oder andere an den Tag legt! [...] Diese Problematik einem zu erläutern, das wär' doch ideal gewesen bei dieser Sendung! [...] Dem Heranwachsenden eine Hilfe zu geben, die Welt, wie sie wirklich ist, zu verstehen. Das hat man aufgegeben, um eine Ideologie, die man selber für die richtige hielt, mit allen Mitteln durchzupeitschen. Und das war eben Radio *DDR*!"

Diese Chance sei also nicht mit der Programmreform 1981 verspielt worden, sondern bereits in den Jahren 1974 bis 1980.[1668] Josef Eckhardt freilich hegt gegenüber dem Konzept eines abendlichen Fensters für junge Hörer grundsätzliche Bedenken.

> „Die einzige Lösung wäre damals gewesen, wie es später kam: ein ganztägiges Programm für die Zielgruppe zu gestalten. Radiothek, gedreht und gewendet, war nicht auf Dauer lebensfähig. Nicht allein aus inhaltlichen Gründen, sondern allein durch die Tatsache, daß man eine so wichtige Zielgruppe wie die jungen Menschen zwischen 14 und 29 nicht mit einer Sendung am Abend allein befriedigen kann. Egal wie diese Sendung ausgesehen hätte."[1669]

Die Frage drängt sich freilich auf, ob 1980/81 ein Jugend-Vollprogramm oder auch nur eine neue Jugendsendereihe im WDR-Hörfunk – und sei es unter einem neuen Titel – politisch überhaupt durchsetzbar gewesen wäre – vom Problem der knappen UKW-Frequenzen im Falle eines Vollprogramms ganz zu schweigen. „Die Zeit für jugendlich orientierte Programme war noch nicht reif!" erinnert Uwe Rosenbaum. „Die Jugendwellen kamen erst zehn Jahre später!"[1670] Heinrich Windelen geht davon aus, daß einer reformierten, neutraleren Jugendsendung Widerstand von links entgegengeschlagen wäre: „Mindestens die Gruppe, die die Radiothek für gut hielt – die hätte sich dann wahrscheinlich mit Schaudern abgewendet [mit der Begründung]: ‚Zähne gezogen!'"[1671] Hans Janke teilt diese Bedenken.[1672] Klaus Klenke sieht eine andere Gefahr: „Ich bin davon überzeugt, daß alle gerufen hätten, die damals das Sagen hatten im Lande, die in den Gremien saßen: ‚Das ist alter Wein in neuen Schläuchen, das machen wir so nicht!'"[1673] Peter Rinsche hingegen zeigt sich überzeugt, daß der Programmbeirat Pläne zu einer neutraleren Jugendsendung im Sendeformat der Radiothek ab 1981 unterstützt hätte: „Ich kann das nicht wissen, klar, aber aus der gesamten Einschätzung der Situation würde ich sagen: Ganz sicher!"[1674] In Josef Eckhardts Augen wäre das Projekt einer neuen Jugendsendung zwar denkbar gewesen. „Aber ich glaube, keiner hat Lust dazu gehabt. Der Ärger war nun einmal sehr groß gewesen; und als die Sendung eingestellt wurde, wird zumindest Jenke froh gewesen sein, daß dieser Ärger für ihn nun vorbei war."[1675]

Daß er die Einstellung der Radiothek in der Tat nicht zuletzt auf den politischen Druck der Union zurückführte, verdeutlichte 1980 Kurt Biedenkopf, Präsidiumsmitglied der nordrhein-westfälischen CDU: „Der Sender selbst hat das getan. Aber der Sender hat natürlich

---

[1668] Interview mit Peter Rinsche im Februar 2008; direkte Zitate dort entnommen.
[1669] Interview mit Josef Eckhardt im Juni 2007.
[1670] Interview mit Uwe Rosenbaum im Januar 2008.
[1671] Interview mit Heinrich Windelen im April 2007.
[1672] Elektronische Post Jankes vom 18.2.2008.
[1673] Interview mit Klaus Klenke im Mai 2007.
[1674] Interview mit Peter Rinsche im Februar 2008.
[1675] Interview mit Josef Eckhardt im Juni 2007.

nicht im luftleeren Raum gehandelt, sondern weil ein Handlungsdruck entstanden war; weil viele unzufrieden waren mit der Handhabung eines Sendemonopols in Nordrhein-Westfalen."[1676] Wolfgang Schmitz verweist denn auch auf einen besonderen Aspekt der Programmreform von 1981:

> „Daß die Radiothek eingestellt wurde, war eine rein machtpolitische Frage, auch eine taktische Frage. Der WDR stand in der damaligen Zeit stark unter Druck. Insbesondere der damalige Hörfunkdirektor stand, so haben wir das damals wahrgenommen, unter Druck seitens des damaligen Intendanten von Sell und der Politik. Zu akzeptieren, daß man eben auch einen gewissen Opportunismus an den Tag legen muß, um sich an anderer Stelle vielleicht Spielräume zu verschaffen, das nennt man wohl Realpolitik. Aber der Grund lag nicht in einem mangelnden Erfolg der Sendung. Das Format stimmte im großen und ganzen; wir waren ja auch immer dran und haben neu geschraubt und neu probiert."[1677]

Resümee der Zeitzeugen

Die Reichweite der Radiothek bei der Zielgruppe in ihrer Gesamtheit schätzen die Zeitzeugen heute unterschiedlich ein. Michael Schmid-Ospach zeigt sich zurückhaltend: Einer Fülle Jugendlicher sei die Sendung völlig gleichgültig gewesen.

> „Zu sagen, daß man damit wirklich *die* Jugend erreicht hat – das ist ein Stück wunderbarer Frontbegradigung für die eigene Geschichte. [...] Ich messe diesen Eindruck bei mir nicht nur an den [Einschalt-]Quoten, sondern auch an der Art, wie sich junge Leute und die Gruppen junger Leute – und zwar nicht der Bund der Katholischen Jugend – überhaupt für die Radiothek interessiert haben. Bei [der Fernsehreihe] *Rockpalast* war's auch so, daß man gesagt hat: Das ist die Sendung für die Jugend. Und dann sprachen Sie mit Jugendlichen, die kannten die überhaupt nicht. Das ist dann immer das Auseinanderklaffen zwischen Mythos und Wirklichkeit."[1678]

Friedrich Wilhelm von Sell vermutet allerdings, daß die Reihe zeitweise durchaus die Hälfte der Zielgruppe erreicht hat: „Insoweit war die Sendung erfolgreich."[1679]
Die Wortredakteure sind sich darüber klar, daß die von ihnen bestückten Teile der Radiothek in der Reichweite wahrscheinlich hinter den Musikstrecken zurückblieben. „In den Ankündigungen der Musikmoderatoren wurde das ja immer wieder deutlich, daß das zwei verschiedene Sachen waren, das hat sicher auch das Publikum gespalten"[1680], befindet Helga Kirchner. „Also, was wir wohl wußten: Es gab Jugendliche, die an dem gemeinsamen elterlichen Fernsehempfang abends nicht mehr teilnahmen", erinnert sich Dietrich Backmann. „Daß *die* uns zwei Stunden durchgehört haben, das glaube ich!"[1681] Mit der Ausbreitung von Zweitfernsehern mußte dieses Hörerpotential freilich schrumpfen. 1974 allerdings konnte die *Recklinghäuser Zeitung* mit Blick auf die Radiothek noch konstatieren: „Eine tagtägliche Absage an das Fernsehen, die den dort Verantwortlichen zu denken geben sollte."[1682]

[1676] Zit. nach Peter Christian Hall, „...vielleicht ein unlösbares Problem". Ein Interview mit Kurt Biedenkopf, in: *Medium* 10 (1980), H. 5, S. 15-23, hier: S. 15.
[1677] Interview mit Wolfgang Schmitz im Juli 2003.
[1678] Interview mit Michael Schmid-Ospach im April 2007. *Rockpalast* war eine Musiksendung des Westdeutschen Fernsehens.
[1679] Interview mit Friedrich-Wilhelm von Sell im August 2005.
[1680] Interview mit Helga Kirchner im August 2004.
[1681] Interview mit Dietrich Backmann im Juli 2004.
[1682] N.N., Kontrastprogramm für junge Leute. „Radiothek" lockt Jugendliche zwischen 14 und 25 auf die Ätherwellen/Informationen mit Musik, in: *Recklinghäuser Zeitung* 213 vom 14./15.9.74

Klaus Klenke nennt die Radiothek aus heutiger Sicht „eine Super-Musiksendestrecke mit interessanten Themen". Er ist überzeugt, daß die Anziehungskraft der Sendung nicht so sehr in ihren Wortbeiträgen gelegen habe:

> „Wissen Sie, was ich glaube? Ich glaube, die Leute haben eingeschaltet, weil es 'ne tolle Musik gab! Ich glaube, die haben eingeschaltet, weil Mal Sondock seine Sprüche gebracht hat – ‚Hit oder Niete' und so was. Ich glaube, die fanden das gut, was Dave Colman gemacht hat. Wir wissen heute, daß Musik ein Einschaltfaktor ist – und da gab es doch zuvor weit und breit nichts für junge Leute! Und plötzlich gab es [neue] Musikfarben! Colman hatte eine andere als Sondock, am Samstag war was anderes als Trenkler und so weiter – das, was ich mit Format meine, das war plötzlich da!"

Anders sieht es Josef Eckhardt. Er geht davon aus, daß die Mehrzahl der Stammhörer die Radiothek gerade der Wortbeiträge wegen eingeschaltet habe:

> „Die haben diese Musik eher aufgefaßt als Beigabe der Wortbeiträge [...]. Das ist ziemlich sicher, obwohl dafür keine Untersuchungsergebnisse vorliegen. Aber es kann auch gar nicht anders gewesen sein, denn wenn man die Musik, die dort geboten wurde, in voller Ausbreitung haben wollte, dann gab es bessere Möglichkeiten, als dieses Programm zu hören. [...] Das ist meine Vermutung, aber es spricht vieles dafür."[1683]

Hinsichtlich der tatsächlichen Wirkung der Wortbeiträge schränkt Klenke wiederum ein:

> „Ob wir *wirklich* das geschafft haben, was unser inhaltlicher und politischer Impetus war – nämlich junge Menschen zu erreichen, sie problemorientiert zu machen...? [...] Ich glaube, daß die meisten Jugendlichen, die uns zugehört haben, *nicht* sofort, nachdem ich das Mikrofon geschlossen habe, nach Haus gegangen sind und mit ihren Eltern über ihre Probleme gesprochen haben! Sondern ich glaube, die haben am nächsten Dienstag wieder Dave Colman gehört. Also – ich will das gar nicht niedermachen! Ich glaube nur, daß der Anspruch, den wir damals hatten, und das, was wirklich bei den Menschen passierte – von dem wir heute mehr wissen, das Rezeptionsverhalten – auseinanderklafften."

„Was wir da bewegt und ausgerichtet haben – keine Ahnung", bestätigt Dietrich Backmann. Er sieht heute einen Kardinalfehler im Grundkonzept der Sendung: „Dieses Ding war für meine Begriffe – und wir haben das schon begriffen bei der täglichen Umsetzung – ein Wechselbalg. Es ging eigentlich nicht, ‚schwere' Inhalte in eine leichte Musik zu packen."[1684] Friedrich-Wilhelm von Sell deutet insofern Zustimmung an.[1685] Josef Eckhardt hingegen wiegt den Kopf:

> „Im Prinzip haben sie zwar recht. Ich frage mich allerdings, ob dieses Nebeneinander wirklich so problembeladen war. Denn so tiefgehend war die Radiothek wiederum auch nicht, wie die Macher sich erinnern; es waren Problemstellungen, die sonst im Radio nicht behandelt wurden, aber so sehr tiefgehend fand ich das alles nicht."[1686]

Manfred Jenke wiederum bezeichnet den „ästhetische[n] Unterschied zwischen einer mehr oder weniger perfekt produzierten Popmusik und einer mehr oder weniger improvisierten, spontanen Aussage von Betroffenen" in den O-Tönen als ein zentrales Problem:

[1683] Interview mit Josef Eckhardt im Juni 2007.
[1684] Interview mit Dietrich Backmann im Juli 2004.
[1685] Interview mit Friedrich-Wilhelm von Sell im August 2005.
[1686] Interview mit Josef Eckhardt im Juni 2007.

> „Mit einer sehr gewagten Formulierung: Ein unaufgelöster Problemgehalt paßt nicht zu Popmusik. Sondern prägnante Antworten passen zu Popmusik. Hilflose Fragen, hilflose Seufzer passen nicht zu Popmusik. Sondern witzige und originelle Aussagen passen. Der Betroffenheitston der Radiothek – der paßte nicht zur Popmusik. Wenn einer sich beklagt, kann ich nicht hinterher einen Popsong spielen."[1687]

„Da hat er sicherlich recht", pflichtet Roger Handt dem einstigen Hörfunkdirektor bei:

> „Das Leben wurde in dieser Sendung vom Wortanteil relativ negativ beschrieben, und relativ problembeladen, und die Musik ist ja eigentlich nicht so problembeladen. Also, *ich* hatte immer das Gefühl, daß man doch relativ runtergezogen wird durch: ‚Da gibt's Probleme, da gibt's Probleme, da gibt's Probleme'."[1688]

Auch Klaus Klenke teilt einerseits Jenkes Bedenken: „Das stimmt!" Andererseits argumentiert er nach kurzem Nachdenken aus der Perspektive der Wortredakteure:

> „Mein Bauch sagt mir – nicht nur mein Bauch, sondern auch bestimmte Erfahrungen später bei *Radio NRW*: Wenn Du die Dinge voneinander trennst [also das Wort von der Musik, M. K.], dann kriegst Du zwar Deine Klientel – aber Du kriegst eine bestimmte andere Klientel *nicht*! Man kann über Mal Sondock sagen, was man will – ‚ein Besessener, ein Verrückter'. Aber: Der hat Menschen an den WDR gebunden [...], die auch an anderen Tagen Radiothek gehört haben! Jetzt kann man darüber lange philosophieren. [...] Ich weiß nur, daß, wenn ich heute Menschen treffe, die 60 Jahre alt sind, daß die sagen: ‚Mensch, der Mal Sondock, da kann ich mich noch dran erinnern!' Und das sind ja keine Doofköppe, die das sagen! Und die sagen auch: Ja, ich hab Radiothek gehört, das war irgendwie auch ganz interessant. [...] Ein bißchen so wie die Zaun-Hörer des Schulfunks."

So habe er das Konzept der Wort/Musik-Sendung in den siebziger Jahren vollauf bejaht, setzt Klenke hinzu. „Immerhin war es sensationell, es war damals neu! Also, man mag davon halten, was man will, aber es hat als Format einen Trend gesetzt."[1689] Schon Hörfunkdirektor Fritz Brühl hatte 1973 gefordert, „daß das Unterhaltsame seinen Platz im Programm haben müsse, wenn man das Schwergewichtige an Hörer und Hörerin bringen wolle"[1690].

Unterschiedliche Meinungen vertreten die Beteiligten hinsichtlich der Konzeption einer Sendung, die Partei ergriff. „Es war ja einfach ein linkes Austoben"[1691], befindet Programmbeiratsmitglied Peter Rinsche. „Man hätte vielleicht ein bißchen mehr Service-Themen rausgreifen sollen", gibt Roger Handt zu bedenken, „als nur immer auf die Allgemeinheit und auf die Gesellschaft einzuschlagen, was ja sehr oft passiert ist."[1692] „Die waren klassische Achtundsechziger", urteilt Walter Bajohr aufgrund seiner Zusammenarbeit mit den Radiothek-Redakteuren im Frühsommer 1976.

> „Ich hab über vieles, was ich aufgespießt hatte und dann in der Sendung dokumentieren konnte, mit ihnen im Zusammenhang mit der Aufnahme der Sendung diskutiert; und da merkt man dann sehr schnell, wo Flexibilität da ist, in dem Sinne, daß man auch 'ne andere Meinung gern gelten läßt und auch bereit ist, über die wenigstens mal nachzudenken – und das war bei *denen* [...] nicht der Fall. [...] Ich glaube nicht, daß die Redaktion insgesamt eine feste einheitliche

---

[1687] Interview mit Manfred Jenke im August 2005.
[1688] Interview mit Roger Handt im Februar 2008.
[1689] Interview mit Klaus Klenke im Mai 2007.
[1690] Brühl a.a.O., S. 434.
[1691] Interview mit Peter Rinsche im Februar 2008.
[1692] Interview mit Roger Handt im Februar 2008.

politische Positionierung in diesem linken Spektrum hatte. Da hat jeder bestimmt seine eigene Position gehabt; aber sie waren – wenn ich sie insgesamt zuordne – eher an der Grenze, die dann zum marxistischen Umfeld hinging. Da gab's so eine Grauzone, die sich zwischen gewerkschaftlicher Linker, DKP und linkem SPD-Flügel bewegte – in diesem Umfeld war sie insgesamt wohl am ehesten zu finden."[1693]

„Ich hab die Vorgabe bekommen, eine Zielgruppensendung zu machen, und ich fand die Vorgabe gut", bezeugte Ulrich Lux – dem im übrigen daran lag, sich „nicht bieten lassen zu müssen, daß 'ne Arbeit, die ich gut gemacht habe, auf einmal als Volksverhetzung dargestellt wird!"[1694] Helga Kirchner hält die Möglichkeit, einzelne Sendungen vorzusehen, in denen „klar Stellung bezogen" werde, nach wie vor für sinnvoll. „Nicht als durchgehendes Prinzip, aber [...] ich denke [an] die Chance, die darin steckt – zur Selbsterkenntnis und Welterkenntnis."[1695] Ulrich Teiner geht darüber hinaus:

> „Eine Zielgruppensendung ist eine Sendung, die in meinen Augen bis heute parteiisch ist und von ihrem Programm her sein *will*! [...] Wenn Sie eine Seniorensendung als Zielgruppensendung machen, wundert sich niemand darüber, wenn sich die Sendung für die Senioren einsetzt. Und wenn Sie eine Verbrauchersendung machen, daß sie sich für die Verbraucher und nicht für die Hersteller einsetzt! [...] Nur bei Jugendsendungen, da muß man sich dafür rechtfertigen. Das hab ich damals schon beklagt, das kann ich heute eigentlich nur wiederholen: Ich sehe dazu keinen Anlaß! Ich weiß auch nicht, warum man da mit verschiedenen Maßstäben messen sollte!"

Von einem parteilichen Journalismus etwa sozialistischer Prägung – mit dem Jens Feddersen die Radiothek verglich –, grenzt sich Teiner dabei scharf ab:

> „Der entscheidende Unterschied ist, daß die Zielgruppensendung im Prinzip natürlich einen Sachverhalt offen darstellen muß! Es muß jemandem möglich sein, nach Hören einer Sendung zu diesem oder auch zu einem anderen Schluß zu kommen. Eine Zielgruppensendung im Sinne einer Jugendsendung sollte aber gleichzeitig erkennen lassen: Wir, diese Redaktion, betrachten das alles aus Eurer Perspektive und möchten auch, daß Ihr Eure Interessen [sic] und Rechte durchsetzen könnt gegenüber anderen, die stärker sind als Ihr."[1696]

Von den besagten Verbrauchersendungen allerdings unterschieden sich die meisten umstrittenen Radiothek-Beiträge thematisch darin, daß sie nicht etwa auf objektiv meßbare Mängel oder Mißstände hinwiesen, sondern Konfliktfelder beschrieben, auf denen häufig – zum Nachteil der Zielgruppe – ungleiche Kräfteverhältnisse herrschten. Es ging also darum, einen gerechten Interessenausgleich zu ermöglichen. Bei einigen Beiträgen drängt sich die Frage auf, ob eine etwas breitere Darstellung der Position, die derjenigen der Zielgruppe widersprach, diesem Zweck der Sendung tatsächlich zuwidergelaufen wäre. Michael Schmid-Ospach wiederum lehnt Teiners Position entschieden ab: „Eine parteiliche Zielgruppensendung, muß ich sagen, gehört eigentlich nicht in den öffentlich-rechtlichen Rundfunk! Dann muß man eine solche Sendung ja auch von rechts dulden – da weiß ich nicht, ob Herr Teiner damit leben könnte." Schmid-Ospach erwartet von einem Qualitäts-Rundfunk, daß er mit seinen Sendungen auch „den jeweils Andersdenkenden" noch erreichen können müsse; und er distanziert sich einerseits von der Radiothek ebenso wie andererseits von dem vielfach als kompromißlos rechtskonservativ kritisierten *ZDF Magazin*. „Wenn, wie bei [Gerhard] Löwenthal, [...] die Hälfte einschaltet und die andere Hälfte so-

---

[1693] Interview mit Walter Bajohr im April 2008.
[1694] Interview mit Ulrich Lux im März 2006.
[1695] Interview mit Helga Kirchner im August 2004.
[1696] Interview mit Ulrich Teiner im Februar 2005.

fort abschaltet, dann ist das ja [...] Tendenzrundfunk. [...] Der WDR muß für unbefangen genug gehalten werden, daß die Katholische Jugend ebenso zuhört wie die sozialistischen *Falken*."[1697]

Peter Rinsche vermißt rückblickend insoweit konservative Stimmen in den Beiträgen der Radiothek:

> „Man kann doch in einer Jugendsendung auch 'nen alten Sack zu Wort kommen lassen! Das macht doch die Jugendsendung nicht kaputt! Man kann doch mit dem diskutieren und sagen: Wieso hast Du denn noch diese alten konservativen Ansichten? Und dem die Chance geben, zu sagen: Na hör mal, zwei und zwei war schon früher vier, ist aber heute tatsächlich immer noch vier."

Rinsche stört sich nicht so sehr an Sendungen, die er als „einzelne dicke Ausrutscher" empfand, „wo gelogen wurde, daß die Balken sich bogen", sondern vielmehr an der grundsätzlichen Ausrichtung der Reihe, wie sie in den meisten Sendungen unterschwellig spürbar gewesen sei:

> „Die gesamte Tendenz war eben so, daß man sagte: Das kann man nicht ertragen! Ich sag's mal drastisch: Es war keine Information – es war Indoktrination! [...] Wenn Sie stets ausblenden, daß Geld erst verdient werden muß, bevor man's sinnvoll sozial ausgeben kann, [...] dann kriegen Sie eine bestimmte *Sichtweise*. [...] Diese gesamte Sichtweise veränderte ja das Gefühl der Menschen – vor allem der Jugendlichen eben – für die Umgebung, in der sie lebten! Und die eigentliche Intention von Radiothek war ja: Wir erklären Euch, wie eure Umgebung ist; wie das funktioniert, was dahintersteht! Aber weder wissenschaftlich noch im weitesten Sinne kaufmännisch-wirtschaftlich wurde argumentiert. Und insofern war das kein Bild der Wirklichkeit. Sondern ein Zerrbild."[1698]

Der einstige Hörfunkdirektor wiederum überlegt, ob die Radiothek auch in anderer Hinsicht Anstoß erregt haben könnte:

> „Wenn man der Sache mal richtig auf den Grund geht, könnte sich herausstellen, daß das Lebensgefühl, das die Radiothek vermittelte, nicht nur ein kritisches war, sondern auch ein hilfloses. Vieles, was die Redakteure als Kritik und als kritische Aussage junger Leute über den Sender brachten, könnte von den Hörern als ungeformte Hilflosigkeit empfunden worden sein. Ich sage das jetzt mehr oder weniger hypothetisch. Aber ich glaube, man könnte das an Beispielen belegen, daß dadurch ein gewisser Widerwille bei dieser Vätergeneration ausgelöst wird."

Die Vermutung einer Aussage von „Hilflosigkeit" ist zumindest in einem Punkt nicht von der Hand zu weisen: Wenn nämlich die Radiothek Probleme schilderte und Lösungswege zu weisen versuchte, so baute sie auf den Glauben der Zielgruppe, Mißstände ließen sich beheben – ob durch individuelle Initiative oder auf andere Art. Sobald aber die Hörerschaft – wie zum Ende der siebziger Jahre hin – begann, an den Erfolgsaussichten derartigen Engagements zu zweifeln, mochte der Problemaufriß, der ihr in einem Radiothek-Beitrag vermittelt wurde, in der Tat vorwiegend Ratlosigkeit auslösen.

Die naheliegende Frage: Warum änderte man nicht den Kurs?

Ein Umsteuern der Redaktion allerdings wäre in der aufgeheizten Atmosphäre der Zeit sicherlich schwer denkbar gewesen. „Wir hätten uns aus Angst vor dem Tod umge-

---

[1697] Interview mit Michael Schmid-Ospach im April 2007.
[1698] Interview mit Peter Rinsche im Februar 2008.

bracht"[1699], begründet Klaus Klenke. „Solche Überlegungen hat es gegeben", erinnert sich Ulrich Teiner zwar. Aber:

> „Das ging aus zweierlei Gründen nicht: Wir konnten das nicht – und wir wollten das auch nicht! Sie machen sich doch völlig unglaubwürdig, wenn Sie sieben Jahre lang eine Sendung mit einem bestimmten Konzept vertreten, wo Sie ganz erklärtermaßen, auch mit dem Segen des Hauses, parteilich agieren – [...] und das dann von heute auf morgen aufgeben! Sie machen sich vor sich selbst unglaubwürdig, aber nach außen hin auch. [...] Das wäre für mich – ich glaube, die anderen haben das genauso empfunden – mental unzumutbar gewesen. Das hätte ja im Grunde bedeutet: Sie müssen von Ihren Vorstellungen Abschied nehmen. Sie müssen nachträglich sagen: Sieben Jahre lang haben wir nur Mist gemacht, jetzt müssen wir was anderes machen. Ich übertreibe jetzt auch ein bißchen [...] – aber irgendwo hätte ich das so empfunden."[1700]

Auch den Hinweis auf den Einfluß einer womöglich politisch mächtigen Gegnerschaft mit Jens Feddersen an der Spitze – der ein zumindest taktierend moderates Verhalten den Wind aus den Segeln hätte nehmen können – läßt der einstige Wortredaktionsleiter nicht gelten:

> „Wenn ich *danach* mein Programm ausrichten soll, daß ein Kritiker, obwohl er nicht recht hat, Einfluß auf die Gestaltung meiner Sendung nehmen kann, dann sollte ich doch vielleicht den öffentlich-rechtlichen Rundfunk *gleich* einstellen. [...] Es gibt bestimmte öffentlich-rechtliche Prinzipien, denen hab ich mich immer verpflichtet gefühlt, denen fühle ich mich bis heute verpflichtet, bedaure manchmal, daß sie nicht mehr *die* Rolle spielen im öffentlich-rechtlichen Rundfunk – und vor allen Dingen im Fernsehen –, die sie eigentlich spielen sollten nach meiner Überzeugung. [...] Da können Sie nicht abwägen! Wir haben nämlich einen Auftrag, der steht im Gesetz. Man kann nicht ein bißchen schwanger sein und nicht ein bißchen öffentlich-rechtlich. Das geht eben nicht!"

„Diese Sendung zu entschärfen – da hätten wir uns kastriert gefühlt!" pflichtet Dietrich Backmann bei. „Das entsprach auch nicht dem Auftrag! Und wir hatten einen Auftrag – wir haben den besten Wissens und Gewissens erfüllt. [...] Vielleicht waren wir [...] etwas zu blauäugig – bestimmt waren wir sehr naiv – aber wir *hatten* diesen Auftrag!"[1701] Friedrich-Wilhelm von Sell sieht letzteres ähnlich; aus seiner Sicht geht die nachträgliche Überlegung, man hätte die Reihe moderater gestalten können, an der „Programmwirklichkeit" vorbei: „Die Radiothek war ein wirklich in der Achtundsechziger-Zeit gezeugtes Kind. Und aus diesem Credo entwickelte sich dann diese Vorstellung, Radio zu machen. [...] Man konnte es nur *so* machen oder lassen!"[1702]
Ob der Auftrag freilich auch die im Nachhinein am vehementesten angefeindeten Inhalte der Beiträge *forderte*, muß dahinstehen. „Es gab auch anderes!" erinnert Walter Bajohr mit Blick auf eine Reihe Sendungen. „Wenn die Radiothek-Redaktion das konsequenter gemacht hätte, wär' das alles gar kein Problem geworden; aber da sie's nicht getan *hat* – *wurde* es zum Problem."[1703] Nicht von der Hand zu weisen ist der zeitgenössische Einwand, daß einer Zielgruppensendung für Jugendliche daran gelegen sein müsse, unter Angehörigen der Erwachsenengeneration für die Verwirklichung der Rechte Jugendlicher zu werben – und daß sie dabei auf maßvoll konziliante Weise eher zum Ziel kommen könne, als wenn sie radikal Partei ergreife. Uwe Rosenbaum freilich erinnert an das Lebensgefühl der Epoche: „Die Radiothek wollte die Leute immer noch überfallen! Die hatten immer

---

[1699] Zur Verfügung gestellte Notiz Klenkes für das Interview im Mai 2007.
[1700] Interview mit Ulrich Teiner im Februar 2005.
[1701] Interview mit Dietrich Backmann im Juli 2004.
[1702] Interview mit Friedrich-Wilhelm von Sell im August 2005.
[1703] Interview mit Walter Bajohr im April 2008.

noch so diesen Wunsch nach Schock! Das lag halt in der Zeit! Das war die Zeit der Happenings, das darf man überhaupt nicht vergessen!"[1704]

Rosenbaums einstiger Vorgesetzter Manfred Jenke stellt allerdings klar, seine Entscheidung gegen die Jugendreihe wäre auch bei einer eventuellen Kursänderung der Redaktion gefallen: „Da ich ja im Prinzip sowieso dagegen war, um diese Zeit eine solche Sendung zu machen, wäre das bei mir so oder so wirkungslos gewesen."[1705] Michael Schmid-Ospach seinerseits umreißt die begrenzten Handlungsspielräume in der zweiten Hälfte der siebziger Jahre:

> „Wenn sie umgewandelt hätten, neugegründet, wär's Verrat gewesen. Wenn sie Spitzen gekappt hätten, wäre es Kastration gewesen. Da *konnte* man nur noch nur was Falsches tun. Aber vielleicht hätte man an einem anderen Ort des Programms dezidiert was anderes gründen müssen. Und vielleicht war auch der Zeitpunkt verpaßt, die Macher der Radiothek vor ihrem eigentlichen Märtyrertum zu bewahren."

Schmid-Ospach bescheinigt der Radiothek-Redaktion in dieser Hinsicht „auch ein Stück Todessehnsucht": „Der Veränderungswille in der Radiothek – nicht um sich anzupassen, sondern um sich unangreifbarer zu machen – war, glaube ich, nicht sehr stark entwickelt."[1706] Für diese Beobachtung spricht neben der Gestalt der Sendungen an sich auch das Protokoll der Redaktionskonferenz vom 16. Februar 1977, die offenbar unter dem Eindruck der Debatte um die Sendung stattfand – an diesem Tag nämlich legten die Redakteure fest: „Allgemeiner Konsens, Programm gestalten wie bisher (d. h. keine Alibisendungen)."[1707]

Man muß der Redaktion und ihren Mitarbeitern attestieren, daß sie sich in mindestens zwei Fällen taktisch unklug verhalten haben: indem sie am 19. Februar 1979 auf eine unnötig provokante Weise die problematischen Folgen des Radikalenerlasses behandelten – und indem sie am 6. Dezember desselben Jahres ungenügend kommentiert Werner Waldhoffs *Amoklauf* präsentierten. Freilich hatte die Sendereihe zu dieser Zeit bereits so viele Feinde, daß ihr Fortbestehen über das Jahresende 1980 hinaus sicherlich auch ohne diese beiden Beiträge zur Disposition gestanden hätte. Doch es drängt sich die Frage auf, inwieweit über Jahre hinweg durch wiederholte zu kompromißlose Detailkritik in den Sendungen die Chance vertan wurde, ein an sich attraktives Wort/Musik-Sendeformat längerfristig im WDR-Hörfunkprogramm – und damit auch im Bewußtsein der jungen Hörer – zu verankern.

„Warum ist die Sendereihe nicht mit ihren vielen, vielen gelungenen Beiträgen identifiziert worden?" fragte rhetorisch einer der engagierten Fürsprecher, der Publizist Hans Janke. Er zog 1980 ein ambivalentes Fazit und suchte nach Erklärungen:

> „Jawohl, da hat es Pannen gegeben, symptomatische Pannen, wie die ‚Radiothek'-Redakteure selbstkritisch einräumen. Pannen indessen, die nicht zu entschuldigen (!), aber zu erklären sind: Da saß eine auch schon angejahrte Redaktion zuweilen in schlechter Routine fest, da wurde viel zu viel Programm produziert, jedenfalls mehr, als sieben Leute mit oft sehr jungen, häufig wechselnden Mitarbeitern wirklich gut machen konnten (für mich der schwerste Fehler), da blieb eine Redaktion alles in allem doch reichlich solo (zuerst fünf Jahre in direkter

---

[1704] Interview mit Uwe Rosenbaum im Januar 2008.
[1705] Interview mit Manfred Jenke im August 2005.
[1706] Interview mit Michael Schmid-Ospach im April 2007.
[1707] WDR Hist. Arch. 10444.

Obhut der Direktion, dann recht und schlecht in der Programmgruppe ‚Familie und Gesellschaft' hierarchisch lokalisiert), und da hatten Redakteure/Moderatoren, akademische Mittelschichtangehörige, jenen Drahtseilakt zu vollziehen, mit einer und für eine soziale Gruppe Programm zu machen, von der sie in allem zunächst getrennt sind."[1708]

In der Tat hätte Janke durchaus auf eine Reihe Hörerbriefe verweisen können, in denen der Redaktion vorgeworfen wurde, ihren Stoff in unnötig schwerverständlicher Weise zu verarbeiten.[1709] Der Untersuchung *Hörfunk und jüngere Generation* zufolge hatte aber die große Mehrheit der Zielgruppe mit der Verständlichkeit der Beiträge keinerlei Probleme.[1710] Aus heutiger Sicht überlegt Janke:

„Ihre [der Radiothek] Stärke lag in der Direktheit, dem geradezu physischen Dabeisein, der Parteilichkeit – ihre Schwäche in alldem aber womöglich auch: So klar, wie es der Sendung schien, waren die Verhältnisse nicht. Der journalistische Blick hätte etwas Abstand verlangt und vertragen. Vielleicht."[1711]

So spricht vieles für den Befund Helga Kirchners, der in eine ähnliche Richtung weist:

„Was wir, glaube ich, nicht genügend bedacht haben: Ob es nicht vielleicht Methoden gibt, die angemessen sind und die Glaubwürdigkeit nicht aufs Spiel setzen, die trotzdem das Vielperspektivische [...] [ins Spiel bringen und zeigen,] daß dies auch für die intelligente Wahrnehmung der Welt, in der man lebt, ein ganz großer Vorteil ist. Das ist, glaube ich, was ich auch als meine eigene Lektion aus dieser Radiothek-Zeit besonders nennen möchte: daß wir uns darum nicht genügend bemüht haben. Weil wir selber auch dieser Art von Denken [aus nur einer Perspektive] noch verhaftet gewesen sind. [...] Nicht daß die Grundregel des klassischen Journalismus *Et audiatur altera pars* nicht präsent gewesen wäre – wir hatten unser Handwerk ja gelernt. Und da, wo es um Tatsachenbehauptungen und Vorwürfe ging, haben wir natürlich die Überprüfung vorgenommen, und es ist davon auch die Rede gewesen. Aber ich glaube, daß wir in der Hinsicht vielleicht noch mehr Phantasie hätten entwickeln können, ohne daß das dem Programm damit immer geschadet hätte."[1712]

„Ich würde vermuten, daß das eine gute Kennzeichnung ist"[1713], nickt Friedrich-Wilhelm von Sell. Für eine Weiterführung der Reihe über 1980 hinaus hätte dieser Ansatz in der Tat Erfolg versprochen.

*

Entsprechend dem tatsächlichen Status der Radiothek – die bei allen Besonderheiten durchaus Merkmale einer konventionellen Informationssendung aufwies – sieht zumindest ein Teil der Redakteure diese Phase des Berufslebens heute gelassen. Dietrich Backmann zuckt die Achseln:

„Es ist natürlich schön, an einer Sendung zu arbeiten, die Erfolg hat, die ankommt. Die Stellenwert hat. Gut, Radiothek war möglicherweise in der damaligen Zeit eine Sendung mit besonderem Status. [...] Ja – es war eine tolle Zeit! Aber ich meine, was soll mir das heute noch sagen? Ich gehe [schließlich nicht] durch die Straßen und sage: ‚Ich habe an einer Kultsendung mitgearbeitet! Hab ich nicht an einer Kultsendung mitgearbeitet? Kann ich das bitte auf mei-

---

[1708] Janke, Mehr Respekt für die Arbeit der anderen!, a.a.O.
[1709] Vgl. dazu oben Abschnitt IV. 3. c).
[1710] Vgl. dazu oben Abschnitt IV. 2. b).
[1711] Elektronische Post Jankes vom 18.2.2008.
[1712] Interview mit Helga Kirchner im August 2004.
[1713] Interview mit Friedrich-Wilhelm von Sell im August 2005.

nem Grabstein haben?' [...] Oder wird man sagen, wenn demnächst meine Verabschiedung ansteht: Er hat bei Radiothek mitgearbeitet!? Ich glaub' nicht."[1714]

Helga Kirchner, die im Gegensatz zu Backmann ihre Redakteurinnenlaufbahn in der Radiothek begann, sammelte einige besondere Erfahrungen:

„Daß ich da [...] als junge Redakteurin was mit aufbauen konnte. Mit all dem Enthusiasmus, mit all der Energie – natürlich auch mit all den Irrtümern, mit all dem Scheitern. [...] Das ist eigentlich die große Chance für jeden Journalisten, bei einer Neugründung dabei zu sein! [...] Auf der Habenseite würde ich also ganz viel verbuchen – auch die intensiven Erfahrungen, die man in so einer kleinen Gruppe von Kollegen dann erlebt, wenn man von außen so bedrängt wird; das ist auch menschlich sehr lehrreich. Und ich hab in der Zeit alles, was man im Radio handwerklich erproben kann, auch selber erproben können. Thematisch die größten Freiheiten – in der Gestaltung eben auch sehr viele – das ist einfach faszinierend."

„Man konnte sich voll entfalten!" bestätigt Tom Schroeder.

„Man konnte seine Vorschläge reinbringen, und es gab nicht diese Rundfunk-Bürokratie, diese Format-Wächter, diese ‚Einenger' – das ist für mich im übrigen kein Problem des Geschmacks, sondern der Courage. [...] Das Modell war offener – demokratischer – vielfältiger. Es war, sowohl was das Arbeitsklima, das menschliche Klima anbelangt, als auch die Themenauswahl, viel offener."[1715]

Die senderinternen Erfahrungen des Jahres 1980 allerdings hat Helga Kirchner als „unangenehm prägend" in Erinnerung:

„Das Empfinden, daß der Respekt versagt wurde – dieses Schmuddelkind-Etikett. Ich weiß nicht, wie es anderen gegangen ist – da hatte ich das Gefühl, daß mir was angeklebt wurde, was eigentlich ungerecht ist. Es hat auch eine Weile gedauert, bis ich mich davon habe freimachen können."[1716]

Manfred Jenke empfindet den Streit um die Sendung rückblickend in anderer Hinsicht als belastend:

„Für mich ist die Radiothek ein wunder Punkt, weil sie in meinem Lebenslauf den Punkt darstellt, wo ich – ich sage mal *angeblich* – Menschen ungerecht behandelt habe. Was ich nicht glaube – ich glaube, daß ich die [Redakteure] alle ganz gut behandelt habe. Die Erwartung in mich war, daß ich sie viel schlechter behandeln würde – was ich nicht gemacht habe. Ich hätte sanktionieren, strafen müssen – was ich nicht gemacht habe. Aus Überzeugung nicht. Weil ich gesagt habe: Ihr solltet diese Sendung so machen, Ihr habt diesen Auftrag bekommen. Nicht von mir! Sondern von der Reformkommission unter meinem Vorgänger. Ich werde mir das 'ne Weile ansehen, und dann werde ich das vielleicht korrigieren. Daß ich das zu spät korrigiert habe, das war der Fehler! [...] Insofern ist dieses ganze Unternehmen der klassische Fall einer durch verzögertes Handeln verschlimmerten Krise."

Den Reformkräften der Jahre 1972/73 bescheinigt Jenke, in ihrem Bemühen um die Konzeption einer Jugendschiene durchaus „das Beste gewollt" zu haben. „Es stellte sich aber im Lauf der nächsten paar Jahre raus, daß das, was daraus geworden war, – um es mal deutlich zu sagen – kontraproduktiv war! Nun konnte ich aber dafür nicht – und wollte es auch nicht – die Redaktion verantwortlich machen." Daß er im Gegenteil auch die Nach-

---

[1714] Interview mit Dietrich Backmann im Juli 2004.
[1715] Interview mit Tom Schroeder im September 2007.
[1716] Interview mit Helga Kirchner im August 2004.

folgesendung teilweise von vormaligen Radiothek-Mitarbeitern – Helga Kirchner und Ulrich Teiner – redigieren ließ, sei durchaus ein „Vertrauensbeweis" gewesen.

> „Was aber in der Intendanz nicht als Vertrauensbeweis, sondern als Schwäche gesehen wurde, nämlich: Jenke kann sich ja nicht durchsetzen gegenüber dieser Redaktion, und deswegen versucht er nun mit denselben Leuten was anderes! Und brockt *uns* diesen ganzen Ärger ein – die Abschaffung der Radiothek. Denn – das muß man ja auch sagen: die PR-Wirkung [...] war verheerend. Schlimmer als die Absetzung der Radiothek hätte es gar nicht kommen können."[1717]

Friedrich-Wilhelm von Sell betrachtet die Einstellung der Reihe denn auch bis heute als:

> „Eine Niederlage! Weil die Bemühung so nicht hätte beendet werden dürfen. Sondern es hätte die innere Freiheit bestehen müssen, über Alternativen oder Varianten nachzudenken. [...] Ich hab dann natürlich nach außen argumentiert: Man muß auch mal eine Sendung einstellen können, die hat sich überlebt usw., da geht die Welt nicht unter, und wir werden andere Sachen machen, die wichtig sind. Aber das waren auch strategisch-taktische Argumente [...]. Es war keine glatte Lösung! Gab's vielleicht aus der Vorgeschichte heraus auch nicht."[1718]

Die Debatte um die umstrittenste Jugendserie in der Geschichte des ARD-Hörfunks hinterläßt also ein ambivalentes Bild. Die Radiothek überzeugte einerseits durch zielgruppenorientierte, dabei aber vielfältige Themenwahl und oftmals anspruchsvolle Aufbereitung. Sie ließ zahlreiche Angehörige ihrer Zielgruppe im O-Ton zu Wort kommen und spiegelte damit die Partizipationsgedanken der Zeit. Sie wies andererseits manchen Mangel auf und erregte Kritik. Mitunter fiel diese Kritik differenziert und fundiert aus. In anderen Fällen zeugte sie von Voreingenommenheit, Intoleranz und Unverständnis ihrer Verfechter für die Gefühlslage und Lebenssicht der jungen Generation. In der Endphase dieser Debatte trat wiederum zutage, wie weit sich die Wahrnehmung vieler Radiothek-Anhänger von der Realität der Sendung entfernen konnte – und auch von deren tatsächlichen Wirkmöglichkeiten. Daß vielen rechten und linken Akteuren der gesellschaftlichen und politischen Dispute in der Bundesrepublik der siebziger Jahre noch ein gerüttelt Maß Streitkultur fehlte[1719], hat die Diskussion um die Sendung naturgemäß negativ beeinflußt. Viele Äußerungen in dieser Debatte muten aus Sicht des 21. Jahrhunderts überspitzt an. „Es ist ein Stück WDR-Rundfunkgeschichte"[1720], resümiert Friedrich-Wilhelm von Sell.

Drei Jahrzehnte später erscheint die Radiothek als eine Sendung, die verbreitete Befindlichkeiten Jugendlicher und junger Erwachsener in den siebziger Jahren spiegelte und dabei Themen aufgriff, die den Zeitgenossen auf den Nägeln brannten. Sie erscheint darüber hinaus als eine eigentümliche Reihe, die heute scheinbar Unvereinbares unter einem Dach zusammenfaßte – die Inhalte populärer Massenprogramme und anspruchsvoller Nischen für Radio-Liebhaber; als eine Sendung, die Information, Meinung, radiophone Experimente, Unterhaltung, Bildung und einige freche Elemente schlüssig auf einen Nenner gebracht – und dabei zeitweise große Popularität und Bekanntheit genossen hat.

[1717] Interview mit Manfred Jenke im August 2005.
[1718] Interview mit Friedrich-Wilhelm von Sell im August 2005.
[1719] Vgl. Martin und Silvia Greiffenhagen, Ein schwieriges Vaterland. Zur politischen Kultur im vereinigten Deutschland, München/Leipzig 1993, S. 114-116; ferner Beyme a.a.O., S. 84.
[1720] Interview mit Friedrich-Wilhelm von Sell im August 2005.

Anhang

Nachweis der auf Seite V wiedergegebenen Zitate

Die Kritik der Zeitschrift *Schallplatte* wurde zitiert nach dem Artikel: Rose des Jugendfunks dank gutem [sic] Programm: der WDR, in: *Schallplatte*, H. 9/1975, WDR Hist. Arch. 10450 (Kopie)

Albert J. wurde zitiert nach seinem Hörerbrief vom 29.11.1974 (richtig: 29.10.), WDR Hist. Arch. 10448.

Jens Feddersen wurde zitiert nach N.N., Trojanischer Teppich, in: *Der Spiegel* 41/1975 (6.10.1975), S. 196-197, hier: S. 197.

Rüdiger Becker wurde zitiert nach seinem Beitrag: Jugendfunk für die ganze Familie? Das Ende der „Radiothek": Abschied von einem Freiraum, in: KuR 31/1980 (23.4.1980).

Manfred Jenke wurde zitiert nach dem Mitschnitt des Interviews im August 2005.

Bildnachweis

Jungsozialisten NRW: 301 (erstmals veröffentlicht in: Jungsozialisten in der SPD (Hg.), WDR. Rotfunk – Totfunk. Dokumentation zur Radiothek, Düsseldorf o. J. [1980], S. 34)
Norddeutscher Rundfunk (Hans-Ernst Müller): 259
WAZ-Mediengruppe (Hennes Multhaup): 235
Westdeutscher Rundfunk: 23, 25, 47, 52, 169, 210, 249, 253, 284, 292, 323
Westdeutscher Rundfunk (Harald Kratzer): 326

© Springer Fachmedien Wiesbaden GmbH, ein Teil von Springer Nature 2010
M. Kuhlmann, *„Fünf nach sieben – Radiothek"*, Edition KWV,
https://doi.org/10.1007/978-3-658-24239-8

Abkürzungen

ACDP	Archiv für Christlich-Demokratische Politik der Konrad-Adenauer-Stiftung, St. Augustin
ADL	Archiv des Liberalismus der Friedrich-Naumann-Stiftung, Gummersbach
AdRR	Akten des WDR-Rundfunkrats
AFN	American Forces Network
APuZ	Aus Politik und Zeitgeschichte. Beilage zur Wochenzeitung *Das Parlament*
ARD	Arbeitsgemeinschaft der Rundfunkanstalten Deutschlands
BDKJ	Bund der Deutschen Katholischen Jugend
BFBS	British Forces Broadcasting Service
BR	Bayerischer Rundfunk
BVerfG	Bundesverfassungsgericht
BVerfGE	Entscheidungen des Bundesverfassungsgerichts, hg. von den Mitgliedern des Bundesverfassungsgerichts, Bd. 1 ff., Tübingen 1952 ff.
DJI	Deutsches Jugendinstitut
DJO	Deutsche Jugend des Ostens
DJU	Deutsche Journalisten-Union
DLF	Deutschlandfunk
EPD	Evangelischer Pressedienst
FAZ	Frankfurter Allgemeine Zeitung
FkKorr	Funk-Korrespondenz
FR	Frankfurter Rundschau
HA	Hauptabteilung
HR	Hessischer Rundfunk
IJF	Institut für Jugendforschung, München
JU	Junge Union
KStA	Kölner Stadtanzeiger
KuR	epd Kirche und Rundfunk
KZfSS	Kölner Zeitschrift für Soziologie und Sozialpsychologie
NDR	Norddeutscher Rundfunk
NWDR	Nordwestdeutscher Rundfunk
PB	Programmbereich
phonet.	Phonetisch
RAF	Rote Armee Fraktion
RB	Radio Bremen
RCDS	Ring Christlich Demokratischer Studenten
RFFU	Rundfunk-, Film- und Fernseh-Union
RIAS	Rundfunk im amerikanischen Sektor [West-Berlins]
RT	informelle, WDR-interne Abkürzung für Radiothek
RTL	Radio Tele Luxembourg
RTU	informelle, WDR-interne Abkürzung für Radiothek unterwegs
RuF	Rundfunk und Fernsehen
RuG	Mitteilungen des Studienkreises Rundfunk und Geschichte
SDR	Süddeutscher Rundfunk
SDS	Sozialistischer Deutscher Studentenbund
SFB	Sender Freies Berlin
SHB	Sozialistischer Hochschulbund
SR	Saarländischer Rundfunk
SWF	Südwestfunk
SWR	Südwestrundfunk
SZ	Süddeutsche Zeitung
unverz. Best.	unverzeichneter Bestand
VfZ	Vierteljahreshefte für Zeitgeschichte
WAZ	Westdeutsche Allgemeine Zeitung
WDR	Westdeutscher Rundfunk
WDRG	WDR-Gesetz
WDR Hist. Arch.	Historisches Archiv im Westdeutschen Rundfunk, Köln
ZVS	Zentralstelle für die Vergabe von Studienplätzen
W&M	Weiterbildung & Medien
ZDF	Zweites Deutsches Fernsehen

Ungedruckte Quellen

Bestand Radiothek im Historischen Archiv des WDR Köln:
Archiv.-Nr. 10443-10552

Weitere Akten und Vorgänge im Historischen Archiv des WDR:
D 1770
D 1787
D 2113
548
1402
1406
1423
7185, 7187, 7189
7517
7684
9978
10343
10553-10561
10873-10874
10928
11430-11431
13001

Unverzeichnete Bestände der Hörfunkdirektion sowie der Intendanten von Bismarck und von Sell

Tonträger aus dem Bestand des WDR-Schallarchivs

Literatur und zeitgenössische Texte
(Nicht aufgeführt sind zitierte Artikel aus der Tagespresse.)

Abelshauser, Werner, Deutsche Wirtschaftsgeschichte seit 1945, Bonn 2004 (Schriftenreihe der Bundeszentrale für politische Bildung 460)
Albrecht, Richard u. a., Anmerkungen zum Freizeit- und Leseverhalten von Jugendlichen. Ergebnisse der Medienforschung bei Schülern, in: *Media Perspektiven* 2/1977, S. 95-105
Albrecht, Willy, Der Sozialistische Deutsche Studentenbund (SDS). Vom parteikonformen Studentenverband zum Repräsentanten der Neuen Linken, Bonn 1994 (Forschungsinstitut der Friedrich-Ebert-Stiftung – Reihe Politik- und Gesellschaftsgeschichte 35)
Alemann, Ulrich v., Parteien und Medien, in: Gabriel, Oskar W. u. a. (Hg.), Parteiendemokratie in Deutschland, Bonn 1997 (Schriftenreihe der Bundeszentrale für politische Bildung 338), S. 478-494
- ders., Das Parteiensystem der Bundesrepublik Deutschland, Bonn 2001
Anweiler, Oskar u. a. (Hg.), Bildungspolitik in Deutschland, Bonn ²1992 (Schriftenreihe der Bundeszentrale für politische Bildung 311)
Ash, Timothy Garton, Rückblick auf die Entspannung, in: APuZ 14/1994, S. 3-10
Baacke, Dieter, „Jugend zwischen Anarchismus und Apathie?", in: Ilsemann, Wilhelm von (Hg.), Jugend zwischen Anpassung und Ausstieg. Ein Symposium mit Jugendlichen und Vertretern aus Wissenschaft, Wirtschaft, Politik und Verwaltung, Hamburg 1980, S. 105-130
Baars, Gerald, Immer für Überraschungen gut. Radio Eins Live vom WDR, in: *ARD-Jahrbuch* 1998, S. 69-74
Baas, Fritz, Problematik der Jugendmagazine: Für Junge oder von Jungen? Zum Beginn der neuen WDR-Reihe „Panoptikum", in: KuR 9/1968, S. 1-2
Backes, Uwe/Jesse, Eckhard, Politischer Extremismus in der Bundesrepublik Deutschland, Bonn ²1992 (Schriftenreihe der Bundeszentrale für politische Bildung 272)
Bade, Klaus J., Europa in Bewegung. Migration vom späten 18. Jahrhundert bis zur Gegenwart, München 2000
Ballusek, Lothar von, Zum Exodus Jugendlicher, in: APuZ 30/1979, S. 3-21
Bausch, Hans, Rundfunkpolitik nach 1945. Zweiter Teil: 1963-1980, München 1980 (Rundfunk in Deutschland 4)
Beck, Friedrich/Henning, Eckart (Hg.), Die archivalischen Quellen. Eine Einführung in ihre Benutzung, Weimar ²1994 (Veröffentlichungen des Brandenburgischen Landeshauptarchivs 29)
Bellon, Peter, „Radiothek" nun auch auf der Tagesordnung des WDR-Rundfunkrats, in: FkKorr 42/1975 (15.10.1975)
Bendikowski, Tilman, Mitarbeitervertretungen, in: Katz, Klaus u. a. (Hg.), Am Puls der Zeit. 50 Jahre WDR, Bd. 2: Der Sender: weltweit nah dran 1956-1985, Köln 2006, S. 337-343
Berg, Klaus, Klassischer Rundfunkauftrag und Gremienverantwortung, in: *Media Perspektiven* 12/1987, S. 737-744

Berg, Klaus/Kiefer, Marie-Luise, Massenkommunikation II. Eine Langzeitstudie zu Mediennutzung und Medienbewertung 1964-1980, Frankfurt (M.) 1982 (Schriftenreihe Media Perspektiven 2)

Bergsdorf, Wolfgang, Information und Kommunikation als Regierungsleistung, in: Stern, Klaus u. a. (Hg.), Rundfunk und Fernsehen – Informationsrecht, Informationspflicht und Informationsstil. Vortragsveranstaltung vom 15. und 16. Mai 1987, München 1987 (Schriftenreihe des Instituts für Rundfunkrecht an der Universität zu Köln 44), S. 5-14

Bernard, Birgit, Die „Gleichschaltung". Der „Reichssender Köln", in: Katz, Klaus u. a. (Hg.), Am Puls der Zeit. 50 Jahre WDR. Bd 1: Die Vorläufer 1924-1955, Köln 2006, S. 86-155

Bessler, Hansjörg, Hörer- und Zuschauerforschung, München 1980 (Rundfunk in Deutschland 5)

Beyme, Klaus von, Die politische Klasse im Parteienstaat, Frankfurt (M.) 1993

Bierbach, Wolf, Der neue WDR. Dokumente zur Nachkriegsgeschichte des Westdeutschen Rundfunks, Köln/Berlin [W.] 1978 (Annalen des Westdeutschen Rundfunks 3)

Bismarck, Klaus von, Aufbruch aus Pommern. Erinnerungen und Perspektiven, München/Zürich 1992

- ders., Die nationalen Aufgaben von Rundfunk und Fernsehen. Eine Vorlesung des ARD-Vorsitzenden vor Studenten des Instituts für Publizistik an der Universität Münster, gehalten am 9. Mai 1963, Köln 1963

- ders., Ein Rückblick auf zwölf Jahre Intendantentätigkeit, in: Först, Walter (Hg.), Aus Köln in die Welt. Beiträge zur Rundfunk-Geschichte, Köln/Berlin [W.] 1974 (Annalen des Westdeutschen Rundfunks 2), S. 577-593

- ders., Zukunftsperspektiven des Rundfunks. Einführung in das Thema der Tagung, in: Westdeutscher Rundfunk (Hg.), Rundfunk 70. Beiträge zur Zukunft des Mediums, Köln 1970, S. 7-19

Blanc, Klaus/Böhnisch, Lothar, Landjugend – zwischen Tradition und Modernisierung, in: Deutsches Jugendinstitut (Hg.), Immer diese Jugend! Ein zeitgeschichtliches Mosaik. 1945 bis heute, München 1985, S. 287-300

Blaukopf, Kurt, Senderfärbung und kulturelle Entwicklung, in: *Communications* 3/1977, S. 315-335

Blücher Viggo Graf/Schöppner, Klaus-Peter, Jugend in Europa. Ihre Eingliederung in die Welt der Erwachsenen. Siebente Untersuchung zur Situation der Jugend, anläßlich „75 Jahre Shell in Deutschland", durchgeführt vom EMNID-Institut für Meinungs- und Marktforschung, 3 Bde. o. O. 1977

Böck, Hanns Helmut, Zur Situation des Jugendprogramms im Deutschen Fernsehen, in: *Jugend, Film, Fernsehen* 1/1975, S. 8-13

Böhnisch, Lothar/Schefold, Werner, Jugendarbeit – Lernfeld mit wechselnden Bedeutungen, in: Deutsches Jugendinstitut (Hg.), Immer diese Jugend! Ein zeitgeschichtliches Mosaik. 1945 bis heute, München 1985, S. 337-348

Bösel, Friedrich, Grundzüge der Finanzgeschichte, in: Först, Walter (Hg.), Nach fünfundzwanzig Jahren. Beiträge zu Geschichte und Gegenwart des WDR, Köln 1980 (Annalen des Westdeutschen Rundfunks 4), S. 311-369

Bolle, Michael-Detlef/Grawert-May, Erik, Art. Arbeit, in: Langenbucher, Wolfgang R./Rytlewski, Ralf/Weyergraf, Bernd (Hg.), Handbuch zur deutsch-deutschen Wirklichkeit. Bundesrepublik Deutschland/Deutsche Demokratische Republik im Kulturvergleich, Stuttgart 1983, ND 1988, S. 39-45

Bonfadelli, Heinz, Jugend und Medien. Befunde zum Freizeitverhalten und zur Mediennutzung der 12- bis 29jährigen in der Bundesrepublik Deutschland (1), in: *Media Perspektiven* 1/1986, S. 1-21

Bothe, Matthias, Die Acht-Stunden-Ideologie, in: APuZ 33/1981, S. 34-40

Brand, Karl Werner/Büsser, Detlef/Rucht, Dieter, Aufbruch in eine andere Gesellschaft. Neue soziale Bewegungen in der Bundesrepublik, Frankfurt (M.) ²1984

Braun, Falk/Schäfer, Heiner/Schneider, Helmut, Jugendarbeitslosigkeit – Strukturdaten und Konsequenzen, in: Deutsches Jugendinstitut (Hg.), Immer diese Jugend! Ein zeitgeschichtliches Mosaik. 1945 bis heute, München 1985, S. 225-238

Brecht, Bertold, Schriften zur Literatur und Kunst 1920-1932, Bd. 1, Frankfurt (M.) 1967

Brinkmann, Diane/Röllecke, Renate, Christiane F. – Wir Kinder vom Bahnhof Zoo, in: Lauffer, Jürgen/Röllecke, Renate/Wiedemann, Dieter (Hg.), Jugendfilm spezial. Aufwachsen in getrennten Staaten. Deutsche Jugendfilme aus Ost und West – Empfehlungen und Hintergründe, Bielefeld 1995 (Schriften zur Medienpädagogik 17), S. 48-49

Brockmann, Andrea, Erinnerungsarbeit im Fernsehen. Das Beispiel des 17. Juni 1953, Köln u.a. 2006 (Beiträge zur Geschichtskultur 30)

Brühl, Fritz, Funkhaus Wallrafplatz. Der Hörfunk zwischen Gefährdung und Renaissance, in: Först, Walter (Hg.), Aus Köln in die Welt. Beiträge zur Rundfunk-Geschichte, Köln/Berlin [W.] 1974 (Annalen des Westdeutschen Rundfunks 2), S. 407-444

Bundesministerium für innerdeutsche Beziehungen (Hg.), DDR-Handbuch, 2 Bde., Köln ³1985

Bundesministerium für Jugend, Familie und Gesundheit, Zur alternativen Kultur in der Bundesrepublik Deutschland, in: APuZ 39/1981, S. 3-15

Bussiek, Hendrik, Erwartungen ans Radio für junge Leute. Thesen aus verordneter Entfernung, in: *Medium* 8 (1978), H. 10, S. 2

Capellan, Frank, Für Deutschland und Europa. Der Deutschlandfunk. Rundfunkanstalt mit besonderem Auftrag 1961-1989, München u. a. 1993 (Rundfunkstudien 7)

Carter, Erica, Frauen und die Öffentlichkeit des Konsums, in: Haupt, Heinz-Gerhard / Torp, Claudius (Hg.), Die Konsumgesellschaft in Deutschland 1890-1990. Ein Handbuch, Frankfurt (M.) / New York 2009, S. 154-171

Castner, Hartmut und Thilo, Jugend zwischen Überfluß und Mangel, in: APuZ 21/1980, S. 3-21

Chaussy, Ulrich, Jugend, in: Benz, Wolfgang (Hg.), Die Bundesrepublik Deutschland. Geschichte in drei Bänden, Bd. 2: Gesellschaft, Frankfurt (M.) 1983, S. 35-67

Corves, Gisela, Das Vorbild, in: *WDR Print* 4/2003, S. 11

Cunis, Reimar, Die Konzentration wirtschaftlicher und politischer Macht bei den kommerziellen Medien, in: Westdeutscher Rundfunk (Hg.), Rundfunk 70. Beiträge zur Zukunft des Mediums, Köln 1970, S. 40-49

Damian, Hans-Peter Wer nicht reden will, muß sitzen oder zahlen. Zeugnisverweigerung II, in: *Sozialmagazin*, Mai 1980, S. 46-49

Damm, Diethelm, Freizeit – ein Hauch von Freiheit, in: Deutsches Jugendinstitut (Hg.), Immer diese Jugend! Ein zeitgeschichtliches Mosaik. 1945 bis heute, München 1985, S. 25-36

„Denken Sie an Karl-Eduard von Schnitzler" – Spiegel-Interview mit dem CDU-Medienexperten Heinrich Windelen, in: *Der Spiegel* 31 (1977), Heft 6 (31.1.1977), S. 130-131

Denninger, Erhard, Freiheitliche demokratische Grundordnung. Materialien zum Selbstverständnis und zur Verfassungswirklichkeit in der Bundesrepublik, Band 2, Frankfurt (M.) 1977

Deutscher Bundestag, Bericht der Enquête-Kommission „Jugendprotest im demokratischen Staat" gemäß Beschluß des Deutschen Bundestages vom 26. Mai 1981, Drucksache 9/2390 (17.1.1983)

Diller, Ansgar u. a., Rundfunkpolitische Entscheidungen, in: Katz, Klaus u. a. (Hg.), Am Puls der Zeit. 50 Jahre WDR, Bd. 2: Der Sender: weltweit nah dran 1956-1985, Köln 2006, S. 269-308

Diller, Ansgar/Knott-Wolf, Brigitte, Das WDR-Gesetz von 1954 in Theorie und Praxis, in: Katz, Klaus u. a. (Hg.), Am Puls der Zeit. 50 Jahre WDR, Bd. 2: Der Sender: weltweit nah dran 1956-1985, Köln 2006, S. 284-297

Dirks, Walther, Sie haben es ihnen nicht abverlangt. Durch Sensibilität zur Solidarität, in: *Frankfurter Hefte* 4/1975, S. 3-5

Dussel, Konrad, Deutsche Rundfunkgeschichte, Konstanz ²2004

Dickreiter, Michael, Handbuch der Tonstudiotechnik, 2 Bde., München u. a. ⁵1987

Döhl, Reinhard, Das Neue Hörspiel, Darmstadt 1992 (Geschichte und Typologie des Hörspiels – WB-Forum 69)

Drechsler, Nanny, Die Funktion der Musik im deutschen Rundfunk 1933-1945, Pfaffenweiler 1988 (Musikwissenschaftliche Studien 3)

Eckhardt, Josef, Musik im Hörfunk: für wen? Ausgewählte Ergebnisse einer Untersuchung des Westdeutschen Rundfunks, in: Hoffmann-Riem, Wolfgang/Teichert, Will (Hg.), Musik in den Medien. Programmgestaltung im Spannungsfeld von Dramaturgie, Industrie und Publikum, Baden-Baden 1986, S. 158-176

- ders., Stellenwert des Radiohörens. Versuch eines neuen Forschungsansatzes, in: RuF 2/1982, S. 178-188

Eco, Umberto, Apokalyptiker und Integrierte. Zur kritischen Kritik der Massenkultur, Frankfurt (M.) 1984

Eichler, Antje, Protest im Radio. Die Berichterstattung des Bayerischen Rundfunks über die Studentenbewegung 1967/1968, in: Behmer, Markus/Hasselbring, Bettina (Hg.), Radiotage, Fernsehjahre. Studien zur Rundfunkgeschichte nach 1945, Münster 2006 (Kommunikationsgeschichte 22), S. 193-211

Eißel, Dieter, Lehrlinge und Jungarbeiter im kapitalistischen System, in: *Frankfurter Hefte* 4/1975, S. 16-22

Enzensberger, Hans Magnus, Baukasten zu einer Theorie der Medien, in: *Kursbuch* 20 (März 1970), S. 159-186

Faecke, Peter, Leben und arbeiten in Südwestfalen – Medienarbeit auf dem Land, in: Bentele, Günter/Ruoff, Robert (Hg.), Wie objektiv sind unsere Medien?, Frankfurt (M.) 1982, S. 257-268

Fichter, Tilman/Lönnendonker, Siegward, Von der APO nach TUNIX, in: Richter, Claus (Hg.), Die überflüssige Generation. Jugend zwischen Apathie und Aggression, Königstein 1979, S. 132-150

Fischer, Arthur (Bearb.), Jugend 81. Lebensentwürfe – Alltagskulturen – Zukunftsbilder. Studie im Auftrag des Jugendwerks der Deutschen Shell, Bd. 1, Hamburg 1981

- ders. u.a., Jugendliche und Erwachsene 85: Generationen im Vergleich, Bd. 1: Biografien, Orientierungsmuster, Perspektiven, Leverkusen 1985

Fischer, Gerhard, GRIPS. Geschichte eines populären Theaters (1966-2002), München 2002

Fischer, Heinz-Dietrich, Der Rundfunkintendant – Skizzen des Statuswandels und Konturen aktueller Funktionsbestimmung, in: ders., (Hg.), Rundfunkintendanten – Kommunikatoren oder Manager? Rechtsstellung, Selbstverständnis und publizistischer Status der Leiter öffentlich-rechtlicher Rundfunkanstalten in der Bundesrepublik Deutschland, Bochum 1979 (Bochumer Studien zur Publizistik- und Kommunikationswissenschaft 20), S. 1-60

Fluck, Hans-R., Zur Entwicklung von Rundfunk und Rundfunksprache in der Bundesrepublik Deutschland nach 1945, in: Biere, Bernd Ulrich/Henne, Helmut (Hg.), Sprache in den Medien nach 1945, Tübingen 1993 (Reihe Germanistische Linguistik 135), S. 87-107

Fränz, Peter/Schulz-Hardt, Joachim, Zur Geschichte der Kultusministerkonferenz 1948-1998, in: Sekretariat der Kultusministerkonferenz (Hg.), Einheit in der Vielfalt. 50 Jahre Kultusministerkonferenz 1948 – 1998, Neuwied u. a. 1998, S. 177 – 227, abgerufen am 3.10.2007 unter http://www.kmk.org/aufg-org/home.htm?auskom

Franzén, Nils-Olof, Radio and the Younger Generation, in: *EBU Review* 103 B, 1967

Freiburg, Arnold, Art. Jugend, in: Bundesministerium für innerdeutsche Beziehungen (Hg.), DDR-Handbuch Bd. I, Köln ³1985, S. 683-687

Friemond, Hans, Abschied von morgen. Was bleibt der Jugend von der Bildungsreform?, in: *Frankfurter Hefte* 4/1975, S. 7-14

Fritz, Wilhelm, Die Gremien. Arbeit im Dienste der Rundfunkfreiheit, in: *ARD-Jahrbuch* 13 (1981), S. 16-25

Früh, Werner/Schönbach, Klaus, Der dynamisch-transaktionale Ansatz. Eiu neues Paradigma der Medienwirkungsforschung, in: *Publizistik* 27 (1982), S. 74-88

Gaiser, Wolfgang/Tully, Claus J./Wahler, Peter, Arbeitsmarkt – Risikoschwelle fürs Erwachsenwerden, in: Deutsches Jugendinstitut (Hg.), Immer diese Jugend! Ein zeitgeschichtliches Mosaik. 1945 bis heute, München 1985, S. 179-198

Gast, Gabriele, Art. Frauen, in: Bundesministerium für innerdeutsche Beziehungen (Hg.), DDR-Handbuch Bd. I, Köln ³1985, S. 443-449

Giesecke, Hermann, Die Jugendarbeit, München 1971 (Grundfragen der Erziehungswissenschaft 13)

Glaser, Hermann, Glasur über dem Nichts. Der Mythos Jugend als Täuschung, in: *Frankfurter Hefte* 4/1975, S. 35-42

- ders., Deutsche Kultur. Ein historischer Überblick von 1945 bis zur Gegenwart, Bonn 1997

- ders., Kulturgeschichte der Bundesrepublik Deutschland Bd. 3: Zwischen Protest und Anpassung 1968-1989, München/Wien 1989

Glatzer, Wolfgang u.a., Recent Social Trends in West Germany 1960-1990, Frankfurt (M.) u.a. 1992 (Comparative Charting of Social Change)

Glotz, Peter, Konkurrenz und Kooperation. Thesen zur Zukunft des Rundfunks in der Bundesrepublik, in: Westdeutscher Rundfunk (Hg.), Rundfunk 70. Beiträge zur Zukunft des Mediums, Köln 1970, S. 31-39

Goetz, Rainald Maria, Der macht seinen Weg. Privilegien, Anpassung, Widerstand, in: *Kursbuch* 54 (1978), S. 31-43

Grebing, Helga, Rosa Luxemburg (1871-1919), in: Euchner, Walter (Hg.), Klassiker des Sozialismus Bd. II: Von Jaurès bis Herbert Marcuse, München 1991, S. 58-71

Greiffenhagen, Martin und Silvia, Ein schwieriges Vaterland. Zur politischen Kultur im vereinigten Deutschland, München/Leipzig 1993

Gronemeyer, Reimer, Junge und Alte – am Rande der Gesellschaft, in: *Frankfurter Hefte* 4/1975, S. 29-34

Gushurst, Wolfgang, Popmusik im Radio. Musik-Programmgestaltung und Analysen des Tagesprogramms der deutschen Servicewellen 1975-1995, Baden-Baden 2000 (Nomos Universitätsschriften Medien 22)

Haedecke, Gerd, Sergeant Pepper und die Weltlage. Rock & Pop in einem Informationsprogramm am Beispiel von SWF 3, in: Scharlau, Ulf/Witting-Nöthen, Petra (Hg.), „Wenn die Jazzband spielt..." Von Schlager, Swing und Operette. Zur Geschichte der Leichten Musik im deutschen Rundfunk, Berlin 2006, S. 133-141

Haen, Imme de, Jucken gehört zum Konzept. Stichworte zu einem unübersichtlichen Programmfeld: Jugendsendungen im Hörfunk, in: *Medium* 8 (1978), Heft 10, S. 3-8

Hall, Peter Christian, „...vielleicht ein unlösbares Problem". Ein Interview mit Kurt Biedenkopf, in: *Medium* 10 (1980), H. 5, S. 15-23

Harbordt, Steffen, Erfolgreiche demokratische Sozialisation. Eine empirische Jugendstudie zur politischen Bildung, in: APuZ 47/1995, S. 20-26

Haug, Wolfgang Fritz, Kritik der Warenästhetik. Überarb. Neuausg. mit einem Zweiten Buch zur Warenästhetik im High-Tech-Kapitalismus, Frankfurt (M.) 2009

Hecker, Konrad, Kriegsdienstverweigerung – Dienen in Zivil, in: Deutsches Jugendinstitut (Hg.), Immer diese Jugend! Ein zeitgeschichtliches Mosaik. 1945 bis heute, München 1985, S. 467-480

Heer, Friedrich, Greisenschelte, in: *Frankfurter Hefte* 4/1975, S. 121-127

Heinze, Ines, Bauernopfer an die CDU. Live-Sendeverbot für die „Radiothek". WDR-Intendant v. Sell reagiert „funksensibel", in: *Die Feder* 3/1980

Hentig, Hartmut von, Die entmutigte Republik. Politische Aufsätze, München 1980, S. 176-188

Herbert, Ulrich, Geschichte der Ausländerpolitik in Deutschland. Saisonarbeiter, Zwangsarbeiter, Gastarbeiter, Flüchtlinge, Bonn 2003 (Schriftenreihe der Bundeszentrale für politische Bildung 410)

Hickethier, Knut, Reden und Rauschen, in: *Der Journalist* 1996, Heft 2, S. 46-48

Hodenberg, Christina von, Die Journalisten und der Aufbruch zur kritischen Öffentlichkeit, in: Herbert, Ulrich (Hg.), Wandlungsprozesse in Westdeutschland. Belastung, Integration, Liberalisierung. 1945-1980, Göttingen 2002 (Moderne Zeit 1), S. 278-311

Hoffmann, Rüdiger, Rundfunkorganisation und Rundfunkfreiheit. Die Entwicklung von Organisations- und Machtstrukturen im Westdeutschen Rundfunk Köln und das Selbstverständnis der Programmmacher, Berlin (W.) 1975 (Rundfunkforschung 1)

Hoffmann-Lange, Ursula, Art. Jugend und Politik, in: Andersen, Uwe/Woyke, Wichard (Hg.), Handwörterbuch des politischen Systems der Bundesrepublik Deutschland, Bonn 1992, S. 221-225

Hoffmann-Riem, Wolfgang, Redaktionsstatute im Rundfunk, Baden-Baden 1972

Hoffmeister, Martin, Musikalische Mischprogramme. Authentizität versus Popularisierung. Zur Frage nach der „richtigen" Musik in den ARD-Kulturprogrammen, in: Richter, Arnd u. a. (Hg.), Zukunftsmusik für Kulturwellen. Neue Perspektiven der Kulturvermittlung im Hörfunk, Wiesbaden 2002, S. 81-88

Hollstein, Walter, Der Hedonismus in den „Subkulturen", in: *Frankfurter Hefte* 4/1975, S. 97-105

Hornstein, Walter, Jugendprobleme, Jugendforschung und politisches Handeln. Zum Stand sozialwissenschaftlicher Jugendforschung und zum Problem der Anwendung sozialwissenschaftlicher Erkenntnisse über Jugend in der politischen Praxis, in: APuZ 3/1982, S. 3-37

Hugyen, Halgard, Der Streit um die "Radiothek", in: *Der Journalist* 11/1975, S. 32-34

Ibrahim, Martha, Art. Frau, in: Langenbucher, Wolfgang R./Rytlewski, Ralf/Weyergraf, Bernd (Hg.), Handbuch zur deutsch-deutschen Wirklichkeit. Bundesrepublik Deutschland/Deutsche Demokratische Republik im Kulturvergleich, Stuttgart 1983, ND 1988, S. 210-215

„Ich blicke nicht im Zorn zurück". Interview mit Willy Brandt, in: *Der Spiegel* Nr. 20/1984 (14.5.1984), S. 37-49

Inglehart, Ronald, Kultureller Umbruch. Wertewandel in der westlichen Welt, Frankfurt (M.)/New York 1989

Itzfeldt, Jürgen, ‚Radiothek' – ein Gut- und ein Schlechtachten, in: *Funk-Report* 12/1975 (18.7.75) S. 22-23

Jacobmeyer, Wolfgang, Politischer Kommentar und Rundfunkpolitik. Zur Geschichte des NWDR 1945-1951, in: VfZ 21 (1973), S. 358-387, überarbeitet wiederabgedruckt bei Lerg, Winfried B./Steininger, Rolf (Hg.), Rundfunk und Politik 1923 bis 1973, Berlin [W.] 1975 (Rundfunkforschung 3), S. 311-340

Janke, Hans, „... den Gebrauchswert differenzieren". Ein Interview mit WDR-Hörfunkdirektor Manfred Jenke über „Radiothek" und Programmstruktur, in: *Medium* 10 (1980), Heft 4, S. 2-6

- ders., Konsensmilch über allgemeiner Ausgewogenheit im schlimmsten Wortsinn: Die politischen Kommentare der ARD-Spätnachrichten am Beispiel des Druckerstreiks, in: *Medium* 6 (1976), S. 8-11

- ders., Mehr Respekt für die Arbeit der anderen! Die „Radiothek" soll um ihren Charakter gebracht werden, in: KuR 7/1980 (26.1.1980), S. 2-5

- ders., Gut für weiteren Verlust. Die Sanktionierungen zur Abschieds-„Radiothek" im WDR, in: KuR 15/1981 (25.2.1981)

- ders., Radikal dem Paragraphen 4 (WDR-Gesetz) verpflichtet. Die „Radiothek": Täglich ein Stück alternatives Radio, das es zu verteidigen gilt, in: KuR 33/1975 (14.5.1975), S. 4-6

Jenke, Manfred, Gegenwart und Zukunft des Hörfunks, in: Först, Walter (Hg.), Nach fünfundzwanzig Jahren. Beiträge zu Geschichte und Gegenwart des WDR, Köln 1980 (Annalen des Westdeutschen Rundfunks 4), S. 81-116

- ders., Medien für Menschen. Texte 1963-1993, Köln 1993 (Beiträge zur Kultur und Politik der Medien 1)

Jessen, Sybille/Dernedde, Hartmut, Technik im Hörfunk. Grundlagen – Praxis – Trends, Ulm 1996

Jost, Ekkehard, Sozialgeschichte des Jazz in den USA, Frankfurt (M.) 1982, ND 1991

Jugendfunk – Pickel im Programmgesicht. Themenheft der Zeitschrift *Medium*, Oktober 1978

Kabel Rainer/Eckhardt, Josef, Interessen und Probleme von Jugendlichen und jungen Erwachsenen. Zwei Umfragen des SFB und des WDR, in: *Media Perspektiven* 3/1977, S. 131-141

Katz, Klaus, Die WDR-Intendanten 1956-1985, in: ders. u. a. (Hg.), Am Puls der Zeit. 50 Jahre WDR, Bd. 2: Der Sender: weltweit nah dran 1956-1985, Köln 2006, S. 34-45

Kirchenwitz, Lutz, Art. Biermann, Wolf, in: Müller-Enbergs, Helmut/Wielgohs, Jan/Hoffmann, Dieter (Hg.), Wer war wer in der DDR? Ein biographisches Lexikon, Bonn 2000, S. 79-80

Kirchner, Helga, ...nicht Schritt gehalten. Gegenwartsgedanken zum Zukunftsmedium Hörfunk, in: KuR 71/1989, S. 3-6

- dies., Weniger interessengeleitete Schönfärber, mehr originelle Geister. Das „Wort" im Hörfunk: Formen und Inhalte, in: W&M 1991, Heft 3, S. 36-37

Kirchner, Helga/Teiner, Ulrich, Zielgruppensendungen – Anmerkungen einer umstrittenen Sache am Beispiel Radiothek, in: *Funk-Report* 2/1976, S. 5-10

Kleinen, Günter, Massenmusik. Die befragten Macher, Wolfenbüttel/Zürich 1983 (Schriften zur Musikpädagogik 11)

Kleining, Gerhard, Umrisse zu einer Methodologie einer qualitativen Sozialforschung, in: KZfSS 1982, S. 224-253

Kleinsteuber, Hans J., Medien und öffentliche Meinung, in: Adams, Willi Paul u. a. (Hg.), Länderbericht USA Bd. I, Bonn [2]1992 (Schriftenreihe der Bundeszentrale für politische Bildung 293/I), S. 546-562

Klenke, Klaus, Das journalistische Selbstverständnis in seinem soziologischen Bedeutungszusammenhang. Dargestellt an einer Abteilung des Westdeutschen Rundfunks Köln, Diss. Bochum 1970

Knott-Wolf, Brigitte, Der WDR im Spannungsfeld der politischen Parteien, in: Katz, Klaus u. a. (Hg.), Am Puls der Zeit. 50 Jahre WDR, Bd. 2: Der Sender: weltweit nah dran 1956-1985, Köln 2006, S. 297-307

Koczian, Wolfgang, „Ständige geistige Auseinandersetzung". Überlegungen zum umstrittenen Programmauftrag des Deutschlandfunks, in: *Medium* 15 (1985), H. 3, S. 30-32

Konitzer, Ulrich, Die Schülerbewegung – Chronologie und Deutung, in: *Frankfurter Hefte* 4/1975, S. 76-80

Krüger, Winfried, Jugendzeitschrift „BRAVO" – Anleitung zur Normalität, in: Deutsches Jugendinstitut (Hg.), Immer diese Jugend! Ein zeitgeschichtliches Mosaik. 1945 bis heute, München 1985, S. 363-374

Kühn, Andreas, Stalins Enkel, Maos Söhne. Die Lebenswelt der K-Gruppen in der Bundesrepublik der 70er Jahre, Frankfurt (M.)/New York 2005

Kursawe, Stefan, Vom Leitmedium zum Begleitmedium. Die Radioprogramme des Hessischen Rundfunks 1960-1980, Köln u. a. 2004 (Medien in Geschichte und Gegenwart 21)

Langguth, Gerd, Protestbewegung. Entwicklung – Niedergang – Renaissance. Die Neue Linke seit 1968, Köln 1983 (Bibliothek Wissenschaft und Politik 30)

Lecke, Detlef/Pobel, Udo, Unter der Linde und am Wartehäuschen. Jugendliche auf dem Dorf, in: *Kursbuch* 54 (1978), S. 111-125

Lerg, Winfried B., Wie ausgewogen müssen unsere Hörfunk- und Fernsehprogramme sein?, in: *Der Journalist* 22 (1972), Nr. 10, S. 26-27

Lindenmayer, Christoph, Zielgruppenprogramme im Bayerischen Rundfunk. Identitätsstiftung zwischen Tradition und Innovation, in: Hamm, Margot u. a. (Hg.), Der Ton – Das Bild. Die Bayern und ihr Rundfunk 1924 – 1949 – 1999, Augsburg 1999 (Veröffentlichungen zur bayerischen Geschichte und Kultur 40/99), S. 196-203

Lindner, Rolf, Jugendkultur – stilisierte Widerstände, in: Deutsches Jugendinstitut (Hg.), Immer diese Jugend! Ein zeitgeschichtliches Mosaik. 1945 bis heute, München 1985, S. 13-24

Lindner, Wolf, Schönheitsoperationen, nicht bloß kosmetisch. Exemplarisches aus der Disziplinierungsgeschichte der Jugendsendungen, in: *Medium* 8 (1978), Heft 10, S. 9-11

Lorig, Wolfgang, Aussteigermentalität und politische Apathie Jugendlicher. Eine zentrale Herausforderung für die politische Bildung der achtziger Jahre, in: APuZ 32-33/1982, S. 41-54

Lüke, Friedemar, Die dreifache A-Frage. Radio öffentlich-rechtlich: Anpassen? Ausdünnen? Aufgeben?, in: KuR 99/1988, S. 3-8

Maase, Kaspar, Grenzenloses Vergnügen. Der Aufstieg der Massenkultur 1850-1970, Frankfurt (M.) 1997

Maaßen, Ludwig, Der Kampf um den Rundfunk in Bayern. Rundfunkpolitik in Bayern 1945 bis 1973, Berlin [W.] 1979 (Rundfunkforschung 7)

Maletzke, Gerhard, Medienwirkungsforschung. Grundlagen, Möglichkeiten, Grenzen, Tübingen 1981 (Medien in Forschung und Unterricht Serie B, 1)

Marchal, Peter, Kultur- und Programmgeschichte des öffentlich-rechtlichen Hörfunks in der Bundesrepublik Deutschland. Ein Handbuch. Bd. II: Von den 60er Jahren bis zur Gegenwart, München 2004

Mende, Klaus-Peter, Ohne Kurskorrektur. „Radiothek" mit altem Konzept, in: *Medienspiegel des Instituts der deutschen Wirtschaft* 35/1978 (28.8.78), S. 2-3

Meyn, Hermann, Der Vormarsch der Parteien im Rundfunk. Der Bayerische Rundfunk als Beispiel, in: RuF 17 (1969), S. 230-239

Mittelstandsvereinigung der CDU des Rheinlandes (Hg.), Welle mit Schlagseite, Düsseldorf 1975

Mittenzwei, Werner, Die Intellektuellen. Literatur und Politik in Ostdeutschland von 1945 bis 2000, Leipzig 2001

Mommsen, Wolfgang J., Die europäische Reaktion auf Woodrow Wilsons „New Diplomacy", in: ders., Der Erste Weltkrieg. Anfang vom Ende des bürgerlichen Zeitalters, Bonn 2004 (Schriftenreihe der Bundeszentrale für politische Bildung 439)

Müller-Enbergs, Helmut u. a. (Hg.), Wer war wer in der DDR? Ein biographisches Lexikon, Bonn 2000

Müller-Rommel, Ferdinand/Poguntke, Thomas, Die Grünen, in: Mintzel, Alf/Oberreuter, Heinrich (Hg.), Parteien in der Bundesrepublik Deutschland, Bonn ^{2}1992 (Schriftenreihe der Bundeszentrale für politische Bildung 282), S. 319-361

Münch, Thomas, Popfit – Musikdramaturgie in Servicewellen. Eine Fallstudie, Pfaffenweiler 1991, abgerufen am 2.6.2007 unter http://www.hfm-wuerzburg.de/~muench/material/popfit.html

Münchmeier, Richard, „Entstrukturierung" der Jugendphase. Zum Strukturwandel des Aufwachsens und zu den Konsequenzen für Jugendforschung und Jugendtheorie, in: APuZ 31/1998, S. 3-13

Münkel, Daniela, Produktionssphäre, in: Marßolek, Inge/Saldern, Adelheid v. (Hg.), Radio im Nationalsozialismus. Zwischen Lenkung und Ablenkung, Tübingen 1998 (Zuhören und Gehörtwerden 1), S. 45-128

N.N., Klötze drin, in: *Der Spiegel* 10/1981 (2.3.1981), S. 214-215

N.N., Trojanischer Teppich, in: *Der Spiegel* 41/1975 (6.10.1975), S. 196-197

N.N., WDR: Festanstellung wegen ‚kritischer Grundhaltung' verweigert? Uwe Penner will auf Widerruf und Schadensersatz klagen, in: KuR 3/1980 (12.1.1980)

Nebe, Rüdiger, Der Saarländische Rundfunk 1955-1978. Analysen zu Rundfunkpolitik und Programmgestaltung, Diss. München 1981

Neubert, Erhart, Geschichte der Opposition in der DDR 1949-1989, Bonn ^{2}2000 (Schriftenreihe der Bundeszentrale für politische Bildung 346)

Neumann, Franz, Links von den Parteien. Theorie und Praxis politischer Jugendorganisationen, in: *Frankfurter Hefte* 4/1975, S. 66-75

Noelle-Neumann, Elisabeth, Die Schweigespirale. Was ist eigentlich öffentliche Meinung?, in: *Bild der Wissenschaft* 12 (1975), H. 1, S. 64-68

- dies., Die Schweigespirale, München/Zürich 1980

Nothelle, Claudia, Zwischen Pop und Politik. Zum Weltbild der Jugendzeitschriften „Bravo", „'ran" und „Junge Zeit", Münster/Hamburg 1994 (Medien & Kommunikation 19)

Nuscheler, Franz, Partnerschaft oder Ausbeutung? Die Entwicklungspolitik der sozial-liberalen Koalition, in: Haftendorn, Helga u. a. (Hg.), Die Außenpolitik der Bundesrepublik Deutschland, Berlin (W.) 1982 (WAV-Studienbücher: Recht und Politik), S. 492-506

Paetzold, Ulrich, In Verantwortung für alle, in: Katz, Klaus u. a. (Hg.), Am Puls der Zeit. 50 Jahre WDR, Bd. 2: Der Sender: weltweit nah dran 1956-1985, Köln 2006, S. 51-56

Piel, Monika, Radio und Leichte Musik – eine unschlagbares Erfolgsduo, in: Scharlau, Ulf/Witting-Nöthen, Petra (Hg.), „Wenn die Jazzband spielt..." Von Schlager, Swing und Operette. Zur Geschichte der Leichten Musik im deutschen Rundfunk, Berlin 2006, S. 143-151

Raeithel, Gert, Geschichte der nordamerikanischen Kultur Bd. 3: Vom New Deal bis zur Gegenwart 1930-1995, Frankfurt (M.) ^{2}1995

Raschka, Johannes, Zwischen Überwachung und Repression – Politische Verfolgung in der DDR 1971 bis 1989, Opladen 2001 (Am Ende des realen Sozialismus 5)

Rauhut, Michael, Rock in der DDR 1964 bis 1989, Bonn 2002

Rechlin, Stephan, Rundfunk und Machtwechsel. Der Südwestfunk in den Jahren 1965-1977. Eine Institutionsgeschichte in rundfunkpolitischen Fallbeispielen, Baden-Baden 1999 (Südwestfunk Schriftenreihe Rundfunkgeschichte 8)

Reinke, Marlies, Jugend, Sprache und Medien nach 1945 – Beispiele aus Rundfunksendungen, in: Biere, Bernd Ulrich/Henne, Helmut (Hg.), Sprache in den Medien nach 1945, Tübingen 1993 (Reihe Germanistische Linguistik 135), S. 108-127

Richter, Erika, Zwischen Mauerbau und Kahlschlag 1961 bis 1965, in: Schenk, Ralf (Red.), Das zweite Leben der Filmstadt Babelsberg. DEFA-Spielfilme 1946-1992, Berlin 1994, S. 159-211

Ricker, Reinhart, Die Kompetenzen der Rundfunkräte im Programmbereich, München 1987

Riedel, Heide, 60 Jahre Radio. Von der Rarität zum Massenmedium, Berlin [W.] [2]1987

Riemer, Detlef, Einführung in die Jugendstudie 1979, in: Ilsemann, Wilhelm von (Hg.), Jugend zwischen Anpassung und Ausstieg. Ein Symposium mit Jugendlichen und Vertretern aus Wissenschaft, Wirtschaft, Politik und Verwaltung, Hamburg 1980, S. 19-27

Rissom, Hans-Wolf (Red.), Arbeitnehmer im Ausland. Bericht über ein internationales Seminar der Deutschen UNESCO-Kommission und der Friedrich-Ebert-Stiftung, Pullach 1974

Ritter, Gerhard A./Tenfelde, Klaus, Arbeiter im Deutschen Kaiserreich 1871 bis 1914, Bonn 1992 (Geschichte der Arbeiter und der Arbeiterbewegung in Deutschland seit dem Ende des 18. Jahrhunderts)

Ritter, Gerhard A./Niehuss, Merith, Wahlen in Deutschland 1946-1991. Ein Handbuch, München 1991

Rowold, Manfred/Immerfall, Stefan, Im Schatten der Macht. Nicht-etablierte Kleinparteien, in: Mintzel, Alf/Oberreuter, Heinrich (Hg.), Parteien in der Bundesrepublik Deutschland, Bonn [2]1992 (Schriftenreihe der Bundeszentrale für politische Bildung 282), S. 362-420

Ruhnau, Heinz, Gedanken zur Ordnung des Kommunikationswesens, in: Westdeutscher Rundfunk (Hg.), Rundfunk 70. Beiträge zur Zukunft des Mediums, Köln 1970, S. 70-77

Runge, Annelie, Stiefkinder der neuen Volljährigkeitsregelung, in: *Frankfurter Hefte* 4/1975, S. 14-16

Ruttmann, Reinhard, Dreißig Jahre nach Auschwitz. Gymnasiasten befragen ehemalige KZ-Häftlinge, in: *Frankfurter Hefte* 4/1975, S. 80-82

Salzinger, Helmut, Rock Power oder: Wie musikalisch ist die Revolution?, Reinbek 1982

Sander, Ekkehard, Jugend im Fernsehen – inszenierte Probleme, in: Deutsches Jugendinstitut (Hg.), Immer diese Jugend! Ein zeitgeschichtliches Mosaik. 1945 bis heute, München 1985, S. 399-408

Sander, Uwe, 100 Jahre Jugend in Deutschland, in: APuZ 19-20/2000, abgerufen am 7.6.2004 unter http://www.bpb.de/publikationen/U0O261,0,0,100_Jahre_Jugend_in_Deutschland.html

Sander, Uwe/Vollbrecht, Reinhard Wirkungen der Medien im Spiegel der Forschung. Ein Überblick über Theorien, Konzepte und Entwicklungen der Medienforschung, in: Hiegemann, Susanne/Swoboda, Wolfgang H. (Hg.), Handbuch der Medienpädagogik. Theorieansätze, Traditionen, Praxisfelder, Forschungsperspektiven, Opladen 1994, S. 361-385

Sauer, Christoph, Alltagskommunikation und Medien. Zu einer Studie über jugendliches Informationsverhalten, in: *Media Perspektiven* 12/1978, S. 904-911

Sautter, Hermann, Unterentwicklung und Abhängigkeit als Ergebnis außenwirtschaftlicher Verflechtung. Zum ökonomischen Aussagewert der Dependencia-Theorie, in: Puhle, Hans-Jürgen (Hg.), Lateinamerika – Historische Realität und Dependencia-Theorien, Hamburg 1977 (Historische Perspektiven 6), S. 61-101

Sch., H., WDR-Hörfunkdirektor: „Zielgruppenkonzept bei Jugendsendungen gescheitert". Hörfunk-Reform soll „Masse des Publikums" gewinnen, in: KuR 25/1980 (2.4.1980), S. 7

Schatz, Heribert u. a., Fernsehen und Demokratie. Eine Inhaltsanalyse der Fernsehnachrichtensendungen von ARD und ZDF vom Frühjahr 1977, Opladen 1981

Schäfer, Horst, Die Geschichte des Jugendfilms in der Bundesrepublik Deutschland, in: Lauffer, Jürgen/Röllecke, Renate/Wiedemann, Dieter (Hg.), Jugendfilm spezial. Aufwachsen in getrennten Staaten. Deutsche Jugendfilme aus Ost und West – Empfehlungen und Hintergründe, Bielefeld 1995 (Schriften zur Medienpädagogik 17), S.122-145

Scheibe, Moritz, Auf der Suche nach der demokratischen Gesellschaft, in: Herbert, Ulrich (Hg.) Wandlungsprozesse in Westdeutschland. Belastung, Integration, Liberalisierung. 1945-1980, Göttingen 2002 (Moderne Zeit 1), S. 245-277

Scherr, Albert, Art. Randgruppen und Minderheiten, in: Schäfers, Bernhard / Zapf, Wolfgang (Hg.), Handwörterbuch zur Gesellschaft Deutschlands, Bonn 1998, S. 504-514

Schildt, Axel, Hegemon der häuslichen Freizeit. Rundfunk in den fünfziger Jahren, in: ders./ Sywottek, Arnold (Hg.), Modernisierung im Wiederaufbau. Die westdeutsche Gesellschaft der 50er Jahre, Bonn 1993, S. 458-476

- ders., Die 60er Jahre – eine Dekade im Schatten des Mythos von ‚68', in: Estermann, Monika/Lersch, Edgar (Hg.), Buch, Buchhandel und Rundfunk. 1968 und die Folgen, Wiesbaden 2003 (Mediengeschichtliche Veröffentlichungen 3), S. 9-29

Schmidt, Hans-Christian, Radiothek. Konzeption, Struktur und Zielsetzung einer jugendspezifischen Wort- und Musiksendung des Hörfunks, in: ders. (Hg.), Musik in den Massenmedien Rundfunk und Fernsehen. Perspektiven und Materialien, Mainz 1976, S. 170-208

Schmidt, Heinz G., Kurzes Kapitel über die Angst. Reklamation eines „Radiothek"-Mitarbeiters, in: *Medium* 10 (1980), H. 4, S. 7-8

Schmidt, Manfred G., Das politische System Deutschlands. Institutionen, Willensbildung und Politikfelder, Bonn 2007 (Schriftenreihe der Bundeszentrale für politische Bildung 600)

Schmidt, Siegfried J./Weischenberg, Siegfried, Mediengattungen, Berichterstattungsmuster, Darstellungsformen, in: Merten, Klaus u. a. (Hg.), Die Wirklichkeit der Medien. Eine Einführung in die Kommunikationswissenschaft, Opladen 1994, S. 212-236

Schmidtchen, Gerhard, Die Bedeutung der leichten Musik für das Verhältnis der Hörer im Radio, in: *Communications* 3/1974, S. 443-468

Schneider, Michael, Kleine Geschichte der Gewerkschaften. Ihre Entwicklung in Deutschland von den Anfängen bis heute, Bonn 2000

Schneider, Norbert, Parteieneinfluß im Rundfunk, in: Aufermann, Jörg u. a. (Hg.), Fernsehen und Hörfunk für die Demokratie. Ein Handbuch über den Rundfunk in der Bundesrepublik Deutschland, Opladen 1979, S. 116-126

Schöder, Heidi, Die Angst, als erster das sinkende Schiff zu verlassen. Das Ende der „Radiothek" – wie die Sekretärin es sieht, in: *WDR-print* 11/1980

Schönke, Adolf/Schröder, Horst, Strafgesetzbuch. Kommentar, bearb. v. Theodor Lencker u. a., München ^{26}2001

Schwan, Heribert, Der Rundfunk als Instrument der Politik im Saarland 1945-1955, Berlin [W.] 1974

Schwarzkopf, Dietrich, Auf der Suche nach der Gegenmacht. Antiautoritäre Modelle der Rundfunkverfassung, in: Estermann, Monika/Lersch, Edgar (Hg.), Buch, Buchhandel und Rundfunk. 1968 und die Folgen, Wiesbaden 2003 (Mediengeschichtliche Veröffentlichungen 3), S. 69-82

Schwitalla, Johannes, Textsortenwandel in den Medien nach 1945 in der Bundesrepublik Deutschland. Ein Überblick, in: Biere, Bernd Ulrich/Henne, Helmut (Hg.), Sprache in den Medien nach 1945, Tübingen 1993 (Reihe Germanistische Linguistik 135), S. 1-29

Seeling, August, Durch die Brille des Rundfunkratsvorsitzenden gesehen, in: Först, Walter (Hg.), Aus Köln in die Welt. Beiträge zur Rundfunk-Geschichte, Köln/Berlin [W.] 1974 (Annalen des Westdeutschen Rundfunks 2), S. 539-576

Sell, Friedrich-Wilhelm von, Mehr Öffentlichkeit! Erinnerungen, Springe 2006

- ders., Über alle Mauern. Ein Journalistenleben im und für den öffentlich-rechtlichen Rundfunk: Fritz Pleitgen verlässt den WDR – er wird Kulturmanager, in: *Der Tagesspiegel* vom 25.3.2007, abgerufen am 23.4.2007 unter http://www.tagesspiegel.de/medien/ archiv/ 25.03.2007/3160497.asp

- ders., Westdeutscher Rundfunk, in: Fischer, Heinz-Dietrich (Hg.), Rundfunk-Intendanten – Kommunikatoren oder Manager? Rechtsstellung, Selbstverständnis und publizistischer Status der Leiter öffentlich-rechtlicher Rundfunkanstalten in der Bundesrepublik Deutschland, Bochum 1979 (Bochumer Studien zur Publizistik- und Kommunikationswissenschaft 20), S. 209-223

Semler, Christian, 1968 im Westen – was ging uns die DDR an?, in: APuZ 45/2003, S. 3-5

Siegfried, Detlef, Draht zum Westen. Populäre Jugendkultur in den Medien 1963 bis 1971, in: Estermann, Monika/Lersch, Edgar (Hg.), Buch, Buchhandel und Rundfunk. 1968 und die Folgen, Wiesbaden 2003 (Mediengeschichtliche Veröffentlichungen 3), S. 83-109

- ders., „Trau keinem über 30"? Konsens und Konflikt der Generationen in der Bundesrepublik der langen 60er Jahre, in: APuZ 45/2003, S. 25-32

Six, Ulrike/Roters, Gunnar/Gimmler, Roland, Hörmedien. Eine Analyse zur Hörkultur Jugendlicher, Landau 1995 (Landauer Universitätsschriften 1)

Skriver, Ansgar, Du hast Deine Zeit gehabt und fängst doch wieder an. Resumee eines Betroffenen angesichts der „Reform" des WDR-Hörfunkprogramms, in: Materialien zur Politischen Bildung, 1. Quartal 1/1981, S. 53-57

Spindler, Wolfgang, „Rock me!" Diskotheken, Buden, Läden, in: *Kursbuch* 54 (1978), S. 1-12

Sprau-Kuhlen, Vera, Heimerziehung – Stationen auf dem Nebengleis, in: Deutsches Jugendinstitut (Hg.), Immer diese Jugend! Ein zeitgeschichtliches Mosaik. 1945 bis heute, München 1985, S. 309-322

Steininger, Rolf, Rundfunkpolitik im ersten Kabinett Adenauer, in: VfZ 21 (1973), S. 388-434, wiederabgedruckt bei dems./Lerg., Winfried B. (Hg.), Rundfunk und Politik 1923-1973, Berlin [W.] 1975 (Rundfunkforschung 3), S. 341-384

Stiehler, Hans-Jörg/Meyen, Michael, „Ich glotz TV." Die audiovisuellen Medien der Bundesrepublik als kulturelle Informationsquelle für die DDR, in: Lindner, Bernd/Eckert, Rainer (Hg.), Mauersprünge [Teil des Begleitbuches zur Ausstellung *Klopfzeichen. Kunst und Kultur der 80er Jahre in Deutschland*], Leipzig 2002, S. 135-143

Stock, Ulrich, Rettet das Radio!, in: *Die Zeit – Dossier* 9/2005, abgerufen am 7.6.2005 unter http://zeus.zeit.de/text/2005/ 09RettetdasRadio

Strong, Martin C., The great Rock Discography, Edinburgh ^{6}2002, ND Frankfurt (M.) 2002

Teiner, Ulrich, Praktische Formenlehre: Radiothek, in: *Medium* 8 (1978), Heft 10, S. 14-16

Thränhardt, Dietrich, Geschichte der Bundesrepublik Deutschland, Frankfurt (M.) 1996

Trotha, Trutz von, Zur Entstehung von Jugend, in: KZfSS 34 (1982), S. 254-277

Ubbelohde, Julia, Der Umgang mit jugendlichen Normverstößen, in: Herbert, Ulrich (Hg.) Wandlungsprozesse in Westdeutschland. Belastung, Integration, Liberalisierung. 1945-1980, Göttingen 2002 (Moderne Zeit 1), S. 402-435

Ven, Martin van der, Sie hatten einen irren Spaß daran. Ulf D. Posé über seine Rundfunkkarriere, abgerufen am 27.5.2005 unter http://www.offshore-radio.de/RNI/hannibal.htm

Vergin, Nicole, Für jeden etwas: Sendungen für Zielgruppen, in: Katz, Klaus u. a. (Hg.), Am Puls der Zeit. 50 Jahre WDR, Bd. 2: Der Sender: weltweit nah dran 1956-1985, Köln 2006, S. 114-122

Vogtmeier, Andreas, Egon Bahr und die deutsche Frage. Zur Entwicklung der sozialdemokratischen Ost- und Deutschlandpolitik vom Kriegsende bis zur Vereinigung, Bonn 1996 (Reihe Politik- und Gesellschaftsgeschichte 44)

Wagner, Marianne, Praktische Formenlehre: s-f-beat, in: *Medium* 8 (1978), H. 10, S. 12-13

Wankell, Susanne, Der Hörfunk im Wandel. Grundsätze – Formen – Reformen, in: Katz, Klaus u. a. (Hg.), Am Puls der Zeit. 50 Jahre WDR, Bd. 2: Der Sender: weltweit nah dran 1956-1985, Köln 2006, S. 56-79

Weber, Hermann, Arbeiter versus Sozialismus. Der Aufstand vom 17. Juni 1953, Beitrag in der Reihe *Aufstände, Unruhen, Revolutionen – Zur Geschichte der Demokratie in Deutschland*, ausgestrahlt im HR-2-Hörfunk am 26.4.1998 (privater Bandmitschnitt).

Weiß, Hans-Jürgen, Öffentliche Streitfragen und massenmediale Auseinandersetzungen. Ein Ansatz zur Analyse der inhaltlichen Dimension im Agenda-Setting-Prozeß, in: Kaase, Max/Schulz, Winfried (Hg.), Massenkommunikation. Theorien, Methoden, Befunde, Opladen 1989 (Sonderheft der Kölner Zeitschrift für Soziologie und Sozialpsychologie), S. 473-489

Welz, Rainer, Selbstmorde und Selbstmord-Versuche nehmen zu, in: *betrifft: Erziehung* 13 (1980), H. 4, S. 26-27

Wenau, Manuela, Habe ich den Fehler meines Lebens gemacht?, in: ApuZ B 33/1981, S. 41-45

Westdeutscher Rundfunk (Hg.), Der Programmauftrag des Westdeutschen Rundfunks und seine Verwirklichung im Spannungsfeld zwischen den Erwartungen von Staat, Parteien und Öffentlichkeit und dem Selbstverständnis der Programmitarbeiter, Köln 1975

Wierling, Dorothee, Oral History, in: Maurer, Michael (Hg.), Aufriß der Historischen Wissenschaften Bd. 7: Neue Themen und Methoden der Geschichtswissenschaft, Leipzig 2003, S. 81-151

Winkler, Heinrich August, Der lange Weg nach Westen II. Deutsche Geschichte 1933-1990, Bonn 2004 (Schriftenreihe der Bundeszentrale für politische Bildung 463)

- ders., Von der Revolution zur Stabilisierung. Arbeiter und Arbeiterbewegung in der Weimarer Republik 1918-1924, Bonn/Berlin ²1987 (Geschichte der Arbeiter und der Arbeiterbewegung in Deutschland seit dem Ende des 18. Jahrhunderts)

Wirtschaftliche Gesellschaft für Westfalen und Lippe (Hg.), Die Macht am Rhein. Eine Analyse von Hörfunksendungen des WDR, o. O. 1983

Wördehoff, Bernhard, Journalismus zwischen Profession und Proporz, in: RuF 29 (1981), S. 275-278

Zahn, Peter von, Nicht der Rundfunk ergreift Partei – die Partei ergreift den Rundfunk, in: RuF 29 (1981), S. 284-287

Zahn, Robert von, Der „Schallplattenkrieg" (1966/67). Eine Bataille um die Rechte an der Musik, in: Scharlau, Ulf/Witting-Nöthen, Petra (Hg.), „Wenn die Jazzband spielt..." Von Schlager, Swing und Operette. Zur Geschichte der Leichten Musik im deutschen Rundfunk, Berlin 2006, S. 89-99

Zinnecker, Jürgen, Lesekultur und Medienkonsum im Jugendalter 1954-1984, in: Fischer, Arthur u. a., Jugendliche und Erwachsene 85: Generationen im Vergleich, Bd. 2: Freizeit und Jugendkultur, Leverkusen 1985, S. 189-209

- ders., Streiflichter der jüngsten Geschichte von Jugendmedien, in: Fischer, Arthur u. a., Jugendliche und Erwachsene 85: Generationen im Vergleich, Bd. 2: Freizeit und Jugendkultur, Leverkusen 1985, S. 210-223

Zuschlag, Christel, Ein neuer Trend? Die politische Einstellung und das Wahlverhalten von Jugendlichen, in: *Frankfurter Hefte* 4/1975, S. 63-66

Zeitzeugengespräche
mit

Dietrich Backmann (Wortredakteur der Radiothek, zuletzt WDR-Fernsehredakteur) im Juli 2004 in Münster/Westf.
Frank Baier (Liedermacher, komponierte und textete 1980 das *Radiothek-Lied*) im Oktober 2005 in Duisburg-Homberg
Walter Bajohr (in den siebziger Jahren Redakteur der Wochenzeitung *Rheinischer Merkur*, analysierte die Radiothek in einem kritischen Beitrag, heute Referatsleiter Medien in der Konrad-Adenauer-Stiftung) im April 2008 in St. Augustin
Erik Bettermann (Hauptgeschäftsführer des Deutschen Bundesjugendrings 1971-1982, Mitglied des ZDF-Fernsehrates 1974-1986, heute Intendant der Deutschen Welle) im Juni 2007 in Bonn
Michael Braun (Autor und Regisseur der Radiothek, heute Fernsehfilmproduzent) im April 2007 in Köln
Dave Colman (Musikmoderator der Radiothek, später WDR-Moderator) im Oktober 2007 in Köln
Horst Dahlhaus (Direktor der Bundeszentrale für politische Bildung 1973-1992, Mitglied des WDR-Programmbeirates 1973-1985) im Oktober 2007 in St. Augustin
Josef Eckhardt (in den siebziger und achtziger Jahren Leiter der WDR-Medienforschung, heute selbständiger Medienberater) im Juni 2007 in Troisdorf
Lothar Fend (Wortredakteur der Radiothek, heute WDR-Kulturredakteur) wiederholt zwischen 2004 und 2009 in Köln
Roger Handt (Musikmoderator der Radiothek, heute WDR-Moderator) im Februar 2008 in Köln
Volker Hauff (Bundesminister a. D., 1980 Zeuge der Radiothek-Abschlußveranstaltung in Köln-Mülheim, heute Vorsitzender des Nachhaltigkeitsrats der Bundesregierung) mit elektronischer Post im Juli 2007
Herbert Hoven (Autor der Radiothek, heute freier Hörfunkautor) im November 2005 in Köln
Hans Janke (in den siebziger Jahren Publizist, zuletzt Leiter der Abteilung Fernsehspiel im ZDF) mit elektronischer Post im Februar 2008
Manfred Jenke (WDR-Hörfunkdirektor 1974-1994) im August 2005 in Berlin-Wilmersdorf
Jürgen Keimer (Wortredakteur der Radiothek, zuletzt WDR-Kulturredakteur) im Oktober 2005 in Köln
Helga Kirchner (Wortredakteurin der Radiothek, zuletzt Chefredakteurin des WDR-Hörfunks) im Juli 2003 und im August 2004 in Köln
Klaus Klenke (Staatssekretär a. D., Referent des Hörfunkdirektors Manfred Jenke und Wortmoderator der Radiothek, später Sprecher der nordrhein-westfälischen Landesregierung Clement) im Mai 2007 in Köln
Christoph Lanz (ab 1981 Wortredakteur der SWF-Jugendsendung *Pop-Shop*, heute Fernsehdirektor der Deutschen Welle) im Juni 2007 in Berlin
Ulrich Lux (Wortredakteur der Radiothek, zuletzt WDR-Musikredakteur, im August 2006 verstorben) im Oktober 2003 und März 2006 in Köln
Volker Mauersberger (vor 1977 Mitglied der WDR-Kommentarredaktion, später ARD-Auslandskorrespondent, zuletzt politischer Korrespondent in Bonn und Berlin) im Dezember 2009 in Bonn
Walter Muffler (alias Walter Kluth, Autor der Radiothek, heute freier Hörfunkautor) im April 2007 in Köln
Gerd Pasch (Autor der Radiothek, heute Wissenschaftsredakteur beim Deutschlandfunk) im April 2008 in Köln
Ulf Posé (Musikmoderator der Radiothek, heute Manager-Trainer und u. a. Präsident des Ethikverbandes der Deutschen Wirtschaft e. V.) im Juli 2006 in Mönchengladbach
Uwe Rosenbaum (Referent der WDR-Hörfunkdirektion 1975-1981, zuletzt Direktor des SWR-Funkhauses Mainz) im Januar 2008 in Berlin-Friedenau
Michael Rüsenberg (Musikmoderator und Autor der Radiothek, heute Hörfunkautor, -moderator, Musikjournalist und Klangkünstler) im April 2005 in Köln
Michael Schmid-Ospach (WDR-Pressechef 1977-1984, zuvor Medienberater des NRW-Ministerpräsidenten Heinz Kühn, zuletzt Geschäftsführer der Filmstiftung Nordrhein-Westfalen) im April 2007 in Düsseldorf
Wolfgang Schmitz (Wortredakteur, Autor und Moderator der Radiothek, heute WDR-Hörfunkdirektor) im Juli 2003 in Köln
Heidi Schöder (Redaktionssekretärin der Radiothek, heute WDR-Kulturredakteurin) im April 2007 in Köln
Tom Schroeder (Wortmoderator der Radiothek und Mitorganisator der Liedermacherfestivals auf Burg Waldeck, zuletzt SWR-Musikredakteur) im September 2007 in Mainz
Friedrich-Wilhelm von Sell (WDR-Intendant 1976-1985, zuletzt Gründungsintendant des Ostdeutschen Rundfunks Brandenburg) im August 2005 in Berlin-Dahlem
Joachim Sonderhoff (Konzeptentwickler, Autor, Moderator und Regisseur der Radiothek, zuletzt Musicalregisseur sowie WDR-Regisseur und -Moderator, im Januar 2008 verstorben) im August 2005 in Pulheim-Stommeln
Mal Sondock (Moderator der wöchentlichen *Discothek im WDR* im Rahmen der Radiothek, zuletzt freier Musikproduzent, im Juni 2009 verstorben) im April 2007 in Köln
Ulrich Teiner (Leiter der Radiothek-Wortredaktion, zuletzt WDR-Featureredakteur) im Februar 2005 in Hürth-Hermülheim
Heinrich Windelen (Bundesminister a. D., Mitglied des WDR-Verwaltungsrats 1971-1985) im Mai 2007 in Freckenhorst (Westf.)

MIX
Papier aus verantwortungsvollen Quellen
Paper from responsible sources
FSC® C105338

If you have any concerns about our products,
you can contact us on
ProductSafety@springernature.com

In case Publisher is established outside the EU,
the EU authorized representative is:
**Springer Nature Customer Service Center GmbH
Europaplatz 3, 69115 Heidelberg, Germany**

Printed by Libri Plureos GmbH
in Hamburg, Germany